Richard Déry
Anne Pezet et Cyrille Sardais

Le management

2e édition

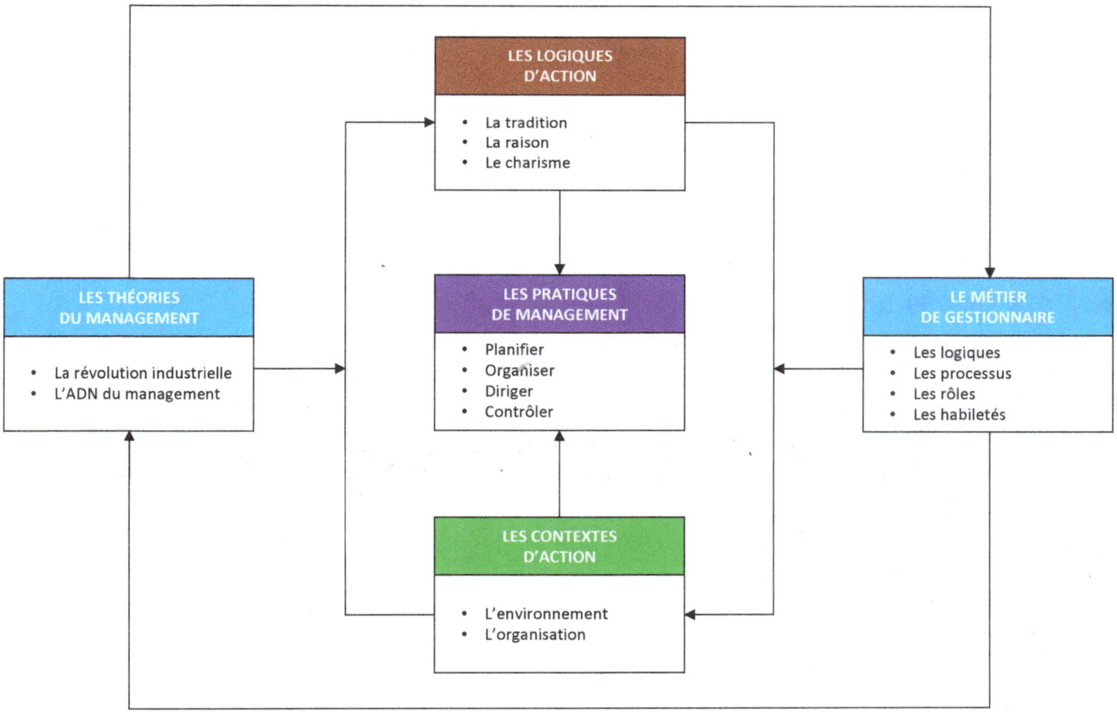

JFD Éditions

Le management – 2e édition
Richard Déry, Anne Pezet, Cyrille Sardais

Catalogage avant publication de Bibliothèque et Archives nationales du Québec et Bibliothèque et Archives Canada

Titre : Le management – 2e édition / Richard Déry, Anne Pezet, Cyrille Sardais.

Description : 2e édition.

Identifiants : Canadiana 20200080857 | ISBN 9782897991098

Vedettes-matière : RVM : Gestion – Manuels d'enseignement supérieur. | RVMGF : Manuels d'enseignement supérieur.

Classification : LCC HD38.15.D47 2020 Suppl. | CDD 658 – dc23

Éditions JFD
C. P. 15, succ. Rosemont
Montréal (Québec)
H1X 3B6
Courriel : info@editionsjfd.com
Web : editionsjfd.com

ISBN : 978-2-89799-109-8

Dépôt légal : 3e trimestre 2020
Bibliothèque et Archives nationales du Québec
Bibliothèque et Archives Canada

Imprimé au Québec

Table des matières

Préface et remerciements

Pour cette seconde édition, plutôt que de nous lancer dans l'ajout de concepts ou de développements théoriques, nous avons fait le choix d'ajuster ici et là le propos, de préciser ce qui devait l'être, de simplifier l'argumentation lorsque c'était nécessaire et de corriger quelques erreurs et coquilles.

Dans la première partie, alors que le chapitre 2 est demeuré tel quel – à l'exception de quelques petits changements stylistiques –, le chapitre 1 a subi plusieurs modifications. D'abord, ce chapitre a eu droit à une cure minceur et compte maintenant 20 pages de moins. Cette cure s'imposait de façon à simplifier le propos et à mettre de l'avant ce qui méritait vraiment de l'être. Le contenu de ce chapitre a aussi été retouché puisque, dorénavant, les théories sont classées selon le regard que portent les théoriciens sur le management plutôt que selon la nature du programme épistémologique qu'ils mobilisent. Ainsi, nous parlons des perspectives technique et sociale plutôt que des programmes de transformation et de compréhension. Bien sûr, nous pouvons considérer qu'il y a là des liens et que la perspective technique est largement le fait d'un programme de transformation et que la perspective sociale est surtout le fruit d'un programme de compréhension. Enfin, nous avons déplacé la date du début de la période de refondation du management de 1989 à 2000. Cela nous est apparu plus pertinent de faire coïncider cette refondation avec le début de ce que les uns et les autres qualifient de quatrième révolution industrielle.

Dans la deuxième partie, au chapitre 3, nous avons précisé le propos relatif aux parties prenantes. Pour sa part, le chapitre 4 a été simplifié, notamment la section sur la stratégie, tandis que la section sur la gouvernance a été entièrement réécrite. En fait, là où nous parlions de « cadre juridique », nous parlons désormais de « cadre de gouvernance » de façon à clairement mettre de l'avant que c'est la gouvernance qui est l'enjeu clé et non pas le statut juridique de l'organisation.

Dans la troisième partie, nous avons changé le devoir-être de deux des logiques d'action. D'une part, dans la logique traditionnelle nous avons substitué la pérennité à l'harmonie et, d'autre part, dans la logique charismatique nous avons remplacé la création par la différenciation. Ces changements nous semblent mieux refléter la réalité des logiques et la littérature les concernant. Cependant, il est clair que sur le fond des choses, il ne s'agit pas de changements majeurs dans la mesure où la pérennité n'a de sens qu'au regard d'une quête d'harmonie et dans la mesure où la différenciation est précisément au principe de la création.

Dans la quatrième partie, tous les chapitres ont été relativement simplifiés, mais ce sont les chapitres 10 et 11 qui ont subi les plus importantes modifications. Dans le chapitre 10, nous avons mis de côté toute l'argumentation sur les configurations structurelles pour centrer le regard sur les pratiques d'organisation, à savoir le design organisationnel pour la logique formelle, la fusion autour du leader pour la logique charismatique et le rassemblement communautaire pour la logique traditionnelle. Dans le chapitre 11, nous avons mis l'accent sur les pratiques de direction plutôt que sur les auteurs qui ont judicieusement théorisé ces pratiques.

Enfin, de façon à faciliter l'étude des concepts, nous avons ajouté à la fin de chacun des chapitres une fiche synthèse des principales notions et idées à retenir.

Par ailleurs, nous aimerions remercier nos collègues qui nous ont fait plusieurs suggestions pour bonifier cette seconde édition, particulièrement Marine Agogué dont nombre de commentaires ont été intégrés dans la présente édition. Nous tenons également à remercier Victoria Mei Zummo qui, à titre d'assistante de recherche, nous a aidés à repérer des citations tirées de l'actualité d'affaire.

Remerciements de la 1re édition

Le travail collaboratif a été au principe même de la réalisation de ce livre de management. Bien sûr, c'est la collaboration qui a marqué nos échanges tout au long de l'écriture des chapitres, mais c'est aussi elle qui fut au rendez-vous lorsque nous avons sollicité l'aide de nos collègues.

Nous tenons d'abord à remercier Martin X. Noël, professeur de management à l'Université du Québec en Outaouais (UQO), dont le soutien nous a été inestimable. Il a joué le rôle de réviseur en chef du manuscrit. Les idées, l'enchaînement des concepts, l'économie générale de l'ouvrage, la syntaxe, l'orthographe, les citations, la bibliographie, le moindre développement théorique et ses déclinaisons sous la forme de tableaux ou de graphiques ont été passés au peigne fin de son regard analytique, le tout dans un délai extrêmement réduit. Il ne fait aucun doute que sans son apport exceptionnel, notre livre aurait été nettement moins rigoureux.

Nous avons aussi profité de la générosité et du professionnalisme de Julie Bérubé, professeure de management à l'UQO, qui a également accepté de lire la totalité du manuscrit. Tout comme son collègue cité précédemment, elle a fait une lecture remarquablement attentive du livre et a su y débusquer ce qui ne tenait pas la route, ce qui devait être amélioré. À l'évidence, son apport a contribué à accroître la rigueur de notre livre.

Yvon Dufour, professeur de management à l'Université de Sherbrooke, nous a soutenus dans ce projet en partageant généreusement ses notes de cours avec nous. Ici et là, il reconnaîtra sûrement certaines de ses idées et nous le remercions vivement.

Alors que nous tentions de valider la structure d'ensemble de l'argumentation du livre, Mehran Ebrahimi, professeur de management à l'École des sciences de la gestion de l'Université du Québec à Montréal (ESG UQAM), nous a invités à présenter le fruit de notre travail au séminaire annuel d'épistémologie de l'Association pour la gestion des connaissances dans la société et les organisations (AGeCSO). Cette participation nous a permis de clarifier nos idées et de mieux articuler l'enchaînement des différentes parties de l'ouvrage.

À HEC Montréal, nous avons pu compter sur l'appui de plusieurs personnes. D'abord, Jean-Pierre Béchard, directeur du Département de management à HEC Montréal, nous a soutenus dans l'élaboration de ce projet en nous octroyant le financement nécessaire à la recherche de citations tirées de l'actualité d'affaires qui illustrent les pratiques de management. Puis, Camille Raizin, Hatim Fassi-Fihri et Josée Lortie ont tenu le rôle d'assistants de recherche et nous ont aidés à repérer ces citations et, éventuellement, à les traduire.

Finalement, nous tenons à remercier toute l'équipe des Éditions JFD qui a su, dans un délai très serré, concrétiser notre projet. Un merci tout spécial à Jean-François Déry dont l'ouverture d'esprit et le professionnalisme ont grandement contribué à faire de ce livre un objet dont nous sommes si fiers.

Richard Déry
Anne Pezet
Cyrille Sardais

Introduction générale

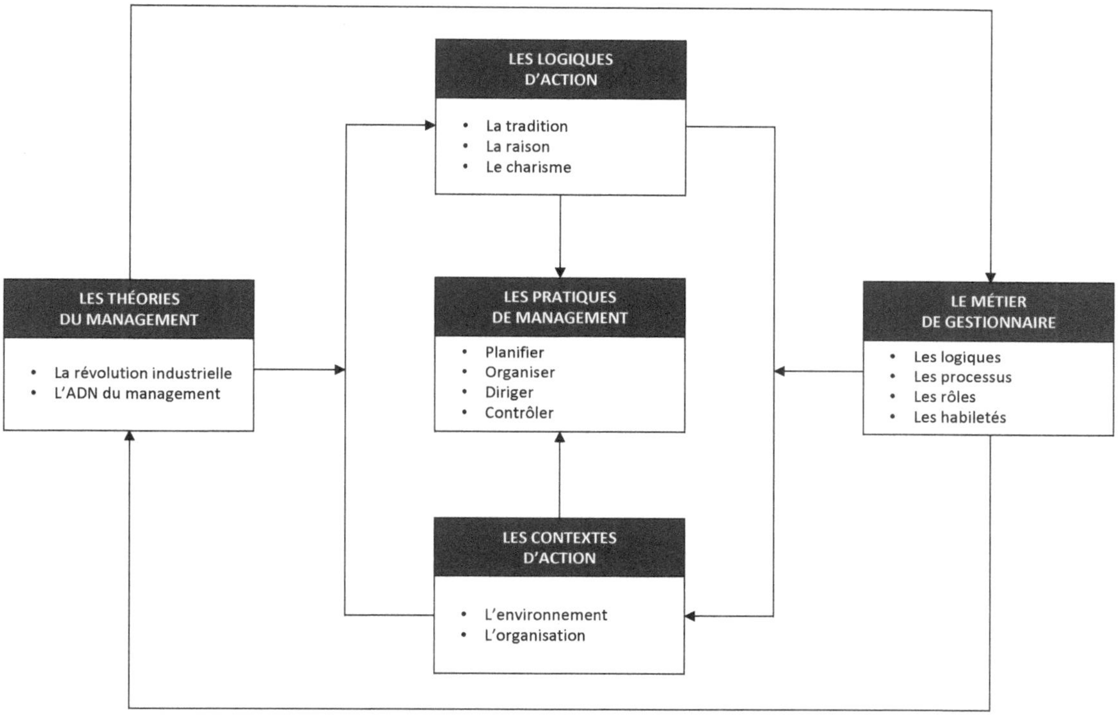

Véritable phénomène de société, le management couvre un territoire tout simplement immense. Borné d'un côté par des théories aussi foisonnantes qu'hétéroclites et de l'autre par des pratiques infiniment variées, ce territoire est d'une richesse inouïe. Nous l'appréhendons, dans cette première partie, en explorant l'ensemble des théories qui ont contribué à façonner le métier de gestionnaire.

Le chapitre 1 retrace l'histoire des théories du management depuis les débuts de la révolution industrielle jusqu'à nos jours. Cette histoire nous permet notamment de mettre en évidence qu'au fil de sa trajectoire, le management a eu à relever quatre grands défis, à savoir la productivité, la croissance, la compétitivité et la légitimité. Pour les relever avec succès, il a sans cesse oscillé entre des pratiques techniques centrées sur un projet d'administration des choses et des pratiques sociales qui concrétisent plutôt un projet de gouvernement des personnes.

À partir des enseignements de l'histoire des théories du management, le chapitre 2 brosse à grands traits les contours du métier de gestionnaire, métier fait de logiques d'action, de processus administratifs, de rôles de gestion et d'habiletés pratiques.

Dans la seconde partie, nous explorons le caractère contextualisé du management. Ce caractère est double, puisque le management n'a de sens que plongé dans le contexte d'une organisation qui est elle-même inscrite dans le contexte d'un environnement. Dans le chapitre 3, l'environnement des organisations est décrit en termes globaux et d'affaires. Pour un gestionnaire, bien lire l'environnement global de l'organisation pour qu'elle puisse être légitime et savoir tirer parti d'un environnement d'affaires où dominent les jeux concurrentiels pour assurer la compétitivité de l'organisation apparaît en effet incontournable.

Dans le chapitre 4, nous réalisons une première incursion dans le monde des organisations en levant le voile sur les cadres techniques qui les caractérisent, soit les cadres de gouvernance, stratégique, structurel et opérationnel. Dans ce monde technique, le management incarne le projet d'administration des choses en mettant en œuvre une gouvernance légitime, en formulant des stratégies compétitives, en allouant efficacement des ressources au sein d'une structure et en mettant au point des incitatifs à la productivité. Dans nombre de livres de management, le panorama de ce qu'il convient d'accomplir pour que les organisations aient du succès s'arrête là. Selon nous, c'est une grave erreur ; c'est faire l'impasse sur le fait que les organisations ne sont pas que des univers techniques. Elles sont aussi des mondes sociaux, et le management doit y faire face en incarnant aussi un projet de gouvernement des personnes.

Dans le chapitre 5, le caractère social des organisations est exploré à l'aide de quatre perspectives : politique, symbolique, psychologique et cognitive. Sous le regard de ces perspectives, le management acquiert une dimension profondément sociale et les gestionnaires deviennent d'habiles lecteurs des intérêts, des valeurs, des besoins et des savoirs des acteurs de leur organisation. Ces habiletés sociales concourent alors à accroître la capacité des gestionnaires à réaliser leurs objectifs de performance.

Par ailleurs, si le management est une pratique contextualisée, c'est aussi une pratique hautement réflexive. Cette seconde caractéristique désigne le sens du management dans les deux grandes acceptions du mot « sens », à savoir une direction à suivre et une signification. Ces deux acceptions, le management les lie d'ailleurs en une seule et même réalité, car pour que les membres d'une organisation acceptent d'emprunter une direction encore faut-il que celle-ci ait un sens, une signification. Ce caractère tout à la fois directif et signifiant du management, nous le qualifions de « logique d'action » ou, ce qui revient au même, de « réflexivité ».

Toute la troisième partie du livre est consacrée aux logiques d'action du management. Chacune d'elles est présentée dans un chapitre. Le chapitre 6 aborde le management traditionnel, alors que les deux autres portent respectivement sur le management formel et le management charismatique. Dans chacune de ces logiques d'action particulière, le management combine un savoir-faire valorisé avec un savoir absolu, un savoir-être noble et un devoir-être idéalisé. Du reste, c'est précisément dans ces combinaisons que le management trouve sa véritable essence, les bases fondamentales de son action pratique.

Les trois logiques du management sont aussi en action dans la concrétisation du cycle administratif qui s'amorce par la planification et se clôt par le contrôle en passant par l'organisation du travail et la direction des personnes. Tel est d'ailleurs l'objet de la dernière partie du livre. Ainsi, on y découvre que les quatre moments du cycle que sont la planification, l'organisation, la direction et le contrôle (PODC) prennent différentes colorations selon qu'ils sont le fait d'un management formel, charismatique ou traditionnel. Mettre ainsi en lumière les diverses colorations du PODC n'est pas banal tant il est vrai que la plupart des manuels de management ne centrent le regard que sur sa seule déclinaison formelle. Pourtant, le monde des organisations contemporaines est riche et diversifié et il ne peut être réduit à cette seule mécanique empreinte d'un projet d'administration des choses.

En résumé, ce livre offre un panorama du management qui est pensé en termes de pratique réflexive contextualisée. Il n'offre pas un ensemble de recettes prêtes à l'usage, mais bien des pistes théoriques et pratiques qui peuvent permettre de construire des organisations qui seront tout à la fois infiniment efficaces et profondément humaines.

Partie I
Introduction au management

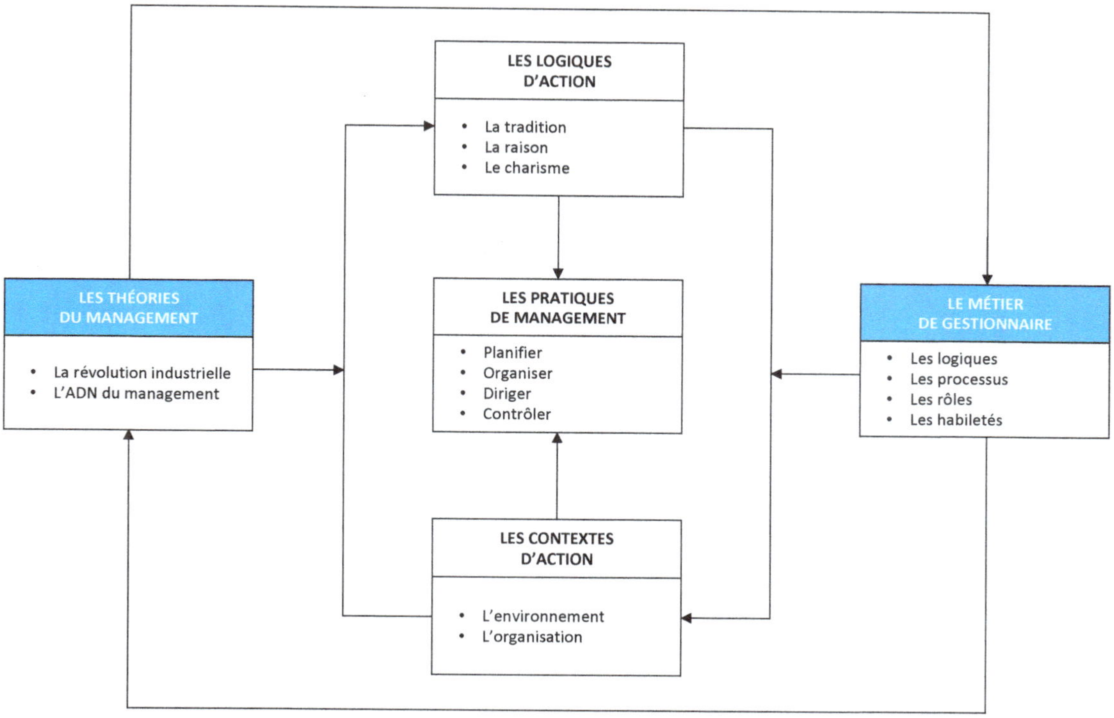

Partie I
Introduction

Notre monde est fait d'organisations qui fonctionnent grâce au management, à ses théories et à ses pratiques.

Celles-ci se sont forgées au cours d'une histoire dont le moment clé remonte à la révolution industrielle et à son apogée au XIXe siècle (chapitre 1). Pourtant, quoique bicentenaire, le réservoir d'idées et de pratiques qui s'est constitué depuis n'est pas entaché d'obsolescence. Il est constamment renouvelé, nourri de nouvelles idées et de nouvelles pratiques développées par les théoriciens, les gestionnaires et les consultants.

Les théories de management se sont ainsi développées au cours de quatre grandes périodes depuis la révolution industrielle : la fondation, l'expansion, la reformulation et la refondation. Connaître cette histoire permet de comprendre les contextes socioéconomiques dans lesquels les théories du management sont apparues ainsi que les défis administratifs qui ont été au cœur de leur évolution.

Cette évolution s'est réalisée au travers d'une tension entre deux façons de concevoir le management. D'un côté, une conception largement interventionniste et technique qui met l'accent sur le management vu comme l'administration des choses. De l'autre, une conception plus compréhensive et largement inspirée des sciences humaines qui met l'accent sur le management vu comme le gouvernement des personnes.

La connaissance de ce riche passé est en effet un gage d'efficacité pour le gestionnaire d'aujourd'hui. Son métier est le résultat d'une sédimentation de théories et de pratiques de management qui ont montré leur efficacité, mais aussi leurs éventuelles limites. Fort de cet apprentissage historique, et souvent implicite, le métier de gestionnaire s'ancre dans trois logiques : formelle, traditionnelle et charismatique (chapitre 2). Ces trois logiques vont supporter, à des degrés divers, les processus administratifs, les rôles de gestion et les habiletés de management dont le gestionnaire d'aujourd'hui doit faire preuve.

Ainsi, le gestionnaire pourra exercer son métier à travers les processus du PODC (planification, organisation, direction et contrôle), jouer des rôles quotidiens, fonctionnels, d'administration générale ou hiérarchiques et, enfin, développer des habiletés techniques (savoir-faire), sociales (savoir-être) et cognitives (savoir).

Au terme de cette première partie, nous aurons posé les fondements du management à la fois en termes théoriques et pratiques.

1
Les théories du management

Plan du chapitre

Nous vivons dans une société d'organisations. Pas moyen d'y échapper, car les organisations sont maintenant le lieu par excellence dans lequel les humains passent l'essentiel de leur vie, et cela, de la naissance à la mort. Dès lors, les humains n'ont pas d'autres choix que d'apprendre à y vivre et, surtout, ils doivent sans cesse tenter de résoudre le toujours épineux problème que leur pose la collaboration efficace et harmonieuse de chacun avec tous qui est au principe de la vie en organisation[1]. Comment composer avec la diversité humaine qui façonne l'organisation ? Comment les humains peuvent-ils se fondre dans un collectif tout en préservant leur individualité ? Comment s'organisent-ils pour survivre collectivement tout en se réalisant individuellement ? Comment peuvent-ils être tout à la fois infiniment efficaces et profondément humains ?

> *« Notre monde est devenu, pour le meilleur et pour le pire, une société d'organisations. Nous sommes nés dans le cadre d'organisations et ce sont encore des organisations qui ont veillé à notre éducation de façon, à ce que plus tard, nous puissions travailler dans des organisations. Dans le même temps, les organisations ont pris en charge nos besoins et nos loisirs. Elles nous gouvernent et nous tourmentent (et, par moment, les deux à la fois). Et, notre dernière heure venue, ce seront encore des organisations qui s'occuperont de nos funérailles. »*
>
> Mintzberg, H., *Le management*, Paris, Éditions d'Organisation, 1990 : 13.

Corrélativement à la montée en puissance des organisations dans la société contemporaine, nous assistons depuis le début du XXe siècle à l'essor fulgurant de la gestion et de ses logiques. D'ailleurs, les écoles de gestion qui accueillent aujourd'hui plus de 25 % des étudiants universitaires en constituent un témoin tangible. Pour nombre de ces étudiants pleinement conscients de la réalité de notre société d'organisations, les études en gestion représentent certes la promesse d'un avenir radieux, mais elles correspondent aussi à un certain goût pour les réalités pratiques, pour la résolution de problèmes concrets et, de façon générale, pour l'action. À ce pragmatisme, il convient aussi d'ajouter qu'à l'image des gestionnaires, une majorité d'étudiants sont en quête de changement, de nouvelles pratiques à succès, de nouveaux modèles d'affaires, de techniques de pointe et d'information sur les tendances qui façonneront le monde des organisations de demain.

D'une certaine façon, ceux et celles qui souhaitent assurer la gestion des organisations d'aujourd'hui rêvent déjà de les transformer, de les rendre plus efficaces, voire plus humaines, davantage responsables et sans cesse innovantes. Pour la génération montante, l'organisation se conjugue donc au futur et se décline en termes pragmatiques et innovants. Ainsi, amorcer l'étude du management par un rappel historique des théories du management ne va pas de soi. Pourquoi regarder dans le rétroviseur alors qu'il s'agit plutôt d'avancer à très haute vitesse vers un monde à inventer ? Pourquoi prendre la mesure des théories d'hier alors que le monde contemporain attend de ses futurs gestionnaires d'inédites solutions aux problèmes des temps présents ?[2]

---

[1] Nous empruntons à Michel Crozier et à Erhard Friedberg l'idée selon laquelle l'organisation est tout à la fois une solution et un problème à résoudre. À ce propos, ils écrivent : « [Les organisations] ne constituent rien d'autre que des solutions toujours spécifiques, que des acteurs relativement autonomes, avec leurs ressources et capacités particulières, ont créées, inventées, instituées pour résoudre les problèmes posés par l'action collective et, notamment, le plus fondamental de ceux-ci, celui de la coopération en vue de l'accomplissement d'objectifs communs, malgré leurs orientations divergentes. » Crozier, M. et E. Friedberg, *L'acteur et le système*, Paris, Seuil, 1977 : 13.

[2] Gary Hamel et C. K. Prahalad, deux des gourous du management de la fin du XXe siècle, incarnent bien cette attitude. Ainsi dans un chapitre intitulé « Apprendre à oublier », ils écrivent : « Les leçons du passé qui laissent une trace profonde et sont transmises d'une génération à l'autre constituent un double danger pour toute entreprise. D'abord, avec le temps, chacun perd de vue l'origine de ses convictions. Ensuite, le dirigeant peut en venir à croire que ce qu'il ignore ne vaut pas la peine d'être connu. L'incapacité de voir la nature contingente de leurs certitudes afflige un grand nombre d'entreprises. Les "bonnes idées" d'hier deviennent les "principes d'orientation générale" d'aujourd'hui, pour se muer en "règles incontournables" demain. Les usages en vigueur au sein d'une branche d'activité et les "meilleures pratiques avérées" acquièrent

1.1 La pertinence du regard historique

Pour justifier la pertinence du regard historique en gestion, nous pourrions évoquer la sagesse populaire qui nous dit « qu'il faut savoir d'où l'on vient pour comprendre où l'on va ». En effet, l'expression vise peut-être juste et débouche sur la pertinence de posséder une culture générale dont la connaissance historique serait l'un des piliers. Toutefois, et sans nier l'importance de la sagesse populaire, le regard historique en gestion répond bien davantage à la quête pragmatique qui anime tant d'étudiants et de gestionnaires qu'à la nécessité d'acquérir une certaine culture générale.

L'**histoire des théories du management** est utile, car c'est là un réservoir de solutions pratiques applicables à des problèmes très concrets de gestion.

D'abord, l'**histoire des théories du management** est utile, car c'est là un réservoir de solutions pratiques applicables à des problèmes très concrets de gestion. D'ailleurs, nombre de gestionnaires d'aujourd'hui mettent en œuvre, souvent sans le savoir, les théories d'hier pour accomplir leur rôle et résoudre leurs problèmes quotidiens. Ainsi, lorsqu'un gestionnaire planifie, organise, dirige et contrôle de façon à s'acquitter de son rôle avec efficacité, il met en action la théorie de la gestion conçue par Fayol au début du XXe siècle[3]. Lorsqu'un autre gestionnaire se livre à l'analyse des forces et des faiblesses de son entreprise et des occasions et menaces de l'environnement de façon à concevoir une stratégie d'affaires cohérente, il prend alors appui sur une autre théorie, celle-là conçue par Andrews au début des années 1970[4]. En fait, les gestionnaires d'aujourd'hui appliquent souvent les théories d'hier et il y a fort à parier que les cadres de demain en feront tout autant[5]. Or, plutôt que de bricoler intuitivement et par tâtonnements des solutions administratives efficaces, pourquoi ne pas d'abord se pencher sur le réservoir des solutions d'hier pour voir si la solution tant recherchée ne s'y trouverait pas ?

> *« Les idées, justes ou fausses, des philosophes de l'économie et de la politique ont plus d'importance qu'on ne le pense en général. À vrai dire, le monde est presque exclusivement mené par elles. Les hommes d'action qui se croient parfaitement affranchis des influences doctrinales sont d'ordinaire les esclaves de quelques économistes passés. Les illuminés du pouvoir qui se prétendent inspirés par des voies célestes distillent en fait des utopies nées quelques années plus tôt dans le cerveau de quelques écrivailleurs de Facultés. »*
>
> Keynes, J. M., *Théorie générale de l'emploi, de l'intérêt et de la monnaie*, Paris, Payot, 1988 [1936].

Par ailleurs, les théories historiques du management sont des solutions qui ont généré leur propre lot de difficultés. Certes, elles permettent de résoudre des problèmes, mais elles s'accompagnent également de nouvelles difficultés à surmonter, d'insuffisances à combler. Ainsi, parcelliser le travail comme le recommandait Taylor au début du XXe siècle peut encore s'avérer une astucieuse solution au problème de la productivité au travail[6],

une vie propre. Les dogmes ne sont pas remis en question et il est rare que le dirigeant cherche l'origine de telle conception de l'entreprise, de la stratégie, de la concurrence ou du secteur d'activité. Dans quel environnement a-t-elle vu le jour ? De quoi nos convictions dépendent-elles ? Il en résulte un respect excessif pour ce qui fut. » Hamel, G. et C. K. Prahalad, *La conquête du futur. Stratégies audacieuses pour prendre en main le devenir de votre secteur et créer les marchés de demain*, Paris, ERPI, 1995 : 59. [1994].

3 Voir : Fayol, H., *Administration industrielle et générale*, Paris, Dunod, 1979 [1918].

4 Voir : Andrews, K. R., *The Concept of Corporate Strategy*, Homewood, Ill., Irvin, 1971.

5 Sur la performativité des théories, voir : Cabantous, L. et J.-P. Gond, « Du mode d'existence des théories dans les organisations », *Revue française de gestion*, 2012, n° 225 : 61-81.

6 Voir : Taylor, F. W., *Shop Management*, N. Y., Harper & Row, 1903, et Taylor, F. W., *La direction scientifique des entreprises*, Paris, Éditions Gérard & Co., 1967 [1911].

mais comme en témoigne l'histoire, une telle façon de faire s'accompagne inévitablement d'effets pervers, tels l'insatisfaction au travail et l'absentéisme. Ainsi, avant de mettre en œuvre une solution préfabriquée, certes utile mais incomplète, ne convient-il pas de prendre connaissance de ses conséquences et des moyens déjà conçus pour éviter qu'elle ne génère plus de problèmes qu'elle n'en résout ? Ainsi, avant de se lancer dans la taylorisation d'une usine, un gestionnaire ne devrait-il pas prendre acte des découvertes de l'école des relations humaines[7] qui, dès les années 1930, a clairement montré ses insuffisances et a ouvert le chemin à de nouvelles pratiques administratives qui permettent une gestion de la productivité qui soit tout à la fois efficace et humaine ?

Enfin, l'histoire est le terreau fertile duquel émergent les nouvelles idées et les pratiques innovantes. Ainsi, à chaque époque de son histoire, le management s'est émancipé des idées et des pratiques historiques en se fondant, néanmoins, sur elles. C'est dire qu'une idée novatrice ou une pratique originale ne relève pas d'une quelconque génération spontanée. La nouveauté tant valorisée dans les milieux de la gestion prend toujours la forme d'une recombinaison de l'ancien, d'une hybridation d'idées historiques et de métissages de pratiques que l'on tient, par ailleurs, pour insuffisantes en elles-mêmes. Bien sûr, les recombinaisons, les hybridations et les métissages ne se contentent pas de faire du neuf avec du vieux, car il y a toujours l'apport de nouvelles idées qui embrassent les défis particuliers des temps présents. Ainsi, le *e-leadership* qui se veut une technique de gestion appropriée aux défis du jour s'abreuve largement aux théories du leadership conçues au XXe siècle, mais y ajoute une prise en compte de la virtualisation des rapports sociaux qui caractérisent notre époque[8].

En puisant à même le réservoir des théories du management, les gestionnaires peuvent donc y trouver :

1. *des solutions pratiques*, car les théories sont des solutions que les gestionnaires peuvent mobiliser dans leurs pratiques ;

2. *des moyens d'éviter les pièges* que comporte la mise en œuvre mécanique des solutions théoriques, car aucune théorie n'est complète ni parfaitement adaptée à toutes les réalités concrètes ;

3. *matière à inventer de nouvelles pratiques*, car les théories historiques représentent un matériau de base qu'il est possible de remodeler de telle façon qu'il soit adapté aux défis que posent les temps présents.

L'histoire des théories du management peut donc être utile pour résoudre les problèmes très concrets de la gestion contemporaine et elle peut même contribuer à façonner l'avenir pour peu que les gestionnaires ne s'enferment pas dans les solutions d'hier et sachent lire les exigences toujours particulières de leur contexte d'action.

---

[7] Voir : Mayo, E., *The Human Problems of an Industrial Civilization,* N.Y., Macmillan, 1933; Roethlisberger, F. J. et W. J. Dickson, *Management and the Worker*, Cambridge, Mass., Harvard University Press, 1939.

[8] Voir : Brunelle, É., « E-Leadership, l'art de gérer les distances psychologiques », *Gestion*, 2009, *34*(2) : 10-20.

1.1.1 L'ancrage historique des théories du management

Comme l'illustre la figure suivante, les théories du management se constituent entre la révolution industrielle amorcée à la fin du XVIIIe siècle et la société contemporaine du XXIe siècle que les gestionnaires d'aujourd'hui s'emploient à construire en puisant notamment dans le réservoir des solutions historiques du XXe siècle.

Figure 1.1 **L'histoire des théories du management**

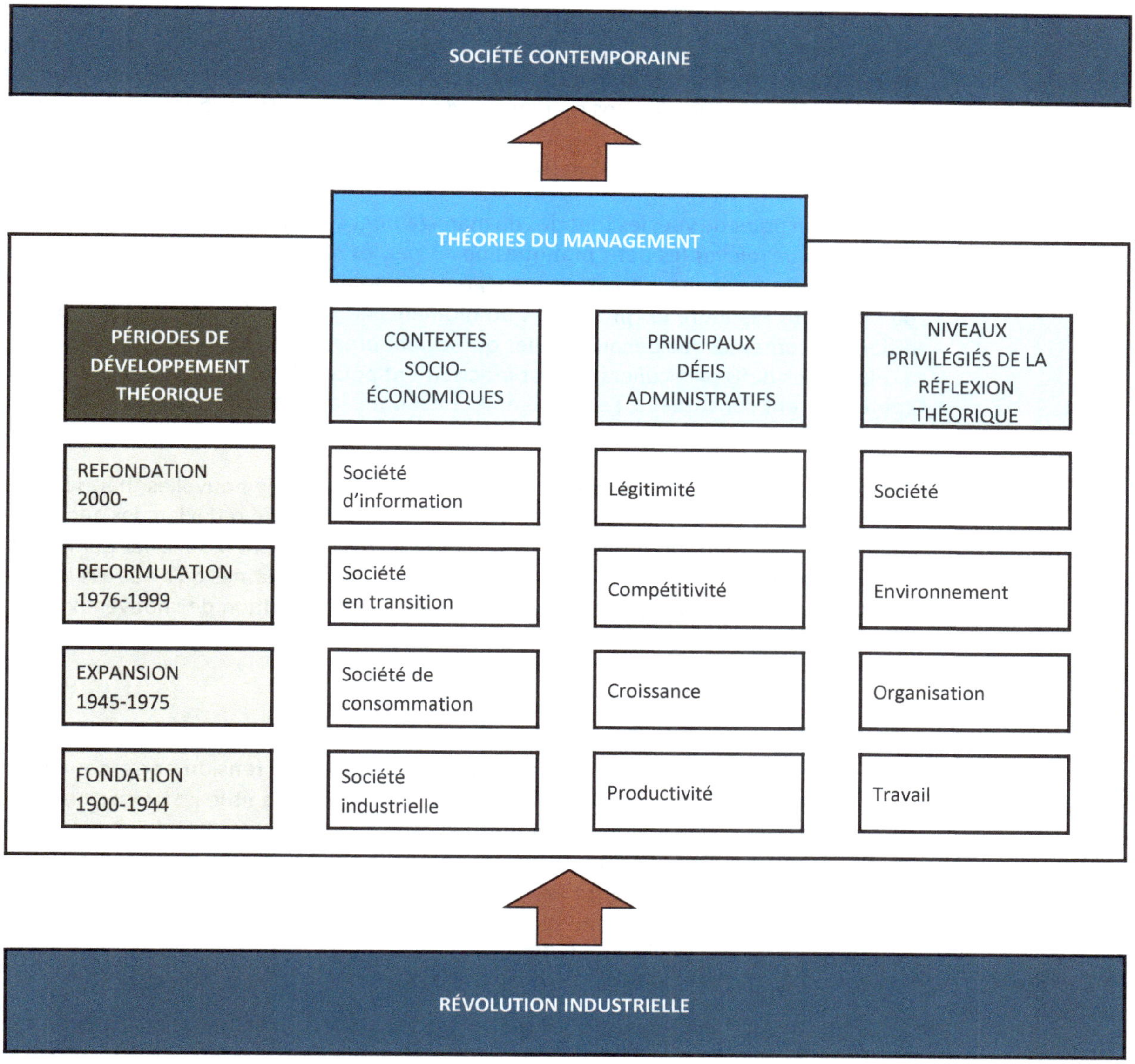

Au regard de cette figure, il ressort que les théories du management se constituent entre deux espaces résolument pratiques. D'un côté, il y a la révolution industrielle qui voit l'émergence des pratiques administratives au sein d'une nouvelle institution sociale, l'entreprise[9] et, de l'autre, la société contemporaine au sein de laquelle les gestionnaires qui, tout en s'abreuvant au réservoir des théories du management, construisent de nouvelles solutions administratives et mettent en œuvre d'inédites pratiques pour lesquelles des éclairages théoriques sont toujours inexistants. Ainsi, les théories du management se présentent tout à la fois comme des réponses réflexives aux pratiques existantes, notamment les pratiques administratives de la révolution industrielle, et l'un des matériaux de base nécessaires à l'expression des pratiques propres aux temps présents.

Il ressort également de la figure 1.1 que l'histoire des théories du management se découpe en quatre périodes de développement, à savoir les périodes de fondation, d'expansion, de reformulation et de refondation. À chacune de ces périodes, nombre de théories furent constituées. De plus, ces périodes de développements théoriques correspondent à différents stades de développement socioéconomique qui, chacun, ont posé aux gestionnaires un défi administratif particulier à relever.

D'un certain point de vue, les théories du management sont donc des solutions réflexives conçues pour relever les défis pratiques posés par les différents contextes socioéconomiques contemporains. En fait, le management mobilise toujours un savoir, explicite ou non, pour résoudre les problèmes du moment. Au fil du XXe siècle, en fonction des différents contextes socioéconomiques qui se sont présentés à lui, le management a eu à relever des défis particuliers et c'est précisément pour cela que les théories du management furent constituées. Le management est donc largement une pratique réflexive contextualisée.

Toutefois, et bien qu'au fil du temps nous voyons apparaître de nouvelles théories dont le regard centre l'attention sur de nouveaux défis et niveaux de réflexion, les anciennes théories n'en demeurent pas moins pertinentes et concrètement mobilisées par les gestionnaires. Cela s'explique notamment par le fait que les problèmes qu'a eus à relever le management dans le passé ne disparaissent pas avec l'apparition des nouveaux défis ; les solutions théoriques d'hier peuvent toujours être utiles, tout en étant insuffisantes.

1.1.2 Les perspectives de recherche

Lorsque le management est conçu en termes d'**administration des choses**, l'accent est mis sur l'amélioration constante de l'efficacité de la gestion.

L'ensemble des théories du management s'inscrit dans une tension entre deux perspectives de recherche, à savoir « l'**administration des choses** et le **gouvernement des hommes**[10] ». Dans la première, l'attention est centrée sur les pratiques de management et vise l'amélioration constante de l'efficacité par l'élaboration de règles et de principes d'action. Dans le cadre de cette première perspective de recherche, l'organisation est principalement vue comme une réalité perfectible, comme une réalité à transformer pour qu'elle devienne infiniment efficace.

[9] Bien sûr, l'histoire de l'entreprise remonte à l'Antiquité. Toutefois, ce n'est qu'avec la révolution industrielle qu'elle acquiert sa forme technique si caractéristique et devient une institution de premier plan. À ce propos, voir : Drancourt, M., *Leçon d'histoire sur l'entreprise de l'Antiquité à nos jours*, Paris, PUF, 2002.

[10] Nous devons cette expression à Saint-Simon, un philosophe français du XIXe siècle, qui est considéré comme le fondateur de l'idéologie technocratique, idéologie selon laquelle le progrès de l'humanité serait fondamentalement lié au pouvoir de la science, de la technique et de l'administration. Selon lui, pour accéder au progrès et contribuer à la richesse collective, les humains devaient tourner le dos aux élites aristocratiques qui les gouvernaient et, ce faisant, remplacer « le gouvernement des hommes par l'administration des choses ». Pour un survol de l'œuvre de Saint-Simon, voir : Musso, P., *Saint-Simon et le saint-simonisme*, Paris, PUF, coll. « Que sais-je ? », 1999.

Dans la seconde perspective de recherche, l'organisation est vue comme une réalité sociale qui émerge tout naturellement du fait même des interactions entre les acteurs organisationnels. Le management y est surtout pensé comme un système social à comprendre en mobilisant les sciences du social et la philosophie. C'est donc dire que les théories constitutives de cette seconde perspective de recherche offrent peu de techniques aux gestionnaires. Elles proposent principalement des réflexions pour élucider les ressorts de leurs actions. Ainsi, plutôt que d'ouvrir le chemin à l'action, la seconde perspective de recherche est de nature largement compréhensive, proposant des explications de la réalité de la gestion et des critiques qui témoignent de ses insuffisances et de ses limites.

Lorsque le management est conçu en termes de **gouvernement des personnes**, l'accent est mis sur la compréhension de la réalité sociale des acteurs organisationnels.

Par ailleurs, si les deux perspectives de recherche sont constituées au XXe siècle, il reste que l'origine du management se perd dans la nuit des temps. En fait, le management a pris forme dès que les humains ont tenté de réaliser collectivement des projets. D'ailleurs, en contemplant la Grande Muraille de Chine, les grandes pyramides et tant d'autres merveilles du génie humain, comment douter que le management n'ait pas attendu les Temps modernes pour faire sentir sa présence et s'imposer comme le maître d'œuvre de l'action collective ? En effet, en tant que pratique qui vise à orchestrer la collaboration de chacun avec tous, le management existe bel et bien depuis l'aube des temps. Ce n'est d'ailleurs pas d'hier, ni d'avant-hier du reste, que les humains s'organisent collectivement pour survivre et, tel Monsieur Jourdain et sa prose, font du management sans le savoir. Toutefois, il faudra attendre des siècles pour que les humains prennent conscience de tout l'intérêt qu'il y a à développer un savoir explicite de la gestion et à miser sur lui pour enrichir leurs actions. En fait, cette mise en valeur du savoir administratif comme vecteur de développement ne s'amorce véritablement que lors de la révolution industrielle.

1.2 La révolution industrielle

La révolution industrielle qui s'amorce à la fin du XVIIIe siècle et se déploie tout au long du XIXe marque le passage d'une société profondément traditionnelle vers une société résolument moderne. Ce faisant, la révolution industrielle pave la voie à l'émergence des pratiques et des théories du management. En fait, cette révolution pèse doublement sur le destin à venir du management en lui offrant, d'une part, un cadre d'action dans lequel la gestion prendra forme et, d'autre part, un imaginaire intellectuel qui servira de socle cognitif aux théories et aux pratiques du XXe siècle.

1.2.1 Le cadre d'action de la révolution industrielle

L'action humaine se décline en trois catégories d'activités, à savoir les activités économiques, qui s'incarnent dans le travail et assurent la survie, les activités techniques, qui contribuent à l'efficacité et à la pérennité de l'action par la constitution d'œuvres innovatrices, et les activités sociopolitiques, qui assurent la coopération et le mieux-être collectif par l'institutionnalisation d'un dialogue entre les acteurs sociaux[11].

Lors de la révolution industrielle, les transformations des activités économiques, techniques et sociopolitiques contribuent à mettre en place les institutions qui balisent le cadre d'action dans lequel le management d'aujourd'hui se déploie toujours, entre autres, le marché, la science, l'État de droit et l'entreprise. En outre, comme l'illustre la figure

[11] Nous empruntons à Hannah Arendt ce découpage de l'action en trois catégories. Voir : Arendt, H., *Condition de l'homme moderne,* Paris, Calmann-Lévy, 1983.

suivante, avec la révolution industrielle de nouveaux personnages historiques voient le jour et animent chacun des pôles de son architecture institutionnelle tout en préparant, par leurs actions, la venue du personnage central du XXe siècle, le gestionnaire.

Figure 1.2 **L'architecture institutionnelle de la révolution industrielle**

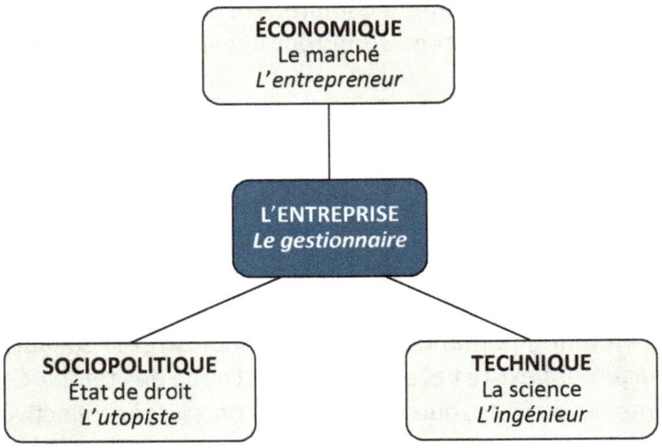

L'architecture institutionnelle de la révolution industrielle prend forme autour de l'entreprise qui en deviendra l'une des institutions centrales en étant le lieu d'intégration par excellence de toutes les logiques institutionnelles de l'époque. D'une certaine façon, la constitution de l'entreprise est le fait marquant de la révolution industrielle, car c'est cette nouvelle institution sociale qui favorise la rencontre et le métissage des différentes activités caractéristiques de cette époque et, surtout, c'est elle qui permet d'en décupler le plein potentiel productif. Ce faisant, elle marque de son empreinte toute la société qui peu à peu s'organise autour de ses activités et de ses besoins.

Les activités économiques

Sur le plan des activités économiques, la révolution industrielle voit l'émergence et le déploiement accéléré de l'institution du marché avec en son centre un mode de production, le capitalisme. L'accumulation de capital – et surtout la gestion technique de cette accumulation par le recours à une comptabilité analytique – inscrit l'activité économique dans une quête sans fin de rentabilité financière[12]. S'ensuit, dès la fin du XVIIIe siècle, une hausse marquée des niveaux de production, notamment dans le domaine de l'agriculture, du textile, des mines et de la métallurgie. À partir de la seconde moitié du XIXe siècle, les niveaux de production deviennent littéralement exponentiels avec notamment la montée en puissance de l'industrie ferroviaire, de la sidérurgie, de l'exploitation du pétrole et de l'électricité, de l'industrie chimique et du commerce[13].

[12] Ainsi, selon Max Weber : « Il y a capitalisme là où les besoins d'un groupe humain qui sont couverts économiquement par des activités professionnelles le sont par la voie de l'entreprise, quelle que soit la nature du besoin ; plus spécifiquement, une exploitation dotée d'un compte de capital, c'est-à-dire une entreprise lucrative qui contrôle sa rentabilité de manière chiffrée au moyen de la comptabilité moderne et de l'établissement d'un bilan. » Weber, M., *Histoire économique*, Paris, Gallimard, 1991 [1923] : 295-296.

[13] Voir : Niveau, M. et Y. Crozet, *Histoire des faits économiques contemporains*, Paris, PUF, 1966.

Outre, l'émergence d'industries et la croissance fulgurante de la production, la révolution industrielle se caractérise notamment par l'entrée en scène d'un nouveau personnage historique qui incarnera, mieux que tous les autres, cette révolution, à savoir l'entrepreneur, autrefois qualifié de « bourgeois »[14]. Au regard d'une histoire du management, cette entrée en scène a son importance, car c'est autour de l'entrepreneur que la révolution verra le métissage inédit de l'économique avec la technique et pavera le chemin qu'emprunteront les gestionnaires du XXe siècle.

Les activités techniques

Sur le plan de la technique, la révolution industrielle donne naissance à un flot continu d'innovations favorisées par la multiplication des découvertes scientifiques de l'époque. Les innovations sont alors mises à profit au sein de cette nouvelle institution sociale qu'est l'entreprise[15]. En fait, c'est largement autour de cet arrimage entre les innovations techniques et l'entreprise que les entrepreneurs créent ce nouveau mode de développement économique qu'est l'industrialisme. Dans leur tâche, les entrepreneurs sont alors secondés par un autre personnage historique, l'ingénieur, tout à la fois traducteur de la science et inventeur de techniques, qui donne le pas à la science et, surtout, véritable précurseur du gestionnaire moderne. En effet, si l'entrepreneur anime le marché et crée le contexte d'action qu'est l'entreprise, c'est principalement l'ingénieur qui s'emploie à tirer le plein potentiel des inventions de la révolution industrielle et c'est encore lui qui déploie au sein des usines les innovations techniques qu'il a tôt fait de modeler sous la forme de processus standardisés de production.

Les activités sociopolitiques

Sur le plan sociopolitique, la révolution industrielle est tout simplement foisonnante et se caractérise, entre autres, par un libéralisme politique qui va ouvrir la voie aux libertés individuelles, notamment celle d'entreprendre, par la constitution d'États de droit qui vont fonder le droit de propriété et les échanges contractuels. C'est aussi l'époque de l'urbanisation massive des populations jadis agraires, urbanisation qui rime fréquemment avec l'érection de villes industrielles dans lesquelles les entreprises deviennent le pivot central, le principal pourvoyeur des biens et des services et l'employeur d'une main-d'œuvre qui n'a pas d'autres choix que de se plier aux exigences de cette nouvelle institution devenue centrale dans l'espace sociopolitique. D'ailleurs, témoin de la centralité des villes industrielles, c'est autour d'elles que les utopistes entrent en scène. Ces nouveaux personnages historiques, précurseurs des gourous du management du XXe siècle, vont contribuer à façonner l'imaginaire entrepreneurial de l'époque en proclamant que les progrès sociopolitiques passent nécessairement par l'ingéniosité et la productivité des entreprises ou par l'instauration de communautés productives et harmonieuses[16], voire même de villages industriels et coopératifs dans lesquels l'entreprise tiendrait le rôle d'organe protecteur et de lieu de partage.

---

[14] Voir : Éllul, J. *Métamorphose du bourgeois,* Paris, La Table Ronde, 1998 [1967].

[15] D'ailleurs, il est pour le moins significatif que la diffusion de la machine à vapeur, l'invention phare de la révolution industrielle, soit le fruit de l'alliance entre un inventeur, James Watt et un entrepreneur, Matthew Boulton.

[16] Alors que le philosophe Saint-Simon incarne l'utopie technocratique, l'utopie communautaire doit ses lettres de noblesse au philosophe Charles Fourier et à l'industriel Robert Owen. Voir : Saint-Simon, Écrits politiques et économiques, Paris, Pocket, 2005 ; Fourier, C., *L'harmonie universelle,* Paris, Kissinger, 2010 [1849] ; Morton, A. L., *The Life and Ideas of Robert Owen,* N. Y., International Publishers, 1962.

1.2.2 L'imaginaire intellectuel de la révolution industrielle

Tout en fondant les nouveaux dispositifs institutionnels parmi lesquels l'entreprise s'impose rapidement comme étant un joueur de premier plan, l'imaginaire intellectuel de la révolution industrielle tranche très nettement avec celui qui présidait à l'organisation de la société traditionnelle. En fait, et d'une certaine façon, les architectes de ce nouvel imaginaire le construisent en opposition avec le mode de pensée traditionnel. Pour ces intellectuels, les idées peuvent et doivent transformer le monde plutôt que d'être le reflet ou l'écho d'une tradition à perpétuer.

Comme l'illustre la figure suivante, c'est autour des entrepreneurs, ces meneurs du jeu industriel, que les idées des philosophes, des économistes, des ingénieurs et des sociologues façonneront l'imaginaire intellectuel de la révolution industrielle et paveront ainsi la voie aux théories du management du XXe siècle.

Figure 1.3 **L'imaginaire intellectuel de la révolution industrielle**

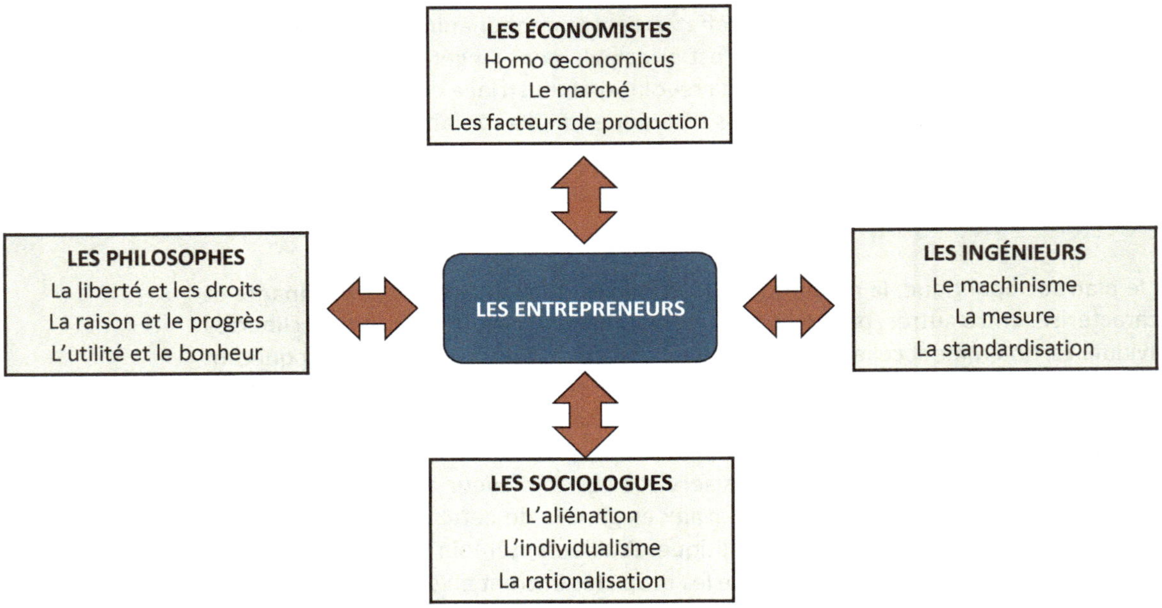

L'imaginaire philosophique

Amorcée à la fin du XVIIIe siècle, la révolution industrielle s'inscrit dans la foulée des philosophes des Lumières et, de ce fait, elle participe largement à l'avènement de la modernité que s'emploient à promouvoir les philosophes[17]. Dans le foisonnement d'idées philosophiques de l'époque, la liberté, la raison et l'utilitarisme sont au nombre de celles qui président à l'industrialisation et concourent à l'émergence de l'entreprise moderne.

[17] Pour une synthèse des idées philosophiques du siècle des Lumières, voir : Dupront, A., *Qu'est-ce que les Lumières*. Paris, Gallimard, 1996, et Lefranc, J., *L'esprit des lumières et leur destin*. Paris, Armand Colin, 1997.

D'abord, l'idée de liberté individuelle comme fondement social, accompagnée de son nécessaire corollaire que sont les droits individuels qui en assurent la réalité effective, ouvre la porte à la liberté d'entreprendre et aux droits de propriété qui lui donnent ses fondations juridiques et sa légitimité pratique. C'est d'ailleurs sur ces fondations que l'entreprise va s'ériger et prendre une ampleur insoupçonnée. En fait, en combinant la liberté et les droits de propriété, l'entreprise s'institue comme personne morale, comme acteur social ayant des libertés et des droits. L'entreprise devient l'un des signes distinctifs de la révolution industrielle[18].

> *« Bien que la terre et toutes les créatures inférieures appartiennent en commun à tous les hommes, chaque homme est cependant propriétaire de sa propre personne. Aucun autre que lui-même ne possède un droit sur elle, le travail de son corps et l'ouvrage de ses mains lui appartiennent en propre. Il mêle son travail à tout ce qu'il fait sortir de l'état dans lequel la nature l'a laissé, et y joint quelque chose qui est sien. Par là, il en fait sa propriété. Cette chose étant extraite par lui de l'état commun où la nature l'avait mise, son travail lui ajoute quelque chose, qui exclut le droit commun des autres hommes. »*
>
> Locke, J.,
> Traité du gouvernement civil, 1690.

Puis, l'idée de raison comme vecteur de développement des sociétés se substitue à celle de tradition et ouvre la porte à la grande utopie des modernes, à savoir une croyance sans limites aux vertus du progrès. Comme le veut l'adage « on ne peut pas être contre le progrès ». En fait, il est d'autant plus difficile de s'y opposer que le progrès serait le fruit de la raison scientifique et technique. On ne se surprend pas alors que l'entreprise industrielle loge en son sein une organisation rationnelle de sa production, car la raison est précisément pensée comme étant le vecteur décisif du progrès, progrès qui est vu comme sans fin et porteur de tous les espoirs de l'humanité[19].

Enfin, les philosophes des Lumières conçoivent une nouvelle doctrine morale censée assurer le bonheur du plus grand nombre, à savoir l'utilitarisme[20]. Selon eux, seule l'utilité de l'action permet d'assurer le bonheur et, érigé en système, l'utilitarisme sert alors de justification à toutes les actions, notamment celles qui président à l'organisation des entreprises et au déploiement sans précédent du commerce et de la logique des échanges marchands.

L'imaginaire économique

Tout comme les philosophes, dès la fin du XVIIIe siècle, les économistes formulent les doctrines qui vont fonder le développement économique de la révolution industrielle et ouvrir le chemin aux entreprises modernes[21]. Sous cette impulsion intellectuelle, la révolution industrielle met en action un imaginaire qui domine toujours aujourd'hui, à savoir la représentation des motivations humaines en termes de calcul mécanique de l'intérêt individuel (Homo œconomicus), le marché libre de toutes entraves comme source

---

[18] Ainsi, selon Weber : « Ce qui constitue le signe distinctif décisif de l'usine ou de la fabrique moderne, ce n'est généralement pas l'outillage utilisé ni le type de processus de travail, mais le fait que l'atelier, l'outillage, les sources d'énergie et la matière première sont la propriété de l'entrepreneur. Or une telle concentration a toujours été, avant le XVIIIe siècle, un phénomène isolé. » Weber, M., *Histoire économique. Esquisse d'une histoire universelle de l'économie et de la société*, Paris, Gallimard, 1991 [1923] : 321-322.

[19] Pour un survol de l'idée de progrès, voir : Taguieff, P.-A., Le sens du progrès. *Une approche historique et philosophique, Paris*, Flammarion, 2004.

[20] Voir : Bentham, J., *Introduction au principe moral et de législation*, Paris, Vrin, 2011 [1789].

[21] Voir notamment la contribution des économistes classiques : Smith, A., *Recherches sur la nature et les causes de la richesse des nations*, Paris, PUF, 1995 [1776], et Say, J.-B., *Traité d'économie politique*, Paris, Crapelet, 1803. Il est à noter qu'à l'époque ces économistes étaient considérés comme des philosophes.

de richesses collectives et l'entreprise comme étant le lieu du croisement productif des facteurs de production que sont le capital, la technologie et le travail. En outre, dans ce paysage intellectuel, c'est l'entrepreneur, qualifié à l'époque d'industriel, qui tient le rôle d'opérateur central, celui qui mieux que tous les autres peut combiner efficacement les facteurs de production et ainsi assurer la richesse collective. D'ailleurs, ce rôle est à ce point central que certains voient en lui la figure dominante de l'époque, celui qui, grâce à son labeur, devrait mériter le respect de toute la société[22].

L'imaginaire des ingénieurs

Troisième vecteur de la matrice intellectuelle de la révolution industrielle, les ingénieurs souscrivent à l'idéal philosophique du progrès et l'incarnent en prônant un machinisme, lequel fonde les espoirs de progrès des philosophes sur un recours sans limites aux machines et à l'adaptation du travail ouvrier aux exigences mécaniques des dispositifs technologiques[23]. Le machinisme revêt ainsi l'allure d'une religion des temps modernes dans laquelle l'entreprise acquiert le statut de lieu sacré en étant l'espace social où la science et la technique se combinent dans des dispositifs mécaniques qui permettent d'atteindre des niveaux inégalés de production de richesses.

> *« [Au XVIIIe siècle] la nécessité de l'invention devint un dogme, et le rituel de la routine mécanique devint l'élément déterminant de la foi. Des sociétés mécaniques furent créées pour propager la foi avec le plus grand zèle. Elles prêchaient l'Évangile du travail, la foi en la science mécanique et le salut par la machine. Sans l'enthousiasme, le zèle apostolique des chefs d'entreprises, des industriels, des ingénieurs et même des mécaniciens, depuis le XVIIIe siècle, il serait difficile d'expliquer le flot des convertis et le rythme accéléré des progrès mécaniques. Les méthodes impersonnelles de la science, les dures contraintes de la mécanique, les calculs rationnels des utilitaires, tout cela accaparait l'émotion, d'autant plus que le paradis du succès financier était au bout. »*
>
> Mumford, L., Technique et civilisation, Paris, Éditions du Seuil, 1950 [1934] : 57.

Le machinisme des ingénieurs se double d'une logique de la mesure selon laquelle le réel se réduit à sa mesure et seul ce qui se mesure a de la valeur[24]. Et pour le maîtriser, il convient d'en prendre la mesure préférablement en termes quantitatifs. Ainsi, peu à peu, les dispositifs sociotechniques de l'entreprise sont traduits en termes chiffrés et la conduite des affaires se cadence alors en temps de travail, en pourcentage d'énergie que consomment les machines, en quantité de ressources utilisées, en rentabilité,

---

[22] C'est notamment l'opinion de l'utopiste Saint-Simon, comme en témoigne la citation suivante : « La classe industrielle doit occuper le premier rang, parce qu'elle est la plus importante de toutes ; parce qu'elle peut se passer de toutes les autres, et qu'aucune autre ne peut se passer d'elle ; parce qu'elle subsiste par ses propres forces, par ses travaux personnels. Les autres classes doivent travailler pour elle, parce qu'elles sont ses créatures, et qu'elle entretient leur existence. En un mot, tout se faisant par l'industrie, tout doit se faire pour elle. » Saint-Simon, *Écrits politiques et économiques*, Paris, Pocket, 2005 : 380.

[23] L'historien Jean-Pierre Rioux décrit cette soumission aux impératifs de la machine de la façon suivante : « L'ouvrier est attaché à sa machine, chargé de l'alimenter, la surveiller, la nettoyer, en vue de fabriquer un des éléments du produit fini. L'apprentissage est rapide : aucune technique ancestrale à transmettre, aucun souci d'achever l'objet avec patience et habileté. L'ouvrier est interchangeable, "sur" une machine interchangeable ; des opérations très simples pour la plupart, effectuées à un rythme contrôlé, mais qui ne demandent pas, en dehors de la répétition du geste, une force physique considérable. » Rioux, J.-P., *La révolution industrielle*, Paris, Éditions du Seuil, 1989 : 172.

[24] Ainsi, selon Lewis Mumford : « Les abstractions étaient plus familières aux hommes que les marchandises qu'elles représentaient. [...] Les hommes devenaient puissants dans la mesure où ils négligeaient le monde réel [...] et où ils concentraient leur attention sur une représentation purement quantitative de ce monde par des marques et des symboles. Penser seulement en poids et en nombre, faire de la quantité non pas seulement une indication de valeur, mais le critère de la valeur, telle fut la contribution du capitalisme au tableau du monde mécanique. » Mumford, L., *Technique et civilisation*, Paris, Éditions du Seuil, 1950 [1934] : 32-33.

en niveau de productivité, etc. Tout se mesure, tout se contrôle. En fait, tout se contrôle d'autant plus facilement qu'il y a des mesures. En outre, aux mesures mécaniques de rendement des machines et des ouvriers qui les servent, les ingénieurs juxtaposent des mesures disciplinaires pour sanctionner les écarts à la norme, tels les retards, la flânerie et autres comportements qui viennent perturber la cadence mécanique de la production[25].

Enfin, le machinisme et l'obsession de la mesure conduisent les ingénieurs à promouvoir une logique de standardisation. Celle-ci sera d'abord celle des processus de production puis, dès le milieu du XIXe siècle, elle s'appliquera aux produits pour aboutir, au début du XXe siècle, à la standardisation du travail.

L'imaginaire sociologique

Alors que les philosophes, les économistes et les ingénieurs formulent des utopies, des théories, des règles et des principes devant favoriser l'émergence et le déploiement d'une société résolument moderne et productive, les derniers architectes de l'imaginaire intellectuel de la révolution industrielle sont nettement plus critiques. En effet, les sociologues entrent en scène dans la dernière portion du XIXe siècle et sont alors à même de prendre la mesure des conséquences sociales de l'industrialisation de la société. Leur constat est accablant. Misère, pauvreté, abrutissement, dislocation des liens traditionnels, perte de sens et tant d'autres phénomènes de même nature caractérisent la société qui émerge de la révolution industrielle[26]. Dès lors, l'imaginaire sociologique se fait largement critique de la révolution industrielle et de la modernité dans laquelle elle s'inscrit.

> *« En quoi consiste l'aliénation du travail ? D'abord dans le fait que le travail est extérieur à l'ouvrier, c'est-à-dire qu'il n'appartient pas à son essence, que donc, dans le travail, celui-ci ne s'affirme pas, mais se nie, ne se sent pas à l'aise, mais malheureux, ne déploie pas une libre activité physique et intellectuelle, mais mortifie son corps et ruine son esprit. En conséquence, l'ouvrier n'a le sentiment d'être auprès de lui-même qu'en dehors du travail, et, dans le travail, il se sent en dehors de soi. [...] L'activité de l'ouvrier n'est pas son activité propre. Elle appartient à un autre, elle est la perte de soi-même. »*
>
> *Marx, K.,*
> Manuscrits de 1844.

Pour nombre de sociologues de l'époque, l'émergence de la société industrielle s'accompagne, d'abord, d'une montée en puissance de l'aliénation au travail. Ainsi, dépouillé de toute initiative, de tout contrôle sur son travail, l'ouvrier est réduit au rang d'auxiliaire de la machine, et sa tâche se résume à répondre aux exigences de celle-ci, voire à adopter un mode de pensée purement mécanique. Ce faisant, l'ouvrier devient peu à peu étranger à lui-même, prisonnier d'un système mécanique qui ne requiert de lui qu'une toute petite parcelle de son humanité.

---

25 Ainsi, selon Rioux : « [L'usine] oblige le travailleur à la ponctualité, à une servitude face à la machine soigneusement rythmée au son des cloches et des sonneries, avec pointages d'entrée et de sortie et système d'amendes en cas de défaillances. Elle permet un contrôle facile des cadences soutenues avec, sur la fin du siècle, chronométrages des étapes de la fabrication. » Rioux, J.-P., *La révolution industrielle*, Paris, Éditions du Seuil, 1989 : 164-165.

26 À titre illustratif de la société industrielle, Alexis de Tocqueville décrira les conditions de vie de la ville de Manchester, haut lieu de l'industrialisation au XIXe siècle, de la façon suivante : « C'est au milieu de ce cloaque infect que le plus grand fleuve de l'industrie humaine prend sa source et va féconder l'univers. De cet égout immonde, l'or pur s'écoule. C'est là que l'esprit humain se perfectionne et s'abrutit ; que la civilisation produit ses merveilles et que l'homme civilisé redevient presque sauvage », Tocqueville, A., *Voyage en Angleterre, Irlande, Suisse et Algérie*, dans *Œuvres complètes*, J.-P. Mayer (dir.), Paris, Gallimard, 1961, tome V, vol. 2 : 82.

Puis, l'aliénation se double d'un individualisme exacerbé qui fragilise la force du lien social. Ainsi, préoccupé d'abord par ses intérêts personnels, par la poursuite de son bonheur privé et par les nécessités de la vie quotidienne et économique, chacun tourne peu à peu le dos aux autres, coupe le lien qui l'unit à la communauté au risque d'une situation anomique, d'un sentiment d'isolement porteur d'une perte de sens, d'une fragilisation de la morale sociale et de l'éclatement des repères que peut offrir une société dans laquelle les uns et les autres auraient une conscience vive de former un tout cohérent et uni[27].

Enfin, les sociologues lèvent le voile sur les processus de rationalisation qui sont au principe de la vie sociale industrielle. Dominée par ces processus, la vie sociale fait maintenant l'objet de calcul, d'analyse et de prévision. C'est alors la montée en puissance de la bureaucratie, de l'organisation rationnelle des entreprises, de la technique, du mécanisme et d'une pensée qui n'a de valeur que si elle est fondée sur le pouvoir de la raison, quitte à désenchanter le monde[28].

Par ailleurs, alors que les autres architectes de l'imaginaire intellectuel de la révolution industrielle voient dans les entrepreneurs l'incarnation même du progrès social et économique de l'époque, nombre de théoriciens du social sont nettement critiques face à l'avènement de ces nouveaux acteurs sociaux. Pour certains, les entrepreneurs sont des exploiteurs qui s'enrichissent par la misère des ouvriers[29], pour d'autres, ils forment une caste d'êtres oisifs qui profitent des innovations des ingénieurs[30], et pour d'autres encore, les entrepreneurs ne sont que des arrivistes malheureux pour lesquels la vie se borne à incarner la fiction d'un Homo œconomicus mû par le seul appât du gain[31].

1.2.3 En route vers le management

Si la révolution industrielle a profondément marqué le XIXe siècle, elle a aussi ouvert la voie à l'émergence d'une société qui loge en son centre les entreprises et leur gestion. En fait, le management est l'héritier de la révolution industrielle, et c'est précisément sur son cadre d'action et son imaginaire intellectuel qu'il va se constituer et prendre son envol. C'est dire que les arrangements institutionnels de la révolution industrielle vont meubler le paysage du XXe siècle et que les idées des philosophes, des économistes, des ingénieurs et des sociologues du XVIIIe et du XIXe siècles serviront de point de départ pour les théoriciens du management. Toutefois, comme nous le verrons, ces théoriciens ne se borneront pas à reproduire ou à poursuivre l'œuvre de leurs prédécesseurs, car de nouveaux défis doivent être relevés et, pour y arriver, de nouveaux concepts seront forgés et de nouvelles pratiques seront proposées au personnage central du XXe siècle, nommément le gestionnaire.

---

27 Ainsi, selon Émile Durkheim : « Parce que les fonctions économiques absorbent aujourd'hui le plus grand nombre des citoyens, il y a une multitude d'individus dont la vie se passe presque tout entière dans le milieu industriel et commercial ; d'où il suit que, comme ce milieu n'est que faiblement empreint de moralité, la plus grande partie de leur existence s'écoule en dehors de toute action morale. » Durkheim, É., *De la division du travail social*, Paris, PUF, 1996 [1893] : iv-v.

28 C'est à Weber que nous devons l'expression de « désenchantement du monde » comme conséquence de la rationalisation de la vie sociale. Voir : Weber, M., *Le savant et le politique*, Paris, Plon, 1959 [1919] : 70.

29 Ici, nous retrouvons l'un des thèmes centraux de l'œuvre de Karl Marx.

30 Voir : Veblen, T., *Théorie de la classe de loisir*, Paris, Gallimard, 1970 [1899].

31 Mumford décrit de la façon suivante cet Homo economicus qu'il considère comme une perversion : « Avec [la révolution industrielle] émergeait une abstraction : *l'homo economicus*. [...] Ces nouveaux hommes économiques sacrifiaient leur digestion, leurs intérêts familiaux, leur vie sexuelle, leur santé, la plupart des plaisirs normaux d'une existence civilisée à la poursuite acharnée du pouvoir et de l'argent. » Mumford, L., *Technique et civilisation*, Paris, Éditions du Seuil, 1950 [1934] : 163-164.

1.3 La fondation du management

Portée par les avancées de la révolution industrielle, la période de fondation du management s'inscrit de plain-pied dans l'accélération de l'industrialisation de la société. Ainsi, après avoir été marquées par la standardisation des procédés de fabrication, puis des produits, les entreprises s'apprêtent à pousser un cran plus loin leurs efforts de standardisation de façon à être encore plus productives. D'ailleurs, la **productivité** est le défi central de cette période, et cette productivité sera liée à la conception et à l'organisation du travail des gestionnaires comme de celui des ouvriers. Pour relever ce défi, les théoriciens du management posent le travail des ouvriers en objet d'étude et conçoivent des techniques d'organisation qui contribuent à en accroître l'efficacité. Ce faisant, ils dessinent les contours du travail des gestionnaires dont l'un des rôles clés sera très précisément de concevoir et d'organiser le travail des uns et des autres. En parallèle, comme le montre le tableau suivant, la perspective sociale de la réalité du management prend forme en mettant au jour les relations profondément humaines que les ouvriers tissent en réalisant leur travail et le caractère social des pratiques de direction des entreprises.

La **productivité** est le défi central de la période de fondation du management.

Tableau 1.1 Les théories de la période de fondation

LA PERSPECTIVE TECHNIQUE	LA PERSPECTIVE SOCIALE
L'organisation scientifique du travail	**Les relations humaines au travail**
• La standardisation du travail • La logistique • La psychologie industrielle	• Les groupes • Les relations informelles • La structure sociale
L'administration générale	**La direction sociale des organisations**
• Les fonctions administratives • Les processus de gestion • Les principes de gestion	• La philosophie de direction • Les fonctions sociales de la direction • Le contrôle des entreprises

1.3.1 La perspective technique

Dans la perspective technique, le défi de la productivité est principalement abordé sous l'angle d'une ingénierie du social avec la mise au point d'une technique d'organisation scientifique du travail et par la conception d'une doctrine d'administration générale et industrielle, conçues toutes deux par des ingénieurs industriels.

Au regard de la **perspective technique**, le défi de la productivité est relevé par une organisation scientifique du travail et par une administration générale formelle.

L'organisation scientifique du travail

La technique d'organisation scientifique du travail sert de point de départ et d'assise fondatrice au management. Principalement développée et popularisée par l'ingénieur américain Frederick Winslow Taylor, qui est généralement considéré comme étant le « père » du management moderne, cette technique vise à accroître la productivité des usines par la mise en œuvre d'une standardisation des méthodes de travail et par l'établissement d'un nouveau métier au sein des usines, à savoir celui de gestionnaire.

Comme l'illustre la figure suivante, selon Taylor, la nécessité d'un management moderne, « d'une organisation scientifique du travail », se fonde sur une critique des méthodes traditionnelles d'organisation qu'il juge improductives. Pour pallier leurs insuffisances, Taylor propose que le management prenne son envol à partir d'une étude minutieuse des temps de travail, des mouvements des ouvriers et des compétences requises pour accomplir efficacement des tâches standardisées.

Figure 1.4 **L'organisation scientifique du travail selon Taylor**

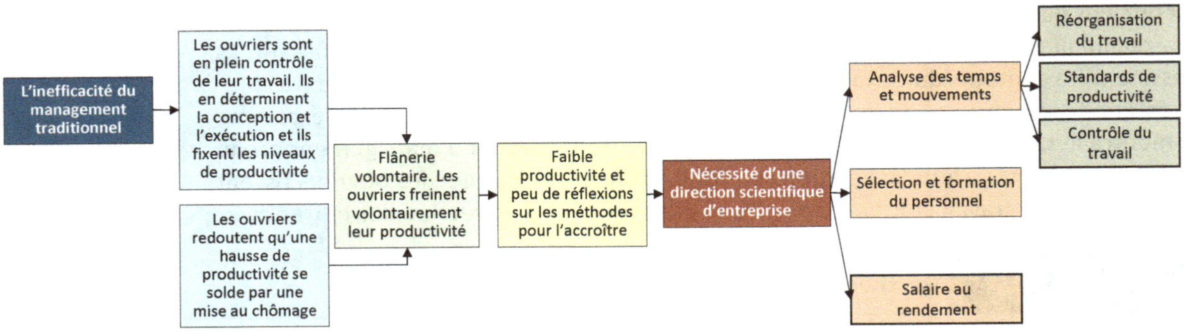

Selon Taylor, à partir de l'observation du travail, il est possible d'identifier la méthode de travail la plus productive qui soit et conséquemment de concevoir les caractéristiques de l'ouvrier idéal pour l'accomplir. C'est la naissance du *one best way*, celle d'une organisation systématique et productive d'un travail maintenant parcellisé en tâches simples à exécuter et à évaluer.

Au regard du taylorisme, le métier de gestionnaire prend un tout autre sens que celui qu'il avait jusqu'alors. Jadis confiné à un simple rôle de surveillant d'ouvriers qui avaient le plein contrôle de leur métier, le gestionnaire devient l'organisateur des tâches des uns et des autres, un spécialiste du recrutement, de la formation et de la dotation du personnel et, enfin, un contrôleur qui s'assure que les standards fixés pour l'atteinte d'un optimum de productivité soient respectés.

L'œuvre de Taylor est rapidement suivie par nombre d'ingénieurs industriels qui raffinent ses techniques[32] et mettent au point la planification des opérations et la logistique organisationnelle[33], et elle atteint un sommet de popularité lorsque Henry Ford s'en inspire pour mettre en œuvre la plus célèbre chaîne de montage de l'histoire.

Par ailleurs, l'organisation scientifique du travail va être doublée d'une logique de psychologie industrielle qui tente d'identifier les conditions psychologiques susceptibles d'accroître l'efficacité au travail. Cette logique ouvre alors la porte à une gestion des ressources humaines centrée sur les habiletés des travailleurs et sur les possibilités de formation du personnel[34].

---

32 Voir : Gilbreth, F. B. et L. M. Gilbreth, *Applied Motion Study*, N. Y., Sturgis & Walton, 1917 ; Emerson, H., *The Twelve Principles of Efficiency*, N. Y., Engineering Magazine Co., 1913.

33 Voir : Gantt, H. L., *Organizing for Work*, N. Y., Harcourt, Brace Javanovitch, 1919.

34 Ainsi, selon Hugo Münsterberg : « Nous nous demandons, d'une part, comment trouver les individus dont les qualités mentales les rendent aptes à accomplir le type de travail qu'ils ont à faire et, d'autre part, quelles sont les conditions psychologiques qui permettent d'assurer une productivité plus grande et davantage satisfaisante. Enfin, nous nous demandons comment maximiser l'étendue de ces influences sur les esprits humains de façon à ce que chacun soit au service de l'intérêt

L'administration générale

Complémentaire à la technique d'organisation scientifique du travail, la doctrine d'administration générale est mise au point par l'ingénieur français Henri Fayol et, comme l'illustre la figure suivante, elle comprend trois niveaux[35] :

Figure 1.5 **L'administration générale selon Henri Fayol**

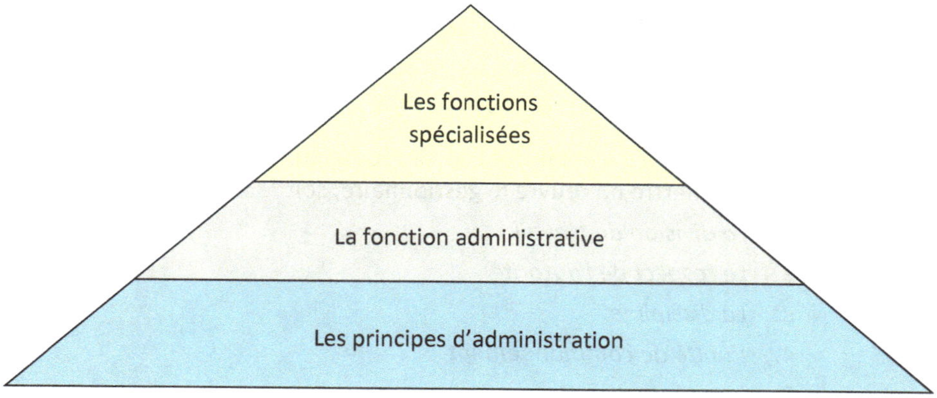

D'abord, pour être efficace, l'organisation doit miser sur un ensemble de fonctions spécialisées, soit :

1. *la fonction technique* qui regroupe les tâches qui, de nos jours, constituent la fonction de gestion des opérations et de la logistique, notamment la fabrication et la transformation des matières premières en produits ;
2. *la fonction commerciale* qui réunit les tâches qui, de nos jours, constituent la fonction de marketing, notamment la vente ;
3. *la fonction financière* qui regroupe les tâches de gestion financière, en particulier la recherche et la gestion des capitaux ;
4. *la fonction de sécurité* qui comprend les tâches aujourd'hui réalisées, d'un côté, par la fonction de gestion des ressources humaines et, de l'autre, par la fonction d'entretien des biens et des immeubles ;
5. *la fonction comptable* qui regroupe les tâches comptables, entre autres, la confection des états financiers, la gestion des inventaires, les analyses quantitatives et les calculs de coût de revient.

---

de l'entreprise. En d'autres termes, nous cherchons à comprendre comment trouver le meilleur travail possible et comment assurer les meilleurs effets possible. » Münsterberg, H., *Psychology and Industrial Efficiency*, Boston, Houghton Mifflin Co., 1913 : 23-24.

[35] Voir : Fayol, H., Administration industrielle et générale, Paris, Dunod, 1918.

Puis, toujours selon Fayol, les gestionnaires devaient porter une attention toute particulière à la sixième fonction, la fonction administrative qui, à la différence des autres, est de nature générale. C'est dire que tous les gestionnaires, quelle que soit leur fonction spécialisée, devraient aussi accomplir la fonction administrative qui comporte les processus administratifs suivants :

1. « *Prévoir*, c'est-à-dire scruter l'avenir et dresser le programme d'action ;
2. *Organiser*, c'est-à-dire constituer le double organisme, matériel et social de l'entreprise ;
3. *Commander*, c'est-à-dire faire fonctionner le personnel ;
4. *Coordonner*, c'est-à-dire relier, unir, harmoniser tous les actes et tous les efforts ;
5. *Contrôler*, c'est-à-dire veiller à ce que tout se passe conformément aux règles établies et aux ordres donnés[36]. »

Enfin, toute la doctrine administrative repose sur un ensemble de principes de gestion que devrait mettre en œuvre le gestionnaire, soit[37] :

1. *La division du travail*
2. *Le respect de l'autorité*
3. *La discipline*
4. *L'unité de commandement*
5. *L'unité de direction*
6. *La subordination des intérêts particuliers à l'intérêt général*
7. *La rémunération équitable*
8. *La centralisation des décisions*
9. *La hiérarchie des relations*
10. *L'ordre*
11. *L'équité des relations de travail*
12. *La stabilité du personnel*
13. *L'initiative*
14. *L'union du personnel*

Largement popularisée dans les pays industrialisés[38], la doctrine administrative de Fayol sera doublée d'une réflexion sur les structures de façon à mettre en place au sein des entreprises des logiques de décentralisation des pouvoirs et un découpage entre les rôles hiérarchiques, qui ont l'autorité des décisions, et les rôles-conseils, qui regroupent les postes d'analystes ayant pour fonction de conseiller ceux et celles qui doivent ultimement prendre les décisions.

Au regard de la **perspective sociale**, le défi de la productivité implique une prise en compte des relations humaines au travail et une réflexion sur le caractère profondément social de la direction générale.

1.3.2 La perspective sociale

Du côté de la perspective sociale du management, le problème que pose l'industrialisation massive de la sphère économique aux organisations est d'abord appréhendé de façon psychosociologique. D'une part, le travail y est vu comme étant un vecteur central

36 *Idem*, p. 5.

37 *Idem*, p. 21-43.

38 Notamment aux États-Unis, avec la contribution de trois dirigeants de la General Motors – Mooney, Reiley et Sloan – et en Grande-Bretagne, avec celle d'Urwick, un militaire de carrière. Mooney, J. D. et A. C. Reiley, *The Principles of Organization*, N. Y., Harper & Row, 1939 ; Urwick, L., *Scientific Principles of Organization*, N. Y., AMA, 1938; Sloan, A. P. Jr., *My Years with General Motors*, N. Y., Doubleday, 1963.

autour duquel se tisse un réseau d'interactions fait de relations informelles autant que de rapports d'autorité formelle, de vie au sein de groupes informels d'appartenance autant que de travail au sein d'unités administratives, d'expressions de sentiments autant que de transmissions d'informations et, enfin, de motivation au travail fondée sur la reconnaissance et le respect plutôt que sur la seule rémunération financière. D'autre part, la direction générale y est pensée en termes de philosophie de direction, de fonctions sociales et de contrôle de l'entreprise.

Les relations humaines au travail

Historiquement, la perspective sociale prend forme lors d'une expérience réalisée entre 1927 et 1932 dans l'une des usines de la Western Electric Company, la Hawthorne Works. Dirigée par les universitaires Elton Mayo et Fritz Roethlisberger et par un praticien, William Dickson, cette expérience est rapidement devenue célèbre et a ouvert le chemin à ce qu'il est maintenant convenu d'appeler l'*École des relations humaines*[39].

Au départ, l'expérience visait, par l'introduction de nouvelles conditions de travail – telles des pauses, de meilleurs horaires de travail, l'instauration du droit de discuter librement sur les lieux de travail, l'amélioration de la qualité de l'éclairage et autres aménagements de travail –, à accroître la productivité des ouvriers et à réduire les effets néfastes de l'organisation scientifique du travail, notamment le désintéressement des ouvriers, l'absentéisme et le roulement du personnel. Chemin faisant, comme l'illustre la figure suivante, les chercheurs ont pris conscience que la vie en entreprise ne se réduisait pas à effectuer un travail rémunéré. En effet, les ouvriers expérimentaient aussi une vie sociale, une vie où leurs besoins personnels se combinaient aux fonctions formelles de l'organisation, une vie informelle structurée dans une dynamique de groupe qui imposait ses propres normes et façonnait une véritable structure sociale au sein de l'entreprise.

Figure 1.6 **Les relations humaines au travail**

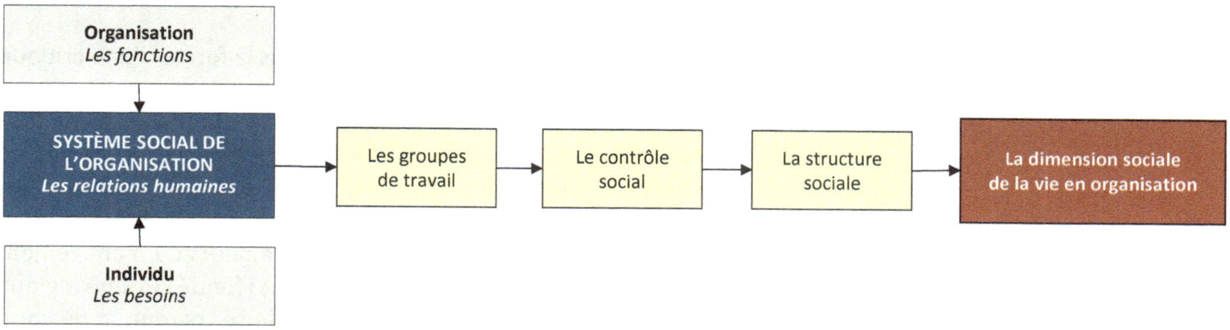

Concrètement, l'équipe de recherche a conduit des entrevues auprès des 2 000 employés de l'usine dans le but de mettre au jour ce que les ouvriers pensaient de leur travail et des moyens à mettre en œuvre pour le rendre plus agréable et plus productif. En outre, l'équipe a conçu une expérimentation qui mettait en présence, d'une part, un groupe d'ouvriers sur lequel étaient testées diverses conditions de travail et, d'autre part, un groupe témoin pour lequel il n'y avait aucune modification des conditions de travail.

[39] Voir : Mayo, E., *The Human Problems of an Industrial Civilization*, N. Y., Macmillan, 1933; Mayo, E., *The Social Problems of an Industrial Civilization*. Cambridge, Mass., Harvard University Press, 1945; Roethlisberger, F. J. et W. J. Dickson, *Management and the Worker*, Cambridge, Mass., Harvard University Press, 1939.

L'un des tests réalisés auprès des ouvriers consistait à améliorer l'éclairage dans l'environnement de travail du groupe expérimental et de le maintenir intact dans celui du groupe témoin. À la surprise des chercheurs, autant le groupe expérimental que le groupe témoin s'avéraient plus productifs. De plus, lors de ce test et de bien d'autres encore, les gains de productivité étaient au rendez-vous dans le groupe expérimental, même lorsque les chercheurs supprimaient les nouvelles conditions de travail pour revenir aux anciennes et même à des conditions inférieures à celles-ci. Enfin, l'équipe de recherche constata que la productivité pouvait être très variable d'une équipe de travail à l'autre et que, au sein d'une même équipe, elle restait stable et avait parfois tendance à s'établir au niveau de l'ouvrier le moins productif de l'équipe, et cela même dans les cas où il y avait des incitatifs financiers visant à accroître la productivité des ouvriers.

Pour expliquer les résultats paradoxaux de leur recherche, l'équipe de chercheurs formula alors des hypothèses qui, par la suite, sont devenues les assises mêmes de la perspective sociale du management. D'abord, les ouvriers seraient plus productifs lorsque la direction s'occupe d'eux et écoute leur point de vue. C'est dire toute l'importance des relations humaines et de la communication au travail comme facteurs de motivation et de productivité. Puis, à l'évidence, la rémunération financière et les conditions matérielles et objectives de travail ne représenteraient pas le principal facteur de motivation au travail. En fait, les ouvriers seraient tout particulièrement à la recherche de considération et d'estime de soi. Enfin, au sein des groupes de travail, les ouvriers se donneraient des normes informelles de productivité que tous devraient suivre sous peine d'exclusion du groupe.

Au regard de leurs découvertes à l'usine Hawthorne, les chercheurs en sont aussi venus à concevoir le rôle de gestionnaire en termes de leadership plutôt qu'en termes d'expert qui détient une autorité formelle sur ses subordonnés. Selon cette conception, le leader devrait être à l'écoute de son personnel et inspirer confiance à ses subordonnés. Ce faisant, le gestionnaire doit devenir bien davantage un fin psychologue sensible aux sentiments et aux préoccupations de son personnel qu'un expert qui saurait manier des techniques d'organisation du travail ou mettre en œuvre une doctrine d'administration rigoureuse et largement technique.

L'apport de l'école des relations humaines se présente donc sous la forme d'une critique des fondements du management technique. À l'opposé de ce dernier, le management des relations humaines met de l'avant la nécessité de prendre en compte la réalité profondément sociale et humaine des organisations. Dès lors, le défi de la productivité au travail ne pourrait pas se réduire à une logique formelle de l'efficacité technicienne. C'est qu'il y aurait de l'humain et du social dans la machine productiviste. En effet, tout au côté de l'univers formalisé que s'emploient à construire les ingénieurs du management technique, se profilerait un tout autre monde, celui de l'informel fondé sur une logique des sentiments, logique qui marquerait le désir des humains de se regrouper, de communiquer librement, de se réaliser collectivement autant qu'individuellement et d'être reconnus pour autre chose que de simples facteurs de production, en particulier pour des êtres humains riches et complexes.

La direction sociale des organisations

Dès que l'on reconnaît l'importance des relations humaines au travail, il nous faut repenser le management en conséquence. C'est ainsi que la direction générale des entreprises est pensée en termes de philosophie de direction, de fonctions sociales et de contrôle de l'entreprise plutôt qu'en termes strictement techniques. Comme l'illustre la figure suivante, cette représentation du management découle d'abord du constat de l'importance des gestionnaires dans l'entreprise moderne[40]. En effet, dans un contexte où la croissance nécessite de recourir aux marchés boursiers, là où les actionnaires sont nombreux, variés et diffus, les gestionnaires acquièrent une très grande influence et peuvent même poursuivre des objectifs différents de ceux des actionnaires.

Figure 1.7 La direction sociale de l'organisation

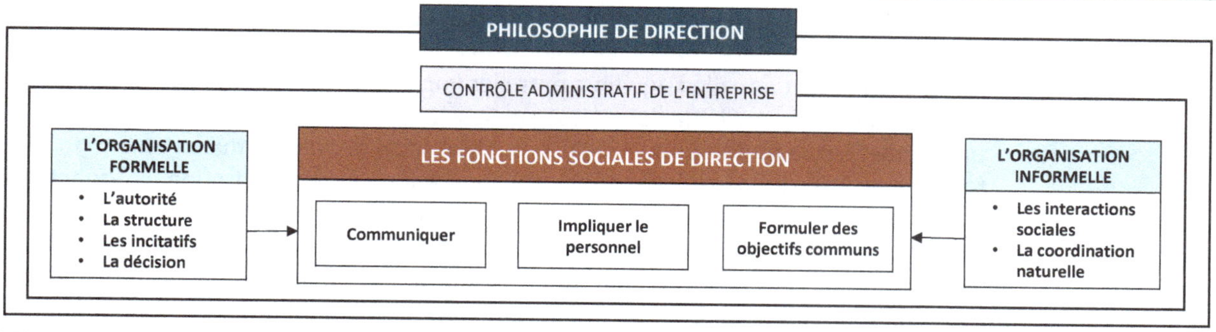

Forts de leur pouvoir et pleinement conscients de la dimension humaine et sociale de leur entreprise, les gestionnaires peuvent alors formuler une philosophie de direction qui accorde autant d'importance aux techniques d'administration qu'aux besoins des ouvriers et des communautés dans lesquelles œuvrent les entreprises. C'est notamment ce que pensait Oliver Sheldon qui, à l'époque où il dirigeait l'entreprise Rowntree au début du XXe siècle, considérait qu'il était certes du devoir des entreprises d'être efficaces en adoptant des pratiques administratives rigoureuses et en mettant au point des standards de production, mais que cela ne pouvait pas suffire à les rendre pleinement légitimes dans la société : les entreprises devraient aussi adopter une philosophie générale de direction qui comprend deux volets. D'une part, elles devraient s'engager à respecter les règles en vigueur dans la société et contribuer au développement social et économique de celle-ci. D'autre part, les gestionnaires devraient reconnaître que les ouvriers ne sont pas réductibles à des outils qui ne seraient mus que par les seuls incitatifs économiques[41].

L'importance d'une philosophie de direction humaniste fut également mise de l'avant par Mary Parker Follett qui soutenait que les organisations devaient être pensées en termes de processus sociaux, processus qui témoigneraient du fait que les humains aiment se regrouper pour mieux affirmer leur pouvoir collectif, le partager, communiquer, créer et se réaliser[42].

Le chemin ouvert par l'école des relations humaines sera aussi emprunté par un dirigeant de l'American Telephone and Telegraph, Chester Barnard, qui, en 1938, jette les bases d'une perspective sociologique et systémique des organisations[43]. Selon lui, le discours des ingénieurs de la gestion pose problème. D'abord, c'est là un discours qui ne tient pas compte de la complexité des organisations qui sont fondamentalement des systèmes complexes dans lesquels s'enchevêtrent des réalités individuelles et collectives et une infinie variété de forces physiques, biologiques, psychologiques et sociales. Le management n'a donc pas d'autres choix que de prendre acte du caractère hautement complexe des organisations et d'y adapter ses pratiques, notamment en étant sans cesse

[40] Voir : Berle, A. A. et Means, G. C., *The Modern Corporation and Private Property*, N. Y., Macmillan, 1932.

[41] Voir : Sheldon, O., *The Philosophy of Management*, Londres, Pitmann & Sons, 1924.

[42] Voir : Mousli, M., *Mary Parker Follett, pionnière du management*, Cahier du LIPSOR, octobre 2000. Follett, M. P., *Creative Experience*, Londres, Longmans, Green and Co, 1924.

[43] Voir : Barnard, C. I., *The Functions of the Executive*, Cambridge, Mass., Harvard University Press, 1938.

à la recherche des points d'équilibre entre le formel et l'informel, entre l'individuel et le collectif, entre la coopération et l'autorité, etc. En outre, avant même d'identifier des pratiques administratives qu'il conviendrait de mettre en œuvre pour accroître l'efficacité des organisations, il faut reconnaître qu'elles sont des systèmes sociaux coopératifs et que, sans une franche coopération entre tous ceux et celles qui y œuvrent, elles ne peuvent pas avoir de succès. Puis, les organisations pensées en termes très formels, comme le font Taylor et Fayol, ne sont que la moitié de l'équation sociale : l'autre est la réalité informelle mise au jour par l'école des relations humaines. D'ailleurs, selon Barnard, le succès du management ne tiendrait pas tant à la construction d'une organisation formelle que dans la recherche constante d'un équilibre entre les impératifs formels et la réalité sociale qui façonne la vie informelle de l'organisation. Sans les interactions informelles, l'organisation formelle sera toujours vouée à l'échec. Enfin, les pratiques de management doivent forcément s'inscrire dans le jeu social et coopératif qu'est l'organisation. Les fonctions que doit assumer le gestionnaire incarnent donc bien davantage une logique sociale faite de communication, d'implication sociale et de formulation d'objectifs communs qu'une logique instrumentale qui se limiterait à l'ordre de l'administration des choses et qui concevrait les membres de l'organisation comme les rouages d'une machine productive.

1.3.3 La dualité du management

Le gestionnaire d'aujourd'hui qui voudrait s'abreuver exclusivement à la source fondatrice du management aurait donc le choix entre deux architectures intellectuelles, composées chacune de deux niveaux qui s'emboîtent l'un dans l'autre. Ainsi, d'un côté, le gestionnaire logerait l'organisation scientifique du travail au centre de son action et l'engloberait d'un ensemble de pratiques administratives générales. À l'opposé, il logerait les relations humaines au travail au centre de son action et tablerait sur une direction sociale de l'entreprise qui, prenant acte de l'importance de la gestion et des relations humaines au travail, aurait avantage à miser sur une philosophie de direction respectueuse des humains et des collectivités et à faire une large place aux communications, à l'implication du personnel et à la collaboration.

Au terme de la première période de développement du management, il ressort donc que les théoriciens offrent aux gestionnaires des regards très contradictoires. Ainsi, là où la perspective technique met en lumière une organisation scientifique du travail susceptible de générer d'importants gains de productivité, au regard de la perspective sociale nous voyons plutôt les insuffisances de cette conception purement mécaniste du travail. De plus, alors que dans la perspective technique, le management s'apparente à une véritable grammaire formelle de l'action efficace, grammaire qui s'articule autour des verbes planifier, organiser, diriger et contrôler, sous le regard de la perspective sociale, le management ressort plutôt comme une pratique hautement sociale.

C'est donc sur cette franche opposition que s'inaugure la seconde période de développement théorique du management.

1.4 L'expansion du management

La **croissance** est le défi central de la période d'expansion du management.

Au lendemain de la Seconde Guerre mondiale, alors que le défi de la production a été largement relevé et se double maintenant de celui d'une **croissance** économique qui s'échelonnera sur une période de 30 ans, que l'économiste français Jean Fourastié qualifiera de « trente glorieuses[44] », la dualité du management est toujours à l'ordre du jour.

[44] Voir : Fourastier, J., Les Trente Glorieuses, ou la révolution invisible de 1946 à 1975, Paris, Fayard, 1979.

La tension entre une logique technique et une démarche qui centre l'attention sur le caractère social de la gestion persiste. Toutefois, les théories de la période se démarquent des précédentes en mettant clairement l'accent sur l'organisation plutôt que sur les seules pratiques de gestion et d'organisation du travail.

Pour leur part, les théoriciens qui contribuent à la perspective technique explorent plus à fond la grammaire de l'action administrative formulée à la période de fondation ; c'est ainsi, comme en témoigne le tableau 1.2, que le PODC s'articule maintenant autour de la planification stratégique, du design organisationnel, du leadership et du contrôle de gestion. En outre, ces raffinements du PODC sont englobés par une théorie du management formulée en termes de direction générale de l'entreprise, direction générale qui, comme nous le verrons, intègre les relations humaines au sein des pratiques de management. Ainsi, les théoriciens qui contribuent à l'enrichissement de la perspective technique ne furent pas insensibles aux critiques formulées lors de la période de fondation, et certaines problématiques propres à la perspective sociale sont maintenant incorporées dans les conceptions techniques du travail administratif, notamment dans les théories du développement organisationnel qui transforment nombre des enseignements de l'école des relations humaines en véritables techniques de direction humaine des personnes. Dès lors, bien que le clivage entre les deux perspectives persiste et serve toujours de moteur au développement théorique, il tend à s'amenuiser.

Tableau 1.2 **Les théories de la période d'expansion**

LA PERSPECTIVE TECHNIQUE	LA PERSPECTIVE SOCIALE
La direction générale des entreprises	**Le comportement administratif**
• L'institution administrative • Les tâches de la direction • Les responsabilités de la direction	• Les comportements • Les stimuli • Les décisions
Les processus administratifs	**La psychologie du comportement organisationnel**
• La planification stratégique • Le design organisationnel • Le leadership • Le contrôle de gestion	• La motivation au travail • La communication • Le leadership • Les groupes
Le développement organisationnel	**La structure sociale de l'organisation**
• Le changement planifié • La dynamique de groupe • La gestion des conflits • La gestion participative • L'arrimage sociotechnique • La qualité de vie au travail	• Les jeux de pouvoir • Les groupes • La bureaucratie • L'aliénation au travail • La contingence

1.4.1 La perspective technique

Au regard de la **perspective technique**, le défi de la croissance est relevé par des pratiques de direction générale, par des processus administratifs et par des techniques de développement organisationnel.

Si Frederick Winslow Taylor et Henri Fayol ont nettement dominé la perspective technique de la période de fondation, c'est maintenant au tour de Peter F. Drucker de le marquer de son empreinte[45]. Au cours de cette période d'expansion, aucun autre théoricien n'a si clairement dominé et marqué l'imaginaire théorique : sa contribution est à ce point étincelante et influente qu'elle vaudra à Drucker le titre de « pape du management ».

La direction générale des entreprises

Comme nous pouvons le constater dans la figure suivante, Drucker reprend là où s'étaient arrêtés les fondateurs du management en intégrant au management technique certaines des idées de la perspective sociale. D'entrée de jeu, Drucker reconnaît que le management est un phénomène nouveau, voire une institution profondément moderne. Cette reconnaissance repose sur la croyance dans les bienfaits du management et sur le fait que le management incarnerait l'idéal du progrès des modernes. Dans cette nouvelle institution, les dirigeants seraient un actif intangible de grande valeur, ils seraient même le facteur décisif du succès économique des entreprises. Ce succès serait, en définitive, à la base de la légitimité des dirigeants au sein des sociétés modernes.

Figure 1.8 **La direction générale de l'entreprise**

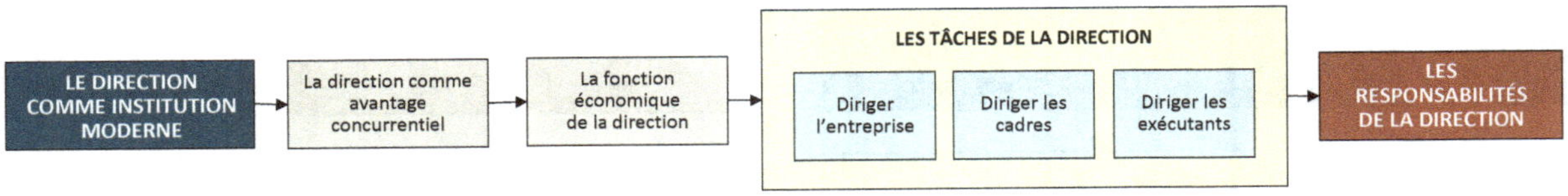

Drucker poursuit aussi l'œuvre des fondateurs du management en articulant le travail des dirigeants autour des acteurs sociaux que sont l'entreprise, les cadres et les exécutants. D'abord, il y a la direction dont l'action consiste à doter l'entreprise d'une mission respectueuse des attentes de la clientèle et des possibilités de l'entreprise, d'une stratégie tout à la fois audacieuse et adaptée au marché et d'une structure souple qui sache incarner les potentialités de la stratégie. Puis, il y a la direction des cadres qui repose notamment sur une direction par objectif qui permet de décliner la mission et la stratégie en objectifs précis et mesurables. Enfin, la direction générale doit diriger les exécutants, sans l'action desquels rien n'est possible. Assimilant les idées de l'école des relations humaines, Drucker soutient que les dirigeants devraient organiser le travail en ne perdant jamais de vue que le personnel n'est pas une dépense à inscrire à l'état des résultats, mais bien un actif qui, par son savoir, peut faire la différence entre le succès et l'échec de l'entreprise. En outre, de façon à ce que l'entreprise puisse avoir une unité d'ensemble et qu'elle devienne une véritable communauté dotée d'une culture propre, il serait du devoir des dirigeants de bien communiquer avec les exécutants et d'être attentif à tout ce qui peut les motiver. La direction devrait aussi établir un lien de confiance avec le personnel et encourager une participation franche et ouverte.

[45] Au cours de sa carrière, Peter Drucker a publié près de 40 livres et des centaines d'articles, dont plusieurs dans la prestigieuse revue américaine *Harvard Business Review.* Ses principaux ouvrages sont : Drucker, P. F., *The Concept of the Corporation,* N. Y., Harper & Row, 1946 ; Drucker, P. F., *La pratique de la direction des entreprises.* Paris, Éditions d'Organisation, 1957 [1954] ; Drucker, P. F., *The Effective Executive,* Londres, Heinemann, 1967 ; Drucker, P. F., *Management : Task, Responsibilities, Practices,* N. Y., Harper & Row, 1974.

Par ailleurs, puisque les entreprises sont des institutions centrales dans le monde contemporain, les dirigeants devraient non seulement assumer des responsabilités économiques et administratives, mais ils devraient aussi reconnaître qu'il est de leur devoir d'assumer des responsabilités sociales importantes, d'inscrire leurs actions dans une logique d'intérêt général et d'avoir une conduite morale irréprochable.

Si les idées de Drucker cernent bien les rôles que doivent assumer les dirigeants et combinent, d'une certaine façon, les acquis de la période précédente tout en ouvrant des pistes à suivre, notamment celle de la responsabilité sociale de l'entreprise, il reste que pour pleinement profiter de la croissance économique qui marque cette période, les dirigeants doivent aussi favoriser le développement de leur organisation. Selon les théoriciens de la période, ils peuvent y arriver en reprenant l'armature conceptuelle proposée par Fayol et en l'adaptant au défi de la croissance, à savoir réfléchir l'organisation dans sa globalité, ce qu'illustre la figure suivante :

Figure 1.9 **Les processus administratifs**

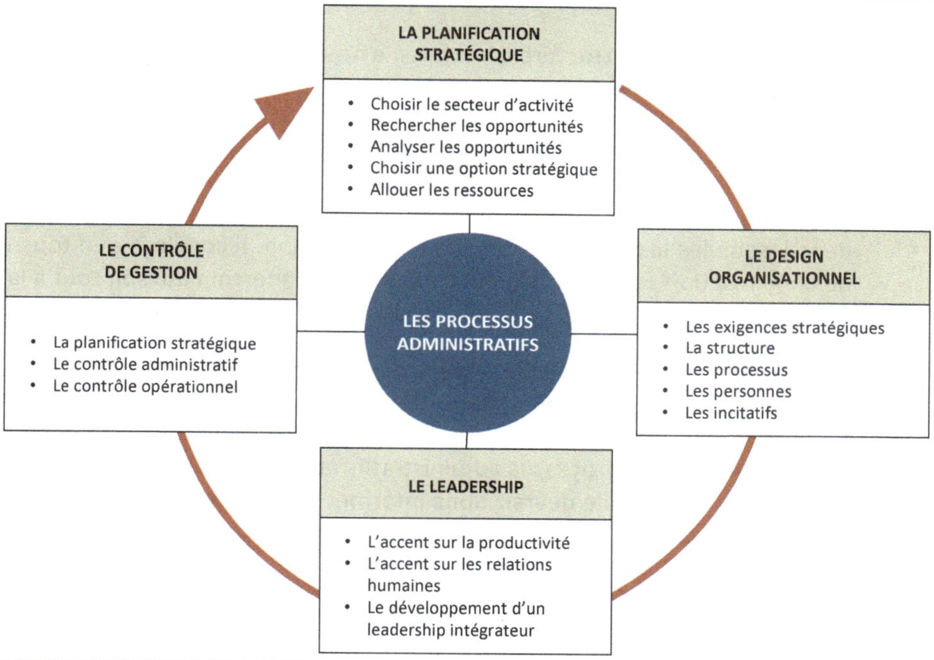

Les processus administratifs

Comme l'illustre la figure précédente, à la période d'expansion du management, les processus classiques de planification, d'organisation, de direction et de contrôle changent de nom, mais la logique d'efficacité instrumentale qui les unit reste la même. De plus, alors que les processus de la précédente période gravitaient largement autour du travail à réaliser, les processus de la période d'expansion embrassent maintenant du regard la totalité de l'organisation. Ce n'est plus seulement le travail qu'il faut planifier, mais toute la stratégie de l'organisation ; ce n'est plus simplement les tâches qu'il faut organiser et coordonner, mais toute la structure de l'organisation qu'il faut concevoir et mettre en œuvre ; ce ne sont plus uniquement des personnes qu'il faut diriger, mais c'est l'organisation dans son ensemble qui doit adhérer à un style de leadership qui soit intégrateur de ses aspects tant économiques qu'humains ; quant au contrôle, il doit maintenant couvrir toute la réalité de l'organisation et s'inscrire dans la foulée de la planification stratégique.

La planification devient donc stratégique et commande aux organisations de miser sur leurs forces et de tirer avantage des occasions de croissance qu'offre l'environnement[46]. Surtout, par son caractère stratégique, c'est elle qui serait à même de garantir aux organisations une réelle croissance et qui devrait, de ce fait, orienter tous les autres processus administratifs[47]. Toutefois, pour que cette croissance soit effectivement au rendez-vous, les gestionnaires doivent suivre un processus formel qui va du choix d'un secteur d'activité riche en potentiel de croissance jusqu'à la planification minutieuse de la mise en œuvre des choix stratégiques, notamment par une gestion fine et rationnelle de l'allocation des ressources organisationnelles[48].

Lorsque les choix stratégiques ont été formulés et que les ressources requises pour les réaliser ont été identifiées, il s'agit donc de passer à l'action. C'est là que le processus de design organisationnel prend le relais[49]. Celui-ci s'amorce par la traduction de la stratégie en exigences qu'il convient de respecter, notamment en termes de capacité stratégique à développer. Il s'agit aussi de concevoir une structure qui incarne la stratégie et donne vie à des processus de travail dans lesquels les personnes peuvent miser sur leurs habiletés tout en voyant leurs efforts récompensés par nombre d'incitatifs.

Toutefois, arrimer la structure à la stratégie ne suffit pas à assurer la croissance des organisations[50]. Il faut aussi développer le leadership au sein de l'organisation. Ce leadership, les théoriciens de la période le voient comme intégrant les impératifs de productivité et le souci de relations humaines harmonieuses[51]. Il ne s'agit plus, comme à la précédente période, de miser sur l'une ou l'autre des facettes de la réalité du travail, mais bien de les combiner de manière véritablement efficace. Surtout, à l'aide de séances de formation dans lesquelles les groupes sont mis à contribution, il convient que tous les membres de l'organisation partagent l'idéal d'un style de leadership qui soit tout à la fois efficace et humain.

Finalement, les théoriciens de la période considèrent que les gestionnaires devraient mettre en œuvre un véritable système de contrôle de gestion, système qui aurait à sa base les objectifs stratégiques qu'il convient d'atteindre et se prolongerait dans l'action via un contrôle de tous les processus administratifs et un contrôle des opérations concrètes[52]. Ce système de contrôle devrait donc informer les gestionnaires sur la totalité de la vie organisationnelle et ne pas se limiter à des mesures liées à la seule productivité au travail.

Le développement organisationnel

Si fonder le management sur une direction générale et activer des processus administratifs englobants sont clairement des moyens nécessaires pour profiter de la croissance économique, ils ne suffisent pas, selon les théoriciens de la période, à assurer la croissance des organisations. Les dirigeants doivent aussi planifier les changements à mettre en œuvre

---

[46] Voir : Andrews, K. R., *The Concept of Corporate Strategy*, Homewood, Ill., Irvin, 1971.

[47] Voir : Ansoff, H. I., *Corporate Strategy*, N. Y., McGraw-Hill, 1965.

[48] Voir : Bower, J. L., *Managing the Resource Allocation Process*. Cambridge, Mass., Harvard University, 1970.

[49] Voir notamment : Galbraith, J. R., *Organization Design*, Reading, Mass., Addison-Wesley, 1977; Lawrence, P. et J. Lorsch, *Adapter les structures de l'entreprise*, Paris, Éditions d'Organisation, 1989 [1967].

[50] Voir aussi : Chandler, A. D. jr., *Strategy and Structure*, Cambridge, Mass., MIT Press, 1962.

[51] Voir : Blake, R. R. et J. S. Mouton, *The Managerial Grid*, Houston, Gulf publ., 1964.

[52] Voir : Anthony, R. N., *Planning and Control System*, Cambridge, Mass., Harvard University, 1965.

et surtout s'impliquer directement dans le développement des relations humaines au sein de l'organisation. C'est là que le développement organisationnel entre en jeu. En misant sur ce dernier, les dirigeants inscrivent certes leurs actions dans une logique de planification qui fait écho aux processus administratifs classiques, mais leur démarche s'inscrit aussi dans la foulée des découvertes de l'école des relations humaines[53]. Pour accroître l'efficacité organisationnelle et profiter de la croissance économique, les dirigeants doivent loger l'humain au centre des changements souhaités. Gagnés aux vertus du développement organisationnel, les dirigeants insufflent alors un vent de changement au sein de l'organisation. Ce vent balaie d'ailleurs les moindres recoins de la vie sociale de l'organisation en prenant pour objet les dynamiques sociales au sein des groupes[54], les conflits interpersonnels et entre les groupes[55], la participation à la gestion de l'organisation[56], la qualité de vie au travail[57] et l'arrimage entre les impératifs techniques et économiques de l'organisation et les relations humaines au travail[58].

En somme, si la direction doit être pensée en termes de changements continus et planifiés, elle est aussi réfléchie à l'aune des découvertes de la psychologie organisationnelle[59]. En effet, à partir de l'étude du comportement humain, il s'agit de développer les relations humaines au travail en escomptant que l'organisation soit un lieu d'épanouissement personnel tout autant qu'un espace propice à l'éclosion d'une productivité constante.

1.4.2 La perspective sociale

Devant les raffinements du management proposés par les théoriciens qui contribuent à la perspective technique, les théoriciens de la perspective sociale s'emploient à montrer les limites d'un management trop technique et ils esquissent de nouvelles interprétations de la réalité administrative qui, toutes, logent l'humain au centre de la réflexion.

Au regard de la **perspective sociale**, le défi de la croissance implique une prise en compte du comportement humain au sein de l'entreprise, notamment le comportement administratif, psychologique et sociologique.

Le comportement administratif

Herbert A. Simon[60], lauréat du prix Nobel d'économie en 1978, domine la perspective sociale de la période en formulant une critique du management technique sur la base des limites de la rationalité humaine. Comme l'illustre la figure suivante, loin de se réduire à une logique instrumentale dans laquelle la mise en œuvre mécanique du PODC serait garante de succès, le management serait fondamentalement un processus humain et collectif de traitement de l'information et de prise de décision afin d'atteindre les objectifs de l'organisation.

---

53 Beckhard, R. E., *Organizational Development: Strategies and Models*, Reading, Mass., Addison-Wesley, 1969; Schein, E. H., *Process Consultation: its Role in Organizational Development*, Reading, Mass., Addison-Wesley, 1969.

54 Voir : Argyris, C., « T-Group for Organizational Effectiveness », *Harvard Business Review*, mars-avril 1964.

55 Voir : Walton, R. E., *Interpersonal Peacemaking: Confrontation and Third Party Consultation*, Reading, Mass., Addison-Wesley, 1969.

56 Voir : Likert, R. *New Patterns of Management*, N. Y., McGraw-Hill, 1961; Likert, R., *The Human Organization: Its Management and Value*, N. Y., McGraw-Hill, 1967.

57 Voir : Davis, L. E. et A. B. Cherns (dir.), *The Quality of Working Life*, N. Y., The Free Press, 1975.

58 Voir : Trist, E. L. et K. W., Bamforth, « Some Social and Psychological Consequences of the Longwall Method of Coal Getting », *Human Relations*, 1951, 4 : 3-38.

59 Voir : Bennis, W. G., *Changing Organizations*, N. Y., McGraw-Hill, 1966 ; Bennis, W. G., *Organization Development: its Origins and Prospects*, Reading, Mass., Addison-Wesley, 1969.

60 Voir : Simon, H. A., *Administrative Behavior,* N. Y., The Free Press, 1947. Voir aussi : March, J. G. et H. A. Simon, *Organizations,* N. Y., Wiley, 1958.

Figure 1.10 **Le comportement administratif**

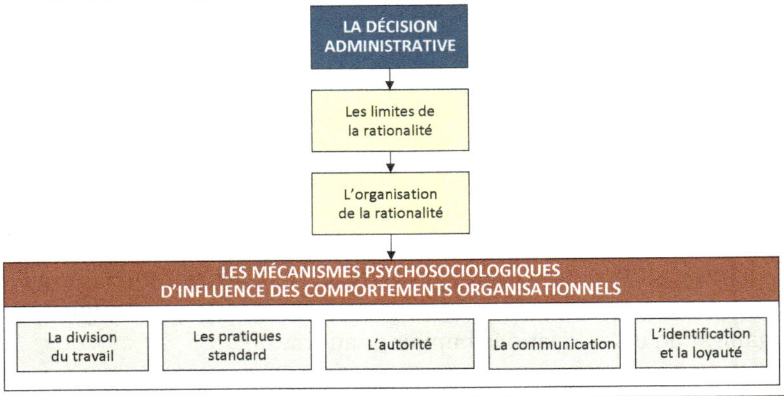

Dans le processus administratif de prise de décision, le management s'assimile à une responsabilité initiée par la direction, mais largement partagée par tous les membres de l'organisation. En outre, tout en étant aux commandes de ce processus, les gestionnaires ne seraient pas ces décideurs idéalisés qui auraient accès à toutes les informations pour réaliser les objectifs de l'organisation et en maximiser les performances. En fait, à l'image de tous les humains, les gestionnaires seraient plutôt des décideurs ayant une capacité restreinte de traitement de l'information et donc une rationalité limitée. Pour pallier leurs limites tout en recherchant l'efficacité organisationnelle, les gestionnaires n'auraient pas d'autres choix que de compter sur la contribution de l'ensemble des membres de l'organisation. Ainsi, et du fait même des limites de la rationalité humaine, le management serait l'affaire de tous. Toutefois, pour que tous les membres de l'organisation inscrivent véritablement leurs actions dans une quête collective de rationalité, les gestionnaires devraient concevoir des arrangements psychosociologiques, arrangements qui orienteraient leurs comportements tout en les solidarisant aux nécessités d'une prise de décision efficace.

En misant sur la division du travail, des pratiques standardisées, l'autorité hiérarchique, la communication et la loyauté, les gestionnaires construisent donc des environnements de travail qui simplifient et orientent le traitement de l'information requis pour faciliter la prise de décision et ainsi réaliser avec efficacité les objectifs de l'organisation. La qualité des décisions administratives s'en trouve donc accrue. Bien sûr, même collectivement partagées à la suite des arrangements administratifs, les décisions organisationnelles demeurent toujours le fruit des limites humaines et sont forcément imparfaites, mais l'arrimage administratif des possibilités des uns et des autres contribuerait néanmoins à en accroître la rationalité et serait porteur d'une véritable efficacité organisationnelle.

Le comportement organisationnel

Dans le second courant qui enrichit la perspective sociale de la période, les théoriciens jettent les bases d'une interprétation psychologique du comportement humain au sein de l'organisation. À l'instar de Simon, selon ces théoriciens, comprendre le comportement des humains serait un nécessaire prérequis à l'action administrative. D'ailleurs, sans une telle compréhension, le management ne serait qu'une technique inhumaine et inefficace. Cette compréhension gravite autour de quatre pôles de compréhension, à savoir la motivation au travail, l'impact de la communication organisationnelle, l'influence de l'appartenance à un groupe de travail et le leadership des gestionnaires.

Premièrement, le comportement au sein de l'organisation serait fonction de la motivation au travail et il appartiendrait au management de créer un milieu propice à son expression. Pour y parvenir, les gestionnaires doivent prendre conscience que la motivation au travail est liée aux besoins que le personnel cherche à combler[61], au désir de se réaliser sur les lieux de travail[62], à la personnalité de chacun[63], aux caractéristiques du travail qui suscitent, ou non, de la satisfaction[64], aux attentes des uns et des autres qui doivent être comblées[65] et aux pratiques de gestion qui doivent être interprétées comme étant équitables par les membres de l'organisation[66].

Deuxièmement, le comportement organisationnel serait lié aux processus formels et informels de communication qui permettent aux membres de l'organisation d'échanger des informations, de partager des interprétations et de s'impliquer émotivement dans la vie organisationnelle. Ainsi, la communication organisationnelle ne serait pas réductible à un échange hiérarchique d'informations et comporterait même son lot de biais et de barrières qui rendraient caduques toutes prétentions à l'atteinte d'une transmission objective de directives aisément décodables et facilement applicables[67].

Troisièmement, la vie en organisation s'inscrirait dans des groupes formels et informels, le comportement des individus étant largement tributaire de leur appartenance à des groupes, des rôles qu'ils y jouent, des normes qu'ils respectent et de la nature des interactions entre ses membres[68].

Finalement, les théoriciens du comportement organisationnel attirent l'attention des gestionnaires sur le fait que certains styles de leadership peuvent inciter les subordonnés à se dévouer et à se dépasser sur les lieux de travail[69] et qu'il n'existe pas une telle chose qu'un leadership universel qui pourrait garantir, dans toutes les situations, des relations de travail harmonieuses et productives. En fait, l'efficacité du leadership serait fonction du contexte dans lequel il s'exerce, des forces de celui qui l'assume et des subordonnés qui reconnaissent, ou non, l'autorité du leader[70].

La structure sociale de l'organisation

Alors que les théoriciens du comportement organisationnel soulignent la nécessité pour le management de prendre en compte la réalité psychologique de la vie en organisation et d'y adapter ses pratiques, nombre de théoriciens du social mettent plutôt de l'avant le caractère profondément social de l'organisation. Pour ces théoriciens, à l'image de la société, les organisations se caractériseraient par leur structure sociale, structure dans laquelle les gestionnaires, bien que dominants, ne seraient qu'un des groupes sociaux parmi d'autres. Ainsi, loin de se réduire à des hiérarchies formelles qu'animeraient des

---

[61] Voir : Maslow, A. H., *Motivation and Personality*, N. Y., Harper & Row, 1954.

[62] Voir : McClelland, D. C., *The Achieving Society*, Princeton, N. J., Van Nostrand, 1961.

[63] Voir : Argyris, C., *Personality and Organization*, N. Y., Harper & Row, 1957.

[64] Voir : Herzberg, F., *Work and the Nature of Man*, Cleveland, World publ., 1960.

[65] Voir : Porter, L. W. et E. E. Lawler, *Managerial Attitudes and Performance*, Homewood, Ill., Irwin, 1968.

[66] Voir : Adams, J. S., « Toward an Understanding of Inequity », *Journal of Abnormal and Social Psychology*, 1963, 67(5): 422-436.

[67] Voir : Rogers, C., « Barriers and Gateways to Communication », *Harvard Business Review*, Juillet-Août, 1952.

[68] Voir : Cartwright, D. et A. Zander (dirs.), *Group Dynamics*, N. Y., Row, Peterson and Co., 1962 ; Hare, P. A., Borgatta, E. F. et R. F. Bales (dirs.), *Small Groups*, N. Y., Alfred A. Knopf, 1966.

[69] Voir : McGregor, D., *The Human Side of Enterprise*, N. Y., McGraw-Hill, 1960.

[70] Voir : Tannenbaum, R. et W. H. Schmidt, « Comment choisir un style de leadership », dans Laurin, P., *Le management*, Montréal : McGraw-Hill, 1973. Voir aussi : Zaleznik, A., *Human Dilemmas of Leadership*, N. Y., Harper & Row, 1966.

processus techniques d'administration, les organisations prendraient la forme de structures sociales dans lesquelles on retrouverait, notamment, des jeux de pouvoir[71], des valeurs, de l'aliénation[72], des dysfonctionnements administratifs[73] et une bureaucratisation des relations sociales[74], laquelle empêcherait d'ailleurs les organisations de s'adapter aux exigences changeantes de l'environnement[75].

Par ailleurs, tout comme les théoriciens du comportement organisationnel, les théoriciens du social soulignent, eux aussi, que le management ne peut être que varié et adapté à son contexte d'action. Selon eux, la structure sociale de l'organisation, et conséquemment le management, serait fonction de quatre facteurs de contingence, à savoir l'âge de l'organisation, sa taille, la technologie de production qu'elle met en œuvre et l'environnement dans lequel elle opère.

1.4.3 La dualité du management

Le gestionnaire d'aujourd'hui qui voudrait s'abreuver exclusivement à la source de cette seconde période du management aurait le choix entre deux architectures intellectuelles, composées de trois niveaux qui s'emboîtent les uns dans les autres. Ainsi, d'un côté, le gestionnaire devrait formuler les grands principes d'une direction générale et les mettre en œuvre par des principes administratifs englobant tout en mobilisant son personnel par le recours à des techniques de développement organisationnel. De l'autre, avant de se lancer dans l'action, le gestionnaire devrait prendre acte du fait que l'administration est un processus collectif de décision ancré dans une réalité organisationnelle qui est tout à la fois psychologique et sociologique.

En fait, le gestionnaire gagné aux vertus de la sagesse aurait tout intérêt à tenter d'hybrider les deux regards et d'ainsi considérer que si son action s'inscrit dans une quête d'efficacité, elle peut aussi se nourrir d'une perspective sociale.

1.5 La reformulation du management

La **compétitivité** est le défi central de la période de reformulation du management.

Après plus de 30 ans de gestion de la croissance, la question du management pouvait apparaître comme étant définitivement réglée. La recette était maintenant connue, acceptée par les praticiens et largement diffusée dans des manuels pédagogiques qui la codifiaient et la déclinaient en techniques formelles et humaines de gestion des organisations complexes[76]. Pour construire des organisations qui soient tout à la fois efficaces et humaines, les gestionnaires devaient miser autant sur la raison technicienne que sur le tissu social et psychologique de leur collectif. Ils pouvaient mobiliser les techniques des deux premières périodes de développement et ils pouvaient aussi tendre l'oreille aux interprétations des théoriciens qui les enjoignaient à humaniser leurs pratiques.

---

71 Voir : Cyert, R. M. et J. G. March, *A Behavioral Theory of the Firm*, Englewood Cliffs, N. J., Prentice Hall, 1963.

72 Voir : Braverman, H., *Labor and Monopoly Capital*, N. Y., Monthly Review Press, 1974.

73 Voir : Blau, P. M., *Bureaucracy in Modern Society*, N. Y., Random House, 1956.

74 Voir : Crozier, M., *Le phénomène bureaucratique*, Paris, Seuil, 1963.

75 Voir : Burns, T. et G. M. Stalker, *The Management of Innovation*, Londres, Tavistock, 1961.

76 Parmi les principaux manuels pédagogiques qui offraient une synthèse « achevée » du management, voir notamment : Laurin, P. (dir.), *Le management. Textes et cas,* Montréal, McGraw-Hill, 1973 ; Koontz, H. et C. O'Donnell, *Management. Principes et méthodes de gestion.* Paris, McGraw-Hill, 1980 [1978].

Tout allait donc pour le mieux dans le meilleur des mondes. Ne restait alors qu'à réaliser le toujours précaire et délicat équilibre entre la réalité technique de l'organisation et ses dimensions profondément humaines. C'était sans compter la turbulence économique, particulièrement la récession des années 1970, les crises du pétrole et la montée en puissance des économies du Japon et de l'Allemagne. La recette qui semblait achevée ne l'était plus. Elle a donc été remise au fourneau.

Du côté de la perspective technique, l'organisation devient un espace assiégé qui, pour survivre, n'a pas d'autres choix que d'adopter des stratégies compétitives, de miser sur la qualité de sa production, de se définir une culture propre et gagnante et d'en revenir à la pleine maîtrise d'habiletés de base de management.

Sous la lorgnette de la perspective sociale, l'environnement organisationnel devient l'objet central des réflexions et il est pensé en termes sociopolitiques et culturels. Le management ne doit donc pas fixer son attention sur la seule dynamique économique et y répondre par des stratégies concurrentielles. Les théoriciens qui contribuent à enrichir la perspective sociale se font d'ailleurs très critiques des conceptions techniques du management, et ils proposent un tout autre regard sur les pratiques de management en levant le voile sur les caractéristiques du travail quotidien des gestionnaires.

On l'aura compris, après le travail et sa gestion lors de la première période, l'organisation, lors de la seconde, c'est au tour de l'environnement des organisations d'occuper le devant de la scène et de susciter de nombreuses réflexions théoriques.

Tableau 1.3 **Les théories de la période de reformulation**

LA PERSPECTIVE TECHNIQUE	LA PERSPECTIVE SOCIALE
Le management stratégique • La dynamique concurrentielle • Le positionnement stratégique • L'avantage concurrentiel • La qualité totale	**L'environnement sociopolitique de l'organisation** • Les parties prenantes • Les institutions • Les populations d'organisation • La dynamique politique
Le management de la culture d'entreprise • Le management japonais • Le culte de l'excellence	**L'environnement culturel des organisations** • Les cultures nationales • Les logiques culturelles
Les habiletés de direction • La négociation et le changement • Le sens commun • Le management des connaissances	**Le management au quotidien** • Le travail des gestionnaires • Les rôles de gestion

Au regard de la **perspective technique**, le défi de la compétitivité est relevé par un management stratégique et culturel et par l'accent mis sur des habiletés concrètes de direction.

1.5.1 La perspective technique

Lors de cette troisième période de développement théorique, le management classique est reformulé pour être adapté au défi que représente la quête de compétitivité inhérente au contexte de turbulence économique de l'époque. Dès lors, le PODC de la première période devient le sous-texte de nouvelles pratiques. Ainsi, la planification se mue en management stratégique, l'organisation du travail cède sa place à l'érection d'une culture performante, la direction se décline en termes d'habiletés relationnelles concrètes plutôt que d'autorité hiérarchique à faire respecter et le contrôle revêt la forme d'un management de la qualité totale de la production intégré au management stratégique.

Le management stratégique

D'entrée de jeu, le management prend acte de la nouvelle donne économique. Selon les théoriciens de cette période, notamment Michael E. Porter qui domine l'imaginaire du moment, il ne s'agit plus, pour les dirigeants, de planifier stratégiquement la croissance de leur organisation, mais bien de développer un véritable management stratégique[77]. Comme l'illustre la figure suivante, si le management stratégique prend sa source dans le constat de la turbulence économique et dans le rôle décisif que joue la concurrence dans la survie des entreprises, il s'engage surtout dans une quête d'avantage concurrentiel considéré comme le seul moyen d'acquérir un positionnement stratégique favorable.

Figure 1.11 **La nécessité d'un management stratégique**

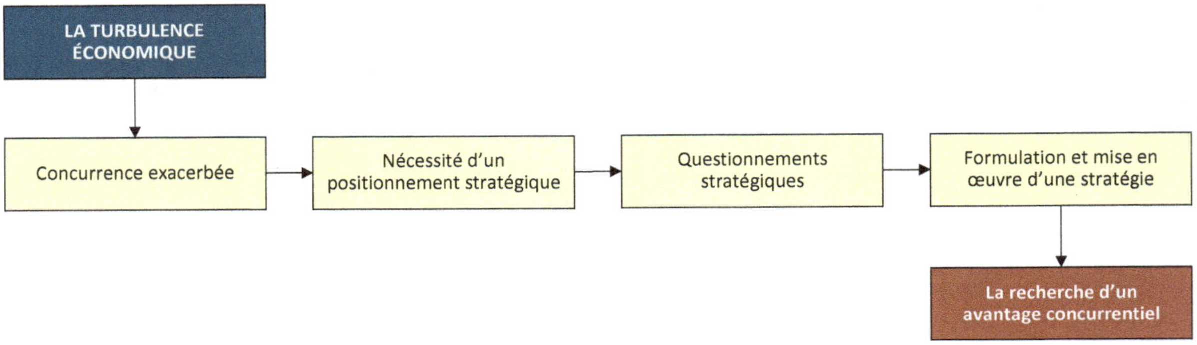

La compétition atteignant maintenant des niveaux d'intensité inédits, les organisations ne pourraient donc plus se contenter d'anticiper rationnellement leur avenir. Elles devraient plutôt s'engager dans un jeu stratégique dont l'enjeu serait leur survie même. Dès lors, la pensée stratégique devient, en quelque sorte, une obsession de chaque instant[78], et certains théoriciens de la période vont jusqu'à soutenir qu'elle devrait concourir à la formation d'un métamanagement dont la mission serait de gouverner l'ensemble des pratiques de management[79]. D'ailleurs, sous l'impulsion des théoriciens de la période, la pensée stratégique dévore tout sur son passage et transforme tout en objet stratégique. Ainsi, le leadership des dirigeants est vu comme étant une des sources de l'avantage concurrentiel dont doivent

[77] Voir : Porter, M. E., *Choix stratégiques et concurrence,* Paris, Economica, 1982 [1980].

[78] Voir : Noël, A., « Strategic Cores and Magnificent Obsessions. Discovering Strategy Formation through Daily Activities of CEOs », *Strategic Management Journal*, 1989, 10: 30-49.

[79] Voir : Hafsi, T., « Du management au méta-management : les subtilités du concept de stratégie », *Gestion*, 1985, 10(1).

maintenant se doter les organisations[80]. L'environnement est représenté comme un espace de rivalités stratégiques entre des concurrents, rivalités attisées par des forces dynamiques, tels les jeux stratégiques des fournisseurs, des clients, des concurrents potentiels et des gouvernements[81]. Les ressources, particulièrement celles qui sont intangibles et difficilement imitables, comme peut l'être, par exemple, la culture d'une organisation, deviennent, elles aussi, une source potentielle d'avantage concurrentiel[82]. Enfin, les activités font l'objet d'une réflexion particulière lorsqu'elles sont représentées sous la forme d'une chaîne de valeur qui permet de distinguer les activités qui sont créatrices de valeur de celles qui ne le sont pas[83]. Alors que les premières devraient être entretenues et développées, car elles pourraient être la source d'un avantage concurrentiel, les secondes devraient plutôt être soit éliminées, soit imparties à des sous-traitants.

Par ailleurs, pour se tailler une place enviable dans l'environnement d'affaires de la période, les organisations devraient non seulement user de stratégies et de tactiques à saveur militaire, mais, aux dires des théoriciens du management de la qualité totale, elles devraient aussi tirer les leçons de l'expérience japonaise : il conviendrait de réfléchir en termes de qualité totale et de mettre en œuvre des processus et des principes de gestion qui favoriseraient l'amélioration continue des procédés de production[84]. Selon les théoriciens du management de la qualité totale, une entreprise ne peut pas escompter acquérir un avantage concurrentiel si elle ne mise pas sur la qualité de ses produits. D'une part, les clients sont à la recherche de produits de qualité et, d'autre part, les coûts engendrés par une production de mauvaise qualité fragilisent toujours la rentabilité de l'entreprise. Les gestionnaires doivent donc recourir à des techniques d'analyse des causes de ces déficiences et les éliminer. Toutefois, l'essentiel n'est pas dans le recours à des techniques d'analyse, mais bien dans une quête d'amélioration continue. D'une certaine façon, le management de la qualité totale prend la forme d'une véritable culture de l'apprentissage organisationnel en misant sur l'amélioration continue des processus de production[85].

Le management de la culture d'entreprise

Si la montée en puissance de l'économie japonaise a conduit le management à raffiner ses techniques, particulièrement en matière de gestion de la qualité, l'exemple japonais aura aussi des répercussions en termes de réflexions identitaires. Ainsi, nombre de théoriciens de la période considèrent que pour faire face à la mondialisation des marchés, les organisations ne peuvent plus se contenter de miser sur des processus administratifs aussi raffinés soient-ils. Les organisations devraient maintenant s'ouvrir aux nouvelles techniques de gestion à la japonaise et incorporer à leurs pratiques les cercles de qualité, le *kanban*, le juste à temps, le *jidoka*, etc[86].

---

[80] Voir : Kotter, J., *The Leadership Factor*. N. Y., The Free Press, 1988.

[81] Voir notamment : Porter, M. E., *Choix stratégiques et concurrence*, Paris, Economica, 1982 [1980].

[82] Voir notamment : Barney, J. B. et D. N. Clark, *Resource-Based Theory*, Oxford, Oxford University Press, 2007.

[83] Voir : Porter, M. E., *L'avantage concurrentiel*, Paris, InterÉditions, 1986 [1985].

[84] Voir, en particulier : Deming W. E., Out of the Crisis, Cambridge, Mass., MIT Center for Advanced Engineering Study, 1982; Juran, J., *Planning for Quality*, N. Y., The Free Press, 1988.

[85] Sur les logiques d'apprentissage organisationnel, voir : Argyris, C. et D. A. Schön, *Organizational Learning. A Theory of Action Perspective*, Reading, Mass., Addison-Wesley, 1978.

[86] Ces techniques de gestion furent développées chez Toyota. Alors que les cercles de qualité visent le partage de l'information entre les ouvriers de façon à accroître la qualité de la production, le *kanban* est un système de contrôle qui fait le suivi de la production, le juste à temps est une technique de gestion serrée des inventaires et le *jidoka* est la technique qui permet aux ouvriers de la production, dès qu'ils constatent un problème, de stopper la chaîne de montage. Voir : Ohno, T., *Workplace Management*, Cambridge, Mass., Productivity Press, 1982; Ohno, T., *Toyota Production System*, Cambridge, Mass., Productivity Press, 1988.

Pour d'autres théoriciens, il faudrait aller encore plus loin et doter les organisations de cultures fortes, performantes, voire excellentes[87]. Adopter de nouvelles cultures d'entreprise s'imposerait du fait des dysfonctionnements induits par les processus administratifs mis de l'avant par le management technique, notamment la tendance à rechercher les économies d'échelle au détriment de l'emploi, à faire une fixation sur les coûts aux dépens des possibilités de revenus, à avoir un parti pris pour l'analyse au détriment de l'action, à donner préséance aux plans formels, aux contrôles, aux structures, à la productivité et aux chiffres plutôt qu'aux humains, à donner priorité à la prise de décision plutôt qu'à l'exécution, à privilégier l'image comptable à la réalité d'entreprise et, enfin, à toujours miser sur la croissance économique au mépris des compétences organisationnelles[88]. Pour faire face à la mondialisation des marchés, les organisations devraient plutôt prendre le parti de l'action, favoriser l'expérimentation, être à l'écoute des clients en leur offrant des produits différenciés de qualité et un service impeccable, favoriser l'autonomie et l'esprit d'innovation en misant sur des leaders innovateurs, en reconnaissant le droit à l'erreur et en mettant en place des structures souples et flexibles, asseoir la productivité sur la motivation du personnel, miser sur la participation du personnel, mobiliser le personnel autour d'une valeur centrale, fonder l'action sur les compétences organisationnelles, préserver une structure simple et souple, tabler sur le travail de petites équipes autonomes et, finalement, combiner la souplesse et la rigueur, la décentralisation et la centralisation[89]. Pour plusieurs théoriciens, ces cultures fortes et performantes seraient donc une tentative de reformulation de tous les enseignements du management technique.

Les habiletés de direction

Si l'éveil stratégique, le management de qualité totale et l'édification d'une culture organisationnelle forte et performante s'avèrent utiles et nécessaires pour relever les défis de la période, cela ne semble pourtant pas suffisant pour assurer l'avenir des organisations. Ainsi, les gestionnaires devraient surtout incarner les nouvelles réalités socioéconomiques dans des habiletés concrètes de gestion, notamment en matière de changements organisationnels[90] et de négociation[91]. En outre, nombre de théoriciens de la période prônent la reformulation des techniques de management en termes d'habiletés tirées du sens commun[92], telle l'habileté à clarifier les attentes, à faire l'éloge du travail des uns et des autres, à réprimander parfois, mais surtout à ne ménager aucun encouragement au dépassement, à être proactif, à ne pas perdre de vue les objectifs à atteindre et, finalement, à toujours avoir une pensée positive. Enfin, d'autres théoriciens prennent acte de la montée en puissance de la société d'information qui sera au principe de la prochaine période et proposent des habiletés en matière de gestion des connaissances[93].

---

[87] Voir : Deal, T. E. et A. A. Kennedy, *Corporate Cultures*, Reading, Mass., Addison-Wesley, 1982; Ouchi, W. G., *Theory Z*, Reading, Mass., Addison-Wesley, 1981; Pascale, R. T. et A. G. Athos, *The Art of Japanese Management*, N. Y., Warner Book, 1981 ; Peters, T. et R. Waterman, *In Search of Excellence*, N. Y., Harper & Row, 1982.

[88] Voir : Peters, T. et R. Waterman, *In Search of Excellence*, N. Y., Harper & Row, 1982.

[89] *Ibid.*

[90] Voir : Kanter, R. M., *The Change Master*, N.Y., Simon & Schuster, 1983.

[91] Voir : Fisher, W. et M. Ury, *Getting to Yes*, Boston, Houghton Mifflin Company, 1981.

[92] Voir : Blanchard, K. et S. Johnson, *The One Minute Manager*, N. Y., Berkley Publ. Group, 1983; Covey, S. R., *The Seven Habits of Highly Effective People*, N. Y., Simon & Schuster, 1989.

[93] Voir : NonakaO, I. et H. Takeuchi, *The Knowledge-Creating Company*, N. Y., Oxford University Press, 1995.

1.5.2 La perspective sociale

À l'instar de leurs collègues de l'autre perspective, les théoriciens de la perspective sociale logent, eux aussi, l'environnement organisationnel au centre de leurs réflexions. Toutefois, là où les premiers mettent l'accent sur la dynamique économique et concurrentielle, ceux-ci conçoivent plutôt l'environnement organisationnel en termes sociopolitiques et culturels. En fait, selon eux, la dynamique organisationnelle n'a de sens qu'au regard de son ancrage dans des relations sociales, politiques et culturelles : le management ne saurait être réduit à une mécanique de choix stratégiques, à des analyses de positionnement concurrentiel et à la mise en œuvre d'un management de la qualité ou d'une culture performante. En fait, les gestionnaires doivent comprendre qu'ils sont des acteurs sociaux dont les actions s'inscrivent toujours dans des logiques qui transcendent le seul territoire de l'organisation.

Au regard de la **perspective sociale**, le défi de la compétitivité implique une prise en compte de l'environnement sociopolitique et culturel des organisations ainsi qu'une redéfinition du travail même des gestionnaires.

L'environnement sociopolitique

Sous le regard de la perspective sociale, les organisations doivent constamment interagir avec une très grande variété de parties prenantes qui toutes exercent des pressions sur les organisations de façon à satisfaire leur intérêt[94]. Face aux attentes des parties prenantes que sont les consommateurs, les gouvernements, les médias, les actionnaires, les environnementalistes, les groupes communautaires et de tant d'autres, le management ne peut donc plus se réduire à une technique purement stratégique. Le management doit se reformuler comme étant tout à la fois un enjeu et un arbitre entre différentes parties prenantes. L'art de la négociation semble devoir prendre le dessus sur les processus administratifs formels.

L'inscription de l'organisation dans son environnement sociopolitique ne se limite toutefois pas au seul jeu de la négociation entre diverses parties prenantes aux intérêts variés et contradictoires. Ainsi, certains théoriciens de la période conçoivent aussi cette inscription en termes de darwinisme social et considèrent que les organisations lutteraient pour assurer leur survie au sein d'une écologie organisationnelle[95]. Puis, d'autres théoriciens mettent de l'avant qu'en relation avec leur environnement, les organisations institutionnaliseraient diverses pratiques, règles et procédures et qu'elles gagneraient ainsi en légitimité et en accès aux ressources requises pour leur développement[96].

Par ailleurs, l'ancrage sociopolitique permet aussi d'analyser en termes politiques la vie au sein de l'organisation, car ce qui vaut pour les relations avec les parties prenantes vaut aussi pour les membres de l'organisation[97]. Sous ce regard, les organisations sont aussi des univers profondément politiques dans la mesure où elles mettent en présence une diversité d'acteurs aux intérêts pas toujours convergents et très souvent contradictoires[98].

---

94 Voir : Freeman, R. E., *Strategic Management. A Stakeholder Approach,* Boston, Pitman, 1984.

95 Voir : Hannan, M. T. et Freeman, J. F., « The Population Ecology of Organizations », *American Journal of Sociology,* 1977, 82 : 929-964; Aldrich, H., *Organizations and Environments,* Englewood Cliffs, N. J., Prentice-Hall, 1979.

96 Voir : DiMaggio, P. J. et W. W. Powell, « The Iron Cage Revisited: Institutional Isomorphism and Collective Rationality in Organizational Fields », *American Sociological Review,* 1985, 48 : 134-149. Pour un regard sur cette logique institutionnelle en termes économiques, voir : Williamson, O. E., *Markets and Hierarchies,* N. Y., The Free Press, 1975.

97 Voir : Freeman, R. E., *Strategic Management. A Stakeholder Approach,* Boston, Pitman, 1984. Voir aussi : Mintzberg, H., *Le pouvoir dans les organisations,* Paris, Éditions d'Organisation, 1986 [1983].

98 Pour un bref survol de la dimension politique des organisations, voir, notamment : March, J. G., *Decisions and Organizations,* N. Y., Basil Blackwell, 1988; Wildavsky, A., *The Politics of the Budgetary Process.* Boston, Little Brown, 1979.

Lieux de rencontre d'intérêts multiples et variés, les organisations sont donc des espaces sociopolitiques pluriels dans lesquels les stratégies, les tactiques, les négociations, les enjeux, le pouvoir et les conflits sont inévitablement au rendez-vous. Survivre dans une organisation, c'est alors s'investir dans son jeu politique, puisqu'une organisation est toujours un terrain de jeu politique, un espace pluriel où les intérêts des uns se heurtent aux objectifs des autres, où la négociation est permanente et où toute action est une mise en œuvre d'un pouvoir : ici une stratégie qui vise à concrétiser des intérêts particuliers, là, une tactique qui mobilise des ressources et matérialise des intentions parfois nobles, parfois inavouables, de façon à remporter les enjeux que dessine la rencontre d'acteurs conscients de leurs intérêts[99].

L'environnement culturel des organisations

Devant déjà composer avec la complexité inhérente au caractère sociopolitique de l'organisation et de son environnement, les gestionnaires devraient également apprendre à lire le contexte culturel dans lequel opère leur organisation de façon à y adapter leurs pratiques. Ainsi, selon nombre de théoriciens de la période, les pratiques de management légitimes auraient toujours un ancrage culturel et conséquemment, il n'existerait pas une telle chose qu'une technique universelle de management[100]. En fait, il y aurait autant de formes légitimes de management qu'il y aurait de cultures nationales. Ces cultures nationales offriraient aux acteurs sociaux des programmations mentales qui inévitablement auraient une incidence sur les organisations et leur gestion. Au principe de ces programmations se trouveraient cinq dimensions culturelles, à savoir (1) l'individualisme *vs* le collectivisme ; (2) la distance hiérarchique forte ou faible ; (3) le contrôle de l'incertitude ; (4) la masculinité *vs* la féminité et (5) l'orientation à long terme *vs* à court terme[101]. Ainsi, chaque combinaison de ces différentes valeurs donnerait des cultures différentes et donc des façons de penser et d'agir différentes. Comprendre les valeurs de ceux et celles qui œuvrent dans l'organisation devient un impératif, un nécessaire prérequis pour l'exercice légitime du management.

Par ailleurs, tout comme pour le regard sociopolitique, ce qui vaut pour l'ancrage de l'organisation dans son environnement, vaut aussi pour les relations au sein de l'organisation. C'est ainsi que les théoriciens de la période conçoivent l'organisation comme des espaces culturels dans lesquels les acteurs partagent des valeurs et expérimentent des relations interculturelles[102].

Le travail quotidien des gestionnaires

Si les organisations sont des espaces tout à la fois économiques, sociopolitiques et culturels dans lesquels les relations entre les individus sont hautement complexes, est-il possible qu'un management technique fondé sur le déploiement de processus formels d'administration soit garant de l'efficacité organisationnelle ? Au cours de la période de reformulation du management, nombre de théoriciens se sont penchés sur cette question et le portrait qu'ils ont dressé de la réalité de la gestion tranche très nettement

[99] À ce propos, voir en particulier le classique de Crozier et de Friedberg qui font du pouvoir le fondement de l'action organisée : Crozier, M. et E. Friedberg, *L'acteur et le système.* Paris, Seuil, 1977. Voir aussi : Friedberg, E., *Le pouvoir et la règle,* Paris, Seuil, 1993.

[100] Voir : d'Iribarne, P., *La logique de l'honneur,* Paris, Seuil, 1989.

[101] Voir : Hofstede, G., *Cultural Consequences,* Beverly Hills, Sage, 1980.

[102] Voir, entre autres : Schein, E., *Organizational Culture and Leadership,* San Francisco, Jossey-Bass, 1985.

avec l'image classique d'un management formel où la mise en œuvre de techniques administratives serait aux commandes de l'organisation. Ce fut notamment le cas d'Henry Mintzberg dont les recherches sur le travail quotidien des gestionnaires sont vite devenues un incontournable de la pensée administrative[103].

Selon Mintzberg, le travail quotidien des gestionnaires ne correspond pas du tout à l'image d'un gestionnaire formel qui au fil de ses activités planifierait, organiserait, dirigerait et contrôlerait le travail des uns et des autres de façon à assurer une quelconque efficacité organisationnelle. En fait, la réalité du travail quotidien des gestionnaires se caractériserait plutôt par une très grande variété d'activités réalisées à un rythme soutenu, par la brièveté, la diversité et la fragmentation des activités réalisées, par une préférence pour toutes celles qui impliquent d'agir concrètement, par une soif de communication verbale et par la multiplication d'activités qui permettent aux gestionnaires d'inscrire leurs actions dans le réseau qui lie l'organisation à son environnement.

Au regard de ces caractéristiques, l'image d'un gestionnaire formel et rationnel ne paraît visiblement pas tenir la route. En outre, le gestionnaire ne semble pas du tout en contrôle de son propre travail et ce dernier ne semble pas avoir beaucoup de sens. En fait, le sens se trouve dans l'enchaînement des rôles de gestion que ses activités quotidiennes le conduisent à incarner. Ainsi, comme l'illustre la figure suivante, en fondant son action sur son autorité formelle et son statut au sein de l'organisation, le gestionnaire joue une variété de rôles dont l'enchaînement donne à penser qu'au cœur de son action fébrile se trouve une logique de décision qui s'amorce par des relations interpersonnelles conduisant au territoire des informations, lequel fonde alors les prises de décision. D'une certaine façon, Mintzberg complète le portrait administratif que brossait Simon à la période précédente en l'incarnant dans des rôles quotidiens de gestion. Si l'organisation est ainsi un vaste réseau de traitement de l'information en vue de prendre des décisions satisfaisantes, encore faut-il que ce réseau soit animé quotidiennement par des gestionnaires qui lui donnent une véritable vie par leurs activités et rôles.

Figure 1.12 **Les rôles de gestion selon Henry Mintzberg**

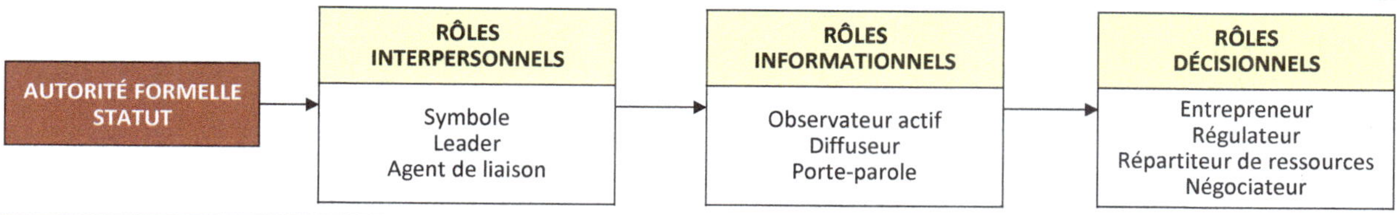

1.5.3 La dualité du management

Le gestionnaire d'aujourd'hui qui voudrait s'abreuver exclusivement à la source de cette troisième période du management aurait le choix, tout comme à la précédente période, entre deux perspectives comportant chacune trois niveaux qui s'emboîtent les uns dans les autres. Ainsi, d'un côté, le gestionnaire devrait fonder son action sur des habiletés concrètes de gestion, habiletés qui seront mobilisées pour doter l'organisation d'une culture forte, laquelle permettrait alors à l'organisation de s'engager sur la voie d'un management stratégique.

[103] Voir : Mintzberg, H., *Le manager au quotidien*, Paris, Dunod, 1984 [1973].

De l'autre, le gestionnaire donnera du sens à son action quotidienne même si elle ne correspond pas à l'image classique de ce qu'il devrait faire et il devra prendre acte du fait que la mise en œuvre de ses rôles de gestion sera toujours teintée des pressions en provenance de l'environnement sociopolitique et culturel de l'organisation.

1.6 La refondation du management

La **légitimité** est le défi central de la période de refondation du management.

Les temps présents, loin de se réduire à un nouvel épisode de turbulence économique, se donnent des allures de mutation sociale et économique. Ici se déploie la quatrième révolution industrielle qui, en logeant l'univers numérique, les réseaux sociaux, l'intelligence artificielle et l'automation en son centre, redéfinit les rapports sociaux et transforme radicalement l'échange marchand. C'est maintenant tout l'espace socioéconomique qui se fait mondial et la concurrence atteint des niveaux sans précédent. Les organisations deviennent des enjeux de société, l'endroit où toutes les grandes questions sont maintenant débattues[104].

À l'évidence, la société contemporaine est donc en pleine mutation et il n'est pas surprenant de voir le management s'engager sur le chemin d'une refondation de façon à assurer sa légitimité en tant que solution pratique aux problèmes des temps présents. Cette refondation ne sera pas simple à accomplir et, bien qu'elle soit actuellement en cours, et donc inachevée et incertaine, il est néanmoins possible, comme en témoigne le tableau 1.4, d'en esquisser les premiers contours théoriques.

Tableau 1.4 Les théories de la période de refondation

LA PERSPECTIVE TECHNIQUE	LA PERSPECTIVE SOCIALE
La refondation de l'entreprise	**La critique citoyenne de l'organisation**
• Le collectif créatif • La gouvernance • La responsabilité sociale de l'entreprise	• Les environnementalistes • Les altermondialistes
La refondation des pratiques de management	**La critique disciplinaire du management**
• Innover • Libérer • Accompagner • Apprendre	• La critique philosophique • La critique sociologique • La critique psychologique

Il ressort de ce tableau qu'alors même qu'il tente de refonder ses pratiques en faisant entrer dans son architecture des réalités jusqu'alors relativement absentes, telles la créativité, la gouvernance et la responsabilité sociale, le management technique fait l'objet de vives critiques citoyennes et disciplinaires qui, toutes, mettent en cause sa légitimité en tant que solution aux problèmes que pose la société actuelle.

[104] Pour un survol des caractéristiques de cette quatrième révolution industrielle, voir : Schwab, K., *La quatrième révolution industrielle*, Paris, Dunod, 2017, et Andferson, C., *Makers. La nouvelle révolution industrielle,* Paris, Pearson, 2012.

1.6.1 La perspective technique

Comme nous l'avons évoqué, la période de refondation du management s'inscrit dans le contexte général d'une refondation globale de la société. C'est donc dire que les enjeux de société sont au cœur des réflexions qui visent à refonder le management, et cela, autant en ce qui concerne l'entreprise que ses pratiques de gestion.

Au regard de la **perspective technique**, le défi de la légitimité est relevé par la refondation de l'entreprise et des pratiques de management.

La refondation de l'entreprise

C'est sur fond de crise économique et de multiplication des scandales financiers, que s'amorce la réflexion sur la refondation de l'entreprise. Toutefois, si la nécessité de cette refondation commence par le constat des insuffisances d'une gouvernance centrée sur les seuls intérêts économiques et à court terme des actionnaires, elle s'ouvre très rapidement sur une nouvelle façon de penser l'entreprise. Comme le suggèrent Blanche Segrestin et Armand Hatchuel, l'entreprise n'est pas réductible à une stricte logique de rentabilité financière[105].

Figure 1.13 La refondation de l'entreprise selon Blanche Segrestin et Armand Hatchuel

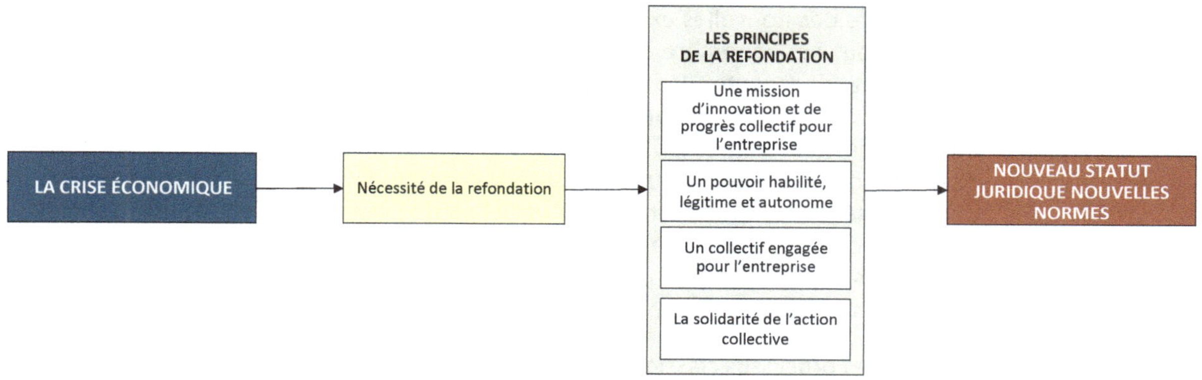

Une entreprise, c'est d'abord et avant tout un collectif créatif qui commande de clairement définir la mission de l'entreprise en termes d'innovation et de progrès ; de miser sur des gestionnaires compétents qui ont à cœur l'évolution de l'organisation et pas seulement les performances financières à court terme ; de reconnaître que l'environnement socio-politique est certes une réalité dont il faut tenir compte, mais que les parties prenantes qui souhaitent participer au projet collectif devraient avoir préséance sur les autres ; de promouvoir une solidarité fondée sur le respect tout en s'engageant à assurer le progrès du projet collectif d'innovation qu'est l'entreprise.

Bien sûr, une telle refondation n'est pas une mince tâche. Elle nécessite de revoir les bases juridiques de l'entreprise pour établir les nouvelles responsabilités de chacun et pour éviter qu'elle ne soit que l'instrument des actionnaires. Elle exige aussi la révision des normes sociales de manière à ce que de nouvelles façons de faire soient reconnues comme étant légitimes. D'ailleurs, ces normes sociales sont déjà actives dans l'appel lancé

[105] Voir : Segrestin, B. et A. Hatchuel, *Refonder l'entreprise*, Paris, Seuil, 2012.

aux entreprises pour qu'elles reconnaissent leur responsabilité sociale et la traduisent en obligation de gestion, laquelle ouvrirait le chemin à une logique opérationnelle de développement durable et d'éthique des affaires[106].

Enfin, c'est toute la gouvernance d'entreprise qui est à repenser, car si l'entreprise de demain doit tout à la fois intégrer les demandes que la société formule à son endroit, se définir en termes de collectif innovant et cesser de n'être qu'une unité économique de rendements financiers, il faut réimaginer tout le système politique de l'entreprise et ses relations avec les parties prenantes[107].

La refondation des pratiques de management

À l'évidence, l'idée même d'une refondation de l'entreprise n'est pas sans conséquence sur les pratiques de management, ne serait-ce que sur les pratiques de gouvernance et de responsabilité sociale. Toutefois, que l'entreprise soit ou non refondée, les théoriciens du management proposent déjà de nouvelles pratiques pour inscrire le management dans la réalité du XXIe siècle.

Le management entreprend son œuvre de refondation par un retour sur les processus administratifs classiques qui sont au cœur de son architecture. Il s'agit, en quelque sorte, de refonder les processus de planification, d'organisation, de direction et de contrôle à la lumière des nouvelles exigences de la société. Selon les théoriciens de la période, puisque tout est éphémère et que les consommateurs ont des exigences sans cesse fuyantes et changeantes, les organisations et leur gestion devraient être repensées en termes de projets dans lesquels les processus administratifs classiques prendraient une diversité de colorations[108]. C'est dire que la refondation des pratiques traditionnelles passerait, notamment, par un nouveau regard sur l'unité des processus administratifs, unité qui se jouerait maintenant à l'échelle souple des projets plutôt qu'à celle rigide d'une structure hiérarchique stable et permanente[109]. Une fois que le cadre flexible et fluide dans lequel devraient prendre place les pratiques de management est défini, les théoriciens s'engagent alors dans la refondation de chacun des processus administratifs.

Premier des processus classiques, la planification est refondée autant en termes stratégiques qu'opérationnels. Au niveau stratégique, si elle doit plus que jamais se vêtir d'une aura stratégique qui tourne le dos aux prétentions techniques et rigides des premières périodes[110] et inventer de nouveaux modèles d'affaires[111], la planification devrait surtout cesser d'investir sans fin dans la prévision pour plutôt construire l'avenir en innovant, en pensant en termes créatifs, en s'engageant sur le chemin du *Design Thinking*[112].

---

106 Voir : Pauchant, T., *Pour un management éthique et spirituel*, Montréal, Fides, 2000 ; Dupuis, J.-C. et C. le Bas (dir.), *Le management responsable*, Paris, Economica, 2005.

107 Voir : Bonnafous-Boucher, M. et Y. Pesqueux (dir.), *Décider avec les parties prenantes*, Paris, La Découverte, 2006 ; Baudry, B. et B. Dubrion, *Analyses et transformation de l'entreprise*, Paris, La Découverte, 2009 ; Moreau Defarge, P., *La gouvernance*, Paris, PUF, 2003 ; Pérez, R., *La gouvernance de l'entreprise*, Paris, La Découverte, 2009.

108 Sur la gestion de projet, voir le guide classique construit par le *Project Management Institute : Guide du corpus de connaissances en management de projet (Guide PMBOK)*, Newton Square, Pennsylvanie, Project Management Institute, 2008 ; Aubé, C., Brunelle, E., Déry, R. et C. Mailhot, *Le management des projets*, Montréal, Éditions JFD, 2014.

109 Voir : Goshal, S. et C. A Bartlett, *The Individualized Corporation. A Fundamentally New Approach to Management*, N.Y., Harper Business Book, 1997.

110 Voir : Mintzberg, H., *The Rise and Fall of Strategic Planning*, N. Y., The Free Press, 1994.

111 Voir : Osterwalder, A. et Y. Pigneur, *Business model. Nouvelle génération*, Paris, Pearson, 2011.

112 Voir, entre autres, Brown, T., *L'esprit Design*, Paris, Pearson, 2014 ; Hatchuel, A. et B. Weil, *Les nouveaux régimes de la conception*, Paris, Hermann, 2014 ; Gray, D., Brown, S. et J. Macanufo, *Game Storming*, Paris, Diateino, 2014.

Au niveau de la planification opérationnelle, c'est la logistique qui fait l'objet de la réflexion. En fait, dans un monde en profondes transformations, les questions de logistique deviendraient aussi cruciales que celles d'ordre stratégique, car les organisations doivent maintenant composer avec une demande mondiale, laquelle est très souvent le fruit d'hyperconsommateurs devenus totalement infidèles, changeants, capricieux à l'excès et avides de nouveautés et d'expériences émotionnelles, de qualité, de bas prix et de produits de masse qui, paradoxalement, doivent être personnalisés et authentiques[113].

Le processus classique d'organisation du travail fait, lui aussi, l'objet d'une refondation. En fait, il s'agit de tourner le dos aux questions de structure et de design organisationnel pour miser sur les personnes. Il faut, en quelque sorte, libérer les entreprises. Permettre à ceux et celles qui chaque jour réalisent la mission de l'entreprise d'être aux commandes de s'auto-organiser, de se coordonner librement et au gré des besoins, de se responsabiliser et de s'autocontrôler.

Les pratiques de direction sont également à revoir. D'un côté, les théoriciens reconnaissent que les organisations sont un lieu de métissage et, conséquemment, que les gestionnaires devraient apprendre à gérer la diversité, notamment la diversité culturelle[114] et générationnelle[115]. La prise en compte de cette diversité commande d'ailleurs de nouveaux modes relationnels, et c'est ainsi que la direction se conçoit maintenant en termes de coaching et de mentorat plutôt qu'en termes d'autorité hiérarchique[116]. De l'autre, les théoriciens prennent acte du fait que nombre de personnes sont maintenant à la recherche d'organisations où il fait bon vivre, des organisations qui misent sur la collaboration, sur des relations éthiques, sur un certain bien-être. D'une certaine façon, nous assistons au retour d'une logique traditionnelle, laquelle fait une large place à la bienveillance, au bien-être, à l'authenticité, à l'accompagnement, là où historiquement nous trouvions plutôt du commandement hiérarchique et du leadership motivateur[117].

Enfin, le contrôle doit lui aussi être refondé. À l'image de la libération de l'entreprise qui est à l'œuvre pour refonder l'organisation, le contrôle doit se libérer de l'emprise de la mesure et de la surveillance. Il peut y arriver de deux façons. D'une part et au risque d'imposer une surcharge mentale, il s'agirait de miser sur l'auto-contrôle et la responsabilisation individuelle[118] et, d'autre part, il s'agirait de compter sur le développement de l'intelligence artificielle pour se mettre en apprentissage permanent, voire même en apprentissage algorithmique[119].

---

[113] Voir : Tixer, D., Matte, H. et J. Colin, *La logistique d'entreprise, vers un management plus compétitif*, Paris, Dunod, 1998. Voir aussi : Lipovetsky, G., *Le bonheur paradoxal*, Paris, Gallimard, 2006.

[114] Voir : Chevrier, S., *Le management interculturel*, Paris, PUF, coll. « Que sais-je ? », 2003 ; Davel, E., Dupuis, J.-P. et J.-F. Chanlat (dirs.), *Gestion en contexte interculturel*, Québec, Presses de l'Université Laval, 2008.

[115] Voir : Lambert, J., *Management intergénérationnel*, Paris, Lamarre, 2009.

[116] Voir : Gingras, P. P. et L. Bourdeau, *Rencontre avec un mentor*, Montréal, Éditions JFD, 2014.

[117] Voir, entre autres : Steiler, D., Sadowsky, J. et L. Roche, *Éloge du bien-être au travail*, Grenoble, PUG, 2010 ; Rodet, P. et Y. Desjacques, *Le management bienveillant*, Paris, Eyrolles, 2017 ; Chatelin-Berry, G., *Les dix commandements de la bienveillance en entreprise*, Paris, First Editions, 2019; George, B., *True North: Discover Your Authentic Leadership*, San Francisco, Jossey-Bass, 2007.

[118] Sur les risques de la responsabilisation et de l'autocontrôle, voir : Gaulejac, V. et F. Hanique, *Le capitalisme paradoxant : un système qui rend fou*, Paris, Éditions du Seuil, 2015.

[119] Voir : Dyens, O., *La terreur et le sublime. Humaniser l'intelligence artificielle pour construire un nouveau monde*, Montréal, XYZ, 2019 ; Stiegler, B., *La société automatique*, Paris, Fayard, 2015 ; Sadin, É., *La vie algorithmique : Critique de la raison numérique*, Paris, L'échappée, 2015.

1.6.2 La perspective sociale

Au regard de la **perspective sociale**, le défi de la légitimité implique une prise en compte des critiques citoyennes et disciplinaires.

Alors même que l'organisation et les pratiques de management sont en pleine refondation de façon à acquérir une nouvelle légitimité, elles font l'objet de virulentes critiques tant disciplinaires que citoyennes.

La critique disciplinaire du management

Tout au long de la période de refondation, nous assistons à un vent de critiques disciplinaires qui lève le voile sur les insuffisances d'une société fondée sur les seuls impératifs d'une gestion technique. Les critiques partent toutes du même constat, à savoir l'omniprésence du management dans la société contemporaine. Si le management doit s'inscrire dans la société pour acquérir une nouvelle légitimité, c'est peut-être parce qu'il est de plus en plus devenu une affaire de société et que, de ce fait, il doit rendre des comptes.

La critique du management et des organisations s'articule principalement en sociologie, en philosophie et en psychologie.

La critique sociologique expose d'abord l'ancrage social des techniques de management qui, sous ce regard, ressortent comme des discours de performance qui ne donneraient pas forcément les fruits escomptés[120]. Puis, les sociologues prennent pour objet d'étude les principales techniques de management et montrent que leur conception, leur diffusion et leur déclin s'apparenteraient bien davantage à un phénomène de mode et à un processus de production et de mise en marché de biens de consommation de masse qu'à une véritable démarche rationnelle de production de connaissances valides[121]. Enfin, la critique sociologique, tout en dénonçant les effets pervers dont les techniques de management seraient porteuses, met aussi en cause le productivisme, le pouvoir, le vide de sens et le culte de l'urgence qu'elles impliqueraient[122].

La critique philosophique emprunte le même sentier que celui des sociologues, mais centre plutôt son attention sur les grands enjeux de nature éthique, épistémologique et pragmatique inhérents à la pratique du management. D'abord, au niveau éthique, les théoriciens dénoncent les valeurs strictement utilitaristes et marchandes que véhiculeraient nombre de discours managériaux. Ils critiquent également les efforts actuels de mise au point d'une éthique des affaires qu'ils voient comme une tentative de récupération des valeurs morales ambiantes, tentative qui ne questionnerait pas les fondements mêmes des techniques de management[123]. Au niveau épistémologique, les chercheurs mettent au jour les logiques de la production des savoirs en management et font dès lors apparaître que les techniques de management seraient le fruit d'un projet épistémologique très

---

[120] Voir : Chiapello, È. et P. Gilbert, *Sociologie des outils de gestion,* Paris, La Découverte, 2013 ; Boussard, V., *Sociologie de la gestion,* Paris, Belin, 2008 ; Segrestin, D., *Les chantiers du manager,* Paris, Armand Colin, 2004.

[121] Voir : Abrahamson, E. et G. Fairchild, « Management Fashion: Lifecycles, Triggers, and Collective Learning Process », *Administrative Science Quarterly,* 1999, 44 : 708-740 ; Jackson, B., *Management Gurus and Management Fashions*, N.Y., Routledge, 2001.

[122] Voir : Aubert, N., *Le culte de l'urgence. La société malade du temps*, Paris, Flammarion, 2003 ; Gaulejac, V., *La société malade de la gestion. Idéologie gestionnaire, pouvoir managérial et harcèlement social*, Paris, Éditions du Seuil, 2005 ; Le Goff, J.-P., *Les illusions du management. Pour le retour du bon sens,* Paris, La Découverte, 2000 ; Hatchuel, A. et B. Weil, *Les nouveaux régimes de la conception*, Paris, Hermann, 2014 ; Dujarier, M. A, *Le management désincarné*, Paris, La Découverte, 2015.

[123] Voir : Salmon, A., *La tentation éthique du capitalisme,* Paris, La Découverte, 2007 ; Etchegoyen, A., *La valse des éthiques,* Paris, François Boutin, 1991.

particulier, à savoir un projet praxéologique qui vise la construction de règles rationnelles d'action[124]. Or, d'autres projets pourraient être mobilisés pour questionner les fondements des techniques et les enrichir de différentes dimensions humaines et sociales[125]. Enfin, au niveau pragmatique, le questionnement de nature philosophique conduit à proposer un certain humanisme à la place de l'utilitarisme comme fondement aux pratiques concrètes de management[126]. Sous ce regard, le management devrait alors reprendre à son compte la maxime sophiste de Protagoras – « L'homme est la mesure de toute chose » – et faire en sorte que les personnes ne soient jamais réduites à l'ordre des moyens de l'action organisée et que les organisations deviennent des lieux d'émancipation des humains.

Pour sa part, la critique psychologique suit la trajectoire amorcée dans les autres périodes en levant le voile sur les dimensions psychologiques de l'action en organisation et sur la nécessité d'en tenir compte pour une gestion harmonieuse et respectueuse de la nature humaine. À cette période, les psychologues centrent leur attention sur le rôle des émotions dans la prise de décision[127], sur les déterminants de la créativité[128] et sur les conséquences psychopathologiques des techniques de gestion[129].

La critique citoyenne de l'organisation

Signe de leur centralité dans l'espace social contemporain, les organisations et les gestionnaires ne sont plus seulement l'objet de réflexions disciplinaires. En effet, elles donnent désormais lieu à de véritables critiques citoyennes. La société civile scrute maintenant à la loupe les faits et gestes des organisations et dénonce nombre de pratiques, telles la rémunération des dirigeants, la financiarisation des marchés, les délocalisations d'entreprise, l'absence de prise en compte des enjeux sociaux et écologiques, le partage inéquitable des richesses, la bureaucratisation des services, la difficile réconciliation entre le travail et la vie familiale, le culte de la performance, l'empiètement de la vie professionnelle sur l'espace privé, la marchandisation de la vie et de l'espace social, l'optimisation sans fin du travail et des rendements, une pensée centrée sur le court terme, etc.

Surtout, les critiques citoyennes ne sont plus isolées et se fédèrent en mouvements sociaux. En France, c'est la montée des *Indignés,* qui revendiquent une société juste et équitable, aux États-Unis c'est *Occupy Wall Street,* qui dénonce le pouvoir des banques et le fait que 1 % de la population contrôle les richesses du monde, au Québec ce sont les *carrés rouges,* qui revendiquent la gratuité scolaire et souhaitent une refondation globale de la société, et partout dans le monde ce sont des marches en faveur de mesures pour contrer les changements climatiques.

---

124 Voir : Alexandre, V. et Gasparski, W. W. (dir.), *The Roots of Praxiology*. New-Brunswick, N. J., Transaction Publishers, 2000.

125 Voir : Martinet, A. C. et Y. Pesqueux, Épistémologie des sciences de gestion, Paris, Vuibert, 2013 ; Noël, M. X., *Savoirs en management : hybrides d'action et de connaissance,* Montréal, Éditions JFD, 2009.

126 Voir : Chanlat, A., « Pourquoi réintroduire le métier au cœur de la gestion contemporaine ? », *L'Agora : Métier et Management*, octobre (hors-série), 1995 : 2-6 ; Bédard, R., « Au cœur du métier de dirigeant : l'être et les valeurs », *L'Agora : Métier et Management*, octobre (hors-série), 1995 : 38-41 ; Saives, A.-L., Ebrahimi, M., Holford, D. et M. G. Bédard, *Management réhumanisé*, Montréal, Chenelière, 2017.

127 Voir, notamment : Goleman, D., *L'intelligence Émotionnelle,* Paris, Éditions Robert Lafont, 1997 [1995].

128 Voir : Amabile, T. M., *Creativity in Context*, Boulder, Col., Westview, 1996; Pink, D. H., *A Whole New Mind. Why Right-Brainers Will Rule the Future,* N. Y., Riverhead, 2006.

129 Voir : Dejours, C., *Observations cliniques en psychopathologie du travail,* Paris, PUF, 2010.

À l'échelle du globe, les altermondialistes et les environnementalistes se font les porte-paroles des revendications de la société civile. Ainsi, alors que les premiers dénoncent les abus du libéralisme économique et revendiquent un juste partage des richesses collectives et un commerce équitable, les seconds mettent au jour les ravages écologiques d'une croissance économique sans frein et réclament un développement durable qui combinerait les logiques économiques, sociales et écologiques, voire même une décroissance socialement acceptable[130].

1.6.3 La dualité du management

Tout comme aux précédentes périodes, la dualité entre les deux perspectives marque la trajectoire théorique du management. En outre, une fois encore, la perspective technique paraît se nourrir des critiques qui lui sont adressées, alors que la perspective sociale introduit de nouveaux regards, formule de nouvelles critiques et s'ouvre à la critique citoyenne.

Par ailleurs, à la différence des autres périodes, le gestionnaire qui voudrait enrichir sa pratique à la lumière des théories de la période se retrouvera avec bien davantage de questions que de réponses. En fait, puisque cette période marque le début d'un vaste chantier de refondation, il ne peut en être autrement. Le gestionnaire d'aujourd'hui doit certes tendre l'oreille aux théoriciens du jour, il doit prendre acte des critiques formulées à l'endroit du monde de la gestion, mais il doit surtout tenter de construire les bases de sa propre pratique à la lumière de l'ensemble du parcours des théories du management. Ce parcours, comme nous l'avons vu, fut parsemé d'embûches qui, en termes de management, ont été autant de défis à relever. Chemin faisant, le management les a relevés en s'abreuvant à nombre de disciplines, notamment la psychosociologie, la psychologie, la sociologie, la science politique, la psychanalyse, l'économique, l'anthropologie et les sciences de la cognition. Ce recours aux disciplines des sciences du social et de l'humain, s'il a permis de mieux comprendre la réalité des organisations et de leur gestion, n'a toutefois pas été suffisant pour relever concrètement les défis que posait au management chaque période de développement socioéconomique. En effet, comprendre n'est pas l'équivalent d'agir et, pour relever des défis et trouver des solutions à des problèmes concrets, il faut certes comprendre la complexité du réel, mais il faut aussi savoir oser l'action et prendre des risques. Ce saut de l'univers de la compréhension à celui de l'intervention a caractérisé le management tel qu'il fut élaboré par les théoriciens de la perspective technique. Sans relâche, ces derniers ont mis de l'avant la nécessité d'intervenir dans le réel pour y relever les défis qu'il posait aux organisations et à ses membres.

1.7 Conclusion : l'ADN du management

Si au fil de l'histoire des théories du management il s'est clairement établi une division du travail intellectuel entre les théoriciens des deux perspectives, il s'est aussi institué, entre ces deux groupes de producteurs de savoirs, une coordination naturelle. Cette coordination a pris la forme d'un processus d'assimilation et d'accommodation opéré par les théoriciens de chacune des deux formes de management. Ainsi, alors

[130] Voir, entre autres : Waridel, L., *Acheter c'est voter,* Montréal, Écosociété, 2005 ; Saint-Onge, J.-C., *L'imposture néolibérale,* Montréal, Écosociété, 2000 ; Mander, J., Cavanagh, J. et J. B. Gélinas, *Alternative à la globalisation économique,* Montréal, Écosociété, 2005 ; Raufflet, E. et A. J. Mills, *The Dark Side* : Critical Cases on the *Downside of Business,* Greenleaf Publ., 2009; Young, W. et R. Welford, *Ethical Shopping: Where to Shop, What to Buy and What to Do to Make a Difference*, Londres, Vision, 2002.

que les théoriciens de la perspective sociale assimilaient le regard du management technique pour mieux en montrer les insuffisances et promouvoir une prise en compte des dimensions humaines et sociales de la vie en organisation, les théoriciens de la perspective technique ne cessaient de se nourrir de leurs critiques pour concevoir de nouvelles techniques.

Figure 1.14 **L'ADN du management**

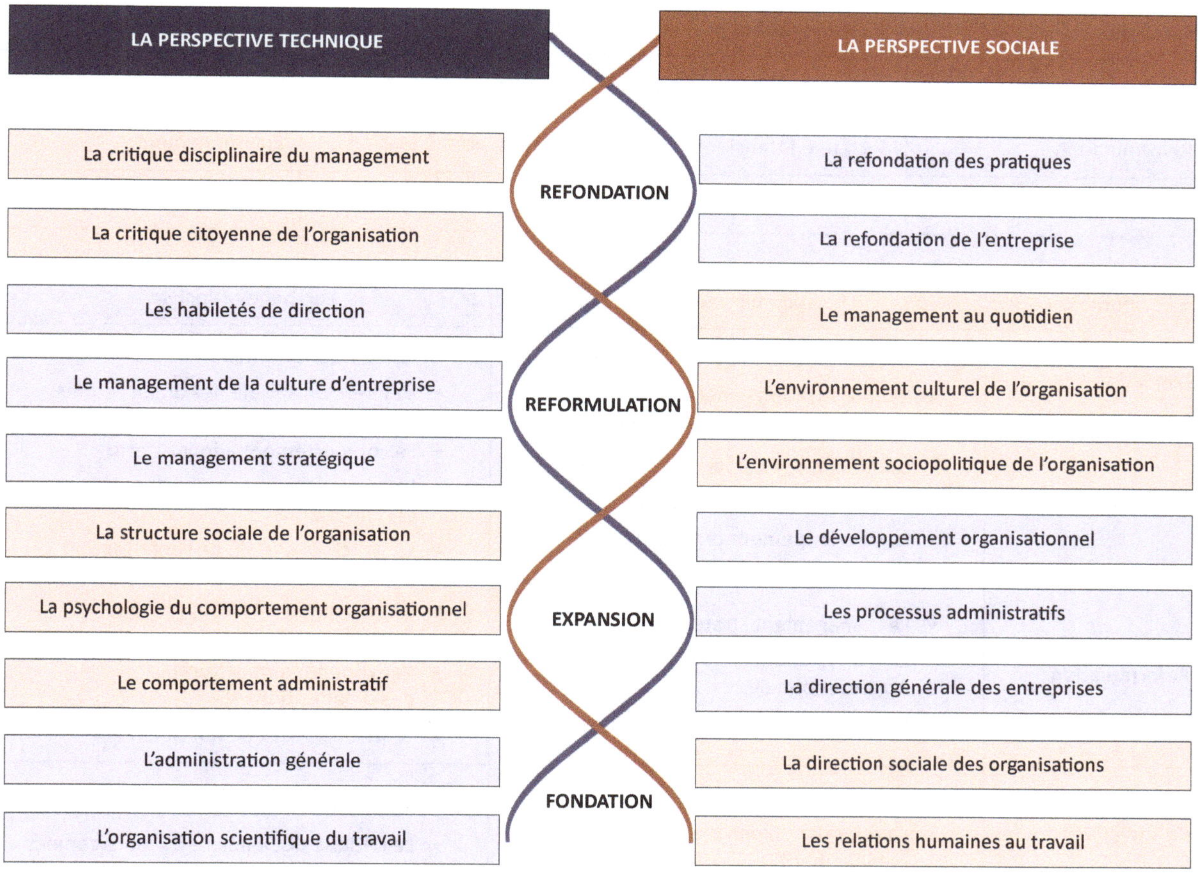

C'est le va-et-vient perpétuel entre les deux perspectives qui permet de constituer un management qui ne serait jamais réductible à un ensemble de techniques sans âme ou à une accumulation de théories sociales inutilisables. Solidaires, les deux perspectives s'entrelacent et forment donc, en quelque sorte, l'ADN du management. Dès lors, le gestionnaire d'aujourd'hui peut enfanter le management contemporain à partir de cet ADN.

SYNTHÈSE DU CHAPITRE

Idée clé
Les théories du management ne cessent d'osciller entre une perspective technique fondée sur une doctrine d'administration des choses et une perspective sociale qui met de l'avant une logique de gouvernement des personnes.

Période	Contexte	Défi	Niveau de réflexion
Fondation	Société industrielle	Productivité	Travail
Expansion	Société de consommation	Croissance	Organisation
Reformulation	Société en transition	Compétitivité	Environnement
Refondation	Société d'information	Légitimité	Société

Période	Perspective technique	Perspective sociale
Fondation	• L'organisation scientifique du travail • L'administration générale	• Les relations humaines au travail • La direction sociale des organisations
Expansion	• La direction générale des entreprises • Les processus administratifs • Le développement organisationnel	• Le comportement administratif • La psychologie du comportement organisationnel • La structure sociale de l'organisation
Reformulation	• Le management stratégique • Le management de la culture organisationnelle • Les habiletés de direction	• L'environnement sociopolitique de l'organisation • L'environnement culturel des organisations • Le management au quotidien
Refondation	• La refondation de l'entreprise • La refondation des pratiques de management	• La critique citoyenne de l'organisation • La critique disciplinaire du management

2
Le métier de gestionnaire

Plan du chapitre

Le management contemporain reste à inventer, et pour y arriver le gestionnaire d'aujourd'hui peut puiser dans l'histoire des théories du management qui met à sa disposition toute une variété de solutions pratiques et de regards interprétatifs. Toutefois, si l'histoire des théories du management peut servir de base à son action, il sait maintenant qu'il n'existe pas une telle chose qu'une théorie universelle qu'il pourrait facilement mettre en œuvre pour régler tous les problèmes des temps présents. Il n'a à sa disposition que des théories imparfaites, qui viennent avec leurs insuffisances et leurs limites.

Par ailleurs, fort de l'histoire des théories du management, et tout en sachant qu'il n'existe pas de techniques de management universelles et qu'il serait illusoire d'attendre d'un gourou du management une solution à tous les problèmes de gestion des temps présents, le gestionnaire d'aujourd'hui sait néanmoins que sa pratique concrète doit osciller entre deux pôles complémentaires. D'un côté, il doit faire preuve d'efficacité, et pour y arriver il dispose d'un très grand nombre de techniques administratives et de règles de gestion conçues par les théoriciens. De l'autre, ces derniers ayant levé le voile sur le caractère profondément social et humain de son métier, il ne peut pas se contenter d'être un technicien dont l'action ne viserait que l'efficacité formelle. Il doit aussi être profondément humain et inscrire son action dans le tissu social d'une organisation.

> *« Respecter les gens ne veut pas dire manquer de fermeté. Mes collègues apprennent très rapidement que j'ai la patience courte ! Je ne supporte pas l'incompétence, la paresse, la politicaillerie, les jeux d'ego et de pouvoir. Je suis cependant très patient avec les gens qui essaient de s'améliorer. Tant mieux si on s'entend bien avec nos collègues, mais il faut faire ce qu'il faut pour que ça roule ».*
>
> Normand Boivin,
> chef de l'exploitation, aéroport de Heathrow
>
> Tremblay, J., « Normand Boivin aux commandes de Heathrow », *HEC Montréal Mag*, 2012, *11*(1) : 17.

Au regard des théories du management, le métier de gestionnaire est donc tout à la fois technique et humain. Surtout, l'exercice de ce métier commande une réflexion à plusieurs volets, à savoir les logiques d'action qu'il concrétise, les processus administratifs qu'il met en œuvre, les rôles de gestion dans lesquels il s'incarne et les habiletés de management qu'il requiert. En fait, comme l'illustre la figure suivante, les logiques d'action logent au cœur du métier de gestionnaire, car elles imprègnent autant les processus que les rôles et les habiletés. D'une certaine façon, ce sont les logiques d'action qui dotent les autres volets du métier de tout leur sens et les chargent ainsi d'une réflexivité. Les logiques représentent en quelque sorte, le noyau dur du métier de gestionnaire, son âme et ce par quoi il acquiert une réflexivité, c'est-à-dire une capacité à mettre en œuvre du savoir et, du même souffle, à réfléchir. Si le gestionnaire contemporain doit inventer sa pratique à partir des bases théoriques du management et des défis des temps présents, il ne peut faire l'impasse sur les logiques que son action va forcément concrétiser. En outre, dans sa quête d'un métier dont la pratique serait tout à la fois porteuse d'efficacité et respectueuse du tissu social et humain de l'organisation,

> *« Trente ans après leur heure de gloire, les "papes" de la pensée managériale peinent à trouver des successeurs. Qui pour assurer la relève de Peter Drucker, l'un des précurseurs de la planification stratégique et du management par objectif ? Quel théoricien pour succéder à Henry Mintzberg, fondateur de "l'école de la contingence" qui a montré comment les modes d'organisation, en évolution permanente, sont déterminés par l'environnement économique ? Les experts mondialement reconnus pour penser l'entreprise dans sa globalité semblent aujourd'hui manquer à l'appel. Le temps des gourous serait-il révolu ? »*
>
> Estival, L.,
> « Les nouveaux penseurs du management »,
> *L'express web*, 19 mars 2014.

le gestionnaire ne doit pas perdre de vue qu'il n'aura jamais à sa disposition la recette infaillible du succès administratif. Au mieux, sa quête le conduira à exercer son métier avec cohérence, sagesse et humilité.

Figure 2.1 Le métier de gestionnaire

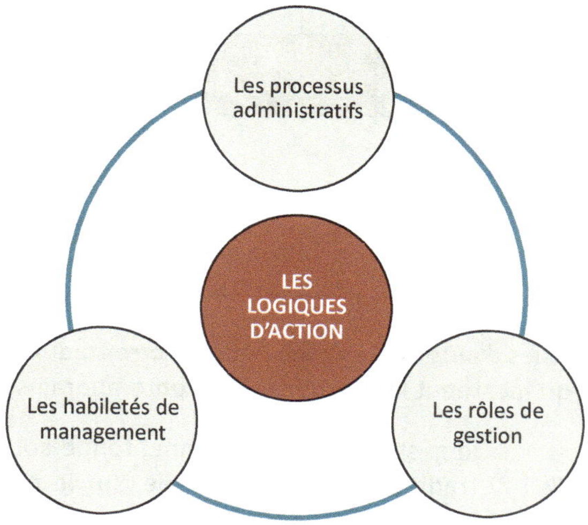

2.1 Les logiques d'action administrative

Il est généralement d'usage de décrire le **management** comme étant « l'art de faire faire les choses ». Mais pourquoi une personne accepterait-elle de faire les choses qu'on lui demande de faire ? En fait, l'art de la gestion est très précisément fonction de la réponse que l'on donne à cette question. Au sein d'une organisation, les uns et les autres acceptent l'autorité de la gestion et conséquemment de « faire les choses » comme le veut la formule populaire, car ils tiennent pour légitime l'autorité du gestionnaire. L'art de la gestion résiderait donc dans la légitimité de l'autorité.

Le **management**, c'est « l'art de faire faire les choses ».

Selon le sociologue Max Weber, il existe trois formes d'autorité légitime, à savoir l'autorité formelle fondée sur « la croyance en la légalité des règlements arrêtés et du droit de donner des directives qu'ont ceux qui sont appelés à exercer la domination par ces moyens » ; l'autorité traditionnelle qui est fondée sur « la croyance quotidienne en la sainteté de traditions valables de tout temps et en la légitimité de ceux qui sont appelés à exercer l'autorité par ces moyens » ; l'autorité charismatique fondée sur « la soumission extraordinaire au caractère sacré, à la vertu héroïque ou à la valeur exemplaire d'une personne, ou encore [émanant] d'ordres révélés ou émis par celle-ci[1] ».

> *« Une entreprise ne peut exister sans quelqu'un qui la dirige et qui participe à la définition des objectifs à atteindre. Les leaders et les chefs le font de façon différente. Un leader définira une vision à laquelle chacun aura envie d'adhérer. Il est inspirant. Un chef, lui, va établir un plan qu'il fera exécuter. »*
>
> Éric Salomon,
> fondateur de Salomon & cie
> *Les Echos Business*,
> 29 janvier 2015.

[1] Voir : Weber, M., Économie et société, Paris, Plon, 1971 [1921] : 222. Weber parle à l'époque de « domination » plutôt que d'autorité ; par ailleurs, il désigne comme domination « légale » ou « rationnelle-légale » l'autorité que nous qualifions de « formelle ».

Figure 2.2 **Les fondements de l'autorité légitime**

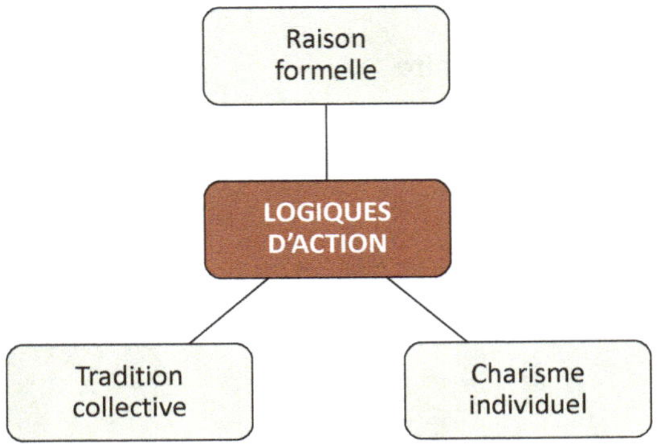

Ces trois formes d'autorité légitime peuvent être traduites en termes de logiques administratives qu'incarnent les gestionnaires contemporains de la façon suivante :

Le **management traditionnel** se fonde sur la légitimité de la tradition organisationnelle.

La logique traditionnelle : le gestionnaire traditionnel fonde son action sur la légitimité de la tradition organisationnelle, sur le respect des us et coutumes de l'organisation, sur les valeurs communautaires auxquels tiennent les membres de l'organisation et sur la sagesse administrative acquise et transmise au fil du temps et que lui reconnaissent ceux et celles qu'il dirige. Le gestionnaire traditionnel incarne donc les traditions de l'organisation, son histoire et sa sagesse. De façon à bien mettre en évidence cet ancrage dans le tissu conventionnel et communautaire de l'organisation, le gestionnaire traditionnel est généralement qualifié d'artisan, souvent de mentor et parfois de guide, voire même de sage. En termes critiques, il est plutôt qualifié de paternaliste et de patron de façon à souligner l'arbitraire de ses décisions, la condescendance qui marque ses relations humaines au travail et l'autoritarisme de sa gestion. Il est aussi qualifié de traditionaliste et de conservateur de façon à souligner son attachement au passé et aux valeurs qui ont façonné l'histoire de l'organisation.

Le **management formel** se fonde sur la légitimité de la raison administrative.

La logique formelle : le gestionnaire formel fonde son action sur la légitimité de la raison administrative, sur le respect des règles administratives et des processus formels de gestion et sur la compétence explicite et technique que lui reconnaissent ceux et celles qu'il dirige. De façon à bien mettre en évidence le souci de rigueur qui caractérise son action, le gestionnaire formel est alors généralement qualifié de professionnel, souvent d'expert et parfois de spécialiste. En termes critiques, il est plutôt qualifié de technocrate de façon à mettre en évidence que la logique formelle tend à privilégier l'efficacité formelle de la technique au détriment de la chaleur des relations humaines, ou alors, de bureaucrate, de manière à souligner que la mise en œuvre de règles, procédures, processus et politiques formelles préalablement conçues prime toujours sur les considérations humaines et sociales.

La logique charismatique : le gestionnaire charismatique fonde son action sur le charisme qu'il dégage, sur le dépassement de soi qu'il inspire, sur la passion qu'il suscite et sur la grâce que lui reconnaissent ceux et celles qu'il dirige. De façon à bien mettre en évidence son magnétisme, la fougue qu'il suscite et l'admiration de ceux et celles qui acceptent de se soumettre à son autorité, le gestionnaire charismatique est généralement qualifié de leader, souvent de gagnant et parfois d'artiste de la gestion. À l'inverse, ceux et celles qui dénigrent son autorité le qualifieront d'illuminé, de dogmatique ou de despote de façon à bien marquer le caractère tranché, souvent émotif et parfois irrationnel autant de ses actions que des réactions que génère son charisme.

Le **management charismatique** se fonde sur le charisme des personnes.

2.1.1 Les logiques administratives au sein des organisations

Si chacune des logiques administratives peut représenter une source de légitimité pour le gestionnaire, elles imprègnent aussi les organisations dans lesquelles elles sont dominantes[2]. C'est ainsi que nous pouvons retrouver des organisations très formelles, là où les règles impersonnelles et les techniques administratives dominent la vie organisée ; des organisations charismatiques qui ont un je-ne-sais-quoi de magique et qui suscitent la passion et l'admiration ; des organisations traditionnelles, là où les règles traditionnelles et le souci de la communauté l'emportent sur la recherche d'une efficacité technicienne.

Bien sûr, si une logique d'action administrative peut dominer la vie organisationnelle, il n'est pas rare de toutes les retrouver au sein d'une seule et même organisation tant il est vrai que chacune des logiques peut contribuer à sa façon au succès de l'organisation. Toutefois, et bien qu'elles puissent coexister, chacune des sources de légitimité peut aussi être présentée comme étant la solution idéale pour relever les défis des temps présents. Ainsi, alors que pour certains, ces défis commandent que les gestionnaires soient plus que jamais de véritables experts de la gestion qui fondent leurs actions sur des processus techniques de gestion et des règles formelles d'administration, d'autres soutiennent plutôt que les temps présents requièrent d'eux un leadership qui saurait stimuler l'engagement volontaire des uns et des autres autour d'une vision commune et mobilisatrice. Enfin, nombre de théoriciens renouent avec la logique traditionnelle qui a marqué les débuts du management en proposant notamment aux gestionnaires de fonder leurs pratiques sur des relations de compagnonnage, lesquelles permettraient la transmission d'une certaine sagesse administrative et la construction de communautés organisationnelles vouées à la réalisation d'un projet collectif.

> *« Pour qu'une personne parvienne à libérer ses talents de leader, il faudrait qu'elle puisse innover et créer, se projeter dans le futur, remettre en question le système, montrer ses différences et ses limites, voire même ses faiblesses. Est-ce compatible avec les systèmes de gestion actuels de nos organisations qui privilégient la maîtrise des risques ? C'est une évidence : la confiance et les marges de manœuvre diminuent tous les jours au profit des procédures et des contrôles. »*
>
> Steeves Emmenegger, fondateur de Emmenegger Compétences « Pas de leadership sans prise de risque », *Le temps*, 12 septembre 2014.

[2] À ce propos, voir notamment : Pitcher, P., *Artistes, artisans et technocrates*, Montréal, Québec/Amérique, 1994.

2.1.2 Les logiques administratives dans l'histoire du management

Pour orienter son choix vers l'une ou l'autre des formes de légitimité, le gestionnaire contemporain peut embrasser du regard l'histoire du management. Toutefois, il constatera rapidement qu'hier comme aujourd'hui les logiques administratives ont eu leurs partisans et opposants. Ainsi, dès la période de fondation du management, Taylor reprochait au management de l'époque d'être fondé sur la tradition qu'il jugeait inefficace et proposait d'y substituer une autre source de légitimité, à savoir la raison formelle que Fayol déclinera en processus de prévoyance, d'organisation, de commandement, de coordination et de contrôle. À son tour, la raison formelle comme fondement de la légitimité de la gestion fut critiquée, notamment par l'école des relations humaines qui considérait que le charisme qui se donne à voir par le leadership naturel de certains membres de l'organisation était une source nettement plus humaine et productive pour fonder les relations d'autorité.

C'est donc dire que dès la première période de l'histoire des théories du management, les théoriciens avaient bien vu que le management se caractérisait par la fondation sur laquelle il reposait et qu'il incarnait par ses pratiques. Cependant, et bien que tout au long de l'évolution historique des théories du management la légitimité de l'action administrative fut un enjeu, à chaque période l'une ou l'autre des formes de légitimité a eu tendance à dominer l'imaginaire des théoriciens. Ainsi, lors de la période de fondation, c'est clairement la logique formelle qui s'est imposée en étant présentée comme le fondement même du management, comme étant la voie royale à emprunter pour libérer la gestion du poids de la tradition et enfin décupler les forces productives de l'organisation. À la période d'expansion du management, cette logique atteint son apogée, même si les théoriciens du leadership et du développement organisationnel commencent à paver la voie à la logique charismatique. Cette dernière tend à dominer les débats lors de la période de reformulation en étant clairement présentée comme le remède par excellence aux insuffisances des techniques formelles de management. Cela n'empêche pas d'un côté les partisans d'un management stratégique de loger l'analyse formelle de l'organisation et de son environnement au centre de l'action administrative, et de l'autre les chantres d'une gestion de la culture organisationnelle d'ouvrir la voie à la logique traditionnelle en insistant sur l'importance de développer un fort sentiment d'appartenance aux valeurs partagées par la communauté organisationnelle. Enfin, à la période de refondation, la logique traditionnelle s'impose dans les débats en étant même instrumentalisée par les adeptes de la logique formelle qui voient en elle la possibilité d'inscrire l'action de l'organisation au sein d'un environnement pensé en termes de communautés qu'il convient de respecter, notamment par la mise en œuvre de pratiques de gouvernance et par le recours aux techniques de développement durable qui actualiseraient une reconnaissance de la nécessité d'une responsabilité sociale de l'organisation.

> *« Depuis que Frederick Taylor (1856-1915) a dit que sa méthode d'étude du travail était "la meilleure", nous cherchons le Graal de la gestion dans le monde de la science et dans celui des professions. Cette quête se poursuit dans les formules toutes faites de la littérature populaire : "planification stratégique", "valeur pour les actionnaires", et ainsi de suite. Cependant, les réponses simplistes ont toujours échoué ; elles ne réussissent qu'à donner l'illusion du progrès, alors que les vrais problèmes continuent de s'envenimer. »*
>
> Mintzberg, H., *Gérer, tout simplement*, Montréal, Les Éditions Transcontinental, 2010 : 28.

On l'aura compris, la légitimité qui fonde la gestion est un enjeu majeur qui a traversé les époques et auquel les gestionnaires d'aujourd'hui sont toujours confrontés. Pas moyen d'y échapper, car si le management est l'art de faire faire les choses, cet art doit toujours être légitime pour donner les résultats escomptés. Le gestionnaire d'aujourd'hui doit s'y résoudre, la légitimité de son autorité peut toujours être contestée, car il n'existe pas une telle chose qu'une légitimité absolue, valide pour tous et dans tous les contextes. Surtout, le gestionnaire contemporain doit être pleinement conscient qu'il n'a pas le plein contrôle de la légitimité de son autorité, puisque ce sont toujours ceux et celles qu'il prétend diriger qui peuvent ou non reconnaître la légitimité de son autorité et accepter ou pas d'y soumettre leurs actions.

Diagnostic 2.1 Les fondements de l'autorité légitime

Pour analyser une situation de gestion et évaluer la logique qui est au fondement des pratiques de management, les questions suivantes s'avèrent être un bon point de départ. En fait, elles permettent de poser un diagnostic sommaire, lequel peut alors servir à lancer une réflexion plus étoffée.

Question 1
Historiquement, l'autorité des gestionnaires de l'organisation était principalement fondée sur :

La logique formelle	La logique traditionnelle	La logique charismatique
A	**B**	**C**

Question 2
Actuellement, l'autorité des gestionnaires de l'organisation est principalement fondée sur :

La logique formelle	La logique traditionnelle	La logique charismatique
A	**B**	**C**

Question 3
Dans l'avenir, l'autorité des gestionnaires de l'organisation devrait principalement être fondée sur :

La logique formelle	La logique traditionnelle	La logique charismatique
A	**B**	**C**

Question 4
Dans l'organisation, les gestionnaires souhaitent que leur autorité soit fondée sur :

La logique formelle	La logique traditionnelle	La logique charismatique
A	**B**	**C**

Question 5
Dans l'organisation, les employés souhaitent que l'autorité des gestionnaires soit fondée sur :

La logique formelle	La logique traditionnelle	La logique charismatique
A	**B**	**C**

Le **cycle administratif** comprend quatre processus, à savoir la planification, l'organisation, la direction et le contrôle.

2.2 Les processus administratifs

Tout au long de son histoire, le management a aussi été pensé en termes de processus administratifs qui s'enchaînent les uns après les autres pour ainsi former un cycle administratif. Comme l'illustre la figure suivante, ce cycle comprend quatre processus, à savoir la planification, l'organisation, la direction et le contrôle.

Figure 2.3 **Le cycle administratif**

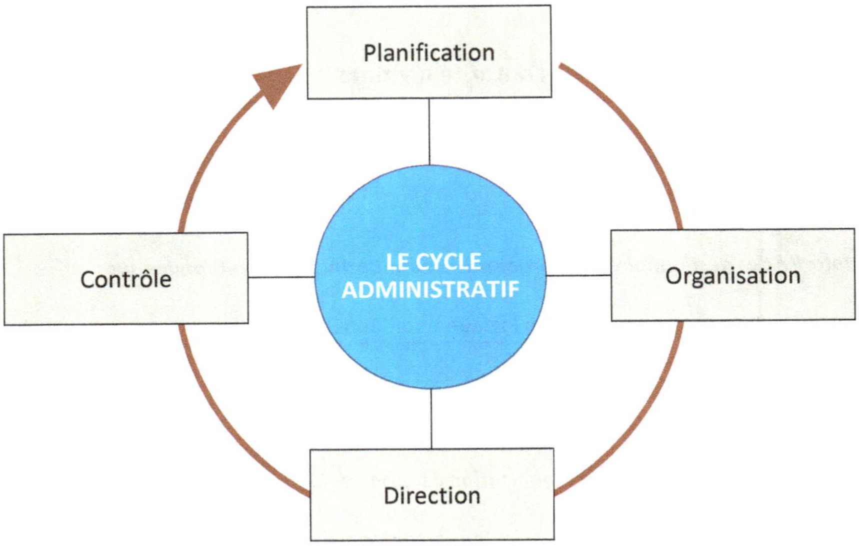

Tout en y apportant les modifications requises pour relever les défis inédits qu'il aura à relever, le gestionnaire contemporain devra, comme ses prédécesseurs, inscrire son action dans un tel cycle dont les processus qui le composent se définissent de la façon suivante :

La planification : processus par lequel le gestionnaire anticipe l'avenir et formule les intentions qui doivent guider l'action des uns et des autres, tout en pavant le chemin à l'organisation de demain. Ces intentions peuvent prendre diverses formes, tels des objectifs à atteindre, une vision à concrétiser ou un projet à partager. En outre, si la planification peut se matérialiser dans des plans très formels, elle peut aussi revêtir des formes nettement moins formelles, notamment en étant encastrée dans des discours de mobilisation ou dans des routines quotidiennes.

L'organisation : processus par lequel le gestionnaire conçoit et coordonne le travail des membres de l'organisation. Centré sur le travail à réaliser, ce processus se matérialise dans une structure administrative qui délimite les territoires d'expertise et trace les relations d'autorité, dans des arrangements psychosociologiques qui orientent les comportements au travail et favorisent la prise de décision et dans des communautés de pratiques qui cimentent l'esprit de corps tout en favorisant la constitution de savoir-faire. Il se manifeste aussi par la mise en place d'organigrammes qui esquissent la nature des liens hiérarchiques entre les membres de l'organisation et par le déploiement de mécanismes de coordination, telles la supervision directe, la standardisation du travail, les réunions, la formalisation des compétences, etc.

La direction : processus par lequel le gestionnaire oriente l'action des membres de l'organisation, communique les informations requises pour accomplir les tâches, motive le personnel et participe au développement des relations humaines au sein de l'organisation. Le processus de direction est manifeste dans les relations interpersonnelles que le gestionnaire entretient avec son personnel. Si ces relations sont souvent marquées du sceau de l'autorité formelle du gestionnaire, elles peuvent aussi être empreintes de sagesse, voire même de la passion qui anime les relations de leadership.

Le contrôle : processus de rétroaction par lequel le gestionnaire prend la mesure des réalisations de l'ensemble des processus administratifs et communique l'information aux membres de l'organisation. Le processus de contrôle se matérialise dans nombre d'outils d'évaluation de la performance organisationnelle, mais aussi dans les pratiques de responsabilisation du personnel et dans les démarches d'apprentissages collectifs.

Diagnostic 2.2 Le cycle administratif

Pour analyser une situation de gestion et évaluer l'importance accordée aux pratiques liées au cycle administratif, les questions suivantes s'avèrent être un bon point de départ. En fait, elles permettent de poser un diagnostic sommaire, lequel peut alors servir à lancer une réflexion plus étoffée.	Fortement en accord	Plutôt en accord	Plus ou moins en accord	Plutôt en désaccord	Fortement en désaccord
1. Dans l'organisation, les pratiques de planification sont excellentes.					
2. Dans l'organisation, les pratiques d'organisation sont excellentes.					
3. Dans l'organisation, les pratiques de direction sont excellentes.					
4. Dans l'organisation, les pratiques de contrôle sont excellentes.					
5. Dans l'organisation, tous sont convaincus de l'efficacité du cycle administratif.					

2.2.1 Le cycle administratif dans l'histoire du management

Au fil du temps, le cycle administratif a pris diverses colorations. D'ailleurs, comme l'illustre la figure suivante, depuis la période de fondation du management, le cycle administratif n'a jamais cessé d'être évoqué et de se transformer. Ainsi, alors qu'à la période de fondation du management l'enchaînement des processus s'amorçait avec la prévoyance suivie par l'organisation, le commandement, la coordination et le contrôle, à la période d'expansion ces processus prenaient plutôt la forme d'un enchaînement entre une planification stratégique, des activités de design organisationnel, des processus de développement organisationnel et un contrôle de gestion systémique. Lors de la période de reformulation, ils s'énoncent en termes de stratégie concurrentielle, d'organisation d'une culture performante, d'habiletés de direction et de contrôle de la qualité totale, pour finalement être pensés lors de la période de refondation en termes de nouveaux modèles d'affaires à concrétiser, d'organisation à revoir au terme d'une réingénierie des processus d'affaires, de direction de la diversité culturelle et générationnelle et de tableaux de bord multidimensionnels.

> *« En plus d'un siècle, notre connaissance de la gestion n'a pas progressé. En 1916, l'ingénieur français Henri Fayol publiait l'ouvrage* Administration industrielle et générale, *dans lequel il décrivait les tâches du gestionnaire : "la planification, l'organisation, la direction, la coordination et le contrôle". En 1997, un journal montréalais rapportait que le nouveau directeur général de la ville était "responsable de la planification, de l'organisation, de la direction et du contrôle de toutes les activités municipales". Comme vous pouvez le voir, notre définition de la gestion n'a pas changé d'un iota. »*
>
> Mintzberg, H., *Gérer, tout simplement*, Montréal, Les Éditions Transcontinental, 2010 : 19.

Figure 2.4 **Le cycle administratif selon les périodes historiques**

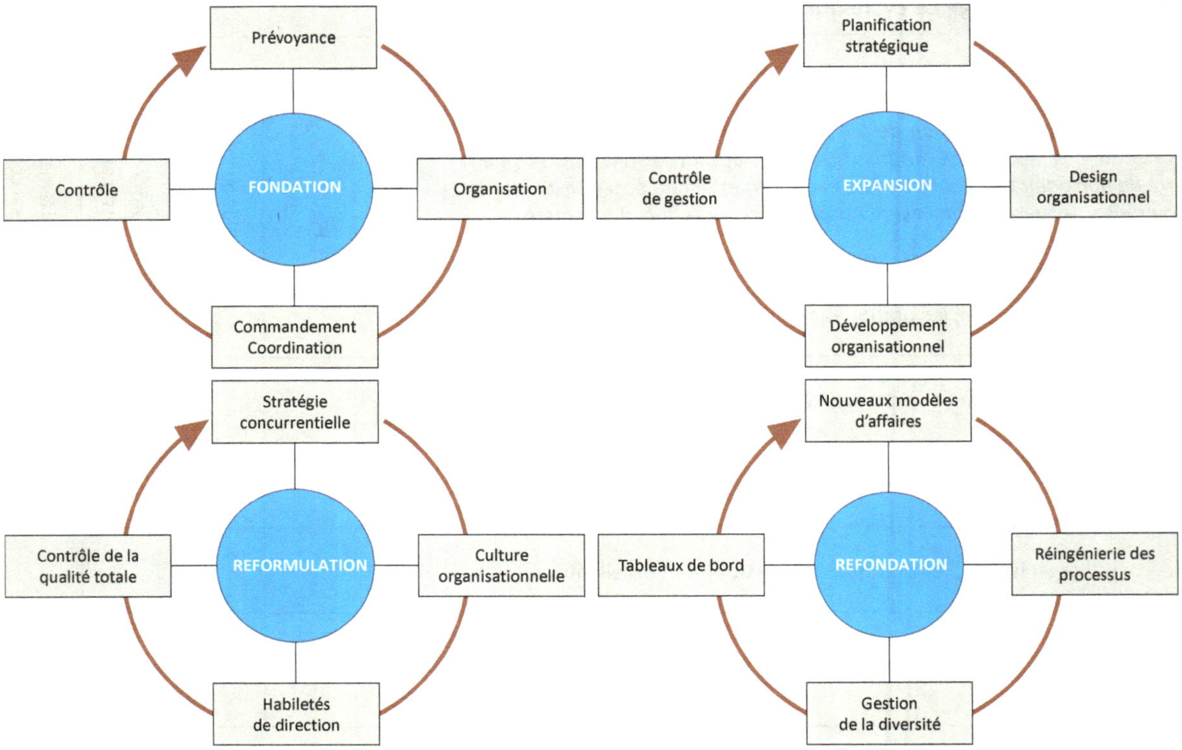

Ainsi, tout au long de son histoire, le management n'a eu de cesse de reformuler le cycle administratif en lui donnant diverses colorations adaptées aux défis qui se présentaient à lui. Encore de nos jours, nombre de praticiens et de théoriciens évoquent la nécessité de repenser le cycle administratif de façon à l'adapter aux nouvelles réalités des organisations, et certains évoquent même l'idée que c'est fondamentalement la fonction direction qui serait l'âme et le cœur du métier de gestionnaire.

> *« Quelles sont les aptitudes qui démarquent les gestionnaires de haut calibre des autres ? Auparavant, le gestionnaire devait savoir planifier, organiser, diriger et contrôler – PODC. L'employé se contentait pour sa part d'une seule initiale : E, pour exécuter. De nos jours, la devise est "Passe le POC" : les activités de planification, d'organisation et de contrôle peuvent – et doivent ! – être déléguées. Le gestionnaire ne conserve en propre que la fonction de direction-coordination. »*
>
> Guy Archambault,
> HEC Montréal
>
> Tison, M.,
> « Le nouveau leadership »,
> *Affaires plus*, mai 2014.

2.2.2 La rationalité du cycle administratif

Si, en fonction des défis à relever, les processus de gestion ont été sans cesse reformulés et devront encore l'être, l'idée même d'un enchaînement logique de processus est toutefois demeurée intacte.

D'une certaine façon, enchaîner des processus administratifs sous la forme d'un cycle représenterait la signature singulière du management sur le monde des organisations. En fait, comme l'illustre la figure suivante, cette signature prend la forme d'une syntaxe de l'action rationnelle qui se décline en trois temps, à savoir la formulation de la finalité de l'action administrative, la mise en œuvre des moyens pour la concrétiser et l'évaluation des conséquences de l'action.

Figure 2.5 **La rationalité de l'action administrative**

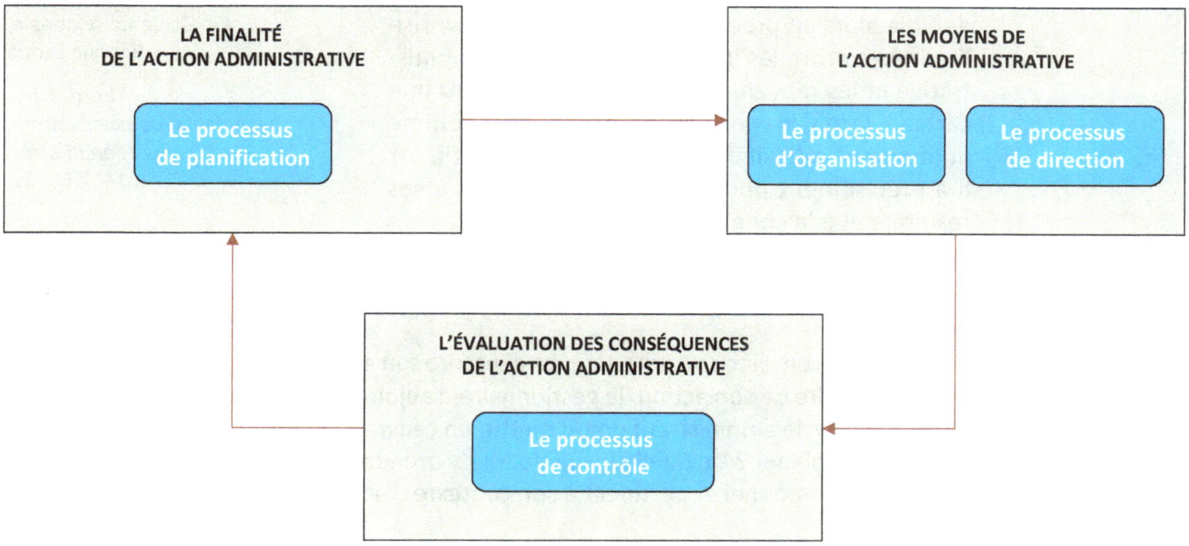

Ainsi, c'est toujours par la planification que s'amorce l'action administrative, car indépendamment de la forme qu'elle va concrètement revêtir, la planification établit l'ordre des fins de l'action. Ce détail a son importance car, pour être « rationnelle », l'action doit toujours être au service d'une intention. Que cette dernière se décline en termes d'objectifs formels, de vision inspirante ou de valeurs à partager importe moins que le fait que l'action soit au service de la réalisation d'une fin. C'est d'ailleurs là une condition de sa rationalité, mais c'est aussi un témoin de la noblesse du management, dans la mesure où les humains sont des êtres d'intention qui aiment se définir par leur volonté, par leur désir de réaliser quelque chose et, par là même, de se réaliser.

> *« Les sociétés les mieux gérées savent où elles vont : elles ont une vision claire et disposent d'un plan stratégique bien étoffé. La clé de leur succès est d'être très concentrée sur leurs objectifs. »*
>
> Genest, A. et P.-A. Morais,
> Direction principale,
> Deloitte
>
> *Premières en affaires*,
> 2014, 7(3) : 50.

Le management s'amorce donc par une intention à réaliser. C'est donc aussi un pari sur l'avenir, d'où l'idée même de la planification, qui prend l'avenir pour objet de sa quête. Toutefois, si le management n'était que cela, il ne laisserait guère d'empreinte sur le réel tant il est vrai qu'une intention seule peut n'être que pure velléité, un vœu pieux, une douce illusion ou encore une folle chimère. C'est dire que la rationalité de l'action administrative ne peut pas se résumer à la formulation d'intentions. Pour être rationnel, le management doit aussi se concrétiser dans le territoire du dur labeur. C'est d'ailleurs lorsque l'intention s'ouvre sur l'action que le management prend véritablement forme et appose sa signature distinctive sur la réalité. Et c'est là que les processus d'organisation et de direction entrent en jeu. Ils sont les moyens que l'action administrative met en œuvre pour réaliser ses intentions. Finalement, il reste à prendre la mesure des conséquences de l'action administrative. Est-ce que les processus d'organisation et de direction réalisent vraiment les intentions de l'action ? Les processus d'organisation et de direction sont-ils un réel prolongement des intentions préalablement planifiées ? Pour le savoir et compléter sa signature sur le monde organisé, le management déploie alors un processus de contrôle qui favorise l'arrimage entre les intentions de l'action administrative et les moyens qu'elle met en œuvre. D'une certaine façon, le contrôle se présente donc comme un moment réflexif dans le cycle administratif, car il a précisément pour fonction de réfléchir à ses résultats et à la cohérence globale du cycle.

> *« Il faut qu'il y ait un plan d'action avec des objectifs, et des conséquences si l'on ne réalise pas ces objectifs. Sans cela, on n'aura toujours pas réussi à avancer dans quinze ans. »*
>
> Dana Ades-Landy,
> vice-présidente régionale,
> Banque Scotia
>
> Thomas, M.,
> « La confiance de persévérer »,
> *Premières en affaires*,
> 2014, 7(6) : 21.

2.2.3 La légitimité du cycle administratif

Tout en étant convaincu de la pertinence d'inscrire son action dans un cycle qui témoignera de la rationalité de son action, le gestionnaire d'aujourd'hui a visiblement l'embarras du choix. Quel cycle administratif doit-il mettre en œuvre ? Doit-il cumuler tous les cycles ? Doit-il les combiner ? De quelle façon doit-il s'y prendre pour construire un cycle qui soit tout à la fois rationnel et pertinent à son contexte d'action ?

Puisque le management d'aujourd'hui est à inventer, il n'y a pas de réponses faciles à ces questions. Bien sûr, pour nombre de gestionnaires, le premier réflexe consistera à mettre en œuvre la dernière déclinaison du cycle en se disant qu'elle reflète mieux que les autres les exigences des temps présents. D'autres, constatant que les temps présents sont à la refondation des pratiques, se diront plutôt qu'en période d'incertitude, il vaut mieux miser sur une recette éprouvée et qu'il serait nettement plus sage d'adopter la déclinaison classique du cycle administratif plutôt que de se hasarder à emprunter un cycle qui n'a toujours pas fait ses preuves. Tous les choix sont donc possibles. Tous peuvent être formellement justifiés, tout en étant pertinents et rationnels. Toutefois, avant même de mettre en œuvre un cycle administratif, le gestionnaire d'aujourd'hui devrait d'abord et avant tout en revenir à ce qui fonde son action, à savoir la légitimité de son autorité. Son action est-elle fondée sur la raison, sur son charisme ou sur la tradition ? La réponse à cette question a son importance, car c'est d'elle que dépendra ultimement la coloration à donner au cycle administratif. Ainsi, comme l'illustre la figure suivante, en fonction de la légitimité qui fonde son action, le gestionnaire d'aujourd'hui chargera de significations particulières chacun des moments du cycle administratif.

Figure 2.6 **La légitimité du cycle administratif**

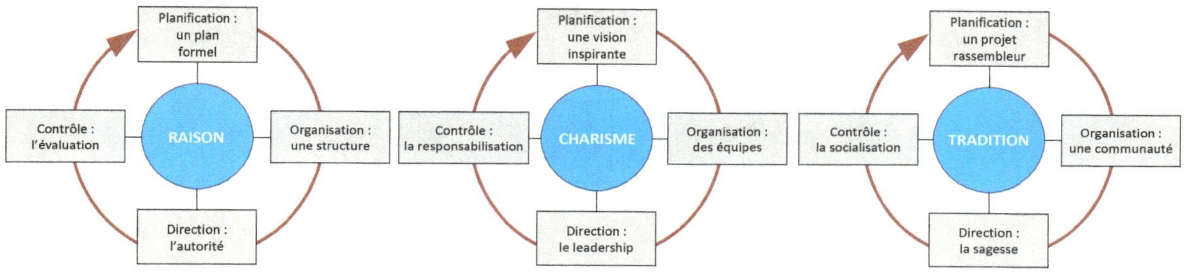

D'abord, au regard de la raison formelle, le cycle administratif sera très formel et s'approchera de la représentation classique historiquement formulée lors de la période de fondation du management par Fayol. Puis, avec le charisme aux commandes, le cycle sera chargé de significations qui ont particulièrement dominé la période de reformulation du management. Enfin, la légitimité traditionnelle inspire un cycle administratif qui fait écho à ce que plusieurs des théoriciens de la refondation ont à dire sur le management en ces temps présents.

2.3 Les rôles de gestion

Aussi légitimes et rationnels soient-ils, les processus administratifs seront sans effet s'ils ne s'inscrivent pas dans le jeu social et quotidien de la vie organisationnelle. Dans ce jeu, les gestionnaires doivent assumer des rôles et, ainsi, ils donnent vie aux processus administratifs. En outre, c'est précisément par l'inscription de leurs actions dans la réalité quotidienne de l'organisation qu'ils peuvent donner un sens à leur métier, un métier qui s'incarne toujours dans des rôles, dans des relations qui les ancrent dans leur organisation, qui leur permettent d'aller au-devant des uns et des autres, de prendre le pouls de ce qui se vit au quotidien, notamment les processus qu'ils tiennent pour hautement rationnels.

Au regard de l'histoire des théories du management, le gestionnaire contemporain sait qu'il doit assumer quatre catégories de rôles sociaux qui s'emboîtent les uns dans les autres, soit des rôles quotidiens, des rôles fonctionnels, un rôle d'administration générale et des rôles hiérarchiques.

Figure 2.7 **Les rôles de gestion**

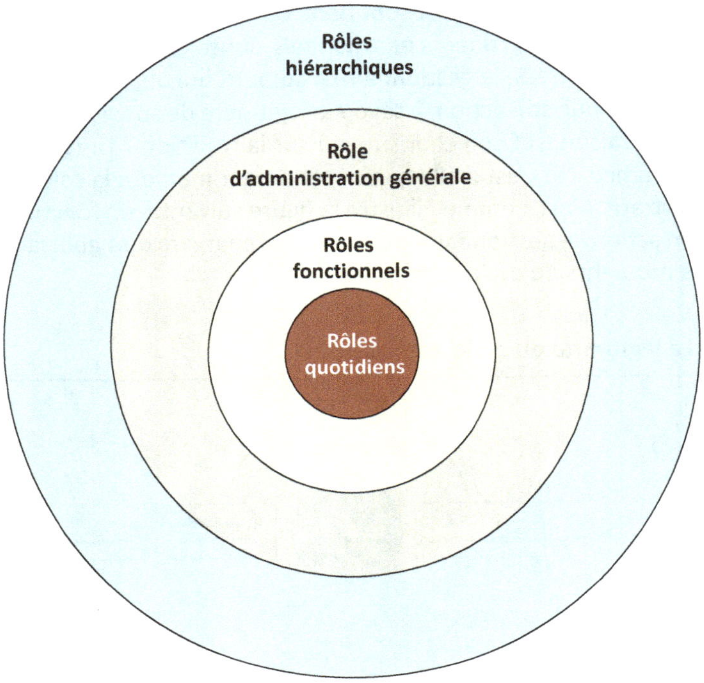

Les rôles quotidiens de gestion sont donc au cœur du métier des gestionnaires. C'est dire que le métier n'a de sens que par son inscription dans le quotidien. C'est au niveau même des opérations, plongé dans le quotidien, que le gestionnaire peut incarner le cycle administratif et lui donner vie. C'est aussi au quotidien qu'il peut incarner une logique fonctionnelle et tenir son rôle hiérarchique.

2.3.1 Les rôles quotidiens de gestion

Le management n'est pas qu'affaire de processus administratifs relativement techniques puisqu'il se joue aussi au quotidien et se donne à voir par l'enchaînement de rôles interpersonnels, informationnels et décisionnels dont le déploiement repose toujours sur la légitimité de l'autorité du gestionnaire[3]. La figure suivante décrit les caractéristiques propres à chacun des rôles quotidiens de gestion :

> *« Le management est confronté à une panne de l'essence même de la fonction de manager. Pendant très longtemps, sa légitimité a été définie par le nombre de personnes à encadrer, par l'accès à l'information avant les autres. Aujourd'hui, dans un écosystème plus ouvert, ces frontières s'érodent. […]. Le manager se demande à quoi il sert, quels sont ses territoires de fierté. En conséquence, il doit, aussi, faire face à une panne d'essence au sens de la motivation quotidienne. »*
>
> Céline Laurenceau,
> Points de Vente,
> 26 janvier 2015 : 42.

[3] Voir : Mintzberg, H., *Le manager au quotidien*, Paris, Dunod, 1984 [1973].

Figure 2.8 Les rôles quotidiens de gestion selon Henry Mintzberg

AUTORITÉ LÉGITIME

↓

RÔLES INTERPERSONNELS	
Symbole :	le gestionnaire réalise des activités à caractère symbolique en étant notamment le représentant officiel de l'entreprise lors de réunions et de cérémonies.
Leader :	le gestionnaire joue un rôle de leader auprès de ses subordonnés en créant un milieu de travail motivant, en coordonnant leurs tâches, en assurant leur formation et en parrainant leur carrière.
Agent de liaison :	le gestionnaire construit un réseau de contacts de façon à ce que son équipe et l'organisation puissent en tirer avantage.

↓

RÔLES D'INFORMATION	
Observateur actif :	le gestionnaire est toujours à l'affût d'informations qui lui permettent notamment de lire les changements dans l'organisation et dans son environnement, d'identifier les problèmes à résoudre, de formuler des occasions à saisir et d'entrevoir les décisions qu'il devra prendre.
Diffuseur :	le gestionnaire diffuse l'information acquise par ses réseaux de contacts.
Porte-parole :	le gestionnaire assume un rôle de porte-parole et d'influence à l'extérieur de son équipe et de l'organisation.

↓

RÔLES DE DÉCISION	
Entrepreneur :	le gestionnaire saisit des occasions, initie des changements et propose des projets à réaliser.
Régulateur :	le gestionnaire résout des problèmes et arbitre des conflits.
Répartiteur de ressources :	le gestionnaire alloue les ressources requises pour la réalisation du travail et engage les ressources dans de nouveaux projets.
Négociateur :	le gestionnaire négocie avec les groupes au sein de l'organisation et avec les parties prenantes de l'organisation.

Selon Henry Mintzberg, le travail quotidien des gestionnaires ne correspond donc pas à l'image d'un gestionnaire qui, au fil de ses activités, planifierait, organiserait, dirigerait et contrôlerait le travail des uns et des autres de façon à assurer l'efficacité organisationnelle. En fait, les caractéristiques suivantes décrivent la réalité du travail quotidien des gestionnaires :

1. *Une grande quantité d'activités réalisées à un rythme soutenu* : quotidiennement, le gestionnaire consacre 59 % de son temps à des réunions programmées, 22 % à du travail de bureau (ouverture du courrier, rédaction et analyse de rapports, demande d'autorisation, accusé de réception, etc.), 10 % à des réunions imprévues, 6 % à des appels téléphoniques et 3 % de son temps à la tournée des installations de l'entreprise. Ainsi, le gestionnaire s'inscrit au cœur des activités de l'entreprise et développe de ce fait une vision englobante de sa réalité.

2. *La brièveté, la variété et la fragmentation des activités* : les dirigeants ne consacrent que quelques secondes par activités et ils réalisent un très grand nombre d'activités variées. Ils butinent, en quelque sorte, d'une activité à l'autre et ont toujours l'impression de manquer de temps pour accomplir efficacement leur travail : il n'est jamais véritablement achevé, toujours incomplet, toujours interrompu. Toutefois, la brièveté, la variété et la fragmentation de ses activités contribuent à inscrire le gestionnaire plus avant dans le tissu social de l'entreprise et lui permet d'être un pôle central dans le réseau d'informations de l'entreprise.

3. *Une préférence pour l'action* : à l'analyse des situations, à la réflexion posée et à la planification minutieuse des activités, le gestionnaire préfère consacrer son temps à « ce qui bouge » quotidiennement dans l'entreprise, à l'informel, aux rumeurs et à tout ce qui donne de la vie au tissu social de l'entreprise. Ainsi, le gestionnaire fait avancer les choses, s'implique dans la marche des choses, contribue concrètement au dynamisme de l'entreprise.

4. *Une préférence pour les communications verbales* : le gestionnaire privilégie les moyens de communication verbaux et il y consacre d'ailleurs l'essentiel de son temps. En fait, les gestionnaires passent près de 80 % de leur temps de travail à parler et à échanger avec les uns et les autres. Pour le gestionnaire, la communication verbale a l'avantage d'être plus vivante, de comporter son lot d'émotions et de jugements et d'être nettement plus rapide que la communication très formelle comme celle que l'on trouve consignée dans des rapports.

5. *Des activités charnières entre l'entreprise et son environnement* : alors que dans l'image classique du management le gestionnaire ressort comme une figure hiérarchique qui consacre l'essentiel de son temps à la gestion interne de son entreprise, concrètement le gestionnaire joue un rôle de pivot entre l'entreprise et son environnement et entretient de ce fait des réseaux de communication avec les parties prenantes.

À première vue, l'activisme qui est au principe du déploiement de ces rôles quotidiens paraît être à des kilomètres de la rationalité qu'incarne l'enchaînement des processus administratifs. En effet, en jouant ces rôles, il ne s'agit plus de conduire des analyses sur ce qu'il convient de faire et des moyens à mettre en œuvre pour le faire, mais bien de plonger dans l'action très concrète et quotidienne. D'une certaine façon, avec les rôles quotidiens, l'élégance et la quiétude que procure la pleine maîtrise d'un cycle rationnel de gestion cèdent la place au flou et à la turbulence de la quotidienneté. Pourtant, le cycle administratif et les rôles quotidiens sont largement complémentaires. Le cycle administratif ne peut se construire dans le vide et n'être que pure spéculation sur le devenir de l'organisation ou qu'une esquisse abstraite de sa nature idéale. Pour être pertinent, le cycle a besoin d'informations et il ne peut les obtenir s'il n'est pas ancré dans la réalité concrète et quotidienne. En outre, le cycle administratif doit forcément s'incarner dans l'action pour avoir un quelconque effet sur le destin de l'organisation. C'est précisément là qu'entrent en jeu les rôles quotidiens qui donnent vie au cycle administratif et l'alimentent en informations. Bien sûr, les rôles ne sont pas forcément subordonnés à un quelconque cycle qui dicterait leur conduite effective. Mais que les gestionnaires aient ou non mis en œuvre un cycle administratif ne change rien au fait qu'en réalisant leurs rôles quotidiens, ils anticipent ce qu'il convient de faire, organisent le travail des uns et des autres, dirigent les efforts de chacun et s'assurent de la bonne marche des affaires par des retours sur ce qui est fait. Ainsi, sans le vouloir ni même le savoir, nombre de gestionnaires bouclent quotidiennement le cycle administratif en réalisant des rôles de gestion à ce point prenants qu'ils leur laissent souvent un sentiment d'inachevé.

Par ailleurs, l'enchaînement des rôles quotidiens nous indique aussi qu'en se déclinant au quotidien, le cycle administratif est fondamentalement un cycle de prise de décision. En effet, les rôles interpersonnels ouvrent le chemin au territoire des informations requises pour prendre des décisions. Sous ce regard, le management ne se réduirait donc pas à l'art de faire faire les choses, mais serait aussi l'art de prendre des décisions. Décider serait donc l'un des maîtres mots du management, un autre sous-texte qui permet de comprendre la nature des processus de planification, d'organisation, de direction et de contrôle. Chacun de ces processus impliquerait des décisions et ces dernières nécessiteraient d'avoir accès aux informations que seule la mise en œuvre de rôles quotidiens de gestion rend possible. Le management croiserait donc l'action et la décision par l'enchevêtrement de rôles quotidiens de gestion et de processus administratifs. C'est dire aussi que porté par l'élan que lui donne la planification, le cycle administratif serait certes tourné vers l'avenir, mais se conjuguerait rationnellement au présent en se déclinant dans une variété de rôles quotidiens. Toutefois, pour que les rôles de gestion puissent incarner au quotidien le cycle administratif, et par là contribuer à la rationalité de la gestion, ils doivent au préalable prendre appui sur l'une ou l'autre des formes d'autorité légitime. D'ailleurs, sans cette légitime autorité, il n'y a tout simplement pas de rôle à jouer. Paradoxalement, la légitimité de l'autorité n'est rien sans sa mise en jeu concrète et quotidienne. Ce paradoxe aux allures de cercle vicieux tient au fait qu'en tant que logique d'action, la légitimité de l'autorité n'est qu'une virtualité, qu'une action en puissance, qu'une possibilité d'action. Ce n'est que lorsque les gestionnaires se saisissent de cette virtualité et la concrétisent par des rôles quotidiens qu'elle acquiert alors sa pleine puissance effective et fait la démonstration de sa pertinence. Ainsi, elle peut devenir encore plus légitime aux yeux des uns et des autres qui à leur tour pourront fonder leurs actions sur les possibilités qu'elle offre. C'est d'ailleurs par un tel cycle que l'une ou l'autre des formes d'autorité légitime en vient à imprégner toute la logique de fonctionnement d'une organisation.

> *« Autant que possible, les décisions sont prises par consensus. On veille à ce que chacun tienne compte de tous les autres dans son travail. Si l'opérateur dit au costumier qu'il sera impossible à l'acrobate de monter sur l'échelle à cause du volume extravagant du costume, il faut que les deux trouvent un compromis : modifier le costume, l'échelle ou les deux. »*
>
> Nicolas Marion,
> gestionnaire de projet,
> Cirque du Soleil
>
> Schmouker, O.,
> « Le cercle, le secret de la collaboration »,
> *Les Affaires*, 18 octobre 2014 : 30.

Diagnostic 2.3 **Les rôles quotidiens de gestion**

Pour analyser une situation de gestion et évaluer l'importance accordée aux rôles quotidiens de gestion, les questions suivantes s'avèrent être un bon point de départ. En fait, elles permettent de poser un diagnostic sommaire, lequel peut alors servir à lancer une réflexion plus étoffée.	Fortement en accord	Plutôt en accord	Plus ou moins en accord	Plutôt en désaccord	Fortement en désaccord
1. Dans l'organisation, les gestionnaires assument avec efficacité leurs rôles quotidiens de gestion.					
2. Dans l'organisation, les gestionnaires assument avec efficacité les différents rôles interpersonnels.					
3. Dans l'organisation, les gestionnaires assument avec efficacité les différents rôles informationnels.					
4. Dans l'organisation, les gestionnaires assument avec efficacité les différents rôles décisionnels.					
5. Dans l'organisation, tous sont convaincus de l'efficacité des rôles quotidiens de gestion.					

2.3.2 Les rôles fonctionnels

Si l'autorité de la gestion se fonde sur des logiques pour asseoir sa légitimité, les organisations mettent elles aussi en jeu des logiques d'action collective pour réaliser leur mission, à savoir les logiques fonctionnelles. Ces logiques sont dites « fonctionnelles », car elles désignent les grandes fonctions spécialisées qui sont requises pour accomplir la mission générale de l'organisation, tels le marketing, la gestion des opérations et de la logistique, la finance, la gestion des ressources humaines, la gestion des technologies de l'information et la recherche et développement. À l'instar des logiques administratives, les logiques fonctionnelles n'acquièrent leur pleine puissance que si les gestionnaires les incarnent dans des rôles concrets. Ces rôles sont également qualifiés de fonctionnels, et les gestionnaires qui les assument sont considérés comme des spécialistes des domaines que doit couvrir la gestion.

Comme l'illustre la figure suivante, l'intégration des divers rôles fonctionnels est assurée par des gestionnaires qui assument un rôle d'administration générale. Ceux et celles qui tiennent ce rôle ne sont spécialistes d'aucune des fonctions que doit réaliser l'organisation pour accomplir sa mission. Ils ont plutôt un rôle de généraliste dont le mandat principal consiste à coordonner les réflexions et les actions des différents spécialistes de la gestion et d'ainsi contribuer à la cohérence d'ensemble de l'action administrative.

Figure 2.9 **Les rôles fonctionnels**

Les différentes logiques fonctionnelles et les rôles qui les incarnent peuvent être décrits de la façon suivante :

Le marketing : le gestionnaire en marketing fonde son action sur une logique de conquête des marchés. Son rôle consiste principalement à s'assurer que l'organisation connaisse son marché, qu'elle se donne les moyens pour l'atteindre et qu'elle arrive à y occuper une place enviable grâce à son offre, au prix de ses produits, à ses activités de promotion et à son réseau de vente.

Au sein de l'organisation, le gestionnaire du marketing est en quelque sorte le porte-parole du marché, celui qui tente de convaincre les gestionnaires des autres fonctions d'investir dans la conquête du marché ou dans le développement de nouveaux marchés. D'ailleurs, son travail de gestionnaire est souvent évalué à partir d'indicateurs de croissance, telles la hausse des parts de marché, l'augmentation des ventes et la progression des revenus, etc.

Ceux et celles qui valorisent le rôle de gestionnaire de la fonction marketing voient en lui la bougie d'allumage de l'organisation, celui qui lui permet de survivre et de prospérer dans un marché devenu mondial dans lequel les consommateurs ont maintenant accès à une offre indéfiniment variée. En revanche, ce rôle a aussi des critiques qui le caricaturent en vendeur qui privilégierait l'image et la persuasion, là où il faudrait faire preuve de réalisme et de conviction.

Les opérations et la logistique : le gestionnaire des opérations et de la logistique fonde son action sur une logique d'arrimage entre les ressources productives à acquérir et à combiner dans un système de production et les produits qui doivent être réalisés et livrés. Son rôle consiste principalement à s'assurer que l'organisation ait accès aux ressources requises pour la production, qu'elle se donne les moyens nécessaires pour les agencer de façon productive et qu'elle puisse assurer la livraison des produits.

Au sein de l'organisation, le gestionnaire des opérations et de la logistique est en quelque sorte le porte-parole de la réalité concrète du produit et l'opérateur logistique qui doit composer avec les contraintes d'espace, de coûts, de possibilités technologiques, de temps, de qualité attendue et de tant d'autres encore pour arriver à produire et à livrer les produits. D'ailleurs, le travail du gestionnaire des opérations et de la logistique est souvent évalué en termes d'indicateurs qui mesurent cette capacité à composer avec les contraintes, telles la fiabilité des systèmes de production, la qualité des produits, la maîtrise des coûts de production, la productivité des ressources, etc.

Ceux et celles qui valorisent le rôle de gestionnaire des opérations et de la logistique voient en lui le porte-étendard de la réalité très concrète de l'organisation, celui qui sait encastrer au quotidien toutes les logiques organisationnelles dans les produits sans lesquels l'organisation ne pourrait exister. Surtout, ils voient en lui celui qui peut à la fois relever le casse-tête logistique que représente la mondialisation des marchés et celui du développement durable qui passe forcément par une redéfinition des systèmes de production et de logistique.

Pour ses critiques, le gestionnaire des opérations et de la logistique ne serait qu'un ingénieur facilement gagné aux vertus d'une raison technicienne qui aurait tendance à réduire l'organisation à une machine productive à l'aide de techniques de gestion de la qualité, de juste à temps, d'ordonnancement maximal des activités, de chaîne logistique ou de réingénierie des processus de production.

La finance : le gestionnaire des finances fonde son action sur une logique des flux financiers et sur la traduction comptable des activités de l'organisation. Son rôle consiste principalement à s'assurer que l'organisation ait accès aux ressources financières requises pour ses opérations et qu'elle puisse offrir à ses investisseurs et bailleurs de fonds des rendements financiers appréciables.

Au sein de l'organisation, le gestionnaire des finances est tout à la fois le porte-parole des attentes des marchés financiers et le gardien d'une saine gestion comptable des activités opérationnelles. D'ailleurs, le travail du gestionnaire des finances est souvent évalué en termes d'indicateurs qui mesurent la solidité financière de l'organisation à l'aide de ratios financiers, tels le rendement sur l'investissement, le ratio de liquidités, le taux d'endettement, le coût du capital, etc.

Ceux et celles qui valorisent le rôle de gestionnaire des finances voient en lui l'architecte de la nécessaire relation de confiance que l'organisation doit construire avec ses partenaires financiers, relation rendue particulièrement complexe par la financiarisation sans précédent des marchés. À l'inverse, ceux et celles qui dénigrent son travail le dépeignent souvent comme un calculateur aisément gagné aux vertus d'une raison formelle qui, en réduisant l'organisation à un système abstrait de flux financiers, logerait en son centre des performances strictement financières et comptables, généralement à court terme.

Les technologies de l'information : le gestionnaire des technologies de l'information fonde son action sur la logique des réseaux d'information qui façonnent le monde contemporain. Son rôle consiste principalement à s'assurer que l'organisation s'inscrive dans le tissu des réseaux qui sont au principe de l'économie de l'information et mette en œuvre des solutions informatiques de gestion.

Au sein de l'organisation, il est tout à la fois un agent de changement en étant le porte-parole des innovations constantes en matière de technologie d'information et un opérateur des systèmes d'information qui définissent de plus en plus le quotidien des organisations contemporaines. D'ailleurs, ces technologies sont à ce point omniprésentes dans le quotidien des organisations que les gestionnaires qui en assument la responsabilité sont fréquemment évalués sur la fiabilité des systèmes dont ils ont la charge puisque leur moindre défaillance peut entraîner la paralysie de toutes les activités de l'entreprise.

Ceux et celles qui valorisent le rôle de gestionnaire des technologies de l'information voient en lui l'avant-garde de l'organisation, celui qui peut tracer la voie vers les nouveaux modèles d'affaires requis par l'économie de l'information. À l'inverse, ceux et celles qui critiquent son travail lui reprochent d'être trop facilement gagné aux vertus de ce qu'ils considèrent être la forme contemporaine du machinisme qui a jadis dominé les débuts de la révolution industrielle.

Les ressources humaines : le gestionnaire des ressources humaines fonde son action sur une logique d'acquisition et de développement des ressources humaines. Son rôle consiste principalement à s'assurer que l'organisation ait accès aux ressources humaines que nécessite son fonctionnement, qu'elle les forme de manière pertinente, qu'elle leur offre une rémunération équitable et de bonnes conditions de travail et qu'elle contribue continuellement au développement du plein potentiel de chacun.

Au sein de l'organisation, le gestionnaire des ressources humaines est en quelque sorte le porte-parole du marché de l'emploi et le gardien du bien-être général du personnel. Son travail est fréquemment évalué en termes de stabilité du personnel, de climat de travail et d'appréciation du personnel à l'égard de leur emploi et de la gestion générale de l'organisation.

Ceux et celles qui valorisent le rôle de gestionnaire des ressources humaines voient en lui le gardien de la paix organisationnelle et l'agent de changement qui permet à l'organisation de continuellement s'adapter aux nouvelles tendances en matière de développement organisationnel, tels la gestion de la diversité et les programmes de conciliation travail-famille. Toutefois, ses dénigreurs le dépeignent plutôt comme étant un traditionaliste gagné aux vertus d'un certain regard humaniste qui serait davantage préoccupé par le bien-être de la communauté organisationnelle que par la productivité de l'organisation.

La recherche et développement : le gestionnaire en recherche et développement fonde son action sur une logique d'innovation. Son rôle consiste principalement à s'assurer que l'organisation puisse innover et éventuellement lancer de nouveaux produits sur le marché.

Au sein de l'organisation, le gestionnaire de la recherche et développement est en quelque sorte le visionnaire qui esquisse son futur tout en militant pour qu'elle consente à investir au présent des sommes d'argent dont le retour sur investissement est souvent lointain, toujours incertain. Sa crédibilité est généralement fondée sur les brevets détenus par l'organisation et sur le rendement sur l'investissement en matière d'innovation.

Ceux et celles qui valorisent le rôle de gestionnaire en recherche et développement voient en lui l'opérateur de la créativité organisationnelle, celui qui sait comment une équipe peut transformer une idée en un produit concret et rentable. Pour ses partisans, le gestionnaire en recherche et développement est le pivot central d'une économie de la créativité, économie que certains entrevoient prendre le relai de celle de l'information. En revanche, ses critiques voient plutôt en lui un idéaliste peu soucieux des réalités concrètes et qui serait prêt à sacrifier d'importantes sommes d'argent pour poursuivre sa passion de l'inédit.

Diagnostic 2.4 Les rôles fonctionnels de gestion

Pour analyser une situation de gestion et évaluer l'importance accordée aux rôles fonctionnels de gestion, les questions suivantes s'avèrent être un bon point de départ. En fait, elles permettent de poser un diagnostic sommaire, lequel peut alors servir à lancer une réflexion plus étoffée.	Fortement en accord	Plutôt en accord	Plus ou moins en accord	Plutôt en désaccord	Fortement en désaccord
1. Dans l'organisation, les gestionnaires assument avec efficacité la fonction marketing.					
2. Dans l'organisation, les gestionnaires de la fonction marketing sont considérés comme des bougies d'allumage qui permettent de conquérir de nouveaux marchés.					
3. Dans l'organisation, les gestionnaires de la fonction marketing sont considérés comme des vendeurs qui privilégient l'image et la persuasion plutôt que les faits et la conviction.					
4. Dans l'organisation, les gestionnaires assument avec efficacité la fonction de gestion des opérations et de la logistique.					
5. Dans l'organisation, les gestionnaires de la fonction de gestion des opérations et de la logistique sont considérés comme les spécialistes du casse-tête opérationnel de l'organisation.					
6. Dans l'organisation, les gestionnaires de la fonction de gestion des opérations sont considérés comme des ingénieurs facilement gagnés aux vertus d'une raison technicienne et qui réduisent l'organisation à une simple machine productive.					
7. Dans l'organisation, les gestionnaires assument avec efficacité la fonction de gestion financière.					
8. Dans l'organisation, les gestionnaires de la fonction de gestion financière sont considérés comme des gardiens de la santé financière de l'organisation.					
9. Dans l'organisation, les gestionnaires de la fonction de gestion financière sont considérés comme des calculateurs à courte vue.					
10. Dans l'organisation, les gestionnaires assument avec efficacité la fonction de gestion des technologies de l'information.					
11. Dans l'organisation, les gestionnaires de la fonction de gestion des technologies de l'information sont considérés comme l'avant-garde de l'organisation.					
12. Dans l'organisation, les gestionnaires de la fonction de gestion des technologies de l'information sont considérés comme des techniciens.					
13. Dans l'organisation, les gestionnaires assument avec efficacité la fonction de gestion de la recherche et développement.					
14. Dans l'organisation, les gestionnaires de la fonction de gestion de la recherche et développement sont considérés comme des innovateurs créatifs.					
15. Dans l'organisation, les gestionnaires de la fonction de gestion de la recherche et développement sont considérés comme des rêveurs.					
16. Dans l'organisation, les gestionnaires assument avec efficacité la fonction gestion des ressources humaines.					
17. Dans l'organisation, les gestionnaires de la fonction gestion des ressources humaines sont considérés comme des agents de changement.					
18. Dans l'organisation, les gestionnaires de la fonction gestion des ressources humaines sont considérés comme paternalistes.					

2.3.3 Le rôle d'administration générale

L'**administration générale** croise toutes les fonctions, traduit les attentes de chacune dans un langage commun, réalise des arbitrages et construit une logique commune et une intégration globale des fonctions.

Pour composer avec la diversité des rôles fonctionnels, tirer profit de leur complémentarité et jongler avec les possibles tensions que leur rencontre peut engendrer, l'organisation mise sur un rôle très particulier, à savoir celui d'administration générale dont la spécialité consiste très précisément à n'en avoir aucune. D'une certaine façon, les titulaires des rôles d'administration générale font du management à l'état brut. Sans attache fonctionnelle, le rôle d'administration générale consiste fondamentalement à croiser toutes les fonctions, à traduire les attentes de chacune dans un langage commun, à réaliser les nécessaires arbitrages qu'impliquent leurs rencontres et surtout à construire une logique commune, une intégration globale des fonctions dans laquelle chacune y trouverait son compte. À l'évidence, le rôle d'administration générale n'est pas de tout repos. Métaphoriquement, il s'apparente au travail d'un équilibriste qui devrait, au-dessus du vide, avancer sur le mince fil que tissent ensemble toutes les fonctions. Qu'il se laisse gagner aux vertus de l'une ou l'autre des fonctions et voilà qu'il rompt l'équilibre et plonge dans le vide. L'art de l'équilibriste que doivent maîtriser les titulaires des rôles d'administration générale s'ajoute donc à leur capacité de faire faire les choses et à leur pouvoir de décision.

Pour réaliser tout à la fois son rôle d'équilibriste entre les fonctions et d'intégrateur de leur logique, le titulaire du rôle d'administration générale peut compter sur son autorité formelle, son charisme ou son ancrage dans la tradition de l'organisation. Il peut aussi s'en remettre au cycle administratif. L'avantage de recourir au cycle, c'est qu'il est fondamentalement transversal. Toutes les fonctions peuvent fonder leur logique sur lui. D'une certaine façon, le cycle administratif se présente comme un langage commun entre les fonctions, comme le socle sur lequel elles peuvent engager un véritable dialogue de management. Comme l'illustre la figure suivante, ce dialogue comprend 24 points de jonction, soit tous les espaces où les processus administratifs croisent les logiques fonctionnelles.

> *« Un patron doit être un excellent généraliste. Pas le meilleur technicien, le meilleur financier ou le meilleur commercial de son entreprise ! Endosser ce costume de généraliste suppose d'acquérir les connaissances de base dans les domaines que l'on ne maîtrise pas et de conserver une vision d'ensemble. »*
>
> Christophe Brun,
> fondateur de Key Consulting
>
> *L'Express* (site Web), 2 mai 2014.

Figure 2.10 L'intégration des rôles fonctionnels par les processus administratifs

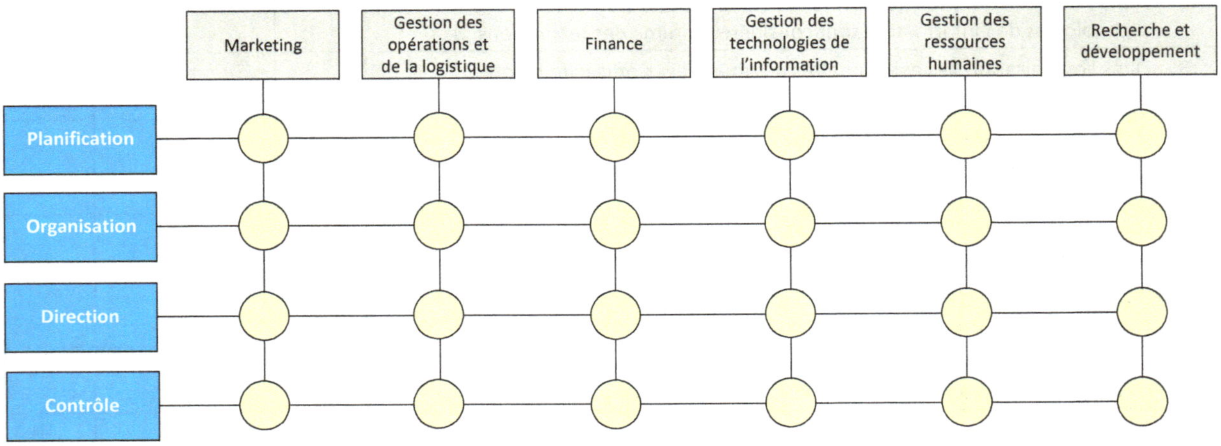

Au regard de cette représentation du réseau qui est au principe de l'intégration administrative des logiques fonctionnelles, on peut facilement imaginer que le dialogue que le management institue avec les fonctions puisse se donner des allures de cacophonie organisationnelle. C'est là qu'entre en jeu le pouvoir légitime de l'autorité du titulaire du rôle d'administration générale. Sur la base de la légitimité de son autorité, il oriente le dialogue et lui donne une coloration qui facilite les échanges. Prenons un exemple pour illustrer ce dialogue, celui d'une entreprise qui, sur la base de la logique formelle, cherche à se doter d'un plan stratégique afin de conquérir un nouveau marché. Autour de cette intention stratégique, il s'agit donc d'intégrer les plans fonctionnels et de les fondre dans un plan stratégique d'ensemble.

Pour le gestionnaire du marketing, la conquête d'un nouveau marché nécessitera notamment de cerner des cibles en termes de part de marché, d'établir un plan promotionnel et de prévoir l'embauche de personnel de vente. Toutefois, le plan de marketing n'aura de chance de se concrétiser que si le gestionnaire des opérations et de la logistique dote son unité administrative d'un plan qui prévoit les conséquences d'une augmentation éventuelle des ventes en termes d'approvisionnement en ressources, de cadence de production et de logistique de livraison.

Si les plans du marketing et de la gestion des opérations peuvent s'arrimer, encore faut-il que l'entreprise ait le système d'information pour les mettre en œuvre, d'où la nécessité de pouvoir compter sur un plan en matière de gestion des technologies de l'information. Mais pour concrétiser ces plans, l'entreprise devra-t-elle embaucher du personnel additionnel ? Si oui, le gestionnaire des ressources humaines devra prévoir la sélection, la formation et la rémunération de cet afflux de personnel. En outre, la conquête d'un nouveau marché pourra nécessiter des modifications à l'offre de produit existante, ce qui impliquera la formulation d'un plan en matière de recherche et développement. Finalement, les plans mis de l'avant par les gestionnaires des différentes fonctions impliqueront des coûts et des investissements et, donc, la rédaction d'un plan financier.

On l'aura compris, chaque gestionnaire fonctionnel peut traduire la mission de son unité administrative selon la nature du processus administratif qui est en jeu et en termes de logique d'action administrative, ici selon le processus de planification et en termes de logique formelle. Arriver à un tel dialogue et réaliser une telle intégration des logiques fonctionnelles, c'est précisément la mission des titulaires des rôles d'administration générale. Pour ces gestionnaires dépourvus de spécialisation, il ne s'agit donc pas de s'inventer un quelconque surmoi fonctionnel au nom duquel ils s'immisceraient dans la formulation des plans fonctionnels. Bien au contraire, leur rôle se limite à montrer l'interdépendance des fonctions, à esquisser leurs jonctions et à entrevoir les possibilités d'intégration des logiques fonctionnelles. En somme, il s'agit d'effectuer un management des logiques fonctionnelles.

> *« Dans le fond, un bon gestionnaire doit être comme un chef d'orchestre. Il ne sait pas comment jouer de tous les instruments, mais il connaît assurément toutes les partitions. »*
>
> Nathalie Dignard,
> fondatrice de Plani Vision
>
> Lévesque, E.,
> « Quelles sont les habiletés d'un bon gestionnaire ? »,
>
> *Le Canada Français*,
> 10 mars 2011 : B9.

Diagnostic 2.5 Le rôle d'administration générale

Pour analyser une situation de gestion et évaluer l'efficacité du rôle d'administration générale, les questions suivantes s'avèrent être un bon point de départ. En fait, elles permettent de poser un diagnostic sommaire, lequel peut alors servir à lancer une réflexion plus étoffée.	Fortement en accord	Plutôt en accord	Plus ou moins en accord	Plutôt en désaccord	Fortement en désaccord
1. Dans l'organisation, tous comprennent le rôle de ceux et celles qui ont la responsabilité d'administration générale.					
2. Dans l'organisation, les gestionnaires responsables de l'administration générale assument leur rôle avec efficacité.					
3. Dans l'organisation, les gestionnaires s'assurent que les divers plans fonctionnels soient compatibles les uns avec les autres.					
4. Dans l'organisation, les plans fonctionnels s'inscrivent tous dans un processus de planification générale.					
5. Dans l'organisation, les gestionnaires s'assurent qu'il n'y ait pas de chevauchements des tâches inutiles entre les diverses fonctions.					
6. Dans l'organisation, les gestionnaires s'assurent que les tâches réalisées au sein des différentes fonctions soient arrimées aux tâches des autres fonctions.					
7. Dans l'organisation, les gestionnaires s'assurent que les pratiques de direction des diverses fonctions soient compatibles les unes avec les autres.					
8. Dans l'organisation, les gestionnaires s'assurent qu'il existe un riche dialogue entre les fonctions.					
9. Dans l'organisation, les mécanismes de contrôle des diverses fonctions sont arrimés les uns aux autres.					
10. Dans l'organisation, les gestionnaires mesurent l'incidence des indicateurs de performance sur les activités de chacune des fonctions.					

2.3.4 Les rôles hiérarchiques

À l'échelle de l'organisation et au sein de chacune des fonctions, le management se décline généralement en différents rôles hiérarchiques. Comme l'illustre la figure suivante, il est d'usage de distinguer trois catégories de rôles hiérarchiques, à savoir la haute direction, les cadres intermédiaires et les cadres opérationnels.

Figure 2.11 **Les rôles hiérarchiques**

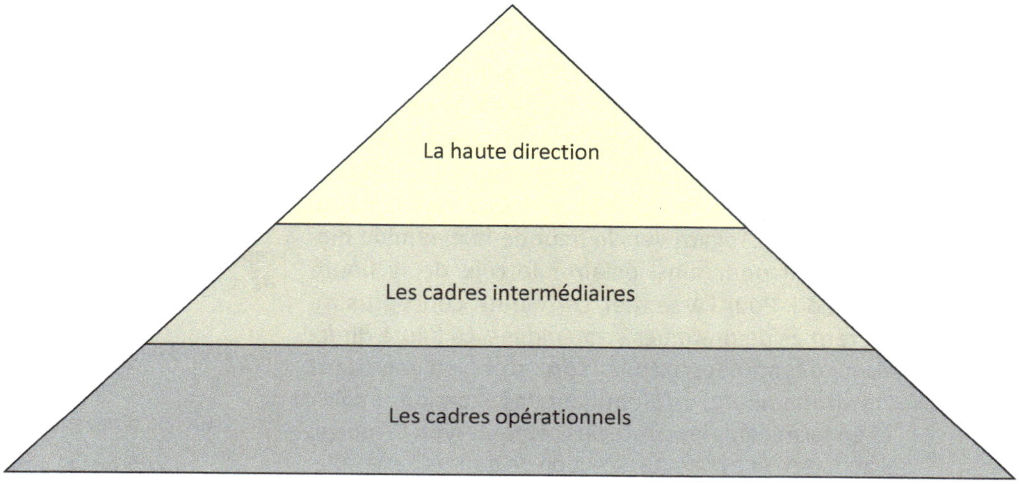

Ces rôles peuvent être décrits de la façon suivante :

La haute direction : les gestionnaires de la haute direction ont pour mandat premier de définir les grandes orientations stratégiques de l'organisation. Pour y parvenir, ils doivent faire de l'environnement organisationnel leur principal objet de réflexion et formuler des stratégies qui seront tout à la fois compétitives et légitimes.

Les cadres intermédiaires : les cadres intermédiaires ont pour mandat premier d'assurer le développement et la cohérence de l'organisation et de traduire les intentions stratégiques en termes d'activités à réaliser au sein de diverses unités administratives. Pour y arriver, ils doivent faire de l'organisation leur principal objet de réflexion et mettre en œuvre des pratiques d'allocation des ressources qui vont non seulement paver la voie à la mise en œuvre de la stratégie formulée, mais surtout faire de l'organisation un véritable milieu de vie.

Les cadres opérationnels : les cadres opérationnels ont pour mandat premier de s'assurer que le personnel puisse réaliser et livrer les produits qui sont au cœur de la mission de l'organisation. Le travail est leur principal objet de réflexion et d'intervention.

Ces trois catégories de rôles incarnent à leur façon le parcours historique du management qui a successivement posé le travail, l'organisation et l'environnement comme objet de sa réflexion. Historiquement, les théoriciens du management ont d'abord pris les cadres opérationnels pour objet de leurs réflexions. Ce fut notamment le cas de Taylor dont les recherches tournaient toutes autour de leur travail. Selon lui, les cadres opérationnels devaient devenir de véritables gestionnaires plutôt que de se limiter à un travail de surveillance du travail ouvrier comme tel était le cas à l'époque de ses recherches. Accomplir un « véritable » travail de gestionnaire signifiait alors concevoir, organiser et coordonner le travail. Avec la croissance des organisations, les théoriciens ont montré que l'organisation ne se réduisait pas à du travail productif qu'il convenait de concevoir et de coordonner, mais qu'elle était aussi un univers social complexe qui commandait soin et attention. Dès lors, le management ne pouvait plus se limiter à la gestion du travail, il devait aussi prendre toute la dynamique organisationnelle pour objet de sa réflexion et ainsi entrevoir la nécessité d'un rôle de cadres intermédiaires. Avec la montée en puissance des logiques de compétition, les théoriciens ont, par la suite, déplacé leur regard vers le haut de la pyramide hiérarchique pour ainsi éclairer le rôle de la haute direction. Pour l'essentiel, ce rôle fut conceptualisé en termes de pratiques stratégiques. La haute direction devait accomplir son rôle en scrutant l'environnement, en identifiant des occasions à saisir et en formulant des stratégies compétitives. En outre, il appartenait à la haute direction de donner l'exemple, d'être la bougie d'allumage de l'organisation.

> *« Il ne suffit pas de mettre en place un système et de le laisser vivre. Il faut le nourrir et le communiquer activement afin qu'il soit compris par les gestionnaires qui bâtiront des équipes plus fortes et motivées. Il revient à la haute direction d'encadrer, de montrer les avantages et de communiquer les bons succès. »*
>
> Martial Gagné,
> président, Lunetterie New Look
>
> Proulx, M.,
> « L'ADN du dirigeant catalyseur »,
> *La Presse*, 29 janvier 2014.

De nos jours, la légitimité du lien hiérarchique qui unit les rôles est contestée. Le management doit-il nécessairement prendre la forme d'une chaîne de commandement propre à l'univers militaire ? La stratégie est-elle la chasse gardée de la haute direction ? Les nouveaux modèles d'affaires à mettre en œuvre ne passent-ils pas par des relations ascendantes dans lesquelles la réflexion stratégique serait le fruit émergent des réflexions et des pratiques opérationnelles avant d'être portés par des cadres intermédiaires devenus des *coachs* au service d'équipes opérationnelles pour, finalement, être incarnés par une haute direction dont le rôle consisterait à négocier avec les parties prenantes de façon à préserver l'intégrité de l'organisation tout en assurant sa légitimité ? Oui, il n'y a pas de doute, les temps présents sont au questionnement, notamment celui relatif au sens des relations hiérarchiques. Ce qui n'est pas questionné, en revanche, c'est la nécessité de réfléchir le management autant en termes stratégiques, organisationnels qu'opérationnels. Là réside tout l'intérêt de la distinction des rôles hiérarchiques, puisqu'ils incarnent les niveaux de réflexion du management que sont le travail, l'organisation, et l'environnement. Toutefois, que ces niveaux s'imbriquent ou non dans un tissu de relations hiérarchiques, il reste à faire face au défi de leur intégration au sein d'une action collective. C'est là un défi de management, et il peut être relevé en mobilisant une fois de plus les processus administratifs, ce qu'illustre la figure suivante :

> *« Les employés ont beaucoup d'atouts. Il faut les responsabiliser quant à leur progression et ne plus gérer le savoir de façon verticale, mais bien plutôt horizontale. »*
>
> Andrée Mercier,
> vice-présidente talents,
> Aon Hewitt
>
> Gaignaire, A.
> « Vers un leadership horizontal »,
> *La Presse*, 20 novembre 2013 : 12.

Figure 2.12 **L'intégration des rôles hiérarchiques par les processus administratifs**

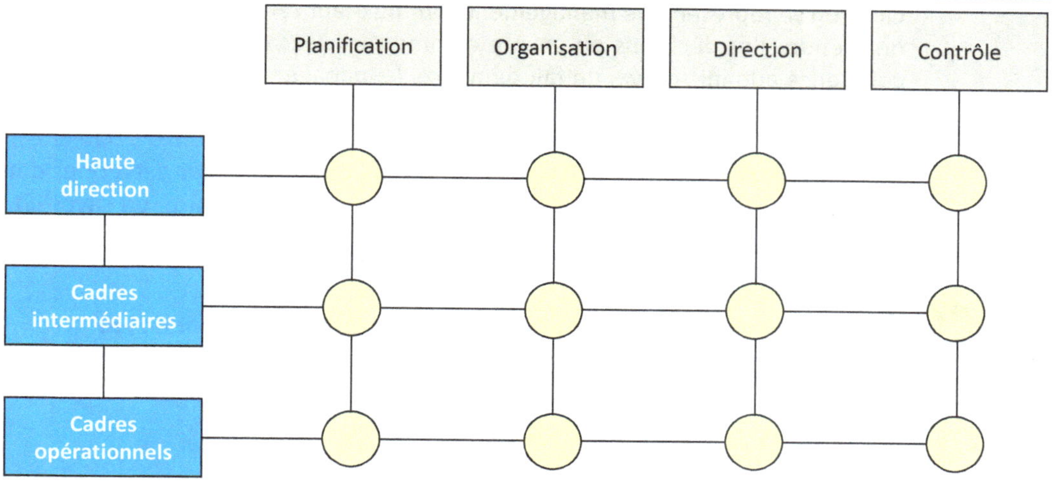

Au regard de cette figure, deux choses sont à retenir. D'une part, chacun des rôles hiérarchiques peut inscrire son action dans un cycle administratif. Ce qui distinguera le cycle des uns et des autres c'est l'objet de la réflexion administrative, à savoir l'environnement pour la haute direction, l'organisation pour les cadres intermédiaires et le travail pour les cadres opérationnels.

D'autre part, il ressort de cette figure que les processus administratifs propres à chacun des rôles hiérarchiques doivent être liés aux autres. La planification stratégique réalisée par la haute direction restera sans effet si elle n'est pas arrimée, d'un côté, à une planification organisationnelle qui loge en son centre un questionnement sur l'allocation des ressources et, de l'autre, à une planification des opérations, là où les ressources s'imbriquent et s'encastrent dans un travail productif.

Diagnostic 2.6 **Les rôles hiérarchiques**

Pour analyser une situation de gestion et évaluer l'efficacité des rôles fonctionnels de gestion, les questions suivantes s'avèrent être un bon point de départ. En fait, elles permettent de poser un diagnostic sommaire, lequel peut alors servir à lancer une réflexion plus étoffée.	Fortement en accord	Plutôt en accord	Plus ou moins en accord	Plutôt en désaccord	Fortement en désaccord
1. Dans l'organisation, les rôles de haute direction sont assumés avec efficacité.					
2. Dans l'organisation, les rôles de cadres intermédiaires sont assumés avec efficacité.					
3. Dans l'organisation, les rôles de cadres opérationnels sont assumés avec efficacité.					
4. Dans l'organisation, les relations entre les rôles hiérarchiques sont efficaces.					
5. Dans l'organisation, tous comprennent bien la nature des différents rôles hiérarchiques.					

2.4 Les habiletés de management

Que l'on se représente le management comme étant l'art de faire faire les choses, celui de prendre des décisions ou encore comme l'art délicat de l'équilibriste en quête de cohérence administrative, un fait demeure, le management est fondamentalement un art pratique, et qui dit « art » dit forcément maîtrise de certaines habiletés concrètes. En fait, l'art du management commande la maîtrise de trois catégories d'habiletés, à savoir les habiletés techniques, sociales et cognitives[4]. Chacune de ces catégories d'habiletés met en jeu une forme particulière de savoir, soit un savoir-faire, un savoir-être et un savoir conceptuel, comme l'illustre la figure suivante.

Figure 2.13 **Les habiletés de management et les savoirs qu'elles mettent en jeu**

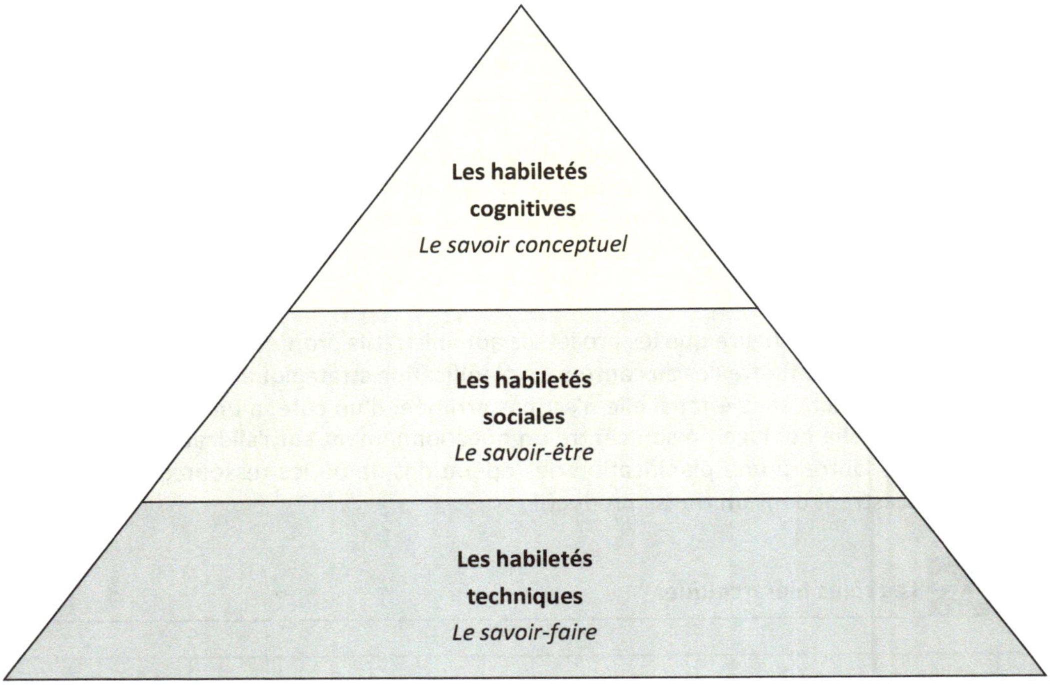

Comme le montre le tableau suivant, les employeurs des diplômés des écoles et facultés de gestion recherchent clairement des étudiants qui maîtrisent un vaste éventail d'habiletés de management, en particulier des habiletés cognitives relatives à la pensée critique, à l'innovation et à la résolution de problèmes complexes ainsi que des habiletés sociales en matière de communication[5].

[4] Historiquement, c'est Robert L. Katz qui, le premier, a évoqué ces catégories en les qualifiant d'habiletés techniques, humaines et conceptuelles. Voir : Katz, R. L., « Skills of an Effective Administrator », *Harvard Business Review*, 1974 [1955], 51 : 90-102. Au cours des années 1990, nombre de théoriciens ont troqué le concept d'habileté pour celui de compétence. Pour un bel exemple de ce glissement des habiletés vers les compétences, voir : Quinn, R. E., Faerman, S. R., Thompson, M. P. et M. R. McGrath, *Becoming a Master Manager. A Competency Framework,* N. Y., Wiley, 1990.

[5] Résultats d'un sondage réalisé en 2013 par l'*Association of American Colleges and Universities*. Budryk, Z., « More than a Major », *Inside Higher Education,* 10 avril 2013. [Traduction libre].

Tableau 2.1 **Les habiletés de management valorisées par les employeurs**

Énoncés	% d'accord
Pour notre organisation, il est prioritaire d'embaucher des personnes ayant des habiletés intellectuelles et interpersonnelles qui les aideront à innover au travail.	95 %
Un diplômé qui a une pensée critique, qui sait communiquer et résoudre des problèmes complexes est nettement plus intéressant que celui qui maîtrise les seules compétences techniques.	93 %
Les organisations exigent de leurs employés qu'ils acceptent davantage de responsabilités et qu'ils maîtrisent un plus large éventail d'habiletés qu'autrefois.	93 %
L'innovation est une condition essentielle des organisations d'aujourd'hui.	92 %
Les défis que doivent relever nos employés sont nettement plus complexes qu'autrefois.	91 %

2.4.1 Les habiletés techniques

Les **habiletés techniques** correspondent à l'ensemble des savoir-faire requis pour accomplir le travail administratif.

Les habiletés techniques correspondent à l'ensemble des savoir-faire requis pour accomplir concrètement un travail administratif[6]. Ces savoir-faire s'incarnent souvent dans des outils, mais pas toujours. Ils prennent aussi la forme de règles à suivre, de procédures à respecter et même de routines implicitement mobilisées dans l'action quotidienne. L'essentiel ne se trouve donc pas dans leur forme concrète, mais plutôt dans le fait que les savoir-faire sont les moyens dont dispose le gestionnaire pour que son action soit véritablement efficace. L'efficacité est d'ailleurs centrale, car telle est l'essence même de la technique, sa qualité première. Une technique ou le savoir-faire qu'elle incarne se juge essentiellement au regard de son efficacité. Cette dernière étant une valeur clé du monde contemporain de la gestion, il n'est pas surprenant de constater que les habiletés techniques soient si largement prisées par les gestionnaires. Toutefois, les valeurs n'expliquent pas tout. Les gestionnaires aiment aussi fonder leurs actions sur les habiletés techniques parce qu'elles sont généralement très concrètes et génèrent des résultats tangibles qui sont facilement mesurables. Ainsi, elles donnent à voir la compétence du gestionnaire et inspirent facilement confiance autant au gestionnaire qui en fait usage qu'à ceux et celles qui sont les témoins des résultats qu'elles permettent d'obtenir.

> *« Les gens sont embauchés pour leurs compétences techniques et remerciés pour leur manque de compétences interpersonnelles. »*
>
> Michèle Ragault,
> psychologue industrielle,
> André Filion & Associés
>
> Franken, P.,
> « Est-il nul ou le fait-il exprès ? »,
> *a+* 2011, *33*(12) : 31.

Cette prégnance des habiletés techniques sur le monde contemporain de la gestion est aussi à mettre en relation avec le fait que ce sont des ingénieurs qui, dès la révolution industrielle et la période de fondation du management moderne, ont jeté les bases de la pratique administrative et l'ont pensée en termes d'administration des choses. Les ingénieurs ont contribué à faire de l'imaginaire technique un incontournable fondement du management. D'ailleurs, cet imaginaire se remarque non seulement par l'indéfinie variété de techniques qui jalonnent l'action administrative, mais aussi par l'usage constant que font les gestionnaires de différents objets graphiques qui décrivent et balisent l'action

[6] Il est à noter que depuis quelques années, plusieurs sociologues s'intéressent à ce territoire des habiletés administratives et l'abordent sous l'angle de l'analyse sociale des outils de gestion. À ce propos, voir : Chiapello, È. et P. Gilbert, *Sociologie des outils de gestion*, Paris, La Découverte, 2013.

administrative. Il y a des organigrammes qui tracent les relations d'autorité et de communication, des processus qui lient les ressources aux activités, des matrices qui croisent des marchés et des produits ; il y a aussi des chaînes de valeur qui lient les fonctions dans la réalisation d'un produit à valeur ajoutée pour les clients, des diagrammes qui dessinent le flot des activités à réaliser selon des horaires stricts, des histogrammes qui témoignent de la performance des ressources ; il y a encore des arbres de décision qui favorisent l'évaluation des conséquences des choix administratifs en situation d'incertitude, des mises en réseau de forces concurrentielles de façon à identifier avec justesse la position stratégique à occuper, etc. Face à ce foisonnement d'outils graphiques qui n'est pas sans rappeler les plans et devis que les ingénieurs utilisent pour réaliser leurs œuvres techniques, il n'est pas surprenant que l'imaginaire du management puisse parfois être désigné comme une pensée *PowerPoint*[7]. D'ailleurs, peut-on imaginer de nos jours, un gestionnaire qui n'exposerait pas sa pensée et ses projets par une présentation *PowerPoint* ?

Pour enrichir son portefeuille d'habiletés techniques, témoigner de sa compétence et inscrire son action dans un projet d'administration des choses, le gestionnaire contemporain peut s'abreuver à même les théories du management. Il y trouvera des habiletés techniques pour tous les aspects de la gestion, tous les contextes d'action et tous les problèmes administratifs. Que ce soit pour chacun des processus administratifs, pour chacune des fonctions organisationnelles, pour les rôles hiérarchiques et quotidiens, il y trouvera des habiletés techniques à maîtriser et à mettre en œuvre. De même, que ce soit pour des PME, des grandes entreprises, des organisations à but non lucratif, des organismes publics et de tant d'autres milieux organisationnels, le gestionnaire pourra encore y trouver matière à accroître l'efficacité de son action. Il pourra même y trouver des habiletés techniques utiles pour résoudre nombre de problèmes particuliers de gestion, tels le redressement financier, la résistance au changement, la décroissance, la mauvaise qualité des produits, la délégation, les crises organisationnelles, les conflits, etc.

> *« Là, j'ai six dossiers sur le feu et je gère les priorités. Mon rôle en tant qu'ingénieur est d'étudier des affaires pour en décrocher seulement 20 %, ce qui est un peu ingrat ! Je reçois des dossiers de consultations de maîtres d'ouvrage qui veulent réaliser un projet. Je dois leur donner le meilleur prix et la meilleure technique à mettre en œuvre. »*
>
> Amélie Imbenotte,
> ingénieure, Eiffage TP
>
> Gauge, M.,
> « Donner le meilleur prix
> et la meilleure technique »,
> *Le Progrès* (Lyon), 1er février 2015.

Le choix des habiletés techniques à maîtriser peut être fondé sur la réalité qu'elles permettent d'appréhender. Sous ce regard, le gestionnaire a à sa disposition quatre groupes de techniques, à savoir :

Les techniques de gestion des personnes : les techniques en matière de gestion de ressources humaines, notamment les techniques de sélection du personnel, de rémunération, de formation, etc. Dans ce groupe, nous retrouvons aussi des techniques de direction des personnes, telles les techniques de motivation ou de communication.

[7] Pour une analyse critique de cette pensée, voir : Frommer, F., *La pensée PowerPoint. Enquête sur ce logiciel qui rend stupide*, Paris, La Découverte, 2010.

Les techniques de gestion des ressources tangibles : les techniques relatives à la gestion des approvisionnements en matières premières, des inventaires, des produits, des technologies, de l'équipement, de l'énergie, des espaces, des matières recyclables, etc.

Les techniques de gestion des ressources intangibles : les techniques relatives à la gestion de la réalité immatérielle de l'organisation, notamment la gestion du temps, de l'argent, de la réputation, de l'information, du savoir, etc.

Les techniques de gestion des processus : les techniques de gestion des activités, tels les processus de vente, de fabrication, d'innovation, de financement, etc. Logent aussi dans cette catégorie, les techniques de gestion générale des processus administratifs, telles les techniques de planification, d'organisation et de contrôle.

Devant l'étendue presque sans limites des habiletés techniques qu'il a à sa disposition, le gestionnaire doit forcément faire des choix. S'il ne peut mettre en œuvre toutes les techniques qui s'offrent à lui, il peut néanmoins opter pour les habiletés techniques qui témoigneront de la légitimité de son autorité et de sa pratique administrative. Dès lors, et en fonction de sa légitimité, le gestionnaire pourra orienter ses choix en matière d'habiletés techniques vers l'un ou l'autre de ces savoir-faire :

Le savoir-faire formel : parfois qualifié de praxéologie[8] de façon à souligner sa rigueur, le savoir-faire formel est largement valorisé par les gestionnaires dont la légitimité repose sur la raison formelle. Il se donne particulièrement à voir par les outils standardisés, les procédures strictes, les démarches explicites, les règles formelles, les processus techniques, les méthodes spécialisées, les indicateurs de performance, etc. Pour le gestionnaire formel, il existe toujours une technique qu'il est possible de mobiliser pour témoigner de sa compétence administrative, accroître l'efficacité de sa gestion et, conséquemment, celle de l'organisation. Le recours à ces savoir-faire s'impose, car ils sont au principe même de son action, ce par quoi il témoigne de la légitimité de sa gestion.

Le savoir-faire traditionnel : alors que le savoir-faire formel découle le plus souvent d'un apprentissage formel et est largement conceptualisé par les théoriciens du management, le savoir-faire traditionnel est plutôt le fruit de l'expérience, du compagnonnage, de la socialisation et de l'imitation. Acquis sur le terrain même de la gestion et prenant souvent la forme d'une sagesse pratique, le savoir-faire traditionnel a généralement la particularité d'être encastré dans l'action, mobilisé par elle sans que le gestionnaire ait pleinement conscience de sa nature[9]. D'une certaine façon,

---

[8] À ce propos, voir : Gasparski, W. et T. Pszczlowski. *Praxiological Studies,* Dordrecht, Reildel, 1983 et Daval, R., *Logique de l'action individuelle*, Paris, PUF, 1981.

[9] Sur l'importance des savoir-faire tacites en management, voir : Schön, D. A., *The reflexive Practitioner. How Professionals Think in Action,* N.Y., Basic Book, 1983.

le gestionnaire sait faire des choses sans véritablement savoir qu'il le sait ou alors sans pouvoir ou vouloir traduire de façon explicite ce qu'il sait faire; cela ne l'empêche toutefois pas de mobiliser le savoir-faire traditionnel sans effort, tout naturellement, instinctivement. Si ce savoir-faire se remarque facilement dans l'art de faire les choses, il se retrouve aussi dans les routines traditionnelles et l'histoire de l'organisation sur lesquelles le gestionnaire fonde son action et sa légitimité.

Le savoir-faire charismatique : la légitimité charismatique étant fonction des caractéristiques particulières du gestionnaire plutôt que des moyens qui fondent son action, il est quelque peu injustifié de parler d'un savoir-faire charismatique, à moins d'évoquer, en s'en désolant, les techniques de manipulation que l'on attribue à nombre de leaders qui abusent de leur autorité charismatique. Toutefois, en observant les gestionnaires charismatiques, il ressort qu'ils témoignent souvent de leur charisme par leur maîtrise du discours, que ce dernier prenne la forme d'une argumentation convaincante[10] ou plutôt celle d'une histoire inspirante qui, tout en évoquant un passé glorieux, donne du sens à une mobilisation susceptible de transformer l'avenir[11].

2.4.2 Les habiletés sociales

Les **habiletés sociales** correspondent à l'ensemble des savoir-être requis pour accomplir le travail administratif.

Si les habiletés techniques témoignent du fait que le management s'est historiquement inscrit avec beaucoup de facilité dans un projet d'administration des choses, les **habiletés sociales** participent plutôt à la réalisation d'un projet de gouvernement des personnes. Fruit de nombre de recherches qui ont montré que le management était une pratique qui n'avait de sens qu'au regard de son contexte social, ce projet de gouvernement des personnes loge en son centre la reconnaissance du caractère tout à la fois politique, symbolique et psychologique de la vie en organisation. Surtout, ce projet fait du management un vecteur central du mieux-vivre ensemble et considère que le gestionnaire ne peut pas se contenter de miser sur des savoir-faire pour accomplir son travail. L'univers de la gestion ne se réduit pas à des processus techniques et à des objets techniquement manipulables, mais se caractérise aussi par des relations humaines qui commandent des habiletés fondées sur des savoir-être.

> *« Le premier réflexe des managers quand on leur dit que leur activité relève de la science politique est souvent de répulsion. Par opposition aux hommes politiques qui leur paraissent avant tout en quête de pouvoir, ils préfèrent se présenter comme les serviteurs dévoués et presque désintéressés de la noble cause du développement de l'entreprise. Alors que la politique leur semble le lieu privilégié des manœuvres obscures et des compromissions, ils se voient plus volontiers comme des hommes rationnels, asseyant leur autorité sur leur propre soumission à la rigueur objective des sciences de la gestion et des lois de l'économie. »*
>
> Favilla, « Management politique », *Les Echos*, 16 janvier 1996 : 40.

---

[10] Pour un tour d'horizon des techniques d'argumentation administrative, voir : Lachapelle, L. et S. Laberge, *Argumenter, débattre et improviser en affaires*, Montréal, Éditions JFD, 2014.

[11] Cet art de raconter des histoires inspirantes est désigné sous l'étiquette de *storytelling*. Largement répandu en management depuis le début des années 1990, le *storytelling* est l'art de raconter des histoires afin de donner du sens à l'action et d'inspirer ceux et celles qui sont sensibles à l'histoire que raconte le leader. Pour un regard critique de la technique du *storytelling*, voir : Salmon, C., *Storytelling*, Paris, Éditions La Découverte, 2007.

Pour pleinement inscrire son action dans la vie humaine et sociale de son organisation, le gestionnaire peut compter sur l'une ou l'autre de ces catégories d'habiletés sociales :

Les habiletés politiques : le gestionnaire use d'habiletés politiques, car les organisations sont des espaces sociaux où s'enchevêtrent des intérêts contradictoires, des jeux politiques, des conflits interpersonnels, des rivalités entre les groupes, des frictions sociales, des débats, des pressions sociales, des dynamiques de compétition, etc. Face à l'irréductible réalité politique de son milieu d'action, le gestionnaire n'a d'autre choix que de développer des habiletés politiques, telles les habiletés de négociation, d'arbitrage, de persuasion, de médiation, d'influence, d'argumentation, etc.

Les habiletés symboliques : le gestionnaire use d'habiletés symboliques, car les organisations sont des espaces identitaires et culturels où s'enchevêtrent des valeurs, des symboles, des normes, des mythes, des histoires, des us et coutumes, des langages, des rites, etc. Devant la réalité identitaire et culturelle avec laquelle il doit composer, le gestionnaire doit développer des habiletés symboliques, notamment des habiletés de mentorat, de dialogue, d'intégration de la diversité, de représentation sociale, de communication, d'interactions interculturelles, etc.

Les habiletés psychologiques : le gestionnaire use d'habiletés psychologiques, car les organisations sont le lieu de rencontre d'une diversité d'acteurs sociaux aux personnalités, émotions, sentiments et besoins variés. Sur la base d'une intelligence émotionnelle qui lui permet de décoder les émotions et les sentiments des membres de l'organisation, le gestionnaire oriente leurs comportements, suscite leur engagement affectif, développe leur estime de soi et leur confiance, encourage l'initiative, les écoute, les motive, les *coach*, les responsabilise, les incite à se dépasser, etc.[12]

Si toutes les habiletés sociales sont requises pour pleinement inscrire l'action administrative dans le jeu social et humain de l'organisation, à l'instar des habiletés techniques, elles peuvent prendre différentes colorations selon la légitimité qui fonde l'autorité du gestionnaire. En termes d'habiletés sociales, ces colorations prennent la forme de l'un ou l'autre des savoir-être suivants[13] :

Le savoir-être formel : ce savoir-être est tout particulièrement incarné par les gestionnaires dont la légitimité repose sur la raison formelle. Pour ces gestionnaires, les relations humaines et sociales doivent être empreintes de formalisme, d'objectivité, de rigueur, d'expression d'une compétence explicite et formelle et de respect pour les relations d'autorité hiérarchique. Ainsi, les habiletés sociales formelles ont tendance à prendre une forme technique et sont au service d'une identité collective de performance objectivement mesurable dans laquelle les relations humaines sont balisées par des règles explicites et clairement orientées vers l'atteinte d'objectifs mesurables.

---

[12] Voir, notamment : Goleman, D., *L'intelligence émotionnelle,* Paris, Éditions Robert Lafont, 1997 [1995].

[13] Pour une analyse de ces différents savoir-être, voir : Pitcher, P., *Artistes, artisans et technocrates,* Montréal, Québec/Amérique, 1994.

Le savoir-être traditionnel : ce savoir-être est généralement incarné par les gestionnaires dont la légitimité repose sur la tradition. Pour ces gestionnaires, les relations humaines et sociales doivent être empreintes du respect qu'imposent l'histoire et les traditions de l'organisation, viser la pérennité de l'organisation et s'inscrire tout naturellement dans une logique de partage de valeurs conventionnelles et de savoir-faire pratiques. Les habiletés sociales traditionnelles ont tendance à participer à la constitution d'une organisation marquée par l'esprit de famille, les relations paternalistes et l'obligation de contribuer à une culture où le collectif l'emporte largement sur la poursuite des ambitions individuelles.

Le savoir-être charismatique : ce savoir-être est tout particulièrement incarné par les gestionnaires dont la légitimité repose sur le charisme. Pour ces gestionnaires, les relations humaines et sociales doivent être empreintes de passion, de créativité, de projets entrepreneuriaux, d'audace et d'un désir sans cesse renouvelé de changement. C'est donc dire que sous le prisme du savoir-être charismatique, les habiletés sociales ont tendance à être dynamiques, changeantes, imprévisibles et au service d'une vision susceptible d'engager émotivement les uns et les autres au dépassement de soi.

Bien sûr, à l'instar de la description des savoir-faire, cette description des savoir-être est très schématique, voire caricaturale. En fait, le principal mérite de cette description est de nous rappeler que si les gestionnaires doivent faire preuve d'habiletés sociales pour accomplir leur travail, il n'existe pas une telle chose qu'une seule et unique façon de les incarner. En outre, cette description nous indique que le matériau premier sur lequel le gestionnaire peut compter pour être socialement habile, c'est son être, en fait son savoir-être.

2.4.3 Les habiletés cognitives

Historiquement, les théories du management ont sans cesse oscillé entre la promotion des habiletés techniques et la valorisation des habiletés sociales, actualisant ainsi à hauteur d'organisation la tension sociale entre l'idéal d'une administration des choses et celui d'un gouvernement des personnes. Dans une société du savoir, s'il ne fait plus de doute que les gestionnaires habiles doivent nourrir leur pratique à même ces deux idéaux et mobiliser les habiletés qu'ils impliquent, ils doivent aussi posséder une troisième catégorie d'habiletés, à savoir les **habiletés cognitives**. Les gestionnaires ne peuvent plus se contenter d'être habiles techniquement et socialement, ils doivent aussi être capables de réfléchir leur univers administratif et à l'enrichir du fruit de cette réflexion. D'une certaine façon, les habiletés

> *« Au XXIe siècle, les grandes entreprises comme les plus petites doivent modifier leur manière de produire de la valeur. Pour la première fois dans leur histoire, elles doivent employer un grand nombre de personnes scolarisées, spécialisées dans des domaines précis. La plus grande utilité de ces employés ne réside donc plus dans la force brute de leur travail au sein de bureaucraties mécanistes qui simplifient au maximum chaque action pour accroître la productivité. La valeur provient dorénavant de la capacité des employés à apprendre, à utiliser leurs connaissances et à s'adapter aux différents changements, particulièrement à travers l'innovation. »*
>
> Sarrasin, N., « Valoriser le capital intangible grâce à la cognition humaine », *Direction informatique*, 1er octobre 2006.

Les **habiletés cognitives** comprennent l'ensemble des savoirs conceptuels requis pour accomplir le travail administratif.

cognitives témoignent donc de la nécessaire réflexivité des gestionnaires, de leurs capacités à construire, à mobiliser et à utiliser du savoir. Cette réflexivité, les théoriciens de la gestion l'ont conceptualisée en termes de traitement d'informations[14], de jugement administratif[15], de savoir en action[16], de logiques d'apprentissage[17], de capacité d'interprétation[18], de styles cognitifs[19], de gestion des connaissances[20], de cadres de référence[21], etc. En fait, peu importe le découpage théorique retenu, il ressort toujours que les gestionnaires doivent développer leurs habiletés à jongler avec le savoir pour accomplir leur travail administratif. Ces habiletés cognitives qu'il s'agirait d'acquérir, de développer et d'utiliser peuvent être regroupées selon les trois catégories suivantes :

Les habiletés de prise de connaissance : les habiletés de prise de connaissance renvoient aux capacités de perception de la réalité organisationnelle, d'identification et de mémorisation de ses éléments, caractéristiques et dimensions, de représentation mentale des relations qui lui donnent forme et consistance, de repérage du territoire administratif à interpréter et à comprendre, de cadrage des problèmes à investiguer et à résoudre, etc. Ces habiletés de base sont au fondement même de la cognition administrative, car d'elles dépend la richesse de la lecture de la réalité administrative, lecture qui va forcément orienter les actions concrètes. Ainsi, pour accomplir concrètement son travail, le gestionnaire doit prendre connaissance de son contexte d'action, il doit savoir le lire en termes de réalité observable et il doit être en mesure de le représenter en termes conceptuels. Être un habile lecteur de son contexte peut sembler anodin et aller de soi, mais c'est loin d'être le cas. Certains peuvent avoir une capacité de lecture très pauvre de leur contexte, une lecture qui n'implique que peu d'éléments, peu de caractéristiques et de dimensions et seulement quelques relations pour les lier. D'autres au contraire arrivent à dépeindre leur contexte en termes riches et complexes, ils sont habiles dans l'art de multiplier les niveaux de lecture, ils savent lire ce qui n'est que de l'ordre du sous-entendu, ils savent décoder autant la réalité explicite que l'univers tacite de l'organisation, ils excellent dans l'art de déchiffrer les dimensions de la vie organisationnelle et peuvent la représenter en termes de réalité dans laquelle s'enchevêtre une diversité d'éléments aux multiples dimensions qui entretiennent entre eux une variété de relations.

---

14 Voir : Tversky, A., Slovic, P. et D. Kahneman, (dirs.), *Judgement under Uncertainty: Heuristics and Biases*, Cambridge, Cambridge University Press, 1982.

15 Voir : Tichy, N. M. et W. G. Bennis, *Judgement. How Winning Leaders make Great Calls,* N. Y., Portfolio, 2007.

16 Voir : Argyris, C., *Knowledge for Action,* San Francisco, Jossey-Bass, 1993.

17 Voir : Senge, P., *The Fifth Discipline: The Art and Practice of the Learning Organization,* N. Y., Doubleday, 1990.

18 Voir : Weick, K. E., *Sensemaking in Organizations,* Thousand Oaks, Sage, 1995.

19 Voir : Srivastva, S. (dir.), *The Executive Mind,* San Francisco, Jossey-Bass, 1983.

20 Voir : Nonaka, I. et H. Takeuchi, *The Knowledge-Creating Company*, N. Y., Oxford University Press. 1995.

21 Ces cadres de référence sont qualifiés de *mindset* par Mintzberg. Voir : Mintzberg, H., Managers Not MBAs. A Hard Look at the Soft Practice of Managing and Management Development, San Francisco, Berrett-Koehler, 2004.

Les habiletés de réflexion : si la prise de connaissance de la réalité de la gestion s'impose comme étant le fondement même de la cognition administrative, cela ne saurait suffire à assurer l'habileté cognitive du gestionnaire. Pour être véritablement habile, il doit aussi réfléchir à son contexte et ainsi apprendre à jongler avec tout ce qu'il peut concrètement décoder et représenter en termes abstraits. Indéfiniment variées et se confondant largement avec l'ensemble des méthodes de réflexion mobilisables par les sciences, les habiletés de réflexion administrative se remarquent, d'abord, par l'aisance qu'ont certains gestionnaires à interpréter leurs situations de gestion en multipliant et en croisant les points de vue et les niveaux de réflexion. Puis, elles sont notables dans les facultés d'imagination et de créativité dont certains gestionnaires semblent pourvus et qui débouchent souvent sur des interprétations inédites, des solutions novatrices, des visions à réaliser et des nouvelles réalités à explorer, voire même à créer. Enfin, les habiletés de réflexion prennent aussi la forme d'une aptitude à analyser des problèmes, à les décortiquer en éléments simples de façon à pouvoir ensuite les lier dans une chaîne linéaire où ils sont expliqués comme étant le fruit de causes qui engendrent des conséquences indésirables qu'il s'agirait d'éliminer par un retour réflexif sur les causes.

Les habiletés d'apprentissage : les habiletés d'apprentissage désignent fondamentalement la capacité qu'ont les gestionnaires à tirer des enseignements de leur pratique concrète et à la modifier en conséquence. Ces habiletés s'incarnent dans deux formes d'apprentissage[22]. D'un côté, il y a les apprentissages en boucle simple qui sont centrés sur les résultats de l'action, en particulier sur la détection d'écarts à la norme. Devant de tels écarts, le gestionnaire habile dans ce type d'apprentissage ajuste son action. Il fait donc preuve de pragmatisme et, mû par une logique d'essai-erreur, il modifie son action en fonction de ses résultats concrets. De l'autre, le gestionnaire peut rechercher des apprentissages en double boucle. À la différence des premiers, ceux-ci sont centrés sur les fondements de l'action, plutôt que sur ses résultats. Le gestionnaire habile en termes d'apprentissage en boucle double en témoigne en modifiant les fondements de son action, tels les principes de gestion qu'elle incarne, les normes organisationnelles qu'elle actualise, les théories de management sur lesquelles elle repose, les politiques administratives qu'elle met en œuvre, etc.

Dans le monde contemporain, les appels à une refondation du management imposent aux gestionnaires de tout particulièrement développer leur habileté à réfléchir en termes d'apprentissage en boucle double, car c'est précisément en prenant appui sur les fondements mêmes du management qu'il est possible de s'engager sur le chemin de sa refondation.

[22] Sur ces deux formes d'apprentissage, voir : Argyris, C. et D. Schön, *Organizational Learning: A Theory of Action Perspective*, Reading, Mass., Addison Wesley, 1978; Argyris, C. et D. Schön, *Theory in Practice: Increasing Professional Effectiveness*, San Francisco, Jossey-Bass, 1974; Argyris, C. et D. Schön, *Organizational Learning II: Theory, Method and Practice*, Reading, Mass., Addison Wesley, 1996.

Par ailleurs, les habiletés cognitives peuvent aussi être appréhendées sous l'angle des savoirs conceptuels qu'elles construisent et mobilisent, soit les savoirs formels, pragmatiques et créatifs. Il est à noter que selon la logique qui fonde sa légitimité, le gestionnaire aura tendance à privilégier l'un ou l'autre de ces savoirs conceptuels :

Le savoir formel : c'est le territoire des informations, des connaissances scientifiques et techniques, des explications causales, des données quantitatives et des interprétations objectives. Ce savoir est très prisé par le gestionnaire formel, qui est d'ailleurs souvent décrit comme étant un virtuose de l'analyse.

Le savoir traditionnel : c'est le territoire du savoir pratique, de l'expérience concrète, de la sagesse empirique, du jugement administratif et des solutions administratives qui ont déjà fait leurs preuves. Ce savoir est très prisé par le gestionnaire traditionnel, qui est d'ailleurs souvent décrit comme étant un pragmatiste qui acquiert son savoir sur le terrain même de son action.

Le savoir charismatique : c'est le territoire de l'imagination, du rêve, de l'allégorie, de l'inspiration, de la métaphore, de l'extrapolation et de l'intuition. Ce savoir est très prisé par le gestionnaire charismatique, qui est d'ailleurs souvent décrit comme étant un visionnaire qui saurait mieux que les autres entrevoir l'avenir et les inspirer à s'y projeter et à le réaliser.

Encore une fois, ces catégories sont à prendre avec prudence, car même si un gestionnaire tend à privilégier une forme ou l'autre de savoir, il peut toutes les mobiliser pour accomplir son travail. En fait, le gestionnaire contemporain à tout intérêt à ne pas enfermer son imaginaire dans une boîte préfabriquée, comme en témoigne cette citation :

> *« Prenons le cinéma. Certains réalisateurs vont se livrer à un travail de préparation extrêmement sophistiqué avant de commencer un tournage. C'était le cas de Fritz Lang (Metropolis, M le maudit) et d'Henri-Georges Clouzot (Quai des Orfèvres, Le salaire de la peur). Mouvements de caméra, position et déplacement des comédiens, éclairages : ils planifiaient tout dans les moindres détails. À l'inverse, Jean-Luc Godard (Sauve qui peut [la vie], À bout de souffle) décide sur place, en fonction d'une forme d'improvisation de la mise en scène, de la lumière, de ce qu'il ressent. Lang était capable de tourner une scène en une demi-journée parce que tout était préparé d'avance. Les équipes de Godard, qui devaient être plus flexibles, pouvaient mettre beaucoup plus de temps à boucler une scène analogue. Un film peut représenter plusieurs dizaines de millions de dollars et une journée de tournage supplémentaire, plusieurs dizaines de milliers de dollars. Autour de ces schémas artistiques différents, il y a donc nécessairement des modèles économiques différents. C'est à travers les modes d'organisation des diverses composantes d'une organisation que se constituent sa capacité créative, sa performance et la nature des œuvres qui seront créées. Fritz Lang et Godard n'ont pas fait le même type de films, non seulement parce qu'ils sont eux-mêmes différents, mais parce qu'ils ont adopté des modes d'organisation différents conduisant à des types de production différents[23]. »*

[23] Entrevue avec Jean-Pierre Benghosi, directeur de recherche, CNRS : Tremblay, J., « Stimuler l'innovation », *HEC Montréal Mag*, 2010, *9*(1) : 13.

Diagnostic 2.7 Les habiletés de gestion

Pour analyser une situation de gestion et évaluer l'importance accordée aux habiletés de gestion, les questions suivantes s'avèrent être un bon point de départ. En fait, elles permettent de poser un diagnostic sommaire, lequel peut alors servir à lancer une réflexion plus étoffée.	Fortement en accord	Plutôt en accord	Plus ou moins en accord	Plutôt en désaccord	Fortement en désaccord
1. Dans l'organisation, les gestionnaires maîtrisent les habiletés techniques.					
2. Dans l'organisation, les gestionnaires maîtrisent les habiletés sociales.					
3. Dans l'organisation, les gestionnaires maîtrisent les habiletés cognitives.					
4. Dans l'organisation, la haute direction maîtrise les habiletés techniques.					
5. Dans l'organisation, la haute direction maîtrise les habiletés sociales.					
6. Dans l'organisation, la haute direction maîtrise les habiletés cognitives.					
7. Dans l'organisation, les cadres intermédiaires maîtrisent les habiletés techniques.					
8. Dans l'organisation, les cadres intermédiaires maîtrisent les habiletés sociales.					
9. Dans l'organisation, les cadres intermédiaires maîtrisent les habiletés cognitives.					
10. Dans l'organisation, les cadres opérationnels maîtrisent les habiletés techniques.					
11. Dans l'organisation, les cadres opérationnels maîtrisent les habiletés sociales.					
12. Dans l'organisation, les cadres opérationnels maîtrisent les habiletés cognitives.					
13. Dans l'organisation, les habiletés techniques sont les plus valorisées.					
14. Dans l'organisation, les habiletés sociales sont les plus valorisées.					
15. Dans l'organisation, les habiletés cognitives sont les plus valorisées.					
16. Dans l'organisation, le personnel valorise surtout les habiletés techniques des gestionnaires.					
17. Dans l'organisation, le personnel valorise surtout les habiletés sociales des gestionnaires.					
18. Dans l'organisation, le personnel valorise surtout les habiletés cognitives des gestionnaires.					

2.5 Conclusion : la cohérence du métier de gestionnaire

Pour construire une pratique qui soit adaptée aux défis auxquels il fait face, le gestionnaire contemporain a donc à sa disposition les matériaux premiers du management que sont les processus administratifs, les rôles de gestion et les habiletés de management. Sa pratique de gestionnaire devra certes refléter les exigences des temps présents, mais elle se donnera toujours à voir par des processus, des rôles et des habiletés. Le gestionnaire contemporain devra les mettre à sa main, les combiner de façon inédite, leur donner de nouveaux sens, de nouvelles fonctions, mais peu importe la coloration qu'il leur donnera, ils resteront les matériaux à partir desquels il construira sa pratique et donnera corps à l'exercice de son métier.

Par ailleurs, tout au long de la description du métier de gestionnaire, nous avons évoqué les logiques d'action qui en fondent la légitimité. Ces logiques d'action, sur lesquels nous reviendrons avec plus de finesse dans la troisième partie, peuvent servir de pivot intégrateur à partir duquel le gestionnaire d'aujourd'hui pourra doter sa pratique à venir d'une architecture cohérente.

Pour se doter d'une pratique cohérente, le gestionnaire devra d'abord mettre au jour la logique d'action qui fonde son autorité. Sur quelle base son autorité est-elle reconnue ? Sur quelle base voudrait-il qu'elle le soit ? Souhaite-t-il combiner plusieurs logiques d'action ? Quelles combinaisons lui apparaissent comme étant légitimes ? Son diagnostic est-il partagé par les acteurs de son contexte d'action ? Sinon, peut-il modifier les attentes des uns et des autres pour éventuellement légitimer la logique à laquelle il tient ?

Puis, le gestionnaire doit clarifier l'incidence de la logique d'action qui fonde son autorité sur chacun des pôles de sa pratique. Souhaite-t-il être parfaitement cohérent et harmoniser ses pratiques aux exigences de sa logique d'action ? Peut-il adopter des pratiques qui ne sont pas l'exact reflet de la logique d'action qui fonde sa légitimité ? S'il opte pour une logique d'action hybride, quelles formes prendront les processus administratifs, les rôles de gestion et les habiletés de management ?

Enfin, comme l'illustre la figure suivante, le gestionnaire devra réfléchir à la cohérence qui lie la logique d'action aux pôles de sa pratique. Premièrement, il devra s'assurer que les processus administratifs soient adaptés à ses rôles tout en reflétant sa logique d'action. Deuxièmement, il devra réfléchir aux habiletés requises pour chacun des processus du cycle administratif et se demander de quelle façon cet arrimage actualise sa légitimité. Troisièmement, le gestionnaire devra arrimer ses habiletés de management à chacun de ses rôles de gestion à la lumière de la logique de son action.

Figure 2.14 **La cohérence du métier de gestionnaire**

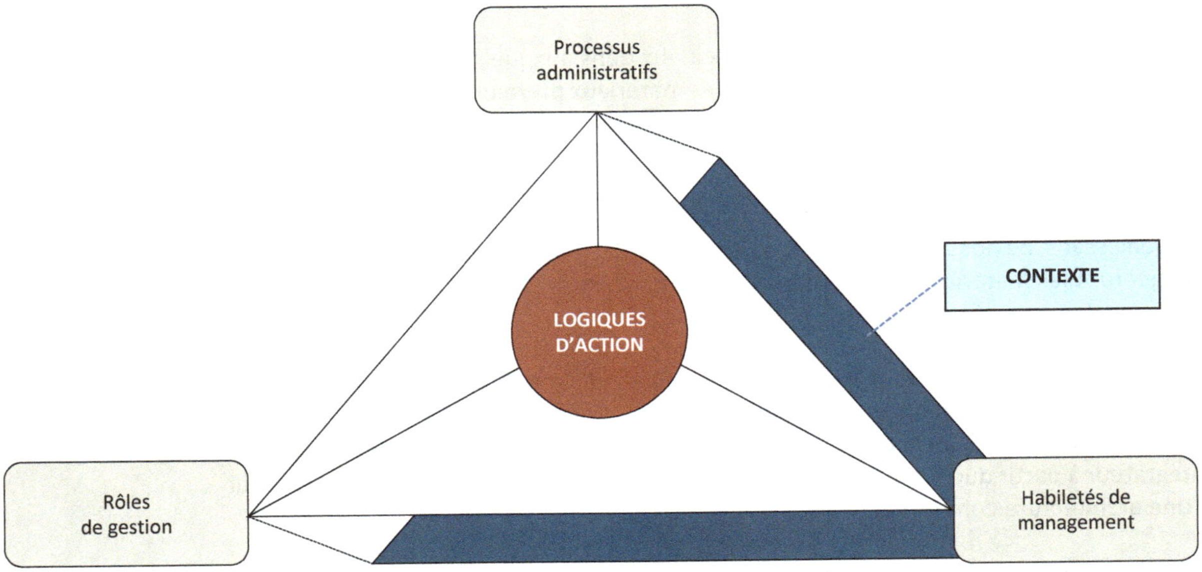

Par ailleurs, s'assurer de la cohérence d'ensemble des pratiques et de leur arrimage à la logique d'action n'est pas suffisant pour garantir l'efficacité de l'action administrative, car celle-ci est toujours contextualisée. C'est donc dire que le gestionnaire en quête de cohérence doit aussi arrimer sa pratique à la réalité très concrète de son contexte d'action, socle sur lequel repose toute son architecture pratique. Cet ultime arrimage est au cœur du prochain chapitre.

SYNTHÈSE DU CHAPITRE

Idée clé
L'exercice du métier de gestionnaire commande une réflexion sur les logiques d'action qu'il concrétise, les processus administratifs qu'il met en œuvre, les rôles qu'il incarne et les habiletés qu'il requiert.

Les logiques d'action	
La logique traditionnelle	Le gestionnaire traditionnel fonde son action sur la légitimité de la tradition organisationnelle, sur le respect des us et coutumes, sur les valeurs communautaires et sur la sagesse administrative acquise et transmise au fil du temps que lui reconnaissent ceux et celles qu'il dirige.
La logique formelle	Le gestionnaire formel fonde son action sur la légitimité de la raison administrative, sur le respect des règles administratives et des processus formels de gestion et sur la compétence explicite et technique que lui reconnaissent ceux et celles qu'il dirige.
La logique charismatique	Le gestionnaire charismatique fonde son action sur le charisme qu'il dégage, sur le dépassement de soi qu'il inspire, sur la passion qu'il suscite et sur la grâce que lui reconnaissent ceux et celles qu'il dirige.

Les processus administratifs	
Planification	Processus par lequel le gestionnaire anticipe l'avenir et formule les intentions qui doivent guider l'action des uns et des autres, tout en pavant le chemin à l'organisation de demain.
Organisation	Processus par lequel le gestionnaire conçoit et coordonne le travail des membres de l'organisation.
Direction	Processus par lequel le gestionnaire oriente l'action des membres de l'organisation, communique les informations requises pour accomplir les tâches, motive le personnel et participe au développement des relations humaines au sein de l'organisation.
Contrôle	Processus par lequel le gestionnaire prend la mesure des réalisations de l'ensemble des processus administratifs et communique l'information aux membres de l'organisation.

Les rôles quotidiens	
Les rôles interpersonnels	Les gestionnaires jouent des rôles interpersonnels en incarnant symboliquement l'organisation, en construisant un réseau de contact et en dirigeant ses équipes.
Les rôles informationnels	Les gestionnaires jouent des rôles d'information en observant tout ce qui se passe à l'intérieur comme à l'extérieur de l'organisation, en diffusant l'information et en étant le porte parole de l'organisation.
Les rôles décisionnels	Les gestionnaires jouent des rôles de décision en initiant des changements, en arbitrant des conflits, en allouant des ressources et en négociant au sein de l'organisation comme avec les parties prenantes.

Les rôles fonctionnels	
Marketing	Le gestionnaire en marketing fonde son action sur une logique de conquête des marchés.
Opérations et logistique	Le gestionnaire des opérations et de la logistique fonde son action sur une logique d'arrimage entre les ressources productives à acquérir et à combiner dans un système de production et les produits qui doivent être réalisés et livrés.
Finance	Le gestionnaire des finances fonde son action sur une logique des flux financiers et sur la traduction comptable des activités de l'organisation.
Technologie de l'information	Le gestionnaire des technologies de l'information fonde son action sur la logique des réseaux d'information qui façonnent le monde contemporain.
Ressources humaines	Le gestionnaire des ressources humaines fonde son action sur une logique d'acquisition et de développement des ressources humaines.
Recherche et développement	Le gestionnaire en recherche et développement fonde son action sur une logique d'innovation.

Les rôles hiérarchiques	
La haute direction	Les gestionnaires de la haute direction ont pour mandat premier de définir les grandes orientations stratégiques de l'organisation.
Les cadres intermédiaires	Les cadres intermédiaires ont pour mandat premier d'assurer le développement et la cohérence de l'organisation et de traduire les intentions stratégiques en termes d'activités.
Les cadres opérationnels	Les cadres opérationnels ont pour mandat premier de s'assurer que le personnel puisse réaliser et livrer les produits qui sont au cœur de la mission de l'organisation.

Les habiletés	
Les habiletés techniques	L'ensemble des savoir-faire requis pour accomplir le travail administratif, telles les techniques de gestion des personnes, des ressources et des processus.
Les habiletés sociales	L'ensemble des savoir-être requis pour accomplir le travail administratif, telles les habiletés politiques, symboliques et psychologiques.
Les habiletés cognitives	L'ensemble des savoirs conceptuels requis pour accomplir le travail administratif, telles les habiletés de prise de connaissance, de réflexion et d'apprentissage.

Diagnostic	
Pour analyser une situation de gestion au regard du métier de gestionnaire, il est possible de centrer l'attention sur quelques questions clés.	
Logiques	Les gestionnaires sont-ils légitimes?
Processus	Les processus de gestion sont-ils maîtrisés?
Rôles	Les gestionnaires assument-ils leurs rôles quotidiens, fonctionnels et hiérarchiques?
Habiletés	Les gestionnaires maîtrisent-ils les habiletés requises par leur poste administratif?

Partie I
Conclusion

Au terme de cette première partie, il ressort que le management est fondamentalement une pratique contextualisée. D'une part, toute l'histoire des théories du management peut se lire comme un incessant travail d'arrimage entre des défis de société et des solutions théoriques. Aux défis propres aux périodes de fondation, d'expansion, de reformulation et de refondation, les théoriciens ont répondu par des théories et des techniques qui ont permis d'accroître la productivité, l'efficacité, la compétitivité et la légitimité des organisations. Ainsi, à chaque période de son histoire, le management a eu à relever un défi particulier et, chaque fois, les théoriciens l'ont relevé en formulant de nouvelles théories, en esquissant de nouvelles techniques de gestion et en brossant les contours de nouvelles pratiques. C'est donc dire que les théories du management ne se réduisent pas à un pur bricolage de concepts. Elles sont en fait des solutions construites pour résoudre des problèmes très concrets de gestion. Bien sûr, et à cet égard, l'histoire des théories du management est éloquente, aucune théorie n'est miraculeuse. Toutes ont leurs limites. D'ailleurs, nous l'avons évoqué, si les théories du management sont toujours des solutions, elles sont aussi toujours des solutions problématiques. Chaque théorie permet certes de résoudre des problèmes concrets de gestion, mais toutes sans exception s'accompagnent de conséquences indésirables, de nouveaux problèmes qui appellent de nouvelles théories.

D'autre part, les pratiques de management qu'elles soient abordées sous l'angle des processus administratifs, des rôles de gestion ou des habiletés à maîtriser nécessitent toujours un arrimage au contexte dans lequel les gestionnaires leur donnent vie. C'est d'ailleurs en liant les pratiques aux contextes d'action qu'il est alors possible de prendre la pleine mesure de la cohérence de leur enchevêtrement. C'est donc dire qu'une pratique n'est jamais en soi bonne ou mauvaise. C'est toujours une affaire de contexte : une pratique est ou n'est pas adaptée à son contexte. Mais quel est donc ce contexte qui déterminerait la pertinence des pratiques de management ? Là aussi, l'histoire du management nous offre la réponse : le management doit être adapté à l'organisation, à l'environnement d'affaires et à la société. Dans la prochaine partie, c'est précisément ce contexte qui sera au centre de l'attention.

Partie II
Les contextes d'action

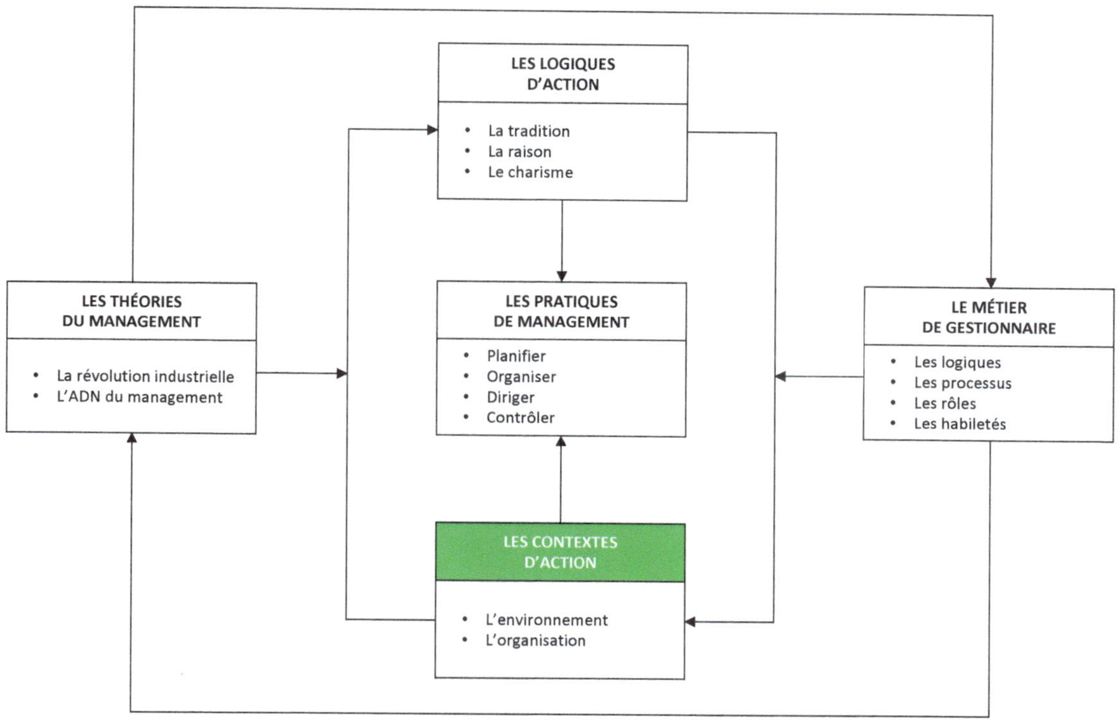

Partie II
Introduction

À la lumière de l'histoire des théories du management, l'action administrative est fondamentalement une pratique contextualisée. C'est donc dire que le management n'a de sens qu'au regard de son contexte d'action et que, pour être pertinents, les gestionnaires doivent toujours en intégrer la réalité à leur pratique. Ainsi, les gestionnaires assimilent les attentes, les pressions et les exigences de leur contexte d'action, accommodent en conséquence les différents volets de leur pratique et, en retour, enrichissent leur contexte du fait même de leur pratique.

En fait, comme l'illustre la figure suivante, le management est encastré dans un double contexte d'action. D'un côté, les gestionnaires doivent être d'habiles lecteurs de la réalité de l'environnement. Ils doivent, en particulier, être en mesure d'identifier les grandes tendances que dessinent l'environnement global et les occasions à saisir dans l'environnement d'affaires. De l'autre, les gestionnaires doivent composer avec la réalité de leur organisation, réalité qui est tout à la fois technique et sociale.

Figure II.1 **Les contextes d'action du management**

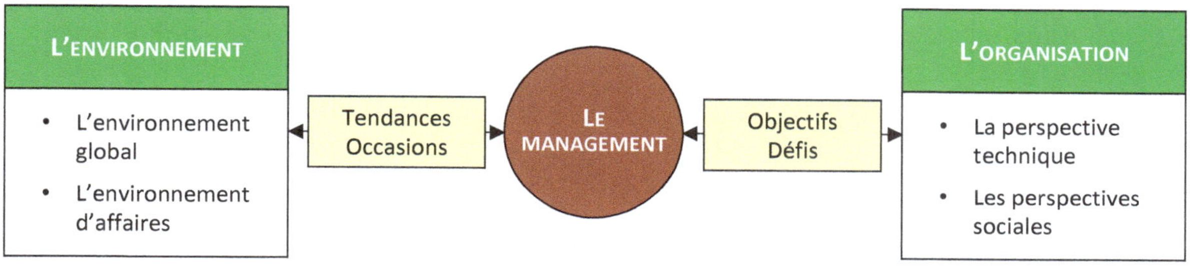

Dans cette seconde partie, nous explorerons donc le contexte d'action du management. Cela a son importance car, sous un certain regard, le succès du management tient très précisément à sa capacité de bien lire le contexte dans lequel il se déploie.

Dans le chapitre 3, la réflexion portera sur l'environnement de l'organisation. Nous verrons alors que le management doit composer avec une variété de pressions et d'attentes qui restreignent son champ d'action. Toutefois, si ces pressions et ces attentes limitent la marge de manœuvre des gestionnaires, elles ne réduisent pas pour autant l'action administrative à un jeu d'adaptation mécanique à l'environnement. En scrutant l'environnement de l'organisation, les gestionnaires peuvent toujours identifier des tendances dont l'organisation pourrait tirer profit et des occasions qu'elle pourrait exploiter. Cette lecture de l'environnement est d'ailleurs le nécessaire préalable au déploiement de la perspective technique du management, perspective qui fait l'objet du chapitre 4. Dans ce chapitre, le management se présente comme un enchevêtrement de cadres techniques qui, tous, assimilent la réalité de l'environnement et s'en accommodent en mettant de l'avant des pratiques de gouvernance organisationnelle, de stratégie concurrentielle, d'allocation de ressources et d'incitatifs à la production. Par le déploiement de ces pratiques, le management tente de réaliser les grands objectifs qui ont jalonné son histoire, à savoir la productivité, la croissance, la compétition et la légitimité.

Par ailleurs, si le management arrive à justifier son existence en concrétisant les objectifs qu'on lui confie, cela ne suffit pas à pleinement assurer son succès. En effet, la réalité de la gestion est certes technique, mais elle ne s'y réduit pas. Le monde de la gestion est aussi un univers profondément social, fait d'intérêts, de besoins, de savoirs et de valeurs. Cette réalité sociale est au cœur du chapitre 5. Dans ce chapitre, nous verrons que la réalité sociale de l'organisation pose au management des défis qu'il doit relever, à savoir un défi de collaboration entre des acteurs organisationnels aux intérêts divergents, un défi de conciliation entre les attentes des acteurs aux besoins variés, un défi d'apprentissage conséquent de la diversité des savoirs en action dans l'organisation et un défi d'intégration des valeurs des uns et des autres au sein d'une identité collective.

Au terme de cette seconde partie, nous verrons que les trois volets du contexte d'action du management se croisent de telle sorte que le management n'a pas d'autres choix que d'être une pratique hautement réflexive qui sait se déployer de façon humaine et efficace pour tirer avantage d'un environnement de plus en plus complexe.

3
L'environnement contemporain des organisations

Plan du chapitre

Depuis plus d'un siècle, le management n'a jamais cessé de relever des défis et de se transformer. D'ailleurs, d'une certaine façon, s'il y a une constance en management, c'est précisément le changement ! Pour s'en convaincre, revenons brièvement sur le parcours historique du management. Au fil de son histoire, le management a eu à relever quatre défis, à savoir celui de la productivité, de la croissance, de la compétitivité et de la légitimité. Chaque fois, il a relevé le défi, chaque fois, il a adapté ses façons de faire. De l'organisation scientifique du travail à la responsabilité sociale de l'entreprise, en passant par le développement organisationnel et le management stratégique, le management a fait la démonstration de sa capacité à se fondre dans la société, à participer à son développement, à offrir des solutions inédites et à construire de nouvelles avenues de développement.

À bien y penser, le management est une pratique vraiment redoutable. Tel un caméléon, il change constamment de coloration en fonction des exigences de son environnement. Toujours, il s'adapte au défi du jour. Il sait faire peau neuve, sans pour autant abdiquer sa quête permanente d'efficacité. C'est ainsi qu'au fil du temps, il a su teinter le PODC (planification, organisation, direction et contrôle) des origines des défis qui se présentaient à lui. Si, au début, le PODC était très mécanique et formel, il s'est sans cesse transformé, il s'est continuellement enrichi de nouvelles idées, de nouvelles pratiques. Par exemple, le contrôle qui était une pratique mécanique de surveillance et d'évaluation formelle du rendement à ses débuts s'est peu à peu mué en processus continu d'apprentissage. Certes, il y a toujours du contrôle, toujours une prise d'information sur ce qui est réalisé et sur ce qu'il convient de faire pour atteindre des objectifs, mais maintenant la surveillance cède largement la place à une logique d'apprentissage qui non seulement s'ouvre sur un questionnement relatif aux résultats, mais pose aussi les objectifs à réaliser en objet de réflexion.

> *« Il est naturellement toujours important de savoir s'adapter aux fluctuations économiques, rapidement, de façon intelligente et rationnelle. Mais diriger va bien plus loin que réagir passivement et s'adapter. Cela implique la responsabilité d'essayer de modeler le milieu économique, de concevoir, d'entreprendre et de mener à bien des transformations au sein de ce milieu économique, de repousser sans cesse les limites que les contingences économiques imposent à la liberté d'action de l'entreprise. »*
>
> Drucker, P. F., *La pratique de la direction des entreprises,* Paris, Éditions d'Organisation, 1954 : 11-12.

Chemin faisant, et en s'adaptant continuellement à son contexte, le management a contribué à accroître les performances des organisations. Peu à peu, les organisations sont ainsi devenues des milieux d'une redoutable efficacité et, en parallèle, elles sont aussi devenues plus humaines. Mais comment les organisations font-elles pour sans cesse se réinventer et nous surprendre ? Comment le management s'y prend-il pour se transformer continuellement ? Surtout, les gestionnaires d'aujourd'hui peuvent-ils, eux aussi, adapter leurs pratiques aux exigences des temps présents ? Comment peuvent-ils y arriver ? Comment le management peut-il entrevoir les défis qu'il doit maintenant relever ? En fait, la clé du succès du management repose sur sa capacité à bien lire l'environnement et à y voir des tendances à traduire en actions, des occasions à saisir, des menaces à éviter, des pressions à considérer, des normes à respecter, etc.

Par ailleurs, le management ne se réduit pas à un processus d'adaptation mécanique aux exigences de l'environnement de l'organisation. Lire le contexte n'est que le point de départ d'une réflexion sur l'innovation. En scrutant l'environnement, les gestionnaires peuvent entrevoir des possibilités d'action, des moyens de transformer non seulement l'organisation, mais aussi leur environnement. C'est donc dire que face à l'environnement des organisations, les gestionnaires ne sont pas des lecteurs passifs et studieux. Certes, ils cherchent à comprendre l'environnement et à y adapter l'organisation, mais ils cherchent tout autant à le transformer et à y apposer la signature de l'organisation.

Comme l'illustre la figure suivante, en management, l'environnement des organisations est généralement pensé, d'un côté, en termes d'environnement global constitué de normes sociales et de contextes sociétaux et, de l'autre, en termes d'environnement d'affaires regroupant les parties prenantes.

Figure 3.1 **L'environnement des organisations**

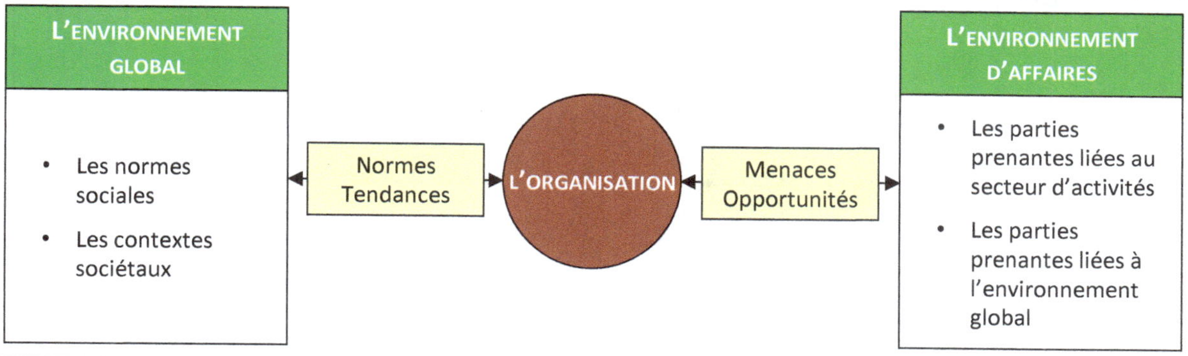

3.1 L'environnement global

L'**environnement global** des organisations comprend, d'une part, les normes sociales qui témoignent du fait que vivre en société implique certaines manières de penser et d'agir à respecter et, d'autre part, les contextes sociétaux qu'il faut décoder pour y déceler les tendances auxquelles il convient de s'adapter, à savoir les contextes politique, économique, socioculturel, technologique, écologique et légal (voir figure 3.2). C'est donc dire que la lecture de l'environnement global est double, puisque les gestionnaires doivent à la fois comprendre ce que la société attend des organisations en termes de manière de penser et d'agir et qu'ils doivent décoder les tendances que dessinent les divers contextes de la société.

L'**environnement global** comprend les normes sociales et les contextes sociétaux.

Pour les gestionnaires, l'inscription de l'organisation dans la société signifie qu'ils ne peuvent pas se contenter d'être des opérateurs techniques qui s'assureraient que les uns et autres soient performants. Plus que jamais, ils doivent être à l'affût des enjeux de société, des tendances sociales, des changements, des mutations qui transforment l'environnement et qui ont forcément un impact sur l'organisation et ses membres, sur les manières d'agir et de penser la vie en organisation, sur la façon d'entretenir des relations avec la société et de construire l'avenir de l'organisation. Les gestionnaires doivent donc être curieux et ouverts au changement.

> *« Le profil des leaders de demain est en mutation. La complexification croissante de l'environnement dans lequel les entreprises sont exploitées exige des leaders des capacités accrues en matière de souplesse, de créativité, de résilience, d'orientation des résultats, d'ouverture au changement et à l'apprentissage, et de mobilisation de leurs troupes. »*
>
> Sandra Houillier,
> directrice principale, consultation,
> Deloitte
> *Premières en affaires*,
> 2014, *7*(6) : 38.

Figure 3.2 **L'environnement global des organisations**

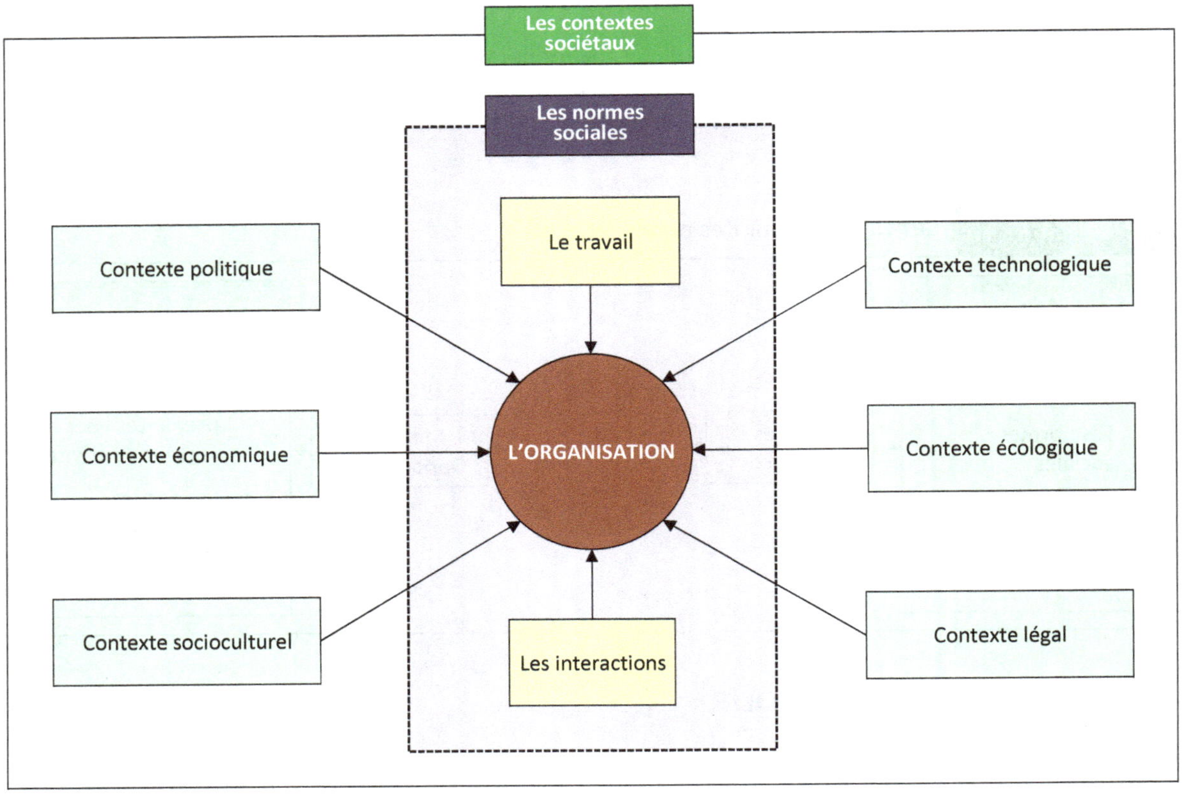

3.1.1 Les normes sociales

Peut-on imaginer qu'une entreprise d'aujourd'hui puisse polluer allègrement l'environnement sans que qui que ce soit ne s'offusque ? Qu'elle puisse traiter ses employés comme de simples machines qu'il suffit de rémunérer au salaire le plus bas possible ? Qu'elle permette le harcèlement psychologique des employés ? Qu'elle mette en œuvre des pratiques de discrimination à l'embauche ? Qu'elle considère que la société numérique n'est qu'une mode passagère et qu'inévitablement tout le monde finira par se rendre à l'évidence que la réalité ne peut pas être virtuelle ? Que la globalisation des marchés n'est qu'un autre de ces phénomènes qui ne profitent qu'aux multinationales ? Que l'éthique en affaires n'est qu'une manière de se donner bonne conscience tout en alourdissant les pratiques de gestion ? Que la créativité n'a de sens que dans les milieux artistiques ? Que l'idée qu'il puisse exister une telle chose que du capital cognitif, voire même créatif, n'est qu'une autre de ces idées qui finira bien par céder la place à la vraie réalité des affaires, à savoir la rentabilité ? Que la qualité de vie au travail se limite à des pratiques de rémunération équitable ? Que la diversité au sein des organisations se réduit à la variété des tâches à accomplir ? Que la seule responsabilité qui incombe aux entreprises, c'est d'être économiquement efficace ? Que la seule mission de l'entreprise, c'est d'être au service de ses actionnaires ? Que l'évasion fiscale, c'est un moyen astucieux et légitime d'accroître la rentabilité de l'entreprise ? Que diriger le personnel de façon autoritaire et arbitraire constitue un mode de gestion acceptable et efficace ? Que les générations montantes doivent être traitées comme l'étaient les précédentes ?

Qui, de nos jours, peut penser ainsi ? Surtout, qui de nos jours pourrait penser ainsi, agir en conséquence et escompter être légitime ? Or, pour avoir accès aux ressources que recèle la société, l'organisation doit être reconnue comme légitime et cette légitimité est largement tributaire des manières de penser et d'agir en organisation, du respect des **normes** qu'une société attend de ses membres. Ces normes, qui sont autant de façons de penser et de faire qui sont considérées comme convenables dans la société, couvrent donc tous les aspects de la vie en société, notamment les deux catégories fondamentales de la condition humaine que sont le travail et les interactions humaines.

Les **normes** sont les façons de penser et de faire qui sont considérées comme convenables dans la société.

Le travail

Catégorie de base de la condition humaine, le **travail** met en jeu les activités économiques requises pour assurer la survie, activités qui sont toujours fondées sur des normes qu'elles concrétisent.

Les normes légales

Les normes sociales relatives au travail que doivent respecter les organisations pour être légitimes sont largement codifiées par des lois. Au Québec, c'est entre autres la Commission des normes, de l'équité, de la santé et de la sécurité du travail (CNESST) qui veille à ce que les organisations se conforment aux normes du travail. Comme l'évoque l'illustration suivante, ces normes couvrent un très large éventail de pratiques qui vont des congés à respecter jusqu'aux pratiques de fin d'emploi, en passant par les pratiques en matière de rémunération, de gestion des horaires de travail, de harcèlement, etc.

Illustration 3.1 **Les normes du travail au Québec**

Les responsabilités de la personne salariée	Les principales obligations de l'employeur	Les normes du travail, un minimum à respecter
• Respecter les conditions convenues avec l'employeur en offrant la prestation de travail attendue; • Noter les heures travaillées et conserver les relevés de paye.	• Payer toutes les heures travaillées et les autres avantages pécuniaires (ex. : heures supplémentaires, indemnités de vacances et pour jours fériés), même lors de périodes d'essai ou de formations; • Tenir un registre des salaires et produire un bulletin de paye pour chaque personne salariée, ce qui permet de vérifier le calcul du salaire et des déductions; • Prévenir le harcèlement au travail (psychologique ou sexuel) et mettre fin à toute situation de harcèlement portée à sa connaissance. À cet effet, se doter d'une politique de prévention et de traitement des plaintes et la diffuser auprès du personnel; • Donner, en respectant les délais prescrits, un avis écrit à la personne salariée qui est licenciée, congédiée ou mise à pied pour une durée de six mois ou plus.	• Les normes du travail fixent les conditions minimales que les employeurs du Québec doivent offrir à leur personnel salarié. Ces conditions de travail peuvent être supérieures à ce qui est prévu par la Loi sur les normes du travail, mais jamais inférieures. Les normes concernent notamment le salaire, le bulletin de paye, l'horaire de travail, les congés (jours fériés, vacances, etc.), les absences (maladies, congés pour responsabilités familiales, etc.) et la fin d'emploi.

Source : cnesst.gouv.qc.ca

L'éventail de normes légales est, en quelque sorte, le minimum à respecter pour qu'une organisation soit reconnue comme étant légitime. Le gestionnaire doit connaître ces normes et adapter en conséquence ses pratiques en matière de gestion du travail. Toutefois, cela ne suffit pas à asseoir pleinement la légitimité d'une organisation, car au-delà des normes légales, il y a aussi des normes coutumières dont le respect permet d'accroître la légitimité de l'organisation et de sa gestion.

Le travail motivant

Le territoire des normes coutumières est mouvant, sans cesse en transformation et difficile à encapsuler dans des codes légaux qu'il s'agirait de respecter. C'est le territoire des mentalités, un territoire fait de croyances, de valeurs et de schèmes de pensée qui font dire aux uns et aux autres qu'indépendamment du regard légal, une pratique est ou n'est pas légitime. À cet égard, l'idée que nous nous faisons du travail motivant est un bel exemple. Est-ce que le travail se réduit à sa seule logique de survie ? Est-ce que le respect des conditions de travail telles qu'elles sont définies par la *Commission des normes du travail* suffit à assurer la légitimité d'une organisation et de sa gestion ?

> *« Les milléniaux ne travaillent pas pour l'argent, mais pour faire œuvre utile. À leurs yeux, tout travail doit avant tout avoir du sens. Il doit contribuer à des avancées, voire à des progrès, pour l'écosystème dans lequel ils évoluent. C'est pourquoi ils tiennent à travailler pour des entreprises qui ont pour ambition de changer les choses, pour ne pas dire le monde. »*
>
> Shmouker, O., « Oui, les milléniaux vont révolutionner le travail ! », *Les Affaires*, 16 mai 2016..

Depuis maintenant plus d'un demi-siècle, nous savons que le travail n'est pas qu'une activité parmi tant d'autres, qu'il ne se réduit pas à une logique de survie. Par le travail, nous cherchons certes à assurer notre subsistance, mais nous tentons aussi de nous réaliser, de donner un sens à notre vie, de réaliser nos rêves et nos ambitions, etc. Le travail est donc aussi un objet de motivation et la légitimité de la gestion passe maintenant par une conception du travail qui va au-delà du simple respect des normes légales. Comme on peut le voir à la figure suivante, le travail se décompose en deux catégories de facteurs, à savoir les facteurs de base, ceux qui sont largement couverts par les normes légales et les facteurs qui sont généralement considérés comme porteurs de motivation au travail et pour lesquels les normes sociales sont mouvantes[1].

Figure 3.3 **Les facteurs liés au travail**

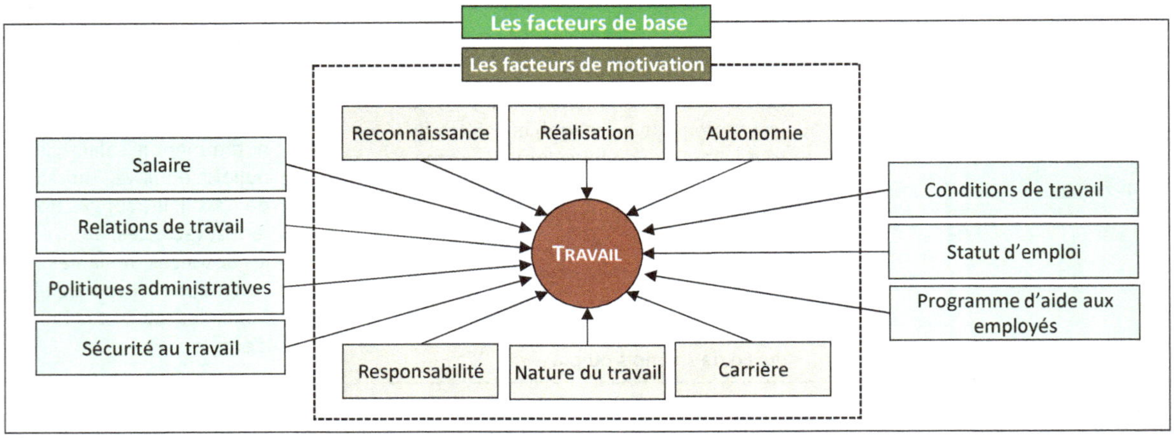

[1] Voir : Herzberg, F., *Work and the Nature of Man,* Cleveland, World publ., 1960.

Alors que dans nombre d'organisations les gestionnaires se contentent encore de mettre en œuvre les seules normes légales, celles qui ont pour objet les facteurs de base entourant le travail, que d'autres peinent à concevoir un travail motivant, la société contemporaine redéfinit déjà la réalité du travail et, dans certaines organisations, de nouvelles normes prennent forme. C'est notamment le cas des organisations qui misent sur le travail collaboratif ou qui font du travail créatif le cœur de leur réalité.

Le travail collaboratif

Dans le cadre du travail collaboratif, les normes sociales traditionnelles volent en éclats[2]. En effet, ici il n'y a pas de division formelle du travail, pas de hiérarchie ; le travail individuel s'efface au profit du travail collectif, et les technologies de l'information servent de médiateur entre tous les acteurs que réunit le projet. Tout cela semble vraiment utopique, et pourtant, qui peut douter du succès de *Wikipédia*, de *Wikiversité* ou de *Wikilivres* ?

Au principe de tous les projets collaboratifs, il y a toujours des normes sociales qui mettent de l'avant la coopération, la collaboration dans la réalisation d'un projet, l'organisation du travail en séquences parallèles, le partage des connaissances, la primauté de l'œuvre collective sur la reconnaissance individuelle, l'autonomie dans le travail, la décentralisation des connaissances et des pouvoirs, la recherche de convivialité, l'adaptation constante aux changements de l'environnement, etc.

Oui, à n'en pas douter, le monde du travail collaboratif tranche très nettement avec la réalité de la plupart des organisations. Peu à peu cependant, ce monde encore très largement parallèle émerge dans le paysage économique et se présente comme l'un des vecteurs de transformation de la réalité des organisations ; les normes sociales qu'il met en jeu vont forcément heurter celles qui dominent encore les lieux traditionnels de travail. D'ailleurs, le travail collaboratif se fraie déjà un chemin au sein des entreprises traditionnelles, qui misent sur des wikis collaboratifs pour faciliter l'échange de connaissances et la quête d'innovation au sein de leurs équipes de recherche et de développement.

> *« Les changements économiques et socio-démographiques, de même que l'arrivée des nouvelles technologies de l'information et des communications (TIC), pour ne nommer que ces facteurs, ont contribué à la popularité de la collaboration. Les technologies propices à une plus grande intégration des différents secteurs, de même qu'à la réorganisation du travail et des structures, favorisent le décloisonnement et mettent fin aux effets négatifs de la gestion par silos. »*
>
> Girard, S., « Travailler ensemble : coopérer, ce n'est pas collaborer », tiré du site de l'Ordre des conseillers en ressources humaines agréés (CRHA), 1er janvier 2018.

En misant sur le travail collaboratif que permettent les technologies de l'information, les organisations cherchent à accroître leurs capacités d'innovation mais, pour ce faire, elles doivent aussi réinventer leur gestion ; par définition, le travail collaboratif implique des relations égalitaires et cela n'est possible que si le management tourne le dos à la logique hiérarchique qui l'a historiquement caractérisé. Les gestionnaires doivent composer avec des dynamiques collectives où le pouvoir est partagé, où la prise de décision est collective, où les mérites des uns et des autres passent sous le radar de l'œuvre collective. L'introduction du travail collaboratif au sein des organisations commande une transformation majeure des mentalités en matière de management.

---

2 Pour un examen des fondements théoriques du travail collaboratif, voir : Benkler, Y., *The Penguin and the Leviathan*, N. Y., Crown Business, 2011. Pour un survol des enjeux pratiques, voir : McAfee, A., *Enterprise 2.0*, Boston, Harvard Business Review Press, 2009; et Piquet, A., *Guide pratique du travail collaboratif*, Télécom Bretagne, 2009.

Le travail créatif

En parallèle avec la montée en puissance du travail collaboratif, de sa logique de partage égalitaire qui appelle à la mise en place de nouvelles normes sociales, ainsi que d'une autre vision de la gestion du travail, nous assistons à l'émergence d'une nouvelle économie, celle de la créativité et de l'innovation qui loge le travail créatif au cœur même son activité[3]. Cette nouvelle économie hybride, le monde de l'art avec l'univers marchand, mise sur l'innovation et l'esthétique pour conquérir de nouveaux marchés, fait du monde des arts, du design et du divertissement des vecteurs clés du développement économique et voit dans le travail créatif la source du succès économique des organisations d'aujourd'hui. Tout comme pour le travail collaboratif, les organisations doivent mettre en œuvre de nouvelles normes sociales et adapter en conséquence leurs pratiques.

La gestion du travail créatif nécessite la mise en place d'un contexte propice à l'éclosion de la créativité[4]. Le gestionnaire doit instaurer une culture qui favorise le partage d'idées plutôt que de consignes, la prise de risque plutôt que la critique, le métissage plutôt que la compétition. Il doit notamment miser sur l'implication de chacun, favoriser la liberté des uns et des autres, instaurer un climat de confiance et d'ouverture d'esprit, promouvoir la convivialité et la prise de risque. Il doit aussi faire une large place aux débats et ne pas craindre les conflits que peut générer le choc des nouvelles idées. On l'aura compris, les normes qui président au travail créatif commandent, à l'instar de la gestion du travail collaboratif, une nouvelle façon d'organiser le travail, de le concevoir, de le coordonner, de l'animer. En fait, c'est la conception même du travail de gestionnaire qui se trouve modifiée. D'opérateur rigoureux de processus de gestion, il doit devenir un créateur de sens, un architecte de réseaux, un animateur du jeu collectif et un équilibriste qui doit concilier forces créatives et enjeux de performance[5].

Les interactions

Catégorie centrale de la condition humaine, les interactions sociales couvrent le vaste territoire du vivre-ensemble. C'est là un territoire tout particulièrement complexe, car dans la société contemporaine les interactions sociales sont profondément marquées du sceau de l'affirmation de la diversité des personnes. Que nous l'abordions sous l'angle de la diversité culturelle, de genre ou de génération, par exemple, change peu de choses à la question de fond : existe-t-il une telle chose que l'unité dans la diversité ? Comment une organisation peut-elle être un espace social qui soit tout à la fois diversifié et uni ? Sur quelles normes sociales l'organisation doit-elle miser pour être légitime dans la société contemporaine ? De quelle façon le management doit-il composer avec la diversité qui est au principe des organisations contemporaines ?

---

3 Pour un portrait et une analyse sociologique de cette nouvelle économie, voir : Lipovetsky, G. et J. Serroy, *L'esthétisation du monde. Vivre à l'âge du capitalisme artistique*, Paris, Gallimard, 2013.

4 Voir : Amabile, T. M., *Creativity in Context*. Boulder, Westview Press, 1996; Bilton, C., *Management and Creativity. From Creative Industries to Creative Management*, Oxford, Blackwell Publishing, 2007.

5 Voir : Simon, L. « Managing Creative Projects: An Empirical Synthesis of Activities », *International Journal of Project Management*, 2006, 24: 166-126; Bilton, C., *Management and Creativity. From Creative Industries to Creative Management*, Oxford, Blackwell Publishing, 2007.

Les normes légales

Tout comme dans le cas du travail, la société contemporaine balise les pratiques en matière de diversité à l'aide de normes légales. C'est notamment à l'aide des chartes des droits et libertés de la personne que l'État établit les balises du mieux vivre ensemble.

Illustration 3.2 Extraits de la *Charte québécoise des droits et libertés de la personne*

Libertés et droits fondamentaux	
Droit à la vie	Tout être humain a droit à la vie, ainsi qu'à la sûreté, à l'intégrité et à la liberté de sa personne.
Droit au secours	Tout être humain dont la vie est en péril a droit au secours.
Libertés fondamentales	Toute personne est titulaire des libertés fondamentales, telles la liberté de conscience, la liberté de religion, la liberté d'opinion, la liberté d'expression, la liberté de réunion pacifique et la liberté d'association.
Sauvegarde de la dignité	Toute personne a droit à la sauvegarde de sa dignité, de son honneur et de sa réputation.
Respect de la vie privée	Toute personne a droit au respect de sa vie privée.
Respect de la propriété privée	Nul ne peut pénétrer chez autrui ni y prendre quoi que ce soit sans son consentement exprès ou tacite.
Droit à l'égalité dans la reconnaissance et l'exercice des droits et libertés	
Discrimination interdite	Toute personne a droit à la reconnaissance et à l'exercice, en pleine égalité, des droits et libertés de la personne, sans distinction, exclusion ou préférence fondée sur la race, la couleur, le sexe, la grossesse, l'orientation sexuelle, l'état civil, l'âge sauf dans la mesure prévue par la loi, la religion, les convictions politiques, la langue, l'origine ethnique ou nationale, la condition sociale, le handicap ou l'utilisation d'un moyen pour pallier ce handicap.
Non-discrimination dans l'embauche	Nul ne peut exercer de discrimination dans l'embauche, l'apprentissage, la durée de la période de probation, la formation professionnelle, la promotion, la mutation, le déplacement, la mise à pied, la suspension, le renvoi ou les conditions de travail d'une personne ainsi que dans l'établissement de catégories ou de classifications d'emploi.
Discrimination par association d'employeurs ou de salariés interdite	Nul ne peut exercer de discrimination dans l'admission, la jouissance d'avantages, la suspension ou l'expulsion d'une personne d'une association d'employeurs ou de salariés ou de tout ordre professionnel ou association de personnes exerçant une même occupation.

Au regard des chartes des droits et libertés de la personne, le management n'a donc pas d'autre choix que de prendre acte que les membres de l'organisation sont d'abord et avant tout des personnes libres qui ont des droits qu'il faut respecter avant d'être des employés. Cela implique notamment d'apprendre à composer avec la diversité qui compose le tissu social de l'organisation. D'ailleurs, depuis plusieurs années déjà, le management a pris acte de cette diversité en mettant en œuvre, entre autres, des pratiques de management interculturel et intergénérationnel. C'est donc dire qu'au-delà des normes légales, peu à peu de nouvelles normes sociales guident les interactions et participent à la construction d'une redéfinition du mieux vivre ensemble.

L'interculturel

Le management interculturel part du constat qu'à l'image des sociétés contemporaines, les organisations sont de plus en plus le lieu de rencontre d'une diversité culturelle et que le mieux vivre ensemble ne peut pas se contenter d'être le simple reflet d'un respect légaliste des différences culturelles. Ce mieux-vivre, comme l'évoque le tableau suivant, exige de décoder certains des fondements de la diversité culturelle.

Tableau 3.1 Quelques différences culturelles

Monde culturel	Regard sur l'entreprise	Regard sur l'autonomie et l'autorité
Anglo-saxon	• Il y a une faible loyauté à l'égard de l'entreprise et donc une grande mobilité externe • Importance du contrat pour déterminer les règles de travail	• Autonomie et responsabilité à l'intérieur d'une relation individuelle avec son supérieur
Germanique	• Il y a une loyauté à l'égard de l'entreprise et donc une forte mobilité interne (promotion au mérite) • Importance de la bureaucratie pour déterminer les règles de travail	• Autonomie et responsabilité à l'intérieur d'une organisation du travail basée sur la compétence technique et l'expérience
Scandinave	• Il y a une loyauté à l'égard de l'entreprise et une mobilité tant interne qu'externe (promotion au mérite) • Importance de la participation pour déterminer les règles de travail	• Autonomie et responsabilité à l'intérieur d'une dynamique de groupe égalitaire
Latin (France)	• La loyauté passe largement par le métier qui est vu comme une famille • L'entraide à travers le réseau, tel celui des polytechniciens, des énarques, de la confrérie de métier, etc.	• L'autorité repose sur la compétence du dirigeant dans l'action
Latin (Mexique)	• La gestion paternaliste exige le soutien de l'entreprise : par exemple, le système d'avantages sociaux de l'entreprise : bons d'épicerie, transport fourni, articles scolaires pour les enfants, soins de santé, activités familiales, etc.	• L'autorité repose sur le statut du dirigeant et sur son respect des valeurs familiales (rôle de père)
Arabe	• La loyauté avant l'efficacité : les problèmes des individus (personnels) sont aussi importants que les problèmes de l'entreprise • La gestion paternaliste s'appuie sur la famille	• Alternance entre autorité et consultation
Asiatique	• La famille comme modèle pour les entreprises • L'importance des relations interpersonnelles, notamment les relations de parenté	• L'autorité repose sur le statut, mais il faut gérer les relations de manière harmonieuse

Tableau construit à partir de : Dupuis, J.-P., *Coopérer dans les entreprises multiculturelles,* Montréal, Éditions JFD, 2013 : 24-25.

Au cœur du management interculturel se trouvent donc toujours la reconnaissance des différences culturelles et le constat que celles-ci peuvent teinter l'action. En effet, sous les différences culturelles se profilent toujours des valeurs, des normes, des croyances, des manières de penser et d'agir variées. Tout cela peut sembler relever de l'évidence même et pourtant, la diversité culturelle a longtemps été ignorée, les gestionnaires préférant s'en remettre à des techniques de gestion à prétention universelle. De nos jours, une telle prétention cède peu à peu le pas à la nécessité de fonder le management sur la réalité des différences plutôt que de les gommer au nom d'une illusoire universalité des méthodes de gestion[6].

> *« La gestion de la diversité culturelle consiste à améliorer la connaissance des membres de l'équipe sur le plan culturel et à identifier les dimensions sur lesquelles il faut s'entendre pour un fonctionnement harmonieux et productif qui optimise les talents de chacun dans la réalisation des objectifs organisationnels. Il est essentiel, pour créer une synergie dans l'équipe, d'identifier des valeurs communes qui orienteront les comportements entre les collègues et auprès de la clientèle. Des valeurs qui réunissent tous les membres peu importe leur origine. »*
>
> Johanne St-Onge,
> présidente du cabinet conseil RHRE
> « Le management interculturel, outil de gestion des cultures »,
> *Le Soir-Échos*, 6 juin 2013.

Concrètement, le management interculturel emprunte une variété de chemins : séances d'échanges et de médiation entre les employés de cultures différentes, mise au jour des malentendus culturels, clarification des obstacles à la communication causés par les différences culturelles, mise en place de codes de conduite où le respect des différences culturelles est affirmé, nomination de chefs d'équipe multiculturels ou sensibles aux enjeux interculturels, affirmation de référents communs autour desquels l'expression multiculturelle a libre cours, rotation de chefs d'équipe aux origines culturelles variées, etc.

On l'aura compris, si la sensibilité aux dynamiques interculturelles se fraie un chemin dans les organisations, il n'existe toujours pas de normes sociales fixes et de techniques universelles pouvant garantir le mieux vivre interculturel. La seule certitude qui s'impose est que le déni de la réalité interculturelle des organisations n'est pas le socle sur lequel il est possible de construire ce mieux vivre ensemble et d'assurer la légitimité des organisations et de leur gestion au sein de la société contemporaine.

L'intergénérationnel

Autre réalité qui marque profondément les interactions au sein des organisations contemporaines, l'intergénérationnel commande aussi une adaptation du management et une transformation des normes qui président aux interactions en organisation.

Comme l'illustre le tableau suivant, de nos jours, plusieurs générations se côtoient au sein des organisations et toutes n'ont pas les mêmes attentes tant au regard de leur travail qu'en termes de gestion.

---

[6] Pour une réflexion sur les enjeux du management interculturel, voir : Chevrier, S., *Le management interculturel*, Paris, PUF, coll. « Que sais-je ? », 2006 ; Dupuis, J.-P., *Coopérer dans les entreprises multiculturelles*, Montréal, Éditions JFD, 2013 ; Davel, E., Dupuis, J.-P. et J.-F. Chanlat, *Gestion en contexte interculturel*, Québec, PUL, 2008.

Tableau 3.2 Quelques différences générationnelles

Générations	Caractéristiques générales	Attentes au travail	Regards sur la gestion
Baby-boomers (1946-1964)	• Idéalistes • Projets collectifs • Communautaires	• Autonomie • Vision commune et cohérente • Vivre au travail	• Valorisent les habiletés politiques • Recherchent des leaders
Génération X (1965-1976)	• Pessimistes • Individualistes • Entreprenants	• Consignes claires • Climat de travail familial • Survivre au travail	• Valorisent l'action et les résultats • Recherchent des gestionnaires compétents
Génération Y (1977-1991)	• Utopistes • Droits individuels • Créatifs	• Travail significatif et créatif • Conciliation travail-famille • Se réaliser au travail	• Valorisent la participation et la rétroaction fréquente • Recherchent des mentors
Génération Z (1992-)	• Réalistes • Joueurs d'équipe • Confiants	• Travail créatif et varié • Engagement social • S'amuser au travail	• Valorisent les projets • Recherchent des mentors et des *coachs*

Construit à partir de : Randstad, *De Y à Z. Le guide sur la prochaine génération d'employés*, 2015; Fondation de psychologie du Canada, *Réussir à diriger toutes les générations au travail*, Desjardins, Sécurité financière, 2014; Boudreault, H., *Le management interculturel. Étude du soi organisé,* Mémoire de maîtrise, HEC Montréal, 2003.

Pour composer avec la diversité générationnelle, le management ne peut se contenter d'en faire le constat. Il doit ajuster ses pratiques, notamment avec les générations montantes qui peu à peu prennent le relais des générations précédentes. Ainsi, selon une étude réalisée par l'entreprise Randstad, qui se spécialise en gestion des ressources humaines auprès d'entreprises, pour composer avec les nouvelles générations, le management devrait miser sur le mentorat, la souplesse et la participation, créer un contexte propice à la créativité et à la prise d'initiative, encourager l'autonomie et la liberté tout en offrant de la rétroaction fréquente, favoriser le dialogue ouvert, mettre en œuvre des pratiques de responsabilité sociale et investir continuellement dans les nouvelles technologies[7]. Toutefois, tout en adaptant leurs pratiques à la nouvelle réalité du travail, les gestionnaires ne doivent pas pour autant perdre de vue que tous les membres de l'organisation partagent certaines valeurs communes[8] et que si les descriptions des attentes des nouvelles générations sont intéressantes et peuvent stimuler la réflexion, elles demeurent des généralités qu'il convient toujours de nuancer pour refléter la réalité concrète des organisations.

[7] Randstad, *De Y à Z. Le guide sur la prochaine génération d'employés*, 2015.

[8] À ce propos, voir : Pastakia, K. et S. Harrington, *L'avenir du travail,* Deloitte, 2015.

Diagnostic 3.1 **Les normes sociales**

Pour analyser la capacité des gestionnaires à lire l'environnement global de l'organisation en termes de normes sociales à respecter, les questions suivantes s'avèrent être un bon point de départ. En fait, elles permettent de poser un diagnostic sommaire, lequel peut alors servir à lancer une réflexion plus étoffée.	Fortement en accord	Plutôt en accord	Plus ou moins en accord	Plutôt en désaccord	Fortement en désaccord
1. Dans l'organisation, les gestionnaires respectent les normes légales en matière de travail.					
2. Dans l'organisation, les gestionnaires déploient des pratiques de gestion qui tiennent compte des nouvelles formes de travail.					
3. Dans l'organisation, les gestionnaires respectent les normes légales en matière de gestion de la diversité.					
4. Dans l'organisation, les gestionnaires déploient des pratiques de management interculturel.					
5. Dans l'organisation, les gestionnaires déploient des pratiques de management intergénérationnel.					

3.1.2 Les contextes sociétaux

Les **contextes sociétaux** s'analysent au regard des facteurs politique, économique, socioculturel, technologique, écologique et légal.

Véritable phénomène de société, le management ne peut être légitime que s'il incorpore à ses pratiques les normes sociales en vigueur dans la société, mais il doit aussi s'inscrire pleinement dans les tendances que dessine la société contemporaine. Le management n'a donc pas d'autres choix que de s'adapter à une société qui est maintenant fébrile, faite d'instantanéité et d'urgence, une société où tout s'accélère et dans laquelle chacun revendique toujours plus de droits, de changements, de consommation, de plaisirs, de réflexions, de performances, de loisirs, de sécurité, de qualité de vie, d'autonomie, etc. Toujours plus de tout, dans toutes les sphères de la vie professionnelle et privée et, si possible, encore davantage et à peu de frais, deviennent des impératifs de chaque instant. Si ces demandes procurent un certain espoir en l'avenir, au présent, elles suscitent aussi de l'anxiété, de l'insécurité et du stress tout en s'accompagnant d'un repli sur soi et d'une consommation effrénée. La vie sociale se déroule donc à pleine vitesse et se fait globale, tout en s'incarnant localement. Elle devient aussi sans cesse plus juridique et étend à chaque recoin de la société une logique des droits individuels et des contrats tout en misant sur un monde fait de réseaux numériques et de systèmes experts de toutes sortes. De plus, les humains incarnent au quotidien de nouvelles contradictions qui vont, d'abord, de la consommation débridée au souci écologique, puis de l'individualisme sans borne au désir de se regrouper en tribus communautaires et socialement responsables et, enfin, du ludisme sans frein à une

> *« Et si je vous avais dit, il y a vingt-cinq ans : dans un quart de siècle, un tiers de l'humanité communiquera sur d'immenses réseaux mondiaux regroupant des centaines de millions de personnes – en échangeant des fichiers audio, vidéo et texte –, toutes les connaissances du monde seront accessibles à partir d'un téléphone portable, n'importe quel individu isolé pourra envoyer une idée neuve, présenter un produit original ou transmettre une réflexion à un milliard de personnes simultanément, le tout à un coût proche de zéro ? Vous n'y auriez pas cru une seconde. Pourtant, tout cela, c'est maintenant la réalité. »*
>
> Rifkin, J., La nouvelle société du coût marginal zéro, Paris, Éditions Les Liens qui libèrent, 2014 : 105.

quête de performance sans fin. Oui, à n'en pas douter, la société actuelle paraît conduire les humains vers des univers qui seront radicalement différents de tout ce qu'ils ont, jusqu'à ce jour, construit et expérimenté. Tout cela peut paraître déroutant, pourtant c'est dans cet univers en redéfinition que doivent apprendre à naviguer les gestionnaires d'aujourd'hui.

Les grandes tendances : la refondation du management

Les gestionnaires doivent notamment apprendre à composer avec la nouvelle réalité politique qui est au principe de la société contemporaine. Ainsi, les enjeux qui, hier encore, prenaient place au niveau de la société et se tranchaient dans le respectable cénacle démocratique des parlements d'États vont de plus en plus se débattre dans l'espace hiérarchique des organisations. C'est donc, nous l'avons vu, dans l'organisation que les grandes questions politiques du « mieux vivre ensemble » sont débattues et c'est aussi là que sont conçues les solutions que tous attendent. Il est à prévoir que les organisations se politiseront encore davantage et deviendront le lieu par excellence de tous les débats de société. C'est aussi reconnaître que ce qu'hier encore tous attendaient de l'État providence, c'est maintenant des organisations qu'ils l'exigeront. C'est d'elles que les citoyens attendront la sécurité, la prospérité, le bien-être et la santé qui jadis étaient au cœur des programmes politiques. C'est au sein des organisations que la question des droits de la personne sera désormais posée, et c'est encore là que la justice sociale et le partage devront trouver des réponses. C'est aussi, nous l'avons évoqué, au sein même des organisations que les toujours délicates questions de l'intégration citoyenne et du partage intergénérationnel trouveront écho, seront redéfinies et, surtout, puisque telle est la tâche du management, devront trouver des réponses. Politisées comme jamais dans leur histoire, les organisations d'aujourd'hui devront alors substituer à la logique d'une direction hiérarchique, qui l'a si bien servie jusqu'à nos jours, une logique de la gouverne qui n'aura pas d'autres choix que de faire une large place à l'éclosion d'une variété indéfinie et croissante de groupes de pression qui, hier encore, frappaient aux portes de l'État pour faire entendre leur voix et qui, aujourd'hui, exigent un droit de parole au sein des organisations. Les gestionnaires devront clairement faire preuve d'habiletés politiques. Plus que jamais, ils seront jugés sur leurs capacités à réaliser le bien commun, à concilier les exigences contradictoires des uns et les espoirs flous des autres. Confrontés à une tâche d'une complexité à laquelle ils n'ont pas été préparés[9], les gestionnaires devront pourtant s'y résoudre, leurs actions seront dorénavant scrutées à la loupe déformante de tous ceux et celles qui attendent maintenant d'eux qu'ils soient les porteurs de la réalisation des projets de société. La nouvelle réalité politique implique donc une sérieuse refondation du management, et il est clair que c'est là un immense défi à relever.

> *« Chez nous, créer de la valeur pour les employés se traduit par une foule de gestes concrets. Par exemple, outre des salaires compétitifs, nous offrons un plan de participation aux revenus bruts, des bonis généreux, un fonds de pension (une rareté dans une petite entreprise) qui atteint déjà 11 millions de dollars. De plus, nous avons créé un pot pour inciter les gens à arrêter de fumer ou à se mettre en forme. Nous offrons aussi les services d'une entraîneure physique, à temps plein et l'accès, même les week-ends, à un gymnase tout équipé ».*
>
> Jacques Guénette, PDG de DLGL
>
> Chevalier, M., « Aligner les intérêts génère le succès », *Premium*, 2011, 6 : 29.

[9] Pour un regard critique sur la formation des futurs gestionnaires, voir : Mintzberg, H., Managers Not MBAs. *A Hard Look at the Soft Practice of Managing and Management Development*, San Francisco, Berrett-Koehler, 2004.

Les gestionnaires doivent aussi apprendre à composer avec la nouvelle réalité technologique dans laquelle les objets techniques, tel l'Internet des objets, paraissent être au centre des relations sociales et acquérir le statut d'indispensables alliés des humains, voire de véritables partenaires dans la construction d'un monde nouveau. Dans ce dernier, le lien social, jadis réservé aux seules relations entre les humains, se modifie pour inclure ces nouveaux partenaires techniques dont l'intelligence, même artificielle, ne fait maintenant plus de doute. Les structures hiérarchiques d'hier se transforment pour faire place aux nouvelles possibilités qu'offrent les technologies, tels les médias sociaux, le télétravail ou le travail collaboratif. Les nouvelles technologies ouvrent donc de nouveaux horizons. La constitution de l'Internet des objets, par exemple, transforme et façonne une toute nouvelle réalité économique et sociale, laquelle commande de nouvelles pratiques de management. La société technique qui, peu à peu, prend forme appelle aussi à une redéfinition de l'éthique, qui se montre sous un jour nouveau, car avec leurs nouveaux alliés, les humains ont maintenant une puissance sans limites. S'ils peuvent tout construire, même la vie, ils peuvent aussi tout détruire. La société contemporaine est une société à haut risque[10].

> *« L'Internet des objets connectera tout et tous dans un réseau mondial intégré. Pour alimenter en Big Data son système nerveux planétaire, on fixe déjà des milliards de capteurs sur les ressources naturelles, les chaînes de production, le réseau électrique, les réseaux logistiques, les flux de recyclage, et on en implante dans les logements, les bureaux, les magasins, les véhicules et même les êtres humains. Les [humains] pourront se connecter au réseau et utiliser le Big Data, l'analytique et les algorithmes pour améliorer l'efficacité, accroître énormément la productivité et réduire à presque rien le coût marginal de production et de partage d'une large gamme de biens et services, exactement comme ils le font aujourd'hui pour les biens informationnels. »*
>
> Rifkin, J., *La nouvelle société du coût marginal zéro*, Paris, Éditions Les Liens qui Libèrent, 2014, 134.

Le management doit également s'adapter à la nouvelle réalité économique qui prend de plus en plus la forme d'une économie numérique, créative, financiarisée, globalisée et fondée sur une consommation devenue débridée[11]. Une économie de l'information et de la créativité prend donc le relais de l'industrialisme et de la société de consommation d'hier et, du coup, l'immatériel acquiert une matérialité toute marchande. Sous le regard de cette nouvelle économie, la croissance n'a plus de limite, si ce n'est celle des ressources cognitives d'humains enchevêtrés dans un réseau numérique mondial. Le savoir devient alors tout à la fois ressource, mode de transformation et produit dans des usines d'imaginaire où les producteurs matérialisent leur savoir dans des produits immatériels qu'ils s'empressent de consommer au moyen d'un réseau informationnel. Les transformations économiques ne se limitent toutefois pas à la dématérialisation numérique des produits. Des investisseurs atomisés et regroupés sous des bannières financières prennent le relais des propriétaires d'hier et donnent une toute nouvelle légitimité au métier de gestionnaires dont le rôle ne cesse de se redéfinir, coincés entre la démocratie boursière qui, d'anticipations en spéculations, se fait tyrannique et s'invente des produits dérivés totalement immatériels, et la hiérarchie qui s'aplatit socialement pour mieux s'étendre géographiquement. Enfin, la globalisation planétaire des marchés annonce des lendemains qui chantent. En termes strictement financiers, cela semble, en effet, être une très bonne nouvelle. En fait, dans l'univers économique rien n'est jamais acquis, ni simple, ni noir ou blanc. Si la globalisation des marchés et l'élimination progressive des multiples barrières tarifaires qui freinent toujours l'avancée

---

10 Voir, notamment : Beck, U., *La société du risque. Sur la voie d'une autre modernité*, Paris, Aubier, 2001.

11 Sur la consommation débridée, voir : Lipovetsky, G., *Le bonheur paradoxal. Essai sur la société d'hyperconsommation*, Paris, Gallimard, 2006.

d'un marché mondial a de quoi réjouir ceux et celles qui n'y voient qu'une multiplication exponentielle de la demande, ces facteurs impliquent aussi une croissance tout aussi exponentielle de la concurrence à laquelle le management n'aura pas d'autre choix que de s'ajuster.

L'analyse des contextes : le PESTEL

Alors même que pour asseoir la légitimité de l'organisation, les gestionnaires doivent sans relâche adapter leurs pratiques aux normes sociales en vigueur dans la société et esquisser une refondation du management, ils doivent donc aussi apprendre à lire les grandes tendances qui façonnent la société contemporaine et y ajuster la réalité de leur organisation. En management, cette lecture des tendances est encapsulée par l'acronyme PESTEL qui désigne les contextes suivants :

***P**olitique :*	les politiques économiques, sociales, budgétaires, fiscales, culturelles, environnementales, etc.;
***É**conomique :*	le marché de la consommation, le marché des capitaux, le marché du travail, le PIB, les cycles économiques, etc.;
***S**ocioculturel :*	la démographie, la structure sociale, les modes de vie, l'éducation, la culture, etc.;
***T**echnologique :*	les innovations, les technologies, les sciences, la recherche et développement, etc.;
***É**cologique :*	les ressources naturelles, le territoire, l'écosystème, la vie, etc.;
***L**égal :*	les lois, le droit du travail, le droit administratif, etc.

Les gestionnaires doivent comprendre chacun de ces contextes de façon à identifier leur impact sur l'activité de l'organisation et à concevoir les ajustements requis en termes de pratiques de management. À l'évidence, cette tâche est gigantesque et paraît être hors de la portée des gestionnaires, tant il vrai que le croisement de ces contextes dessine une société tout à la fois complexe et mouvante. Pour ne pas se perdre dans un décodage sans fin des contextes, les gestionnaires doivent centrer leur attention sur les principales tendances susceptibles d'affecter directement l'organisation. Le développement durable, qui croise les contextes écologique, économique et socioculturel, est un bel exemple d'enchevêtrement de tendances décisives qui ont un impact certain sur les organisations et leur gestion. En effet, cet enchevêtrement commande une réflexion sur l'empreinte écologique de l'organisation, sur les gestes à poser pour la réduire, sur les politiques de gestion à mettre en œuvre, etc.

> *« Aucun secteur de l'économie ne fonctionne à l'extérieur des limites des écosystèmes. Tous les écosystèmes ont besoin d'énergie, de matières premières ou transformées. Par exemple, pour fabriquer votre téléphone cellulaire, il a fallu extraire des métaux, produire du plastique. Il a fallu de l'eau et de l'énergie. Il a fallu de la main-d'œuvre. Plusieurs étapes de transformation, d'emballage et de transport ont été nécessaires avant que vous ne puissiez placer un premier appel. Votre cellulaire possède donc une empreinte à la fois écologique, sociale et économique, car sa fabrication, sa vente et sa consommation vous rattachent aux écosystèmes et à des milliers d'humains partout à travers le monde. Tout est lié. »*
>
> Laure Waridel
>
> Truchon, K., « L'urgence d'agir, ou la part des entreprises », *HEC Montréal Mag*, 2008, *6*(2) : 11.

Pour arriver à décoder les principales tendances de la société et à entrevoir les possibles ajustements en termes de pratiques de management, voici quelques questions que les gestionnaires pourraient se poser à propos des différents contextes sociétaux.

Tableau 3.3 **Le PESTEL**

Contextes	Questions
Politique	• Quelles sont les tendances politiques générales? • Les gouvernements mettent-ils en place de nouvelles politiques fiscales, économiques, sociales, culturelles et environnementales qui viendront modifier les pratiques organisationnelles? • Quelle est l'incidence des nouvelles tendances politiques sur le management?
Économique	• Comment la situation économique affecte-t-elle l'organisation? Le marché des capitaux et des ressources naturelles est-il favorable? Le marché du travail permet-il de combler les besoins en ressources humaines? • Quelle est l'incidence des nouvelles tendances économiques sur le comportement des consommateurs et des ressources humaines? • Quelle est l'incidence des nouvelles tendances économiques sur les pratiques de management?
Socioculturel	• Quelles sont les grandes tendances socioculturelles? Existe-t-il de nouveaux modes de vie? Les tendances démographiques et culturelles affectent-elles l'organisation? • Quelle est l'incidence des nouvelles tendances socioculturelles sur le comportement des consommateurs et des ressources humaines? • Quelle est l'incidence des nouvelles tendances socioculturelles sur le management?
Technologique	• Quelles sont les grandes tendances technologiques? De nouvelles innovations viennent-elles modifier le jeu concurrentiel? • Quelle est l'incidence des nouvelles tendances technologiques sur le comportement des consommateurs et des ressources humaines? • Quelle est l'incidence des nouvelles tendances technologiques sur les pratiques de management?
Écologique	• Quelles sont les grandes tendances écologiques? Les ressources naturelles sont-elles facilement disponibles et à faible coût? Existe-t-il de nouvelles normes en matière d'empreinte écologique? Le développement durable est-il aisément transposable dans le secteur d'activité de l'organisation? Les concurrents misent-ils sur des politiques de développement durable? • Quelle est l'incidence des nouvelles tendances écologiques sur le comportement des consommateurs et des ressources humaines? • Quelle est l'incidence des nouvelles tendances écologiques sur les pratiques de management?
Légal	• Quelles sont les grandes tendances légales et règlementaires? • Quelle est l'incidence de ces nouvelles tendances sur le comportement des consommateurs et des ressources humaines? • Quelle est l'incidence de ces nouvelles tendances sur les pratiques de management?

Si chacun des contextes peut avoir un impact sur l'organisation, il importe surtout de savoir lire le croisement entre les tendances de la société de façon à concevoir en conséquence les moyens à mettre en œuvre pour y faire face. Par exemple, est-ce que les politiques gouvernementales, l'évolution des marchés, les transformations dans les modes de vie, la disponibilité des ressources naturelles et les changements technologiques se combinent de telle façon qu'il est possible d'anticiper une croissance du secteur dont pourrait éventuellement profiter l'organisation ou, au contraire, concourent-ils à une décroissance qui commanderait de revoir à la baisse les ambitions marchandes de l'organisation, voire une redéfinition complète de sa stratégie compétitive ? Est-ce qu'au croisement des tendances socioculturelles et économiques le nouveau marché des capitaux qu'est le sociofinancement va bouleverser les dynamiques concurrentielles ? Est-ce que les gestionnaires sont prêts à saisir les nouvelles occasions qu'offre le sociofinancement ? Les organisations ont-elles la légitimité requise pour prétendre au sociofinancement ?

> *« Au lendemain de la débâcle bancaire, un nouveau type d'établissement de crédit est apparu sur Internet. On l'a baptisé le prêt pair à pair, ou prêt social. Des plates-formes de banque en ligne, comme Zopa, Lending Club et Prosper, prêtent de l'argent directement à des particuliers et à des projets. Ces mécanismes de financement en ligne deviennent des vecteurs de crédit populaires comme substituts aux banques traditionnelles, car ils éliminent les intermédiaires et les coûts fixes élevés des grands établissements financiers, répercutés sur le client sous forme de taux d'intérêt plus élevés. L'étalement horizontal du financement facilité par le web réduit le coût marginal d'une opération de crédit à presque rien : les taux d'intérêt et les commissions sont donc inférieurs. »*
>
> Rifkin, J., *La nouvelle société du coût marginal zéro*, Paris, Éditions Les Liens qui libèrent, 2014 : 137.

Identifier les tendances générales permet donc d'orienter l'action administrative. Ainsi, pour accroître sa compétitivité, l'organisation devra-t-elle s'engager dans une logique de croissance qui commandera des investissements, un redéploiement des ressources et de l'audace, ou devra-t-elle plutôt composer avec une décroissance qui imposera de comprimer les dépenses et d'optimiser la productivité des ressources ? Par ailleurs, réfléchir à l'ancrage de l'organisation dans la société ne se limite pas à esquisser les moyens stratégiques à mettre en œuvre pour que l'organisation soit compétitive. En effet, pour avoir accès aux ressources que nécessite son développement, l'organisation doit aussi être légitime et nombre de contextes peuvent affecter cette légitimité. Ainsi, l'organisation respecte-t-elle les grandes orientations que les gouvernements mettent en place pour favoriser le développement social, économique et écologique de la société ? En clair, l'organisation se comporte-t-elle comme un bon citoyen corporatif qui non seulement se soumet aux contraintes de la société, mais contribue aussi à son plein développement ?

> *« L'économie ne peut pas faire abstraction des réalités environnementales et sociales. Elle doit être au service du bien commun, et non l'inverse. Moderniser l'économie, c'est nécessairement opter pour le développement durable. Dorénavant, il est en effet irresponsable de prôner une croissance économique qui ne tienne pas compte des limites des écosystèmes ainsi que des coûts environnementaux et sociaux qu'elle génère. »*
>
> Laure Waridel
>
> Truchon, K., « L'urgence d'agir, ou la part des entreprises », *HEC Montréal Mag*, 2008, *6*(2) : 11.

Ces questions témoignent clairement du fait que l'organisation ne vit pas en vase clos et que les gestionnaires doivent offrir des réponses qui font écho aux grandes tendances sociétales.

Diagnostic 3.2 **Les contextes sociétaux**

Pour analyser la capacité des gestionnaires à lire les contextes sociétaux et y adapter la réalité de l'organisation et sa gestion, les questions suivantes s'avèrent être un bon point de départ. En fait, elles permettent de poser un diagnostic sommaire, lequel peut alors servir à lancer une réflexion plus étoffée.	Fortement en accord	Plutôt en accord	Plus ou moins en accord	Plutôt en désaccord	Fortement en désaccord
1. Dans l'organisation, les gestionnaires connaissent les tendances politiques de l'environnement et y adaptent la réalité de l'organisation.					
2. Dans l'organisation, les gestionnaires connaissent les tendances économiques de l'environnement et y adaptent la réalité de l'organisation.					
3. Dans l'organisation, les gestionnaires connaissent les tendances socioculturelles de l'environnement et y adaptent la réalité de l'organisation.					
4. Dans l'organisation, les gestionnaires connaissent les tendances technologiques de l'environnement et y adaptent la réalité de l'organisation.					
5. Dans l'organisation, les gestionnaires connaissent les tendances écologiques de l'environnement et y adaptent la réalité de l'organisation.					
6. Dans l'organisation, les gestionnaires connaissent les tendances légales de l'environnement et y adaptent la réalité de l'organisation.					

3.2 L'environnement d'affaires

S'il ne fait pas de doute que le management a tout intérêt à bien lire la société de façon à y décoder les tendances et les exigences normatives qui peuvent influer sur le destin de l'organisation et commander des adaptations en termes de pratiques de management, il existe une autre façon de concevoir l'arrimage de l'organisation à son environnement, notamment celle qui consiste à centrer l'attention sur le secteur d'activité de l'organisation plutôt que d'embrasser du regard la société dans son ensemble. En fait, ce second regard est complémentaire au précédent puisqu'il prolonge la réflexion du management sur la relation avec l'environnement à un niveau plus microscopique et peut ainsi permettre d'affiner les analyses macroscopiques qu'autorisait le premier regard.

L'**environnement d'affaires** comprend les parties prenantes liées au secteur d'activité et celles issues de l'environnement global.

Figure 3.4 **L'environnement d'affaires**

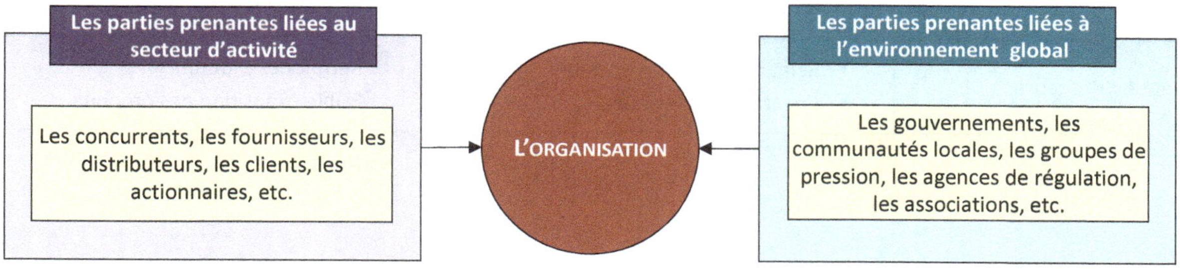

Les **parties prenantes** sont les personnes ou les groupes qui dépendent de l'organisation pour satisfaire leurs intérêts et dont l'organisation dépend pour atteindre ses objectifs.

Situer la réflexion au niveau du secteur d'activité plutôt qu'à celui de la société dans son ensemble implique notamment de s'intéresser à la dynamique concurrentielle et aux stratégies qu'utilisent les concurrents pour dominer leur secteur. Toutefois, il convient également d'éclairer le jeu des autres **parties prenantes** qui, de façon à satisfaire leurs intérêts, exercent des pressions sur l'organisation et son secteur d'activité. Ainsi, alors qu'il fut longtemps réduit à un marché à conquérir par la mise en œuvre de stratégies compétitives, l'environnement d'affaires des organisations est en fait, comme l'illustre la figure suivante, un lieu d'enchevêtrement de relations entre divers acteurs aux intérêts, stratégies et tactiques d'influence variés.

3.2.1 Les parties prenantes liées au secteur d'activité

Les **parties prenantes liées au secteur d'activité** entretiennent une relation économique avec l'organisation.

Dans son souci de s'adapter à son environnement et d'être compétitive, l'organisation doit d'abord considérer les attentes et les pressions des parties prenantes liées à son secteur d'activité. Comme l'illustre la figure précédente, de manière générale, les **parties prenantes liées au secteur d'activité** entretiennent une relation de nature économique avec l'organisation.

Tableau 3.4 Les attentes et les pressions des parties prenantes liées au secteur

LES PARTIES PRENANTES	Les attentes	Les pressions
Les actionnaires	• Rendement financier • Développement économique de l'entreprise • Développement socialement responsable • Prestige	• Ressources financières • Nominations au C. A. • Politiques de gouvernance • Rémunération des dirigeants • Relations personnelles avec les gestionnaires
Les concurrents	• Pratiques concurrentielles loyales • Respect des lois anti-cartels	• Concurrence sur les prix • Concurrence axée sur la différenciation
Les fournisseurs	• Relation profitable et stable • Croissance des ventes • Rôle clé dans la chaîne de valeur du secteur	• Retards dans les livraisons • Hausse du prix des fournitures • Menace de rupture de la relation
Les clients	• Juste prix • Bon ratio qualité-prix • Respecter les promesses	• Plaintes dans les médias • Achat chez les concurrents • Boycottage
Les distributeurs	• Relation profitable et stable • Croissance des ventes	• Retrait des produits • Faible exposition des produits

D'une certaine façon, ensemble, ces parties prenantes, que nous désignons parfois comme étant une filière d'activités, une industrie ou une grappe économique, contribuent à faire d'un secteur d'activité un espace très compétitif[12]. Chacune des parties prenantes escompte, en effet, tirer avantage de la dynamique concurrentielle et, ce faisant, peut accroître la rivalité qui est au principe d'un secteur d'activité. Cela paraît évident en ce qui concerne les concurrents qui cherchent à dominer le secteur ou les actionnaires qui tentent de maximiser leurs bénéfices, mais c'est également vrai pour les fournisseurs qui souhaitent accroître leur influence sur le secteur, pour les distributeurs qui escomptent distribuer des produits profitables ou pour les clients qui cherchent le meilleur prix ou la meilleure qualité.

3.2.2 Les parties prenantes liées à l'environnement global

Alors que les parties prenantes liées au secteur d'activité pèsent lourdement sur la dynamique concurrentielle en contribuant à la rivalité entre les organisations et au réseau des relations économiques qui permettent de survivre et prospérer, les parties prenantes liées à l'environnement global déterminent largement la légitimité sociale des organisations. C'est donc dire que si l'environnement d'affaires des organisations contemporaines ne se réduit pas à un marché à conquérir, il ne se réduit pas davantage au seul jeu économique de parties prenantes engagées dans une dynamique de compétition sectorielle.

Les **parties prenantes liées à l'environnement global** déterminent largement la légitimité sociale des organisations.

Les organisations doivent aussi apprendre à composer avec une diversité de parties prenantes liées à l'environnement global et qui font clairement entendre leur voix de façon à orienter autant l'activité organisationnelle que celle des secteurs d'activité[13]. C'est surtout par le jeu des pressions et des négociations que les parties prenantes liées à l'environnement global tentent d'influencer les organisations, d'orienter leurs activités, de faire en sorte que leurs décisions leur soient favorables. Ne pas prendre en considération les attentes de ces parties prenantes, ne pas saisir tout le jeu des pressions qu'elles exercent sur les organisations, c'est courir le risque d'une perte de légitimité qui, à terme, pourrait se solder par un accès moindre aux ressources de la société. C'est aussi se priver de l'occasion de les influencer, car si elles peuvent influencer les organisations, ces dernières ne sont jamais démunies face aux pressions qui pèsent sur elles. Elles peuvent, elles aussi, en exercer et amener les parties prenantes liées à l'environnement global à partager leur point de vue, à trouver des compromis et même à devenir de véritables partenaires d'affaires. D'ailleurs, ce jeu de négociation entre l'organisation et ses parties prenantes témoigne de leur interdépendance, car autant l'organisation que ses parties prenantes ont intérêt à ce que leur relation donne les fruits escomptés.

> *« Gérer les relations avec les parties prenantes ne veut pas nécessairement dire de servir les intérêts particuliers de chaque groupe (bien que cela puisse en être le résultat), mais de suffisamment considérer leurs intérêts afin de s'assurer de leur coopération. Le rôle du gestionnaire n'est pas simplement de coordonner les contributions des différentes parties prenantes, mais aussi de les inspirer à donner le meilleur d'elles-mêmes, au sein d'un effort collectif, afin de créer de la valeur au moyen des produits et des services. Toute firme qui néglige ses parties prenantes ou bien pire, qui les aliène, est condamnée à l'échec. »*
>
> John Boatright, « Quel avenir pour la gestion des parties prenantes ? », *Les ateliers de l'éthique*, 2006, *1*(1) : 44.

---

[12] À ce propos, voir : Porter, M. E., *Choix stratégiques et concurrence*, Paris, Economica, 1982 [1980].

[13] Pour un panorama des réflexions sur les parties prenantes, voir : Freeman, R. E., *Strategic Management. A Stakeholder Approach*, Boston, Pitman, 1984 ; Mintzberg, H., *Le pouvoir dans les organisations*, Paris, Éditions d'Organisation, 1986 [1983] ; Bonnafous-Boucher, M. et Y. Pesqueux, *Décider avec les parties prenantes. Approches d'une nouvelle théorie de la société civile*, Paris, La Découverte, 2006.

Les organisations doivent donc apprendre à composer avec les parties prenantes liées à l'environnement qui tentent de les influencer. En retour, les organisations peuvent mettre en œuvre des stratégies pour les influencer. Mais avant de formuler des stratégies, les gestionnaires doivent pouvoir lire avec finesse les attentes de ces parties prenantes et anticiper les pressions qu'elles peuvent exercer sur l'organisation.

Tableau 3.5 **Les attentes et les pressions des parties prenantes liées à l'environnement global**

LES PARTIES PRENANTES	Les attentes	Les pressions
Les gouvernements	• Respect des lois • Développement socioéconomique	• Contraintes légales • Incitatifs fiscaux et réglementaires
Les communautés locales	• Développement local • Pratiques équitables • Respect	• Accès aux pouvoirs publics • Appel à la solidarité sociale • Recours aux médias et aux tribunaux
Les associations professionnelles	• Développement de l'organisation • Développement des membres • Normes de travail	• Accès aux pouvoirs publics • Appel à la solidarité et grève • Recours aux médias
Les groupes de pression	• Développement responsable • Développement durable • Pratiques équitables	• Accès aux pouvoirs publics • Appel à la solidarité sociale • Recours aux médias et aux tribunaux
Les agences de régulation	• Respect des règlements • Respect des codes et des normes sociales	• Contraintes règlementaires • Amendes

Diagnostic 3.3 **L'environnement d'affaires**

Pour analyser la capacité des gestionnaires à lire les attentes des parties prenantes et y adapter la réalité de l'organisation et sa gestion, les questions suivantes s'avèrent être un bon point de départ. En fait, elles permettent de poser un diagnostic sommaire, lequel peut alors servir à lancer une réflexion plus étoffée.	Fortement en accord	Plutôt en accord	Plus ou moins en accord	Plutôt en désaccord	Fortement en désaccord
1. Dans l'organisation, les gestionnaires connaissent la dynamique de leur secteur d'activité.					
2. Dans l'organisation, les gestionnaires connaissent les stratégies qui structurent les relations concurrentielles de leur secteur d'activité.					
3. Les gestionnaires analysent l'environnement de leur organisation en termes de PESTEL.					
4. Les gestionnaires peuvent cartographier le tissu des parties prenantes qui exercent des pressions sur l'organisation.					
5. Dans l'organisation, les gestionnaires adaptent la réalité de celle-ci aux différentes parties prenantes.					

3.3 Conclusion : l'arrimage de l'organisation à son environnement

À n'en pas douter, l'organisation contemporaine est maintenant située au carrefour d'un système de pressions dont elle doit tenir compte pour assurer son développement. Les gestionnaires d'aujourd'hui ne peuvent plus se contenter de centrer leur attention sur la seule dynamique interne de l'organisation parce que cette dynamique est largement tributaire de la réalité de l'environnement. Cette dynamique doit assimiler les attentes et les pressions de l'environnement et s'en accommoder.

Penser le management contemporain, c'est donc nécessairement le réfléchir en termes globaux et d'arrimage à la réalité de l'environnement de l'organisation. Toutefois, si le gestionnaire d'aujourd'hui doit être un habile lecteur de l'environnement de l'organisation, il ne doit pas pour autant abdiquer sa capacité à influencer cet environnement. Bien sûr, laisser son empreinte sur la réalité de l'environnement n'est pas une mince tâche, mais c'est précisément là le défi que doivent relever les gestionnaires d'aujourd'hui. C'est d'ailleurs là tout l'objet du prochain chapitre.

SYNTHÈSE DU CHAPITRE

Idée clé
Il appartient aux gestionnaires de bien lire l'environnement de leur organisation de façon à pouvoir s'y adapter. Cet environnement est tout à la fois global (la société) et d'affaires (le secteur d'activité).

L'environnement	
L'environnement global	L'environnement global comprend les normes sociales et les contextes sociétaux.
L'environnement d'affaires	L'environnement d'affaires comprend les parties prenantes liées au secteur d'activité et celles liées à l'environnement global.

L'environnement global	
Les normes sociales	Les normes sont les façons de penser et de faire qui sont considérées comme convenables dans la société. Le gestionnaire contemporain doit accorder une attention particulière aux normes relatives au travail (légalité, motivation, créativité et collaboration) et à celles relatives aux interactions sociales (légales, interculturelles et intergénérationnelles).
Les contextes sociétaux	Les contextes sociétaux s'analysent au regard des facteurs politique, économique, socioculturel, technologique, écologique et légal.

L'environnement d'affaires	
Les parties prenantes liées au secteur d'activité	L'organisation doit composer avec des concurrents, des fournisseurs, des distributeurs, des clients, des actionnaires, etc. Ces parties prenantes entretiennent des relations économiques avec l'organisation.
Les parties prenantes liées à l'environnement global	L'organisation doit s'adapter aux attentes des gouvernements, des communautés locales, des groupes de pression, des agences de régulation, des associations, etc. La légitimité sociale de l'organisation dépend largement de ces parties prenantes.

Diagnostic	
Pour analyser une situation de gestion au regard de l'environnement de l'organisation, il est possible de centrer l'attention sur quelques questions clés.	
L'environnement global	L'organisation respecte-t-elle les principales normes sociales en vigueur dans la société et est-elle adaptée à son contexte sociétal?
L'environnement d'affaires	L'organisation tient-elle compte des attentes de ses parties prenantes?

4

L'organisation : la perspective technique

Plan du chapitre

Si la légitimité de la gestion est largement fonction de la capacité qu'ont les gestionnaires à bien lire les enjeux de l'environnement de l'organisation, elle est aussi fonction de leur capacité à lire et à intervenir dans leur premier contexte d'action, nommément l'organisation. Cette dernière peut s'appréhender sous l'angle d'une logique d'administration des choses ou en privilégiant plutôt une approche centrée sur le gouvernement des personnes. Alors que, dans le prochain chapitre, nous lèverons le voile sur les perspectives sociales qu'implique la seconde approche, dans celui-ci nous nous concentrons sur la première, ce qui nous permet de mettre au jour la perspective technique du management.

4.1 Le système technique de l'organisation

Au regard d'une logique d'administration des choses qui met l'accent sur le caractère profondément instrumental de la vie en organisation et sur les moyens techniques qu'elle implique, l'organisation prend la forme d'un système technique. Ce système, comme l'illustre la figure suivante, est constitué de quatre cadres d'action, à savoir les cadres de gouvernance, stratégique, structurel et opérationnel.

Figure 4.1 **Le système technique**

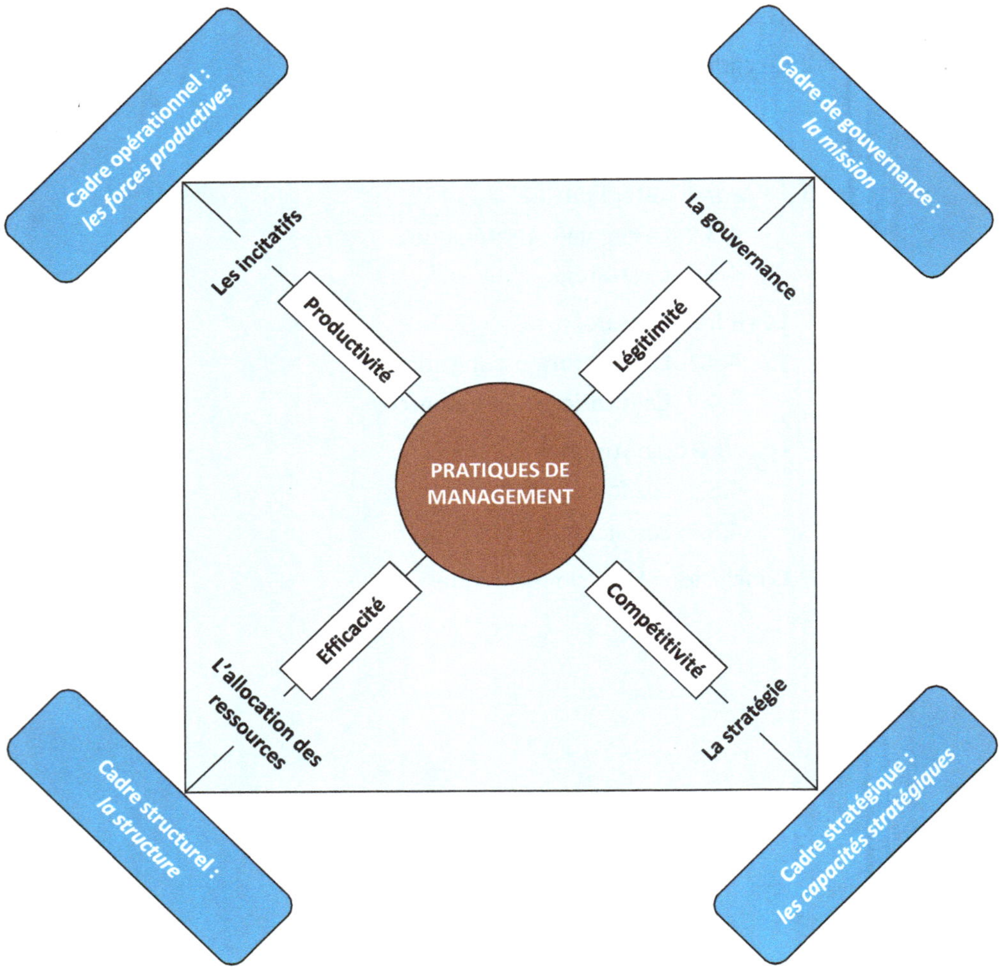

Selon la perspective technique, le cadre de gouvernance détermine la mission et les responsabilités qu'il convient d'assumer pour que l'organisation soit légitime, le cadre stratégique oriente les choix stratégiques de façon à accroître la compétitivité de l'organisation, le cadre structurel permet l'allocation des ressources requises pour une mise en œuvre efficace de la stratégie et le cadre opérationnel met en jeu les incitatifs nécessaires à la réalisation productive des orientations de l'organisation. Cet arrimage entre les finalités et les moyens témoigne d'ailleurs du caractère instrumental du jeu organisationnel et du management technique qui en assure le déroulement. Au cœur de ce déroulement, il y a des balises à respecter, des objectifs à réaliser et des leviers d'action à utiliser.

D'abord, il y a les balises que sont la mission, les capacités stratégiques, la structure et les forces productives. Ces balises sont des contraintes qui limitent la marge de manœuvre des gestionnaires et orientent leurs actions. En fait, sans être immuables, les balises techniques sont très difficiles à modifier et, du coup, elles apparaissent toujours comme contraignantes. Pour les gestionnaires, ces balises sont aussi des points d'appui à partir desquels ils peuvent actionner des leviers de façon à atteindre des objectifs administratifs. Par exemple, le cadre stratégique balise l'action administrative en mettant à la disposition des gestionnaires des capacités stratégiques qui, tout en limitant leurs décisions en matière de stratégie, orientent leur quête d'une stratégie compétitive. Bien sûr, les gestionnaires pourraient souhaiter que l'organisation compte sur davantage de ressources ou sur d'autres compétences, mais leurs décisions doivent toujours se fonder sur la capacité effective de l'organisation. C'est donc sur les capacités stratégiques de l'organisation que les gestionnaires prennent appui pour formuler des stratégies. Par leurs actions, ils peuvent certes modifier ou enrichir cette capacité, mais ils doivent toujours au préalable en assimiler la réalité et y accommoder leurs actions.

Puis, il y a les objectifs à réaliser. Ceux-ci découlent aussi des cadres et sont, en quelque sorte, le fruit de l'accommodation des gestionnaires à leur réalité. D'une certaine façon, chacun des cadres impose sa logique et dicte la façon d'y inscrire l'action administrative. Dans l'exemple précédent, dès que les gestionnaires réfléchissent leurs actions en termes stratégiques, ils endossent la nécessité de réaliser l'objectif de compétitivité qui est au principe même du jeu stratégique. C'est dire aussi que penser stratégiquement implique forcément d'engager la capacité stratégique dans la poursuite d'un objectif de compétitivité. En fait, il est à noter que sous le regard des objectifs à réaliser, l'arrimage des pratiques de management aux différents cadres du système technique actualise tous les défis auxquels le management fut confronté au cours de son histoire[1]. Le management accumule donc les défis plutôt que d'y substituer le défi du jour. Si les temps présents sont à la refondation du management et commandent de relever le défi de la légitimité organisationnelle, le management ne peut pas pour autant faire l'impasse sur les autres défis historiques que sont la productivité des opérations, l'efficacité organisationnelle et la compétitivité stratégique.

Enfin, chacun des cadres habilite les gestionnaires en mettant à leur disposition les leviers d'actions requis pour concrétiser les objectifs techniques, à savoir la gouvernance, la stratégie, l'allocation des ressources et les incitatifs. À terme, l'usage de ces leviers pourra concourir à la transformation des cadres desquels ils découlent.

---

[1] Au regard de l'histoire des théories du management, seul le défi de la croissance n'est pas explicitement représenté dans cette figure. En fait, comme l'illustre la période d'expansion du management, si la croissance était le défi à relever, il le fut essentiellement grâce à l'accent mis sur une quête constante d'efficacité organisationnelle.

4.2 Le cadre de gouvernance

Depuis quelques années, il n'est pas rare d'entendre que certaines organisations ont des « problèmes de gouvernance », problèmes qui ont un fort écho médiatique et qui ternissent leur réputation. Pour s'en convaincre, il suffit d'ailleurs de prendre connaissance des exemples suivants :

2010	La plateforme pétrolière *Deepwater Horizon* de **BP** explose tuant 11 personnes, en blessant 125 autres et déversant 1 300 000 litres de pétrole dans le golfe du Mexique.
2015	L'agence américaine pour la protection de l'environnement reproche à **Volkswagen** d'avoir frauduleusement faussé les données relatives à la pollution de ses automobiles.
2016	**Bombardier,** qui éprouve des problèmes de liquidités, reçoit un prêt d'un milliard de dollars du gouvernement du Québec. Malgré cela, les hauts dirigeants de l'entreprise se donnent plus de 32 millions de dollars en primes salariales.
2019	**SNC-Lavalin** est sous les feux de la rampe durant toute l'année. Sa division SNC-Lavalin Construction plaide coupable à une accusation de fraude relative à des contrats en Lybie alors que ce pays était sous l'emprise du dictateur Mouammar Kadhafi.
2020	À la suite de l'écrasement de deux de ses avions en 2019, **Boeing** doit reconnaître que certains systèmes informatiques installés sur les Boeing 737 Max sont déficients. Conséquemment, tous les Boeing 737 Max sont interdits de vol et, en 2020, l'entreprise suspend leur production.

La **gouvernance** désigne les dispositifs qui régissent les relations entre la direction et les parties prenantes.

À l'évidence, il existe une telle chose que des problèmes de gouvernance. Mais de quoi s'agit-il au juste ? Qu'est-ce qu'une gouvernance qui peut éventuellement poser problème ? Fondamentalement, la **gouvernance** désigne les dispositifs qui régissent les relations entre la direction d'une organisation et ses parties prenantes. Au nombre de ces dispositifs, il y a les codes d'éthique, les politiques générales d'administration en matière d'embauche, de rémunération et de relations de travail, les règlements, procédures, processus, contrôle et pratiques qui assurent une « bonne gestion » et les instances d'orientation et de surveillance de la conduite générale de l'organisation, tel le conseil d'administration[2].

Une **bonne gouvernance** consiste à agir en bon citoyen organisationnel et à assumer pleinement ses responsabilités.

Le sens commun nous dirait qu'une **bonne gouvernance** consiste à agir en bon citoyen organisationnel et à assumer pleinement ses responsabilités. Pour y arriver, l'organisation doit, par l'intermédiaire de son conseil d'administration, apprendre à bien interpréter les attentes de ses parties prenantes et à les traduire en pratiques légitimes. Ainsi, d'un côté, les parties prenantes attendent un certain comportement responsable de la part des organisations et, de l'autre, tout en se faisant l'interprète et l'écho des attentes des parties prenantes, le conseil d'administration encadre l'action des dirigeants et s'assure que l'organisation se dote de dispositifs de bonne gouvernance.

Par ailleurs, comme l'illustre la figure suivante, si le cadre de gouvernance n'a de sens qu'au regard des attentes et des pressions des parties prenantes, il se structure autour de la raison d'être de l'organisation, définie en termes de mission, et se matérialise par des dispositifs concrets de gouvernance sous la supervision d'un conseil d'administration.

[2] Voir : Pérez, R., La gouvernance d'entreprise, Paris, La Découverte, 2009 ; Moreau Defarges, P., *La gouvernance*, Paris, PUF, coll. « Que sais-je ? », 2003 ; et Girard, M., *La gouvernance : une synthèse*. Montréal, Éditions JFD, 2012.

Figure 4.2 **Le cadre de gouvernance**

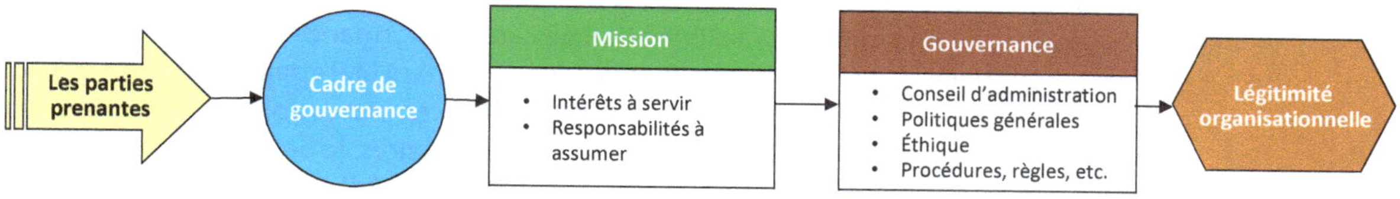

4.2.1 La mission

Pour qu'une organisation soit jugée légitime en termes de gouvernance, elle doit notamment être au service de la réalisation de sa **mission**, à savoir sa raison d'être, son but ultime, son métier. Ainsi, selon que l'organisation est une entreprise commerciale, un organisme de services sociaux, une association ou une organisation de biens publics, la mission que devra accomplir le management sera différente. Toutefois, bien qu'elle puisse revêtir diverses colorations, la mission sera invariablement l'expression de la raison d'être de l'organisation, ce qui justifie son existence et ses activités. En outre, comme l'évoque le tableau 4.1, cette mission sera toujours au service d'un premier bénéficiaire, à savoir une partie prenante qu'il convient de servir en priorité[3].

> *« Un hôpital ne peut se gérer comme une chaîne de montage. [...] Dans le cas d'un hôpital, c'est le corps médical qui décide ce dont le patient a besoin. Pour le directeur général d'un hôpital qui a un budget à gérer, il faut avoir une bonne collaboration avec le corps médical pour essayer de boucler son budget. Parce que c'est lui, le corps médical, qui génère les coûts. »*
>
> David Levine,
> ex-directeur d'hôpitaux
>
> Bureau, C., « CHUM », *Ici.radio-canada.ca,* 20 mars 2015.

La **mission** d'une organisation c'est sa raison d'être, son but ultime, son métier.

Tableau 4.1 **La mission et la gestion sous le regard des intérêts à servir**

Organisation	Exemple	Premier bénéficiaire	Mission	Enjeu clé de gestion
Entreprises commerciales	Entreprises privées ou publiques, coopératives de consommation	Les propriétaires	Maximiser la performance économique	Mettre en œuvre des pratiques de gestion qui favorisent le rendement financier
Organismes de services sociaux	Hôpitaux, écoles, universités, organismes communautaires	La population cible	Offrir des services de qualité	Promouvoir le professionnalisme du personnel et la qualité du service
Associations volontaires	Syndicats, associations professionnelles, églises, clubs de sports et loisirs	Les membres	Offrir des services aux membres	Maintenir l'intérêt des membres par une gestion consultative et des services exclusifs
Organisations de biens publics	Service des incendies, administration de la justice, prison	La population en général	Offrir un bien public	Maintenir la confiance de la population par la gestion efficace d'un bien public de qualité

3 Pour une analyse détaillée des implications de l'existence d'un premier bénéficiaire sur la gestion, voir : Blau, P. M. et R. W. Scott, *Formal Organizations. A Comparative Approach,* Londres, Routledge and Kegan Paul, 1963.

Comme en témoigne le tableau 4.1, les enjeux clés de gestion varieront selon la mission à réaliser. Ainsi, dans une entreprise commerciale, l'enjeu clé tournera autour de la performance économique et, au regard des propriétaires, la légitimité sera forcément conséquente d'une quête de maximisation de cette performance. Dans les organisations à vocation sociale, c'est la qualité des services qui primera et il appartiendra aux gestionnaires de s'assurer que le personnel a les compétences professionnelles requises pour livrer un service de qualité. Dans les associations volontaires, le défi de gestion consistera à démontrer l'utilité de leur association à ses membres. Enfin, dans les organismes de biens publics, le gestionnaire devra faire la démonstration de l'utilité du bien public à une population qui n'en bénéficie pas forcément ni directement.

La **responsabilité sociale de l'entreprise (RSE)** consiste à assumer pleinement des responsabilités économiques, sociales et écologiques.

Par ailleurs, assumer les responsabilités qui découlent de la mission est certes un pas sur le chemin de la bonne gouvernance, mais cela n'épuise pas pour autant l'étendue des responsabilités que doit assumer l'organisation. En fait, sous l'impulsion des parties prenantes, de nos jours toutes les organisations doivent pleinement assumer une **responsabilité sociale**, c'est-à-dire une responsabilité qui est tout à la fois économique, sociale et écologique[4]. Ainsi, comme l'évoque le tableau suivant, la mission des organisations doit être enrichie et le management se voit doter de nouveaux défis qu'il doit relever pour assurer la légitimité de l'organisation.

Tableau 4.2 La mission et la gestion sous le regard des responsabilités à assumer

Responsabilités	Incidence sur la mission	Enjeu clé de gestion
Économique	Maximiser la performance économique de l'organisation	Maximiser les rendements à court terme de l'activité organisationnelle tout en investissant sur le développement économique à long terme
Sociale	Contribuer au développement social de l'organisation comme de la société	Offrir des conditions de travail équitables et stimulantes tout en contribuant au développement social des communautés locales
Écologique	Inscrire l'activité de l'organisation dans une quête de développement durable	Minimiser l'empreinte écologique de l'activité organisationnelle, mettre en œuvre des technologies vertes et promouvoir la protection de l'environnement naturel

Le **développement durable** est « un développement qui répond aux besoins du présent sans compromettre la capacité des générations futures de répondre aux leurs. »

Si hier encore, il était possible de tourner le dos à des responsabilités que l'on trouvait être du ressort de l'État, ce n'est visiblement plus le cas aujourd'hui. Les arbitrages que doit réaliser le management deviennent donc de plus en plus délicats. Pour s'en convaincre, il suffit d'imaginer ce que représente la réalisation conjointe des trois ordres de responsabilités. Là réside tout le défi du développement durable dans lequel s'engagent nombre d'organisations[5]. Comme l'illustre la figure suivante, en inscrivant le **développement durable** au cœur de leurs activités, les organisations contemporaines doivent alors viser de multiples objectifs, réfléchir en termes d'interfaces entre les responsabilités à assumer et entrevoir les mécanismes d'arbitrage qui permettront de réconcilier des objectifs qui peuvent parfois s'avérer difficiles à concilier.

4 Pour un survol de la RSE, voir : Gond, J.-P. et J. Igalens, *La responsabilité sociale de l'entreprise*, Paris, PUF, 2008.

5 Brundtland, G. H., *Notre avenir à tous*, Rapport soumis à l'Assemblée nationale des Nations unies en 1986. Dans ce rapport, le développement durable est défini comme étant « un développement qui répond aux besoins du présent sans compromettre la capacité des générations futures de répondre aux leurs ».

Figure 4.3 **Les trois piliers du développement durable**

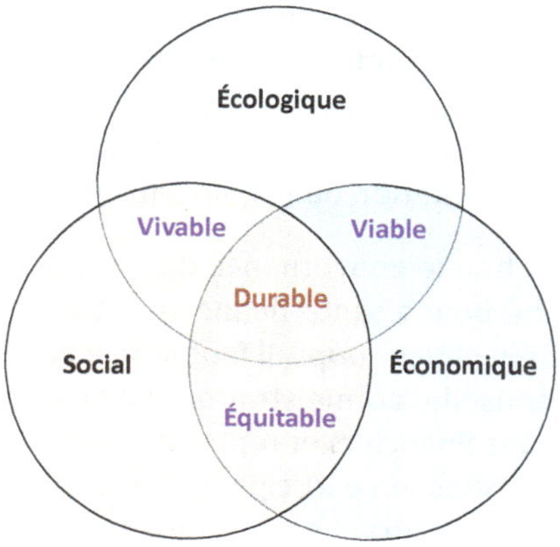

À la lumière des interfaces qu'implique la rencontre des responsabilités à assumer, il est clair que leur réalisation conjointe nécessite des arbitrages de gouvernance. Ainsi, en croisant la responsabilité sociale avec la responsabilité économique, il est possible, entre autres, de repenser la mission de l'organisation en termes de financement socialement responsable et d'investissement éthique ; en croisant la responsabilité économique avec la responsabilité écologique, on ouvre notamment le chemin vers la mise en œuvre d'une écologie industrielle qui aurait pour tâche première de minimiser l'empreinte écologique de l'activité de l'organisation tout en assurant sa viabilité ; en croisant les responsabilités sociale et écologique, l'organisation s'engage, entre autres, à promouvoir de saines habitudes de vie qui profiteront autant à ses membres qu'à l'environnement ; en croisant les trois responsabilités, les organisations paveraient alors le chemin à un véritable développement durable qui combinerait de façon équilibrée les trois responsabilités, voire même en permettraient l'optimisation conjointe[6].

> *« La prémisse de Levi Strauss a été de fournir un vêtement résistant. Aujourd'hui, plus qu'un mélange de styles classiques et tendance, cette compagnie se veut également une réponse aux questions de responsabilité qui concernent la mode. La fabrication d'un jean demande beaucoup d'eau. Dans un avenir rapproché, la consommation sera réduite de 96 %. »*
>
> Grégoire, C., « Levi's, le jeans cousu au fil du temps », *Le Soleil*, 4 février 2020.

4.2.2 La gouvernance

Comme nous l'avons évoqué plus haut, le **conseil d'administration** est l'instance pivot de la relation de gouvernance. D'un côté, il prend acte des attentes des parties prenantes et, de l'autre, il s'assure que les dirigeants mettent en œuvre les dispositifs requis pour une bonne gouvernance. Concrètement, le conseil d'administration assume, entre autres, les rôles et les fonctions suivantes :

- appréciation des attentes des propriétaires et des parties prenantes ;
- encadrement des dirigeants et évaluation des dispositifs de gouvernance ;
- participation aux décisions stratégiques et approbation des projets majeurs ;
- évaluation des risques généraux.

Le **conseil d'administration** est l'instance pivot de la gouvernance. C'est lui qui prend acte des attentes des parties prenantes et qui s'assure de la mise en œuvre des dispositifs de bonne gouvernance.

6 Pour un tour d'horizon des enjeux et des pratiques en matière de développement durable, voir : Wolff, D. (dir.), *Le développement durable. Théories et applications au management*, Paris, Dunod, 2010.

Au départ, le conseil d'administration représente fondamentalement les intérêts des propriétaires de l'organisation. Dans le cas d'une entreprise privée, le conseil d'administration représente les intérêts des actionnaires et s'assure du respect de la mission de l'entreprise en nommant des dirigeants qui partagent les valeurs des actionnaires. Le conseil d'administration s'assure également que les attentes des parties prenantes trouvent écho auprès des dirigeants et surtout qu'elles ne viennent pas nuire aux performances et à la réputation de l'organisation.

Pour assurer une bonne gouvernance d'entreprise, il ne suffit pas seulement de veiller au maintien d'une bonne santé financière et d'accorder de l'attention aux parties prenantes. Il faut prévenir les coups. Il faut anticiper les problèmes. Le conseil d'administration y arrive en évaluant les risques financiers et réputationnels des projets de l'organisation, en participant à l'évaluation des stratégies et en s'assurant que les dirigeants ont un comportement éthique irréprochable et comprennent que, dans le monde d'aujourd'hui, toutes les organisations doivent s'engager sur le chemin d'un développement responsable.

Finalement, le conseil d'administration peut mettre en place plusieurs mécanismes de bonne gouvernance parmi lesquels : un comité d'éthique qui s'assure que les valeurs, les principes et les règles de bonne conduite sont formalisés adéquatement et connus de tous ; des politiques générales en matière de comportement adéquat au travail ; un code de déontologie susceptible de guider les pratiques de tous ; des recours formels en cas de problèmes d'éthique, telles des procédures de gestion des plaintes ; un processus d'évaluation continue de la performance sociale et environnementale.

> *« La gouvernance ne se limite pas à une série de règles et de procédures. C'est aussi un état d'esprit. Cet aspect-là est d'ailleurs fondamental. Si, au départ, les gens n'ont pas un comportement éthique, peu importe les règles et le cadre juridique, c'est qu'ils ne l'auront jamais. Il faut donc développer une culture de la confiance dans les organisations et un leadership basé sur de vraies valeurs. La confiance et la transparence doivent régner entre les dirigeants, les employés et tous les partenaires. »*
>
> Pierre Brunet,
> ex-président et
> chef de la direction de la Financière
> Banque Nationale
>
> des Roberts, G.,
> « Financier rassembleur
> et visionnaire »,
> *HEC Montréal Mag*, 2005, *4*(1) : 17.

Diagnostic 4.1 Les enjeux de la gouvernance

Pour analyser la capacité des gestionnaires à faire face aux enjeux de la gouvernance des organisations contemporaines, les questions suivantes s'avèrent être un bon point de départ. En fait, elles permettent de poser un diagnostic sommaire, lequel peut alors servir à lancer une réflexion plus étoffée.	Fortement en accord	Plutôt en accord	Plus ou moins en accord	Plutôt en désaccord	Fortement en désaccord
1. Les gestionnaires adaptent leurs pratiques à la mission de l'organisation.					
2. Les gestionnaires traduisent les attentes des parties prenantes et des premiers bénéficiaires en responsabilités à assumer et en pratiques de gestion.					
3. Les gestionnaires réalisent des arbitrages entre les attentes des parties prenantes et celles des premiers bénéficiaires.					
4. Les gestionnaires formulent des politiques de gouvernance.					
5. Les gestionnaires déclinent les politiques de gouvernance en procédures administratives, règles de gestion et codes de conduite.					

4.3 Le cadre stratégique

Nous vivons dans un monde très concurrentiel et, pour y survivre, les organisations doivent miser sur leur savoir-faire tout en innovant, prendre des risques tout en étant prudentes, explorer de nouveaux territoires d'activité sans renier ceux qui assurent leur stabilité, analyser les tendances, mais ne pas tourner le dos aux intuitions, se renouveler constamment sans se perdre, se projeter dans l'avenir tout en gardant en tête que l'avenir c'est maintenant, etc.

La **stratégie** est le système d'actions et d'allocation des ressources mises de l'avant par l'organisation pour concurrencer adéquatement ses compétiteurs.

À l'évidence, les temps présents sont contradictoires et s'il existe au moins une certitude, c'est bien qu'il n'y en a pas. Dès lors, les organisations doivent apprendre à composer avec l'incertitude comme elles doivent aussi savoir rivaliser avec les concurrents. Elles doivent anticiper l'avenir, s'y projeter, s'y préparer et, ce faisant, elles doivent concevoir et mettre en œuvre des stratégies. Mais qu'est-ce qu'une stratégie ? Fondamentalement, « avec pour objectifs la réponse aux attentes des parties prenantes, l'obtention d'un avantage concurrentiel et la création de valeur pour les clients, la **stratégie** consiste en une allocation de ressources qui engage l'organisation dans le long terme en configurant son périmètre d'activité[7] ».

Le sens commun nous dirait qu'une **bonne stratégie** c'est d'abord et avant tout faire mieux que ses concurrents. Pour y arriver, l'organisation doit, comme l'illustre la figure suivante, prendre en compte sa mission et miser sur sa capacité stratégique.

Une **bonne stratégie** consiste à faire mieux que les concurrents.

Figure 4.4 **Le cadre stratégique**

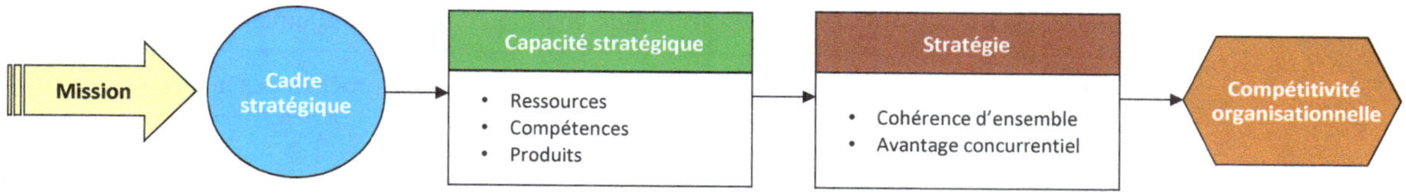

Témoin tangible de cette médiation entre les exigences d'un environnement compétitif et les impératifs d'une mission à réaliser, la capacité stratégique de l'organisation tient alors lieu de socle à partir duquel l'organisation peut réaliser sa raison d'être tout en s'engageant dans le jeu concurrentiel. Constituée des ressources, des compétences et des produits de l'organisation, cette capacité stratégique est donc à la base du jeu compétitif dans lequel l'organisation s'engage en incarnant son cadre stratégique. C'est donc dire que sans capacité stratégique, il n'y a tout simplement pas de stratégie viable, pas de participation au jeu compétitif. C'est dire aussi que de façon à tirer leur épingle de ce jeu stratégique, les organisations ont tout intérêt à continuellement accroître leur capacité stratégique. Minimalement, elles doivent donc faire en sorte que leur capacité stratégique soit au moins supérieure à celle des concurrents et qu'elle soit bien mise en action dans des stratégies compétitives.

La **capacité stratégique** comprend la somme des ressources, des compétences et des produits requis pour compétitionner.

En se fondant sur la capacité stratégique de l'organisation, les gestionnaires ont alors pour tâche de concevoir et de mettre en œuvre une stratégie compétitive. Cette stratégie devra viser à atteindre une certaine cohérence entre la mission à réaliser, la réalité de

[7] Johnson, G., Scholes, K., Whittington, R. et F. Fréry, *Stratégique*, Paris, Pearson, 2005 : 10.

l'environnement et les possibilités et contraintes inhérentes à la capacité stratégique de l'organisation. À terme, toute la réflexion stratégique, toute l'activité stratégique doit conduire l'organisation à être davantage compétitive.

4.3.1 La capacité stratégique

Pour composer avec la dynamique de l'environnement et réaliser la mission, le gestionnaire mise sur la capacité stratégique de l'organisation et, comme l'évoque le tableau suivant, les ressources, les compétences et les produits de l'organisation peuvent prendre diverses colorations.

Tableau 4.3 La capacité stratégique

Capacité stratégique	Catégories	Exemples
Ressources	Physiques	Bâtiments, équipements, technologies, matériel roulant, etc.
	Financières	Liquidités, capitaux, dettes, etc.
	Humaines	Personnel administratif, de soutien et opérationnel
	Intangibles	Savoir, savoir-faire, histoire, culture, réputation, brevets, etc.
Compétences	Administratives	Planification, organisation, direction et contrôle
	Fonctionnelles	Marketing, production, logistique, ressources humaines, finance, etc.
	Opérationnelles	Travail opérationnel, activités courantes, processus concrets, etc.
Produits	Besoins	Utilisation, prix, disponibilité, qualité, etc.
	Symboliques	Valeur symbolique, marque, rareté, signification, etc.

Historiquement, les gestionnaires ont principalement centré leurs analyses stratégiques sur les seules ressources tangibles, à savoir les ressources physiques, financières et humaines, car il est aisé d'en prendre la mesure et d'ainsi établir un diagnostic en termes de forces et de faiblesses[8]. Toutefois, de nos jours, il est généralement admis que les ressources intangibles, tels le savoir ou la culture, sont souvent celles qui procurent un avantage concurrentiel, car elles sont difficiles à acquérir ou à imiter[9]. Ces ressources intangibles sont d'ailleurs largement évoquées en management en termes de connaissances[10], de capital intellectuel[11], d'actifs invisibles[12] ou de recette stratégique[13].

[8] Drucker a déjà souligné que ce qui n'était pas mesuré était souvent ignoré : « La mesure permet de déterminer ce dont il faut tenir compte. Elle rend les choses visibles et tangibles. Les choses, une fois mesurées, deviennent accessibles et maniables, celles que l'on a omises sont hors de la vue et de l'esprit. » Drucker, P. F., *La pratique de la direction des entreprises*, Paris, Dunod, 1957 : 66.

[9] Voir : Barney, J. B et D. N. Clark, *Resource-Based Theory. Creating and Sustaining Competitive Advantage*, N. Y., Oxford University Press, 2007.

[10] Voir : Nonaka, I., « The Knowledge-Creating Company », *Harvard Business Review,* 1991, nov.-déc : 96-104.

[11] Voir : Teece, D. J., *Managing Intellectual Capital,* N. Y., Oxford University Press, 2000.

[12] Voir : Itami, H., *Mobilizing Invisible Assets,* Cambridge, Mass., Harvard University Press, 1987.

[13] Voir : Spender, J. C., *Industry Recipes*, Oxford, Basil Blackwell, 1989.

Par ailleurs, si les ressources stratégiques sont très largement intangibles, puisqu'elles mettent en action un savoir collectif dont les effets sont nettement plus visibles que leur réalité, il reste que la capacité stratégique comporte aussi sa part de matérialité. En effet, cette capacité se donne aussi à voir en étant encastrée dans les ressources tangibles, notamment les ressources humaines, mais aussi dans les technologies dont dispose l'organisation. Cette capacité prend aussi la forme de compétences administratives, fonctionnelles et opérationnelles, car les ressources sont inutiles si elles ne sont pas combinées les unes aux autres de façon compétente. Ces compétences sont largement le fait des processus de gestion et de la mise en œuvre des logiques fonctionnelles, mais elles se jouent aussi sur le terrain même des opérations, là où les uns et les autres se saisissent des ressources pour réaliser leur travail et donner vie au produit de l'organisation.

Les compétences et les ressources se croisent dans la réalisation du produit qui est le troisième vecteur de la capacité stratégique de l'organisation. Ici aussi, historiquement, les gestionnaires ont eu tendance à centrer leur regard sur l'évidence, à savoir les besoins que comble le produit offert aux clients. C'était négliger l'autre aspect de la réalité des produits à savoir leur dimension symbolique. Une casquette de sport n'est-elle qu'un accessoire qu'il convient de porter dans le cadre très précis de l'exercice d'un sport ? Pourquoi les clients acceptent-ils de débourser une somme importante pour obtenir un produit de marque ? Une automobile se réduit-elle à un moyen de transport ? À l'évidence, à l'instar des ressources, les produits ont une réalité intangible qui, parfois, importe bien davantage que sa réalité concrète.

La capacité stratégique, soit la combinaison des ressources, des compétences et des produits, représente une balise qui pèse forcément sur les choix des gestionnaires. Pour formuler une stratégie qui soit compétitive, ils doivent composer avec la réalité de cette capacité. Toutefois, il leur appartient d'en évaluer le potentiel compétitif en termes de forces et de faiblesses sous le regard des occasions et des menaces de l'environnement et en fonction de la mission de l'organisation. Cette évaluation préside d'ailleurs à la formulation de la stratégie concurrentielle[14].

4.3.2 La stratégie

Bien que la capacité stratégique effective d'une organisation limite ses possibilités en matière de formulation stratégique, il reste toujours des marges de manœuvre que les gestionnaires peuvent exploiter. Encore faut-il les mettre au jour en procédant à l'analyse stratégique de l'organisation. Concrètement, comme l'illustre la figure suivante, cette analyse passe par trois grandes étapes :

- **l'analyse des différents pôles stratégiques** que représentent la mission, l'organisation et l'environnement ;
- **l'analyse de la cohérence stratégique** entre les pôles ;
- **l'identification d'un avantage concurrentiel**, lequel permettrait à l'organisation de mettre de l'avant un modèle d'affaires unique tout en incarnant une cohérence d'ensemble.

[14] Voir : Andrews, K. R., *The Concept of Corporate Strategy,* Homewood, Ill., Irwin, 1971; Learned, E. P, Christensen, C. R., Andrews, K. E, Guth, W. D., *Business Policy,* Homewood, Ill., Irwin, 1965.

Figure 4.5 **Le tétraèdre stratégique**

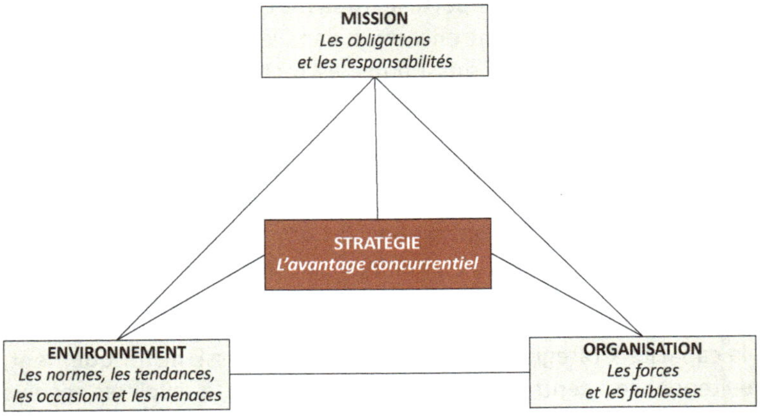

Les pôles stratégiques

L'analyse stratégique s'amorce par une réflexion sur la raison d'être de l'organisation, à savoir sa mission. Ici, l'analyse vise à clarifier les obligations que l'organisation doit respecter et les responsabilités qu'elle doit assumer. L'analyse stratégique prend donc en considération les attentes des premiers bénéficiaires de l'organisation et les intérêts de ses parties prenantes. Concrètement, les gestionnaires doivent répondre aux questions suivantes :

- Au regard de la dynamique concurrentielle, la mission de l'organisation est-elle toujours pertinente ?
- La stratégie actuelle permet-elle d'incarner pleinement la mission de l'organisation ?

Par ces questions, les gestionnaires doivent continuellement garder à l'esprit la quête de compétitivité qui est la leur. Ils ne cherchent pas tant à évaluer la mission en elle-même qu'à tirer les conséquences qu'elle génère au regard du jeu stratégique. La mission permet-elle à l'organisation de tirer son épingle du jeu concurrentiel ? Est-elle toujours pertinente ? Offre-t-elle des possibilités d'avenir ? Est-elle, finalement, l'un des piliers qui permettront à l'organisation de fonder sur elle un modèle d'affaires qui soit à la fois rentable et légitime ?

Puis, l'analyse stratégique pose les ressources, les compétences et les produits de l'organisation en objet de sa réflexion et en évalue les forces et les faiblesses. Concrètement, les gestionnaires cherchent à répondre aux questions suivantes :

- Quelles sont les forces et les faiblesses des ressources, des compétences et des produits de l'organisation ?
- Est-il possible de pallier les faiblesses de la capacité stratégique de l'organisation ?

Comme pour l'analyse de la mission, l'analyse de la capacité stratégique de l'organisation ne doit pas se faire dans l'absolu. La capacité stratégique de l'organisation n'a pas à être sans faiblesse. Seul importe qu'elle puisse permettre à l'organisation de mettre en œuvre une stratégie qui soit compétitive. C'est donc dire que la capacité stratégique doit forcément être mise en relation avec celle des concurrents de l'organisation.

Enfin, l'analyse stratégique se décentre de la réalité de l'organisation pour embrasser du regard l'environnement. Comme nous l'avons vu, puisque cet environnement se découpe en environnement global et en environnement d'affaires, son analyse stratégique comporte toujours deux volets, soit la mise au jour des normes et tendances de l'environnement global et celle des occasions et des menaces de l'environnement d'affaires. Les gestionnaires font l'analyse de l'environnement en se posant notamment les questions suivantes :

- Quelles sont les normes et les tendances de l'environnement global ? L'organisation arrive-t-elle à composer avec les normes en vigueur et à tirer profit des tendances de l'environnement global ?
- Quelles sont les occasions et les menaces de l'environnement d'affaires ? L'organisation arrive-t-elle à composer avec les menaces et à tirer profit des occasions d'affaires ?

Une fois l'analyse des pôles stratégiques effectuée, les gestionnaires doivent alors s'assurer qu'ils sont arrimés les uns aux autres de façon cohérente. C'est là que l'analyse stratégique se double d'une recherche de cohérence organisationnelle.

La cohérence d'ensemble

En croisant la capacité stratégique de l'organisation, l'environnement et la mission, il est alors possible de lever le voile sur la relative cohérence stratégique de l'organisation et d'entrevoir ce qu'il conviendrait de faire pour que l'organisation se dote d'une stratégie qui soit cohérente. Ainsi, en quête d'une telle stratégie, le gestionnaire se demande :

- Est-ce que l'organisation a la capacité stratégique requise pour pleinement incarner la mission de l'organisation ?
- Est-ce que la mission de l'organisation est légitime et porteuse au regard de l'environnement ?
- Est-ce qu'il est possible de miser sur les forces de l'organisation pour saisir une occasion de l'environnement ?
- Est-ce que l'organisation a la capacité stratégique requise pour se doter d'un avantage concurrentiel ?

Suite à l'analyse, le gestionnaire peut formuler une stratégie cohérente susceptible de contribuer à redéfinir la capacité stratégique de l'organisation.

L'avantage concurrentiel

Si la cohérence stratégique représente un atout indéniable pour l'organisation, elle n'en garantit jamais le succès. En effet, puisque le jeu stratégique est par définition un jeu compétitif, une organisation ne peut pas miser sur la seule cohérence stratégique pour assurer son avenir. En fait, pour aspirer à un quelconque succès, les organisations doivent pouvoir miser sur un réel **avantage concurrentiel**[15]. C'est ce dernier qui fait toute la différence, c'est lui qui peut assurer la mainmise sur les positions stratégiques les plus enviables. Toute la démarche stratégique des gestionnaires doit donc s'orienter de telle

L'**avantage concurrentiel** est ce qui démarque avantageusement l'organisation de ses concurrents.

[15] Sur l'avantage concurrentiel, voir : Porter, M. E., *L'avantage concurrentiel,* Paris, InterÉditions, 1986 [1985].

sorte que l'organisation puisse mettre en œuvre une stratégie qui non seulement sera cohérente, mais permettra surtout de tirer profit d'un avantage concurrentiel. Si l'organisation ne possède pas un tel avantage, alors la démarche stratégique doit faire en sorte qu'elle puisse en développer ou en acquérir un. Le gestionnaire en quête d'une stratégie qui soit tout à la fois cohérente et compétitive doit donc cerner ce qui dans la capacité stratégique mérite d'être mis en valeur, ce qui peut représenter un avantage concurrentiel et autour duquel il serait possible de construire une stratégie compétitive. C'est donc en ne perdant jamais de vue que l'avantage concurrentiel est ce qui démarque avantageusement l'organisation de ses concurrents que le gestionnaire doit tenter d'enrichir la capacité stratégique de l'organisation.

> *« Inventer des modèles économiques, c'est envisager de nouvelles façons de créer de la valeur, pour les entreprises, les clients et la société dans son ensemble. Remplacer des modèles obsolètes. [...] En développant un modèle innovant basé sur la technologie "peer-to-peer", Skype a pu proposer aux consommateurs du monde entier des tarifs de communications internationales défiant toute concurrence et des appels gratuits. C'est aujourd'hui le plus grand opérateur mondial de communications voix. »*
>
> Osterwalder, A. et Y. Pigneur, Business Model. Nouvelle génération, Paris, Pearson, 2011 : 5.

Pour se démarquer des concurrents, l'organisation doit donc avoir un avantage concurrentiel et celui-ci tient aux caractéristiques distinctives de l'organisation, à leur valeur aux yeux des clients et au fait qu'elles sont difficilement imitables par la concurrence. Ces caractéristiques peuvent loger dans la mission, se trouver du côté de la capacité stratégique de l'organisation ou de celui de l'environnement dans lequel l'organisation aura su exploiter des relations privilégiées. De plus, les gestionnaires doivent se demander si le métier, le positionnement concurrentiel et le positionnement social permettent de mettre en valeur l'avantage concurrentiel.

Diagnostic 4.2 Les enjeux de la stratégie

Pour analyser la capacité des gestionnaires à faire face aux enjeux stratégiques, les questions suivantes s'avèrent être un bon point de départ. En fait, elles permettent de poser un diagnostic sommaire, lequel peut alors servir à lancer une réflexion plus étoffée.	Fortement en accord	Plutôt en accord	Plus ou moins en accord	Plutôt en désaccord	Fortement en désaccord
1. Les gestionnaires fondent leurs réflexions stratégiques sur la capacité stratégique effective de l'organisation.					
2. Pour formuler une stratégie compétitive adéquate, les gestionnaires recherchent la cohérence des pôles stratégiques.					
3. Pour formuler une stratégie compétitive, les gestionnaires cherchent à doter l'organisation d'un avantage concurrentiel.					
4. Les gestionnaires fondent la stratégie de l'organisation sur un avantage concurrentiel.					
5. Les gestionnaires sont continuellement à l'affût de nouveaux modèles d'affaires.					

4.4 Le cadre structurel

Pour mettre en œuvre sa stratégie, l'organisation compte sur un cadre structurel et, comme l'illustre la figure suivante, ce dernier met en action une structure organisationnelle au sein de laquelle se déploient des processus d'allocation des ressources[16].

Figure 4.6 Le cadre structurel

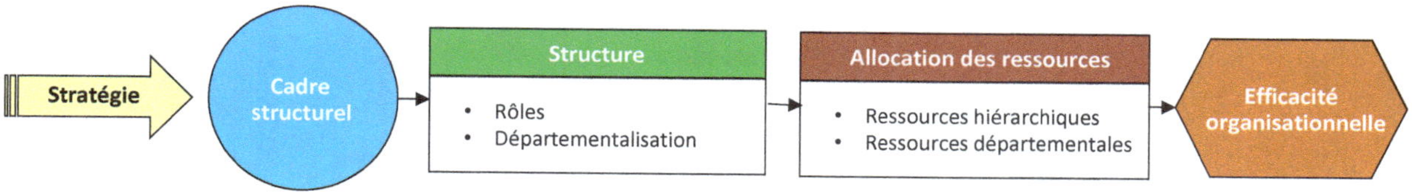

4.4.1 La structure organisationnelle

Une fois que la stratégie est formulée, il faut la mettre en œuvre. En fait, il faut s'organiser pour concrétiser les intentions stratégiques. C'est là qu'entre en scène la **structure organisationnelle** qui est, fondamentalement, la forme que prend l'organisation du travail pour réaliser ses intentions. Cette forme se donne à voir dans l'organisation des rôles que jouent les acteurs organisationnels, mais aussi dans leur regroupement au sein de différents départements. En outre, cette forme n'a rien de statique puisque les acteurs organisationnels, à travers leur rôle et leur regroupement départementaux, mettent en action les ressources requises pour réaliser les intentions stratégiques.

La **structure organisationnelle** est la forme que prend l'organisation du travail pour réaliser ses intentions.

Dans la culture populaire et au regard du sens commun, il n'est pas rare d'entendre dire que les structures organisationnelles sont trop « lourdes ». Par cela, les acteurs organisationnels témoignent surtout du fait qu'il arrive que les structures entravent leur travail, font obstacle à son déroulement fluide et naturel. À l'inverse, une **bonne structure** serait donc celle qui permet de bien faire son travail.

Une **bonne structure** est celle qui permet de bien faire son travail.

Le réseau des rôles organisationnels

Une structure peut se représenter sous la forme d'un réseau de rôles que doivent incarner au quotidien les acteurs organisationnels de façon à mettre en œuvre la stratégie. Sous ce regard, la structure d'une organisation encadre le comportement des acteurs de l'organisation en leur offrant une partition à jouer, partition faite de tâches à accomplir, d'autorité à assumer, de compétences à maîtriser, de réseau de communication à entretenir, etc. En fait, une structure peut mettre en scène cinq catégories de rôles qui se distinguent les uns des autres par un ensemble de caractéristiques, notamment les objectifs à atteindre, les tâches à réaliser, l'autorité conférée à son titulaire, les ressources, connaissances et habiletés qu'il met en jeu et les responsabilités que commande son exercice. Ainsi, comme l'illustre la figure suivante, les rôles se distinguent notamment par leur degré d'autorité et, dans les organisations formelles, ce sont généralement les **gestionnaires** (direction, cadres intermédiaires et opérationnels) qui détiennent l'autorité

Le **rôle de gestionnaires** (direction, cadres intermédiaires et opérationnels) consiste à assumer l'autorité et à prendre des décisions.

[16] Nous devons à l'historien Alfred D. Chandler la démonstration historique de l'arrimage de la structure aux intentions stratégiques. Voir : Chandler, A. D. jr., *Strategy and Structure*, Cambridge, Mass., MIT Press, 1962.

légitime et donc le pouvoir de décision, alors que les analystes n'ont qu'un pouvoir de conviction et que les exécutants n'ont souvent qu'un faible pouvoir, lequel est restreint aux inévitables ajustements qu'impose la réalisation concrète du travail. En outre, c'est la chaîne de rôles qui va de la direction jusqu'aux exécutants que nous qualifions généralement de « hiérarchie administrative ». Cela dit, nous pouvons distinguer plus finement chacune de ces grandes familles de rôles.

Figure 4.7 **Les rôles structurels**

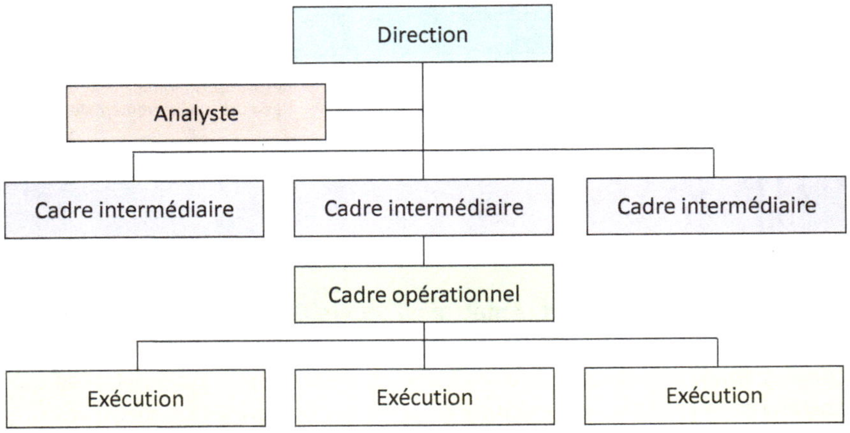

Le **rôle d'analyste** consiste à conseiller les gestionnaires et non pas à prendre des décisions à leur place, et cela, même si l'analyste détient davantage d'informations que le gestionnaire.

D'abord, le rôle de gestionnaire se distingue de celui d'analyste puisque ce dernier, contrairement au premier, n'a pas de véritable autorité ni de réel pouvoir de décision[17]. Le **rôle d'analyste** consiste essentiellement à conseiller les gestionnaires et non pas à prendre des décisions à leur place, et cela, même si l'analyste détient davantage d'informations que le gestionnaire. Si la tâche de ce dernier est d'administrer son équipe et de prendre les décisions qu'implique l'atteinte des objectifs organisationnels, le rôle d'analyste consiste à avoir, en quelque sorte, le pouvoir des idées. Dans son rôle, l'analyste a l'obligation de convaincre le gestionnaire auquel il est formellement lié que ses analyses sont fondées et que les décisions qu'il préconise sont les bonnes, mais là se limite son pouvoir et son autorité. Il ne peut imposer ses choix, il n'a pas l'autorité requise et il n'est jamais responsable de la mise en œuvre des décisions. Aux connaissances techniques requises pour occuper un poste d'analyste, il faut donc ajouter des habiletés politiques, puisque ce n'est que par l'argumentation que l'analyste peut escompter que ses idées pourront être endossées et mises en œuvre par les gestionnaires. D'une certaine façon, entre les analystes et les gestionnaires, nous retrouvons, sur le plan des structures, la tension classique entre la réflexion et l'action, entre la conception et la mise en œuvre. Bien sûr, dans le réel, la tension est plus subtile et chacun des rôles comporte sa part de réflexion et son lot d'actions, mais un fait demeure, l'analyste n'a pas pour tâche la mise en œuvre de ce qu'il peut concevoir et doit toujours s'en remettre aux gestionnaires pour voir ses idées basculer dans le domaine des opérations concrètes.

Par ailleurs, comme nous l'avons évoqué au chapitre 2, nous pouvons distinguer les différents rôles de gestionnaires. Dans l'organigramme, trois niveaux hiérarchiques de gestionnaires sont représentés, à savoir la direction, les cadres intermédiaires et les cadres

17 Nous devons à Alfred Sloan, l'un des dirigeants de General Motors au milieu du XXe siècle, ce partage des rôles entre gestionnaires (les *lines*) et analystes (les *staffs*). Voir : Sloan, A. P. Jr., *My Years with General Motors*, N. Y., Doubleday, 1963.

opérationnels. Ces trois niveaux se distinguent, bien sûr, par l'étendue de leur autorité et de leurs responsabilités, mais aussi par les habiletés que leur exercice commande. Ainsi, plus le gestionnaire occupe un rang élevé dans la hiérarchie administrative, plus les habiletés cognitives seront mises à profit alors, qu'à l'inverse, un gestionnaire collé sur les opérations concrètes aura tout intérêt à miser sur ses habiletés techniques, puisqu'à ce niveau c'est la réalisation très concrète du travail qui fait toute la différence entre le succès et l'échec. Enfin, un gestionnaire qui occupe un niveau intermédiaire entre la haute direction et les opérations devra forcément faire preuve de beaucoup d'habiletés sociales, puisque ce sera à lui de faire le relais entre les exigences de la direction et les revendications émanant de la base opérationnelle de la hiérarchie. Le rôle de cadre intermédiaire est donc ainsi, en quelque sorte, un rôle de traducteur entre les exigences des uns et les revendications des autres.

Finalement, le **rôle d'exécutant** se distingue de tous les autres par l'accent mis, comme le nom l'indique, sur l'exécution très concrète du travail conçu par les analystes et dirigé par les gestionnaires. C'est à ce niveau que la mission et la stratégie sont véritablement mises à l'épreuve. Cela dit, bien que dans une structure hiérarchique classique le rôle d'exécutant ne comprenne pas beaucoup de latitude, il n'est pas pour autant dépourvu d'autorité et de responsabilités. D'ailleurs, le gestionnaire a intérêt à déléguer toute l'autorité requise pour que les opérations puissent composer avec les aléas du travail. D'ailleurs, il y a dans cette délégation une autre des tensions structurelles qui est au principe des structures, à savoir la tension entre la centralisation et la décentralisation. Généralement, si les gestionnaires au sommet de la hiérarchie ont tendance à centraliser les décisions d'ordre stratégique, ils sont enclins à décentraliser aux plus bas échelons hiérarchiques les décisions de nature opérationnelle.

Le **rôle d'exécutant** est centré sur l'exécution très concrète du travail conçu par les analystes et dirigé par les gestionnaires.

Une architecture départementale

Si la structure de l'organisation délimite la marge de manœuvre des acteurs organisationnels par un réseau de rôles qu'il convient de jouer, elle les contraint aussi par une architecture faite d'une diversité de départements administratifs. Cette architecture peut prendre une indéfinie variété de formes concrètes tant il est vrai qu'il est possible de combiner à l'infini les départements. Toutefois, historiquement, en management, nous distinguons trois formes classiques de structures, à savoir les structures fonctionnelles, divisionnelles et matricielles.

De manière très générale, ces trois formes témoignent d'une certaine façon de traduire la réalité de l'environnement au sein de l'organisation. Dans l'organisation fonctionnelle, ce sont les intrants qui structurent l'organisation, car elle puise dans l'environnement les compétences requises pour réaliser sa mission et mettre en œuvre sa stratégie. La réalité des marchés des matières premières, du travail, des ressources financières, des connaissances ou des consommateurs est traduite en départements de production, de ressources humaines, de finances, de marketing et de recherche et développement. À l'inverse, c'est l'extrant de l'organisation qui est le vecteur de la départementalisation par divisions. Ainsi, les structures par marché, par région ou par produit témoignent du fait que l'organisation vise une clientèle particulière, une zone géographique précise ou alors qu'elle centre sa relation à l'environnement sur le trait d'union que représente le produit. Enfin, la structure matricielle combine les deux précédentes en escomptant tirer profit de la spécialisation par fonction et de la sensibilité aux attentes de l'environnement.

Figure 4.8 Les structures classiques

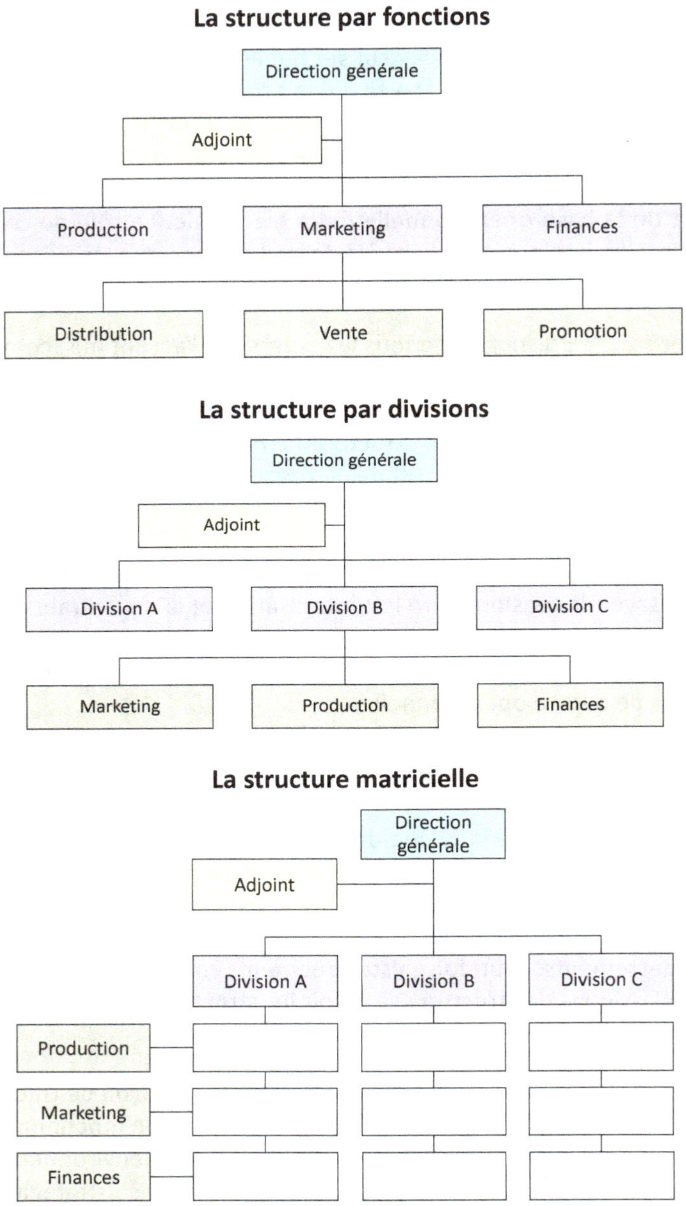

La **structure fonctionnelle** s'organise autour des compétences fonctionnelles d'entreprise, tels la production, le marketing et les finances.

La **structure fonctionnelle** est historiquement la plus commune des formes structurelles et elle est souvent considérée comme étant la plus efficace. Comme l'illustre la figure précédente, cette forme s'organise autour des grandes compétences fonctionnelles d'entreprise. Dans cet organigramme schématique, seules certaines fonctions ont été représentées, mais dans le cas d'une organisation complexe, plusieurs autres fonctions y auraient trouvé place, notamment la gestion des ressources humaines, la comptabilité, la gestion des technologies de l'information et la recherche et développement. En outre, à l'image de la fonction marketing, chacune des fonctions représentées pourrait être subdivisée en plusieurs sections, complexifiant d'autant la structure d'ensemble.

Au nombre des avantages de cette forme structurelle, nous comptons, d'abord, la productivité, conséquence de la spécialisation du travail. Puis, au sein d'un même service fonctionnel, la coordination se trouve facilitée du fait du partage d'un langage commun et d'objectifs communs, voire une certaine solidarité. Enfin, le développement d'une expertise fonctionnelle est grandement favorisé par la réunion, au sein d'une même unité de travail, de spécialistes dont le partage de qualifications communes ou complémentaires génère une synergie d'ensemble et même une identité commune.

Au rang des inconvénients de la structure fonctionnelle, nous retrouvons, entre autres, les fréquents conflits entre les fonctions qui ne partagent pas le même langage ni des objectifs communs ; la tendance propre à chaque fonction à se décomposer en sections toujours plus spécialisées et à engendrer ainsi une forte spécialisation fonctionnelle qui, au final, peut conduire l'organisation à un déficit en termes de regard d'ensemble et de polyvalence au sein du personnel ; le risque d'une trop grande centralisation au sommet de l'organisation, puisqu'au terme du processus de spécialisation fonctionnelle, ce n'est plus qu'à ce niveau que logent des gestionnaires ayant une vision d'ensemble ; et, finalement, une lenteur administrative face aux pressions de l'environnement, lenteur conséquente de l'enfermement dans une logique qui pousse ceux et celles qui y adhèrent à ne penser la réalité que selon les termes restrictifs de leur fonction d'appartenance. En outre, portée par une logique de scissiparité selon laquelle chaque fonction peut se démultiplier en sections qui à leur tour peuvent engendrer d'autres sections, la structure fonctionnelle a tendance à étendre son territoire de spécialisation. C'est ainsi que, de spécialisations en raffinements fonctionnels, la structure fonctionnelle peut facilement devenir une bureaucratie très complexe, peu flexible, centrée sur son propre fonctionnement et, donc, difficilement adaptable aux possibles transformations de l'environnement.

Alors que la structure fonctionnelle mise essentiellement sur les processus internes de gestion pour faire sa marque et prospérer, la **structure par divisions** est clairement orientée vers l'environnement d'affaires qu'elle tente d'intégrer sous la forme de divisions de produits, de marchés ou de clients géographiques. Il est d'ailleurs à noter que la structure par divisions subordonne les logiques fonctionnelles aux impératifs et aux caractéristiques de l'environnement d'affaires. Si tant la mission que le métier doivent être pris en compte par les divisions et les fonctions, la structure divisionnelle mise davantage sur la mission de l'organisation que sur son métier, alors que la structure fonctionnelle fait précisément l'inverse.

La **structure par divisions** est centrée sur l'environnement d'affaires qu'elle tente d'intégrer sous la forme de divisions de produits, de marchés ou de clients géographiques.

Au nombre des avantages de cette seconde forme structurelle, nous comptons d'abord une lecture attentive des besoins du marché ce qui, en retour, facilite l'ajustement rapide aux changements requis pour maintenir de hauts niveaux de satisfaction de la clientèle ; puis, cette structure favorise, au sein des différentes divisions, une coordination des activités requises pour satisfaire les marchés ; enfin, la structure par marchés permet de développer chez les gestionnaires un regard général, puisqu'à l'intérieur de chaque division, ce sont les gestionnaires qui doivent intégrer les logiques fonctionnelles et non la direction générale, comme dans le cas de la structure fonctionnelle. La structure par divisions est nettement plus décentralisée que la structure fonctionnelle, et les gestionnaires de chacune des divisions ont davantage d'autorité et de responsabilités que ceux des services fonctionnels.

Au rang des inconvénients, nous retrouvons pour l'essentiel ce que la structure par divisions perd en comparaison avec la structure fonctionnelle. Ainsi, la structure par divisions ne peut plus compter sur les économies d'échelle que procure une grande spécialisation fonctionnelle et, du fait de son caractère décentralisé, elle rend nettement plus complexe le contrôle que peut exercer la direction générale sur le déroulement des opérations. En outre, cette structure a le désavantage d'exiger beaucoup en termes de compétences et de connaissances de la part des gestionnaires des différentes divisions, qui doivent composer avec une très grande diversité de logiques fonctionnelles au sein même de leur division. Enfin, la juxtaposition d'un grand nombre de divisions multiplie les possibilités de dédoublement des logiques fonctionnelles qui se retrouvent dans chaque division.

La **structure matricielle** combine les compétences fonctionnelles aux réalités des divisions par l'entremise de projets à réaliser ou de produits à arrimer à un marché.

Troisième forme classique, la **structure matricielle** se retrouve tout particulièrement dans des organisations très innovantes qui misent sur une gestion par projets. Le principal attrait de la structure matricielle est de combiner les compétences fonctionnelles et une structure par divisions par l'entremise de projets à réaliser ou de produits à arrimer à un marché. Cette forme particulièrement complexe tente de réaliser la quadrature du cercle et d'ainsi profiter du meilleur des deux mondes structurels. Elle y arrive partiellement en pouvant être tout à la fois flexible aux exigences de l'environnement, par la multiplication de ses projets, et en misant sur ses forces par la mobilisation des compétences fonctionnelles au sein des différents projets.

La structure matricielle pose cependant d'épineux problèmes de coordination puisque les membres des différentes équipes de projet doivent composer avec une double autorité, celle du gestionnaire de projet souvent lié à une division de l'organisation et celle du gestionnaire fonctionnel. De plus, pour que les projets soient menés à bon port et compte tenu du caractère toujours multifonctionnel des équipes, les gestionnaires de projets doivent constamment miser sur une coordination par des réunions, ce qui consomme beaucoup de temps et est parfois source de grandes frustrations. Enfin, pour œuvrer dans ce type de structure, tous doivent savoir composer avec l'ambiguïté inhérente au croisement des deux logiques structurelles et doivent surtout avoir d'excellentes habiletés sociales pour pouvoir faire face aux conflits que génère ce croisement.

4.4.2 L'allocation des ressources

Alors que le réseau des rôles délimite le champ d'action des acteurs organisationnels et que la structure départementale oriente l'attention de chacun vers les compétences à maîtriser, les marchés à conquérir ou l'équilibre entre les deux, c'est l'allocation des ressources qui donnera véritablement vie au cadre structurel et l'engagera dans une quête d'efficacité.

Les ressources hiérarchiques

Tout en prenant acte du réseau de rôles qui est au principe du cadre structurel, les gestionnaires peuvent lui donner une coloration particulière en misant sur certains rôles plutôt que d'autres pour concrétiser la mission de l'organisation et mettre en œuvre sa stratégie.

D'une part, le cadre structurel sera fonction du processus d'allocation des ressources qui mobilise les rôles organisationnels[18]. Est-ce que ce processus sera centralisé au niveau de la direction générale ? Est-ce que l'allocation des ressources s'inscrira dans une

[18] Pour une analyse de l'incidence des processus d'allocation des ressources au sein des organisations complexes, voir : Bower, J. L., *Managing the Resource Allocation Process,* Cambridge, Mass., Graduate School of Business Administration, Harvard University, 1970.

logique collégiale où chacun des départements fera valoir ses intérêts et ses besoins ? Qui décidera de l'allocation des ressources ? Qui influencera le processus d'allocation ? Le processus sera-t-il hiérarchiquement descendant, comme c'est le cas dans les grandes bureaucraties, ou sera-t-il ascendant, comme c'est souvent le cas dans les organisations professionnelles et dans nombre d'organisations qui fondent leurs actions sur la connaissance et la créativité ?

D'autre part, le dynamisme du cadre structurel sera fonction du partage des ressources entre les rôles d'analystes et de gestionnaires. Si l'allocation des ressources privilégie les premiers au détriment des seconds, alors l'organisation aura tendance à s'engager sur le chemin d'une formalisation de ses opérations, voire même dans un processus de bureaucratisation de ses façons de faire. L'organisation pourra devenir très efficace en multipliant ses procédures formelles, mais elle risquera de perdre en flexibilité et en créativité ce qu'elle aura gagné en efficacité. À l'inverse, si l'organisation n'investit que très peu de ressources dans les rôles d'analystes, elle se prive alors de leur savoir, et la quête d'efficacité s'en trouve fragilisée.

Les ressources départementales

L'allocation des ressources est aussi un levier décisif sous l'angle du cadre structurel envisagé en termes d'architecture départementale. D'abord, si abstraitement la structure fonctionnelle présente l'avantage de combiner au sein d'une organisation une variété d'expertises qu'il convient de maîtriser, concrètement, cet avantage tient au jeu de l'allocation des ressources entre les fonctions. Par exemple, que les ressources soient largement consacrées à la fonction *finance* et l'organisation s'engage alors dans des stratégies à saveur financière, souvent dans des opérations de fusion et d'acquisition. Que les ressources soient plutôt concentrées dans le département de marketing et nous nous retrouvons avec une organisation qui tente de diversifier son marché ou alors de se construire une image de marque. Que l'accent soit mis sur la recherche et développement et là, nous nous trouvons en présence d'une organisation qui mise sur l'innovation pour assurer sa croissance. Bien sûr, il est aussi possible de concevoir un équilibre entre toutes les fonctions mais, dans ce cas, l'organisation peut se priver de la compétence distinctive qui serait l'atout majeur du jeu stratégique. Si l'équilibre paraît formellement souhaitable et raisonnable, il peut vite se traduire par une tendance à l'enfermement dans les logiques fonctionnelles.

Dans le cadre des structures par divisions, il est aussi possible d'imaginer que c'est l'allocation des ressources qui donnera sa véritable signification au jeu structurel. Quelle division sera concrètement favorisée ? Est-ce que l'allocation des ressources au sein des divisions témoigne des choix stratégiques de l'organisation ? Est-ce que cette allocation permet de pleinement réaliser la mission première de l'organisation ? Les divisions que favoriserait l'allocation des ressources sont-elles celles qui sont au service des premiers bénéficiaires de l'organisation ?

Enfin, c'est l'allocation des ressources qui sera garante de l'équilibre entre les fonctions et les divisions dans la structure matricielle. Formellement, la structure matricielle paraît concrétiser un équilibre entre les deux autres formes structurelles. Toutefois, concrètement, cet équilibre dépendra toujours des ressources consacrées aux divisions et aux fonctions. Lesquelles auront le plus de ressources ? Qui, en dernière analyse, aura le plus de pouvoir ? Est-ce que la quête d'efficacité passera par les divisions ou par les fonctions ?

On l'aura compris, si le cadre structurel balise le jeu organisationnel, c'est finalement l'allocation des ressources qui est au principe de ce jeu qui donnera véritablement tout son sens à la quête d'efficacité.

Diagnostic 4.3 **Le cadre structurel**

Pour analyser la capacité des gestionnaires à faire face aux enjeux propres au cadre structurel, les questions suivantes s'avèrent être un bon point de départ. En fait, elles permettent de poser un diagnostic sommaire, lequel peut alors servir à lancer une réflexion plus étoffée.	Fortement en accord	Plutôt en accord	Plus ou moins en accord	Plutôt en désaccord	Fortement en désaccord
1. Dans l'organisation, les gestionnaires adaptent leurs pratiques à la réalité du cadre structurel.					
2. Le réseau des rôles organisationnels est clairement défini et lié à la mission et à la stratégie de l'organisation.					
3. L'architecture départementale est clairement définie et liée à la mission et à la stratégie de l'organisation.					
4. Le processus d'allocation des ressources de l'organisation est clairement au service de la réalisation de la mission de l'organisation.					
5. Le processus d'allocation des ressources de l'organisation est clairement au service de la mise en œuvre de la stratégie de l'organisation.					

4.5 Le cadre opérationnel

Dernière balise du système technique, les forces productives du cadre opérationnel sont, en quelque sorte, la destination ultime du management, là vers où convergent tous les autres cadres et les pressions de l'environnement. Cela se comprend d'ailleurs, car c'est précisément au niveau très concret des opérations que l'organisation arrive à réaliser sa mission et à justifier son existence. C'est donc aussi sans surprise que le management engage les forces productives de l'organisation dans une quête de productivité.

Figure 4.9 **Le cadre opérationnel**

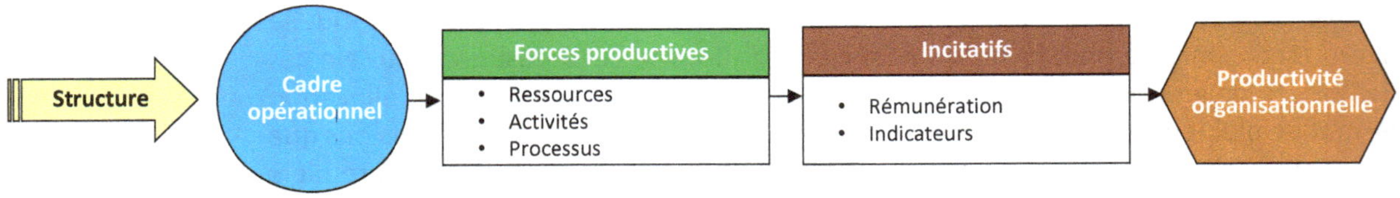

La **force productive** de l'organisation, c'est sa capacité à concrètement réaliser et livrer un produit ayant une valeur ajoutée aux yeux du client.

4.5.1 Les forces productives

La **force productive** de l'organisation, c'est sa capacité à concrètement réaliser et livrer un produit ayant une valeur ajoutée aux yeux du client. Cette capacité comprend des ressources productives, des activités qui les mobilisent et des processus qui lient les activités de façon à ce que l'organisation puisse offrir un produit à ses clients.

Au niveau du cadre opérationnel, la quête de productivité anime les activités de management qui sont à la recherche d'améliorations constantes des ressources (physiques, humaines, financières, etc.), des activités (les tâches et les rôles) et des processus (la fabrication, le service à la clientèle, l'élaboration de la paie, etc.).

D'un certain point de vue, la quête de productivité s'avère être une condition nécessaire à l'atteinte des autres objectifs du système technique, ce qui témoigne d'ailleurs du fait que c'est sur le terrain même des opérations concrètes que se jouent les enjeux de performance de l'organisation. D'ailleurs, en termes communs, il n'est pas rare d'entendre dire que c'est le travail qui est la clé de tout. Dès lors, la **bonne force productive** est forcément celle qui fait le travail qui doit être fait !

La **bonne force productive** est forcément celle qui fait le travail qui doit être fait.

Cette quête de productivité des opérations passe par un arrimage des forces productives avec l'environnement. Ainsi, comme l'illustre la figure suivante, l'environnement se retrouve d'abord au point de départ de la quête de productivité, car c'est là que se trouvent les ressources dont l'organisation a besoin pour incarner sa mission et réaliser sa stratégie. En effet, l'organisation s'approvisionne à même une diversité de marchés, tels le marché du travail, le marché des matières premières ou le marché financier. Sous le regard du cadre opérationnel, les ressources acquises sur ces marchés doivent être potentiellement productives. Plutôt que d'être évaluées en termes d'avantage concurrentiel comme dans le cadre stratégique, les ressources tout comme les activités et les processus le sont en termes de performance productive, c'est-à-dire de coûts, de qualité, de bénéfices potentiels, de contribution à la productivité d'ensemble, etc.[19]

À l'autre extrémité, les forces productives sont bornées par un autre marché, celui de la consommation du produit fabriqué et livré. Là aussi, l'évaluation se fera en termes de performance, et c'est ainsi que le produit sera notamment jugé en fonction de son coût, de sa qualité, de sa contribution à la mission, de son impact sur le positionnement stratégique, etc.

Figure 4.10 **L'inscription des forces productives dans l'environnement**

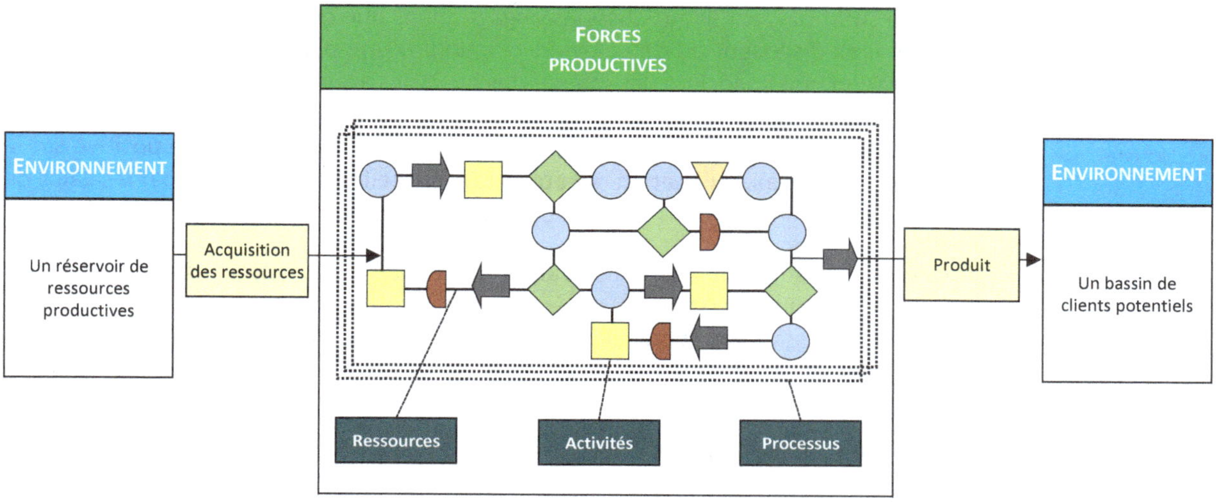

[19] Pour un tour d'horizon de l'évaluation des forces productives en termes de performance, voir : Simons, R., *Performance Measurement & Control Systems for Implementing Strategy,* N. J., Prentice-Hall, 2000.

L'évaluation globale des forces productives peut aussi se faire sous le regard des autres balises du système technique. Il s'agit alors de lier les ressources, les activités et les processus dans une chaîne de valeur de façon à prendre la mesure de la contribution de chacune des forces productives à la valeur perçue par le client[20].

Figure 4.11 **L'inscription des forces productives dans une chaîne de valeur**

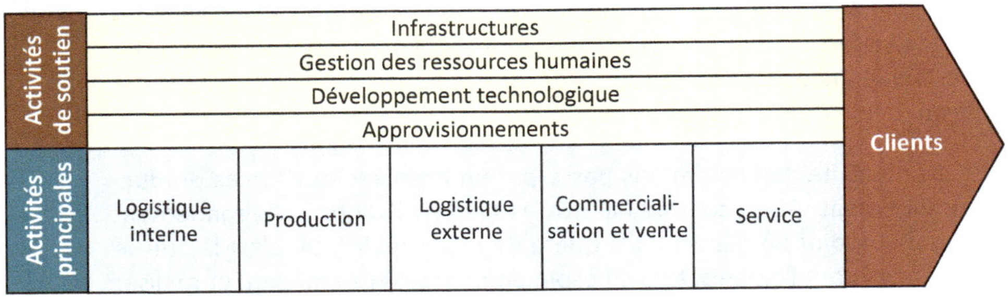

L'inscription des forces productives dans une chaîne de valeur permet notamment de cerner les activités qui sont créatrices de valeur aux yeux des clients et qui, de ce fait, mériteraient d'être plus largement développées, et celles qui ne le sont pas et dont il conviendrait de réduire le poids et le coût.

Cette inscription des forces productives dans une chaîne de valeur permet aussi de retrouver la cohérence d'ensemble du système technique, car il ressort d'une telle chaîne que ce sont les forces productives qui sont à la base de l'avantage concurrentiel qu'esquisse le cadre stratégique, qu'elles mettent en jeu toutes les unités administratives liées dans le cadre structurel et qu'elles visent ultimement à satisfaire le premier bénéficiaire de l'organisation tel qu'il est défini dans le cadre de gouvernance.

4.5.2 Les incitatifs

Les **incitatifs**, tels la rémunération, les promotions et les indicateurs de performance, orientent la productivité.

Prendre la mesure des forces productives et les lier aux autres cadres du système technique ne suffit pas, car il faut aussi les engager dans une quête de productivité. Ici, les gestionnaires disposent de deux leviers d'action. D'une part, ils peuvent miser sur la rémunération tant financière (les salaires, les bonis, les avantages sociaux, etc.) que symbolique (les titres, les privilèges, la reconnaissance, etc.) ou sur les logiques de promotion. Par l'usage de ces incitatifs, les gestionnaires escomptent une influence positive sur la motivation au travail, motivation qui pourrait éventuellement se solder par les gains de productivité recherchés dans le cadre opérationnel.

D'autre part, les gestionnaires peuvent aussi orienter la productivité en usant d'indicateurs de performance, tels des standards opérationnels à respecter. Dans le cadre opérationnel, le recours à des standards pourrait d'ailleurs jouer un rôle clé au regard de la motivation

[20] Michael E. Porter définit ainsi la chaîne de valeur de l'organisation : « Pour analyser les sources de l'avantage concurrentiel, il est indispensable d'examiner de façon systématique toutes les activités qu'exerce une firme et leurs interactions. L'instrument fondamental pour y parvenir est la *chaîne de valeur.* La chaîne de valeur décompose la firme en activités pertinentes sur le plan de la stratégie, dans le but de comprendre le comportement des coûts et de saisir les sources existantes et potentielles de différenciation. Une firme acquiert un avantage concurrentiel en exerçant ces activités stratégiquement importantes à meilleur marché ou mieux que ses concurrents. » Porter, M. E., *L'avantage concurrentiel,* Paris, InterÉdition, 1986 [1985] : 49.

au travail et, par suite, sur la productivité de l'organisation[21]. En effet, les standards peuvent représenter des défis à atteindre plutôt que de simples standards mécaniques à respecter. Ils peuvent donc inciter au dépassement des efforts et c'est précisément pour cela qu'ils peuvent être considérés comme un levier du cadre opérationnel.

Diagnostic 4.4 **Le cadre opérationnel**

Pour analyser la capacité des gestionnaires à faire face aux enjeux propres au cadre opérationnel, les questions suivantes s'avèrent être un bon point de départ. En fait, elles permettent de poser un diagnostic sommaire, lequel peut alors servir à lancer une réflexion plus étoffée.	Fortement en accord	Plutôt en accord	Plus ou moins en accord	Plutôt en désaccord	Fortement en désaccord
1. Le cadre opérationnel de l'organisation contribue à réaliser la mission de l'organisation.					
2. Le cadre opérationnel de l'organisation contribue à mettre en œuvre la stratégie de l'organisation.					
3. Le cadre opérationnel de l'organisation tire avantage des possibilités offertes par le cadre structurel.					
4. Les gestionnaires arriment de façon productive les ressources, les activités et les processus du cadre opérationnel.					
5. Les gestionnaires manient bien le levier que représentent les incitatifs de façon à ce que le cadre opérationnel soit pleinement productif.					

4.6 Conclusion : le cycle technique

Concevoir l'organisation en termes de cadres techniques liés les uns aux autres dans la réalisation des objectifs qui ont historiquement jalonné le parcours du management fait écho au processus concret de gestion qui est au centre du regard classique et technique du management. En effet, les cadres de gouvernance, stratégique, structurel et opérationnel sont d'une certaine façon la matérialisation à hauteur d'organisation du processus de planification, d'organisation, de direction et de contrôle qui sert de grammaire générale au management. En liant ainsi les cadres techniques au processus classique de gestion, il ressort qu'en termes organisationnels, la direction serait le premier moment du processus de gestion et c'est à elle qu'incomberait l'obligation de fonder la légitimité de l'organisation, notamment par la mise en œuvre de saines pratiques de gouvernance.

Le cadre stratégique serait largement lié aux pratiques de planification dont le rôle clé consisterait à anticiper le positionnement stratégique qui permettrait à l'organisation d'être compétitive.

[21] Tout en formulant de sérieuses critiques sur la pertinence des standards conçus en termes de levier de motivation, Mintzberg reconnaît qu'ils sont à la fois des outils de mesure et de motivation : « Les systèmes de contrôle des performances peuvent avoir deux objectifs : mesurer et motiver. D'un côté, ils peuvent simplement servir à donner le signal d'une éventuelle détérioration des performances de l'unité, et amener la direction à intervenir en prenant des mesures correctives. D'un autre côté, ils peuvent servir à susciter l'amélioration des performances. » Mintzberg, H., *Structure et dynamique des organisations,* Paris, Éditions d'Organisation, 1986 : 150-151.

Le cadre structurel serait la conséquence des pratiques en matière d'organisation du travail qui, en termes organisationnels, se matérialisent par une dynamique d'allocation des ressources qui favorise la quête d'efficacité organisationnelle.

Enfin, au cœur du cadre opérationnel se trouve la quête de productivité, qui commande le recours à des incitatifs dont le contrôle classique prend la mesure en plus de fournir les indicateurs de performance qui sont utilisés à titre d'incitatifs.

Figure 4.12 **Des cadres techniques au processus classique de gestion**

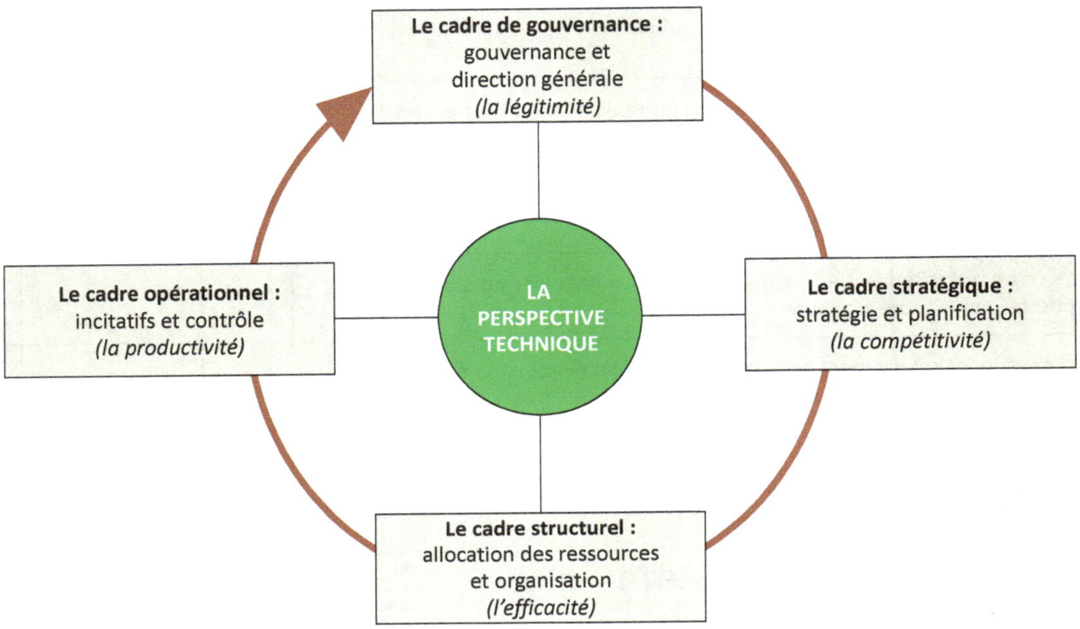

La perspective technique du management s'appuie ainsi sur quatre objectifs : légitimité, compétitivité, efficacité et productivité s'emboîtent dans les quatre cadres du système technique pour assurer la cohérence des pratiques organisationnelles avec les réalités de l'environnement. Cette mécanique peut être redoutablement efficace. Cependant, la force de la perspective technique en management, qui se traduit très concrètement par le poids donné aux enseignements de ce type dans les écoles de gestion, ne doit pas masquer le caractère profondément social et humain des organisations. Le chapitre 5 va compléter utilement cette lecture technique du management par une lecture sociale qui comporte également de nombreuses occasions d'habiliter le gestionnaire.

SYNTHÈSE DU CHAPITRE

Idée clé
Au regard d'une logique d'administration des choses qui met l'accent sur le caractère profondément instrumental de la vie en organisation et sur les moyens techniques qu'elle implique, l'organisation prend la forme d'un système technique constitué de quatre cadres d'action, à savoir les cadres de gouvernance, stratégique, structurel et opérationnel.

Définition des cadres techniques		
Cadre	Définition formelle	Sens commun
Cadre de gouvernance	La gouvernance désigne les dispositifs qui régissent les relations entre la direction et les parties prenantes.	Une bonne gouvernance consiste à agir en bon citoyen organisationnel et à assumer pleinement ses responsabilités.
Cadre stratégique	La stratégie est le système d'actions et d'allocation des ressources mises de l'avant par l'organisation pour concurrencer adéquatement ses compétiteurs.	Une bonne stratégie consiste à faire mieux que les concurrents.
Cadre structurel	La structure organisationnelle est la forme d'organisation du travail que prend l'organisation pour réaliser ses intentions.	Une bonne structure est celle qui permet de bien faire son travail.
Cadre opérationnel	La force productive de l'organisation, c'est sa capacité à concrètement réaliser et livrer un produit ayant une valeur ajoutée aux yeux du client.	La bonne force productive est forcément celle qui fait le travail qui doit être fait.

Les cadres techniques			
Cadre	**Balise**	**Objectif**	**Levier**
Cadre de gouvernance	Mission	Légitimité	Gouvernance
Cadre stratégique	Capacité stratégique	Compétitivité	Stratégie
Cadre structurel	Structure	Efficacité	Allocation des ressources
Cadre opérationnel	Forces productives	Productivité	Incitatifs

Diagnostic	
Pour analyser une situation de gestion à l'aide des cadres techniques, il est possible de centrer l'attention sur quelques questions clés.	
Cadre de gouvernance	Quelles sont les responsabilités à assumer pour être légitime?
Cadre stratégique	Quel avantage concurrentiel l'organisation doit-elle avoir pour être compétitive?
Cadre structurel	Où l'organisation doit-elle allouer l'essentiel de ses ressources pour être la plus efficace possible?
Cadre opérationnel	L'organisation mise-t-elle sur les bons incitatifs et les bons indicateurs de productivité?

5

L'organisation : les perspectives sociales

Plan du chapitre

Si les organisations sont toujours des espaces formels qui nécessitent un management technique, elles constituent aussi des réalités sociales qu'il est possible de décoder à l'aide de quatre perspectives sociales, à savoir les perspectives politique, symbolique, psychologique et cognitive. Alors que sous le regard technique le management incarne une logique d'administration des choses au service d'objectifs techniques et économiques à réaliser, sous le regard des perspectives sociales, le management doit plutôt s'inscrire dans une logique de gouvernement des personnes.

5.1 Le système social de l'organisation

Réalité technique, l'organisation est donc aussi un espace social qui témoigne du fait que l'organisation est un milieu de vie, là où les interactions humaines importent autant que les dimensions économique et technique de la vie en organisation. Sous ce regard, la vie en organisation ne se résume donc pas à une quête de performance. Bien sûr, rien ne l'empêche d'être aussi un facteur de performance, mais telle n'est pas sa fonction première. Elle est d'abord et avant tout le fruit émergeant des interactions naturelles entre les acteurs organisationnels avant d'être un moyen qu'il serait possible de mobiliser ou d'orienter pour atteindre des objectifs de performance.

À la différence des cadres du système technique, les dimensions sociales de la vie organisationnelle sont donc largement informelles, naturelles et tacites. C'est dire aussi qu'elles ne sont pas le fruit d'un dessein administratif. En fait, elles se constituent du simple fait que les membres de l'organisation interagissent entre eux, tissent des liens, partagent des intérêts, des valeurs, des besoins et des savoirs. À l'instar de tous les systèmes sociaux, les organisations sont tout simplement des lieux d'expression de la réalité humaine[1]. Tout ce qui peut se penser, se vivre, se dire et s'écrire à propos des humains peut aussi s'étendre aux territoires qu'ils construisent, notamment les organisations. À l'ombre des cadres formels que le système technique met en jeu se profile donc un tout autre monde, un monde fait de relations humaines autant que de rapports formels, de jeux de coulisse et de consensus, de négociations et de conflits, de rêves et de désillusions, de souffrances et de joies, de raisons et d'émotions, de motivations et d'indifférences, de plans et d'improvisations, de décisions et d'hésitations, d'analyses et d'intuitions, de réflexions et d'inconsciences, de projets et de regrets, etc.

> *« Il y a quelque chose qui cloche dans le monde tumultueux de l'entreprise. Jamais elle n'a habité autant notre quotidien, la vie politique, parfois même notre imaginaire. Et pourtant, jamais son fonctionnement humain, social et collectif n'a semblé autant nous échapper. Une "boîte noire" autour de laquelle tourne désormais une armée de coachs, de consultants, d'experts, dont la "novlangue" abstraite, peuplée d'anglicismes et projetée sur PowerPoint, a obscurci plus encore notre perception. Comme si le "réel" de l'entreprise ne se laissait jamais vraiment appréhender. »*
>
> Vincent Giret,
> *Le Monde,* 23 janvier 2015.

Devant la réalité sociale de l'organisation, le management peut adopter trois attitudes. Il peut chercher à la nier ou à la contrer de façon à ne centrer l'attention des membres de l'organisation que sur les balises et les objectifs techniques. Il peut aussi tenter d'instrumentaliser la réalité sociale pour l'inscrire dans la logique du système technique. Par

[1] En management, concevoir l'organisation à partir de multiples perspectives qui mettent en évidence les dimensions sociales et humaines a été abondamment réalisé, notamment par : Bolman, L. G et T. E. Deal, *Repenser les organisations pour que diriger soit un art,* Paris, Maxima, 1996 ; Morgan, G, *Images de l'organisation*, 2e édition, Québec, Presses de l'Université Laval, 1999 ; et Allison, G. T., *Essence of Decision,* Boston, Little Brown, 1971.

exemple, à partir du constat que les membres de l'organisation tissent naturellement entre eux des liens fondés sur leurs valeurs, les gestionnaires peuvent chercher à mettre en place une culture d'organisation qui permettrait de réaliser les quêtes de légitimité, de compétitivité, d'efficacité et de productivité à partir de ces valeurs. Enfin, les gestionnaires peuvent assimiler la réalité sociale de l'organisation et ajuster en conséquence leurs pratiques. Dans ce dernier cas, à la lumière de chacune des dimensions sociales de la vie organisationnelle, les gestionnaires auront de nouveaux défis à relever et, comme l'illustre la figure suivante, pour y arriver ils pourront alors mobiliser différentes habiletés.

Figure 5.1 **Le système social de l'organisation**

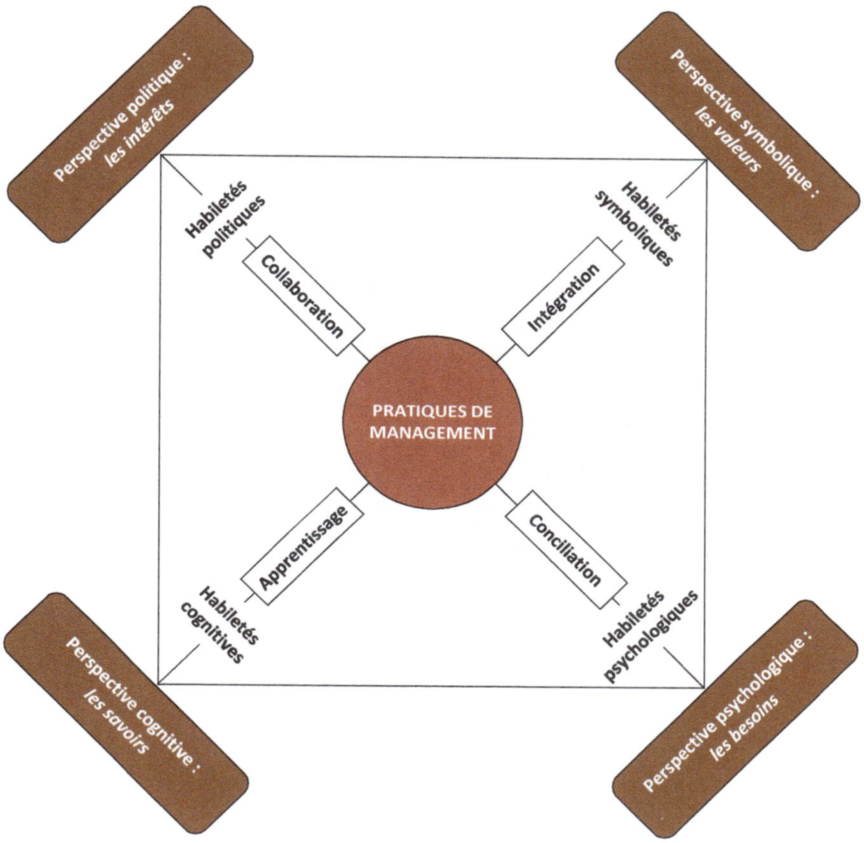

Avant d'explorer plus en détail chacune des perspectives, trois remarques s'imposent. D'abord, et à la différence des cadres du système technique, les dimensions sociales de la vie organisationnelle ne sont pas liées les unes aux autres par une logique instrumentale. Ainsi, bien que chacune puisse avoir des effets sur toutes les autres, aucune d'entre elles ne sert de voie d'entrée aux autres. Ensuite, les points de jonction entre les pratiques de management et les dimensions sociales prennent bien davantage la forme de défis à relever que d'objectifs formels à réaliser. Par exemple, le constat d'une diversité d'intérêts au sein de l'organisation pose un défi politique aux gestionnaires, à savoir celui de la collaboration, qui implique que chacun reconnaisse la pertinence des intérêts des autres tout en participant à la réalisation d'un intérêt commun. Enfin, sous le regard des perspectives sociales, les gestionnaires ont intérêt à développer des habiletés politiques, symboliques, psychologiques et cognitives.

5.2 La perspective politique

La **perspective politique** permet de décoder l'organisation technique en termes d'intérêts, de pouvoir et de jeux politiques.

À l'instar de toutes les perspectives sociales, **la perspective politique** se superpose à l'organisation technique qu'elle décode en termes politiques, c'est-à-dire en termes d'intérêts, de pouvoir et de jeux politiques[2]. Cette perspective peut offrir aux gestionnaires des clés interprétatives qui permettent alors de lire la dynamique de l'organisation et le jeu de ses acteurs en termes politiques plutôt qu'en termes strictement techniques. Comme l'illustre la figure suivante, l'intérêt de la perspective politique tient notamment au fait qu'elle met en lumière la nécessité pour les gestionnaires de maîtriser des habiletés politiques, lesquelles sont essentielles pour répondre au défi que représente la collaboration entre des acteurs aux intérêts variés.

Figure 5.2 **La perspective politique**

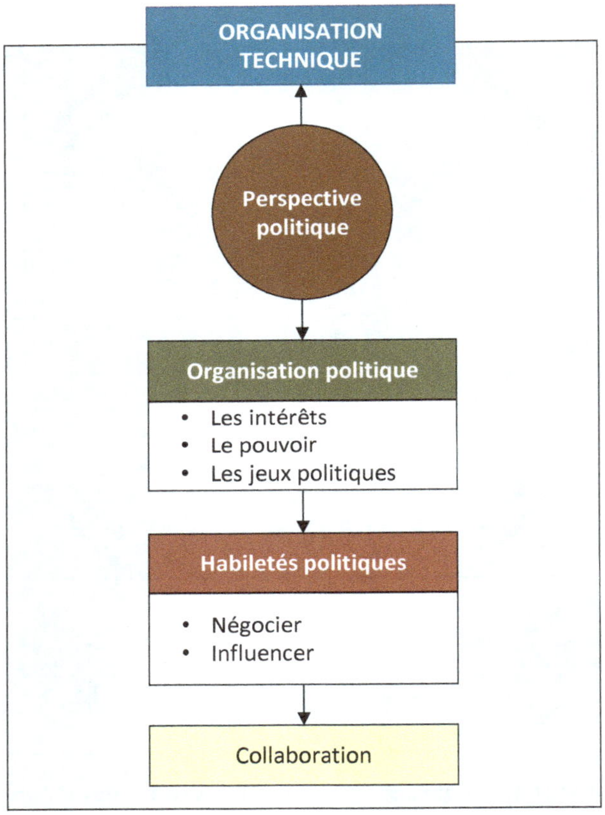

5.2.1 L'organisation politique

Sous le regard de la perspective politique, les acteurs organisationnels sont motivés par leurs intérêts, usent de pouvoir pour les satisfaire ou les défendre et sont ainsi engagés dans les jeux politiques de l'organisation, jeux qui sont propices à l'éclosion de conflits entre les acteurs.

2 Pour une lecture politique de la réalité des organisations, voir notamment : Mintzberg, H., *Le pouvoir dans les organisations*, Paris, Éditions d'Organisation, 1986 [1983] ; March, J. G., *Decisions and Organizations*, N. Y., Basil Blackwell, 1988; Crozier, M. et E. Friedberg, *L'acteur et le système*. Paris : Seuil, 1977 ; Friedberg, E., *Le pouvoir et la règle,* Paris, Seuil, 1993.

Les intérêts

En termes politiques, les acteurs organisationnels sont largement motivés par leurs intérêts personnels ou par ceux qu'ils défendent au profit d'autres acteurs. Ils savent voir dans les situations organisationnelles des occasions à saisir, des occasions dont ils peuvent tirer avantage, des possibilités qu'ils peuvent exploiter de façon à satisfaire les **intérêts** qu'ils soutiennent par leurs actions.

Dans le jeu politique organisationnel, les membres de l'organisation sont des joueurs compétitifs qui cherchent à promouvoir leurs **intérêts**, soit les avantages qu'ils peuvent tirer d'une situation.

> « *J'ai du mal à comprendre qu'une organisation puisse fonctionner comme du pain tranché – une organisation doit avoir une conception du bien commun auquel tout le monde se rallie, faute de quoi chacun se bornera à défendre ses propres intérêts.* »
>
> Lucie Dumas,
> directrice générale,
> Centre de Réadaptation Estrie
>
> Hamel, M.-C.
> « Je veux avoir
> un impact sur la société »,
> *Premium* 2010, 5 : 42.

Dans le jeu politique organisationnel, les membres de l'organisation sont donc des joueurs compétitifs qui cherchent à promouvoir leurs intérêts personnels en maximisant leurs gains, en acquérant des ressources rares, en obtenant des avantages exclusifs, etc. À la question classique : « Pourquoi l'acteur organisationnel agit-il comme il le fait ? », la réponse politique est simple : l'acteur cherche à tirer avantage de sa situation de façon à promouvoir ses intérêts personnels ou à défendre les intérêts de ceux et celles auxquels il s'associe. De ce constat, la lecture de la réalité de l'organisation en termes politiques peut se décliner de la façon suivante :

- l'action des membres de l'organisation s'explique largement par les intérêts qu'ils veulent satisfaire ou défendre ;
- l'organisation est un espace social fait de jeux politiques qui visent la satisfaction des intérêts de ses membres ;
- les acteurs organisationnels manifestent leur frustration et peuvent s'engager dans une dynamique de négociations et de conflits lorsque l'organisation ne favorise pas la satisfaction de leurs intérêts ;
- pour promouvoir leurs intérêts, les acteurs doivent interagir avec les autres et, ainsi, ils mettent en jeu leur pouvoir ; le tissu social de l'organisation est donc un lieu d'expression d'un pouvoir qui vise la satisfaction d'intérêts particuliers ;
- la satisfaction des intérêts passe par l'appropriation de certaines des ressources de l'organisation et, puisque l'organisation ne peut compter que sur des ressources limitées, les acteurs sont forcément en concurrence les uns avec les autres pour se les approprier ;
- les pratiques de gestion ont un effet notable sur les intérêts des membres de l'organisation.

S'il est relativement facile de reconnaître l'incidence des intérêts des acteurs dans le jeu politique de l'organisation, mettre au jour leurs intérêts précis l'est nettement moins, tout comme construire un intérêt commun autour duquel il serait possible de fédérer tous les acteurs. Ainsi, le gestionnaire qui chercherait à rassembler les acteurs autour d'un intérêt commun est confronté aux questions suivantes :

- « Quel intérêt l'acteur cherche-t-il à satisfaire ? »
- « Est-il possible de concilier les intérêts de l'acteur avec les intérêts communs ? »
- « L'acteur poursuit-il une variété d'intérêts ? »
- « Quels sont les intérêts qu'il privilégie ? »
- « L'acteur agit-il toujours en accord avec ses intérêts ? »

L'ambiguïté qui paraît être au principe des intérêts des membres de l'organisation s'explique largement par le fait qu'ils peuvent être indéfiniment variés et changeants. Certains seront à la recherche d'une carrière florissante, d'autres viseront la quiétude d'un travail bien fait, d'autres encore tenteront de construire un espace de travail dans lequel ils pourront librement exprimer leur talent. De plus, au fil de leurs actions, les acteurs peuvent poursuivre plusieurs intérêts et peuvent même les modifier en cours de route.

Sans pour autant épuiser la diversité des intérêts que peut chercher à satisfaire l'acteur, le tableau suivant répertorie les catégories à partir desquelles il est possible de décoder les intérêts des acteurs organisationnels :

Tableau 5.1 **Les intérêts**

Intérêts	Intérêt personnel	Intérêt collectif
Intérêt privé	• Santé • Liberté • Bonheur • Bien-être • Etc.	• Famille • Amis • Etc.
Intérêt professionnel	• Carrière • Tâche • Relations de travail • Autonomie professionnelle • Etc.	• Groupe d'appartenance • Unité administrative • Réputation de l'organisation • Etc.

Ainsi, les intérêts que l'acteur tente de promouvoir ou de défendre par son action au sein de l'organisation oscillent entre la vie privée et la vie professionnelle et peuvent être personnels ou collectifs. Surtout, c'est au croisement des deux axes qu'il est possible d'identifier la réalité des intérêts qui motivent l'action des uns et des autres. Par exemple, l'acteur peut agir de façon à favoriser ses amis ou sa famille en tentant de les faire embaucher ou en souhaitant un programme de conciliation travail-famille ; il peut se lancer dans la défense des intérêts de son groupe d'appartenance ou de son unité administrative ; il peut promouvoir sa carrière, trouver de l'intérêt à réaliser sa tâche, investir dans une quête de liberté ou alors viser son bien-être et sa santé.

En fait, sous le regard de la perspective politique, que l'intérêt soit privé ou professionnel, qu'il soit individuel ou collectif importe moins que le fait que les membres de l'organisation agissent de façon à les défendre. En outre, non seulement peuvent-ils agir dans ce but, mais ils peuvent également réagir à tout ce qui entrave cette quête d'intérêts ou peut la faire régresser.

Le pouvoir

Pour parvenir à promouvoir ou à défendre ses intérêts, l'acteur doit interagir avec les autres, et c'est là qu'entre inévitablement en jeu le pouvoir des uns et des autres. Ce dernier peut se définir comme étant la capacité qu'a l'acteur d'influencer les autres afin de pouvoir en tirer avantage au regard des intérêts qui l'animent. Comme l'illustre le tableau suivant, les acteurs peuvent compter sur une diversité de bases de pouvoir qui, toutes, peuvent être mobilisées dans l'action de façon à leur procurer l'avantage qu'ils recherchent en s'engageant dans le jeu politique de l'organisation. Au regard des enjeux auxquels il fait face, l'acteur peut même mobiliser plus d'une base de pouvoir : il a la possibilité de les alterner et de les métisser.

« Vous est-il arrivé de vous demander pourquoi certains individus arrivent à gagner facilement leur point lors de réunions alors que d'autres ne semblent jamais y arriver ? Une grande partie de la réponse à cette question réside dans le fait que certaines personnes ont compris que la plus grande partie du travail d'influence se fait AVANT ladite réunion, par l'entremise de leur réseau d'influence ! »

AtmanCo, 2 novembre 2015, *www.grenier.qc.ca.*

Le **pouvoir** c'est la capacité qu'a l'acteur d'influencer les autres de telle sorte que cela puisse lui permettre d'en tirer avantage au regard des intérêts qui l'animent.

Tableau 5.2 **Les bases du pouvoir**

Pouvoir	Définition	Exemples
Pouvoir de coercition	Capacité de contraindre l'autre par l'usage de la force, de l'intimidation ou par la crainte de représailles	Congédiements, baisses de salaire, système de promotion, menace de grève, ralentissements de travail, harcèlement, etc.
Pouvoir de récompense	Capacité d'influence fondée sur l'octroi ou la promesse de récompenses matérielles ou symboliques	Promotion, augmentation de salaire, tâche stimulante, titre prestigieux, amitié, faveurs, bonis, cadeaux, allocation de ressources, etc.
Pouvoir hiérarchique	Capacité de dicter la conduite des autres en fonction de l'autorité hiérarchique.	Ordres, règlements, politiques administratives, objectifs formels à atteindre, etc.
Pouvoir charismatique	Capacité d'influence fondée sur l'identification à des qualités personnelles	Idées, charisme, vision, charme, magnétisme, réputation, prestige, etc.
Pouvoir traditionnel	Capacité d'influence fondée sur la maîtrise des traditions	Valeurs, rites, croyances, ancienneté, normes sociales, etc.
Pouvoir d'expertise	Capacité d'influence fondée sur l'expertise de l'acteur	Habiletés, compétences, informations, connaissances, etc.

Construit à partir de : French, J. R. P et B. Raven, « The Bases of Social Power », Cartwright, D. (dir.), *Studies in Social Power,* Ann Arbour, Social Research, 1959.

Les jeux politiques

Les **jeux politiques** mettent en scène des enjeux, des règles du jeu, des joueurs aux intérêts variés, des ressources, des stratégies, des tactiques, des négociations et des arbitres.

Sous le regard de la perspective politique, il ressort donc que les organisations sont des univers profondément politiques qui mettent en présence une diversité d'acteurs aux intérêts pas toujours convergents et très souvent contradictoires. Lieux de rencontre d'intérêts multiples et variés, les organisations sont donc des espaces sociaux pluriels dans lesquels les stratégies, les tactiques, les négociations, les enjeux, le pouvoir et les conflits sont inévitablement au rendez-vous. Survivre dans une organisation, c'est alors s'investir dans son jeu politique, puisqu'une organisation est toujours un terrain de jeu politique, un espace pluriel où les intérêts des uns se heurtent à ceux des autres, où la négociation pour s'accaparer les ressources est permanente ; toute action est la mise en œuvre d'un pouvoir, d'une stratégie qui vise à concrétiser des intérêts particuliers, d'une tactique qui mobilise des ressources et matérialise des intentions de façon à remporter les enjeux que dessine la rencontre d'acteurs conscients de leurs intérêts.

Comme l'illustre le tableau suivant, un tel regard tranche nettement avec celui qu'offre la lecture de l'organisation en termes techniques, mais il faut s'y résoudre : si les organisations sont des réalités techniques, elles sont aussi des espaces profondément politiques que nous pouvons décoder en termes d'enjeux, de règles du jeu, de joueurs, de ressources, d'interactions et d'arbitre.

Tableau 5.3 Le jeu politique organisationnel

Composantes du jeu politique	Organisation technique	Organisation politique
Enjeux	Les enjeux sont pensés en termes de performance et d'objectifs communs à réaliser : la productivité, l'efficacité, la compétitivité et la légitimité de l'organisation. Ce sont donc les gestionnaires qui définissent les enjeux qui devraient guider l'action des membres de l'organisation.	Les enjeux sont pensés en termes d'occasions qui permettent de répondre à des intérêts. Toutes les situations peuvent représenter un enjeu dans la mesure où les acteurs y voient la possibilité d'en tirer avantage. En fonction de leurs intérêts, ce sont donc les acteurs qui définissent les enjeux.
Règles du jeu	Les règles sont explicites et formelles. Tous les connaissent et les respectent : les règlements administratifs et politiques générales, les processus de gestion et les directives hiérarchiques.	Les règles sont largement implicites et informelles. Elles sont établies par les acteurs qui les utilisent pour promouvoir leurs intérêts. En fait, les règles varieront en fonction des enjeux, des joueurs et de leurs intérêts.
Joueurs	En fonction des mandats à réaliser, les acteurs de l'organisation sont regroupés dans des unités administratives et reconnus pour la nature de leur tâche spécifique.	Tous les acteurs sont des joueurs potentiels qui, en fonction des situations qui se présentent et qu'ils formulent en termes d'enjeux, peuvent s'engager dans le jeu politique.
Ressources	En fonction des objectifs de performance, la hiérarchie met à la disposition des acteurs les ressources requises pour les atteindre.	Les ressources sont tout à la fois un enjeu que se disputent les joueurs et l'une des bases de leur pouvoir.
Interactions	Autour des objectifs de performance, les acteurs de l'organisation doivent collaborer et ils y arrivent en suivant les règles administratives.	Autour des enjeux qu'ils définissent et des situations qui se présentent à eux, les acteurs déploient des stratégies compétitives qui visent à promouvoir leurs intérêts.
Arbitre	Les gestionnaires ont l'autorité requise pour arbitrer les conflits.	Dans le jeu politique, l'arbitre est lui-même un enjeu des relations de pouvoir entre les joueurs.

Devant la réalité politique de l'organisation et les possibles conflits auxquels elle peut donner lieu, les gestionnaires ne sont pas indifférents ni neutres. Eux aussi sont inévitablement engagés dans le jeu politique. D'ailleurs, le savoir-faire politique des gestionnaires prend tout son sens lorsqu'après avoir formulé la mission et la stratégie de l'organisation, ils les présentent soit comme étant des nécessités auxquelles chacun devrait se soumettre, soit comme l'expression d'un intérêt commun auquel chacun devrait pouvoir s'identifier le plus librement du monde et, cela, pour le bien de tous, y compris le leur.

> *« J'ai fait des changements et j'ai eu la chance d'avoir des joueurs capables de les accepter. Certains ont peut-être été mécontents sur le coup, mais ils ont respecté mes décisions ; ils ont fait passer les intérêts de l'équipe avant les leurs. »*
>
> Bruce Bochy,
> gérant des Giants de San Francisco
>
> Brady, D.,
> « Bruce Bochy :
> la gestion des égos »,
> *Premium*, 2011, 8 : 41.

Dans le contexte politique de l'organisation, on comprend rapidement que l'art du management consiste à substituer un intérêt commun là où se trouve, en fait, une indéfinie variété d'intérêts individuels potentiellement conflictuels. L'intérêt commun, la mission, les intentions stratégiques et les objectifs collectifs sont le fruit du jeu politique. Le management est donc ce pouvoir qui sait transformer la diversité des intérêts des uns et des autres en intérêt commun et cette capacité transformatrice qui permet à l'organisation d'avoir une direction un tant soit peu cohérente.

Le pouvoir administratif se trouve donc très précisément dans la capacité qu'a le gestionnaire à convaincre les membres de l'organisation du bien-fondé des objectifs de performance de l'organisation, dans sa capacité à les influencer et, mieux, dans son aptitude à susciter une libre adhésion aux objectifs qu'il formule en leur nom et qu'il présente comme étant leur intérêt commun.

Décrire l'art du management en termes politiques peut paraître machiavélique, et pourtant, ce n'est là que l'expression d'un jeu collectif où chacun n'acquiert le droit d'y jouer qu'en y jouant et donc en mettant en œuvre son pouvoir de façon à promouvoir ses intérêts. Dans ce grand terrain de jeu qu'est l'organisation, tous les participants, et pas seulement les gestionnaires, ont cette possibilité de faire valoir leurs intérêts, cette capacité d'agir qui, mise en jeu, peut les favoriser. Bien sûr, l'organisation n'est pas pour autant un jeu égalitaire et tous n'ont pas le même pouvoir, c'est-à-dire la même capacité d'action, le même accès aux ressources, la même maîtrise des règles de l'organisation. Cela ne change toutefois rien au fait que tous ont cette capacité d'influencer le jeu collectif. En utilisant cette capacité, les acteurs tentent non seulement de faire en sorte que le jeu organisationnel leur soit favorable, mais ils le maintiennent ouvert et ils le renouvellent sans cesse, s'assurant du coup d'avoir d'autres occasions d'agir, de déployer leur pouvoir, de tisser des alliances, de former des coalitions, de transformer les règles du jeu, d'acquérir des ressources, de formuler de nouveaux enjeux, de déployer de nouvelles tactiques, de métisser d'autres bases de pouvoir, de faire valoir la légitimité de nouveaux intérêts à défendre, etc.

> *« La caractéristique fondamentale de l'acteur politique est qu'on ne lui demande pas tant d'être un grand penseur ou un idéologue convaincu que d'avoir la capacité d'analyser des situations complexes et d'en exploiter les possibilités, les opportunités. Ce qui est parfois perçu comme une souplesse excessive n'est souvent que l'art de naviguer entre des exigences contradictoires, de négocier avec diplomatie les indispensables compromis, de corriger les analyses antérieures pour mieux ajuster ses décisions. En ce sens, gouverner l'entreprise requiert bien l'habileté politique nécessaire pour faire face à la complexité, l'incertitude et l'hostilité. »*
>
> Favilla,
> « Management politique »,
> *Les Echos*, 16 janvier 1996 : 40.

5.2.2 Les habiletés politiques

Au regard de la perspective politique, le gestionnaire est aussi un joueur politique, un acteur qui a des intérêts, un accès à des ressources et une capacité à mobiliser des règles de façon à maîtriser des enjeux, notamment des enjeux de gestion.

Comme acteur politique, le gestionnaire peut aussi compter sur son pouvoir légitime, sur l'autorité que les uns et les autres lui confèrent d'emblée au sein de l'organisation. Toutefois, avant d'user de sa légitime autorité pour imposer les objectifs de performance qui sont au principe du système technique dont il a la responsabilité, le gestionnaire doit être un habile lecteur de la réalité politique de l'organisation, celui qui sait discerner les intérêts que les uns et les autres tentent de pousser en s'engageant dans le jeu politique de l'organisation. Une telle lecture lui permettra d'engager l'action organisationnelle sur le terrain de la collaboration, là où les intérêts des individus peuvent se combiner de telle sorte que chacun puisse les satisfaire tout en contribuant à la réalisation des objectifs de performance de l'organisation.

> *« À mon avis, la gestion se résume à une chose : éliminer les conflits d'intérêts. Si on est capable d'y parvenir, on est assuré de réussir. Si on n'y arrive pas, on est voué à l'échec. Dès que les intérêts de tous sont alignés, on peut accomplir de grandes choses. »*
>
> Jacques Guénette
> PDG de DLGL
>
> Chevalier, M.
> « Aligner les intérêts génère le succès »,
> *Premium*, 2011, 8 : 23.

En faisant preuve d'habiletés politiques, le gestionnaire cherche donc à arrimer les intérêts des acteurs de l'organisation aux objectifs techniques. Les possibles conflits politiques que génère la rencontre des intérêts des uns et des autres et pave alors la voie à une logique de collaboration.

Pour arriver à concilier les intérêts des acteurs avec les objectifs de performance de l'organisation, le gestionnaire doit donc être un acteur du jeu politique de l'organisation, un acteur habile qui sait y naviguer tout en donnant l'image d'un responsable qui a seulement à cœur la réalisation d'un bien commun.

Conscient de tout ce qu'implique la réalité politique de l'organisation, le gestionnaire en quête d'efficacité et soucieux de réaliser les objectifs de performance de l'organisation se doit donc de maîtriser des habiletés politiques. Même si cela peut paraître inacceptable aux yeux de ceux et celles qui ne voient dans l'univers politique des organisations qu'une réalité faite de jeux de coulisse sombres, malsains et machiavéliques, la maîtrise d'habiletés politiques représente une condition nécessaire à l'efficacité de la gestion. Un gestionnaire qui en serait dépourvu aurait bien du mal à faire en sorte que les intérêts des membres de l'organisation puissent se combiner les uns aux autres de façon à réaliser les objectifs de performance du système technique de l'organisation.

Parmi l'éventail des habiletés politiques qu'il est possible de recenser, les gestionnaires doivent principalement maîtriser celles d'influence et de négociation. D'un côté, les gestionnaires doivent maîtriser l'art d'influencer l'action des membres de l'organisation plutôt que de s'en remettre à leur légitime capacité d'imposer des directives administratives. Par leur habileté à influencer les uns et les autres, les gestionnaires peuvent alors les fédérer autour des objectifs de performances de l'organisation, construire une jonction entre leurs intérêts particuliers et les objectifs de performance.

De l'autre, pour composer avec les inévitables conflits qui ponctuent la vie politique de l'organisation, les gestionnaires doivent être d'habiles négociateurs. C'est en mobilisant leur habileté de négociation que les gestionnaires peuvent escompter construire les consensus qui marquent la fin des conflits et qui témoignent de la possibilité d'instituer des relations où tous y trouvent leur compte.

Diagnostic 5.1 Les habiletés politiques

Pour prendre la mesure des habiletés politiques des gestionnaires, les questions suivantes s'avèrent être un bon point de départ. En fait, elles permettent de poser un diagnostic sommaire, lequel peut alors servir à lancer une réflexion plus étoffée.	Fortement en accord	Plutôt en accord	Plus ou moins en accord	Plutôt en désaccord	Fortement en désaccord
Influencer					
1. Les gestionnaires savent lire l'organisation en termes d'intérêts que tentent de promouvoir les acteurs de l'organisation.					
2. Les gestionnaires connaissent les enjeux qui interpellent les acteurs de l'organisation.					
3. Les gestionnaires reconnaissent qu'il est légitime de chercher à satisfaire ou à défendre des intérêts personnels.					
4. Les gestionnaires tentent de concilier les intérêts des acteurs avec les objectifs de l'organisation.					
5. Les gestionnaires adaptent leurs pratiques en fonction des intérêts des acteurs et des enjeux qui les divisent.					
Négocier					
1. Les gestionnaires reconnaissent que les relations au travail sont source de négociations.					
2. Les gestionnaires reconnaissent qu'une négociation est toujours un processus d'échanges, de marchandage et de concessions.					
3. Dans les négociations, les gestionnaires se gardent toujours une marge de manœuvre propice aux concessions.					
4. Dans les négociations, les gestionnaires présentent leur offre comme des concessions.					
5. Dans les négociations, les gestionnaires sont toujours à la recherche d'un terrain d'entente.					

5.3 La perspective symbolique

La **perspective symbolique** décode l'organisation en termes de valeurs.

Tout comme la précédente, la **perspective symbolique** se juxtapose au système technique et le décode en termes de valeurs qui importent aux membres de l'organisation[3]. L'organisation elle-même est vue comme un système de valeurs enchevêtrées, lequel prend alors la forme d'une identité organisationnelle. Devant cette réalité, les gestionnaires doivent maîtriser des habiletés symboliques, notamment celle qui consiste à rassembler tous les membres autour d'une identité organisationnelle commune et à faire en sorte que les valeurs des uns et des autres se métissent autour d'un projet d'intégration des valeurs individuelles.

Figure 5.3 **La perspective symbolique**

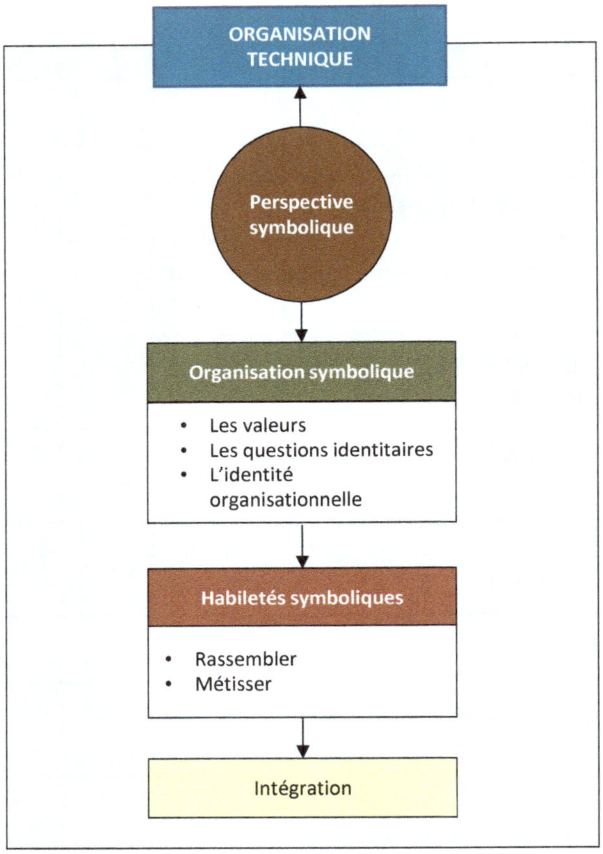

5.3.1 L'organisation symbolique

Sous le regard de la perspective symbolique, les membres de l'organisation sont motivés par les valeurs qui fondent leurs actions, et l'organisation est vue comme étant un lieu de métissage des valeurs individuelles, lieu qui permet de construire une identité collective qui favorise l'intégration de chacun autour de valeurs partagées.

---

3 Sur l'arrimage de l'identité organisationnelle avec le système technique de l'organisation, voir, entre autres : Deal, T. E. et A. A. Kennedy, *Corporate Cultures*, Reading, Mass., Addison-Wesley, 1982; Schein, E., *Organizational Culture and Leadership*, San Francisco, Jossey-Bass, 1985 ; Peters, T. H et R. H Waterman, *In Search of Excellence*, N. Y., Harper & Row, 1982.

Les valeurs

En termes symboliques, l'acteur organisationnel incarne des **valeurs** qu'il souhaite partager avec les autres. Les valeurs de l'acteur guident son action et lui donne une signification symbolique qui va bien au-delà de l'intérêt recherché, car elles sont vécues en termes d'exigences identitaires ou de devoirs à respecter, plutôt qu'en termes de bénéfices escomptés. Ainsi, et à la différence des intérêts, les valeurs ne s'inscrivent pas dans une logique de calcul, car seule importe que l'action incarne ces valeurs et témoigne aux yeux des autres du respect qu'elles commandent[4].

Les **valeurs** reflètent les exigences identitaires des acteurs et elles expriment leurs convictions, croyances et principes.

> *« C'est très important pour moi que l'entreprise rejoigne mes valeurs, que les gens soient intègres, engagés dans leur milieu, ouverts sur le monde, tournés vers les résultats, mais aussi soucieux de la façon dont ils les atteignent. L'engagement professionnel et l'engagement communautaire peuvent converger vers un seul but. Pour moi, respect des autres et réussite ne sont pas contradictoires. »*
>
> Amandine Hanon,
> analyste financière,
> Procter & Gamble
>
> Philpot, R.,
> « Être de son siècle »,
> *HEC Montréal Mag*, 2007, *5*(2) : 35.

À la lumière de la perspective symbolique, tout est matière de symbole et de conviction. L'acteur agit comme il agit, car il est persuadé qu'il doit agir ainsi, et cela, indépendamment des conséquences de son action. En fait, l'acteur n'attend aucun autre résultat de son action si ce n'est le sentiment du devoir accompli, la fierté d'avoir agi en accord avec ses valeurs, d'avoir concrètement témoigné par ses actions de la force de ses convictions, croyances et principes. L'action se suffit donc à elle-même, car elle témoigne de la noblesse des valeurs en cause et ne se juge qu'au regard de sa conformité avec elles. À partir de ce constat, la lecture de la réalité de l'organisation en termes symboliques se décline alors de la façon suivante :

- l'action des membres de l'organisation s'explique largement par les valeurs qu'ils incarnent et défendent ;
- l'organisation est un espace social fait d'échanges symboliques qui témoignent de l'importance que ses membres accordent à leurs valeurs ;
- les membres de l'organisation manifestent leur frustration et peuvent s'engager dans une dynamique de négociations et de conflits lorsque l'organisation ne respecte pas ou ne favorise pas l'expression de leurs valeurs ;
- pour incarner leurs valeurs, les acteurs doivent interagir avec les autres, participant ainsi à la construction d'une identité collective ;
- les pratiques de gestion ont une influence sur l'intégration des valeurs des membres de l'organisation au sein d'une identité collective.

Les questions identitaires

Sous le regard de la perspective symbolique, l'acteur organisationnel juge donc de la qualité de son action sur la base de ses valeurs. Ce sont les valeurs auxquelles il croit et qu'il incarne quotidiennement qui permettent de prendre la pleine mesure de la qualité de ses actions. De la même façon, pour l'acteur, l'action collective que met en jeu l'organisation sera jugée sur la base des valeurs qu'elle incarne.

---

[4] Voir la notion de rationalité en valeur par opposition à celle de rationalité en finalité : Weber, M., Économie et Société, Paris, Plon, 1995 [1921] : 55-57. Voir aussi : Boudon, R., *Raison, bonnes raisons*, Paris, PUF, 2003.

Pour évaluer la qualité de l'action collective de l'organisation, l'acteur se pose alors des questions identitaires qui couvrent nombre d'aspects de la vie en organisation. Comme le résume le tableau suivant, l'acteur se questionne sur la valeur dominante qui oriente l'action organisationnelle, sur les qualités et les défauts des membres de l'organisation, sur la qualité de leurs actions, sur les valeurs qu'incarnent les gestionnaires, sur les objets matériels et les dispositifs symboliques que met en scène l'organisation et qui méritent le respect et, finalement, sur l'idéal que doit incarner l'organisation.

Tableau 5.4 Les questions identitaires

Valeurs	Questions
Valeur dominante	Quelle est la valeur autour de laquelle toutes les autres prennent leur pleine signification? Sur quel principe supérieur est-il possible de juger l'action?
Qualités recherchées	Quelles sont les principales qualités que possède une personne? Quelles sont les qualités personnelles attendues d'un bon collaborateur ou d'un gestionnaire?
Défauts méprisés	Quels sont les principaux défauts que l'on peut reprocher à une personne? Quels sont les principaux défauts que l'on peut reprocher à un collaborateur ou à un gestionnaire?
Actions déterminantes	Quelles sont les actions les plus déterminantes? Quelles sont les actions qu'il est possible de qualifier de nobles?
Exemplarité des rôles	Quels sont les rôles les plus valorisants? Quels sont les rôles exemplaires? Quelle valeur le rôle de gestionnaire doit-il incarner pour se voir qualifier d'« exemplaire »?
Objets et dispositifs respectés	Quels sont les objets matériels ou les dispositifs symboliques qui méritent le respect? Quelle valeur doivent-ils incarner pour mériter le respect des membres de l'organisation?
Image de l'organisation	Quelle est l'image valorisante d'une organisation? Quelle valeur l'organisation doit-elle incarner pour mériter le respect de ses membres?

Inspiré de : Boltanski, L. et L. Thévenot, *De la justification. Les économies de la grandeur,* Paris, Gallimard, 1991.

Toutes ces questions mettent en jeu des valeurs et témoignent du fait que la réalité de l'organisation ne se réduit jamais à sa seule dimension technique. Une organisation, c'est aussi le lieu où les acteurs incarnent des valeurs, se posent des questions identitaires et escomptent que les réponses collectives seront conformes aux valeurs auxquelles ils tiennent.

L'identité organisationnelle

L'**identité organisationnelle** est le fruit du métissage des valeurs individuelles.

En répondant aux questions identitaires qu'ils se posent, en agissant en conformité avec leurs valeurs et du simple fait de leurs interactions quotidiennes, les membres d'une organisation construisent une **identité organisationnelle** qui se donne à voir par leur action collective. Ainsi, en combinant les réponses possibles aux questions identitaires que se posent les membres d'une organisation, nous pouvons alors distinguer six grandes identités organisationnelles : traditionnelle, civique, professionnelle, marchande, innovante et prestigieuse[5]. Bien sûr, ces identités sont bien davantage des approximations schématiques et théoriques que des réalités concrètes qu'il est possible de connaître et dans lesquelles il serait possible de vivre. Cela dit, ces identités théoriques sont tout de même des approximations pertinentes des milieux organisationnels contemporains. Leur principal mérite est de guider la réflexion des gestionnaires qui cherchent à décoder l'identité de leur organisation de façon à y adapter leurs pratiques. Le tableau suivant décrit les caractéristiques de ces six identités organisationnelles :

Tableau 5.5 **Les identités organisationnelles**

Valeurs	Traditionnelle	Civique	Professionnelle	Marchande	Innovation	Prestige
Valeur dominante	Tradition	Responsabilité sociale	Efficacité	Compétition	Créativité	Notoriété
Qualités recherchées	Loyauté Sagesse	Dévouement Civilité	Compétence Productivité	Combativité Dynamisme	Passion Audace	Charisme Leadership
Défauts méprisés	Flatterie Impolitesse	Individualisme Politicaillerie	Paresse Incompétence	Défaitisme Nonchalance	Conformisme Immobilisme	Banalité Insignifiance
Actions déterminantes	Guider Respecter	Mobiliser Débattre	Analyser Optimiser	Rivaliser Conquérir	Innover Inventer	Persuader Éblouir
Exemplarité des rôles	Artisan Mentor	Représentant Mandataire	Expert Professionnel	Stratège Vendeur	Artiste Créateur	Leader Promoteur
Objets et dispositifs	Titres Rituels	Règlements Débats	Outils Plans	Richesse Contacts	Vision Idées	Prix Promotion
Image de l'organisation	Famille accueillante	Société responsable	Machine productive	Équipe combative	Terrain de jeu	Équipe d'étoiles

Chacune de ces identités est en soi cohérente et autosuffisante. Toutes constituent un monde en soi, et si les relations de métissage entre les identités sont possibles, aucune n'a besoin des autres pour exister, pour offrir aux membres de l'organisation un sentiment de complétude, un environnement riche, confortable et stable. Chaque identité incarne un système complet de valeurs, un univers social et humain fait de valeurs collectives, de principes cohérents au regard du bien commun, des personnes, des objets, des dispositifs, des actions, des rôles et des représentations de la réalité de leur monde organisé.

> *« Une entreprise se doit d'adopter de grandes orientations sur la base de ses valeurs. C'est ce que nous faisons en suivant un plan stratégique, mais on ne peut pas mettre de côté la réalité des planchers d'usine. Les contrôleurs sont à même de voir les écarts entre les décisions de haut niveau et la quotidienneté des opérations. »*
>
> Mario Plourde,
> PDG de Cascades
>
> Régnier, M.,
> *Les Affaires,* 19 avril 2014 : A10.

Par ailleurs, si toutes les identités organisationnelles sont autosuffisantes, elles peuvent aussi ouvrir des espaces d'échanges. De ces rencontres peuvent émerger de nouvelles identités, mais aussi des conflits identitaires. Par exemple, si la rencontre de l'identité professionnelle avec celle de l'innovation peut initier de nouvelles orientations stratégiques

5 Voir : Boltanski, L. et L. Thévenot, *De la justification. Les économies de la grandeur,* Paris, Gallimard, 1991.

originales et stimulantes, elle peut aussi conduire à des débats, voire à des conflits où les partisans de l'identité de l'innovation reprocheront aux partisans de l'identité professionnelle leur seul souci de l'utile et de l'efficace au détriment de la créativité et de l'audace. De même, ces derniers pourraient ne voir dans les projets créatifs des partisans de l'identité de l'innovation que de vagues utopies aussi irréalistes qu'imprévisibles. Bien sûr, rien n'oblige à ce que les voies de passage d'une identité à l'autre soient ainsi marquées par le mépris et le conflit ouvert, mais la force de chaque identité, doublée de l'idéal à réaliser, est propice à ce genre d'affrontements. Conscients de ces possibilités de conflits entre les idéaux propres à chaque identité organisationnelle, les gestionnaires doivent faire preuve d'habiletés à rassembler et à intégrer les membres de l'organisation autour de valeurs communes.

5.3.2 Les habiletés symboliques

Pleinement conscient du caractère potentiellement conflictuel des identités collectives que veulent incarner les membres de l'organisation, le gestionnaire a tout intérêt à réfléchir aux points de jonction entre les identités. En fait, il est possible d'en entrevoir entre les six identités sur la base de trois pôles identitaires, à savoir les pôles communautaire, d'individuation et technique, ce qu'illustre la figure suivante :

Figure 5.4 **Les pôles identitaires**

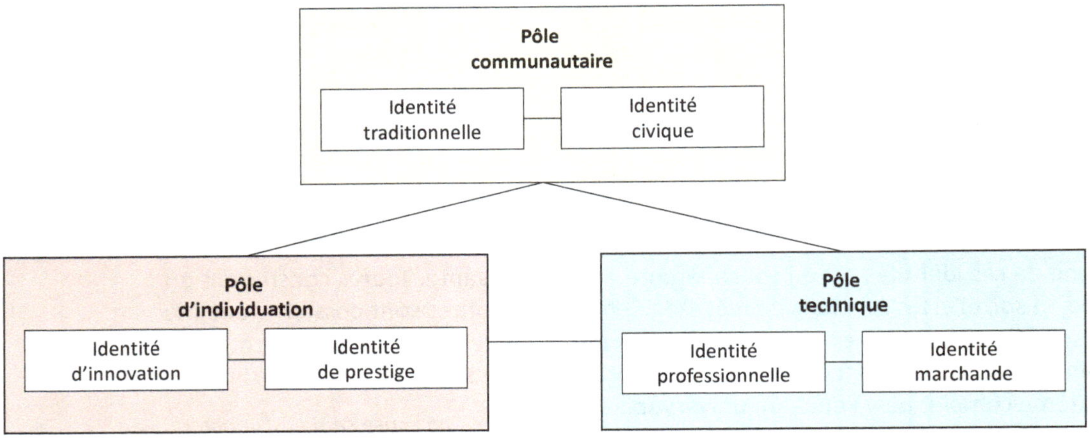

Sur la base des pôles identitaires, il ressort que certaines identités organisationnelles ont des affinités avec d'autres, alors que d'autres identités ne paraissent pas être facilement conciliables. Là où les identités organisationnelles se rejoignent autour d'un pôle identitaire, il est aisé pour le gestionnaire d'identifier une valeur commune autour de laquelle rassembler les membres de l'organisation et de métisser leurs valeurs au sein d'une action collective.

D'abord, le pôle communautaire met en action, comme son nom l'indique, une logique identitaire selon laquelle la communauté importe aux membres de l'organisation. Ce pôle regroupe les identités traditionnelle et civique qui, toutes deux, font de la communauté, qu'elle soit pensée en termes de famille ou de société civile, un idéal de vie organisationnelle. Puis, le pôle d'individuation regroupe les identités d'innovation et de prestige. Ces deux identités se combinent aisément puisqu'elles ont en commun un certain idéal de différenciation par l'innovation ou le prestige. Enfin, le pôle technique regroupe les identités professionnelle et marchande qui ont en commun le recours privilégié à une logique technique de gestion que ce soit, pour l'une, à des techniques de gestion de l'efficacité organisationnelle ou à des techniques de gestion stratégique pour l'autre.

Chacun des pôles identitaires met donc en action une double légitimité. D'un côté, il y a une légitimité interne à l'organisation qui centre l'identité sur les produits, les traditions et le fonctionnement de l'organisation et, de l'autre, se trouve une légitimité tournée vers l'extérieur de l'organisation, qui centre l'identité sur les admirateurs, la société et le marché de l'organisation.

Tableau 5.6 Les dynamiques identitaires

Pôles identitaires	Identité centrée sur la dynamique interne	Identité tournée vers la dynamique externe
Communautaire	Traditionnelle *La tradition*	Civique *La société*
Individuation	Innovation *Les produits*	Prestige *Les admirateurs*
Technique	Professionnelle *Le fonctionnement*	Marchande *Le marché*

On l'aura compris, si l'identité d'une organisation est son véritable code invisible, la clé qui permet de comprendre et de donner du sens aux actions qui s'y déploient, il ne faut pas pour autant verser dans un lyrisme aussi poétique que futile qui consisterait à voir en elle une communion identitaire à laquelle tous participeraient de façon à fusionner au sein d'un grand tout homogène, pur et parfaitement cohérent. La diversité des identités peut vite devenir une source de conflits organisationnels. En effet, puisque l'identité organisationnelle met principalement en jeu les valeurs des uns et des autres, des pôles identitaires et des dynamiques internes et externes, les désaccords identitaires peuvent être aussi fréquents que les accords. Au sein d'une même organisation, une identité peut dominer et, en même temps, faire face à des identités concurrentes qui, elles aussi, peuvent tenter d'assumer le statut de pôle identitaire dominant, de dimension symbolique valorisée et consensuelle. La présence d'autres identités concurrentes au sein d'une seule et même organisation peut donc conduire à un véritable choc identitaire, à l'affrontement des valeurs des uns et des croyances des autres. Cela dit, ce choc n'est pas inévitable, puisque la coexistence d'une variété d'identités au sein d'une seule et même organisation peut aussi conduire au métissage des identités en présence et lui permettre ainsi de tirer profit de ce que chacune peut offrir.

> *« J'ai passé près du trois quarts de ma vie dans le mouvement coopératif, je ne peux pas croire que j'ai tout fait ça pour rien. On s'en va carrément dans le sens contraire de ce que des milliers de gens ont bâti depuis 115 ans. […] Jusqu'au début de l'an 2000, l'important pour Desjardins, c'était le membre, mais aujourd'hui, ce qui est important c'est l'entreprise. Desjardins copie le fonctionnement des banques. Tout ce qui compte c'est le rendement. »*
>
> Claude Béland,
> ex-président
> du Mouvement Desjardins
>
> Dumont, M.-È.,
> « Desjardins a perdu son âme »,
> *Journal de Montréal*,
> 2 mai 2015 : 48.

Par ailleurs, pour arriver à tirer profit du possible métissage des identités et résoudre les conflits identitaires, les gestionnaires doivent d'abord reconnaître que les membres de l'organisation mobilisent des valeurs au fil de leurs interactions et acceptent que les valeurs puissent donner lieu à des conflits identitaires. En fait, les gestionnaires doivent reconnaître que vivre en organisation commande toujours un incessant travail de coordination et d'ajustement mutuel fondé sur des valeurs potentiellement contradictoires. Les gestionnaires doivent donc être habiles à construire des compromis identitaires entre les membres de l'organisation. Ils doivent être en mesure de lier, au sein d'une identité collective, les valeurs individuelles, les pôles identitaires et les dynamiques internes et externes qui sont au principe des identités organisationnelles. Ils doivent savoir rassembler les acteurs autour de valeurs communes qui concourent à définir un bien commun dans lequel les uns et les autres se reconnaissent et pour lequel ils sont prêts à mettre de côté leurs intérêts personnels. Les gestionnaires doivent donc pouvoir métisser les valeurs des uns et des autres autour d'une action collective signifiante pour tous.

> *« En partageant les mêmes valeurs, nous pouvons rapidement mobiliser les personnes les plus compétentes au sein de l'équipe et nous assurer qu'elles seront capables de se comprendre pour résoudre un problème donné. Ce type de défi est d'autant plus grand que l'entreprise compte 31 000 employés. »*
>
> Serge Godin,
> président exécutif de CGI
>
> D'Amours, L.,
> « CGI : un rêve,
> des valeurs, un empire »,
> *HEC Montréal Mag*,
> 2012, *10*(2) : 14.

Diagnostic 5.2 Les habiletés symboliques

Pour prendre la mesure des habiletés symbolique des gestionnaires, les questions suivantes s'avèrent être un bon point de départ. En fait, elles permettent de poser un diagnostic sommaire, lequel peut alors servir à lancer une réflexion plus étoffée.	Fortement en accord	Plutôt en accord	Plus ou moins en accord	Plutôt en désaccord	Fortement en désaccord
Rassembler					
1. Les gestionnaires savent lire l'organisation en termes de valeurs que tentent d'incarner les acteurs de l'organisation.					
2. Les gestionnaires reconnaissent qu'il est légitime d'incarner des valeurs.					
3. Les gestionnaires tentent de réconcilier les valeurs des acteurs aux objectifs de l'organisation.					
4. Les gestionnaires proposent des valeurs communes qui permettent de réaliser les objectifs de l'organisation.					
5. Les gestionnaires adaptent leurs pratiques en fonction des valeurs des acteurs.					
Métisser					
1. Les gestionnaires mettent en place des rituels qui favorisent le partage des valeurs de chacun.					
2. Les gestionnaires utilisent l'histoire de l'organisation comme vecteur de partage des valeurs de chacun.					
3. Les gestionnaires favorisent le métissage des valeurs autour des objectifs organisationnels à réaliser.					
4. Les gestionnaires pratiquent le mentorat de façon à transmettre les valeurs en usage dans l'organisation.					
5. Les gestionnaires formulent clairement les valeurs autour desquelles s'organise le métissage des valeurs de l'organisation.					

5.4 La perspective psychologique

Terrain de jeu politique et espace identitaire, les organisations sont également des univers profondément psychologiques qui mettent en présence des acteurs aux personnalités différentes qui cherchent tous à combler une variété de besoins psychologiques en participant à l'organisation. La **perspective psychologique** se juxtapose ainsi au système technique qu'elle décode en termes de besoins. Sous ce regard, le management met alors en action des habiletés de motivation qui tiennent compte des besoins des membres de l'organisation et des habiletés de communication qui permettent d'orienter la perception qu'ils ont du climat de leur organisation.

La **perspective psychologique** permet de décoder l'organisation en termes de besoins.

Figure 5.5 La perspective psychologique

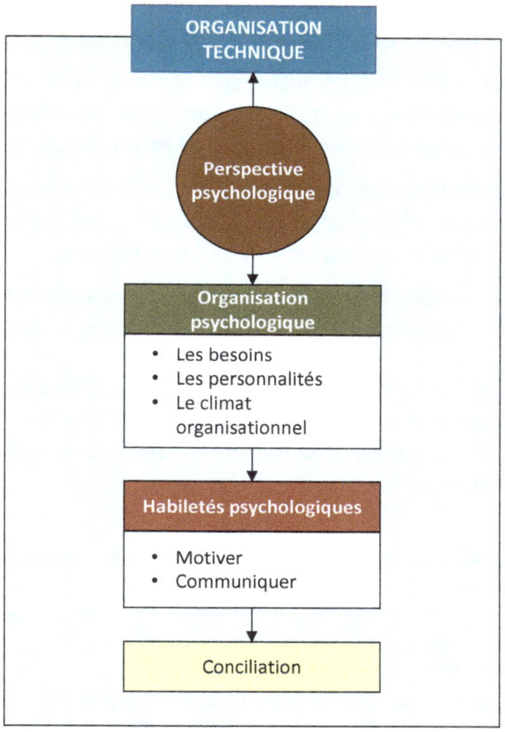

5.4.1 L'organisation psychologique

À l'instar des autres perspectives, la perspective psychologique offre aux gestionnaires des clés pour comprendre l'action des membres de l'organisation. Ici, la principale clé réside dans le constat que les humains cherchent à combler des besoins au sein des organisations. En fait, l'organisation serait fondamentalement un lieu au service des besoins des humains, et il incomberait alors aux gestionnaires de mettre au jour ces besoins et de concevoir en conséquence des pratiques de gestion qui permettraient de les satisfaire tout en assurant à l'organisation l'atteinte de ses objectifs de performance.

« Une main invisible est à l'œuvre dans les organisations. La décision, la conduite des affaires, la stratégie, les structures, les changements s'y trouvent influencés dans leur élaboration même, selon des voies subtiles et compliquées, par d'invisibles forces psychiques. »

Kets de Vries, M. F. R. et D. Miller, *L'entreprise névrosée*, Paris, McGraw-Hill, 1985 : 1.

Les besoins

Les membres de l'organisation ont des **besoins** psychologiques à satisfaire qui sont de l'ordre de la nécessité.

En termes psychologiques, les acteurs organisationnels seraient largement motivés par une quête sans fin de satisfaction de **besoins** psychologiques. En fait, cette quête serait même irrésistible dans la mesure où les besoins s'imposeraient à la volonté des acteurs qui n'auraient alors pas d'autres choix que d'agir de façon à les satisfaire. La satisfaction des besoins serait de l'ordre de la nécessité et toutes les actions pourraient alors s'interpréter comme étant des jalons d'une quête de satisfaction d'insatiables besoins psychologiques. À partir de ce constat, la lecture de la réalité de l'organisation se décline de la façon suivante :

- l'action des membres de l'organisation s'explique largement par les besoins qu'ils cherchent à combler ;
- pour les acteurs, l'organisation est d'abord et avant tout un lieu de satisfaction des besoins et ils n'acceptent d'y participer que pour les combler ;
- pour combler leurs besoins, les acteurs doivent interagir avec les autres ; le tissu social de l'organisation est donc une occasion offerte aux acteurs de satisfaire leurs besoins, mais il peut aussi être une source de frustration ;
- les membres de l'organisation manifestent leur frustration et peuvent s'engager dans une dynamique de négociations et de conflits lorsque l'organisation ne permet pas la satisfaction de leurs besoins ;
- les pratiques de gestion ont une influence sur le niveau de satisfaction des besoins des membres de l'organisation et leur perception du climat organisationnel.

Pivot de la perspective psychologique, les besoins que les acteurs tentent de combler autant dans leur vie privée que dans leur vie professionnelle peuvent appartenir à l'une ou l'autre des catégories de la hiérarchie des besoins décrite par Maslow et représentée dans le tableau suivant :

Tableau 5.7 La hiérarchie des besoins selon Abraham H. Maslow

Besoins	Vie privée	Vie professionnelle
Besoin physiologique	Manger, boire, dormir, se vêtir, se reproduire, etc.	Rémunération, conditions de travail, congés, horaire de travail, etc.
Besoin de sécurité	Accès aux soins de santé, stabilité sociale et financière, accès à la propriété, etc.	Sécurité d'emploi, programme d'aide aux employés, équité au travail, assurances collectives, accès à l'information, etc.
Besoin d'appartenance	Amitié, amour, intégration à un groupe, statut social, etc.	Relations de travail amicales, statut social au sein d'un groupe, entraide au travail, etc.
Besoin d'estime de soi	Autonomie, reconnaissance sociale, liberté d'expression, maîtrise de compétences sociales, etc.	Travail valorisé, reconnaissance au travail, accès à des rôles clés, mobilisation des compétences, responsabilités, etc.
Besoin de réalisation	Développement personnel, culture générale, épanouissement personnel, etc.	Autonomie au travail, pouvoir de décision, développement des compétences, carrière riche, participation à des projets, etc.

À partir de : Maslow, A. H., *Motivation and Personality,* N. Y., Harper & Row, 1954.

Généralement présentée sous la forme d'une pyramide de besoins, de façon à mettre en évidence le fait que les acteurs doivent d'abord combler leurs besoins primaires (besoins physiologiques et de sécurité) avant d'escompter combler les besoins supérieurs (besoins d'appartenance, d'estime de soi et de réalisation), cette hiérarchie permet d'entrevoir toute la complexité de la tâche d'un gestionnaire qui, par ses pratiques, chercherait à combler les besoins des membres de l'organisation.

D'abord, tous les membres de l'organisation ne sont pas forcément en quête de la satisfaction des mêmes besoins. Ainsi, alors que certains sont à la recherche d'augmentations de salaire, d'horaires flexibles de travail ou de conditions de travail avantageuses, d'autres escomptent plutôt que l'organisation soit le terreau fertile pour satisfaire leurs besoins supérieurs. Ces derniers sont alors à la recherche d'un travail riche et motivant, un travail qui mise sur l'autonomie, la créativité, la participation aux décisions, le sens des responsabilités et le désir de se dépasser. Pour le management, la diversité des quêtes implique qu'il n'existe pas de technique universelle de satisfaction des besoins. Tous ne cherchent pas à combler les mêmes besoins, et un travail qui sera perçu comme satisfaisant pour l'un pourrait ne pas l'être pour l'autre.

> *« Tout ne tourne pas toujours autour des questions d'argent. Les gens ne sont pas des mercenaires. Ils veulent contribuer à un succès collectif, sentir qu'ils sont parties prenantes de quelque chose de plus important qu'eux-mêmes. »*
>
> David Cote,
> PDG, Honeywell
>
> « How I Did It »,
> *Harvard Business Review*,
> 2013, *91*(6) : 46.

Puis, au fil du temps, les uns et les autres modifient leur quête de satisfaction de besoins. Ainsi, les acteurs tentent généralement de combler leurs besoins primaires avant de se lancer dans la satisfaction des besoins supérieurs. Pour le management, le caractère dynamique de la quête implique qu'il ne faut jamais tenir pour acquise la satisfaction au travail, car dès que les acteurs auront comblé leurs besoins, ils pourraient être à la recherche de nouvelles possibilités, de nouveaux défis, de nouveaux contextes de satisfaction des besoins.

Enfin, la satisfaction des besoins est une réalité profondément subjective. Par exemple, si de manière générale, il est reconnu que le salaire et les conditions de travail correspondent aux besoins primaires et, de ce fait, ne représentent pas des facteurs de motivation au travail, certaines personnes peuvent pourtant voir dans leur rémunération un signe de reconnaissance organisationnelle, un témoin tangible de leur importance au sein de l'organisation, un facteur de motivation qui contribue à leur estime de soi. Pour le management, le caractère subjectif des besoins implique de porter attention aux personnes, aux besoins particuliers qu'elles cherchent à satisfaire et aux significations qu'elles donnent à leur travail plutôt qu'à ses aspects objectifs : un travail peut fort bien être objectivement très bien rémunéré, être un espace de réalisation et une promesse vers de nouveaux défis et être tout de même jugé insatisfaisant par une personne.

> *« Pour que les membres de l'organisation nous donnent le meilleur d'eux-mêmes, nous devons être attentifs à leurs besoins particuliers. Chez Cisco, nous sommes convaincus qu'en misant sur la flexibilité au travail, nos employés sont plus motivés et lorsque c'est nécessaire, ils sont prêts à faire les sacrifices qui s'imposent. »*
>
> Robert Kovach,
> directeur du Centre Cisco de la viabilité de la pratique du leadership des cadres
>
> *Rotman Magazine*,
> hiver 2012 : 107.

Les personnalités

La quête des besoins psychologiques à satisfaire au travail porte donc toujours la signature personnelle des acteurs de l'organisation, l'empreinte de leur personnalité. Par exemple, une personne anxieuse sera particulièrement sensible à tout ce qui lui permettra de combler son irrépressible besoin de sécurité et cherchera sans cesse à contrôler les moindres détails de son environnement de travail de façon à le rendre stable, prévisible et conséquemment sécurisant. À l'inverse, d'autres personnes seront plutôt à la recherche d'émotions fortes, de changements constants, de nouveaux défis, de tout ce qui leur permettrait de se réaliser, de se dépasser, de se mettre à l'épreuve. Ainsi, tout au côté d'une lecture de l'organisation centrée sur les besoins, la perspective psychologique attire l'attention sur le fait que l'organisation est constituée d'acteurs aux personnalités variées.

> *« Même si Chanel recherchait dans son entreprise le pouvoir de contrôler sa vie, elle se battit aussi durement pour contrôler les autres. Elle ne possédait pas les connaissances techniques qui lui auraient donné une confiance sereine en ses capacités, et à cause de cela dépréciait souvent des employées compétentes. Elle révéla aussi son insécurité en devenant de plus en plus inflexible et autoritaire avec l'âge. »*
>
> Artuso, A. W. et A. Zaleznik, « Coco Chanel. L'esprit d'indépendance et la liberté créatrice », *dans* Sardais, C., (dir.), *Leaders et leadership*, Montréal, Éditions JFD, 2011 : 18.

Outre l'incidence de la personnalité sur la quête de satisfaction des besoins, il s'ensuit qu'une organisation le moindrement complexe peut vite devenir le théâtre de conflits de personnalités. Les acteurs organisationnels ne laissent pas leur personnalité à la porte de l'organisation pour revêtir une quelconque personnalité organisationnelle, qui se fonderait aux exigences du travail à réaliser, du rôle à tenir, des relations à assumer. La personnalité représente en fait le matériau premier que mobilisent les acteurs pour s'engager dans leurs relations avec les autres, et les conflits de personnalités ne devraient surprendre personne. Ce qui est plus étonnant, c'est de considérer que les organisations peuvent elles aussi avoir, en quelque sorte, une personnalité, voire être le refuge de plusieurs forces psychiques inconscientes, de personnalités en action qui se disputeraient dans l'ombre la commande du collectif[6]. Ce passage de l'ordre de la psyché individuelle à celui du collectif s'explique largement par la possible domination d'un dirigeant sur l'organisation. Puisque les organisations sont, pour la plupart, très hiérarchisées et que leur commande est, le plus souvent, confiée à un dirigeant qui doit en assurer la conduite, les caractéristiques psychologiques du dirigeant peuvent alors imprégner sa gestion et, par suite, toute l'identité psychique du collectif. Ainsi, et à titre illustratif, si nous classons les gestionnaires en trois types de personnalité, à savoir les artistes, les artisans et les technocrates, il est clair que sous la conduite de l'un ou l'autre de ces types de personnalité, l'organisation pourra prendre une

> *« Avec les poursuites systématiques des années 30 contre les bandes criminelles, J. Edgar Hoover est devenu "Monsieur FBI". Au cours des années, le FBI a été modelé selon la conception et les idéaux de cet homme. Aucune autre agence du gouvernement fédéral ne porte le sceau d'une seule personnalité de façon aussi marquée que le Federal Bureau of Investigation. Hoover est le FBI. »*
>
> Whitehead, D., *The FBI Story*,
>
> N. Y., Random House, 1956 : 119.

6 À ce propos, voir : Kets de Vries, M. F. R. et D. Miller, *L'entreprise névrosée*, Paris, McGraw-Hill, 1985. Voir aussi : Zaleznik, A., *Human Dilemmas of Leadership*, N. Y., Harper & Row, 1966 ; Zaleznik, A. et M. F. R. Kets de Vries, *Power and the Corporate Mind*, Boston, Houghton Mifflin, 1975.

coloration psychologique fort différente[7]. En effet, ces trois types se distinguent très nettement les uns des autres tant au regard de leur caractère que selon leur mode de pensée et leur comportement. De plus, chacun de ces types de personnalité peut se traduire en pratiques de gestion qui construiront des organisations très différentes.

Dans les organisations, l'artiste, qui est souvent perçu comme un leader, joue le rôle de visionnaire et d'innovateur, et son efficacité se fait tout particulièrement sentir sur la longue durée, car les nouvelles idées mettent souvent du temps à fleurir. Très ambitieux et toujours stimulé par le risque, l'artiste aime les coups d'éclat, est toujours prompt à saisir au vol l'occasion qui se présente ou à esquisser des projets et des défis aussi inédits que stimulants. Il n'est donc pas rare de le voir engager l'organisation sur de nouveaux chemins là où tout est à découvrir et où tout est à inventer. Si la personnalité de l'artiste mérite le respect pour la créativité qui l'anime, elle peut, cependant, conduire les organisations à perdre de vue ses réalités quotidiennes au profit de lendemains toujours plus prometteurs et d'occasions et de projets qui parfois ne sont que pures rêveries.

> *« Souvent, les leaders sont rebelles, insoumis, voire désobéissants [...] aux façons de penser généralement admises et aux façons de faire qu'on ne remet plus en question. C'est cette façon de penser l'impensable qui est en grande partie responsable des succès du Cirque du Soleil. »*
>
> Laurent Lapierre
>
> Champagne, S., « Le cirque de toutes les audaces », *HEC Montréal Mag*, 2009, *7*(2) : 15.

Pour sa part, l'artisan tient plutôt le rôle d'un stabilisateur qui cherche toujours à consolider les acquis de l'organisation de façon à en assurer la pérennité. Il recherche tout particulièrement les petites adaptations à la marge, les ajustements mineurs et il préfère miser sur une croissance lente, mais continue des activités de l'organisation. En fait, l'artisan puise souvent dans la tradition et la sagesse populaire l'énergie requise pour guider avec douceur et patience son organisation. Si la personnalité de l'artisan impose le respect que commande une gestion prudente, elle peut toutefois conduire les organisations à se complaire dans la routine et à se scléroser avant de péricliter lentement, faute d'audace.

> *« La force de Cascades va toujours être de travailler en équipe dans une direction commune et dans le respect. Nous sommes fiers du modèle Cascades de participation aux bénéfices. Il responsabilise les employés tout en faisant appel à leur autonomie. C'est sur ces bases qu'il est possible pour un contrôleur d'usine de devenir président. »*
>
> Mario Plourde, PDG de Cascades
>
> Régnier, M., *Les Affaires*, 19 avril 2014 : A10.

Enfin, le technocrate joue généralement le rôle d'un planificateur réflexif, doublé d'un formidable concepteur de structure qui sait être en plein contrôle des situations complexes auxquelles il est confronté. Toujours, il recherche les bénéfices à court terme et il est sans cesse en attente d'un avenir meilleur, d'un éventuel progrès dont l'organisation pourrait profiter. Si la personnalité du technocrate est riche en termes d'efficacité technique, elle peut aussi conduire les organisations à se bureaucratiser et à perdre tout esprit d'innovation.

---

7 Pour une analyse de ces trois types, voir : Pitcher, P., *Artistes, artisans et technocrates*, Montréal, Québec/Amérique, 1994.

Le climat organisationnel

Le **climat organisationnel** est le fruit de la perception subjective des acteurs qui décodent en termes positifs ou négatifs leur environnement de travail.

En management, la prégnance de dimensions psychologiques sur la réalité des organisations est souvent évoquée en termes de climat organisationnel ou de champ psychologique. Ce **climat organisationnel** est le fruit de la perception subjective des acteurs qui décodent en termes positifs ou négatifs leur environnement de travail. De manière générale, les sources de motivation au travail, les communications, les interactions, les processus de décision et les contrôles seraient au nombre des vecteurs pris en considération dans la constitution d'une perception du climat organisationnel. À l'instar de la température qui affecte l'humeur des uns et autres, les acteurs seraient psychologiquement sensibles au climat de leur organisation. Surtout, leurs comportements seraient directement liés à la perception qu'ils ont de la qualité de ce climat. Alors que dans un environnement de travail perçu négativement, les acteurs seront peu motivés, ils auront plutôt tendance à donner le meilleur d'eux-mêmes lorsque le climat de travail est perçu en termes positifs.

> *« Pour bien caractériser le champ psychologique, il faut tenir compte d'éléments spécifiques comme les buts particuliers, les stimuli, les besoins et les relations sociales, aussi bien que de caractéristiques plus générales, comme l'atmosphère (par exemple, l'amitié, l'atmosphère tendue ou hostile) ou comme le degré de liberté. Ces caractéristiques prises comme un tout, sont aussi importantes en psychologie que, par exemple, le champ de gravité dans l'explication des événements en physique classique. »*
>
> Lewin, K.,
> *Field Theory in Social Science*,
> N. Y., Harper & Row, 1951.

Likert a identifié deux grands types de climat organisationnel qui regroupent, en fait, quatre systèmes de gestion. Comme on peut le voir dans le tableau suivant, alors que le climat organisationnel de type autoritaire serait peu propice à l'éclosion de la motivation au travail, les systèmes de gestion qui sont au principe des climats participatifs seraient propices à l'atteinte des besoins supérieurs qui sont généralement perçus comme étant des sources de motivation au travail.

Tableau 5.8 **Le climat organisationnel selon Rensis Likert**

Climats	Systèmes de gestion	Caractéristiques
Autoritaire	Exploiteur	Ce système de gestion est marqué par la méfiance de la direction envers le personnel, l'absence de communication ouverte, la centralisation des décisions et des contrôles et par des pratiques de motivation centrées sur la menace, les récompenses et les punitions.
	Paternaliste	Dans ce système, les relations de travail sont largement condescendantes, la communication est paternaliste, les décisions et les contrôles sont centralisés et la direction mise sur les besoins de sécurité et d'appartenance pour motiver le personnel.
Participatif	Consultatif	Dans ce système, la direction consulte son personnel, mais conserve le pouvoir de décision. L'évaluation de la performance est déléguée au niveau intermédiaire et la direction mise notamment sur l'atteinte d'objectifs organisationnels et la participation aux prises de décision pour stimuler la motivation au travail.
	Démocratique	Dans ce système de gestion, le personnel est un partenaire au sein d'une organisation où règnent la confiance, le partage de l'autorité et des responsabilités, l'implication dans la définition des objectifs à atteindre, les contrôles et les décisions. L'organisation offre au personnel la possibilité de satisfaire toute la gamme des besoins psychologiques.

Construit à partir de : Likert, R., *New Patterns of Management*, N. Y., McGraw-Hill, 1961; et Likert, R., *The Human Organization: Its Management and Value*, N. Y., McGraw-Hill, 1967.

5.4.2 Les habiletés psychologiques

Au regard de la perspective psychologique, le gestionnaire est le pivot central de la motivation au travail et du climat organisationnel. En tant que maître d'œuvre de la conception du travail et des pratiques administratives, il est directement responsable des possibilités offertes aux uns et aux autres de combler leurs besoins psychologiques.

Par ailleurs, pour jouer son rôle d'architecte du climat organisationnel, le gestionnaire doit aussi contribuer à instituer un climat de travail positif et propice à l'atteinte des objectifs de performance de l'organisation. Pour y parvenir, il peut participer à la mise en œuvre de systèmes de gestion où règnent la confiance et l'esprit d'équipe, mais puisque le climat organisationnel est largement tributaire de la perception de ceux et de celles qui le vivent, le gestionnaire doit d'abord maîtriser les habiletés de communication. C'est là un prérequis, car c'est par la communication que s'instituent les relations de confiance, le partage d'informations, l'entraide, l'esprit d'équipe, le désir de s'impliquer, etc. En fait, la communication est tout à la fois le vecteur central et le témoin par excellence du climat organisationnel. Elle est, en quelque sorte, le ciment social qui lie psychologiquement tous les membres de l'organisation.

Diagnostic 5.3 **Les habiletés psychologiques**

Pour prendre la mesure des habiletés psychologiques des gestionnaires, les questions suivantes s'avèrent être un bon point de départ. En fait, elles permettent de poser un diagnostic sommaire, lequel peut alors servir à lancer une réflexion plus étoffée.	Fortement en accord	Plutôt en accord	Plus ou moins en accord	Plutôt en désaccord	Fortement en désaccord
Motiver					
1. Les gestionnaires savent lire l'organisation en termes de besoins psychologiques que tentent de satisfaire les acteurs de l'organisation.					
2. Les gestionnaires conçoivent le travail de telle sorte qu'il puisse permettre la satisfaction des besoins psychologiques.					
3. Les gestionnaires conçoivent les relations de travail de telle sorte qu'elles puissent permettre la satisfaction des besoins psychologiques.					
4. Les gestionnaires reconnaissent que tous les membres de l'organisation ne cherchent pas à combler les mêmes besoins.					
5. Les gestionnaires adaptent leurs pratiques de gestion en fonction des besoins que les acteurs cherchent à satisfaire.					
Communiquer					
1. Les gestionnaires reconnaissent l'importance de la dimension psychologique de la communication interpersonnelle.					
2. Les gestionnaires reconnaissent que le climat organisationnel se construit par la communication interpersonnelle.					
3. Les gestionnaires pratiquent l'écoute empathique et le dialogue de façon à favoriser la communication interpersonnelle.					
4. Les gestionnaires considèrent que la communication va bien au-delà de l'échange d'informations.					
5. Les gestionnaires adaptent leurs pratiques de communication en fonction des perceptions du climat organisationnel.					

5.5 La perspective cognitive

La **perspective cognitive** permet de décoder l'organisation en termes de savoirs.

Tout comme les précédentes, la **perspective cognitive** se juxtapose au système technique qu'elle décode en termes de savoirs que les membres de l'organisation mettent en jeu dans le flot de leurs activités quotidiennes[8]. En outre, c'est l'organisation elle-même qui est vue comme un système de savoirs enchevêtrés, un système qui prend la forme d'une intelligence collective capable d'apprendre, d'innover et de traiter l'information. Dans cette intelligence collective, le management tient alors un rôle pivot qui contribue à l'apprentissage organisationnel en l'alimentant du fruit de ses réflexions et en gérant la connaissance organisationnelle.

Figure 5.6 **La perspective cognitive**

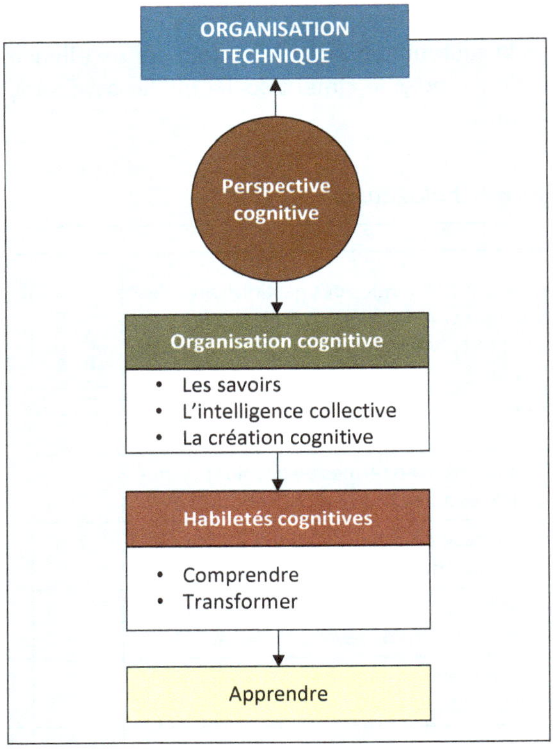

5.5.1 L'organisation cognitive

Sous le regard de la perspective cognitive, les membres de l'organisation sont des êtres réflexifs qui construisent et mobilisent des savoirs au fil de leurs actions quotidiennes. Ainsi, ils construisent une intelligence collective qui sert de socle aux apprentissages organisationnels, aux métissages propices à l'innovation et au traitement de l'information requis pour atteindre les objectifs de performance du système technique.

8 Sur l'arrimage de la réalité cognitive de l'organisation avec son système technique, voir, entre autres : Senge, P., *The Fifth Discipline: The Art and Practice of the Learning Organization,* N. Y., Doubleday, 1990; Srivastva, S. (dir.), *The Executive Mind,* San Francisco, Jossey-Bass, 1983 ; Nonaka, I. et H. Takeuchi, *The Knowledge-Creating Company*, N. Y., Oxford University Press, 1995.

Les savoirs

En termes cognitifs, les acteurs organisationnels sont des êtres réflexifs, c'est-à-dire qu'ils réfléchissent en action, interprètent leur réalité, construisent des concepts pour la décrire, échafaudent des théories pour donner du sens à ce qu'ils voient et vivent, énoncent des idées, formulent des projets, codifient leur environnement sous la forme de données et d'informations, acquièrent une diversité de **savoirs**, encastrent leurs savoirs dans des outils, des processus, des règles, imaginent des futurs, développent leurs compétences, innovent en métissant les savoirs, analysent leur contexte d'action, évaluent leurs possibilités d'action, cherchent des solutions à leurs problèmes, etc.[9] En clair, les acteurs organisationnels sont intelligents et ils en font la démonstration en mobilisant continuellement des savoirs dans leurs actions. Et c'est précisément en agissant qu'ils construisent de nouveaux savoirs qu'ils peuvent par la suite mobiliser.

Les acteurs organisationnels mobilisent constamment des **savoirs** dans leurs actions, savoirs qui prennent la forme d'interprétations, de théories, de concepts et d'informations.

En se présentant à la fois comme une condition de l'action et son résultat, le savoir des acteurs organisationnels est donc fondamentalement dual. Il est une condition qui sert d'assise à l'action, car sans savoir, l'action perd son sens, elle n'est que pur réflexe, que mouvement physiologique ou mécanique. En retour, l'action permet à l'acteur d'enrichir le réservoir de savoirs qu'il peut mobiliser pour agir, résoudre des problèmes et innover. En fait, sans action, il n'y a pas de savoir possible, car c'est précisément en agissant sur son environnement que l'acteur apprend à le connaître et sait comment s'y mouvoir avec intelligence. De plus, par ses interactions avec les autres, il partage son savoir et participe ainsi à la constitution de l'intelligence collective qui est au principe même de la réalité cognitive de l'organisation.

Au sein de l'intelligence collective, les membres de l'organisation sont des producteurs et des utilisateurs de savoirs qui savent interagir avec les autres. Les acteurs organisationnels sont donc socialement compétents. Toujours, ils mobilisent leur savoir, tirent profit des informations qu'ils possèdent et construisent des interprétations sur leur situation. À la question classique : « Pourquoi l'acteur organisationnel agit-il comme il le fait ? », la réponse cognitive est simple : « L'acteur agit sur la base de ce qu'il sait faire, de ce qu'il interprète comme devant être fait et des informations qu'il possède. » À partir de ce constat, la lecture de la réalité de l'organisation en termes cognitifs se décline de la façon suivante :

- l'action des membres de l'organisation s'explique largement par les savoirs qu'ils possèdent et construisent au fil de leurs actions ;
- l'organisation est tout à la fois une réalité à connaître pour ses membres et un réservoir de savoirs qu'ils peuvent mettre à contribution en interagissant avec les autres ;
- le tissu social de l'organisation est un lieu d'expression des savoirs de ses membres et une occasion d'apprentissage, de construction de nouveaux savoirs ;
- pour développer leurs savoirs et ainsi accroître leur compétence d'acteur organisationnel, les membres de l'organisation doivent interagir avec les autres ; ils mettent alors en jeu leur compétence et, de ce fait, l'enrichissent ;

[9] Sur cette réflexivité des acteurs organisationnels, voir, notamment : Argyris, C. et D. Schön, *Theory in Practice: Increasing Professional Effectiveness*, San Francisco, Jossey-Bass, 1974; Schön, D. A, *The reflexive Practitioner. How Professionals Think in Action,* N. Y., Basic Book, 1983; Argyris, C., *Knowledge for Action,* San Francisco, Jossey-Bass, 1993.

- les acteurs organisationnels manifestent leur frustration et peuvent s'engager dans une dynamique de négociations et de conflits lorsque l'organisation ne valorise pas ou ne met pas à profit leurs savoirs ;
- les pratiques de gestion ont une influence sur le savoir que partagent les membres de l'organisation.

Il est relativement facile de reconnaître que tous les acteurs organisationnels sont des êtres réflexifs qui manœuvrent au milieu d'autres acteurs doués de réflexivité. Révéler les savoirs que les uns et les autres mettent en jeu dans leurs interactions est nettement plus ardu. Ainsi, le gestionnaire qui chercherait à tirer profit du savoir des acteurs de l'organisation pour innover ou résoudre des problèmes est confronté aux questions suivantes :

- « Quels savoirs l'acteur possède-t-il ? »
- « Est-il possible de métisser la diversité des savoirs de façon à construire un réservoir commun de savoirs ? »
- « L'acteur possède-t-il une variété de savoirs ? »
- « Quels savoirs privilégie-t-il ? »
- « Est-il possible de fonder sur le savoir des uns et des autres une véritable intelligence collective qui permettrait d'apprendre, d'innover et de résoudre des problèmes ? »

Comme l'illustre le tableau suivant, le réservoir de savoirs qui sert de socle cognitif à l'organisation oscille d'un côté entre deux formes, soit le savoir explicite et le savoir tacite et, de l'autre, entre les niveaux individuel et collectif.

Tableau 5.9 **Les savoirs**

Savoirs	Individuel	Collectif
Tacite	• Savoir pratique • Expertise • Savoir fantasmatique • Savoir instinctif • Savoir intuitif • Routines et habitudes • Etc.	• Sens commun • Normes sociales • Histoire organisationnelle • Culture générale • Rumeurs • Mythes • Etc.
Explicite	• Informations privilégiées • Interprétations et opinions personnelles • Idées formalisées • Compétence formelle • Analyses personnelles • Etc.	• Connaissances scientifiques • Règles administratives • Procédures formelles • Informations et données • Standards • Mesures • Etc.

Le savoir tacite est par définition implicite, sous-entendu, parfois inconscient, le plus souvent difficilement verbalisable et toujours encastré dans l'action. D'une certaine façon, c'est un savoir qui ne trouve pas les mots pour se dire. C'est donc fondamentalement un savoir en action. C'est d'ailleurs dans l'action qu'il prend tout son sens, révèle son existence et prouve sa valeur.

> *« Une seule ressource à l'interne connaissait de mémoire tous les petits tours de passe-passe requis pour que le programme fonctionne quand on faisait une entrée de données. S'il était arrivé quelque chose à cette personne, nous n'aurions pas pu continuer à gérer la paie. »*
>
> Jo-Anne Constantin, directrice principale RH et administration chez Lise Watier
>
> Lussier, J., « Lise Watier fait passer ses RH à un niveau supérieur », *Les Affaires*, 22 mars 2014 : 32.

Au niveau individuel, le savoir tacite prend notamment la forme d'un savoir pratique et d'une expertise qui permet aux acteurs de savoir-faire des choses sans pour autant qu'ils aient pleinement conscience de l'étendue de leur savoir, voire même de son existence. Il arrive donc que les acteurs sachent faire ce qu'ils font sans même savoir qu'ils le savent ou, à tout le moins, sans qu'ils puissent clairement décrire le savoir qu'ils utilisent. Le savoir tacite prend aussi la forme de fantasmes largement inconscients qui s'incarnent dans des désirs, des vues de l'esprit, des rêves et des visions. Enfin, le savoir tacite se fait automatismes lorsqu'il revêt la forme de routines, d'habitudes, d'intuitions et d'instincts qui guident presque spontanément l'acteur en lui indiquant ce qu'il convient de faire ou d'éviter de faire.

Au niveau collectif, le savoir tacite s'incarne dans les rumeurs et les mythes qui circulent au sein de l'organisation ; dans son histoire qui est un réservoir d'expériences passées ; dans le sens commun qui permet à chacun d'être socialement compétent sans que cette compétence soit le moindrement formelle ou explicitée ; dans les normes sociales qui dictent ce qu'il convient de penser et de faire sans même que qui que ce soit ait à les préciser ; et dans une culture générale faite de langages et de théories qu'un même groupe social partage et enrichit, sans avoir pleinement conscience de cette culture.

Par ailleurs, le savoir peut aussi être explicite et s'énoncer de façon formelle, précise et claire. Au niveau individuel, les informations que les acteurs possèdent, les idées qu'ils énoncent, les interprétations qu'ils formulent, les analyses qu'ils élaborent, les compétences formelles acquises en formation sont autant de variantes de ce savoir explicite.

> *« Les dirigeants ont parfois de la difficulté à reconnaître le rôle de leurs employés dans le bon fonctionnement de leur entreprise. [...] Mais cette tendance diminue à mesure que la complexité du travail augmente. Car tous ceux qui emploient des travailleurs du savoir gagnent à tirer profit des processus psychologiques qui, justement, sous-tendent une part majeure de la productivité de l'entreprise. Ces processus sont directement impliqués dans la prise de décision, la résolution de problèmes et l'innovation. Ils jouent donc un rôle primordial. »*
>
> Sarrasin, N., « Valoriser le capital intangible grâce à la cognition humaine », *Direction informatique*, 1er octobre 2006.

Au niveau collectif, les variantes du savoir explicite sont les connaissances scientifiques qui sont largement partagées, les règles et les procédures administratives qui intègrent un savoir passé pour orienter les conduites futures, les informations et les données qui fondent les analyses formelles au sein des organisations et les standards et mesures diverses qui sont tout à la fois des normes formelles qu'il convient de respecter et des informations qui orientent l'action.

L'intelligence collective

L'**intelligence collective** est le réservoir de connaissances construit et partagé par tous les membres de l'organisation.

Fruit de la rencontre d'acteurs réflexifs, l'organisation prend la forme d'une **intelligence collective**. D'abord, comme nous venons tout juste de l'évoquer, tous les acteurs organisationnels participent à cette intelligence collective en construisant des savoirs et en les mobilisant dans le flot quotidien de leurs actions. C'est dire que le réservoir cognitif sur lequel peut compter le collectif est tout simplement immense. En effet, le savoir collectif est l'effet de composition de l'intelligence de chacun des acteurs qui prennent toujours concrètement connaissance de leur réalité, la perçoivent, l'interprètent et la mettent concrètement en jeu dans leurs actions, dans leurs interactions. Ils l'encastrent aussi dans des dispositifs, telles des règles ou des procédures, dans des savoir-faire et dans des objets, tels des technologies et des outils. Cette prise de connaissance collective est donc indéfiniment variée, car chaque acteur est unique et, sur la base de son expérience, de son histoire, de son identité et de sa personnalité, il lira son contexte de façon particulière. Il existe donc une telle chose qu'une diversité de savoirs personnels qui viennent nourrir l'intelligence collective en se combinant naturellement les uns aux autres. En outre, puisque tous les acteurs organisationnels n'ont pas à composer avec le même contexte, l'intelligence collective s'enrichit inévitablement d'une diversité de savoirs contextualisés, tels les savoirs liés aux tâches, aux métiers, aux rôles, aux fonctions, aux événements, etc.

Ensuite, l'intelligence collective est le fruit émergeant d'une diversité de réflexivités. Ainsi, au sein même de l'organisation, non seulement tous n'ont pas à décoder la même réalité, mais ils ne la décodent pas tous de la même façon. Certains misent sur l'analyse ou la pensée critique, d'autres sur l'imagination, d'autres encore préfèrent s'en remettre à la description de leur réalité, à leur expérience ou à leur sagesse. En fait, au sein même d'une organisation, il est possible de retrouver tous les modes de réflexion et chaque acteur peut même en combiner plusieurs. L'intelligence collective prend donc la forme d'un enchevêtrement de modes réflexifs, pas toujours compatibles les uns aux autres. Réfléchir la réalité organisationnelle en termes analytiques n'est pas forcément équivalent à la réfléchir en termes créatifs ou critiques, et cela implique que l'intelligence collective soit potentiellement contradictoire, ambigüe et source de tensions pour tous les acteurs qui l'alimentent et s'en nourrissent.

> *« Le travail d'idéation est fait en petits groupes de deux, trois, quatre ou cinq personnes qui prennent le temps de réfléchir et de débattre. À cette étape, comme nous nous donnons la chance de rêver, je m'entoure surtout de gens polyvalents, qui possèdent des qualités en écriture, en dessin et en technologie [...]. Je recherche chez ces proches collaborateurs une combinaison du sens du détail et de l'habileté à avoir une vue d'ensemble. Je privilégie les idées originales plutôt que les expertises particulières. J'aime travailler avec des gens capables d'expliquer leurs propositions – ce qui donne souvent lieu à de belles surprises – tout comme leurs désaccords ou leurs réserves. Je déteste travailler avec des gens dont le seul commentaire est "J'aime" ou "Je n'aime pas" ».*
>
> Luc Mayrand
> producteur et
> directeur de création,
> Walt Disney Imagineering
>
> Tremblay, J.,
> « Le leadership
> en créativité chez Disney »,
> *HEC Montréal Mag*,
> 2008, *12*(1) : 14.

Enfin, l'intelligence collective porte en elle des apprentissages qui se remarquent notamment dans l'histoire de l'organisation, dans les façons de faire qui sont valorisées par les membres du collectif, dans la socialisation des nouveaux membres et dans les automatismes que les uns et les autres actionnent tout naturellement dès qu'ils sont confrontés à des problèmes à résoudre ou des défis à relever.

Pour véritablement tirer profit de l'intelligence collective et s'assurer qu'il y ait des apprentissages bénéfiques pour l'organisation, les gestionnaires doivent donc apprendre à la lire, et c'est en centrant leur attention sur les savoirs des uns et des autres, sur la façon dont ils les construisent et les mettent en jeu qu'ils peuvent y parvenir. Les gestionnaires peuvent alors tenter de formaliser le savoir collectif par une gestion des connaissances. S'ils y parviennent, ils ajouteront une couche sédimentaire à l'intelligence collective, car elle est sans cesse mouvante et toujours enrichie par les techniques qui visent à l'instrumentaliser.

La création cognitive

Fruit du savoir de tous, l'intelligence collective ne se limite pas à n'être qu'un réservoir plus ou moins riche de savoirs actionnables au gré des intentions des acteurs de l'organisation. Une intelligence collective n'est pas une bibliothèque de savoirs. Il y a certes du savoir à profusion, mais il y a surtout, comme l'illustre la figure suivante, une fertilisation croisée entre les savoirs implicites et explicites, une dynamique créative, un mouvement spiroïdal d'enrichissement des savoirs.

Figure 5.7 **La création de connaissances**[10]

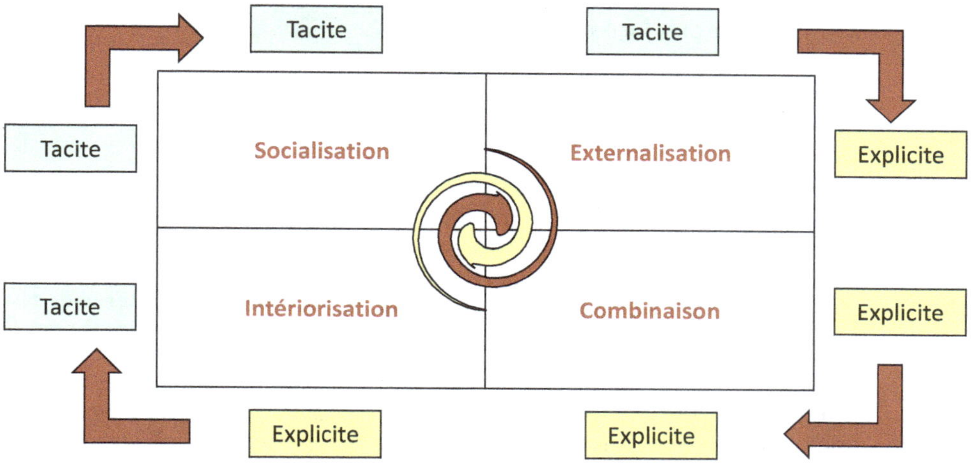

Les mouvements de socialisation, d'externalisation, de combinaison et d'intériorisation participent au dynamisme de l'intelligence collective. Par ces mouvements, l'organisation construit de nouvelles connaissances qui viennent nourrir son intelligence collective et enclenche une spirale de connaissances, une extension du savoir sur lequel peuvent compter les membres de l'organisation.

Le mouvement de socialisation lie le savoir tacite des uns à celui des autres. Ainsi, un acteur se socialise au savoir tacite des autres membres de l'organisation par l'observation, l'imitation, le compagnonnage, le mentorat et la participation à des communautés de pratiques au sein desquelles chacun expose ses pratiques, ses façons de faire, ses expériences, etc. Ce mouvement de socialisation qui accroît le savoir tacite de tous est à l'œuvre lors de l'entrée dans une nouvelle organisation ou dans une nouvelle fonction,

[10] Modèle de création des connaissances formulé par : Nonaka, I. et H. Takeuchi, *The Knowledge-Creating Company*, N. Y., Oxford University Press, 1995.

mais il ne se cesse jamais d'être actif puisque les membres d'une organisation développent continuellement de nouvelles pratiques et de nouveaux savoirs qu'il est toujours possible d'assimiler du simple fait d'être en interaction au sein du collectif.

Le mouvement d'externalisation traduit le savoir tacite en savoir explicite, ce qui le rend plus facilement manipulable et propice à d'éventuelles transformations. Ce mouvement consiste essentiellement à formaliser le savoir tacite, à le rendre explicite via les échanges entre acteurs, la rédaction de documents, la mise en œuvre d'outils et de processus formels de travail, etc. Dans les organisations, ce mouvement est particulièrement visible lors de l'instauration de règles administratives et des procédures de travail, dans la formulation de plans formels, dans les descriptions de tâches, dans les directives administratives, dans les grandes politiques générales de l'administration et dans l'instauration de mécanismes formels de contrôle. Ainsi, au sein d'une organisation le moindrement formalisée, chacun sait de façon explicite ce que l'on attend de lui, ce qu'il doit faire et la façon dont il doit le faire. Au terme du processus d'extériorisation, chacun peut donc compter sur un savoir explicite mobilisable dans l'action.

> *« Nous avons un manuel d'information sur les congés de maladie, les congés annuels, le code vestimentaire, la santé et la sécurité du travail, et ainsi de suite, souvent des éléments à caractère légal. Ce sont nos procédures. En fait, il y a une série de manuels : "Comment être un bon patron", "Comment être un bon employé", "Comment obtenir une prime plus élevée", etc. Ces manuels sont des guides indiquant les comportements que nous voulons voir les employés adopter chez Timpson. »*
>
> Helen Timpson
>
> Tessier, S., « Un contrôle de gestion basé sur la culture : le cas de la société Timpson », *Gestion*, 2013, *38*(1) : 61.

Le mouvement de combinaison consiste à croiser les différents savoirs explicites de façon à en construire de nouveaux. C'est notamment le cas lorsque les gestionnaires combinent les divers plans fonctionnels de façon à construire un plan stratégique d'ensemble ou lorsqu'ils revoient les processus d'affaires qui sont au principe du déroulement des opérations concrètes. En fait, le mouvement de combinaison des savoirs explicites est continuellement à l'œuvre dans l'organisation et pas seulement lors des moments de synthèses administratives ou de refontes des façons de faire de l'organisation. En fait, dès qu'une information est combinée à une autre, dès qu'une mesure fonde une analyse formelle, dès qu'un plan donne naissance à de nouvelles règles ou procédures, c'est le mouvement de combinaison des savoirs explicites qui fait son œuvre.

> *« Tout au long du processus de développement d'un projet, les équipes deviennent plus nombreuses et tout le monde a des idées, des tonnes d'idées. Un des rôles les plus importants du leader en créativité est de savoir "mettre en forme" en gardant en tête l'essentiel. Cela peut se faire de différentes façons. Il peut s'agir de mieux définir le contexte, de demander à l'une ou l'autre des équipes d'insuffler plus d'humour ou de magie, d'adopter un ton plus actif, de mettre un personnage plus en valeur. Le leadership s'exerce aussi en déterminant les priorités ou encore, tout simplement, en faisant des choix. La création n'est pas un processus démocratique… »*
>
> Luc Mayrand, producteur et directeur de création, Walt Disney Imagineering
>
> Tremblay, J., « Le leadership en créativité chez Disney », *HEC Montréal Mag*, 2008, *12*(1) : 14.

Le mouvement d'intériorisation boucle la boucle de la création des connaissances et donne les assises à un nouveau cycle. Ce dernier mouvement consiste à assimiler les savoirs explicites de telle sorte qu'ils basculent dans le territoire du savoir tacite. En fait, ce mouvement d'intériorisation est largement au principe de la compétence sociale de l'acteur organisationnel qui après avoir été exposé aux règles de l'organisation en assimile le contenu, l'adapte à sa réalité et en fait une seconde nature. Il sait agir selon les règles, il se conforme à leurs exigences sans même savoir qu'il s'y soumet, et d'autant plus facilement qu'il n'a plus conscience de le faire. Sans le savoir, il gagne en capacité d'agir au sein de l'organisation.

5.5.2 Les habiletés cognitives

Au regard de la perspective cognitive, le gestionnaire est aussi un être cognitif, un acteur qui a un savoir et une capacité à le mobiliser pour accroître l'apprentissage organisationnel et réaliser les objectifs de performance du système technique. Bien sûr, le gestionnaire peut compter sur l'autorité que les membres de l'organisation lui confèrent au sein de l'organisation pour imposer des apprentissages et faciliter la réalisation des quêtes techniques, mais il se priverait alors de toute la richesse de l'intelligence du collectif pour simplement imposer la sienne. Or l'intelligence collective de l'organisation est forcément plus riche que la sienne. C'est là que réside tout le potentiel de créativité que recèle une organisation. C'est aussi là que réside le savoir pratique qui arrive à régler les problèmes sans même que qui que ce soit ait eu conscience qu'il y avait un problème à régler et une solution à concevoir. C'est également là que les uns et les autres savent mobiliser le savoir explicite de l'organisation et, surtout, savent l'adapter aux défis inédits que pose l'action collective.

> *« Les gens sont de plus en plus instruits. Ils arrivent avec un fort bagage intellectuel. On n'est plus dans le savoir-faire, mais dans le savoir-agir. On veut donc aider nos équipes de gestion à mieux utiliser leurs connaissances et à aller plus loin. »*
>
> Marie-Joanne Trottier, conseillère en développement organisationnel
>
> Rudel-Tessier, M., « Apprendre dans l'action à la SAQ », *Les Affaires*, 8 mars 2014 : 36.

Pour pleinement profiter de l'intelligence collective de l'organisation, le gestionnaire peut s'en remettre aux deux grands projets épistémologiques qui sont au principe de tout le développement du savoir en management. En fait, il s'agit d'inscrire tacitement son action dans l'un et l'autre projet de façon à comprendre la réalité de l'intelligence collective dont il est l'un des opérateurs pivots et à lui insuffler le dynamisme requis pour son développement spiroïdal.

Avant d'user de sa légitime autorité pour imposer les objectifs de performance qui sont au principe du système technique dont il a la responsabilité, le gestionnaire doit donc comprendre la réalité cognitive de l'organisation en mettant au jour les savoirs que les uns et les autres construisent et utilisent dans le flot de leurs activités quotidiennes. Il doit être à l'affût autant des savoirs tacites que des savoirs explicites. Surtout, il doit comprendre les mécanismes qui unissent les relations entre les deux formes de savoir. En outre, il doit être pleinement conscient que le savoir est autant individuel que collectif et qu'il y a un jeu de transfert permanent entre les deux niveaux. En comprenant comment les formes de savoir se métissent et comment les niveaux s'imbriquent l'un dans l'autre, le gestionnaire se donne les moyens d'intervenir efficacement dans le tissu cognitif de l'organisation.

En faisant preuve d'habiletés cognitives, le gestionnaire cherche donc à comprendre la réalité de l'intelligence collective, mais il cherche aussi à l'arrimer aux objectifs de performance de l'organisation. Cet arrimage va au-delà d'une simple compréhension, car elle nécessite d'intervenir dans le tissu des relations cognitives qui unissent les membres de l'organisation. Surtout, l'arrimage implique de transformer l'intelligence collective et de l'orienter vers l'atteinte des objectifs de performance. En fait, en agissant le gestionnaire participe déjà à la transformation de l'intelligence collective, car agir c'est toujours connaître. Toutefois, le gestionnaire qui aspire à faciliter l'apprentissage organisationnel que nécessite l'atteinte des objectifs de l'organisation ne peut pas se contenter d'être un acteur réflexif comme les autres. Il doit consciemment transformer l'intelligence sans pour autant la dénaturer ou l'appauvrir. Il y arrive en misant sur les mouvements qui sont au principe de la création de nouveaux savoirs. Concrètement, il met en œuvre des pratiques et crée des contextes qui permettent aux mouvements de socialisation, d'externalisation, de combinaison et d'intériorisation d'être sans cesse actifs et porteurs de nouveaux savoirs.

Diagnostic 5.4 Les habiletés cognitives

Pour prendre la mesure des habiletés cognitives des gestionnaires, les questions suivantes s'avèrent être un bon point de départ. En fait, elles permettent de poser un diagnostic sommaire, lequel peut alors servir à lancer une réflexion plus étoffée.	Fortement en accord	Plutôt en accord	Plus ou moins en accord	Plutôt en désaccord	Fortement en désaccord
Comprendre					
1. Les gestionnaires savent lire l'organisation en termes de savoirs que construisent et mobilisent les acteurs de l'organisation.					
2. Les gestionnaires reconnaissent qu'il est légitime de mobiliser une variété de savoirs.					
3. Les gestionnaires reconnaissent l'importance du savoir tacite pour le bon fonctionnement de l'organisation.					
4. Les gestionnaires reconnaissent que le savoir est tout à la fois individuel et collectif.					
5. Les gestionnaires adaptent leurs pratiques en fonction des savoirs des acteurs.					
Transformer					
1. Les gestionnaires mettent en place des pratiques de mentorat pour faciliter l'échange de savoirs tacites.					
2. Les gestionnaires favorisent le dialogue et mettent en place des communautés de pratiques pour faciliter la traduction des savoirs tacites en savoirs explicites.					
3. Les gestionnaires misent sur les réunions et l'échange continu d'information pour faciliter la combinaison des savoirs explicites.					
4. Les gestionnaires favorisent la formation, la rétroaction et l'expérimentation pour faciliter l'intériorisation des savoirs explicites.					
5. Les gestionnaires formulent clairement les objectifs de performance autour desquels l'intelligence organisationnelle prend forme.					

5.6 Conclusion : l'enchevêtrement des perspectives sociales

Sous le regard des perspectives sociales, les acteurs organisationnels ne se réduisent pas à des ressources au service de l'atteinte d'objectifs de performance. Ils ont des intérêts à défendre, des valeurs à incarner, des besoins à satisfaire et des savoirs à mobiliser. L'acteur organisationnel est donc aussi un acteur social complexe. De la même façon, l'organisation est aussi une réalité sociale complexe qui ne se réduit pas à un système technique. L'organisation met certes en jeu une gouvernance, une stratégie, une structure et des opérations productives, mais elle est aussi constituée de jeux politiques, d'une identité, d'un climat et d'une intelligence collective.

Par ailleurs, la réalité sociale de l'organisation n'est pas à l'image de sa contrepartie technique. En effet, alors que chacun des cadres techniques était lié aux autres par un cycle administratif, les perspectives sociales ne sont pas unies par un tel lien instrumental. En fait, chacune des perspectives sociales peut se combiner aux autres pour offrir une image multifacette de la réalité sociale de l'organisation. Comme en témoigne le tableau suivant, la réalité organisationnelle mise en lumière par l'une des perspectives s'enrichit sous l'éclairage des autres.

Tableau 5.10 L'enchevêtrement des perspectives sociales

Organisation	Perspective politique	Perspective symbolique	Perspective psychologique	Perspective cognitive
Jeu politique organisationnel	Les intérêts des acteurs sont au principe même de la constitution des jeux politiques de l'organisation.	Pour les acteurs, ce sont les valeurs qui fondent le pouvoir légitime.	Les jeux politiques sont l'expression de la personnalité des acteurs et un moyen qu'ils utilisent pour satisfaire leurs besoins.	Les savoirs sont tout à la fois un enjeu des relations de pouvoir et un levier pour orienter les jeux politiques.
Identité organisationnelle	L'identité est l'expression d'un pouvoir et un enjeu politique. Les acteurs recherchent l'identité qui favorise leurs intérêts.	Les valeurs des acteurs sont au principe même de la constitution de l'identité de l'organisation.	L'identité organisationnelle est l'expression de la personnalité des acteurs et un moyen qui leur permet de satisfaire leurs besoins.	Les savoirs des acteurs sont un des vecteurs qui permet de façonner l'identité organisationnelle.
Climat organisationnel	La perception du climat de l'organisation est positive lorsque les acteurs peuvent y trouver leurs intérêts.	La perception du climat de l'organisation est positive lorsque les acteurs peuvent y incarner leurs valeurs.	Les besoins des acteurs sont au principe même de la perception du climat organisationnel.	La perception du climat de l'organisation est positive lorsque les acteurs peuvent y mobiliser leurs savoirs.
Intelligence collective	L'intelligence collective est l'expression d'un pouvoir et un enjeu politique. Les savoirs fondent le pouvoir.	En fonction de leurs valeurs, les acteurs privilégieront certaines formes de savoirs plutôt que d'autres.	La maîtrise des savoirs de l'organisation permet de satisfaire des besoins et d'exprimer sa personnalité.	Les savoirs des acteurs sont au principe même de la constitution de l'intelligence collective.

En croisant toutes les perspectives, il ressort clairement qu'une organisation n'est jamais une réalité politique, symbolique, psychologique ou cognitive. Elle est tout cela en même temps et en tout temps. Le tableau précédent illustre également que si chacune des perspectives offre un regard particulier sur la réalité de l'organisation, toutes peuvent offrir une vue d'ensemble, une interprétation générale.

À titre d'exemple, si nous reprenons la perspective politique, qu'a-t-elle de si particulier à offrir ? Elle attire l'attention sur le fait que les acteurs de l'organisation cherchent à défendre leurs intérêts et s'engagent dans des jeux politiques. Sous ce regard, tout devient politique, rien n'échappe à une lecture de l'organisation en termes de jeux politiques, d'expression du pouvoir des uns et des autres. La perspective politique ne se contente pas de cerner l'existence de jeux politiques au sein de l'organisation, elle attire aussi l'attention sur le fait que les aspects de la réalité organisationnelle que mettent de l'avant les autres perspectives sont aussi des réalités politiques.

D'abord, l'identité de l'organisation n'est pas seulement le fruit du métissage des valeurs des membres de l'organisation. Elle est aussi l'expression des règles du jeu politique, un des enjeux que se disputent les acteurs de l'organisation, une ressource qu'ils peuvent mobiliser dans leurs interactions, une base de leur pouvoir et la conséquence de leurs jeux politiques. Si l'identité d'une organisation témoigne des valeurs de ses membres, elle est aussi l'expression des relations de pouvoir qui lient les membres les uns aux autres.

Puis, le climat organisationnel ne se réduit pas à un jeu de perceptions aussi individuelles que psychologiques. Sous le regard de la perspective politique, le climat organisationnel est surtout la conséquence des jeux politiques des membres de l'organisation et sa perception positive ou négative est l'expression de leur situation au sein du jeu politique de l'organisation, des possibilités qu'il offre de satisfaire des intérêts, d'avoir accès aux ressources de l'organisation, d'occuper au sein de l'organisation une position enviable en termes de pouvoir.

Enfin, l'intelligence collective n'est pas une réalité purement cognitive où le savoir des uns se combinerait à celui des autres de façon à ce que tous puissent compter sur un réservoir de savoirs riches en promesses d'apprentissages. Sous les projecteurs de la perspective politique, l'intelligence collective, à l'instar de tous les aspects de la réalité de l'organisation, est le fruit de jeux politiques, la conséquence de négociations, l'expression de certains pouvoirs, un enjeu chaudement disputé, une ressource politique et, ultimement, un équilibre précaire et mouvant entre les intérêts des uns et le pouvoir des autres. Ainsi, enrichir l'intelligence collective c'est s'inscrire dans un jeu politique au terme duquel il ressort que le savoir est tout à la fois une base de pouvoir, un enjeu et une ressource dans le jeu politique de l'organisation.

On l'aura compris, à l'image de la perspective politique, toutes les perspectives peuvent se suffire à elles-mêmes. Chacune peut offrir un regard complet sur la réalité de l'organisation et si les gestionnaires ont tout intérêt à mobiliser toutes les perspectives de façon à lever le voile sur la richesse sociale de l'organisation et à y adapter leurs pratiques de management, ils ont aussi intérêt à ne pas s'enfermer dans l'une d'elles, car elles sont toutes liées les unes aux autres. En fait, la véritable richesse sociale de l'organisation avec laquelle les gestionnaires doivent composer se trouve précisément dans l'enchevêtrement des perspectives et dans leur arrimage avec la perspective technique, arrimage que nous évoquerons dans la conclusion de cette seconde partie.

SYNTHÈSE DU CHAPITRE

Idée clé
Au regard d'une logique de gouvernement des personnes qui met l'accent sur le caractère social de la vie en organisation, les organisations sont des réalités sociales qu'il est possible de décoder à l'aide de quatre perspectives sociales : politique, symbolique, psychologique et cognitive.

Les perspectives sociales	
Politique	Les acteurs sont motivés par leurs intérêts, usent de pouvoir pour les satisfaire ou les défendre et sont ainsi engagés dans les jeux politiques de l'organisation, jeux qui sont propices à l'éclosion de conflits entre les acteurs.
Symbolique	Les acteurs sont motivés par les valeurs qui fondent leurs actions et l'organisation est vue comme étant une identité collective qui favorise l'intégration de chacun autour de valeurs partagées.
Psychologique	Les acteurs organisationnels cherchent à combler leurs besoins psychologiques et l'organisation est vue sous le prisme d'un climat de l'organisation.
Cognitive	Les acteurs organisationnels sont des êtres réflexifs qui construisent et mobilisent des savoirs au fil de leurs actions quotidiennes. Ainsi, ils bâtissent une intelligence collective qui sert de socle aux apprentissages organisationnels.

Les éléments clés des perspectives

Perspective	Motivation des acteurs	Défi	Regard sur l'organisation	Habileté de gestion
Politique	Intérêts	Collaboration	Jeux politiques	Négocier et influencer
Symbolique	Valeurs	Intégration	Identité collective	Rassembler et métisser
Psychologique	Besoins	Conciliation	Climat organisationnel	Motiver et communiquer
Cognitive	Savoir	Apprentissage	Intelligence collective	Comprendre et transformer

Diagnostic

Pour analyser une situation de gestion à l'aide des perspectives sociales, il est possible de centrer l'attention sur quelques questions clés.

Perspective politique	Quels sont les intérêts des acteurs?
Perspective symbolique	Quelles sont les valeurs des acteurs?
Perspective psychologique	Quels sont les besoins des acteurs?
Perspective cognitive	Quels sont les savoirs des acteurs?

Partie II
Conclusion

Dans cette seconde partie, nous avons abordé le caractère contextualisé du management en décrivant trois contextes imbriqués les uns dans les autres. Comme l'illustre la figure suivante, le management s'inscrit, d'abord, dans le contexte très large de l'environnement des organisations, environnement qui revêt deux formes, à savoir un environnement global fait de tendances et de normes et un environnement d'affaires constitué de menaces et d'occasions.

Figure II.2 L'imbrication des contextes d'action

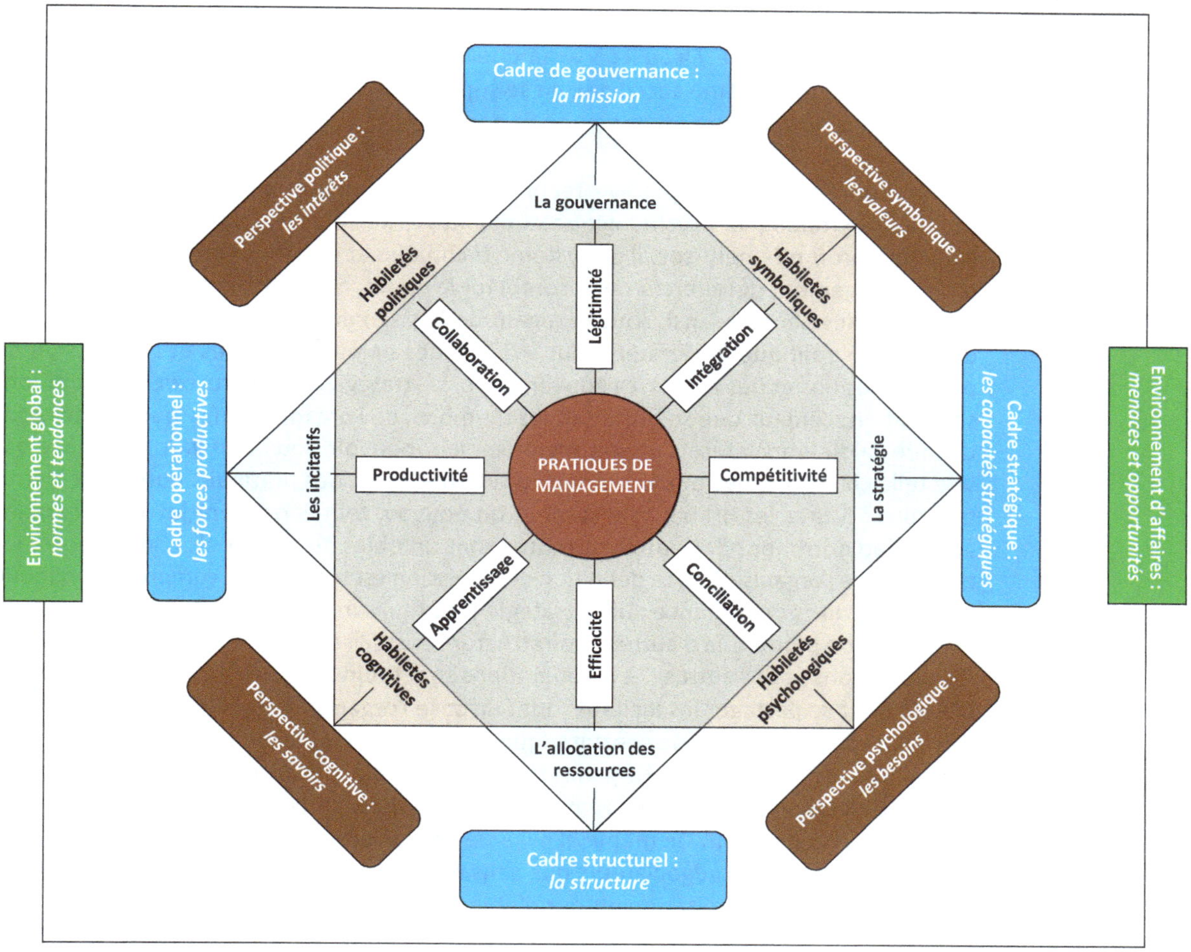

Au regard de l'ancrage de l'organisation dans l'environnement, le management ressort alors comme étant un opérateur entre la dynamique de l'environnement et la réalité de l'organisation. Dans un tel contexte, les gestionnaires tiennent notamment le rôle de traducteur de la réalité de l'environnement en termes d'objectifs de gestion à réaliser. Ils inscrivent leurs actions dans le second contexte d'action, le système technique, puisque c'est ce dernier qui incarne tous les défis lancés par l'environnement. Ces défis sont alors relevés par des pratiques de gouvernance légitime, de stratégie compétitive, d'allocation efficace de ressources et d'incitatifs à la productivité.

En management, il est fréquent de limiter la réflexion au seul arrimage entre le système technique de l'organisation et les exigences de son environnement. Pourtant, c'est là faire l'impasse sur toute la réalité sociale des organisations, réalité sans laquelle une organisation ne saurait exister. Se priver de réfléchir au caractère social des organisations, c'est non seulement réduire la complexité du monde des organisations et de leur gestion, mais surtout renoncer à comprendre la nature même des relations entre les membres de l'organisation ; cela revient à amputer le management d'une réflexion sur les habiletés sociales requises pour atteindre les objectifs de performance de l'organisation. Ainsi, et de façon plutôt paradoxale, la prise en compte de la réalité sociale de l'organisation est une condition de la réalisation des objectifs techniques du management. Cette réalité sociale se donne à voir par la mobilisation des perspectives politique, symbolique, psychologique et cognitive. Là où il n'y avait que des pratiques d'administration des choses, apparaît alors un système social qui, en se superposant au système technique, l'enrichit de pratiques de gouvernement de personnes.

En doublant ainsi la perspective technique des regards qu'offrent les perspectives politique, symbolique, psychologique et cognitive, il est alors possible de concevoir le caractère profondément social du système technique et d'entrevoir toute la complexité d'un management qui chercherait à combiner le gouvernement des personnes à l'administration des choses. Ainsi, sous le regard de la perspective politique, tous les cadres du système politique deviennent tout à la fois des enjeux politiques et l'expression du pouvoir des uns et des autres. La gouvernance, la stratégie, la structure et les opérations sont autant d'enjeux que se disputent les membres de l'organisation, autant d'occasions de faire valoir leurs intérêts et de concrétiser leur pouvoir. Sous ce regard, il n'existe pas une telle chose que des pratiques neutres et objectives, des pratiques purement instrumentales. Toutes les pratiques incarnent un pouvoir, toutes peuvent favoriser certains acteurs au détriment des autres et toutes sont un objet de potentiels conflits entre les membres de l'organisation. La définition de la mission est toujours un compromis politique portée par une gouvernance ; une stratégie met toujours en valeur certains groupes de l'organisation plutôt que d'autres ; une structure cristallise et limite forcément le pouvoir formel des uns et des autres ; et les opérations sont toujours le lieu de conflits ouverts ou latents pour se partager les incitatifs dont dispose l'organisation pour être productive. Il n'est alors pas surprenant de constater que les gestionnaires usent de leur influence pour convaincre les membres de l'organisation que les objectifs de performance technique sont une nécessité et que leur réalisation relève du bien commun et ne visent pas à favoriser qui que ce soit. De même, il n'y a rien de surprenant à ce que les gestionnaires doivent être d'habiles négociateurs qui, sans relâche, chercheront à fédérer les intérêts des membres de l'organisation autour d'objectifs communs de performance.

Sous le regard symbolique, le système technique prend une coloration identitaire. Dès lors, la gouvernance, la stratégie, la structure et les opérations sont autant d'occasions d'incarner les valeurs des uns et des autres et de marquer l'identité de l'organisation. D'ailleurs, rien n'échappe au regard symbolique, car pour les humains, tout peut avoir valeur de symbole, tout peut s'interpréter en termes symboliques, tout peut devenir une occasion d'incarner et de promouvoir des valeurs. Ainsi, la gouvernance est toujours lourde de sens car, en mettant en œuvre la mission de l'organisation, elle est l'image officielle de l'organisation, l'affirmation des valeurs formelles de celle-ci. La stratégie est elle aussi une pratique symbolique qui concourt à affirmer l'identité technique, communautaire ou individualisante de l'organisation. La structure, en instituant l'allocation des ressources, marque de façon très précise l'importance accordée aux valeurs au sein du système technique. Enfin, au niveau très concret des opérations, les membres de l'organisation incarnent leurs valeurs dans le quotidien des activités productives et prennent alors conscience que leurs croyances peuvent heurter les valeurs des autres. Devant la prégnance des valeurs sur le système technique, les gestionnaires n'ont alors pas d'autres choix que d'être d'habiles rassembleurs qui savent intégrer les valeurs des uns et des autres au sein d'un collectif qui permet le métissage des valeurs.

Sous le regard psychologique, là aussi, le système technique prend une autre coloration. Il devient le vecteur qui fonde le climat organisationnel. Le système technique est donc matière à perception et les membres de l'organisation ne se privent pas de le juger en termes positifs ou négatifs, ce qui a toujours une incidence sur leur motivation au travail. Le système technique permet-il de combler une variété de besoins fuyants et changeants ? Offre-t-il l'occasion à une variété de personnalités de se déployer ou se contente-t-il de mettre en valeur un type de personnalité ? Autant de questions que les gestionnaires au fait de la réalité psychologique de leur organisation se posent et reformulent en termes de pratiques de communication et de motivation.

Enfin, sous le regard cognitif, c'est tout le système technique qui devient une machine apprenante, une intelligence collective qui traite de l'information, formule des interprétations, mobilise des savoirs et prend des décisions. De la gouvernance aux opérations, le savoir de chacun est en action et l'organisation est en apprentissage. Par conséquent, les gestionnaires se mettent aussi en mode apprentissage, en cherchant d'un côté à comprendre l'intelligence collective qui est à l'œuvre dans la gouvernance, la stratégie, la structure et les opérations et, de l'autre, en tentant de transformer cette intelligence de façon à l'arrimer aux objectifs du système technique.

Prendre au sérieux le caractère social du système technique n'est donc pas une mince tâche. Tout devient complexe, tout s'entrecroise et s'imbrique, chaque pratique peut s'accompagner d'une indéfinie variété de conséquences techniques, politiques, psychologiques, symboliques et cognitives. À l'évidence, la réalité dont ils ont la charge échappe au contrôle des gestionnaires. En fait, ils ne peuvent pas tout contrôler et ils ne peuvent certainement pas contrôler la réalité sociale de l'organisation. Toutefois, cela ne veut pas dire pour autant qu'ils doivent y tourner le dos, car cette réalité est au cœur du système technique. C'est elle qui donne vie aux objectifs de performance. C'est la réalité sociale qui permet à une mission de s'incarner, à une stratégie d'être compétitive, à une structure d'être efficace et à des opérations d'être productives. Pourtant, faire le constat que les organisations sont humaines ne devrait surprendre personne, car une organisation ne peut pas exister sans les humains. Le défi des gestionnaires consiste alors à être d'habiles lecteurs de cette réalité et de voir de quelle façon elle s'imbrique dans le système technique dont ils ont la charge.

Par ailleurs, l'arrimage entre le système technique et le système social n'est pas que le fruit émergeant de deux réalités qui s'imbriquent invariablement au fil des activités quotidiennes. Comme l'illustre la figure II.3, cet arrimage nécessite la mise en œuvre de pratiques de management.

Figure II.3 **Les logiques d'action au fondement des pratiques et des systèmes d'action**

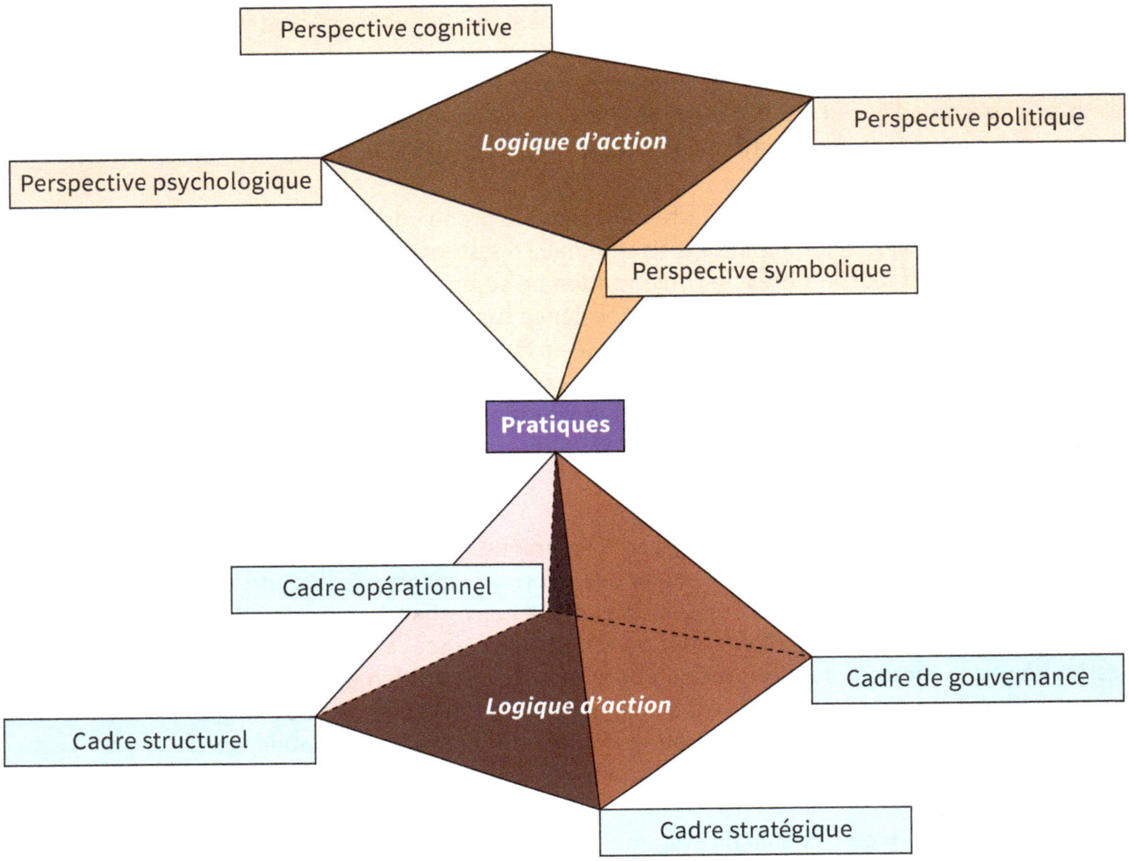

Il ressort aussi de cette figure que le système technique comme sa contrepartie sociale sont fondés sur une logique d'action que mettent en œuvre les membres de l'organisation. C'est également cette logique d'action qui est au cœur des pratiques de management qui lient les deux systèmes d'action en un tout cohérent. La logique d'action est alors le véritable socle sur lequel repose chacun des systèmes d'action et que concrétisent les pratiques de management. Ces logiques sont donc cruciales et nous leur consacrons toute la prochaine partie.

Partie III
Les logiques d'action

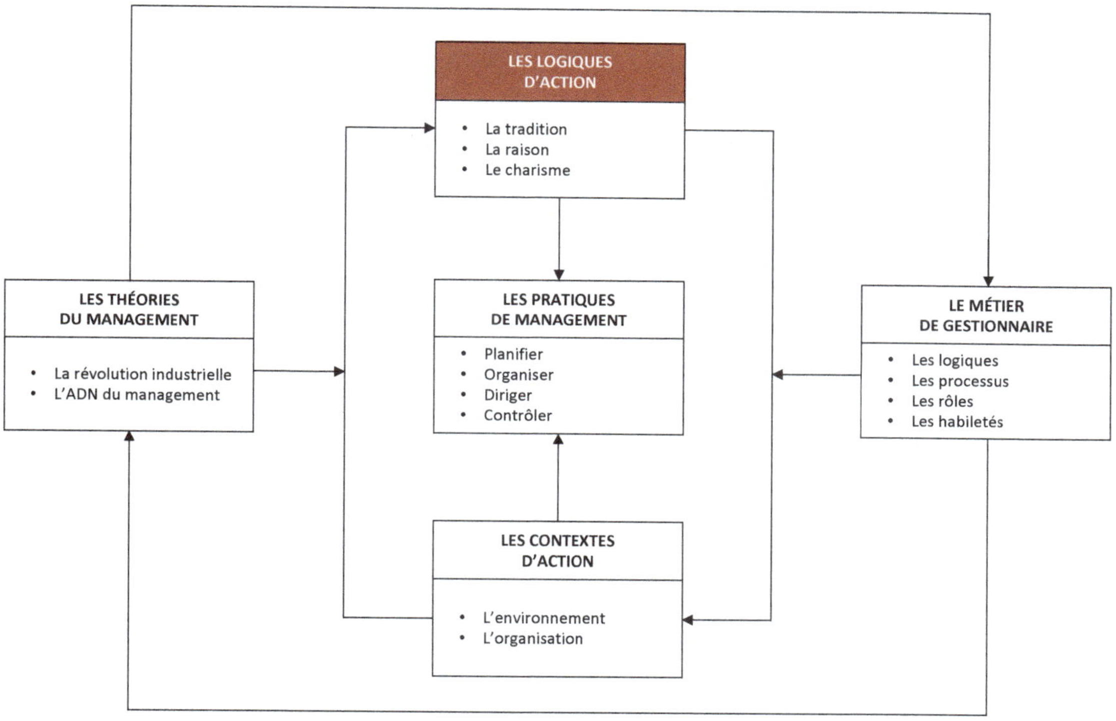

Partie III
Introduction

Pratique contextualisée, le management se caractérise aussi par sa réflexivité. Cette caractéristique désigne le sens du management dans les deux grandes acceptions du mot « sens », à savoir une direction à suivre et une signification. Ces deux acceptions, le management les lie en une seule et même réalité car, pour que les membres d'une organisation acceptent d'emprunter la direction indiquée, encore faut-il que celle-ci ait un sens, une signification. Ce caractère tout à la fois directif et signifiant du management, nous le qualifions de logique d'action, ou ce qui revient au même, de réflexivité. Pour Weber, de qui nous nous inspirons pour construire les logiques d'action du management, il s'agit plutôt de domination légitime[1]. Le concept est intéressant, car appliqué au management, il exprime l'idée que celui-ci est aussi un pouvoir qui exerce une emprise légitime sur ceux et celles qui acceptent de s'y soumettre. Cette emprise est d'ailleurs précisément fonction de l'une ou l'autre des logiques d'action que sont la tradition, la raison et le charisme. Chacune de ces logiques donne donc une signification à l'action et lui indique une direction à suivre en offrant, par ailleurs, une réponse aux grandes questions que se posent les membres d'une organisation, soit :

- Que faisons-nous ?
- Que savons-nous ?
- Quels liens voulons-nous entretenir ?
- Que devons-nous être ?

Ces grandes questions mettent en jeu un savoir-faire, un savoir, un savoir-être et un devoir-être. Liées les unes aux autres par une logique d'action, elles concourent à former une identité administrative que l'on peut schématiquement représenter de la façon suivante :

Figure III.1 **L'architecture identitaire du management**

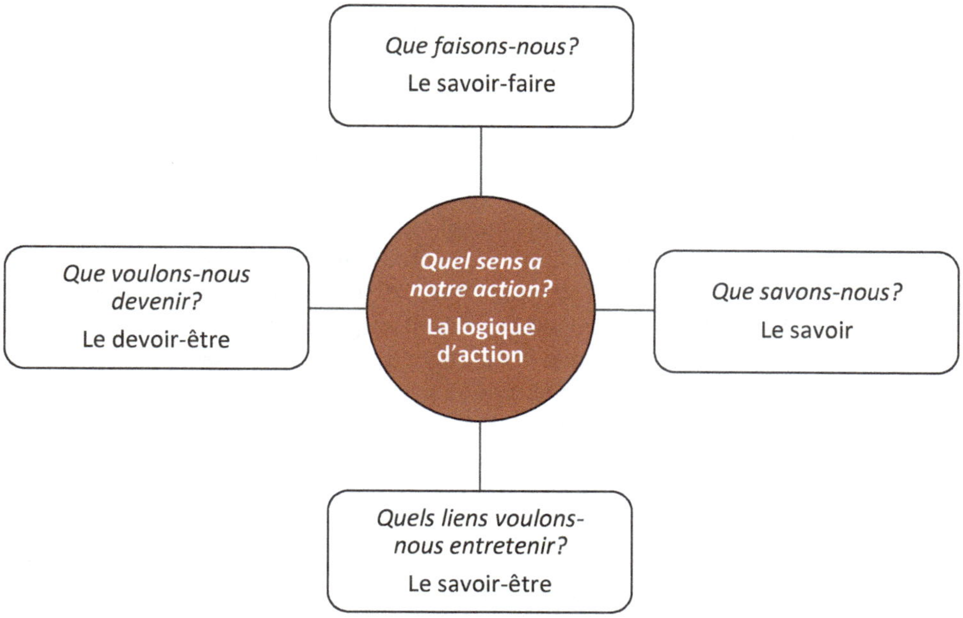

[1] Weber, M., Économie et société, Paris, Plon, 1971.

Fondé sur la tradition, la raison ou le charisme, le management prend respectivement l'identité d'un management traditionnel ancré dans le respect des valeurs communes et traditionnelles de l'organisation, d'un management formel qui fait des règles formelles forgées par la raison l'expression de son pouvoir ou d'un management charismatique qui s'exprime par le charisme personnel d'un gestionnaire.

Si historiquement, le management formel a pris le relais, dès le début du XXe siècle, du management traditionnel jugé alors trop paternaliste et inefficace, il fut à son tour, à partir des années 1970, largement contesté par les partisans d'un management charismatique qui voyaient dans la logique charismatique le meilleur moyen de pallier ses dérives bureaucratiques. Ainsi, entre les trois identités du management, il y a, en quelque sorte, une course de relais, chacune des identités comblant les insuffisances de la précédente et pavant la voie à la suivante. Cette course est d'ailleurs sans fin, comme en témoigne, entre autres, le renouveau du management traditionnel qui, depuis peu, retrouve de la vigueur en étant le fer de lance de l'économie collaborative, en jouant un rôle clé dans les communautés de pratique au sein d'entreprises créatives ou en revêtant les habits d'un mentorat qui s'impose comme un moyen approprié pour transmettre aux nouvelles générations de gestionnaires le savoir de ceux et celles qui ont acquis beaucoup d'expérience et qui s'apprêtent à quitter le monde des organisations.

Aucune de ces identités n'est jamais d'ailleurs totalement éclipsée par celle qui en prend le relais tout en prétendant être la nouvelle voie royale du management. En fait, toutes les identités du management se retrouvent sur le terrain concret des organisations et, dans nombre de cas, elles cohabitent au sein d'une seule et même organisation.

Néanmoins, avant d'explorer en conclusion comment chacune des identités du management peut cohabiter, voire se combiner aux autres, il convient de bien mettre au jour ce que chacune a de particulier et comment chacune appose une signature singulière sur les organisations. Pour ce faire, nous construisons des idéaux-types : les logiques du management que nous allons décortiquer dans les chapitres qui suivent ne sont pas des descriptions de pratiques concrètes qu'il serait aisé d'observer. Elles ne sont que des constructions théoriques, des modèles d'interprétation d'une réalité indéfiniment variée[2]. Jamais l'idéal-type n'est une description. Au mieux, il n'est qu'une approximation plus ou moins caricaturale, une unité de mesure, un cadre d'interprétation, un moyen d'intelligibilité, bref, un point de repère. Aucune identité du management ne correspond parfaitement à l'idéal-type qui le représente, de la même manière que jamais une carte ne se confond au territoire qu'elle représente. Il faut que la carte, tout comme l'idéal-type, puisse représenter l'essentiel qu'il y a à représenter, qu'elle intègre en un tout cohérent ce qui est significatif et qu'elle puisse véritablement servir de guide. S'en tenir à l'essentiel, telle est la règle d'or, au risque, bien sûr, de la caricature. Cela dit, il nous faut bien reconnaître que parfois une caricature nous en dit bien davantage sur une personne que sa photo[3]. C'est d'ailleurs là tout le pari de la construction d'un

---

2 Sur le relief méthodologique de l'idéal-type, voir : Weber, M., *Économie et société*, Paris, Plon, 1971 : 1-21 et Weber, M., *Essais sur la théorie de la science*, Paris, Plon, 1965. Voir aussi Freund, J., *Sociologie de Max Weber*, Paris, PUF, 1966 : 32-75 qui, dans cet essai synthèse présente, entre autres, les enjeux méthodologiques de la pensée de Weber et le sens qu'il donne au concept d'idéal-type.

3 Cette idée de caricature peut se comprendre comme une mise au jour d'un certain type. Citons ici l'exemple formulé par Freund : « L'avarice est un concept général, mais l'Avare que Molière a peint est un type. Harpagon n'est pas l'avare moyen ; grâce à un procédé de grossissement, d'exagération et d'amplification, Molière lui a donné la signification d'une individualité caractéristique : il est une sorte d'avare idéal. Il ne résume pas les traits communs aux avares, mais il est un personnage stylisé en ce qu'il met en valeur ce qu'il y a de typique dans un tel comportement. » Freund, J., *Sociologie de Max Weber*, Paris, PUF, 1966 : 54.

idéal-type que de réussir à capter l'essentiel en grossissant là certains traits, en occultant ici certains éléments, en exagérant le tout et, cela, sans jamais s'astreindre à tout décrire, à tout représenter, à tout nuancer[4]. Il n'y a rien de bien surprenant à ce que les pratiques concrètes de management n'aient jamais tous les traits de l'idéal-type auquel nous les ferons correspondre. Cet écart entre les pratiques et l'idéal-type est le fruit de l'amplification, de l'accentuation qui est à son principe. C'est ainsi que nous pourrons dire qu'une organisation est gouvernée par l'une ou l'autre des logiques du management, non pas que ce soit là leur essence profonde ou leur réalité concrète, mais bien parce qu'en comparant leurs caractéristiques à celles des idéaux-types, elles se rapprochent de l'une ou l'autre des logiques typiques du management.

La force des idéaux-types du management qui sont présentés dans cette partie ne tient donc pas au fait qu'ils sont des descriptions de pratiques concrètes, mais bien au fait qu'ils permettent de les appréhender dans toute leur diversité et de comprendre ce qu'elles ont pourtant d'essentiel et de particulier à offrir.

---

[4] Ainsi, selon Weber : « On obtient un *idéal-type* en accentuant unilatéralement un ou plusieurs points de vue et en enchaînant une multitude de phénomènes donnés isolément, diffus et discrets, que l'on trouve tantôt en grand nombre, tantôt en petit nombre et par endroit pas du tout, qu'on ordonne selon les précédents points de vue choisis unilatéralement, pour former un tableau de pensée homogène. On ne trouvera nulle part empiriquement un pareil tableau dans sa pureté conceptuelle : il est une utopie. Le travail historique aura pour tâche de déterminer dans chaque cas particulier combien la réalité se rapproche ou s'écarte de ce tableau idéal [...] ». Weber, M., *Essais sur la théorie de la science*, Paris, Plon, 1965 : 172-173.

6

Le management traditionnel

Plan du chapitre

Première des logiques de management à avoir historiquement exercé son emprise sur le monde des organisations, le management traditionnel a été, depuis plus d'un siècle, sévèrement critiqué par les théoriciens des deux autres logiques, lorsqu'il ne fut pas, tout simplement, ignoré, comme s'il n'était qu'une forme mineure de management, voire une quantité négligeable et insignifiante. C'est que, pour les théoriciens du management formel, le management traditionnel a le tort d'être précisément ce qu'il est, à savoir l'incarnation d'une logique traditionnelle qui, selon eux, condamnerait les organisations à vivre au passé et les priverait d'une pensée analytique qui, seule, pourrait les rendre véritablement efficaces et adaptées aux exigences des temps présents. Pour leur part, les théoriciens du management charismatique lui reprochent plutôt sa conception communautaire des relations humaines. Selon eux, une telle conception aurait fait son temps et, surtout, elle nierait l'incroyable potentiel d'individuation des humains, et freinerait ainsi leur créativité.

Malgré les critiques souvent teintées de mépris ou d'ignorance, le management traditionnel demeure largement présent dans les organisations contemporaines, surtout dans l'univers des PME, là où il est toujours la logique dominante de management. Il est aussi à l'œuvre là où on ne l'attend pas vraiment, à savoir au sein d'organisations créatives. Dans ces organisations qui sont souvent présentées comme étant le fer de lance d'une nouvelle économie, le management traditionnel fraie son chemin en permettant à des équipes constituées d'individus créatifs de devenir de véritables petites communautés de création collective.

Le management traditionnel est aussi largement à l'œuvre dans l'économie collaborative, celle qui se déploie sous la forme de communautés, généralement virtuelles, dans lesquelles les uns et les autres mettent en commun leur savoir pour offrir des services inédits, parfois payants comme dans le cas de l'industrie du taxi avec le service *Uber*, souvent gratuits comme c'est le cas de l'encyclopédie numérique *Wikipédia* ou des réseaux sociaux tel *LinkedIn,* mais néanmoins toujours profondément communautaires autant dans leur conception que dans leur livraison.

Enfin, alors que plus d'un le voient toujours comme un vestige d'un autre siècle, le management traditionnel fait peau neuve en se présentant, d'un côté, sous la forme d'un mentorat qui permet à la génération qui quitte le monde du travail de transmettre en douceur sa sagesse et ses pratiques à la génération montante et, de l'autre, sous la forme de wikis organisationnels qui permettent à de petites communautés d'échanges d'idées et de pratiques de prendre leur envol.

> *« La tendance lourde est à la formation informelle, avec la mise sur pied souvent de communautés de pratique dans les sociétés : un groupe de professionnels échange autour d'un thème. »*
>
> Simon Nadeau, HybFormation
>
> Gaignaire, A., « Vers un leadership horizontal », *La Presse*, 20 novembre 2013 : 12.

Ainsi, même si le management traditionnel a longtemps été associé au monde d'hier et à l'univers particulier de la petite et moyenne entreprise, il persiste et signe. D'ailleurs, pour rendre compte de sa nouvelle jeunesse et de son accommodation aux temps présents, il conviendrait presque de le désigner sous l'étiquette très contemporaine de « management traditionnel 2.0 ».

Par ailleurs, qu'il se présente sous les traits caractéristiques qui lui ont valu tant de critiques ou qu'il prenne plutôt une forme renouvelée qui lui attire les éloges, le management traditionnel reste ce qu'il a toujours été, l'incarnation d'une logique d'action fondée sur la tradition, logique qu'il convient maintenant d'explorer.

6.1 La logique traditionnelle

À l'instar des deux autres logiques d'action, la **logique traditionnelle** est tout à la fois ce qui donne du sens à l'action des uns et des autres au sein de l'organisation et le fondement du pouvoir[1]. Le gestionnaire traditionnel fonde son action sur la légitimité de la tradition organisationnelle, sur le respect des us et coutumes de l'organisation, sur les valeurs communautaires auxquels tiennent les membres et sur la sagesse administrative acquise et transmise au fil du temps et que lui reconnaissent ceux et celles qu'il dirige. Le gestionnaire traditionnel incarne donc les traditions de l'organisation, son histoire et sa sagesse.

La **logique traditionnelle** repose sur le respect des us et coutumes de l'organisation, sur les valeurs communautaires auxquels tiennent les membres et sur la sagesse administrative acquise et transmise au fil du temps.

Dans le cadre de la logique traditionnelle, la tradition est fondamentalement un don que tous ont l'obligation de recevoir et de rendre, une sagesse largement tacite et un apprentissage par imitation, compagnonnage et socialisation, ce dont témoigne le tableau suivant.

Tableau 6.1 **La logique traditionnelle**

Caractéristiques	Description
Un don	• La tradition est un don. • Chacun a l'obligation d'accepter la tradition. • Chacun a l'obligation de transmettre la tradition qu'il a reçue.
Une sagesse	• La tradition est une sagesse pratique. • La sagesse pratique est constituée de connaissances et de règles d'action qui sont largement tacites.
Un apprentissage	• La tradition s'apprend surtout par imitation des comportements et par des relations de compagnonnage ou de mentorat. • La tradition est célébrée lors de fêtes et de rites, ce qui favorise aussi la socialisation des nouveaux membres. • La tradition doit être respectée par tous et tout écart à la norme est clairement sanctionné.

[1] Weber définit ainsi la légitimité traditionnelle : « Nous qualifions une domination de traditionnelle lorsque sa légitimité s'appuie, et qu'elle est ainsi admise, sur le caractère sacré de dispositions transmises par le temps ("existant depuis toujours") et des pouvoirs du chef. Le détenteur du pouvoir (ou divers détenteurs du pouvoir) est déterminé en vertu d'une règle transmise. On lui obéit en vertu de la dignité personnelle qui lui est conférée par la tradition. Le groupement de domination est, dans le cas le plus simple, principalement fondé sur le respect. [...] On n'obéit pas à des règlements, mais à la personne appelée à cette fin par la tradition. » Weber, M., Économie et société, Paris, Plon, 1971 [1921] : 232.

6.1.1 Le don

La tradition est d'abord un **don** que chacun a l'obligation de recevoir, de préserver et de rendre.

La tradition est d'abord un **don** que chacun a l'obligation de recevoir, de préserver et de rendre[2]. Toutefois, en tant que responsable légitime, c'est le gestionnaire qui en est le premier fiduciaire. Préserver la tradition pour les générations futures est sa principale obligation, car c'est elle qui a historiquement fait la richesse de l'organisation, c'est d'elle que vient le succès présent et, même si ni lui ni personne au sein de l'organisation ne peut vraiment en rendre totalement compte, tous ressentent de manière vive et très réelle qu'elle est leur bien le plus précieux, celui qui fait la différence ; et sans que personne ne sache avec précision ce qu'est cette différence qui fait précisément toute la différence. D'ailleurs, ce caractère très largement tacite de la tradition contribue à sa préservation puisque, cantonnée dans l'ombre de la réflexivité, elle échappe largement à toute discussion, à toute contestation, à toute reformulation ou à toute modification consciente qui, voulant la perfectionner, viendrait forcément l'altérer, voire la pervertir[3].

> *« Tout leader doit cerner ses valeurs, les nommer et les communiquer. Pour ma part, j'ai conservé les valeurs de mon père. Par exemple, il a toujours été très proche de ses employés, qui étaient pour lui comme des frères et des sœurs. Cette valeur familiale s'incarne aujourd'hui différemment : par exemple, lors de la crise du verglas, nous avons mis sur pied une garderie où les ainés des enfants des employés surveillaient les plus jeunes. La conciliation travail-famille demeure ainsi favorisée et très appréciée. »*
>
> Ève-Lyne Biron,
> PDG de Biron Groupe Santé
>
> Ouellet, D.,
> « Un leader doit faire preuve d'humilité », *Premium*, 2011, (9) : 35.

Puisque la pérennité de l'organisation traditionnelle repose sur la transmission de ses traditions, il est aisé de comprendre qu'en cette matière, une logique de la contrainte s'impose à tous. Plus particulièrement, la transmission de la tradition s'inscrit dans une logique du don selon laquelle chacun a l'obligation de recevoir en héritage les traditions construites par les générations passées. En contrepartie, la génération qui les reçoit a pour devoir de les transmettre aux générations futures. Dans cette course de relais où la tradition joue le rôle de témoin, le gestionnaire sert tout à la fois de médiateur, d'exemple à suivre et de courroie de transmission entre le passé et le présent. C'est notamment à lui qu'il revient d'incarner la tradition et de mettre en place les conditions et les mécanismes de sa transmission. Toutefois et bien que son action soit déterminante, au regard de la tradition, la marge de manœuvre du gestionnaire est plutôt mince. D'une part, il tire son autorité de sa propre soumission aux traditions et ne peut donc pas s'en écarter. D'autre part, puisque son action a valeur d'exemple et de symbole pour tous, le gestionnaire sait très bien qu'au-delà des résultats qu'il obtient, c'est ce qu'il fait qui est observé et qui a de la valeur. S'il s'écarte de la tradition, il prend alors le risque de perdre son pouvoir, puisque c'est précisément en l'incarnant avec respect et fidélité qu'il a l'autorité légitime de la commande de l'organisation. Le gestionnaire n'a donc pas d'autres choix

> *« Beaucoup de personnes voient ma gloire et ma richesse, mais ne réalisent pas que, ce qui est à l'origine de tout cela, c'est un système de valeurs qui opère de cause à effet : ce que vous donnez, revient. Faire un travail émotionnel et spirituel exige de développer une force authentique... Et vous serez toujours récompensé. »*
>
> Oprah Winfrey,
> animatrice, productrice et propriétaire de médias
>
> Ken, L.,
> The World According to Oprah, N. Y., Andrews McMeel Publishing, 2005.

---

[2] Sur cette logique du don, voir : Mauss, M., « Essai sur le don », *Sociologie et anthropologie*, Paris, PUF, 1950 : 143-279.

[3] Sur le caractère tacite de la tradition, voir : Hayek, F. A., *Droit, Législation et Liberté. Règles et ordre*, Paris, PUF, 1980.

que d'incarner le plus fidèlement la tradition et de susciter ainsi fierté et soumission, non pas pour sa propre personne ou sa sagesse, mais bel et bien pour ces traditions que lui et tous les autres membres de l'organisation doivent respecter et honorer.

6.1.2 La sagesse

Sous l'étiquette très générale de « tradition » se cache, en fait, toute une **sagesse pratique** constituée de savoir-faire, de règles, de croyances, de valeurs et d'une histoire riche d'expériences passées, d'exemples à suivre et de solutions à reproduire. La tradition est donc un ensemble complexe de savoirs pratiques qui, tout en étant très largement de l'ordre du tacite, du non verbalisé et même de l'inconscient, a néanmoins passé l'épreuve du temps et fait la démonstration de sa valeur, de sa pertinence et de son efficacité. Ce n'est donc pas la seule inertie qui permet à la tradition de résister à l'épreuve du temps. En fait, outre la sécurité qu'elle offre, la tradition donne une prise sur le réel. Elle permet d'agir efficacement sans que cette efficacité devienne une obsession, ni même un objectif à poursuivre. Les ressorts de cette efficacité restent à l'abri du regard, car ils sont enfouis dans l'être, là où le savoir existe, mais ne trouve pas les mots pour se dire. Cela dit, et même si la tradition est très largement de l'ordre du savoir tacite, du non verbalisé et de l'implicite, il incombe tout de même au gestionnaire et à tous les membres de l'organisation traditionnelle de trouver les moyens appropriés pour la transmettre. Il en va, en fait, de la survie même du caractère traditionnel de l'organisation.

La **sagesse pratique** est constituée de savoir-faire, de règles, de croyances, de valeurs et d'une histoire riche d'expériences passées, d'exemples à suivre et de solutions à reproduire.

> *« Désormais, en tant que fondateur et président émérite, je visite les magasins autant que je le peux, pour saluer les gens et, leur dire combien ils sont importants pour nous. Le client le plus important est celui qui passe la porte maintenant. Je veux nous assurer de maintenir cette culture en vie. En entreprise, tout commence au sommet. En tant que leader, il faut donner l'exemple. »*
>
> Jim Haslam II,
> PDG de Pilot Flying J et
> propriétaire des
> Cleveland Browns
>
> Eng, D.,
> « Secrets of the Truck Stop King,
> Jim Haslam »,
> *Fortune*, 2012, *166*(1) : 36.

6.1.3 L'apprentissage

Exemple à suivre, celui que tous observent puisqu'il sert d'étalon de mesure, de modèle à imiter, le gestionnaire, par ses valeurs, son comportement, sa manière d'être et de faire oriente forcément la conduite de chacun. Tout ce qu'il est, dit et fait peut être observé et imité. Mais, il n'est pas le seul à être ainsi scruté à la loupe. Les anciens, tous ceux et celles qui ont déjà reçu et assimilé la tradition et qui, de ce fait, méritent le respect de tous sont aussi des exemples à suivre, des guides qui savent ce qu'il convient de faire pour perpétuer la tradition. Eux aussi ont un savoir à transmettre et ce savoir, qui est le plus souvent implicite et porté par l'action, s'acquiert principalement par l'observation et l'imitation. Les nouveaux venus comprennent d'ailleurs très vite qu'ils ne peuvent aspirer à une pleine reconnaissance que s'ils acquièrent le savoir et les valeurs des anciens. Et puisque ces valeurs et ce savoir sont largement encastrés dans l'action, les nouveaux n'ont alors d'autre choix que d'imiter les anciens. Alors ils enchâssent, à leur tour, la tradition dans l'action et, ainsi, recréent le monde dans lequel leurs actions, maintenant devenues traditionnelles, trouvent tout leur sens.

Dans l'univers traditionnel, l'**apprentissage** se fait largement par observation, imitation et par le compagnonnage et le mentorat.

> *« Le mentor n'a pas d'autre intérêt que celui de voir son mentoré grandir. Il pose les bonnes questions, ne vise pas un résultat précis, mais s'applique à l'épauler et à le soutenir. Il contribue ainsi à son développement personnel et à son épanouissement professionnel. On est davantage dans le savoir-être et le savoir-devenir que dans le savoir-faire. »*
>
> Dominique Restino,
> président fondateur de Moovjee
>
> Froger, V.,
> « Parrain, mentor… mi ange-gardien, mi guide spirituel »,
> *L'entreprise*, 1er juin 2015.

Toutefois, pour le management traditionnel, la transmission de la tradition ne se limite pas à cette lente et patiente observation de ce que font et disent les anciens. En effet, le transfert des savoirs et des valeurs passe aussi par des relations de compagnonnage et de mentorat où le maître guide l'élève, où l'artisan prend sous son aile un apprenti, où le plus vieux forme le plus jeune, où le supérieur parraine le subordonné de façon à en faire un membre à part entière de l'organisation. Dans cette relation, la parole côtoie le geste et ce qui est dit importe alors autant que ce qui est fait. Surtout, bien au-delà de l'acquisition des rudiments d'un travail ou d'un métier, c'est précisément l'apprentissage de cette relation qui importe et qui fait que le nouveau devient un véritable membre de l'organisation. En effet, tout au long de la relation de compagnonnage, les plus jeunes doivent apprendre à respecter la distance qui les sépare des anciens. Ainsi, même lorsqu'ils en sauront autant qu'eux et même s'ils arrivent à surpasser les performances des anciens, ils ne deviendront jamais supérieurs aux anciens, ni même leur égal. C'est que toujours, ils auront une dette envers les anciens qui leur ont ouvert le chemin, qui leur ont tout montré, tout donné, notamment leur statut au sein de l'organisation. En fait, devenus membres de l'organisation, les plus jeunes ne pourront s'acquitter de leur dette qu'en léguant, à leur tour, le fruit de leur apprentissage à des plus jeunes dont ils auront maintenant acquis la noble charge.

L'impossibilité de rendre la dette encourue par la relation de compagnonnage contribue à maintenir le pouvoir des anciens qui, toujours, peuvent revendiquer la paternité du succès de ceux et celles qu'ils ont accueillis au sein de l'organisation et patiemment formés. Ces derniers ne peuvent alors qu'être éternellement reconnaissants de leur apprentissage, ce qui, en plus de contribuer à solidifier l'autorité des anciens, perpétue les liens hiérarchiques traditionnels qui président à la cohésion de l'organisation traditionnelle et c'est, finalement, ce qui importe plus que tout. De cela aussi, les plus jeunes, lorsqu'ils seront devenus des anciens, seront reconnaissants et ils en feront, d'ailleurs, la démonstration en perpétuant une tradition qui, à terme, leur conférera à eux aussi une incontestable autorité et un prestige indéniable.

> *« Adolescent, j'hésitais entre l'ébénisterie et la cuisine. La cuisine a baigné mon enfance. J'aimais faire fondre du chocolat pour napper les glaces. Ma grand-mère cuisinait très bien. J'aimais la regarder faire des meringues et l'aider à cuisiner le gigot pour toute la famille ». Un premier stage le conduit chez Jean-Paul Jeunet, à Arbois. « J'ai découvert auprès de lui qu'être cuisinier, c'est aussi avoir du cœur. J'ai vraiment été fasciné par le personnage ». Arnaud Coulet poursuit son expérience au château de Germigney en qualité de chef de rang puis dans les cuisines de Bruno Gato à Mouchard. « Lui travaillait à l'ancienne, il m'a formé à beaucoup de techniques ». En 2001, il prend un poste de chef de cuisine à La Balance à Arbois. Auprès de Thierry Moyne, il découvre notamment l'aspect management du métier. En 2003, il est recruté pour prendre les fourneaux du nouveau Bistrot de Port-Lesney, « le Pontarlier ». C'est au côté de Pierre Basso Moro, le talentueux chef du château de Germigney dont l'établissement est une annexe, qu'il apprend à travailler. Ensemble, ils élaborent les cartes, établissent des recettes, cherchent une identité culinaire à ce restaurant. « Je ne serais pas là où j'en suis aujourd'hui sans Pierre Basso Moro. Derrière l'exigence, il y a quelqu'un de très humain, c'est un mentor pour moi. »*
>
> Arnaud Coulet,
> chef cuisinier du bistrot
> Le Pontalier à Port-Lesney,
> en France
>
> Jourdant, K.,
> « J'aime la cuisine simple,
> sans manières »,
> *Le Progrès* (Lyon),
> 3 mai 2015 : TL 3937.

Par ailleurs, et bien qu'elle soit clairement hiérarchique, la relation de compagnonnage n'en est pas moins fondée sur un profond et sincère respect mutuel. Chacun respecte l'obligation de l'autre, soit celle de transmettre la tradition pour le supérieur et celle de la recevoir pour le subordonné. C'est d'ailleurs ce respect qui importe, et s'engager dans une relation de compagnonnage, c'est fondamentalement parcourir le chemin d'une certaine logique de l'honneur où chacun n'a pas d'autre choix que d'accomplir son devoir. Cela dit, chemin faisant, le subordonné acquiert tout autant son métier que les traditions de l'organisation. Surtout, le subordonné acquiert, du fait de son assimilation des traditions, un véritable statut au sein de la hiérarchie traditionnelle. Par sa maîtrise de la tradition, il devient membre à part entière de l'organisation et doit, du coup, en partager les obligations, dont la principale est précisément de transmettre à son tour ce qu'il a reçu en héritage.

Dans l'organisation traditionnelle, le partage de la tradition se fait aussi par de multiples cérémonies, fêtes et rituels qui ponctuent la vie organisée. Là c'est la célébration de l'anniversaire de la fondation de l'organisation, ici c'est la cérémonie en l'honneur des membres qui ont accumulé un grand nombre d'années de service et, plus loin, tous se rassemblent pour souligner le passage de certains rites, tels l'entrée au service de l'organisation, l'accession à un titre ou le départ à la retraite. Toutes ces cérémonies, fêtes et célébrations sont toujours l'occasion de rappeler à chacun l'importance de l'organisation et de ses traditions. Elles sont, en fait, la démonstration que l'organisation est un tout dans lequel chacun doit se fondre pour avoir droit d'y participer et recevoir en échange une reconnaissance, une protection et une force. D'ailleurs, dans l'organisation traditionnelle, participer à ces rassemblements collectifs n'a rien d'optionnel. En fait, si tous sont toujours poliment invités à prendre part aux festivités et aux diverses cérémonies, chacun comprend très vite qu'il n'a pas d'autre choix que d'y assister, qu'il s'agit là d'obligations ; refuser d'y participer, c'est témoigner du peu d'attachement affectif à l'organisation et à ses traditions, ce qui n'est pas sans conséquence dont l'exclusion n'est pas la moindre.

Les cérémonies, fêtes, rituels et autres célébrations n'ont donc pas pour objet premier de souligner les mérites des uns et des autres, mais plutôt la force de l'organisation et de ses traditions. Bien sûr, il arrive que les mérites d'une personne soient soulignés lors d'une fête ou d'une cérémonie, mais c'est bien davantage le respect des traditions que le mérite personnel qui est alors mis en évidence.

Si les cérémonies, les fêtes, les rituels et les relations de compagnonnage permettent une transmission de la tradition et assurent la pérennité de l'organisation, cela n'est toutefois pas suffisant. Ainsi, et tout au côté des relations d'apprentissage, se trouvent des sanctions qui les encadrent, inspirent la crainte et imposent une tradition qui s'incarne dans des règles et des normes sociales. Dans l'organisation traditionnelle, chacun ressent donc très bien la présence de ces règles et de ces normes sociales qu'il convient de respecter, qu'il ne faut surtout pas transgresser sous peine de souffrir du regard des uns et de la pression des autres, voire d'être l'objet de sanctions qui peuvent aller de la mise à l'écart jusqu'à l'exclusion. Par l'usage de sanctions strictes et le plus souvent sans appel, la force de l'organisation s'impose aux consciences individuelles et chacun est alors contraint de s'y fondre, de se conformer à ses normes et à ses règles et d'y être solidaire.

> *« Fidèles à l'approche de l'association, nous travaillons sur les attitudes et les comportements de nos employés en nous assurant que leur contribution quotidienne est en phase avec les valeurs de l'établissement. Nous déployons beaucoup d'énergie, notamment au chapitre des communications stratégiques, afin d'avoir une vision et un idéal clairs ».*
>
> Lucie Dumas,
> directrice générale,
> Centre de Réadaptation Estrie
>
> Hamel, M.-C.,
> « Je veux avoir
> un impact sur la société »,
> *Premium,* 2010, (5) : 43.

Dans l'organisation traditionnelle, l'espace de liberté est donc plutôt restreint, puisque tous doivent se fondre dans le grand tout organisé, tous doivent être solidaires des traditions qui le gouvernent et personne ne doit sortir du rang, tenter de se faire une vie à l'écart du collectif et chercher à y cultiver une individualité qui serait contraire à la conscience commune. Chacun ressent donc vivement la pression de l'organisation, et si cette pression sociale est toujours invisible, elle n'en est pas moins très réelle comme l'expérimentent tous ceux et celles qui osent la défier. Ainsi, que l'un des membres de l'organisation sorte du rang et enfreigne les normes et règles sociales et c'est alors le recours aux sanctions qui vient rapidement rétablir l'harmonie et servir d'exemple à ceux et celles qui tenteraient, eux aussi, de s'écarter de l'enceinte de ce qui est socialement tolérable.

6.2 Les dimensions du management traditionnel

L'identité du **management traditionnel** met en jeu le métier, l'expérience, la communauté et la pérennité.

Autour de la tradition qui lui donne toute sa consistance, le management traditionnel actualise un ensemble de valeurs, une identité administrative, qui consolide la force des liens sociaux au sein d'une organisation vécue comme étant une communauté. Comme l'illustre la figure suivante, fondée sur la tradition, l'identité du management traditionnel met de l'avant le métier comme savoir-faire, l'expérience comme savoir, la communauté comme savoir-être et la pérennité comme devoir-être.

Figure 6.1 **Les dimensions du management traditionnel**

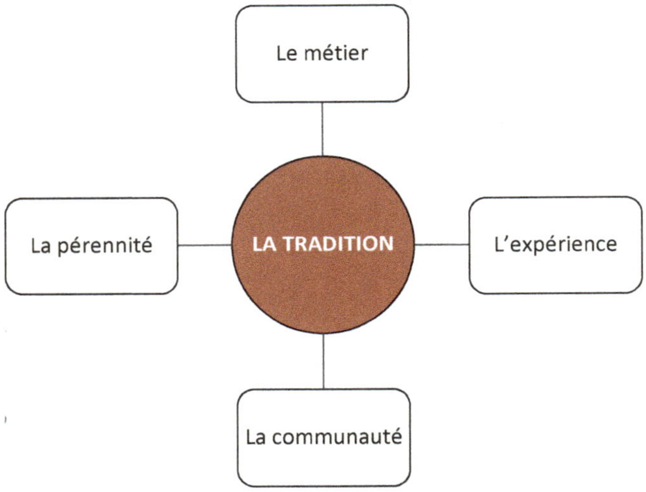

6.2.1 Le savoir-faire : le métier

Le **métier** est fait de devoirs, de souci constant pour la réalisation d'une œuvre de qualité et de respect pour les outils que son exercice exige.

Sous la gouverne de la logique traditionnelle, le travail ne se réduit pas à un enchevêtrement d'activités à réaliser en vue d'accomplir une fin productive, et il n'est pas davantage une fin en soi. C'est que dans le monde de l'organisation traditionnelle, le travail est d'abord et avant tout au service des traditions qu'il convient de respecter et de perpétuer. Ce n'est pas le travail qui assure à chacun une place au sein de l'organisation, mais bien l'insertion dans le rang hiérarchique de la communauté organisationnelle, insertion conséquente du respect des traditions qu'elle impose. C'est d'ailleurs précisément ce rang qui procure satisfaction et fierté, et c'est encore lui qui commande le respect, bien plus que la productivité du travail, le travail en lui-même. Attention cependant : le management traditionnel a beau ne pas loger le travail et la productivité au centre de son identité, il n'est pas pour autant l'architecte d'un monde de paresse dans lequel le travail n'aurait aucune importance : tous doivent avoir l'amour du métier, ce travail fait de devoirs, de souci constant pour la réalisation d'une œuvre de qualité et de respect pour les outils que son exercice exige.

Le travail au sein de l'organisation traditionnelle est donc fondé, comme le souligne le tableau suivant, sur une logique de l'honneur, une recherche constante de l'œuvre de qualité et un respect pour les outils de travail.

> *« L'important c'est de bien faire notre travail chaque jour comme si notre vie en dépendait. En réalité, elle en dépend. Notre succès dépend de notre décision quotidienne de réussir. Il faut bien travailler. Il faut bien faire les choses, même les plus ridicules, même si personne ne nous regarde, même si l'on ne comprend pas où ça va nous mener. »*
>
> Cora Tsouflidou,
> fondatrice des restaurants Cora,
>
> Tsouflidou, C.,
> *Déjeuner avec Cora, autobiographie*,
> Montréal, Libre Expression, 2001.

Tableau 6.2 **Que faisons-nous? Nous nous consacrons à notre métier**

Caractéristiques	Description
Une logique de l'honneur	• Le travail implique un sens du devoir. • Chaque travail a ses exigences et elles doivent être respectées. • Chaque travail a ses limites et elles ne doivent pas être transgressées.
L'œuvre de qualité	• La recherche d'une œuvre de qualité l'emporte sur la quête de productivité. • L'œuvre de qualité doit s'inscrire dans la durée. • L'œuvre de qualité est partie prenante d'une recherche constante de pérennité de l'organisation.
Le respect des outils	• Pour produire une œuvre de qualité, il faut que chacun respecte les outils de son travail. • Chacun connaît les possibilités et les limites de ses outils. • Les outils acquièrent une dimension identitaire en étant considérés comme des compagnons de travail.

La logique de l'honneur

Dans le management traditionnel, le sens du travail a ceci de bien particulier qu'il est fait de devoirs à réaliser dont le principal n'est pas d'être productif, mais bien d'accomplir avec dignité et honneur son métier[4]. Cela peut sembler flou aux adeptes du management formel qui sont gagnés aux vertus de la productivité et aux bienfaits des fines descriptions de tâches, mais accomplir avec honneur son métier est toujours une réalité très précise. Dans le cadre de son métier, chacun sait très bien ce que l'on attend de lui, ce qu'il est possible d'exiger en termes de devoirs à accomplir, d'activités à réaliser et d'œuvres à produire. Chacun sait aussi ce qu'il ne faut pas exiger, ce qui ne se fait pas et ne doit surtout pas se faire. C'est donc dire que, sans pour autant être formalisés, les métiers sont tout de même codifiés par la tradition et, dès lors, bien accomplir un métier, c'est respecter cette tradition qui l'a codifié et c'est précisément cela qui impose le respect et qui est honorable. Dans

[4] Sur cette logique de l'honneur, voir : d'Iribarne, P., *La logique de l'honneur*, Paris, Éditions du Seuil, 1989.

un tel contexte, travailler est alors bien autre chose que de réaliser une performance : il s'agit avant tout de se comporter avec dignité et honneur en respectant le moindre des devoirs inhérents à l'accomplissement d'un métier rendu légitime par la tradition. Refuser d'accomplir une tâche alors même qu'elle est constitutive du métier à accomplir équivaut à tourner le dos à la tradition, ce qui, dans une organisation traditionnelle, ne se fait pas et peut même conduire au déshonneur. De même, un gestionnaire qui aurait l'insouciance d'exiger plus de ses subalternes, et surtout autre chose que ce à quoi les oblige leur métier, perdrait forcément leur respect, puisqu'il témoignerait lui-même d'une certaine ignorance, voire d'un certain mépris pour ce qui est pourtant au principe même de leur relation, à savoir la tradition. Refuser d'accomplir une tâche qui ne serait pas constitutive du métier à accomplir, ce n'est donc pas la mépriser ni même faire acte d'insubordination, mais c'est plutôt témoigner, devant tous, d'un profond respect pour son métier et pour la tradition qu'il incarne. Prétendre être membre d'une organisation traditionnelle et y être reconnu implique donc de tirer une certaine fierté des devoirs à y accomplir. En fait, chacun doit développer un véritable amour pour son métier, et cela, quel qu'il soit.

> *« J'insiste, il faut aimer son travail. C'est important de se sentir inspiré par son travail, de s'enthousiasmer, parce que c'est cet amour du métier qui aide à persévérer. Et la persévérance est comme un constant désir de vouloir en connaître toujours davantage. »*
>
> Cora Tsouflidou,
> fondatrice des restaurants Cora
>
> Tsouflidou, C.
> *Déjeuner avec Cora, autobiographie,*
> Montréal, Libre Expression, 2001.

L'œuvre de qualité

Si, sous l'emprise de la tradition, accomplir son métier ne se réduit pas à la réalisation d'un travail, il en va de même pour son résultat. En effet, pour le management traditionnel, c'est bien davantage la qualité de l'œuvre réalisée que la productivité du travail qui importe. Le souci de productivité n'est pas pour autant absent ou méprisable, mais devant la qualité de l'œuvre à réaliser, le rendement est forcément second et il doit s'incliner devant ce que la maîtrise d'un métier permet de concrétiser. D'une certaine façon, la quête de qualité est un souci constant et incarne bien le proverbe populaire qui énonce qu'« un travail qui mérite d'être fait mérite d'être bien fait ». Pour les membres de ce monde, produire une œuvre de qualité, c'est étendre le respect de son métier à ce qu'il permet de réaliser. C'est aussi se respecter soi-même et respecter l'organisation qui, justement, permet d'être soi-même par la possibilité offerte à tous de se réaliser dans l'œuvre collective.

Le souci constant de la qualité masque, par ailleurs, la véritable obsession du management traditionnel : une perpétuelle quête d'immortalité, puisque produire une œuvre de qualité, c'est précisément créer une parcelle d'éternité qui, du fait de sa qualité, s'inscrira dans la durée, défiera le temps et, par-là, assurera la pérennité du monde et suscitera le respect. Produire en grande quantité et à très grande vitesse des produits éphémères qui, aussitôt mis au monde, sont rapidement consommés et à jamais oubliés ne fait donc pas partie de l'idéal du management traditionnel. Durer importe toujours bien davantage que de performer et pour y arriver, les membres de l'organisation traditionnelle ne connaissent qu'un moyen, qui a d'ailleurs déjà fait ses preuves, soit produire des œuvres de qualité.

> *« Toute l'histoire de la Maison Veuve Clicquot est jalonnée par les grands vins respectant l'exigence de qualité qui était l'obsession de Madame Clicquot. Fidèle à son héritage, la Maison a pour devise* Une seule qualité, la toute première. *Le respect de la qualité est issu de la mémoire d'une lignée composée de 10 Chefs de Caves seulement, garants de la pérennité d'un style à part, mélange de complexité et de puissance. »*
>
> Maison Veuve Clicquot
> veuve-clicquot.com/fr

La durabilité de l'œuvre de qualité, sa capacité à défier le temps, s'inscrit donc tout naturellement dans un monde social fondé sur la tradition. Produire une telle œuvre contribue même à la stabilité de l'organisation traditionnelle puisque cela l'ancre dans la permanence et offre alors le sentiment de sécurité que tous recherchent. De plus, au regard des membres de l'organisation, l'œuvre est productive précisément parce qu'elle est durable. Ici, la productivité n'est donc pas une affaire de rentabilité, mais bien de durabilité.

> *« À la question : "Henri IV mangeait votre bonbon. Comment ce produit peut-il encore plaire ?", Catherine Troubat, PDG des Anis de Flavigny répond : "Parce qu'il est bon et parce que n'avons accepté aucun compromis de qualité. Nous avons résisté aux chants des sirènes qui disaient de placer nos bonbons dans des boîtes plastiques ou de les fabriquer avec des arômes artificiels." »*
>
> Catherine Troubat,
> PDG des Anis de Flavigny,
>
> Bérard, D.,
> « Trop de consultants et de fonctionnaires amènent l'entrepreneur à se disperser »,
> *Les Affaires*, 5 avril 2014 : 29.

Le respect des outils

Pour le management traditionnel, chacun est responsable de ses outils et doit les respecter puisque, sans eux, produire une œuvre durable et de qualité est impossible. Respecter ses outils est donc une obligation et elle consiste à bien les connaître et, surtout, à reconnaître leurs limites autant que leur potentiel. C'est aussi, tout comme dans le cas des personnes, ne pas exiger d'eux ce qu'ils ne peuvent réaliser. C'est encore ne pas leur imputer un possible échec, mais bien accepter qu'ils ne sont qu'un prolongement du corps et de l'esprit et qu'en dernière analyse, c'est toujours celui ou celle qui les manipule qui est l'ultime responsable de l'œuvre qu'ils contribuent à réaliser.

Au regard du management traditionnel, les outils ne sont donc pas que des ressources qu'il faut consommer pour obtenir un résultat. Ils ne sont pas réductibles à de simples moyens au service d'une fin instrumentale. Ils sont plutôt de véritables compagnons de travail qu'il convient d'apprivoiser et de traiter avec beaucoup de respect. D'ailleurs, lorsqu'ils sont traités de cette manière, les outils font corps avec celui ou celle qui les manie. Ce que l'œil peu avisé peut interpréter comme de la dextérité est en fait bien davantage le témoin d'une telle complicité entre l'outil et les personnes que, l'instant d'un regard, ils semblent ne faire plus qu'un. C'est ainsi que, traités avec respect, les outils acquièrent une dimension qui va bien au-delà de leur réalité instrumentale. Ils deviennent constitutifs de l'identité de ceux et celles qui font bien davantage que les utiliser puisqu'ils construisent avec eux une véritable relation identitaire.

6.2.2 Le savoir : l'expérience

Fruit de l'observation concrète et d'une recherche constante de qualité, l'**expérience** traditionnelle témoigne d'une capacité d'adaptation au contexte.

Pour le gestionnaire traditionnel, la vie organisée doit non seulement être fondée sur une tradition qui s'incarne dans des métiers, mais elle doit aussi être une réalité profondément pratique, un monde très concret qui ne laisse pas de place à l'analyse sans fin, à la théorisation des moindres parcelles de l'espace organisé et à une généralisation excessive qui, par abstraction débridée, gommerait tout ce que son monde a de si particulier et d'unique et qui, par-là, ne ferait que le travestir et le pervertir. C'est que le gestionnaire traditionnel voue un véritable culte à l'**expérience** acquise sur le terrain et au pragmatisme qui en découle. Sous ce culte règne parfois un anti-intellectualisme primaire. Ici, tout doit se conjuguer au concret et à l'observable, tout doit être médiatisé par les sens, être respectueux et avoir une résonance pratique, une application tangible et immédiate qui, tradition oblige, devra se fondre dans le décor traditionnel en y occupant une place qui ne le modifiera pas en son cœur, mais au contraire s'y intègrera parfaitement.

Sous le règne de l'expérience, les théories, les concepts, les systèmes formels et les hypothèses qui n'en finissent plus d'anticiper abstraitement le futur sont toujours regardés avec beaucoup de suspicion, voire avec un mépris certain. L'abstraction, la généralisation, l'extrapolation, tout cela ne trouve donc pas grâce aux yeux des membres du monde traditionnel et relève, en fait, d'un autre monde, le monde formel, là où le gestionnaire traditionnel ne veut surtout pas conduire le sien. Son monde, celui qu'il a l'obligation de préserver pour les générations futures est, en effet, tout autre. C'est un lieu d'expériences concrètes, de savoir tacite, de routines immuables et de profond respect pour les acquis d'une vie d'apprentissage. C'est surtout un monde dont la connaissance ne doit pas être un outil de transformation du réel, mais bien le témoin vivant d'une tradition à respecter, à reproduire et à transmettre.

> *« Pouvoir compter sur les générations précédentes, donc sur l'expérience, est l'une des plus grandes richesses d'une entreprise familiale. Si on ne s'appuie pas sur l'expérience de ceux qui nous ont précédés, on va avoir de la difficulté à passer à travers les écueils. »*
>
> Ève Grenier,
> v.-p. de C. J. Grenier
>
> Champagne, S.,
> « Les secrets de longévité d'une entreprise familiale en affaires depuis 150 ans »,
> *La Presse*, 15 novembre 2010.

L'expérience acquise sur le terrain est donc le nécessaire complément de la tradition qui, mise en action dans l'accomplissement des métiers, indique le chemin qu'il convient de parcourir de façon à assurer au collectif la pérennité à laquelle il aspire. Comme l'évoque le tableau suivant, cette expérience se construit par l'observation, par une recherche de qualité et s'inscrit toujours dans une volonté d'adaptation au contexte.

Tableau 6.3 **Que savons-nous? Nous avons l'expérience du passé**

Caractéristiques	Description
L'observation	• Observer les caractéristiques concrètes de l'organisation plutôt que de construire des abstractions. • Miser sur les sens plutôt que sur l'analyse.
La recherche de qualités	• Mettre au jour les qualités qui s'inscrivent dans la beauté de la tradition. • Miser sur des relations de qualité.
L'adaptation au contexte	• Toujours comprendre le contexte de l'action. • Adapter l'action au contexte.

L'observation et la recherche de qualités

Toujours pragmatique, c'est par l'observation constante et directe de son organisation que le gestionnaire traditionnel se donne un savoir pratique qui lui permet de perpétuer la tradition. D'ailleurs, tout devient objet d'observations propices à la constitution d'un savoir *expérientiel* que le gestionnaire peut, par la suite, tacitement mobiliser pour résoudre des problèmes toujours concrets et très pratiques.

Pour bien comprendre son organisation et la respecter, le gestionnaire traditionnel doit, par ailleurs, construire une relation familière avec tout ce qui la caractérise. Pour y parvenir, il doit interagir personnellement et directement avec tout ce que son organisation a de concret à comprendre. Il doit donc miser sur l'éveil de ses sens, de tous ses sens. Voir, entendre, toucher, sentir et goûter sont d'ailleurs ses instruments privilégiés de connaissance et il n'est donc pas surprenant que le gestionnaire soit fréquemment qualifié d'« homme de terrain » et que son savoir soit assimilé à du « gros bon sens ». Le gros bon sens est très précisément ce qu'il recherche en appréhendant concrètement son organisation et il ne peut l'obtenir qu'en établissant une relation profondément empirique et personnelle avec elle. Ce n'est qu'ainsi qu'il peut prétendre la comprendre dans ce qu'elle a d'unique et de concret.

> *« Nous avons essayé d'énoncer vraiment notre plus grand objectif – nous sommes engagés envers ceux qui sont attachés à la terre, pour assurer l'épanouissement humain, en permettant aux agriculteurs d'accomplir un meilleur travail afin de nourrir le monde ainsi qu'aux entrepreneurs afin de protéger la planète. Maintenant, plus que jamais dans ma carrière, ce message résonne véritablement pour les enfants d'aujourd'hui. »*
>
> Sam Allen,
> PDG de John Deere
>
> Colvin, G.,
> « Tractors are getting Smarter all the time »,
> *Fortune*, 2013, *168*(5) : 85.

Par l'observation minutieuse, le gestionnaire traditionnel cherche à comprendre concrètement ce que chaque parcelle de son organisation a de particulier. Tous les membres de l'organisation, plutôt que d'être pensés en termes de ressources abstraites et interchangeables, sont vus comme des personnes réelles et concrètes, toutes différentes les unes des autres, avec un nom particulier, une histoire de vie singulière et un rang social précis et significatif. De la même manière, au terme de son observation directe et familière, un marché n'est pas une réalité abstraite où une offre croiserait une demande à un point d'équilibre aussi stationnaire que précaire, mais bien un espace matériel et social concret et précis où il est possible de transiger des biens et des services qui ont des caractéristiques réelles qu'il convient de comprendre. En outre, les transactions sur le marché ne prennent pas la forme d'une rencontre formelle entre un producteur et un consommateur où l'argent servirait de médiateur instantané, mais bien celle d'une rencontre très personnelle entre des personnes très concrètes et familières qui s'échangent des paroles, des gestes, des opinions, des sentiments et mille et un petits détails que seule l'observation fine et minutieuse de la réalité peut mettre au jour.

La contextualisation

Parce qu'elle permet de comprendre tout ce que son organisation a de particulier et d'unique, l'observation pave alors la voie à une compréhension fine et pratique du contexte d'action d'où émergent les problèmes à résoudre. Pour le gestionnaire traditionnel, c'est d'ailleurs cette connaissance toute personnelle du contexte de son action qui donne la pleine mesure de son savoir. C'est parce qu'il connaît personnellement son organisation qu'il peut légitimement y intervenir. Pour lui, les problèmes à résoudre ne sont jamais de l'ordre du général et de l'universel. Bien au contraire, les problèmes ont toujours une dimension unique, dimension qui est affaire de contexte. Là, c'est une machine qui a déjà fait l'objet d'une réparation et dont le mauvais fonctionnement s'explique du fait de son usage particulier ou de l'apprenti qui en a fait la réparation. Ici, l'absentéisme de l'un se comprend et se pardonne, puisque c'est le fait de l'un des vieux de la vieille qui a déjà beaucoup servi et qui éprouve des problèmes de santé qu'il tente de dissimuler alors que personne n'est dupe, pas même lui. Plus loin, ce sont les comptes clients qui montent en flèche, mais puisque ce sont des clients qui sont liés à l'organisation depuis toujours, il n'y a pas lieu de s'en inquiéter.

C'est donc la connaissance directe, fine et très personnelle du contexte qui permet de comprendre pourquoi tout ce qui au premier regard paraît poser problème n'en est pas forcément un. C'est aussi cette connaissance du contexte qui explique que, ce qu'une personne qui n'y serait pas familière interpréterait comme de l'arbitraire et du népotisme, pourrait n'être en fait que des adaptations à des contextes toujours particuliers, toujours profondément humains.

6.2.3 Le savoir-être : la communauté

La **communauté** implique la primauté du groupe sur l'individu, les interactions personnelles et une connaissance de chacun.

Sous l'emprise de la tradition, la nature des liens sociaux qu'entretiennent les membres de l'organisation traditionnelle est fondamentalement communautaire. Ici, la **communauté** l'emporte sur l'individu, car elle est le lieu où la tradition a vu le jour, là où elle doit être entretenue et respectée. Dans la communauté organisationnelle, les relations formelles n'ont donc pas droit de cité, elles n'ont pas de poids moral et elles n'ont pas force de loi. Seule importe la chaleur du lien direct et personnel et, surtout, la connaissance de première main que cette relation permet de construire. Mais l'attachement aux relations personnelles et communautaires n'est pas qu'une affaire de connaissance et de chaleur humaine, c'est aussi, comme l'indique le tableau suivant, tout à la fois une philosophie paternaliste de gestion, un puissant moyen de contrôle social et la voie royale pour susciter une loyauté à toute épreuve.

> *« Pour un gestionnaire japonais, la mission la plus importante est de développer des relations saines avec ses employés, de créer un esprit de famille à l'intérieur de l'organisation et le sentiment de partager le même destin pour les employés et les gestionnaires. »*
>
> Akio Morita, cofondateur de Sony
>
> Morita, A. et E. M. Reingold, *Made in Japan*, N. Y., Harper Collins, 1986 : 152.

Tableau 6.4 **Quels liens voulons-nous entretenir? Des relations communautaires**

Caractéristiques	Description
Le paternalisme	• L'autorité se manifeste souvent par des relations bienveillantes et chaleureuses. • L'autorité maintient une distance hiérarchique proche de la condescendance.
Le contrôle social	• Les relations personnelles assoient l'autorité morale de la tradition. • Par les relations personnalisées, il est possible d'observer les comportements et de faire des rappels à l'ordre.
La loyauté	• Les relations doivent témoigner d'un attachement affectif aux valeurs collectives. • Les relations doivent être empreintes d'un climat de confiance.

Le paternalisme

Le gestionnaire **paternaliste** fait preuve d'autorité et de bienveillance, mais aussi de condescendance.

Pleinement conscient de la noblesse de son rang, le gestionnaire traditionnel entretient avec les membres de l'organisation des relations empreintes d'autorité et de bienveillance, mais aussi de condescendance. D'abord, pour le gestionnaire, faire preuve d'une autorité qui ne souffre d'aucune possibilité d'insubordination et de contestation n'est pas une question de pouvoir personnel, mais bien la conséquence directe de l'emprise de la tradition sur l'organisation. En effet, puisque le pouvoir administratif prend sa source dans la tradition, imposer le respect de l'autorité c'est réaffirmer la légitimité de l'autorité de la tradition. Ainsi, respecter l'autorité c'est reconnaître que la tradition ne se conteste pas, que chacun lui doit allégeance. De même, contester l'autorité n'est pas ici une affaire personnelle, un choc de personnalités ou un conflit entre des intérêts individuels divergents, mais bien une remise en cause de la tradition qui, toujours, doit présider aux relations hiérarchiques.

> *« Je vais vous raconter une histoire. Après mes études à la Harvard Business School, je suis revenu à Hong Kong pour travailler dans l'entreprise de mon père. J'avais 23 ans et j'étais sûr de tout savoir. Mon père m'accordait beaucoup de liberté, alors un jour je lui ai dit : "Tu sais, papa, il y a pas mal de poids morts dans l'entreprise ; les vieux employés sont dépassés et plus vraiment efficaces." Je vous l'ai dit, j'avais 23 ans, alors l'âge, je prenais ça très au sérieux ! Voici ce que mon père m'a répondu : "Untel est un poids mort, t'en es sûr ? Sais-tu que, il y a quatre ans, ce gars-là a conclu le plus gros contrat de toute l'histoire de l'entreprise ? Et un autre a fait ceci, et un autre cela..." Il voulait que j'apprenne qu'on ne peut pas évaluer l'efficacité d'une personne en ne considérant qu'une période de temps isolée. Les gens peuvent avoir des difficultés à certains moments – un divorce ou quelqu'un de malade dans la famille, par exemple –, qui influent sur leur travail. »*
>
> William Fung,
> DG du Groupe Li & Fung
>
> Entrevue réalisée par Hemp, P., « Oser à la chinoise », *Premium*, 2011, 10 : 47.

Puis, par sa bienveillance, le gestionnaire entretient la chaleur tout humaine de liens sociaux qui doivent être aussi affectifs que féconds. Pour lui, l'organisation doit, en fait, être une véritable famille dont il a certes la charge, mais dont il se sent surtout personnellement et affectivement responsable. Habité par une empathie toute fraternelle, il ressent toujours vivement ce qui arrive à l'un ou l'autre des membres de l'organisation. Si d'aventure quelque chose arrive à l'un d'eux, il le ressent et se sent toujours directement concerné. Ainsi, et tant que la tradition est respectée, il est solidaire de ce que vivent les membres de l'organisation. C'est dire que son paternalisme allie aussi bien la chaleur humaine que l'empathie, la fraternité, la gentillesse, la sensibilité et une sollicitude de chaque instant où, toutefois, l'empathie sincère se mue parfois en contrôle social.

Enfin, le paternalisme qui tient lieu, ici, de philosophie de gestion est aussi très fréquemment condescendant. Par son attitude parfois méprisante et hautaine, mais le plus souvent protectrice et enveloppante, le gestionnaire marque, non pas sa grandeur et sa hauteur, mais bien celle de la tradition qui instaure, pour le bien de tous, la distance hiérarchique qui le sépare des autres. Par son attitude condescendante, le gestionnaire ne fait donc que rappeler à chacun qu'il doit tenir son rang et, par là, respecter encore et toujours la tradition qui les unit.

Le contrôle social

L'organisation traditionnelle repose sur un partage de valeurs communes, et c'est bien le rôle premier du gestionnaire que de s'assurer que tous y adhèrent, que personne ne les prend à la légère. Par ses relations directes et personnelles, le gestionnaire est à même d'observer le comportement de chacun et de jouer ainsi son rôle de gardien du respect de ces valeurs communes. D'une part, en contact direct avec chacun, il montre, par son comportement, le chemin qu'il convient d'emprunter pour avoir le droit d'y contribuer et escompter une légitime reconnaissance. D'autre part, par son souci d'observation des moindres détails de ce qui fait la vie organisée, le gestionnaire peut en temps réel et de manière directe et personnelle faire les rappels à l'ordre qui s'imposent, conseiller ceux et celles qui en ont besoin, offrir son aide lorsque le besoin se fait sentir et imposer les sanctions que les écarts à la tradition pourraient entraîner.

Cela dit, le gestionnaire n'est pas le seul à tenir ce rôle de gardien de la tradition. En effet, dans l'organisation traditionnelle, tous sont solidaires de ses valeurs puisqu'il n'y a pas de place pour la dissidence, pour l'individualité, ou si peu. Chacun est ainsi responsable du maintien des valeurs communes. Chacun doit personnellement s'investir dans cette responsabilité commune. Chacun doit avoir pleinement conscience de ses obligations morales. En fait, c'est tout le groupe social qui a l'obligation de faire sentir son poids moral sur chacun de ses membres. S'écarter du droit chemin, plus précisément de la tradition, c'est donc toujours affronter personnellement le groupe et encourir ses sanctions.

> *« Écouter votre conscience vous aide à faire les bonnes choses, de sorte que chacun des employés doit être guidé par cette voix intérieure pour chacune de ses décisions. »*
>
> N. R. Narayana Murthy,
> fondateur d'Infosys
>
> HBR Interview,
> « Why Don't We Try to Be India's Most Respected Company? »,
> *Harvard Business Review*, 2011, *89*(11) : 87.

La loyauté

L'attachement affectif à l'organisation, l'allégeance à ses valeurs, la confiance réciproque et une indéfectible fidélité témoignent de la loyauté des personnes qui contribuent au destin de l'organisation traditionnelle. En fait, liés les uns aux autres par une solidarité fondée sur la ressemblance et le partage d'une identité commune, les membres de l'organisation traditionnelle s'attendent à ce que tous fassent preuve de loyauté envers la communauté que représente l'organisation. Là aussi, les relations personnelles directes et franches qu'entretient le gestionnaire traditionnel jouent un rôle décisif. En effet, par sa connaissance personnelle des membres de l'organisation, mais aussi par son respect des traditions qui en assure la cohésion, le gestionnaire suscite la loyauté. En s'engageant personnellement, avec franchise et honnêteté, dans ses relations avec les membres de l'organisation, le gestionnaire réduit en quelque sorte la distance hiérarchique qui est au principe de sa relation aux autres et, par là, crée un climat de confiance, climat propice à l'éclosion de la loyauté. Attention cependant : ce n'est pas tant une loyauté personnelle qui est recherchée qu'une fidélité envers un monde qui offre une sécurité et un climat de confiance que seules des relations personnelles franches et durables peuvent pourvoir.

> *« Je préfère faire profil bas et essayer d'être inclusif. J'utilise aussi peu que possible le "je" et je suis très attaché à l'équipe dans son sens le plus large – non seulement les employés mais également les partenaires, les clients et les parties prenantes. J'adore visiter les supermarchés pour être avec le client. »*
>
> Muhtar Kent,
> PDG de Coca-Cola
>
> HBR Interview,
> « Shaking Things Up at Coca-Cola »,
> *Harvard Business Review*, 2011, *89*(10) : 99.

Par ailleurs, l'exigence de loyauté ne vaut pas uniquement pour les membres de l'organisation, mais s'étend à tous ceux et celles avec lesquels elle entretient des relations : connaître ses clients et ses fournisseurs, les connaître personnellement et en toute empathie est une condition nécessaire à l'établissement d'une relation de loyauté. En outre, connaître personnellement ses clients et ses fournisseurs depuis longtemps importent bien davantage que la rentabilité économique de la relation, puisque c'est là un moyen de contribuer à la pérennité d'un monde dont c'est précisément le principal projet.

6.2.4 Le devoir-être : la pérennité

Dans le management traditionnel, on aspire à l'harmonie, au respect, mais surtout on cherche à survivre. La **pérennité** est un idéal de chaque instant. Cet idéal, le management l'assure en prônant une stabilité qui passe par le respect des origines et de ceux et celles qui, dans l'histoire, ont incarné avec vigueur les traditions qui ont fait le succès de l'organisation. De plus, en veillant au respect de l'ordre hiérarchique traditionnel, le management s'assure que chacun au sein de l'organisation occupe une place qui soit honorable, une place qui mérite d'être préservée.

Le management traditionnel aspire à perdurer, à une **pérennité** éternelle.

Tableau 6.5 Que devons-nous être? Les artisans d'une pérennité harmonieuse

Caractéristiques	Description
Le respect des origines	• La pérennité trouve tout son sens dans la référence commune au passé, là où la tradition a pris naissance et acquis ses lettres de noblesse. • Respecter les origines de l'organisation, c'est respecter ceux et celles qui ont forgé la tradition et assurer sa pérennité.
Le respect de l'ordre hiérarchique	• Pour construire un collectif harmonieux, chacun doit occuper un rang hiérarchique. • Le rang d'une personne, d'une chose ou d'une idée permet toujours de saisir son importance et sa signification au regard de la tradition.

Le respect des origines

Dans le management traditionnel, les traditions et les conventions, les us et coutumes, les rites et les usages, les routines et les habitudes, le respect de l'ordre hiérarchique, des métiers et des personnes, la loyauté et la confiance, le partage et le don, les valeurs communes et les liens affectifs, les échanges verbaux et les relations directes, le pragmatisme et l'expérience servent de toile de fond aux relations entre les membres de l'organisation. En fait, cette toile de fond domine l'action et l'engage dans une quête d'harmonie sociale que tous doivent préserver et perpétuer sous peine d'isolement, de marginalisation, voire d'exclusion.

« La recherche du respect était naturelle pour nous. Nous sommes tous nés dans des familles indiennes de classe moyenne, et nous avons développé un sens aigu des valeurs depuis notre enfance. Nos parents nous ont enseigné l'importance de l'éducation, le travail assidu, la décence, la courtoisie, l'honnêteté, le respect d'autrui et aussi à placer l'intérêt de la communauté avant celui de l'individu. Nos modèles étaient nos professeurs, et tant au collège qu'à l'université, ils nous ont enseigné à devenir curieux, analytiques, articulés et à développer un esprit d'équipe. La création d'une société fondée sur les valeurs était donc un réflexe pour nous – comme respirer. Puisque nous sommes originaires de la classe moyenne, nos ambitions financières n'étaient pas vraiment élevées. Faire de l'argent n'était pas essentiel ; gagner le respect l'était. Nous estimions que les affaires viendraient ensuite. »

N. R. Narayana Murthy,
fondateur d'Infosys

HBR Interview,
« Why Don't We Try to Be India's Most Respected Company? »,
Harvard Business Review, 2011, *89*(11) : 82.

Dans ce monde où la quête de stabilité et de pérennité s'impose comme un idéal, le management traditionnel érige donc un monde organisé où le respect du passé, de l'histoire, de ce qui a toujours été pensé, dit, fait et vécu l'emporte sur l'excitation du moment présent et la fébrile anticipation d'un avenir prétendument radieux. Par ce respect du passé, le management traditionnel exprime alors une perpétuelle recréation du monde d'alors, de jadis et de naguère, un réenchantement du monde. Renouer avec le souvenir vivace des origines, toucher quotidiennement au temps béni de la création collective et vivre tout naturellement la douce nostalgie de l'intuition fondatrice, de ce moment où tout était possible, surtout l'impossible, n'est toutefois pas de l'ordre d'un passéisme vieillot. En effet, le retour aux sources exalte l'action quotidienne et lui donne une profondeur et une richesse que seule la filiation historique peut pourvoir. Par cette filiation, tous les gestes quotidiens et tous les projets d'avenir s'inscrivent dans l'histoire de l'organisation et, par là, acquièrent une dimension symbolique qui va bien au-delà de l'efficacité technicienne ou d'une logique instrumentale selon laquelle l'action ne serait qu'un moyen au service d'une fin et n'aurait de valeur qu'au regard de ses conséquences. Ainsi, dans l'organisation traditionnelle, l'action ne se réduit pas à la poursuite d'un objectif, mais doit plutôt s'insérer dans une trame historique où elle se fait répétition symbolique des actions nobles qui ont présidé à la constitution de l'organisation. Par cette répétition des actions fondatrices, la filiation historique laisse son empreinte sur chacun et peut revendiquer, en tout temps, sa paternité, son droit d'ainesse. Dans ce monde de traditions, hors la référence obligée à hier, aujourd'hui et demain sont forcément vides de sens et ne sont plus que de l'ordre de l'instrumentation, d'une logique productiviste de l'efficacité et de l'utilitarisme. Inscrire dans le quotidien et dans la durée ce qui a toujours été et devrait toujours être est donc l'essence même du management traditionnel, ce qui en fait sa noblesse et sa richesse, et assure l'harmonie du collectif.

> *« L'ancre, symbole d'origine chrétienne d'espérance est choisie en 1798 par Philippe Clicquot, fondateur de la Maison, comme marque à bouchon, seul signe distinctif avant l'apparition des étiquettes. Elle accompagne ses vœux de prospérité pour sa jeune entreprise. Madame Clicquot utilise la même marque à bouchons lorsqu'elle reprend les rênes de la Maison en 1805. En conservant la marque de l'ancre tout au long des siècles, Veuve Clicquot Ponsardin reste attachée aux signes de ses origines. »*
>
> Maison Veuve Clicquot
> veuve-clicquot.com/fr

Toutefois, si dans l'organisation traditionnelle tout se conjugue au passé et se décline en traditions, il n'en demeure pas moins que c'est au présent et pour l'avenir que chacun perpétue le passé et trouve ainsi un sens à son action. Perpétuer les traditions est une marque de profond respect envers ceux et celles qui, dans le passé, ont permis, par leurs actions, l'existence du présent. Ce respect est toutefois souvent de l'ordre de l'irréfléchi, de la soumission à la sagesse des anciens, de l'attachement affectif aux valeurs passées, aux façons de faire ancestrales, aux croyances fondatrices. Mais, qu'il soit ou non de l'ordre du tacite, ce respect de la tradition est essentiel au maintien de l'harmonie et de la quête de pérennité. Tous doivent donc la respecter et comprendre qu'elle ne se discute pas, ne se modifie pas, ou si peu. La tradition se partage, s'assimile et s'intègre au quotidien de chacun et, surtout, elle ne souffre d'aucun écart à la norme, plus précisément aux règles et aux conventions qu'elle incarne.

L'ordre hiérarchique

Pour assurer l'harmonie et la pérennité du collectif, le management traditionnel mise aussi sur le respect d'un ordre hiérarchique qui fait écho à la puissance de la tradition. Ainsi, tout est ordonné au regard d'une tradition qui sert de véritable étalon de mesure. C'est donc dire que rien n'échappe à l'ordonnancement hiérarchique. En effet, les personnes, les objets, les actions, les idées, les valeurs et les événements doivent tous trouver leur place au sein d'une hiérarchie qui ne tolère pas que quoi que ce soit sorte du rang, échappe, à l'ordre hiérarchique et fragilise du coup l'harmonie sociale et conséquemment la pérennité tant recherchée.

En matière de hiérarchie, comme en toute autre matière dans l'organisation traditionnelle, c'est donc encore et toujours la tradition qui joue le rôle clé. C'est elle qui détermine le rang des uns et des autres et instaure une distance que rien ne peut réduire. C'est aussi sous son regard que certaines actions sont tenues pour nobles et honorables, alors que d'autres seront plutôt jugées méprisables et à proscrire. C'est encore elle qui servira à qualifier la valeur et le degré d'importance des événements, des objets et des idées. Rien n'échappe donc à son emprise et tout se solde par la dotation d'un rang, d'une position sociale et d'un statut particulier au sein d'une hiérarchie immuable. En outre, l'ordre hiérarchique infiltre même les divers paliers des structures hiérarchiques ; et c'est ainsi qu'à un même échelon chacun pourra se voir attribuer un rang bien précis selon, par exemple, son ancienneté ou son appartenance à un groupe social, ou alors selon tout autre critère qui traduit en termes concrets la tradition qui fonde l'organisation.

Dès lors, pour comprendre la distance hiérarchique qui sépare une personne d'une autre, il faut toujours s'en remettre à la tradition et à elle seule. Il faut bien saisir que dans ce monde de soumission à la tradition, c'est elle qui fait la grandeur d'une personne et non l'inverse. C'est toujours la tradition qui fixe les distances, et les personnes n'y sont pour rien, ou alors pour si peu. Ainsi, lorsque c'est l'ancienneté qui détermine le rang hiérarchique, que peuvent bien y changer les personnes qui souscrivent à l'emprise de la tradition ? Rien, si ce n'est d'attendre que le temps fasse son œuvre et joue en leur faveur. De même, lorsque c'est l'appartenance à un groupe social particulier ou à une famille qui détermine le rang hiérarchique, ceux et celles dont l'appartenance ne leur procure pas un rang favorable n'ont d'autre choix que d'accepter le poids moral d'une tradition qui les défavorise ou alors de quitter l'organisation pour un autre qui leur serait plus favorable.

> *« Lorsque les membres d'une même famille portent plusieurs chapeaux, soit gestionnaire, propriétaire, administrateur et actionnaire, cela complique inévitablement la gestion au quotidien. Il faut alors veiller à définir le plus précisément possible les rôles de chacun, de sorte que l'harmonie soit préservée au sein de la direction. C'est une valeur fondamentale que m'a transmise mon père et qui guide mes décisions. »*
>
> Ève-Lyne Biron,
> PDG de Biron Groupe Santé
>
> Propos recueillis par Ouellet, D., « Un leader doit faire preuve d'humilité », *Premium*, 2011, (9) : 31.

Une fois l'ordre hiérarchique fixé, chacun n'a donc d'autre choix que de l'accepter. L'ordre hiérarchique ne se conteste pas puisqu'il repose sur la légitimité de la tradition et c'est elle qui est le fondement de l'organisation. Il est donc hors de question de sortir du rang puisque cela équivaudrait à remettre en cause une tradition à perpétuer, ce qui ne se fait pas et peut conduire à des sanctions. Chacun doit apprendre à tenir son rang et cela vaut autant pour les gestionnaires que pour les autres. Personne ne doit tenir le rang de quelqu'un d'autre ni aspirer à un autre rang que celui que lui confère la tradition. De même, il est inadmissible de s'abaisser à remplir les obligations d'un rang inférieur puisque cela aussi est une forme de rejet de la tradition. Tenir son rang, voire en être heureux et reconnaissant, est ici la règle d'or, un impératif de la vie traditionnelle, une question d'honneur et de respect d'une tradition qui fonde l'action de tous, assure l'harmonie et pave le chemin à une pérennité à laquelle tous aspirent.

6.3 L'organisation traditionnelle

Résolument ancrée dans un passé qu'il convient de respecter et de perpétuer, l'organisation traditionnelle est toujours le fruit d'une sédimentation d'expériences individuelles et collectives. Elle est aussi le résultat inattendu d'une lente évolution où le surgissement d'une fortuite nouveauté est délicatement incorporée aux pratiques coutumières, à ce qui a toujours été fait, à ce qui doit prévaloir pour toujours et à jamais. C'est dire que si, au fil du temps, la tradition est enrichie des expériences concrètes des uns et des autres, cet enrichissement n'est jamais recherché pour lui-même, ni même valorisé. Cela peut surprendre l'esprit moderne gagné aux bienfaits de la nouveauté et aux vertus du changement, mais dans l'organisation traditionnelle, il n'y a pas de quête de progrès, puisque l'idéal de vie loge dans le passé, là où tout a commencé et où tout était possible. Enrichir la tradition n'est donc pas un projet ni même quelque chose de souhaitable, mais c'est simplement l'inévitable conséquence de l'expérience concrète, fruit du hasard et d'une très lente évolution où la nouveauté ne sera finalement assimilée et intégrée que si elle peut faire corps avec l'organisation traditionnelle, que si elle peut s'y fondre sans la transformer, ni la pervertir et sans lui donner une impulsion et une direction qu'elle n'a pas.

Dans l'organisation traditionnelle, il y a donc très peu d'engouement pour la technique qui change tout et propulse le collectif à des sommets inégalés d'efficacité. Pourtant, tout comme pour le changement qu'elle arrive à assimiler en l'accommodant à son identité, l'organisation traditionnelle arrive à intégrer la technique à son fonctionnement en lui donnant toutefois une coloration particulière.

6.3.1 La perspective technique de l'organisation traditionnelle

Dans l'organisation traditionnelle, les cadres techniques sont largement teintés par l'emprise de la tradition sur le collectif. Ainsi, comme en témoigne le tableau suivant, la tradition ressort clairement comme étant le fil d'Ariane qui lie ensemble la gouvernance, la stratégie, la structure et les opérations.

Tableau 6.6 **La perspective technique de l'organisation traditionnelle**

Cadres techniques	Description
Cadre de gouvernance	• La pérennité est au cœur de la raison d'être de l'organisation. • La gouvernance est fondée sur la sagesse et la recherche constante d'harmonie.
Cadre stratégique	• La stratégie de niche est largement privilégiée. • Le produit de qualité est au cœur de la quête de l'avantage concurrentiel.
Cadre structurel	• Prédominance de l'ordre hiérarchique traditionnel. • Le métier l'emporte sur la tâche ou la fonction.
Cadre opérationnel	• Les opérations s'inscrivent dans une logique communautaire. • Le contrôle social et la logique de l'honneur jouent le rôle d'incitatifs au travail.

Le cadre de gouvernance

À l'instar de toutes les organisations, l'organisation traditionnelle peut adopter une infinie diversité de définitions de mission à accomplir. Toutefois, au-delà de tout ce que la mission peut avoir de précis et d'utile pour orienter l'action, ce qui caractérise la raison d'être de l'organisation traditionnelle, c'est son obsession pour la pérennité. Bien sûr, quelle que soit sa logique d'action, une organisation aspire toujours à survivre, mais ce qu'il y a de particulier dans le cas de l'organisation traditionnelle, c'est que cette survie est non seulement une obsession, mais un défi de chaque instant. C'en est un car, dans un monde en perpétuel changement, l'organisation traditionnelle aspire à faire sa place sans pour autant se mettre systématiquement au goût du jour. D'une certaine façon, elle veut perdurer sans changer, ou alors juste ce qu'il faut, sans plus, pour assurer sa pérennité.

> *« Si nous cherchions le respect de toutes nos parties prenantes, j'avais le sentiment que nous pouvions réaliser notre vision. Si vous cherchez le respect des clients, cela implique que vous avez à livrer ce que vous avez promis. Si vous cherchez le respect de vos employés, vous devez les traiter équitablement et avec dignité. Si vous cherchez le respect des investisseurs, vous devez opérer avec transparence et de manière responsable. Si vous cherchez le respect des commerciaux, vous devez négocier avec eux selon leur mérite. Si vous cherchez le respect des gouvernements, vous ne devez jamais transgresser les lois. Si vous cherchez le respect de la société, vous devez vivre en harmonie avec elle et faire preuve de bienveillance. Si nous pouvions faire tout cela, je soutenais que nous pouvions attirer les clients, les employés, les vendeurs et les investisseurs ; revenus, profits et capitalisation suivraient. »*
>
> N. R. Narayana Murthy,
> fondateur d'Infosys
>
> HBR Interview,
> « Why Don't We Try to Be India's Most Respected Company? »,
> *Harvard Business Review*, 2011, *89*(11) : 81.

Pour accomplir son ultime raison d'être, l'organisation traditionnelle mise alors sur une gouvernance qui est à son image. Elle tente toujours de construire des relations empreintes de sagesse et d'harmonie avec ses parties prenantes. En fait, pour l'organisation traditionnelle, les parties prenantes forment une communauté et, comme pour la communauté que représente l'organisation, celle des parties prenantes est vue comme étant constituée de partenaires, de collaborateurs avec lesquels il convient d'entretenir des relations respectueuses, des relations qui visent l'intérêt commun et qui sont garantes d'harmonie et de pérennité.

Le cadre stratégique

Tout comme dans le cas du cadre de gouvernance, rien dans l'organisation traditionnelle ne limite ses choix en matière de décision stratégique. Parmi l'éventail des manœuvres et des tactiques qui s'offrent à elle, l'organisation traditionnelle peut donc, en fonction de ses capacités stratégiques, faire son choix et mettre en œuvre n'importe laquelle des grandes stratégies et tactiques compétitives. Toutefois, parce qu'elle se caractérise par un goût prononcé pour l'ancrage communautaire et qu'elle tend à privilégier un savoir expérientiel de première main, l'organisation traditionnelle mise fréquemment sur une stratégie de niche. Elle cherche à tirer avantage d'une connaissance intime de son marché ou à l'acquérir en développant de nouveaux marchés.

> *« La Chine est un marché en croissance avec un fort potentiel pour les orgues à tuyaux. Nous voulons l'explorer sérieusement. [...] Nous n'avons pas d'expérience ni d'orgues là-bas. On veut regarder les possibilités et prendre une chance de se trouver une niche. »*
>
> Sylvain Vachon,
> président de Casavant Frères
>
> Bisaillon, M.,
> « Après 128 ans d'existence, le manufacturier d'orgues Casavant Frères lorgne du côté de la Chine pour assurer son expansion »,
> *Le Journal de Montréal*, 28 août 2007 : 42.

Par ailleurs, pour assurer sa compétitivité, l'organisation traditionnelle table aussi sur une seconde de ses caractéristiques fondamentales, à savoir l'accent mis sur le métier, plus particulièrement sur des produits ou des services de qualité. Cela n'a d'ailleurs rien de bien surprenant, puisque la stratégie de niche qu'elle affectionne est précisément fondée sur ce type d'avantage concurrentiel.

Le cadre structurel

L'organisation traditionnelle, à l'image de toutes les organisations, peut compter sur une structure dans laquelle sont allouées les ressources requises pour mettre en œuvre sa stratégie. Toutefois, le sens qui préside à l'allocation des ressources ne se trouve pas dans l'organigramme qui cartographie formellement les liens d'autorité et de responsabilité au sein de l'organisation. En effet, l'organisation peut fort bien prendre la forme de différents paliers hiérarchiques, mettre en jeu une variété de départements fonctionnels et une constellation de tâches aussi précises qu'opérationnelles sans que cette structure n'ait la moindre signification réelle. C'est que dans une telle organisation, l'organigramme est toujours trompeur. Jamais le code symbolique à partir duquel le jeu structurel prend véritablement vie n'y est représenté. Ce code, nous l'avons vu, c'est la tradition. C'est elle qui est aux commandes et c'est encore elle qui donne du sens à toutes les relations structurelles. L'important ne se trouve donc pas du côté de l'organigramme ni même dans les descriptions de tâches et autres représentations formelles de la structure des activités de l'organisation, mais bien du côté de l'ordre traditionnel de la hiérarchie. Du coup, les titres, les fonctions et les tâches n'ont de sens qu'au regard de cette filiation. Ils ne sont que l'incarnation et la traduction en termes structurels de ce qui importe vraiment et que tous les membres de l'organisation traditionnelle saisissent très bien, soit la tradition.

Le cadre opérationnel

Animé par l'esprit communautaire qui caractérise l'organisation traditionnelle, le cadre opérationnel prend la forme d'une œuvre véritablement collective. Ici, les mérites personnels, les incitatifs à la productivité individuelle, l'optimisation de processus liés les uns aux autres par une chaîne de valeur cèdent largement le pas à une logique de l'honneur au nom de laquelle chacun accomplit ce qu'il doit vraiment accomplir. Lorsque l'un des membres du collectif s'écarte de cette logique et ne livre pas ce que son métier lui dicte pourtant de livrer, alors le contrôle social exercé par le groupe de travail entre en jeu. La force du groupe, la pression qu'il exerce sur le comportement des individus agit alors comme un puissant levier de conformité à la norme. D'ailleurs, ce levier est si puissant que les uns et les autres intériorisent généralement les normes collectives bien avant de se faire reprocher de les avoir ignorées ou enfreintes.

> *« Les vendanges débutent chez Veuve Clicquot. C'est une organisation de plus de 1 300 personnes, que j'ai la responsabilité et l'honneur de diriger, qui va œuvrer pendant deux à trois semaines pour récolter le travail d'une année de nos vignerons, première étape de notre champagne. Toutes les forces vives de la Maison vont se fédérer autour de nos vignerons et de nos saisonniers. Œnologues, équipes techniques, services administratifs, tous vont, dans le cadre de leur métier, ou détaché au sein du vignoble, apporter leur expertise et leur énergie pour nous aider à mener à bien ce moment fort de l'année. »*
>
> Christian Renard,
> directeur du vignoble,
> Maison Veuve Clicquot
>
> « Carnet de vendanges »,
> veuveclicquot.com/fr

6.3.2 Les perspectives sociales de l'organisation traditionnelle

Toutes les dimensions sociales que permettent d'explorer les perspectives sociales de l'organisation pointent dans la même direction, à savoir la puissance d'un esprit communautaire imprégné par la force d'une tradition qui sert tout à la fois de base politique, de valeur cardinale, de source de sécurité psychologique et de réservoir de savoirs.

Tableau 6.7 Les perspectives sociales de l'organisation traditionnelle

Perspectives sociales	Description
Perspective politique	• La tradition est au fondement des relations de pouvoir. • Le pouvoir a valeur de tabou.
Perspective symbolique	• L'organisation met en jeu une identité profondément communautaire. • L'identité communautaire vaut pour l'ancrage dans l'environnement.
Perspective psychologique	• La satisfaction des besoins de sécurité et d'appartenance est à l'avant-scène. • Le climat organisationnel est marqué par le paternalisme des gestionnaires.
Perspective cognitive	• La tradition est un réservoir de savoirs. • Le savoir est une propriété collective.

La perspective politique

Fondée sur la tradition qui lui sert de base légitime d'exercice du pouvoir, l'organisation traditionnelle se caractérise aussi par des jeux politiques, mais dans lesquels les acteurs organisationnels ont tout avantage à miser sur l'intérêt commun pour satisfaire leurs intérêts individuels. Dans l'univers communautaire de l'organisation traditionnelle, les jeux politiques individuels ont peu de chance de donner les résultats escomptés par leurs initiateurs. Cela se comprend s'agissant d'un univers social qui fait de l'harmonie son idéal de vie collective. D'ailleurs, dans l'organisation traditionnelle, les jeux politiques sont profondément méprisés, car ils heurtent de plein fouet cette quête d'harmonie sociale, mais aussi le caractère communautaire de l'organisation en mettant de l'avant l'idée que l'intérêt individuel puisse avoir préséance sur l'intérêt collectif. Ce caractère identitaire des jeux de pouvoir est à ce point central que dans l'organisation traditionnelle le pouvoir a statut de tabou. Ainsi, personne ne parle du pouvoir, personne ne manifeste son désir d'en acquérir et, lorsqu'ils y sont confrontés, tous reconnaissent que c'est la tradition qui le fonde et que de ce fait, il est incontestable. En fait, le jeu politique prend des allures de véritable conflit identitaire.

> *« Vous ne devez pas permettre à la tradition de s'opposer à l'innovation. Il est essentiel de respecter le passé, mais c'est une erreur de le vénérer. »*
>
> Robert A. Iger, PDG de Disney
>
> « Technology, Tradition, and the Mouse », *Harvard Business Review*, 2011, *89*(7/8) : 115.

La perspective symbolique

Alors qu'aucune organisation n'est exempte d'une identité collective, ce qui caractérise l'organisation traditionnelle, c'est la conscience très vive que ses membres ont de la sienne, de l'obligation qu'ils ressentent de la reconnaître, de l'entretenir, d'en être fiers et de la partager. C'est que dans l'organisation traditionnelle, l'identité collective tient, en quelque sorte, le rôle de vecteur central de la vie individuelle et collective, de socle pour fonder la gestion, d'avantage concurrentiel pour se démarquer des concurrents, d'étalon de mesure de l'action et de raison d'être. Ainsi, au-delà même de l'idée de perdurer, ce qui importe c'est de poursuivre l'œuvre des fondateurs, de continuer de donner vie à la tradition, voire d'affirmer aux yeux de tous que l'identité traditionnelle mérite le respect de chacun et commanderait même d'être adoptée par les autres.

Dans l'organisation traditionnelle, les valeurs communes l'emportent donc très largement sur les soucis de performance, sur la nécessité de formuler des objectifs précis et sur l'importance de réfléchir à la mise en œuvre des moyens pour les atteindre. Ici, tout est toujours une question de valeur à célébrer, à intégrer et à respecter ; tout gravite encore et toujours autour des valeurs traditionnelles qu'il faut sans cesse incarner au quotidien ; tout a systématiquement valeur de symbole, tout se juge continuellement au regard de l'identité collective, de la conformité aux valeurs traditionnelles qu'elle met en jeu.

> *« Nous comptons afficher notre mission, nos valeurs, sur le mur des futurs magasins. Il s'agit là d'un engagement dont je suis la gardienne. »*
>
> Josée Fiset,
> v.-p. marketing et développement stratégique à Première Moisson
>
> Coulombe, M., « Susciter la féerie, c'est ma vie », *Premium*, 2012, 2 : 38.

L'identité caractéristique de l'organisation traditionnelle est à saveur communautaire, là où les valeurs collectives l'emportent clairement sur les objectifs, les intérêts et les désirs individuels. En fait, dans cette identité, l'individu s'efface toujours au profit d'un collectif qui lui offre, du fait même de son appartenance à la communauté, sa véritable identité, celle qu'il doit accepter et dont il doit être fier. C'est la communauté et pas l'individu qui doit occuper le devant de la scène ; c'est elle et pas l'individu qui a de l'importance ; et c'est encore elle et sûrement pas l'individu qui doit se réaliser quotidiennement et être célébrée à l'occasion.

> *« Disposer d'une main d'œuvre engagée, clairement alignée et fortement mobilisée est au cœur de notre parcours – cela fait 176 ans. Voilà la culture que Deere a établie avec intégrité et un engagement pour la qualité. Cela attire ce type de personnes dans notre organisation. Des personnes clairement alignées et fortement mobilisées sont notre avantage majeur. »*
>
> Sam Allen,
> PDG de John Deere
>
> Colvin, G., « Tractors are getting Smarter all the time. », *Fortune*, 2013, *168*(5) : 85.

Pour autant, l'individu existe. Il peut, là comme ailleurs, tenter de faire valoir son individualité, ses projets personnels, ses désirs profonds, l'importance qu'il y aurait à miser sur tout ce qu'un individu qui veut se dépasser peut offrir de singulier à un collectif qui pourrait alors en profiter pour s'enrichir d'un nouveau regard, voire se transformer. En effet, les membres de l'organisation traditionnelle peuvent toujours tenter d'affirmer leur individualité. Mais alors, ils concourent à l'émergence d'un débat identitaire au sein du collectif qui, s'il peut parfois se solder par un métissage de valeurs, donnent le plus souvent lieu à des rappels à l'ordre, à la nécessité de rentrer dans le rang communautaire, de se conformer aux valeurs qui font sa grandeur, ou alors de quitter un collectif qui ne trouve plus grâce à leurs yeux.

La perspective psychologique

Si l'organisation traditionnelle peut favoriser la satisfaction de toute la gamme des besoins psychologiques que ses membres cherchent à combler, elle excelle tout particulièrement à satisfaire leurs besoins de sécurité et d'appartenance. Il faut dire que l'idéal d'harmonie que l'organisation traditionnelle met de l'avant a de quoi rassurer les uns et les autres. Mais il n'y a pas que cela. Les routines, les habitudes, le relatif refus du changement, la référence constante au passé et à la tradition concourent tous à construire un espace social stable qui est particulièrement propice au développement d'un sentiment de sécurité. Le paternalisme qui est largement au principe de la gestion des organisations traditionnelles instaure aussi tout naturellement un climat de confiance au sein de l'organisation, ce qui contribue à faire en sorte que tous se sentent en sécurité, à l'abri des turbulences qui marquent le quotidien de tant d'organisations pour lesquelles le changement est un mode de vie.

Au fil du temps, chacun intériorise les valeurs traditionnelles et acquiert la conviction intime que l'organisation est là pour les protéger, que tous sont en quelque sorte membres d'une seule et même famille et qu'en cas de coups durs, elle sera là pour offrir sa chaleur et son soutien.

Bien sûr, l'accent mis sur la sécurité et l'appartenance au collectif peut aussi devenir un frein à la réalisation des autres besoins. En effet, comment se réaliser, se démarquer, se distinguer, développer de l'estime de soi dans un milieu social où se fondre dans la communauté est un idéal de vie ? À l'évidence, si la quête de satisfaction des besoins psychologiques supérieurs passe par l'affirmation d'une individualité qui ne demande qu'à prendre sa place, l'organisation traditionnelle peut non seulement être un frein, mais elle peut même devenir un véritable mur infranchissable. Toutefois, si le besoin d'estime de soi et le souci de se réaliser passent par des relations collaboratives, par une volonté de contribuer à la communauté et ainsi de s'accomplir personnellement, alors l'organisation traditionnelle se présente comme un espace psychologique où l'individu et la communauté organisationnelle arrivent à se nourrir mutuellement.

> *« Notre premier défi a été de décider du sort des usines. L'usine appartenant à Church's située au centre de Northampton employait 600 personnes, et il semblait judicieux de la déménager hors de la ville, ce qui nous procurerait plus d'espace à moindre coût. Mais lorsque je l'ai visitée, j'ai vu que la vie des gens était organisée autour de ce site. La plupart des employés vivaient à proximité et en quittant ces lieux, nous les priverions d'une heure à la maison, les contraignant ainsi à apporter des sandwichs au travail. Leur qualité de vie serait compromise sans qu'ils n'obtiennent rien au retour. Alors, nous avons gardé l'usine en ville. »*
>
> Patricio Bertelli,
> PDG de Prada
>
> HBR Interview,
> « Prada's CEO on Staying Independent in a Consolidating Industry »,
>
> *Harvard Business Review*,
> 2012, *90*(9) : 41.

La perspective cognitive

Sous le regard de la perspective cognitive, la tradition prend les traits d'un réservoir de savoirs. Elle incarne l'histoire, la mémoire de l'organisation, les expériences passées, les solutions que le collectif a déjà forgées pour relever des défis et résoudre des problèmes. La tradition n'est donc pas uniquement une valeur qu'il convient de respecter et de transmettre ; c'est aussi une sagesse construite au fil du temps, un savoir pratique qui, ayant perduré, a fait la démonstration de sa pertinence et de son utilité.

Préserver la sagesse collective pour les générations futures est le projet cognitif clé de l'organisation traditionnelle. Ce projet, nous l'avons vu, se réalise principalement par le compagnonnage et les relations de mentorat. Ici, nul besoin de mettre sur pied des séances formelles de formation ni de produire des manuels dans lesquels tout ce qu'il importe de savoir et d'appliquer serait expliqué dans les moindres détails. En effet, la transmission de la sagesse collective, du savoir pratique qu'il convient de mobiliser pour accomplir ce qui doit l'être passe par des relations personnelles, par un lien fort entre les anciens et les nouveaux.

> *« Nous avons découvert, il y a quelques années, que nos meilleures idées provenaient des employés et non des cadres supérieurs. Nous avons donc construit le Tube, une plateforme numérique spécialement conçue pour partager le savoir. Dans cet intranet, chacun dispose de sa page Web, sur la mienne, on trouve tous les projets auxquels j'ai travaillé, ce que j'ai à faire pour les trois prochains mois et mon blogue. Pour chaque projet et chacun de nos clients, nous mettons nos histoires en ligne : comment nous avons abordé une question ou l'autre, ce que nous en avons appris, qui y a travaillé, etc. Puis, grâce aux wikis, les personnes intéressées par certains sujets partagent leurs idées et élaborent même des prototypes. Notre forum de discussion interne compte des dizaines de milliers de pages. »*
>
> Tim Brown,
> PDG de l'agence de design Ideo
>
> Entrevue réalisée par Kleine, A., « Le chantre du design thinking », *Premium*, 2010, 2 : 65-66.

Par ailleurs, dans un monde dominé par les technologies de l'information (TI), la transmission de la sagesse collective passe aussi par les communautés virtuelles. Certes virtuelles, elles demeurent des communautés, des lieux d'entraide, des espaces où les uns et les autres peuvent collectivement échanger leurs savoirs, mettre en commun leurs pratiques et leurs idées au service d'une œuvre collective.

6.4 Conclusion : entre la sagesse et le dogme

Dans un monde en proie à d'incessants changements, où la technique paraît imposer sa loi sur les moindres interstices de la vie sociale, l'organisation traditionnelle a de quoi rassurer ceux et celles qui sont en quête d'un peu de quiétude, d'un répit face au tourbillon sans fin des transformations à achever avant d'entreprendre celles qu'il faut impérativement amorcer au nom du progrès. Les temps présents peuvent paraître affolants et peu propices aux bienfaits d'une certaine lenteur et d'une stabilité rassurante. Sans être nostalgiques ou charmés par un passéisme aussi vieillot que futile, nombre de personnes peuvent trouver dans le management traditionnel une source de réconfort. Surtout, ils peuvent y trouver une sagesse en action, celles de ces gestionnaires que l'on qualifie d'artisans ou de sages, ceux-là mêmes qui savent construire des organisations à hauteur humaine, des organisations pensées pour la durée, des organisations où la qualité l'emporte sur la quantité, où la sagesse prime toujours l'analyse et l'excitation du changement.

Cependant, l'organisation traditionnelle n'est pas forcément ce paradis perdu que les nostalgiques espèrent voir renaître des cendres d'une modernité froide et productiviste. Cette organisation peut être aussi contraignante que réconfortante, aussi rigide qu'humaine, aussi conformiste que sage. En fait, le management traditionnel peut conduire les organisations au repli sur soi, à la négation des temps présents, au passéisme et à l'enfermement dans un statu quo qui ne peut conduire le collectif qu'à l'échec. Si le management traditionnel est source de sagesse, il peut également être l'incarnation d'un dogme que rien ne peut ébranler, pas même le réel.

SYNTHÈSE DU CHAPITRE

Idée clé
Fondé sur la tradition, le management traditionnel met de l'avant le métier comme savoir-faire, l'expérience comme savoir, la communauté comme savoir-être et la pérennité comme devoir-être.

Les dimensions du management traditionnel	
Savoir-faire	Le métier est fait de devoirs, d'un souci constant de réaliser une œuvre de qualité et de respect pour les outils que son exercice exige.
Savoir	Fruit de l'observation concrète et d'une recherche constante de qualité, l'expérience traditionnelle témoigne d'une capacité d'adaptation au contexte.
Savoir-être	La communauté implique la primauté du groupe sur l'individu, les interactions personnelles et une connaissance de chacun.
Devoir-être	Le management traditionnel aspire à perdurer, à une pérennité éternelle.

Les cadres techniques de l'organisation traditionnelle	
Gouvernance	La pérennité est au cœur de la mission et guide la gouvernance.
Statégie	Une stratégie de niche basée sur la qualité des produits ou services est privilégiée.
Structure	La prédominance de l'ordre hiérarchique traditionnel.
Opérations	L'importance du contrôle social comme incitatif à la production.

Les perspectives sociales de l'organisation traditionnelle	
Politique	La tradition est au principe des jeux politiques au sein de l'organisation.
Symbolique	L'identité collective est profondément communautaire.
Psychologique	Le climat organisationnel est largement paternaliste.
Cognitive	La tradition exprime l'intelligence collective de l'organisation.

Diagnostic	
Pour analyser une situation de gestion en termes de management et d'organisation traditionnels, il est possible de centrer l'attention sur quelques questions clés.	
Les dimensions	Le management est-il adapté à la réalité traditionnelle de l'organisation?
Les cadres techniques	Les cadres techniques sont-ils adaptés à la réalité traditionnelle de l'organisation?
Les perspectives sociales	Les réalités sociales sont-elles cohérentes avec l'organisation traditionnelle?

7

Le management formel

Plan du chapitre

Historiquement, le management formel a pris le relais du management traditionnel qui, jusqu'alors, régnait sans partage sur l'espace administratif des organisations. Au regard des théoriciens du management formel, le management traditionnel méritait d'être rejeté, car il avait le tort de n'être que pure pratique, qu'action insouciante de son savoir et, de ce fait, ne pouvait offrir de véritables garanties d'efficacité. C'est précisément là qu'intervient le management formel puisqu'il extrait le savoir des pratiques où l'avait confiné la tradition. Puis, il formalise ce savoir pratique sous les traits de théories explicites et de techniques formelles. Enfin, en misant sur un savoir formel, les théoriciens du management peuvent le peaufiner, le perfectionner et le combiner à d'autres savoirs de façon à construire un véritable système de gestion, système qui permet alors d'accroître la portée et l'efficacité du management.

En libérant le savoir administratif des pratiques traditionnelles, le management formel donne alors forme à sa prétention toute moderne de gouverner les organisations de façon rationnelle et efficace. Le management formel est donc d'abord cela, une pratique très formelle qui s'incarne dans des techniques de façon à atteindre de hauts niveaux d'efficacité.

> *« Dans le passé, l'opinion générale pouvait s'exprimer par la phrase : "On naît capitaine d'industrie, on ne le devient pas" et la théorie était que, lorsqu'on avait trouvé l'homme qu'il fallait, on pouvait se reposer sur lui en toute sécurité pour le reste. Dans l'avenir on considérera qu'il ne suffit pas de posséder de naissance le caractère idoine, mais qu'on peut aussi être entraîné, et qu'aucun grand homme appliquant l'ancien système de direction ne peut espérer concurrencer efficacement une équipe d'hommes ordinaires convenablement organisés pour travailler en collaboration d'une façon efficace. Dans le passé, l'homme était l'atout maître ; dans le futur, le système sera cet atout. »*
>
> Taylor, F. W.,
> *La direction scientifique des entreprises*,
> Paris, Éditions Gérard & Co.,
> 1967 [1911] : 16.

7.1 La logique formelle

La **logique formelle** repose sur la légitimité de la raison administrative, sur le respect des règles administratives et des processus formels de gestion et sur la compétence explicite et technique.

Au cœur du management formel, nous retrouvons une logique d'action que Max Weber qualifie tantôt de rationnelle et parfois de légale. Au croisement des deux qualificatifs se trouve le formalisme des règles d'action qu'il conviendrait d'appliquer pour être rationnellement et techniquement efficace. Sous l'emprise de la logique formelle, les membres de l'organisation se conforment d'abord et avant tout à des règles liées logiquement les unes aux autres au sein d'un système technique de façon à assurer l'efficacité de leurs actions. Obéir à un gestionnaire formel, ce n'est pas lui reconnaître des qualités personnelles, tels son charisme ou sa filiation à une quelconque tradition qu'il conviendrait d'honorer, mais plutôt reconnaître qu'il a le droit légitime d'exiger que les uns et les autres respectent les règles formelles qui gouvernent le collectif. Ainsi, les membres d'une organisation formelle n'obéissent pas vraiment à un chef ou à un leader, mais aux règles formelles que le gestionnaire incarne. Dans un tel contexte, c'est le pouvoir de la règle et le système formel qui en découle qui dominent l'action de tous, y compris celle des gestionnaires.

> *« Diriger une affaire n'est pas simplement un don ou une capacité innée. Les éléments et les exigences de cette mission peuvent être analysés et organisés systématiquement [...], les jours des dirigeants "intuitifs" sont comptés. [...] le directeur peut perfectionner son action dans tous les domaines [...] grâce à l'étude systématique des principes, à l'acquisition des connaissances méthodiques et à l'analyse systématique de son action personnelle dans tous les domaines de son travail. »*
>
> Drucker, P. F.,
> *La pratique de la direction des entreprises*,
> Paris, Éditions d'Organisation,
> 1957 : 8

Sous la gouverne de cette logique formelle, l'organisation est un éternel projet perfectible auquel le management contribue par des analyses rigoureuses dans lesquelles tout est inventorié, décrypté, mesuré, calculé, classé et expliqué avec finesse et objectivité. Rien n'échappe à la puissance de la Raison et tout est traduit en règles d'efficacité. Il n'y a pas de place pour le mystère, car tout se comprend, s'explique et, surtout, tout se transforme techniquement et se contrôle formellement. Comprendre et expliquer, mais surtout façonner et transformer l'organisation font donc partie de l'ordinaire du gestionnaire formel : le monde qu'il construit est froid et rigide, comme sait si bien l'être la logique qui lui sert d'assise et de raison d'être[1].

Être de raison, le gestionnaire formel doit alors se donner les moyens de sa prétention et il y parvient en fondant son action sur un processus formel qui l'inspire et le guide. Ce processus, qui se veut le garde-fou de l'action et le garant de la rationalité de ses décisions, s'amorce par la détermination des objectifs de l'organisation et se clôt par la mise en œuvre des moyens qui en permettent l'optimisation.

Tableau 7.1 **La logique formelle**

Caractéristiques	Description
Détermination des objectifs	• L'action doit toujours être consciente, délibérée et raisonnée. • L'action n'est jugée rationnelle que si les moyens sont arrimés à des objectifs précis.
Analyse des moyens	• Pour être rationnelle, l'action doit découler d'une analyse rigoureuse des moyens qui s'offrent à l'organisation. • Les objectifs à atteindre doivent être au cœur de l'analyse des moyens à mettre en œuvre. • Le gestionnaire est à la recherche des moyens qui permettent de maximiser l'atteinte des objectifs.
Mise en œuvre des moyens	• La mise en œuvre des moyens doit être optimale. • Le gestionnaire compte sur le pouvoir de la Raison pour accomplir la mise en œuvre des moyens.

7.1.1 La détermination des objectifs

Soucieux de la rigueur logique de son action, le gestionnaire formel amorce toujours sa démarche analytique et objective par la détermination des objectifs que doit poursuivre l'organisation. Là réside d'ailleurs la clé de voûte de la rationalité de son action, car une action sans finalité *a priori*, sans objectif à réaliser, sans intention délibérée, consciente et raisonnée, n'est que pur réflexe, tradition irréfléchie ou vague intuition. Justifier *a posteriori* les choix qu'il prétend rationnels ne serait que le fruit coupable et inefficace d'une rationalisation psychologique.

La **détermination des objectifs** est conséquente d'une analyse objective de la situation de l'organisation.

[1] Weber définit ainsi la légitimité formelle : « La totalité de la direction administrative se compose […] de fonctionnaires individuels […] lesquels sont (1) personnellement libres, n'obéissent qu'aux devoirs objectifs de leur fonction ; (2) dans une hiérarchie de la fonction solidement établie ; (3) avec des compétences de la fonction solidement établies ; (4) en vertu d'un contrat, donc (en principe) sur le fondement d'une sélection ouverte selon (5) la qualification professionnelle […] ; (6) sont payés par des appointements fixes en espèces […] suivant le rang hiérarchique en même temps que suivant les responsabilités assumées […] ; (7) traitent leur fonction comme unique ou principale profession ; (8) voient s'ouvrir à eux une carrière, un "avancement" selon l'ancienneté, ou selon les prestations de service, ou encore selon les deux, avancement dépendant du jugement de leurs supérieurs ; (9) travaillent […] sans appropriation de leurs emplois ; (10) sont soumis à une discipline stricte et homogène de leur fonction et à un contrôle. » Weber, M., Économie et société, Paris, Plon, 1971 [1921] : 226.

Dans l'organisation formelle, les objectifs à poursuivre peuvent prendre de multiples colorations, mais seul importe qu'ils existent et orientent efficacement l'action. Toujours, l'objectif à réaliser guide la recherche des meilleurs moyens à mettre en œuvre permet d'inscrire l'organisation dans le territoire tant convoité de la Raison.

Par ailleurs, pour le gestionnaire formel, l'objectif à atteindre n'est jamais vraiment le sien. Par osmose, mimétisme, ou contrat, il fait plutôt siens les objectifs de l'organisation pour laquelle il est tout à la fois le concepteur en chef et l'opérateur central. Le gestionnaire formel est un « homme (ou une femme) d'organisation » qui devant la puissance des règles de l'organisation formelle s'incline volontiers et se soumet de bonne grâce[2]. Ses joies et ses plaisirs, il les trouve dans les succès de l'organisation. Pour lui, et de façon très paradoxale, l'organisation est tout à la fois un enfant qu'il faut guider et un maître qu'il convient de servir. Il cultive donc l'oubli de soi pour mieux mettre sous les projecteurs l'organisation, qui donne un vrai sens à son action.

> *« Ainsi, nous avons adopté un modèle dans lequel une série d'objectifs clairs sont établis ; si nous les atteignions ; nous aurions du succès. Ces objectifs changent chaque année. En 2009, il fallait que la productivité et la trésorerie soient bonnes sans ralentir notre recherche et développement. En 2010, cela concernait l'introduction de nouveaux produits – et nous en avons introduit un nombre record. En 2011, nous devons continuer à maintenir l'effet de levier opérationnel et la croissance des revenus et améliorer notre effort en recherche et développement. Mon but est d'obtenir que chaque personne dans l'entreprise s'aligne sur ces directives. C'est de parvenir à ce que tout le monde s'engage dans une ou deux de celles-ci d'une manière qui indique : "ce que j'accomplis fait une différence pour l'entreprise." »*
>
> Ellen Kullman,
> PDG de DuPont
>
> Kurtzman, J.,
> « Inclusive Innovation : Why DuPont is Betting Its Future on Megatrends »,
> *Rotman Magazine*, hiver 2012 : 74.

Le gestionnaire formel n'a donc pas d'autres objectifs que ceux de l'organisation et jamais il ne tourne le dos aux intérêts supérieurs du monde formel au service duquel il consacre sa vie et ses envies. Il ne faut donc pas se méprendre sur ses motivations. Il n'agit pas pour son propre compte, il ne cherche pas à engranger des profits qui seraient les siens, bien qu'il puisse en profiter. Là n'est pas le moteur ni l'essentiel de son action. Il est d'abord et avant tout au service de l'organisation. Sa motivation est plutôt à chercher du côté de la conception et de la mise en œuvre efficace des moyens qui assureront l'avenir de l'organisation. Toujours, il recherche l'optimum, la meilleure façon de faire, d'organiser le corps social, d'aménager les lieux physiques, de choisir les techniques les plus performantes. Toujours, il calcule et soupèse les coûts de l'action et les bénéfices qu'elle doit générer. Il recherche le profit non pour le doux plaisir d'accumuler de la richesse matérielle, mais comme mesure objective de l'efficacité de son action, comme indicateur indiscutable de la performance de l'organisation. Il faut dire que le gestionnaire formel sait très bien que sans bénéfice, l'organisation qu'il aura patiemment édifiée et déifiée s'écroulera. La moindre petite marge bénéficiaire, le plus petit gain d'efficacité font donc une énorme différence. Pour lui, il n'y a pas de petits bénéfices, mais que des petits bénéficiaires et, à tout prendre, il choisit toujours le côté des plus gros. Ce n'est pas tant qu'il est obsédé par l'argent et mû par l'appât du gain ; simplement l'efficacité, témoin concret de cette Raison tant valorisée, est une obsession, une raison d'être.

---

[2] Voir : Whyte, W. H. Jr., *L'homme de l'organisation*, Paris, Plon, 1959.

Pour le gestionnaire formel, la quête d'efficacité est sans fin et, si rien ne vient la freiner, elle tend à occuper tout l'espace social, l'ensemble du territoire organisé. Les chiffres, les plans et les techniques meublent son imaginaire et animent son ordinaire. C'est qu'il a le sens de la mesure, ce gestionnaire, et il sait fort bien que la survie de l'organisation commande le souci du détail, ces petites choses qui, mises bout à bout, font toute la différence entre le succès ou l'échec.

7.1.2 L'analyse des moyens

Une fois les objectifs formulés et bien compris par tous les membres de l'organisation, le gestionnaire formel peut alors s'engager dans la phase de diagnostic de l'organisation. Il est ainsi à la recherche de toutes les occasions à saisir, à l'affût du plus petit problème à résoudre et, sans relâche, il scrute les moindres recoins de son organisation dans l'espoir d'identifier des façons d'en accroître l'efficacité. C'est donc dire qu'il est en éveil constant et qu'il cherche à maintenir un contrôle réflexif maximal sur la vie de l'organisation. Dès qu'il a identifié une occasion à saisir, un problème à résoudre ou une meilleure façon de faire, il se lance dans l'inventaire systématique des possibilités d'action, des moyens dont dispose l'organisation pour accroître son efficacité. Il veut connaître tous les moyens de manière à retenir le meilleur, le seul qui permettrait de maximiser avec certitude l'atteinte des objectifs organisationnels.

Le gestionnaire est à la recherche des **moyens** qui permettent de maximiser les objectifs à atteindre.

Au terme de son inventaire, le gestionnaire évalue les conséquences de chacune de ses options à l'aune des objectifs poursuivis. Ne lui reste plus qu'à retenir l'option qui maximise l'atteinte des objectifs. Pour y parvenir, il peut compter sur une variété de critères formels de prise de décision, tels le *maximin* qui lui permet d'opter pour les moyens qui minimisent les conséquences indésirables de ses actions, le *maximax* qui vise à choisir les moyens qui maximisent les conséquences souhaitées de ses actions, le *minimax* qui oriente le choix vers les moyens qui minimisent les regrets ou *l'utilité espérée maximale* qui permet de retenir les moyens qui maximisent l'utilité espérée face aux conséquences probables de ses choix. Qu'il utilise l'un ou l'autre de ces critères formels importe peu car, dans tous les cas, le choix retenu permettra une forme de maximisation, et c'est très précisément ce que recherche le gestionnaire formel.

> *« J'ai toujours pensé que le génie chimique était l'une des meilleures formations pour faire une carrière en affaires, parce que tant les travaux en classe que la thèse vous enseignent une importante leçon : il n'y a pas de réponses illimitées à la plupart des questions. Ce qui compte réellement, c'est votre processus. »*
>
> Jack Welch,
> ex-PDG, General Electric
>
> Byrne, J. et Welch, J.,
> *Jack: Straight from the Gut*,
> N. Y., Business Plus, 2002.

7.1.3 La mise en œuvre des moyens

Lorsque le gestionnaire formel a fait son choix, il ne lui reste plus qu'à convaincre les membres de l'organisation que son choix est le bon, qu'il est le seul qui se justifie au regard de la Raison, l'unique choix dont la mise en œuvre permettra d'atteindre l'objectif avec la plus grande efficacité.

La **mise en œuvre** des moyens doit être rationnelle.

Pour obtenir l'adhésion de tous, le gestionnaire fait appel à leur raison et aux règles formelles qui président à l'action organisationnelle, mais il peut aussi faire valoir sa légitime autorité de gestionnaire, de représentant impartial et compétent de l'intérêt général de l'organisation. Tout comme lui, les membres de l'organisation n'auront alors pas d'autres choix que de s'incliner devant la puissance de la Raison et le pouvoir des règles formelles qui en découle. À l'instar du gestionnaire, ils devront volontairement consacrer leurs efforts à la réalisation de l'intérêt général, aux objectifs d'efficacité de l'organisation et, par là, réaliser leurs propres intérêts. En soumettant ainsi leur volonté, les membres de l'organisation souscrivent alors à l'idée que la Raison serait garante du plus grand bonheur pour le plus grand nombre, qu'elle seule peut leur apporter un progrès dont chacun pourra profiter.

> *« Le travailleur demande à l'entreprise et à sa direction des niveaux élevés d'action et de rendement, un haut degré de compétence dans la manière dont le travail est organisé et dirigé (par l'entreprise) et des expressions visibles des conceptions de la direction sur ce qu'elle appelle un bon travail. »*
>
> Drucker, P. F., *La pratique de la direction des entreprises.* Paris, Éditions d'Organisation, 1957 : 280.

7.2 Les dimensions du management formel

L'identité du **management formel** met en jeu les tâches, l'objectivité, les contrats et l'efficacité.

Pour parvenir à construire une organisation qui soit véritablement aussi efficace que ce qu'il recherche, le gestionnaire formel fonde son action sur un ensemble de valeurs, une identité administrative. Comme l'illustre la figure suivante, autour de la logique d'action, cette identité administrative met en scène la tâche à titre de savoir-faire idéalisé, l'objectivité comme savoir noble, le contrat comme savoir-être valorisé et l'efficacité comme devoir-être absolu.

Figure 7.1 Les dimensions du management formel

7.2.1 Le savoir-faire : les tâches

Porté par une logique formelle qui fait de la Raison un vecteur central de son identité, le management formel conçoit le travail en termes de **tâches** qui, pour être efficaces, doivent être spécialisées, formalisées et coordonnées. Ainsi, à la question « *que faisons-nous ?* », les membres de l'organisation répondent : nous accomplissons des tâches qui, combinées les unes aux autres, permettent à l'organisation d'être pleinement efficace.

Le travail est pensé en termes de **tâches** spécialisées, formalisées et coordonnées.

Tableau 7.2 **Que faisons-nous? Nous accomplissons des tâches**

Caractéristiques	Description
La spécialisation	• La spécialisation des tâches permet d'accroître l'efficacité du travail. • La spécialisation se double de standards de productivité.
La formalisation	• Le comportement lié à l'accomplissement d'une tâche est régi par des règles. • Par la formalisation, il est plus facile de prévoir les comportements au travail et de mieux les contrôler.
La coordination	• La coordination du travail en une variété de tâches spécialisées implique la nécessité de leur coordination. • La coordination commande une vue d'ensemble que seul le management peut pourvoir.

La spécialisation

Gagné aux vertus du pouvoir de la Raison et de sa logique formelle, le management aborde toujours la question du travail par une analyse rigoureuse et minutieuse de sa constitution. Le travail est analysé dans ses moindres détails, décortiqué en temps, mouvements, ressources et processus. Par la suite, il est repensé en termes de tâches simples et spécialisées, tâches qui doivent toujours permettre d'atteindre de hauts niveaux d'efficacité. Enfin, la mise en œuvre d'une organisation du travail qui soit véritablement efficace passe par la conception d'indicateurs de performance, la mise en place de programmes de formation du personnel et l'instauration de systèmes de rémunération favorisant la productivité.

> *« Pour arriver [à trouver des gains de productivité], nous sommes à implanter une méthode de réduction des coûts de type "kaizen". Il s'agit de transformer la disposition des lieux de travail, les déplacements des personnes et tous leurs mouvements pour obtenir un maximum d'efficacité. Nous en avions fait l'essai en cuisine en 2006 et 2007, et en sommes arrivés à ce que le même travail par huit cuisiniers soit fait par six. Cette fois, l'expérience est plus globale. C'est de réduire les déplacements inutiles et de rendre le personnel en salle plus efficace. Fini, les déplacements pour aller porter le feuillet de commande à la caisse et en cuisine. Tout se fait par tablettes, instantanément. Et une horloge informatisée avertit l'écran des cuisiniers si une table n'a pas reçu sa commande dans les temps impartis. »*
>
> Jean Bédard,
> président de Germain Hospitalité
>
> Paquin, G., « Conseils de pros », *La Presse*, 25 mars 2014 : 9.

Vidé de tout sens autre que celui qui consiste à produire toujours plus et plus vite, le travail devenu tâche au terme de son analyse formelle, n'est donc plus qu'un assemblage de routines cadencées au rythme de standards précis de productivité. Cette transformation du travail en tâches parcellisées a d'ailleurs été au fondement même du management. Selon Taylor, l'un des fondateurs du management moderne, le management devait devenir « scientifique » et le point de départ de ce projet consistait précisément à concevoir le travail en termes de tâches simples et spécialisées. De nos jours, le projet de Taylor et sa technique « d'organisation scientifique du travail » sont toujours à l'ordre du jour du management formel, mais sous de nouvelles appellations, notamment celles de « réingénierie des processus d'affaires », de « processus *kaizen* », de « *lean* management » et d'« optimisation des ressources ».

La formalisation

Pour que la transformation du travail en tâches formelles donne vraiment ses fruits, encore faut-il que ceux et celles qui les exécutent aient un comportement approprié. C'est là qu'entre en jeu la formalisation des tâches. Aux descriptions rigoureuses des tâches qu'il convient d'accomplir, le management formel ajoute une liste de comportements à observer. Là, ce sont les consignes sur l'art de servir les clients, ici c'est la manière de transmettre efficacement l'information aux autres membres de l'organisation et plus loin ce sont les normes sociales à endosser pour s'inscrire avec efficacité dans un groupe de travail. En fait, peu importe le contenu précis de la formalisation, l'idée est toujours la même, à savoir rendre le comportement au travail prévisible et conforme aux nécessités de l'exécution des tâches. Par ailleurs, la formalisation des comportements offre l'avantage de faciliter le contrôle du rendement, car tout écart avec ce qui est prévu est facilement identifiable et corrigeable. Cette formalisation contribue, à l'instar de la spécialisation, à l'atteinte de hauts niveaux d'efficacité.

La coordination

En divisant le travail en tâches simples, voire parcellisées, le management formel crée alors les conditions légitimes de son exercice. En effet, lorsque le travail est divisé entre un grand nombre de personnes qui chacune ne fait qu'une parcelle de ce que l'organisation doit finalement réaliser, la coordination du travail devient une nécessité. Il faut qu'il y ait une instance qui possède une vue d'ensemble, une instance qui soit à même de retrouver le sens global que le travail fragmenté en tâches simples n'a plus. Ce sera là l'une des fonctions du management formel. Il devra retrouver le sens qui, sous les processus de travail, lie les tâches les unes aux autres. Mais la fonction du management formel ne se limite pas à ce seul constat du sens du travail qu'il aura divisé et formalisé au préalable. Le management devient *de facto* la seule instance qui, ayant une vision d'ensemble des opérations concrètes de l'organisation, est à même de les coordonner et de les réorganiser de façon à en accroître l'efficacité.

> *« Peut-être l'élément le plus important de la direction scientifique est-il l'idée de tâche. Le travail de chaque ouvrier est prévu dans son entier par la direction au moins un jour à l'avance et chaque ouvrier reçoit, dans la plupart des cas, des instructions écrites complètes, décrivant dans le détail la tâche qu'il doit accomplir et lui indiquant les moyens qu'il doit employer pour exécuter son travail. Le travail préparé ainsi en avance constitue une tâche qui est accomplie [...] par l'action conjuguée de l'ouvrier et de la direction. Les instructions spécifient non seulement ce qui doit être fait, mais aussi comment il faut le faire et le temps alloué pour le faire [...]. La direction scientifique consiste donc, dans une grande mesure, à préparer le travail et à en faciliter l'exécution. »*
>
> Taylor, F. W., *La direction scientifique des entreprises,* Paris, Éditions Gérard & Co., 1967 [1911] : 93.

7.2.2 Le savoir : l'objectivité

Pour le gestionnaire formel, l'organisation doit non seulement être fondée sur une Raison qui s'incarne dans un système formel de règles à suivre, elle doit aussi être une réalité objective, un monde d'objets, qui ne laisse pas de place à l'interprétation personnelle et à une gestion toute subjective du réel. Le gestionnaire formel voue un véritable culte à l'objectivité qu'il considère comme étant la voie royale qui conduit à la vérité, à la seule connaissance vraie et universelle et, par la suite, à l'action logique et efficace. L'objectivité est donc le nécessaire complément et la conséquence directe de la puissance de la Raison. Ainsi, lorsque cette dernière est mise en action de façon technique, elle indique de manière neutre et impartiale le chemin qu'il convient de suivre de façon à connaître avec exactitude la réalité de l'organisation. Au regard de l'objectivité, l'organisation est donc un monde d'objets, de réalités mécaniques et matérielles à comprendre objectivement et à manipuler techniquement.

Fruit de l'analyse, l'**objectivité** formelle témoigne d'une recherche constante d'abstraction, de quantification et de généralisation.

Recherchant l'objectivité en toute chose et en tout être, le gestionnaire formel, par l'abstraction, la quantification et la généralisation, se donne un savoir objectif qui lui permet alors de construire un univers formel, prévisible et contrôlable. Dans celui-ci, tout devient objet qu'il peut alors gérer de façon totalement objective et impartiale.

> *« Si vous êtes efficace en tête à tête, vous pourriez vendre n'importe quoi à n'importe qui. En rentrant chez vous ce soir, couchez donc votre grande idée sur papier. Si vous n'y arrivez pas, c'est que vous n'y avez pas réfléchi assez sérieusement. »*
>
> Robert McNamara,
> ancien président de Ford et secrétaire à la Défense des États-Unis au début des années 1960.

Tableau 7.3 Que savons-nous? L'objectivité

Caractéristiques	Description
L'abstraction	• La connaissance valide est fondée sur la raison plutôt que sur les sens. • Les analyses l'emportent sur les observations et l'ordre du général est préféré à l'ordre du particulier. • La réalité abstraite et théorique l'emporte sur la réalité concrète et empirique.
La quantification	• Tout doit être mesuré et quantifié. • Les quantités l'emportent toujours sur les qualités. • Les quantités ont l'apparence de la neutralité.
La généralisation	• Le temps, l'espace et l'argent sont des dénominateurs universels. • Les dénominateurs universels permettent d'établir des comparaisons. • Tout doit être traduit en termes de temps, d'espace et d'argent.

L'abstraction

Par l'abstraction, le gestionnaire isole de son contexte concret l'élément qu'il cherche à comprendre objectivement et à gérer formellement, et il lui trouve une caractéristique abstraite qui serait commune à tous les éléments du même type. Au prix de l'abstraction, le gestionnaire se trouve alors en présence d'une réalité certes appauvrie, mais riche d'une caractéristique primaire qui, de ce fait, peut s'étendre à une très grande variété d'objets, ce qui offre des possibilités de gestion qui seraient autrement impraticables.

C'est ainsi que toutes les personnes qui œuvrent au sein de l'organisation, plutôt que d'être vues comme différentes les unes des autres, avec un nom particulier, une histoire de vie singulière, un Moi unique, appartenant à un groupe donné et ayant aussi une vie sociale propre, seront pensées en termes de « ressources humaines », marquant ainsi tout à la fois la caractéristique qui intéresse le gestionnaire formel et ce que tous les membres de l'organisation ont, abstraitement, en commun, à savoir le fait d'être une ressource au service de l'organisation. Voir ainsi, dans chaque personne qu'il côtoie une ressource, permet alors au gestionnaire une lecture neutre et impartiale des personnes et un moyen de les gérer objectivement, c'est-à-dire sans tenir compte de ce que chacune a de particulier, d'unique et de subjectif. Dès que le gestionnaire substitut le concept de « ressource » à la réalité complexe de l'être unique qu'est une personne, il peut alors considérer toutes les personnes comme étant, en quelque sorte, identiques et, en conséquence, il peut les traiter de la même façon, de l'unique façon qui, à ses yeux, soit vraiment acceptable, c'est-à-dire avec objectivité. De la même manière, au terme de l'abstraction, un marché n'est pas un espace matériel et social concret et précis où les humains transigent, entre autres, des biens et des services clairement identifiables, mais bien une réalité abstraite où une offre croise une demande. Bien sûr, il s'agit là, par le jeu de l'abstraction, d'une simplification de la réalité très concrète du marché qui jamais ne se réduit à cette seule rencontre formelle, puisque le marché concret est aussi la rencontre entre des personnes qui s'échangent des paroles, des gestes, des opinions et des sentiments. C'est également une relation qui est très souvent physique où il y a des odeurs, des couleurs et mille et un petits détails que l'abstraction occulte de façon à saisir en toute objectivité un seul élément de la réalité, celui qui sera géré techniquement de façon à en tirer un rendement maximal.

> *« La fonction ultime de la Direction est de diriger les travailleurs et le travail. [...] Cela exige une organisation du travail, pour le rendre mieux adaptable à des êtres humains, et une organisation des individus, pour les faire travailler de la façon la plus productive et la plus efficace. Il en découle qu'il faut considérer l'être humain comme une ressource. »*
>
> Drucker, P. F.,
> *La pratique de la direction des entreprises.*
> Paris, Éditions d'Organisation,
> 1957 : 14.

La quantification

Pour parvenir à atteindre l'objectivité tant recherchée, le gestionnaire formel doit aussi tout quantifier, tout mesurer et chiffrer avec la plus grande des précisions. Ainsi, en toute objectivité, les personnes ne se réduisent pas seulement au statut qualitatif de ressource, mais sont aussi considérées comme un actif, un capital humain, ce qui témoigne de la volonté du gestionnaire formel de les quantifier, d'en prendre l'exacte mesure et d'en faire le bilan. Élevées au rang de quantité mesurable, les personnes se voient alors pourvues d'une noblesse que ne saurait couvrir l'abstraction qualitative de ressources. D'une certaine façon, dans l'organisation formelle, la noblesse ou la valeur humaine est largement fonction de sa quantification. De la même façon, un marché n'est pas seulement la rencontre abstraite et pourtant très réelle d'une demande et d'une offre, c'est aussi un certain nombre de consommateurs, un volume précis de transactions et un chiffre d'affaires qu'il est possible d'estimer en unité monétaire. Là, bien quantifié, le marché devient digne d'intérêt et s'offre à une gestion formelle et technique.

> *« La mesure permet de déterminer ce dont il faut tenir compte. Elle rend les choses visibles et tangibles. Les choses, une fois mesurées, deviennent accessibles et maniables, celles que l'on a omises sont hors de la vue et de l'esprit. »*
>
> Drucker, P. F.,
> *La pratique de la direction des entreprises,*
> Paris, Éditions d'Organisation,
> 1957 : 66.

Pour le gestionnaire formel, tourner le dos à l'indéfinie variété des qualités propres à chaque être et objet ne suffit donc pas à atteindre l'objectivité, il lui faut surtout centrer son attention sur ce qui peut être mesuré, chiffré, quantifié. Tout le reste, tout ce qui relève des qualités, de l'individuel, du particulier et du contingent, n'est que de l'ordre du subjectif, de la spéculation, de l'interprétation sans fin, de l'herméneutique des profondeurs, du flou et de l'à-peu-près, de l'ingouvernable et de l'inefficace et doit, dès lors, être tenu hors de la réflexion qui guide son action. Seules les quantités sont, pour lui, objectives et susceptibles de jugements exacts et généralisables et donc propices à une gestion efficace. L'ordre du quantitatif a de plus l'avantage d'être universel, compris par tous, en tout temps et en tous lieux, de la même façon, ce qui permet alors d'établir les bases d'une gestion vraiment efficace, neutre et objective.

La généralisation

Parce qu'elle construit un dénominateur commun, objectif et vraiment universel, la quantification pave alors la voie à la généralisation et, par là, à toutes les opérations logico-mathématiques que la Raison sait si bien accomplir et que la technique matérialise de façon remarquable dans des processus, des méthodes, des instruments ou des machines. Par exemple, le rendement sur l'investissement comme mesure quantitative de l'efficacité permet de mettre sur un même plan les performances d'une variété d'entreprises et de les comparer sans même qu'il soit nécessaire de prendre en compte ce que chacune d'elles a de particulier.

Au terme de son processus d'objectivation, le gestionnaire formel peut donc se livrer à une multitude d'opérations logico-mathématiques. Il peut, en particulier, construire dans le monde concret des équivalences qui, sans l'abstraction, n'auraient pas été possibles. C'est le cas, par exemple, lorsque le gestionnaire soutient que puisque l'argent et les personnes sont des ressources, ils sont interchangeables. C'est également le cas lorsque, reprenant à son compte le célèbre sermon de Benjamin Franklin, le gestionnaire affirme que « le temps, c'est de l'argent ». Et puisque l'argent et le temps sont quantifiables, il est alors possible, au regard d'un certain budget financier, de soustraire des heures de travail, de les multiplier, de les diviser et surtout de les économiser et, ainsi, de mieux gérer l'organisation.

L'objectivation du temps

Si, pour le gestionnaire formel, tous les éléments de l'organisation doivent passer par le filtre de l'abstraction des attributs qualitatifs du réel et être traduits en termes de quantités objectivement mesurables et, partant de là, techniquement gérables, il y a un objet auquel il accorde une attention toute particulière, voire obsessionnelle, à savoir le temps. C'est que ce dernier est un des objets premiers, un dénominateur commun et universel à l'ensemble des autres objets. En effet, la mesure du temps permet de créer un temps formel, loin du temps naturel et concret, humain et subjectif et qui a la particularité de pouvoir caractériser tous les autres objets. Alors que dans le monde concret et humain, certaines

> *« Le but du lean management, c'est de générer de la valeur ajoutée maximale au moindre coût et au plus vite, en employant les ressources justes nécessaires pour fournir aux clients ce qui fait de la valeur à leurs yeux. »,*
>
> Christian Hohmann,
> expert en management
>
> Cailhol, A.,
> « Le modèle Toyota,
> champion de l'efficacité,
> sur le banc d'essai à l'hôpital »,
> *Libération,* 21 mai 2015 : 5.

heures passent plus vite que d'autres ou sont plus longues que d'autres, dans l'univers abstrait du temps objectif, une heure, c'est une heure et elles sont toutes mathématiquement identiques les unes aux autres. De plus, le temps abstrait permet des opérations également abstraites, comme l'addition, la soustraction, la division ou la multiplication. Ces opérations sont particulièrement utiles puisque le temps mathématique étant abstrait, il est possible de le combiner à d'autres attributs du réel. Le gestionnaire pourra juger de l'efficacité de ses ressources humaines sur la base de la productivité mesurée par le temps requis pour réaliser une tâche. Mieux, puisque le temps abstrait est divisible, le gestionnaire pourra chercher à l'économiser, d'autant que devenu abstrait, le temps est aussi de l'argent. Il n'y a donc pas une seconde à perdre ou, ce qui est maintenant équivalent, pas d'argent à gaspiller.

> *« Les gens pensent que pour améliorer le service, on doit mettre plus de personnes en première ligne. Mais, en réduisant le temps passé par les employés à garnir les étagères par exemple, nous avons pu le réaffecter à la vente aux clients. Chacun de nos magasins compte environ 18 employés ; en trouvant des moyens de travailler plus intelligemment nous avons pu sauver 80 heures par semaine – l'équivalent de deux vendeurs additionnels à temps plein, mais à coût zéro. »*
>
> Kevin Peters,
> président d'Office Depot
>
> HBR Interview,
> « How 'Mystery Shopping' Helped Spark a Turnaround »,
> *Harvard Business Review*,
> 2011, *89*(11) : 49.

Propriété abstraite sous le contrôle du gestionnaire, le temps pourra s'appliquer à tous les aspects de l'organisation. Il y aura donc un temps de travail, un temps de développement de produit, un temps de repos, etc. En fait, il y aura un temps pour tout et ce temps sera toujours objectif, mesuré techniquement, utilisé efficacement et consommé rationnellement, c'est-à-dire avec un souci constant d'économie.

7.2.3 Le savoir-être : le contrat

Le **contrat** sert d'assise aux relations sociales.

Sous la gouverne de la logique formelle, les relations qui unissent les membres de l'organisation sont de nature contractuelle. Il y a ainsi des contrats de travail qui régissent les prestations de services, des contrats de performance qui balisent le partage de la richesse collective et même des contrats psychologiques qui président à l'engagement psychologique des uns et des autres envers l'organisation.

Dans tous les cas, l'idée est la même. Les relations au sein de l'organisation doivent être formellement réfléchies entre acteurs qui ont des intérêts convergents et qui escomptent que leurs échanges soient empreints d'une réciprocité toute contractuelle.

Tableau 7.4 Quels liens voulons-nous entretenir? Des relations contractuelles

Caractéristiques	Description
La réciprocité des échanges	• En échange de leur travail, les membres de l'organisation attendent une rémunération équitable. • En échange de leurs performances exceptionnelles, les membres de l'organisation attendent un partage de la richesse collective. • En échange de leur engagement, les membres de l'organisation attendent un traitement équitable et de la reconnaissance.
La convergence des intérêts	• Les relations au sein de l'organisation doivent permettre de satisfaire les intérêts de chacun. • Les intérêts personnels convergent vers la réalisation d'un intérêt général.

La réciprocité des échanges

La réciprocité contractuelle est au fondement des relations d'échange entre les membres de l'organisation. D'abord, il y a le contrat de travail qui peut prendre la forme d'une convention collective lorsque l'organisation est syndiquée, mais qui, que l'organisation soit ou non syndiquée, est toujours explicite. Dans ce contrat, chacune des parties s'engage à respecter un certain nombre d'obligations en échange de la réalisation de certaines promesses explicites. Par exemple, l'organisation versera une rémunération en échange d'un travail et donnera accès à certains avantages sociaux en échange de prestations de services. Dans le cadre du management formel, ces contrats ont généralement la faveur du gestionnaire, car ils ont l'avantage d'être mûrement réfléchis et formalisés. En outre, ils s'inscrivent le plus souvent dans le prolongement du savoir-faire valorisé dans l'organisation formelle, puisqu'ils ont pour fondement les descriptions de tâches. Ces descriptions précisent toujours les obligations que doivent respecter les titulaires de poste, parfois les compétences requises pour l'occuper et même le comportement attendu. Chacune des parties en présence sait très exactement ce qui est attendu de l'autre, ce qui constitue la base première d'un contrat formel.

Puis, il y a les contrats de performance qui sont parfois explicites et le plus souvent implicites. Dans ces contrats, en échange de performances exceptionnelles, les membres de l'organisation s'attendent à une compensation qui peut être monétaire ou symbolique. Par exemple, lorsque l'organisation dépasse ses objectifs de performance, il peut y avoir un certain partage des gains sous forme de primes. De même, lorsque la direction fixe des objectifs de productivité, elle construit, en quelque sorte une relation contractuelle avec les membres de l'organisation. Dès lors, l'atteinte des objectifs peut se solder par une rétribution particulière, et ne pas l'accorder peut alors être interprété comme une entorse au contrat implicite de performance.

> *« Quand il y a un rush, mes employés sont là et ne comptent pas les heures. Ils sont extrêmement productifs, peut-être justement parce que je leur donne de bonnes conditions de travail. Ma devise est la suivante : donne et tu recevras »*
>
> Benoît Brunel,
> PDG de Tootelo
>
> Dansereau, S.
> « Employés libres et plus productifs chez Tootelo »,
> *Les Affaires*, 22 février 2014 : 13.

Enfin, les relations contractuelles prennent une forme psychologique lorsque les membres de l'organisation s'attendent à un traitement équitable et à une reconnaissance en échange de leur engagement volontaire à servir l'organisation. Dans ce cas, il s'agit d'un contrat psychologique, généralement implicite, dont le territoire couvert est immense tant il est vrai que l'appréciation des obligations des uns et des autres est largement fonction de leurs attentes et perceptions. Puisque ces dernières sont par essence subjectives, on peut alors facilement imaginer que le contrat psychologique puisse faire l'objet de plusieurs griefs et reproches, et semer son lot de frustrations. D'ailleurs, à tout prendre et même s'il escompte l'engagement psychologique volontaire de tous les membres de l'organisation, le gestionnaire formel préfère toujours miser sur des contrats explicites, quitte à formaliser les attentes psychologiques en termes contractuels à l'aide de multiples politiques d'entreprise, telles les politiques d'embauche, de promotion, de formation, de rémunération, d'éthique, etc.

La convergence des intérêts

Pour qu'un contrat soit endossé et donne vraiment ses fruits, il faut non seulement que chacune des parties impliquées respecte ses obligations mais aussi qu'elle y trouve son compte. La participation à l'organisation formelle n'implique pas d'adhérer à des valeurs communes ni d'avoir l'intime conviction de faire partie d'un projet inspirant. Seul importe que les relations sociales respectent les règles, qu'elles soient formellement justes, équitables et qu'elles permettent aux uns et aux autres de satisfaire leurs intérêts particuliers. La Raison est donc à la base du contrat social. C'est le calcul des intérêts qui compte, pas l'incarnation de valeurs nobles ni le fait de vivre une passion. Ni la tradition, ni le charisme en somme.

Par ailleurs, puisqu'un contrat implique au moins deux parties prenantes, une bonne relation contractuelle suppose la possibilité d'une convergence de leurs intérêts. Pour le gestionnaire formel, cette convergence des intérêts va de soi. En effet, puisque c'est la Raison qui est aux commandes de l'organisation, il y a nécessairement une convergence des intérêts. Ce qui est bon pour l'organisation l'est inévitablement pour l'ensemble de ses membres : au terme de sa construction logique et de sa déclinaison en règles formelles, l'organisation incarne la synthèse des intérêts individuels, synthèse qui prend toujours la forme d'un intérêt général. Tous ont donc intérêt à servir l'organisation puisque, tout en étant une construction formelle, elle est la conséquence logique de leur propre volonté, le fruit raisonné de leur volonté commune, de leurs actions efficaces. S'écarter de l'intérêt général n'aurait alors aucun sens, puisque cela équivaudrait à nier cette volonté commune qui combine toutes les volontés individuelles : chacun doit logiquement y trouver son compte.

> *« La majorité des hommes croient que les intérêts fondamentaux des salariés et de leurs employeurs sont nécessairement opposés. Au contraire, le système de direction scientifique a pour base la ferme conviction que les vrais intérêts des deux parties sont un et identiques ; que la prospérité de l'employeur ne peut exister d'une façon durable si elle n'est pas accompagnée de celle du salarié et, inversement, qu'il est possible de donner à l'ouvrier ce qu'il désire le plus (des salaires élevés) et à l'employeur ce qu'il recherche ardemment de son côté (un bas prix de revient de la main-d'œuvre). »*
>
> Taylor, F. W., *La direction scientifique des entreprises*, Paris, Éditions Gérard & Co., 1967 [1911] : 20.

7.2.4 Le devoir-être : l'efficacité

Dans le cadre du management formel, l'**efficacité** représente une obligation, un idéal de vie.

Dans le cadre du management formel, l'efficacité représente une obligation, un idéal de vie. Pour le bien de tous, chacun a le devoir d'être pleinement efficace. C'est en quelque sorte un idéal logique. D'ailleurs, pourquoi ne pas tendre vers l'efficacité maximale alors que la Raison nous en donne les moyens ? Au nom de quelles raisons conviendrait-il de ne pas souscrire à cet idéal ? En fait, pour le gestionnaire formel, refuser l'idéal d'une efficacité maximale, c'est tourner le dos au progrès auquel tous aspirent, ce qui lui apparaît comme un non-sens, une erreur, une incompréhension des exigences de la réalité économique.

Toutefois, puisque s'engager sur le chemin de l'efficacité maximale commande l'oubli de soi et le sacrifice de la subjectivité au profit de l'objectivité d'un univers formel, dans un monde contractuel cela n'a véritablement de sens que s'il y a, en retour, une récompense qui soit à la mesure de cette abnégation, que si l'effort soutenu de tous se matérialise dans un réel progrès dont chacun pourrait jouir. Là réside l'une des principales croyances et l'un des leviers essentiels que manipule le gestionnaire formel. Toujours, il promet que les choses peuvent et vont mieux aller, que demain pourrait être et sera nécessairement meilleur, que le bonheur auquel chacun aspire est à portée de main, qu'il suffit d'être efficace au présent. À n'en pas douter, si chacun y croît, y met les efforts et se dédie à la quête d'efficacité, demain sera radieux, doux et riche. C'est d'ailleurs pour cet avenir idéal que chacun occulte une part de son présent et accepte de se soumettre à la logique du management formel. Il n'y a pas de place pour la douce nostalgie des temps d'alors, du bon vieux temps de jadis et de naguère. Pour le gestionnaire formel, c'est l'avenir qui est prometteur, qui est porteur du plus grand bonheur pour le plus grand nombre. Le passé doit donc céder sa place à un présent qui fait de l'efficacité son idéal de vie. C'est finalement à cette seule condition que l'avenir sera véritablement radieux.

> *« L'objectif principal de la direction doit être d'obtenir la prospérité maximum aussi bien pour l'employeur que pour chaque salarié. Il faut comprendre l'expression "prospérité maximum" dans son sens le plus large, ne pas penser uniquement aux bénéfices pour la Compagnie et aux dividendes pour ses actionnaires, mais au perfectionnement de chaque partie de l'entreprise afin qu'elle atteigne son plus haut niveau d'excellence ; ainsi la prospérité est permanente. De la même façon, la prospérité maximum de chaque salarié ne consiste pas seulement en des salaires plus élevés qu'il n'est d'usage, mais encore – ce qui est de loin plus important – dans la possibilité pour chacun d'atteindre au niveau le plus élevé d'efficience. Ainsi, chaque homme est préparé à exécuter le travail le plus difficile que ses aptitudes naturelles lui permettent et, comme il en est capable, il accomplit effectivement ce travail. Les intérêts des patrons et des salariés convergent. »*
>
> Taylor, F. W., *La direction scientifique des entreprises*, Paris, Éditions Gérard & Co., 1967 [1911] : 19.

Tableau 7.5 Que devons-nous être? Des producteurs efficaces

Caractéristiques	Description
La source du progrès	• L'efficacité est au fondement du progrès. • Le progrès se matérialise en une multitude d'objectifs qui, tous, signifient un plus grand bien-être. • Pour être légitime, l'idéal d'une efficacité maximale doit se solder par des progrès notables, telles des augmentations de salaire et une amélioration des conditions de travail.
Une nécessité économique	• L'efficacité s'incarne dans des indicateurs économiques. • Dans un univers marqué par la concurrence, l'efficacité acquiert vite le statut de nécessité.

La source du progrès

Pour atteindre la terre promise, celle de l'efficacité maximale, et faire en sorte que tous profitent des bienfaits du progrès, le gestionnaire formel doit garder un œil sur l'horizon, fixer l'avenir et maintenir le cap. Il le sait bien, lui qui a la charge de l'organisation, que si le bonheur loge dans le futur, c'est tout de même au présent qu'il se construit. Il y a donc dans cette quête d'efficacité maximale, une certaine appropriation et une sécularisation de l'idée chrétienne d'un paradis, d'une vie éternelle à venir qui se gagne au présent.

Le progrès auquel prétend l'organisation formelle ne se trouve toutefois pas dans la contemplation ou l'abnégation toute spirituelle, mais dans le travail quotidien, dans le dur labeur efficace propre à la sphère économique. Il ne s'agit pas d'être vertueux, mais industrieux. Et la récompense de tant de travail ne doit pas être sans cesse reportée. C'est bel et bien ici et maintenant que chacun doit jouir des fruits du progrès que permet l'efficacité. Ils doivent donc être perceptibles et ils le seront d'autant plus qu'ils se déclineront en termes matériels, qu'ils prendront la forme de meilleurs aménagements de travail, d'améliorations des conditions d'emploi, de croissance des revenus, etc. Là aussi, l'objectivation fait son chemin et son œuvre puisque si l'efficacité est un idéal, elle n'a de sens que si elle se matérialise dans des progrès objectifs, mesurables et quantifiables.

L'ordre de la nécessité

Tout comme la raison sur laquelle elle prend appui, l'efficacité est donc, pour le gestionnaire formel, une obsession, un souci constant, une motivation première. Pour lui, l'organisation est d'abord et avant tout une réalité économique et elle ne peut survivre et prospérer que si elle est pleinement efficace. L'efficacité s'interprète donc sous le prisme de la catégorie économique qui serait la seule à pouvoir objectivement témoigner de la réalité du progrès. La vie organisée est en effet de l'ordre de la nécessité, de la survie et, progrès aidant, du confort matériel. Au regard de la condition humaine, il convient de privilégier le travail efficace à l'œuvre de qualité ou à la chaleur de l'interaction sociale. C'est le travail efficace et lui seul qui procure les biens nécessaires à la survie et au confort. C'est le travail efficace, vecteur central du regard économique, qui assure l'avenir de l'organisation dans un monde marqué par une vive concurrence. Pour le gestionnaire formel, il n'y a pas de demi-mesure, pas d'entre-deux. Si l'organisation n'est pas efficace, elle n'avance pas. Et si elle n'avance pas, c'est qu'elle recule. D'un côté, il y a la voie du progrès, celle de la croissance économique, et de l'autre le chemin de la régression, celui de l'échec. Pensé en ces termes, le choix est simple et évident, il faut avancer, avancer toujours plus loin, encore plus vite et le seul moyen qui s'impose, c'est le recours à la raison pour décupler l'efficacité de l'organisation.

> *« La fonction de Direction, organisme de la société spécialement chargé de rendre les ressources productives, c'est-à-dire responsable de l'organisation du progrès économique, reflète donc l'âme profonde de l'âge moderne. »*
>
> Drucker, P. F., *La pratique de la direction des entreprises*, Paris, Éditions d'Organisation, 1957 : 4.

7.3 L'organisation formelle

Dans le monde contemporain, les organisations formelles, celles qui misent sur la logique formelle et sont toujours en quête d'une efficacité maximale, dominent littéralement le paysage socioéconomique. Pour plusieurs, elles sont même l'exemple à suivre et le management qui les caractérise serait la seule forme de management vraiment acceptable, celle qui devrait être enseignée dans les écoles de gestion et pratiquée dans toutes les organisations. Pourtant, et nous y reviendrons, l'organisation formelle et sa logique de management ne sont pas sans failles et sont même décriées comme étant des vecteurs de souffrance au travail, d'iniquités sociales et de fragilisation des équilibres écologiques. Pour l'instant, explorons le caractère tout à la fois technique et social de cette organisation dominante.

Tableau 7.6 **La perspective technique de l'organisation formelle**

Cadres techniques	Description
Cadre de gouvernance	• La mission de l'organisation est servie par la mise en œuvre de l'efficacité maximale. • La gouvernance se décline en politiques formelles.
Cadre stratégique	• La stratégie est le fruit conscient de nombreuses analyses. • La capacité stratégique est sans cesse développée.
Cadre structurel	• La structure est formellement arrimée à la stratégie. • L'allocation des ressources doit s'inscrire dans un processus formel de prise de décision.
Cadre opérationnel	• Les opérations sont encadrées par une diversité d'indicateurs de performance. • Les indicateurs de performance tentent d'établir une jonction entre les opérations et les analyses stratégiques et structurelles.

7.3.1 La perspective technique de l'organisation formelle

Alors que les organisations fondées sur les deux autres logiques d'action ont *a priori* peu d'affinités naturelles avec la technique, c'est tout le contraire en ce qui concerne l'organisation formelle. Ici, la technique est un vecteur identitaire et chacun des cadres mis de l'avant par la perspective technique reçoit une attention maximale.

Le cadre de gouvernance

À lire leur énoncé de mission, les organisations formelles seraient toutes dévouées à leur clientèle. Pour certaines, il s'agit de « fournir des solutions spécialisées répondant aux exigences particulières de chacun de nos clients » (Bombardier), pour d'autres, il s'agit de faire « vivre la meilleure expérience à nos clients en nous différenciant par la culture d'excellence de nos employés et par nos produits et services issus d'une technologie de pointe » (Vidéotron) et pour d'autres encore, il s'agit de « ravir la clientèle à l'aide des produits, des services et du soutien qui leur sont fournis chaque jour » (Bell Canada).

S'il n'y a pas lieu de douter que la clientèle soit au centre des préoccupations des organisations formelles, on peut toutefois se demander si là se trouve l'essentiel, leur véritable raison d'être, ce qui les démarque vraiment des autres organisations. En effet, combler les besoins de la clientèle s'impose dans toutes les organisations, qu'elles soient ou non fondées sur la logique formelle. En fait, cela relève bien davantage de l'ordre des moyens que des fins et ce qui distingue vraiment l'organisation formelle,

> *« La Direction doit toujours, avant toute action et toute décision, considérer l'aspect économique. Seuls les résultats économiques qu'elle obtient justifient son existence et son autorité. Il peut y avoir d'importants résultats qui ne sont pas du domaine de l'économie : l'existence correcte des membres de l'entreprise, la contribution au bien-être ou à la culture de la communauté, etc. […] On peut dire pourtant qu'une Direction a failli à sa mission, si elle n'obtient pas des résultats économiques, si elle ne fournit pas les produits et les services demandés par le consommateur au prix qu'il est disposé à payer. Elle a failli, si elle n'a pas amélioré, ou tout au moins maintenu, la capacité de production des biens qui lui ont été confiés. »*
>
> Drucker, P. F., *La pratique de la direction des entreprises.* Paris, Éditions d'Organisation, 1957 : 7-8.

c'est sa capacité à construire un lien d'optimisation entre les deux ordres. Sans surprise, s'agissant d'organisations fondées sur le pouvoir de la Raison, la mission fondamentale de l'organisation c'est d'être la plus efficace possible, la plus performante qui soit. Certes, il s'agit de servir le client, de le ravir, de lui offrir des produits et des services de qualité, mais il s'agit surtout de faire tout cela avec la plus grande efficacité. L'efficacité, voilà donc le maître mot du cadre juridique de l'organisation formelle, le vecteur abstrait à partir duquel il est alors possible de décliner une indéfinie variété de missions.

Raison d'être de l'organisation formelle, l'efficacité fait facilement consensus, car elle est vue par tous ceux et celles qui sont gagnés aux vertus de la logique formelle comme une valeur objective et neutre. Elle s'impose tout naturellement comme la pierre d'assise des pratiques de gouvernance. Pour les gestionnaires formels, les relations avec les parties prenantes doivent être objectives et contractuelles plutôt qu'émotives et politiques, et c'est précisément en mettant l'accent sur l'efficacité qu'elles peuvent l'être. Ainsi, les attentes des parties prenantes sont toujours tamisées par le filtre de l'efficacité et traduites sous la forme de politiques formelles devant encadrer la gouvernance. D'ailleurs, pour le gestionnaire formel, si la gouvernance est saine, c'est très précisément parce qu'elle est fondée sur l'incontestable vérité de la Raison et qu'elle concrétise la première des responsabilités de l'organisation formelle, à savoir être efficace.

Le cadre stratégique

Dans l'organisation formelle, rien n'est jamais laissé au hasard, surtout pas la stratégie. Ici, peu importe les options stratégiques particulières qui seront mises en œuvre, la stratégie doit toujours être le fruit d'une analyse minutieuse et rigoureuse. Tout doit être analysé dans les moindres détails et tout doit être évalué en termes de positionnement stratégique efficace. C'est ainsi que l'environnement global, l'environnement d'affaires, les capacités stratégiques, le métier de l'organisation, le positionnement concurrentiel et social et la mission sont scrutés à la loupe, soupesés, jugés et évalués de manière objective afin d'identifier la stratégie la plus efficace qui soit : celle qui permettra à l'organisation de miser sur un avantage concurrentiel, celle qui lui garantira d'être dominante dans le grand jeu compétitif.

À l'évidence, dans l'organisation formelle, l'analyse stratégique est un souci de chaque instant et toute la réalité de l'organisation peut alors être traduite en termes stratégiques, tout peut devenir stratégique, tout mérite une analyse sous le prisme des enjeux stratégiques. Bien sûr, l'organisation ne modifie pas pour autant sa stratégie constamment. Néanmoins, elle l'ajuste fréquemment aux impératifs concurrentiels, aux possibilités qu'offre son environnement, au développement de ses capacités stratégiques. Le management formel garde donc toujours le cap sur l'objectif ultime, doter l'organisation d'un positionnement concurrentiel efficace, un positionnement qui peut lui assurer d'être compétitive, voire de dominer son marché.

> *« Il ne faut jamais être statique : on mesure, on regarde ses échecs, ses réussites, et on va plus loin : on se donne des outils pour comprendre. C'est de la planification stratégique constante. Chez CloudRaker, nous avons développé des tableaux de bord sur lesquels tous nos services interviennent et partagent l'information. Il faut aussi savoir faire le tri des données, raison pour laquelle nous nous attachons plus au smart data qu'au big data. »*
>
> Thane Calder,
> fondateur et président de
> CloudRaker
>
> Lehman, A.,
> « Bienvenue dans l'ère
> post-publicitaire »,
> *Premium*, octobre 2013 : 51.

Par ailleurs, dès que l'analyse permet d'identifier le positionnement concurrentiel le plus efficace qui soit, le gestionnaire se lance alors dans les transformations organisationnelles requises. Ici ce sera le développement de nouvelles capacités stratégiques, là il faudra revoir les produits et leur image et plus loin il faudra modifier les relations avec les partenaires d'affaires. L'analyse stratégique n'est jamais confinée au seul territoire de la formulation de ce qu'il conviendrait de réaliser ; elle doit se doubler d'une mise en œuvre, là où la réalité organisationnelle peut résister à sa transformation. Pour vaincre cette potentielle résistance, le gestionnaire s'en remet alors au devoir-être de l'organisation formelle : l'efficacité. Adopter une nouvelle stratégie, ajuster l'ancienne, mettre en œuvre de nouvelles orientations, tout cela se justifie toujours au nom du progrès et des nécessités économiques. Il peut aussi mobiliser le savoir-être formel en évoquant le fait qu'il est nécessairement dans l'intérêt général de mettre en œuvre une stratégie efficace et compétitive et qu'à terme chacun y trouvera son compte, l'organisation comme chacun de ses membres.

> *« Dans beaucoup d'organisations, 20 % des clients génèrent 80 % des revenus, et 50 % des clients génèrent 5 % du chiffre d'affaires. Or, pour ce petit 5 %, l'organisation dépensera jusqu'à 30 % de son temps et de ses énergies. Dans un portefeuille de clients, il y a les fidèles avec qui on grandit, les clients à fort potentiel que l'on veut séduire et les petits clients sans potentiel (petites commandes, aucune croissance). On aime peut-être Georges, qui achète chez nous depuis 20 ans, mais s'il a cessé de grandir et qu'on modifie notre planification en usine pour le satisfaire sous prétexte qu'il est fidèle, on s'empêche de croître. Il faut aligner l'énergie de l'organisation sur les bons clients. »*
>
> Rodolphe Meynier,
> Celsius Solutions Ventes
>
> Lesage, V.,
> « Ventes : la structure avant l'agilité »,
> *Les Affaires*, 19 juillet 2014 : 24-25.

Le cadre structurel

S'il y a une organisation où l'organigramme n'a pas qu'une valeur de symbole et n'est pas qu'une autre de ces représentations graphiques sans grande importance où les relations entre les membres de l'organisation seraient esquissées à grands traits, c'est bien l'organisation formelle. Cela ne devrait pas nous surprendre, s'agissant d'une organisation où tout doit être constamment réfléchi et où tout doit toujours être formalisé. D'ailleurs, en faisant des tâches l'un de ses vecteurs identitaires, le management formel ne fait pas mystère de l'importance qu'il accorde aux questions de structure. Première pierre de l'édifice structurel, les tâches, nous l'avons vu, sont spécialisées, formalisées et surtout elles commandent la mise en place de mécanismes de coordination. C'est là qu'entre en jeu l'analyse structurelle. Le gestionnaire formel s'y lance avec la même ardeur que pour les questions stratégiques. C'est que la structure doit être formellement cohérente, elle doit assurer la croissance de l'organisation, elle doit être efficace. Les regroupements de tâches en unités administratives ne doivent pas être le fait du hasard, ils doivent contribuer à accroître l'efficacité de l'organisation ; les relations entre les unités doivent être formalisées et ne pas déboucher sur des chevauchements aussi inutiles que nuisibles à l'efficacité d'ensemble ; les

> *« L'organisation était en place depuis longtemps, avec une culture de décentralisation très forte, les patrons opérationnels avaient une très large liberté d'action et je voulais un groupe plus intégré, plus piloté. Je voulais aussi une organisation identique pour le siège et les opérations, pour qu'une même tâche ne soit pas faite par plusieurs personnes. Aujourd'hui, plus besoin de chercher qui fait quoi, il n'y a qu'un patron opérationnel par pays et chaque responsable fonctionnel a un seul interlocuteur au siège et vice-versa. »*
>
> Antoine Frérot,
> PDG de Veolia
>
> Chauvot, M.,
> « Veolia fait sa révolution culturelle »,
> *Les Echos business*,
> 31 mars 2014 : 2.

responsabilités et l'autorité des unités doivent être clairement définies et ne pas donner lieu à des conflits de juridiction ni à des clivages territoriaux ; les processus d'allocation des ressources au sein des unités doivent faire l'objet de processus formels de décision et ne pas s'embourber dans les jeux politiques qui brouillent le jugement formel ; et au final la structure d'ensemble doit avoir un sens, sens qui forcément doit relever de l'efficacité maximale.

On le constate, sous la gouverne de la logique formelle, la structure n'est pas pensée en termes de milieu de vie dans lequel les uns et les autres se regrouperaient de façon plus ou moins naturelle, échangeraient des idées et des sentiments autant que des consignes et des informations et entretiendraient, dans le prolongement des relations formelles, des relations informelles qui donneraient de la chaleur humaine à leur vie commune. Certes, une structure est toujours un milieu de vie, mais sous la gouverne d'un management formel, là n'est jamais l'essentiel. La structure doit d'abord et avant tout être un moyen efficace au service d'une fin. Cette fin, le gestionnaire formel l'a précédemment définie dans le cadre stratégique. La stratégie concurrentielle, voilà la fin que doit servir la structure de l'organisation. Tout le reste, toute cette vie sous la structure formelle, n'est que diversion qu'un gestionnaire formel cherchera toujours à rappeler à l'ordre. Pour le gestionnaire formel, ce rappel a son importance, car le soin qu'il met à concevoir la structure doit contribuer au succès du collectif et ce succès passe toujours par la mise en œuvre d'une stratégie concurrentielle compétitive et efficace.

> *« J'ai dessiné trois cercles et divisé la totalité de nos affaires dans l'une de ces trois catégories : nos fabrications de base, la technologie et les services. Dans le cercle central par exemple, j'ai placé l'éclairage, les gros appareils, les moteurs, les turbines, les transports et le matériel d'entrepreneur de construction. Tout ce qui se trouvait à l'extérieur des cercles, nous devions le corriger, le vendre ou le fermer. »*
>
> Jack Welch,
> ex-PDG, General Electric
>
> Byrne, J. et Welch, J.,
> *Jack: Straight from the Gut*,
> N. Y., Business Plus, 2002.

Le cadre opérationnel

Le cadre opérationnel de l'organisation formelle est le territoire par excellence des indicateurs de performance. Toutes les ressources, activités et processus ont droit à un indicateur. Il y a des indicateurs pour tout et rien n'échappe à sa mesure. Là les ressources humaines seront évaluées en termes de productivité, ici les finances seront jugées au regard de critères de rentabilité et, plus loin, ce sera au tour des activités stratégiques d'être évaluées en termes de parts de marché conquises. Les processus de toutes les fonctions organisationnelles seront également évalués et dès que le gestionnaire constate qu'il y a des gains d'efficacité à faire, il se lance dans les opérations d'optimisation des processus. D'ailleurs, le gestionnaire formel est toujours en processus d'amélioration continue.

> *« Tous les employés sont très sensibilisés au fait de ne rien gaspiller et de garder les coûts au plus bas en tout temps. La société essaie d'être plus économe dans tout ce qu'elle fait. On a changé nos façons de faire... car on ne veut jamais retomber en faillite. ».*
>
> Doug Hanly,
> directeur adjoint de
> l'usine GM de Lake Orion
>
> Bergeron, M.,
> « Le retour surprise de GM »,
> *La Presse Affaires – Magazine*,
> 1er octobre 2012 : 17.

Outre que l'obsession de la mesure soit conséquente de l'emprise de la Raison sur l'organisation, la multiplication des indicateurs de performance s'explique par le fait que les opérations sont la destination ultime de toutes les analyses formelles, là où tous les plans prennent vie, là où l'efficacité de l'organisation se joue au quotidien et prend véritablement corps.

7.3.2 Les perspectives sociales de l'organisation formelle

Sous le regard des perspectives sociales, l'organisation formelle ressort pour ce qu'elle est : une organisation où le pouvoir est formel, où l'identité est profondément technique, où la motivation des uns et des autres se joue dans des relations contractuelles et où le savoir collectif n'a de valeur que s'il est formel.

Tableau 7.7 Les perspectives sociales de l'organisation formelle

Perspectives sociales	Description
Perspective politique	• La Raison est au fondement des relations de pouvoir et s'incarne dans des règles formelles.
Perspective symbolique	• L'organisation met en jeu une identité profondément technique.
Perspective psychologique	• La satisfaction des besoins psychologiques passe par des contrats de performance. • Le climat psychologique est marqué par une dévalorisation de la subjectivité.
Perspective cognitive	• Le savoir collectif est systématiquement formalisé et traduit en règles et en techniques.

La perspective politique

Alors que dans l'organisation traditionnelle le pouvoir est un tabou, dans l'organisation formelle, il est plutôt vu comme un frein à l'efficacité. Pour le gestionnaire formel, c'est un peu comme s'il existait une telle chose qu'un milieu social exempt de tout pouvoir. Pourtant, la logique formelle fonde un pouvoir, le sien. Les uns et les autres lui reconnaissent d'ailleurs ce pouvoir. Ils reconnaissent aussi le caractère très impersonnel de ce pouvoir, notamment lorsqu'il s'incarne dans les règles formelles qui président au fonctionnement de la vie organisationnelle. D'une certaine façon, pour désigner le pouvoir effectif dans l'organisation formelle, il serait juste de parler du pouvoir de la règle. En cela, le gestionnaire qui s'imagine être aux commandes d'un collectif vidé de tout pouvoir vise juste, puisque personne n'a en propre du pouvoir, seules les règles que tous ont l'obligation de respecter en seraient l'expression. Par conséquent, les jeux politiques dans l'organisation formelle gravitent autour de la définition des règles formelles de l'organisation ; et pour contrer l'expression d'un pouvoir personnel devenu apparent, les uns et les autres réclament la promulgation de nouvelles règles et, de ce fait, la neutralisation des pouvoirs personnels[3].

Ces jeux politiques où le pouvoir des uns commande la mise en place de nouvelles règles peuvent alors se solder par la multiplication des règles et conduire à la bureaucratisation de l'organisation. D'ailleurs, l'étymologie de ce mot est fort révélatrice de la situation de ces organisations, puisque « bureaucratie » signifie gouvernement par le bureau, donc par des règles édictées loin de l'action et fondée sur une logique formelle.

[3] À ce propos, voir : Crozier, M. et E. Friedberg, *L'acteur et le système*. Paris, Seuil, 1977. Voir aussi : Friedberg, E., *Le pouvoir et la règle*, Paris, Seuil, 1993.

La perspective symbolique

Sous le regard de la perspective symbolique, l'organisation formelle prend les traits d'une identité profondément technique. Ici, tout est objet de techniques, tout est propice à l'invention technique, au recours à des processus et à des méthodes techniques. Il ne faut pas s'en étonner : sous la gouverne de la logique formelle, l'organisation est toujours en quête d'un gain d'efficacité et elle s'y engage en mobilisant des moyens, des instruments, des procédés et des méthodes qui précisément vont permettre un plus grand rendement que celui obtenu par l'action naturelle, intuitive ou spontanée.

Du fait de son identité technique, l'organisation est donc une formidable machine productive et autonome que les acteurs ont le droit d'utiliser pourvu qu'ils la servent, c'est-à-dire qu'ils acceptent de participer à sa quête d'efficacité. De moyen au service d'une fin, la technique devient alors tout à la fois le milieu d'action et son ressort principal[4]. Tous doivent composer avec des techniques et agir de façon technique pour vraiment contribuer à l'efficacité de l'organisation. Dès lors, tout le territoire de l'organisation se voit couvert par des techniques qui prennent la forme ici de machines, là d'instruments et d'outils et le plus souvent revêtent l'apparence neutre de l'invisibilité des méthodes et des procédures d'organisation sociale de la collaboration de tous. Car il ne faut pas s'y tromper, l'identité technique ne se réduit pas au seul territoire matériel des machines et des outils, mais embrasse aussi celui de l'immatériel, des relations sociales, des façons de faire et de s'organiser. On peut même penser que c'est là que l'identité technique donne son plein rendement, qu'elle démultiplie de façon exponentielle l'efficacité de l'action collective. En effet, en s'inscrivant dans les relations sociales dont elle devient le nécessaire médiateur, la technique les imprègne de telle façon qu'elles deviennent elles-mêmes techniques et, par là, gagnent en efficacité. À terme, c'est tout le tissu social qui devient matière à technique, voire matière technique. Sous la gouverne de la logique formelle, tous les membres de l'organisation s'inscrivent dans l'univers technique, au point d'en devenir des rouages.

Par ailleurs, l'innovation technique et sa dissémination à toute l'étendue du territoire de l'organisation ne suffisent jamais à elles seules pour assurer les gains d'efficacité escomptés. Il faut aussi prendre la mesure des conséquences de ces innovations et c'est là qu'entre en scène la logique formelle. En se fondant sur elle, le gestionnaire analyse et chiffre la performance des techniques, les compare entre elles et recherche les meilleures conditions d'utilisation au regard de leur productivité quantifiée. En outre, il esquisse les combinaisons possibles des techniques de façon à toujours accroître leur potentiel d'efficacité. Le gestionnaire n'évalue pas les techniques en elles-mêmes, mais bien leur incidence sur toute l'organisation technique dont il cherche à optimiser la performance. Cette évaluation le conduit à prendre la pleine mesure de l'organisation puisque chaque nouvelle technique s'imbrique aux anciennes, comble un vide et acquiert, du coup, le statut d'évidence : celle de son efficacité, de l'objectivité de sa performance, de sa nécessité au bon fonctionnement de l'organisation qui, sous l'impulsion de la croissance des techniques et de leurs relations, se structure sous la forme d'un système technique où toutes les relations entre les techniques ont leur importance au regard de l'efficacité. Dès qu'une nouvelle technique voit le jour et qu'elle s'inscrit dans le système technique qui est au principe de l'identité de l'organisation,

---

[4] Sur l'identité technique, voir les travaux classiques de Jacques Ellul : Ellul, J., *La technique ou l'enjeu du siècle*, Paris, Economica, 1990 ; Ellul, J., *Le bluff technologique*, Paris, Hachette, 2004 ; Ellul, J., *Le système technicien*, Paris, Le cherche-midi, 2004.

elle acquiert un statut d'obligation, de nécessité dont l'organisation ne peut plus faire l'économie, à moins d'accepter une baisse d'efficacité. Faire marche arrière dans le monde de l'innovation technique n'est pas une option, puisque cela équivaut à renoncer au gain d'efficacité de la nouvelle technique et se priver de combler le vide qu'elle a rendu apparent.

Bien que l'organisation technique consacre l'essentiel de son énergie à accroître son efficacité, l'Alpha et l'Oméga de l'efficacité technicienne est à jamais hors d'atteinte, car dès que la solution technique la plus efficace est mise en œuvre, dès que l'organisation atteint un optimum de rendement, de nouvelles possibilités s'offrent au regard technicien, un nouvel optimum se profile à l'horizon, de nouvelles techniques et d'inédites combinaisons sont maintenant possibles, repoussant d'autant cet optimum d'efficacité, sans pour autant amoindrir la volonté d'y parvenir. Le jeu technicien est alors sans fin, perpétuellement ouvert et porté par une quête irrésistible d'innovations techniques. En fait, la fin ultime est bel et bien là, mais à jamais hors d'atteinte, toujours repoussée par les tentatives qui visent à la mettre à portée de réalisation et pourtant d'autant plus séduisante qu'elle semble échapper à chaque nouvelle percée technique, à chaque nouvelle approche qui vise à la conquérir.

Ne pouvant résister à de nouvelles possibilités d'accroître son efficacité, l'organisation technique devient alors un vaste laboratoire permanent d'expérimentations, un lieu où il est toujours possible de tester l'efficacité des techniques, de découvrir d'inédites applications et, surtout, de choisir la technique qui, au terme d'une analyse formelle, se révèlera la plus efficace, celle qui permettra de produire mieux, davantage et plus rapidement. En combinant la logique formelle au potentiel des techniques, il ne s'agit pas seulement de doubler l'action de techniques aussi efficaces soient-elles, mais bien de mobiliser l'action pour rechercher l'optimum technique, l'ultime solution technique. L'organisation s'engage donc dans une perpétuelle recherche de techniques et puisque rien ne peut échapper à cette recherche, elle se transforme en système technique dans lequel les humains deviennent à leur tour objet de techniques, notamment de la technique administrative qui vise précisément à soutirer le maximum d'efficacité du travail humain.

La perspective psychologique

À l'instar de toutes les organisations, l'organisation formelle permet à chacun de pouvoir satisfaire tout l'éventail des besoins psychologiques. Ce qui la distingue des organisations fondées sur les deux autres logiques d'action, c'est que dans l'organisation formelle, cette satisfaction s'inscrit toujours dans une dynamique contractuelle. Ainsi, alors que le contrat de travail permet généralement de satisfaire les besoins primaires, le contrat de performance peut contribuer à l'estime de soi et au besoin de réalisation. En outre, le climat psychologique qui préside à la réalisation de ces deux catégories de contrat est aussi lourdement tributaire du contrat psychologique qui prévaut dans l'organisation. Tant que les uns et les autres ont la conviction que les gestionnaires respectent leurs promesses tacites, l'engagement psychologique au travail est au rendez-vous. Toutefois, lorsque ce n'est plus cas, il ne reste plus que les deux premiers contrats pour assurer le bien-être psychologique de membres devenus méfiants suite à ce qu'ils considèrent être des entorses à un contrat qui, bien qu'étant tacite et sujet à interprétations, n'en demeure pas moins un contrat et que, de ce fait, il devrait être formellement honoré.

Par ailleurs, sous le regard de la perspective psychologique, il ressort que le management formel peut aussi contribuer à l'appauvrissement du climat psychologique en dévalorisant la subjectivité des acteurs de l'organisation. En effet, en étant particulièrement à l'aise dans un monde sinon objectif, du moins objectivé, le gestionnaire formel a facilement tendance à dévaloriser tout ce qui relève de l'ordre du subjectif. C'est ainsi qu'aux personnes aux comportements si souvent imprévisibles, il aura tendance à préférer les structures qui, fruits de la logique formelle, ont l'avantage d'être des réalités abstraites, des objets facilement manipulables et prévisibles. Rien n'est plus simple que de modifier un organigramme ou d'en construire un tout nouveau, plus formel et davantage efficace, alors que modifier l'action des personnes est une tâche délicate qui fait très souvent appel à l'intangible, à la passion et demeure, de ce fait, fondamentalement mystérieuse, opaque au décodage objectif qu'offre la logique formelle. De la même façon, à la complexité des relations entre les personnes, le gestionnaire formel pourra préférer substituer des relations abstraites et formelles, des relations hiérarchiques, des chaînes instrumentales où les personnes sont des moyens, des ressources utilisées en vue d'atteindre une fin – toujours la même – celle de l'efficacité technique maximale. Enfin, plutôt que de formuler ses attentes en termes de discours de mobilisation qui s'adressent aux émotions des uns et des autres, le gestionnaire formel aura toujours tendance à les formuler en termes d'objectifs quantitatifs à atteindre qui, à défaut d'être chaleureux, ont l'avantage d'être précis et facilement mesurables.

> *« Le but premier assigné au travail est de faire du chiffre et non plus du neuf. Un fossé se creuse entre l'expérience du travail et sa représentation par des indicateurs qui sont aussi des objectifs à atteindre. D'où des risques pour la santé mentale. [...] L'homme-machine des "Temps modernes" ne devait pas réfléchir, mais obéir, moyennant quelques compensations en termes de sécurité économique. La gouvernance par les nombres l'a remplacé par l'homme programmé, censé mettre librement ses facultés mentales au service de la réalisation d'un objectif quantifié. »*
>
> Alain Supiot
>
> Dedieu, F., « L'ultralibéralisme assujettit la loi au calcul économique », *L'Expansion*, 1er mai 2015 : 16.

La perspective cognitive

Nous l'avons vu, le management formel a pour origine historique la traduction du savoir tacite qui dominait alors dans les organisations traditionnelles en règles et techniques de gestion assimilées et intériorisées par tous les membres de l'organisation. Ce cycle de construction du savoir collectif est, d'ailleurs, toujours au principe du fonctionnement de l'organisation formelle. En fait, de traductions en assimilations, l'organisation formelle ne cesse jamais d'accroître l'étendue de son savoir. La somme de savoir formel dont disposent les membres de cette organisation pour agir de façon efficace est tout simplement immense. Elle se remarque notamment par la quantité de règles et de procédures que les uns et les autres mettent quotidiennement en jeu pour produire toujours plus et plus vite. Elle se remarque aussi du côté de la prolifération des manuels de règlements et de procédures et du côté de l'accumulation des politiques en tout genre que la direction formule et ajuste régulièrement.

Par ailleurs et cela peut sembler curieux dans le contexte d'une organisation où l'intelligence collective est si formalisée, mais le savoir formel y est aussi très largement tacite. En effet, nombre de règles, de procédures, de politique et de processus techniques sont mobilisés dans l'action sans même que ceux et celles qui en font usage en aient véritablement conscience. C'est là une conséquence de l'intériorisation du savoir formel. Peu à peu, la logique formelle fraie donc son chemin jusqu'au territoire de l'inconscience, là où elle cesse d'être questionnée sans pour autant perdre son efficacité. En fait, lorsque la boucle du savoir est ainsi bouclée, l'organisation formelle devient, en quelque sorte, une seconde nature, une part de la personnalité des acteurs qui seront alors qualifiés de « rigoureux » par les uns ou de « bureaucrates » par les autres.

7.4 Conclusion : entre l'expertise et la technocratie

Il est d'usage de qualifier la société contemporaine de société de l'information et de la connaissance. Une telle société est donc largement fondée sur le savoir formel, et sans surprise les experts y jouent un rôle dominant. Il en va de même dans le monde des organisations. Nous y trouvons des experts pour tout, pour toutes les situations, pour toutes les fonctions, pour tous les problèmes. Lorsque l'expertise fait défaut, alors les gestionnaires peuvent s'en remettre à l'expertise des consultants en gestion. L'expertise, voilà le maître mot pour désigner la noblesse du monde formel ; et qui, de nos jours, refuserait le statut d'expert ?

Par ailleurs, l'expertise a son revers. Lorsque tout doit être expliqué, tout doit être transformé en règles et en procédures formelles et rigoureuses, lorsque les humains doivent n'être que des rouages d'une machine efficace, plus d'un expérimente alors un vide de sens et se sent frustré de devoir composer avec un univers qui ne cesse de se bureaucratiser. Là, le gestionnaire n'est plus vu comme un expert qui sait résoudre avec la plus grande efficacité le difficile problème du mieux vivre ensemble, il n'est plus qu'un technocrate qui privilégie toujours les règles et les techniques et tend à favoriser les conceptions et solutions techniques des problèmes organisationnels au détriment de leurs dimensions et conséquences sociales et humaines.

Le management formel en est là. Toujours en oscillation entre l'expertise et la technocratie. Lorsqu'il se laisse gagner au chant des sirènes technocratiques, il ouvre alors la porte aux autres logiques d'action, notamment au charisme qui prétend justement combler les insuffisances du management formel.

SYNTHÈSE DU CHAPITRE

Idée clé
Fondé sur la raison, le management formel met de l'avant la tâche comme savoir-faire, l'objectivité comme savoir, le contrat comme savoir-être et l'efficacité comme devoir-être.

Les dimensions du management formel	
Savoir-faire	Le travail est pensé en termes de tâches spécialisées, formalisées et coordonnées.
Savoir	Fruit de l'analyse, l'objectivité formelle témoigne d'une recherche constante d'abstraction, de quantification et de généralisation.
Savoir-être	Le contrat sert d'assise aux relations sociales.
Devoir-être	Le management formel fait de l'efficacité une obligation et un idéal de vie.

Les cadres techniques de l'organisation formelle	
Gouvernance	La gouvernance est au service de l'efficacité et s'appuie sur des politiques formelles.
Statégie	La stratégie est le fruit d'analyses et l'organisation cherche toujours à accroître sa capacité stratégique.
Structure	La structure prolonge formellement la stratégie et déploie un processus formel d'allocation des ressources.
Opérations	Les indicateurs de performance encadrent le travail productif.

Les perspectives sociales de l'organisation formelle	
Politique	Les jeux politiques cherchent à tirer avantage des failles des règles formelles.
Symbolique	L'identité organisationnelle est largement technique.
Psychologique	Le climat psychologique est marqué par une dévalorisation de la subjectivité.
Cognitive	L'intelligence collective s'incarne largement dans des règles et des techniques.

Diagnostic	
Pour analyser une situation de gestion en termes de management et d'organisation formels, il est possible de centrer l'attention sur quelques questions clés.	
Les dimensions	Le management est-il adapté à la réalité formelle de l'organisation?
Les cadres techniques	Les cadres techniques sont-ils adaptés à la réalité formelle de l'organisation?
Les perspectives sociales	Les réalités sociales sont-elles cohérentes avec l'organisation formelle?

8
Le management charismatique

Plan du chapitre

Le management charismatique s'oppose point par point au management formel. D'abord, la logique qui le fonde centre l'attention sur le magnétisme des personnes plutôt que sur la rigueur des règles formelles. Puis, les valeurs autour desquelles il prend forme sont difficilement conciliables avec celles du management formel. Ainsi, les questions « *Que faisons-nous ? Que savons-nous ? Quels liens entretenons-nous ? Que devons-nous être ?* » appellent des réponses différentes, voire diamétralement opposées à celles offertes par le management formel. Enfin, en logeant l'individuation en son centre, l'organisation charismatique incarne une identité collective qui prend clairement ses distances de l'identité technique de l'organisation formelle.

> *« Actuellement, on a beaucoup de gestionnaires, mais pas assez de visionnaires [...] Chaque fois qu'il y a des difficultés rencontrées, il y a des occasions. Et c'est à ce moment-là que ça prend des visionnaires qui ont du flair, qui peuvent saisir ce qui s'en vient ».*
>
> Léopold Turgeon,
> PDG du Conseil québécois
> du commerce de détail
>
> Retino-Parazelli, K.,
> « Les détaillants québécois tardent à s'ouvrir à la technologie »,
> *Le Devoir économique*,
> 20 mars 2014 : b2.

En grande partie, la logique charismatique au sein des organisations a constitué une réponse aux limites sur lesquelles le management formel avait buté. Ce n'est sans doute pas un hasard si le vaste mouvement d'appel au « leadership » et au « charisme » a pris de l'ampleur aux États-Unis à partir des années 1970 et 1980, au moment où la guerre du Vietnam sur le plan politique et les déboires de l'industrie américaine face au Japon sur le plan économique ont appelé une vaste remise en question du modèle de management de l'époque, modèle qui était largement fondé sur la logique formelle.

Aujourd'hui encore, malgré les prouesses d'efficacité que parvient à accomplir le management formel, on lui reprochera d'être trop « froid », dénué d'émotions et d'humanité, de n'être qu'un système technique, qu'une machine à générer de la performance. Sous l'emprise de ce management formel, les individus ne sont guère plus que des rouages, largement interchangeables, d'un vaste système efficace, mais clairement impersonnel[1].

En logeant la personne au centre de l'attention, la logique charismatique est parfaitement appropriée pour apporter des réponses à ces failles ; mais sans manquer à son tour de se heurter à des écueils certes bien différents, mais non moins simples, comme nous le verrons au cours de ce chapitre.

> *« Il part en congé maladie et le cours de bourse d'Apple s'effondre. Rarement la santé d'une entreprise aura été autant associée à celle de son patron. Visionnaire, instinctif, génial... les superlatifs ne manquent pas pour encenser Steve Jobs. Ses présentations se transforment en show médiatique et ses lancements suscitent l'enthousiasme des consommateurs, des journalistes et des analystes. Ce charisme incontestable est bien évidemment aussi apprécié au sein de l'entreprise qu'il dirige. C'est lui qui montre la voie à suivre à l'ensemble des collaborateurs et la stratégie d'Apple découle des inspirations de son dirigeant. »*
>
> Renou, F.,
> « Steve Jobs, l'autorité charismatique »,
> *Journal du net*, 15 février 2011.

1 Pour un panorama des critiques adressées au management formel tel qu'il est enseigné dans les écoles de gestion, voir : Mintzberg, H., *Managers Not MBAs. A Hard Look at the Soft Practice of Managing and Management Development*, San Francisco, Berrett-Koehler, 2004.

8.1 La logique charismatique

De nos jours, on associe généralement le charisme à une forme d'éloquence, cette capacité qu'aurait une personne à susciter l'adhésion, à inspirer les uns et les autres, le plus souvent par la seule force de son discours. Toutefois, la logique charismatique va bien au-delà de la seule éloquence[2]. En effet, la domination charismatique est exercée par une personne à qui l'on reconnaît des qualités extraordinaires, hors du commun. La personne en question est donc largement différente du commun des mortels, et l'une des manières de le repérer est de reconnaître les exploits (pour ne pas utiliser le mot, plus religieux, de « miracles ») qu'il est capable d'accomplir. Ces exploits/miracles peuvent d'ailleurs être vus comme la preuve du caractère exceptionnel de la personne, ou bien du fait qu'elle est bel et bien choisie par les dieux pour réaliser leur volonté. Fort de ces caractéristiques, le charisme suscite l'admiration et la reconnaissance de ceux et celles qui, attirés par le chef charismatique, acquièrent l'ultime conviction de participer à quelque chose de grandiose, quelque chose qui va bien au-delà de l'accomplissement d'une tâche. Weber parle « d'abandon tout fait personnel, plein de foi, né ou bien de l'enthousiasme ou bien de la nécessité de l'espoir[3] ».

La **logique charismatique** repose sur le charisme du leader, sur le dépassement de soi qu'il inspire, sur la passion qu'il suscite et sur la grâce.

Tableau 8.1 **La logique charismatique**

Caractéristiques	Description
La grâce	• L'inexplicable qualité du leader, son magnétisme. • Le génie du leader.
Une vertu héroïque	• La capacité inouïe du leader. • L'accomplissement de prodiges, voire de miracles.
Une révélation	• La vision d'avenir, l'intuition de ce qui doit être accompli. • L'espoir d'un avenir grandiose.

À l'origine donc, un leader charismatique n'est pas un orateur éloquent, mais bien un héros, un génie, un être capable de réaliser l'impossible, un visionnaire qui inspire ceux et celles qui lui reconnaissent des qualités extraordinaires. Touché par la grâce, le leader charismatique est l'objet d'une révélation, il suscite la vénération, il incite au dépassement de soi, il sème l'espoir et engendre le sens du devoir. Sous l'emprise du charisme, tous ont le sentiment d'inscrire leurs actions dans une quête que seul le leader peut mener à son terme.

> *« Les employés préfèrent se fier à ce qu'ils voient faire qu'à ce qu'on leur dit de faire. Si vous voulez vraiment faire passer le message que prône votre entreprise, ne faites pas de sermons aux employés. Faites quelque chose d'épique dont tout le monde se souviendra. »*
>
> Caspian Woods,
> fondateur de Editions Financial
>
> Woods, C.,
> *Au diable le management*,
> Montréal, Les Éditions Transcontinental,
> 2014 : 22.

[2] Weber définit la légitimité charismatique de la façon suivante : « Nous appellerons charisme la qualité extraordinaire (à l'origine déterminée de façon magique tant chez les prophètes et les sages, thérapeutes et juristes, que chez les chefs des peuples chasseurs et les héros guerriers) d'un personnage, qui est, pour ainsi dire, doué de forces ou de caractères surnaturels ou surhumains ou tout au moins en dehors de la vie quotidienne, inaccessibles au commun des mortels ; ou encore qui est considéré comme envoyé par Dieu ou comme un exemple, et en conséquence considéré comme un "chef" [Führer]. » Weber, M., *Économie et société*, Paris, Plon, 1971 : 249.

[3] Weber, M., Économie et société, Paris, Plon, 1971 : 249.

8.2 Les dimensions du management charismatique

Fondé sur le charisme qui lui donne toute sa cohérence, le management charismatique actualise un ensemble de valeurs, une identité administrative particulière dans laquelle la mission à accomplir tient lieu de savoir-faire idéalisé[4], l'imaginaire de savoir noble, la fusion de savoir-être valorisé et la différenciation pour devoir-être sublime.

Figure 8.1 Les dimensions du management charismatique

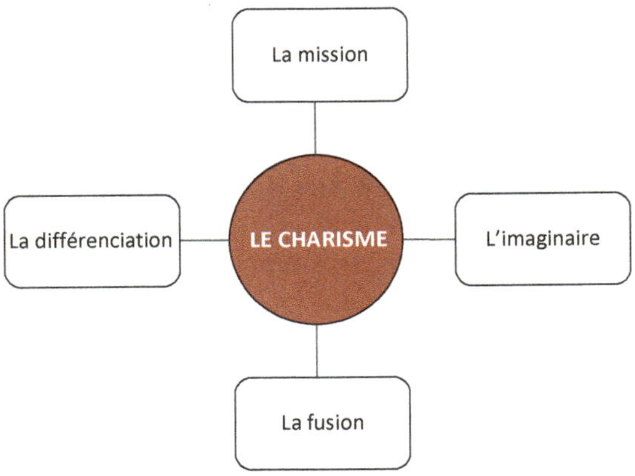

8.2.1 Le savoir-faire : la mission

La **mission** consiste à partir en quête de la réalisation d'un noble but.

Le savoir-faire qui découle de l'emprise du charisme se démarque très clairement de celui du management formel. Ainsi, alors que ce dernier va formaliser le travail sous forme de tâches, parfois jusqu'au moindre des gestes qu'il conviendrait de poser afin d'obtenir un maximum d'efficacité, le management charismatique va plutôt mettre en avant la **mission** à accomplir. Non pas le *comment*, mais bel et bien le *pourquoi*. Comme en témoigne le tableau suivant, le travail doit avoir un sens, s'inscrire dans un rôle à tenir au sein d'un collectif et participer à la quête d'un but noble et inspirant.

Tableau 8.2 Que faisons-nous? Nous accomplissons une mission

Caractéristiques	Description
Le sens	• Le travail est pensé en termes de *pourquoi*, plutôt que de *quoi* ou de *comment*. • Le travail doit sa noblesse à sa finalité, il est au service d'une cause, d'une intention ou d'un but qui mérite d'être atteint.
Le rôle	• Accomplir quelque chose qui dépasse le travail lui-même et qui commande plus que la réalisation mécanique d'activités, notamment des relations interpersonnelles fortes. • Être responsable d'un rôle qui fait une réelle différence. • S'investir personnellement dans un rôle, être digne de ce qu'il convient d'accomplir.
La quête	• Le travail commande l'oubli de soi au nom de l'atteinte d'un but inspirant. • Le travail s'inscrit dans la durée, dans la recherche constante d'un idéal noble à réaliser.

[4] Alors qu'au regard de la perspective technique (cf. ch. 4), la mission désigne le but ultime que doit concrétiser l'organisation en accomplissant son métier, en tant que dimension du management charismatique la mission désigne la même idée, mais à hauteur d'individu. Ici, c'est l'individu qui doit, par son travail, réaliser un but ultime.

Le sens

Le savoir-faire propre au management charismatique est largement teinté de la question du sens, de la signification de ce que l'on fait. D'une certaine façon, ce n'est donc pas tant ce que l'on fait qui compte, ni même l'efficacité de ce que l'on fait, que la raison pour laquelle on le fait.

La publicité peut-être la plus célèbre d'Apple, au moment du lancement du Macintosh, est presque un cas d'école de l'incidence de la logique charismatique sur la façon de concevoir le sens du travail au sein d'un collectif[5]. On ne parle pas vraiment de l'appareil et de ses qualités. Ce qui importe, c'est que, grâce au Macintosh (et à Apple donc), « 1984 ne ressemblera pas à 1984 ». Devant ce futur cauchemardesque et totalitaire imaginé par Orwell dans son livre *1984*, Apple part en mission pour proposer un autre avenir. Et le plus remarquable, c'est que c'est justement d'une emprise technique, froide et terne, qu'il s'agit de se libérer.

> *« Pourquoi suis-je sur Terre ? Je suis sur Terre pour encourager les autres, sauver des vies, former des leaders, inspirer les gens, donner la parole aux autres. Quand j'investis mon temps à faire cela – ce sont mes meilleures journées. »*
>
> David Novak,
> PDG de Yum ! Brands
>
> Colvin, G.,
> « Great Jobs! or How Yum Brands uses recognition to Build Teams and Get Results »,
> *Fortune*, 2013, *168*(3) : 66.

Mais nul besoin de chercher auprès de très grandes entreprises et des publicités imaginées par de célèbres réalisateurs pour trouver cette logique charismatique de la mission, et du sens.

Ainsi, prenons l'exemple d'une petite entreprise de Montréal, Harricana par Mariouche, qui se spécialise dans la confection de vêtements et d'accessoires en fourrure. Mais ce n'est pas ce qui compte. Ce qui importe, c'est qu'il s'agit de fourrures récupérées de vieux manteaux, à partir desquelles sont créés de nouveaux vêtements en fourrure. Sans avoir à tuer de nouveaux animaux. Le slogan de l'entreprise pourrait donc être celui-ci : sauver la planète, une vie à la fois. Et il pourrait avancer qu'en 10 ans d'existence, l'entreprise a épargné la vie de près d'un million d'animaux chassés pour leur fourrure. La raison d'être de cette entreprise, ce n'est pas d'abord d'être efficace. Cela va bien au-delà.

Le rôle

Ce qui a trait à la tâche se retrouve aussi dans la fonction. Alors que le management formel met en avant la fonction comme un ensemble de tâches que doit réaliser telle ou telle personne, le management charismatique met plutôt en avant la notion de rôle. Il s'agit, bien sûr, d'un ensemble de tâches à accomplir, mais c'est aussi beaucoup plus que cela : le rôle tient compte des attentes des différentes parties prenantes ; et il est indissociable des valeurs et de la personnalité de celui qui le tient. On peut facilement interchanger les personnes pour accomplir une tâche, pas pour tenir un rôle. Ce dernier nécessite un sens, un but à atteindre et il est beaucoup moins formalisé que peut l'être une tâche. Par ailleurs, l'expression « avoir un rôle à jouer » donne une importance complètement différente à la personne ; si quelqu'un n'accomplit pas sa tâche, quelqu'un d'autre pourrait le faire. Mais si une personne ne joue pas son rôle, c'est tout le collectif qui risque d'en pâtir.

[5] youtube.com/watch?v=2zfqw8nhUwA

La quête

Nous avons parlé de mission, de sens, de rôle, nous pourrions aussi évoquer le mot « quête ». Avec l'oubli de soi que cela peut comporter. Car poussée à l'extrême, la logique charismatique peut appeler une soumission totale de la personne. Quand le management formel commande quelques heures du temps d'une personne pour accomplir une tâche donnée, le management charismatique peut demander un investissement total (qui va bien au-delà de la tâche), et qui n'est pas limité dans le temps. Les exemples abondent, jusque dans les séries populaires. Ainsi, le personnage de Marshall, dans *How I met your Mother*, travaille dans un cabinet d'avocats spécialisé dans la défense de l'environnement. Il tente d'expliquer à son chef qu'il doit partager un moment très important dans la soirée avec sa femme, et que le travail pourra bien atteindre le lendemain. Sauf que la Terre n'attend pas, lui répond son chef. Si l'on veut sauver la planète, il faut faire des sacrifices.

> *« Marshall : M. Cootes, vous travaillez à vous fendre l'âme. Prenez un peu de bon temps, savourez une bonne bière et trouvez-vous un passe-temps.*
>
> *M. Cootes : Tu ne comprends pas. C'est pourtant tout simple. La Terre ne prend jamais un soir de congé, alors toi non plus tu n'en prends pas. »*
>
> How I met your Mother,
> Saison 7, épisode 15.

8.2.2 Le savoir : l'imaginaire

L'**imaginaire** combine l'inspiration, l'anticipation et l'allégorie en savoir mobilisable dans l'action.

Dans le management charismatique, le savoir n'est pas fondé sur une analyse systématique, une démarche rationnelle, voire scientifique, ou un raisonnement mathématique ou formel[6]. Le savoir n'est pas non plus fondé sur une tradition, un pragmatisme né des expériences et succès passés. La source du savoir réside plutôt dans le jugement de la personne charismatique. Parce qu'elle est touchée par la grâce, parce qu'on la considère comme un génie, ou encore parce qu'elle possède des qualités extraordinaires, hors de portée du commun des mortels, on va accorder à son jugement un poids considérable. Au point de dire parfois que la parole du chef vaut la vérité.

Tableau 8.3 Que savons-nous? Nous imaginons le futur

Caractéristiques	Description
Une inspiration	• L'imagination est à la source du savoir du leader. • Le savoir est accepté comme une révélation. • Le savoir prend la forme d'une intuition.
Une anticipation	• Le savoir est résolument tourné vers futur. • Le savoir se matérialise parfois dans une vision de ce que l'avenir devrait être.
Une allégorie	• Le savoir prend la forme d'une histoire que l'on raconte pour transmettre une anticipation.

6 À ce propos, voir : Lapierre, L., *Imaginaire et leadership*, Montréal, Québec/Amérique, 1992. Voir aussi : Lapierre, L., *La subjectivité et la gestion*, Montréal, PUQ, 2010 ; Lapierre, L., *On dirige comme on est*, Montréal, PUQ, 2012.

Une inspiration

Un dirigeant charismatique n'a pas besoin de se lancer dans des argumentations très élaborées pour dire si oui ou non, un produit, un spectacle, une idée lui plaît. Si ce n'est pas le cas, il ne se fera pas, tout simplement. La raison est-elle à chercher dans son expérience ? Ou plutôt son intuition ? Peut-être. S'agit-il d'une inspiration ? En ce qui nous concerne, l'important à retenir c'est que, pour les autres, la parole du chef est quasi automatiquement une vérité. Parce que le leader est considéré comme un génie, ou plus généralement, comme quelqu'un capable de faire des choses inaccessibles aux autres, capable de voir ce que les autres ne peuvent pas voir, son jugement se suffit en lui-même. Il n'a pas besoin d'être renforcé par une argumentation, quelle qu'elle soit. Lui sait. Et force est de reconnaître que, lorsque le dirigeant charismatique rencontre un succès spectaculaire et durable, les faits semblent lui donner raison.

Illustration 8.1 **Guy Laliberté et le Cirque du Soleil**

« Tout le contenu artistique, c'est [Guy Laliberté]. D'ailleurs, son grand génie est de savoir ce qui plaît au public. C'est pour ça que nous faisons toujours une période de *preview*, surtout pour les gros spectacles de Las Vegas, parce qu'il aime s'asseoir dans les gradins et observer la réaction du public. Je pense que nous pourrions tous observer la réaction du public. Mais, lui, il va savoir pourquoi le public réagit ou ne réagit pas, et surtout, il va savoir ce que ça prend pour l'émerveiller. Il va dire : "on change ce numéro-là, on le remplace par ce genre de numéro ou par une autre mise en scène – le numéro de six minutes, vous allez me réduire ça à quatre minutes. Parce qu'au bout de quatre minutes, ces artistes-là ont donné ce qu'ils avaient à donner." Il a un jugement sûr. Il ne s'est pas trompé beaucoup et il assume ses décisions. Au niveau du goût artistique, pour lui, c'est noir ou blanc, il n'y a pas beaucoup de zones grises. [...] quand il s'agit d'éléments clés, on ne peut pas beaucoup discuter avec lui. »

Daniel Lamarre, PDG du Cirque du Soleil

Source : Prud'homme, L. et L. Lapierre, « Daniel Lamarre, réinventer le développement », *Centre de Cas HEC Montréal*, 2005 : 6.

Une anticipation

Si la parole du chef peut se présenter sous la forme d'une acceptation ou d'un refus de tel ou tel projet, le plus souvent, elle se présente comme une anticipation. C'est que le management charismatique est très largement fondé sur le futur (imaginé). Quand le management formel repose sur un présent quelque peu hors du temps, censé être vrai toujours et partout, car fondé sur la raison, le management charismatique s'appuie largement sur un futur imaginé ou souhaité. Il s'agit de décrire ce qui pourrait être, d'où la notion de « vision » que l'on associe très souvent au leader. Mais par vision, il faut comprendre une construction fondée sur l'imagination plutôt que sur le raisonnement, et où le futur occupe une place centrale. Ce futur, ce peut être un rêve ; ce peut être aussi un cauchemar qu'il s'agit d'éviter.

C'est dans la sphère politique qu'abondent le plus d'exemples de ces appels au futur. Le plus célèbre étant certainement le discours de Martin Luther King : « *I have a dream* ». Dans ce discours, il construit son rêve, c'est-à-dire ce que pourrait être l'avenir. Ce rêve, c'est celui qu'il fait en ce moment, devant la foule. La force d'un tel discours est que ce futur, qui peut sembler largement utopique et peu crédible, est en même temps si évident, si simple, qu'il présente une force d'attraction qui se veut irrésistible. Qui pourrait être contre un tel rêve ? Comment ne pas souhaiter un tel avenir ?

Mais, et nous l'avons déjà évoqué précédemment, la sphère de l'entreprise est aussi à l'origine de multiples rêves de ce type. Le monde qui est présenté dans la publicité d'Apple sur le Macintosh de 1984, qui à première vue présente un cauchemar qu'il s'agit d'éviter, se transforme, une fois le marteau lancé, en un futur brillant que nous allons atteindre, grâce à Apple : un monde où la technique ne sera pas grise, totalitaire et conformiste, mais colorée, et indisciplinée.

> *« Pour réaliser une chose vraiment extraordinaire, commencez par la rêver. Ensuite, réveillez-vous calmement et allez d'un trait jusqu'au bout de votre rêve sans jamais vous laisser décourager. »*
>
> Walt Disney

L'allégorie

Si les rêves qui inspirent et guident les uns et les autres ne sont pas de l'ordre de l'analyse et du raisonnement, ce ne sont pas non plus des mythes que l'on réactive au gré des défis à relever ni des discours rhétoriques construits aux fins de mobilisation du personnel. Ces rêves qui orientent le collectif en montrant le chemin à parcourir et en esquissant la noblesse de la quête sont, en fait, des allégories, des histoires imaginaires que l'on se raconte pour exprimer une signification, un idéal à concrétiser, une mission à accomplir, un futur à construire, etc. Ainsi, l'allégorie donne du sens à l'action tout en l'inspirant, en incitant au dépassement de soi, en offrant à chacun la chance de faire partie de l'histoire, d'y tenir un rôle.

Poussés à l'extrême, le rêve, la vision, l'allégorie tournent alors à l'obsession et le management charismatique ne présente plus alors aucun garde-fou, puisque ni le raisonnement ni les leçons de l'histoire ne peuvent être d'aucune aide face à ces visions d'avenir fondées sur le seul imaginaire du leader. Et comme personne n'est en mesure de s'opposer au chef et à sa vision, du moins dans le groupe, si le chef s'égare, c'est tout le collectif qui peut finir au fond du précipice.

8.2.3 Le savoir-être : la fusion

La **fusion** marque le moment où la foule ne fait plus qu'un avec son leader.

La nature des liens sociaux que construit le management charismatique est très particulière. Elle ne correspond nullement aux contrats de travail qu'institue le management formel ni aux relations communautaires qui sont au principe du management traditionnel. C'est que, dans une forme comme dans l'autre, point n'est besoin de « leader » ; la nature des liens existe largement indépendamment d'un chef, même si celui-ci est de nature à les protéger, à les renforcer. Dans le cas du management charismatique, il en va tout autrement. Tout converge vers le « centre », le leader, qui est censé inspirer les uns et les autres et, d'une certaine façon, les aspirer. Ce n'est d'ailleurs pas un hasard si l'on parle souvent de « magnétisme » pour caractériser le leader charismatique. C'est un aimant qui attire l'ensemble du collectif autour de lui, et chacun n'aspire alors qu'à fusionner avec lui, qu'à établir avec lui une relation presque amoureuse, une relation profondément fusionnelle. Bien entendu, si cet aimant disparaît, le collectif n'existe plus ou à tout le moins se trouve lourdement fragilisé. Mais si le magnétisme fonctionne, alors la relation fusionnelle engendre une foule qui ne fait plus qu'un avec son leader, qui n'aspire qu'à se voir en lui, qu'à être lui.[7]

---

[7] Sur cette relation fusionnelle qui unit la foule à son leader, voir : Dupuy, J.-P., *Introduction aux sciences sociales. Logique des phénomènes collectifs,* Paris, Ellipses, 1992.

Tableau 8.4 **Quels liens voulons-nous entretenir? Des relations fusionnelles**

Caractéristiques	Description
La foule	• Le magnétisme du leader attire autour de lui les uns et les autres et les inspire de telle sorte qu'ils s'unissent pour former une foule aspirée par sa puissance. • Tous se tournent vers le leader et chacun ne voit que lui. • Chacun ressent l'énergie que procure l'insertion dans le collectif inspiré.
L'unité autour du leader	• Le leader est le centre de gravité autour duquel tout tourne et prend forme. • Les buts et valeurs du leader sont partagés par tous et intégrés par chacun. • Le sentiment de faire corps avec un collectif qui partage la même mission, le même rêve, le même idéal, se propage.
La proximité au leader	• Il s'agit d'avoir directement accès à la vision du leader. • Chacun profite de la grandeur du leader. • Il convient de vivre pleinement l'émotion d'être choisi par le leader.

La foule

Pour rendre compte de la nature du lien social sous l'emprise du charisme d'un leader, l'image la plus parlante que l'on puisse évoquer est celle de la foule qui se masse autour d'un orateur lors d'un rassemblement[8]. L'image la plus effrayante est bien sûr celle des militants nazis lors d'une allocution d'Hitler. Nous ne parlons pas ici des événements organisés par la propagande sous forme d'un « spectacle » collectif, mais bien des discours où une foule, spontanément, répond à l'appel de l'orateur. On trouve, dans le monde politique notamment, nombre d'exemples d'orateurs qui parviennent à électriser leur public, à transformer un auditoire disparate en une foule unie autour de son leader. Mais le monde des entreprises n'est pas en reste. Et là encore, l'exemple le plus spectaculaire se trouve du côté de Steve Jobs. Ses « *keynotes* » (discours d'ouverture) n'avaient rien à voir avec un exercice de motivation. Cela allait bien au-delà. Il s'agissait de donner ce sentiment de participer à quelque chose de plus grand que soi, de faire l'histoire, de changer le monde, ici et maintenant. Si le contexte est bien différent d'un discours politique, le principe est largement similaire.

> *« Les individus composant une foule ont besoin de savoir que le chef les aime d'un amour juste et égal, mais le chef lui-même n'a besoin d'aimer personne, il est doué d'une nature de maître, son narcissisme est absolu, mais il est plein d'assurance et indépendant. »*
>
> Freud, S., *Essais de psychanalyse*, Paris, Payot, 2001 : 151.

L'unité autour du leader

Dans le mode d'existence du collectif qui s'apparente à une foule, des individus que rien ne prédispose à être naturellement ensemble vont à un moment donné, pour un but donné, s'unir autour d'une personne, vibrer à l'unisson et avancer ensemble, tout d'un

[8] Pour une analyse du comportement des foules, voir l'ouvrage classique de Gustave Le Bon : Le Bon, G., *Psychologie des foules*, Paris, PUF, 1981 [1895].

bloc. C'est un peu comme si soudainement les uns et les autres n'aspiraient plus qu'à une seule chose, se fondre dans la masse pour ainsi former une seule et même personne, celle qui a de l'importance, qui a un rôle à jouer, celle, en fait, à qui s'adresse le leader. Mieux que tout le monde, le leader sait ce qu'il veut, ce qu'il convient de faire, ce qui doit être fait pour engager la quête et accomplir la mission décrite sous la forme d'une vision. Voilà pourquoi nous qualifions ce mode de relation sociale de « fusion ». D'une certaine manière, les valeurs, la vision, voire les qualités du leader, seront intégrées (intériorisées) par les individus qui composent la foule. Dès lors, la foule ne fait plus qu'un avec son leader.

La proximité au leader

D'un point de vue organisationnel, le management charismatique s'oppose au management formel, lequel fonctionne sur le mode du contrat et dans lequel l'organigramme, les tâches et les fonctions prescrites occupent une importance majeure. L'organigramme, quand il existe, est très relatif ; et contrairement au management traditionnel, il n'y a pas de recours à la tradition ni de places attribuées pour compenser. La seule chose qui compte vraiment, c'est la proximité au leader. Cela en fait, bien entendu, un mode d'existence extrêmement réactif, voire quelque peu chaotique puisque rien n'est fixé ; ce qui se passe aujourd'hui ne présage pas ce qui se passera demain. La proximité au leader peut émerger extrêmement rapidement et se terminer brutalement. La nature des liens étant émotionnelle, il n'est pas toujours aisé de prévoir rationnellement l'évolution des choses. D'ailleurs, c'est cet aspect émotionnel, largement absent du management formel, qui donne sa couleur particulière aux liens sociaux qui unissent les personnes qui font corps avec leur leader.

> *« Je pense qu'il y a une part d'instinct, d'émotion dans chacune des décisions que l'on prend. Nous sommes une entreprise de création. Je ne suis pas un grand adepte des théories de la créativité. Il y a quelques années, j'étais à la Harvard Business School où ils travaillaient sur une étude de cas portant sur l'acquisition des studios Pixar Animation par Disney. Ils en ont fait une très bonne analyse. Mais, ils n'ont pas saisi l'émotion incluse dans la décision. C'est quelque chose que vous ne pouvez pas mesurer dans une école de gestion et que vous ne pouvez pas apprendre tant que vous ne l'avez pas vécu. »*
>
> Robert A. Iger, PDG de *Disney*
>
> « Technology, Tradition, and the Mouse », *Harvard Business Review*, 2011, *89*(7/8) : 115.

Poussé à l'extrême, le mode d'existence charismatique sous forme d'une fusion émotionnelle peut conduire à plusieurs écueils. La fusion peut contribuer à transformer en petits clones l'ensemble des individus du collectif, au détriment de la diversité. L'identité même des individus peut se perdre dans une sorte de fusion, de convergence avec l'image perçue du leader pour ne plus être que son reflet, que l'écho de son discours, que l'image de sa vision. Parce que le collectif ne tient en fait que par son aimant qu'est le leader, sa disparition brutale peut entraîner une déstabilisation générale de l'entreprise, parfois même son implosion. Si, dans le cas d'Apple, la transition a été minutieusement préparée, c'est peut-être grâce au fait que la disparition de Steve Jobs n'a été ni soudaine ni surprenante. Toutefois, dans nombre d'organisations construites autour d'un leader charismatique ce n'est pas le cas. Celles-ci se retrouvent donc du jour au lendemain sans leader et sont ainsi privées de leur source d'inspiration, sans véritable vision à incarner, sans quête à renouveler. Elles doivent dorénavant composer avec un collectif qui devait son unité à la présence de son leader ; sauf bien sûr si la vision et les exploits du leader charismatique se cristallisent pour être vénérés, passant ainsi du côté de la tradition.

8.2.4 Le devoir-être : la différenciation

Dans l'univers du management charismatique, se différencier des autres tient lieu d'idéal absolu, de devoir qui s'imposent à tous ceux et celles qui s'engagent dans la quête initiée par le leader.

Il ne s'agit donc pas d'être efficace et d'escompter récolter les fruits d'un dur labeur. Il s'agit plutôt d'oser l'extraordinaire, de sortir des sentiers battus, d'apposer une signature distinctive sur le monde, de marquer l'imaginaire, voire de changer le monde. Il s'agit surtout de miser sur sa singularité et son individualité, de se démarquer des autres, d'être différent, d'être unique dans un monde technique où il est si facile de se fondre dans la masse pour espérer être accepté. Ici, être accepté, c'est oser l'innovation et la création, c'est mettre en action une force révolutionnaire en prenant des risques et chercher sans relâche à marquer le réel du sceau d'une différence qui fait toute la différence.

« Les fous, les rebelles, les anticonformistes, les dissidents... Tous ceux qui voient les choses différemment, qui ne respectent pas les règles, vous pouvez les approuver ou les désapprouver, les glorifier ou les dénigrer. Mais vous ne pouvez pas les ignorer, car ils changent les choses. Ils inventent, ils imaginent, ils explorent, ils créent, ils inspirent, ils font avancer l'humanité. Là où certains ne voient que folie, nous voyons du génie, car seuls ceux qui sont assez fous pour penser qu'ils peuvent changer le monde y parviennent vraiment. »

Think different,
publicité d'Apple, 1997.

La **différenciation** consiste à se démarquer des autres, à être unique et différent.

Tableau 8.5 **Que devons-nous être? Différents et uniques**

Caractéristiques	Description
La force révolutionnaire	• Il faut sans relâche rechercher la nouveauté et escompter révolutionner le secteur d'activité. • Il faut être audacieux, prendre des risques. • Il faut constamment affirmer une volonté de changement radical.
La distinction	• Il faut faire différemment des autres et surtout être plus créatif et meilleur que les autres. • Il faut que tous reconnaissent la créativité du collectif et que chacun soit convaincu qu'il a une signature singulière. • Il faut être prestigieux, que les produits soient reconnus comme étant distinctifs et que le collectif soit influent et respecté par tous.
La marque	• Il faut que le réel porte l'empreinte du collectif. • Il faut que le monde soit transformé par le collectif, qu'il soit tout autre du seul fait de son action.

La force révolutionnaire

L'idéal recherché par le management charismatique n'est pas un progrès incrémental qui vise à améliorer et à optimiser petit à petit les processus administratifs et les procédés opérationnels. Il ne s'agit pas d'améliorations continues comme dans le management formel ni de changements occasionnels et souvent fortuits comme dans le management traditionnel. Il s'agit plutôt de réaliser des changements radicaux, de réinventer les façons de penser et de faire, de créer une nouvelle réalité, un nouveau monde. D'ailleurs, lorsqu'il a forgé le concept de « charisme », Max Weber parlait précisément d'une force révolutionnaire qui transforme de l'intérieur un collectif en misant sur l'enthousiasme et l'espoir que suscite la quête inspirée d'un leader.

Adaptée au monde des organisations et du commerce, cette force révolutionnaire s'incarne dans la volonté de se démarquer des concurrents, de se différencier par la création de nouveaux produits, par une quête incessante de nouveautés, par la mise en marché d'innovations audacieuses, voire par la création de nouveaux secteurs économiques, tels ceux qui, de nos jours, font les beaux jours de l'économie numérique et de la créativité.

Pour s'inscrire dans une dynamique révolutionnaire et se différencier des autres, le management charismatique n'est tenu ni par le poids du passé ni par l'exemple des autres. Son horizon est le futur, et s'il peut s'y projeter à l'aide d'une vision inspirante, il peut aussi s'y créer un espace, y occuper une place enviable et prestigieuse. Toutefois, la promesse d'un avenir radieux passe forcément par un présent créatif, par l'idée obsessionnelle que l'avenir nécessite forcément de faire autrement ce que l'on faisait avant et surtout d'oser faire ce que tous les autres n'osent pas faire ou ne savent pas faire. Il faut créer du neuf, en quelque sorte. Il faut oser inventer, prendre des risques, faire le pari que c'est la création qui ouvre les portes du monde de demain, voire qui jette les bases d'un nouveau monde plein de promesses.

> *« Pendant une longue période, il y a eu des tensions chez Disney entre les défenseurs du modernisme et ceux de la tradition. Je crois fermement dans le respect de la tradition, mais il faut s'assurer de continuer à évoluer. Si vous êtes trop attaché à la tradition, vous avez tendance à être moins créatif. De temps en temps, les traditionalistes dévoués à Disney se cabrent encore. »*
>
> Robert A. Iger,
> PDG de *Disney*
>
> « Technology, Tradition, and the Mouse », *Harvard Business Review*, 2011, *89*(7/8) : 114.

Si, à l'évidence, la logique de création se retrouve dans l'industrie de la création (le Cirque du Soleil, par exemple) ou dans les industries innovantes (comme dans le cas d'Apple), cela va bien au-delà de ces seules industries caractéristiques. Ainsi, Virgin, l'entreprise fondée par Richard Branson, qui présente des activités très diversifiées, peut très bien illustrer ce point. Lorsque Richard Branson fait la liste des cinq règles pour obtenir du succès en affaires, on peut remarquer qu'après « aimer ce que l'on fait », on trouve aux points 2 et 3 le concept de créer : créer quelque chose qui ressort ; créer quelque chose qui rend fiers ses collaborateurs (voir l'illustration 8.2).

Illustration 8.2 **Les règles du succès en affaires selon Richard Branson**

Une réflexion de quelque 40 ans à propos de ce qui caractérise les nombreux succès de Virgin m'a amené à identifier les cinq « secrets » de la réussite en affaires :

1. Aime ce que tu fais;
2. Crée des choses qui sortent de l'ordinaire;
3. Crée des choses qui vont rendre fiers ceux qui travaillent pour toi;
4. Sois un bon dirigeant;
5. Sois visible.

Source : www.virgin.com/richard-branson.
Voir aussi : Branson, R., *Screw it, let's do it – Lessons in life and business*, N. Y., Virgin Books, 2009.

Il est intéressant de noter qu'avec ces principes de création et de fierté, Richard Branson vise à la fois le public et la concurrence (il s'agit de se démarquer), mais aussi son propre personnel (il s'agit d'en éprouver de la fierté). Deux éléments clés qu'il convient maintenant de développer.

La distinction

Nous avions déjà indiqué la portée individuelle, voire individualiste de la logique charismatique. Par le concept de distinction, il convient de faire ce que personne d'autre n'a fait et, peut-être, que personne d'autre n'aurait pu faire. Cela renforce bien entendu l'idée de « mission » propre à la logique charismatique, puisque si l'on « échoue », personne ne pourra le faire à notre place. Là encore, la publicité d'Apple qui fait écho au livre *1984*, de Georges Orwell, est un cas d'école de cette façon de penser. Quand tous les autres sont gris, Apple apporte de la couleur à la technique. L'entreprise se distingue dans les deux sens du terme : parce qu'elle fait différemment des autres ; parce qu'elle fait mieux que les autres.

La distinction se joue aussi sur deux autres plans. En effet, d'une part, il s'agit de se distinguer, à l'interne, par une quête de création qui permet d'être à l'avant-garde en matière de créativité et d'innovation. Sous ce regard, au sein même de l'organisation, tous comprennent que l'idéal créatif est l'un des piliers de l'identité du collectif. Tous sentent qu'ils participent à quelque chose d'inédit et de créatif, tous sentent qu'ils font partie de quelque chose de distinctif.

D'autre part, il s'agit aussi d'être reconnu par les autres, voire envié et admiré. Il s'agit donc d'acquérir du prestige, d'être une organisation prestigieuse qui fascine ses clients et ses concurrents, une organisation, telles Chanel ou Cartier, qui se voit, en quelque sorte, pourvue du magnétisme qui caractérise le charisme des leaders.

La marque

La fierté qu'évoque Richard Branson comme gage de succès en affaires prend sa source dans l'héritage symbolique transmis à la postérité, dans le fait de laisser sa marque. Parce que « le monde ne sera pas comme avant, après notre passage », il est aisé de comprendre la gratification que l'on peut en retirer. Là encore, si l'on revient à la sociologie des religions dont était issu Max Weber, on ne peut qu'être frappé par le fait qu'originellement, la création est l'œuvre de Dieu. Créer une œuvre artistique s'en approche, mais créer des produits susceptibles de changer le monde, c'est atteindre un cran supplémentaire et, d'une certaine manière, se mesurer aux dieux.

Il importe de souligner que si, à l'origine, c'est le leader lui-même qui porte cette création, celle-ci, tout comme la mission qui l'accompagne, se propage à l'ensemble des membres de l'organisation. Dès lors que, par la fusion qui marque la logique charismatique, ils ne font qu'un avec le leader, les membres se sentent partie prenante de cette création.

Là encore, une telle logique, poussée jusqu'à ses limites, peut devenir dangereuse et contre-productive. À chercher toujours plus de distinction, il devient possible de créer quelque chose qui s'éloigne de plus en plus des attentes du public et si, dans le domaine de l'art, on peut toujours espérer que des années plus tard, le public reconnaîtra la création, dans le domaine des affaires cela risque d'être trop tard : l'organisation qui rate sa cible en devenant, en quelque sorte, excentrique vis-à-vis des attentes de son marché risque de n'être que l'ombre d'une vision, que l'incarnation des fantasmes et des délires de son leader, dans une pure logique égocentrique qui ne vise plus qu'à se satisfaire elle-même. Par ailleurs, une course chaotique vers la création qui ne s'accompagne pas d'une consolidation des acquis peut également rendre l'organisation extrêmement fragile. En effet, une telle organisation s'engagerait dans une fuite en avant en ayant pour vision générale que seul ce qui n'a pas encore été créé a de l'importance, au détriment de tout ce qui existe déjà. C'est alors le règne de la création pour la création, sans autre finalité que celle qui consiste à créer toujours plus et encore davantage.

> *« Je pense que les entreprises sont semblables à une communauté. Elles peuvent aspirer aux valeurs les plus élevées qui ont inspiré l'humanité au fil du temps. Vous pouvez adhérer à différents modèles de valeurs, mais j'aime le Bien, le Vrai et le Beau de Platon. Ajoutez-y l'Héroïsme qui consiste à changer et améliorer le monde en défendant ce que vous croyez être vrai, juste et bien. Je pense que l'objectif primordial de Whole Foods Market est de cette nature : tenter de changer et d'améliorer notre monde. C'est ce qui m'anime personnellement. C'est ce qui anime l'entreprise. En fait, je me suis battu pendant une longue période à cette fin. »*
>
> John Mackey,
> cofondateur et PDG de Whole Foods Market
>
> HBR Interview,
> « What is it that only I can do? »,
> *Harvard Business Review*,
> 2011, (1) : 120.

8.3 L'organisation charismatique

À l'image des leaders qui les fondent ou des dirigeants qui les animent, les organisations charismatiques suscitent la fascination et l'admiration. Elles aussi ont du magnétisme, ce je-ne-sais-quoi qui attire le regard, parfois l'envie, presque toujours le respect et l'émerveillement. Nous les retrouvons notamment dans le monde de la culture et des arts, de l'architecture et du design, dans l'industrie de la mode et des produits de luxe, dans l'univers du cinéma et des médias, dans l'industrie de la publicité et dans l'économie numérique, là où les « *start-up* » technologiques redéfinissent sans cesse les règles du jeu économique.

On s'attend aussi à les trouver dans la sphère politique, tant les appels au « sauveur », ce leader qui par la force de son charisme et sa vision pourrait tout changer, sont fréquents. C'est en effet le cas de nombre de partis politiques, mais dans les États démocratiques modernes, les contre-pouvoirs viennent rapidement limiter la liberté d'action de ces leaders charismatiques : on a appris à s'en méfier. En outre, dans la sphère politique, la puissance de l'administration publique, largement animée par un management formel, freine la volonté de ces leaders de créer, de faire du neuf, de libérer des habitudes et d'instituer de nouvelles façons de penser et de faire.

De manière peut-être paradoxale, s'agissant d'organisations qui centrent les projecteurs sur un individu plutôt que sur le collectif, l'organisation charismatique se retrouve aussi dans le secteur associatif, plus généralement celui de l'entrepreneuriat social. Dans ces secteurs, le sens de ce que l'on fait et l'importance de la « mission » que se donnent les associations sont tellement prégnants que tout peut reposer sur une logique charismatique. Ce sera bien entendu d'autant plus facile qu'un leader charismatique aura fondé l'association et aura attiré autour de lui les membres qui la composent.

> *« Maîtrisant les rouages de la machine, les dirigeants de l'organisation ouvriront MSF à toutes les audaces, à une inventivité débridée. L'imagination au pouvoir, ils hisseront MSF parmi les dix meilleures ONG d'assistance au tiers-monde, la première en matière d'assistance médicale. »*
>
> Vallaeys, A., *Médecins Sans Frontières*, Paris, Éditions Fayard, 2004 : 265.

Par ailleurs, quel que soit l'industrie ou le secteur d'activité où nous la retrouvons, la logique charismatique sert toujours de socle à l'organisation charismatique, que celle-ci soit pensée en termes techniques ou sociaux.

8.3.1 La perspective technique de l'organisation charismatique

Du fait même de son identité d'individuation, l'organisation charismatique ne loge pas la technique au centre de ses préoccupations. D'ailleurs, nous pourrions même penser que, gagnée aux vertus de l'individu inspiré et inspirant, elle l'évite, s'en méfie, la méprise ou qu'au mieux, elle entretient une relation trouble avec elle. Pourtant, aucune organisation n'échappe à la technique, pas même l'organisation charismatique. Toutefois, point n'est besoin de se soumettre à elle, ni même de la considérer comme étant la clé du succès. En fait, dans l'univers de l'organisation charismatique, la technique a toujours sa place et, comme en témoigne le tableau suivant, c'est sous l'emprise du charisme qu'elle loge.

> *« Le Cirque du Soleil est une entreprise artistique, créative, et très rigoureuse. Il y a toujours eu beaucoup de rigueur, sur tous les plans, dont celui du processus budgétaire. Ces deux aspects ne sont pas incompatibles, bien au contraire. Nos structures, nos processus, nos outils sont au service de la création. Ce qui exige donc, en plus de la rigueur, de la flexibilité et de l'agilité. »*
>
> Robert Blain, vice-président principal et chef de la direction financière au Cirque du Soleil
>
> Champagne, S., « Le cirque de toutes les audaces », *HEC Montréal Mag*, 2009, *7*(2) : 15.

Tableau 8.6 La perspective technique de l'organisation charismatique

Cadres techniques	Description
Cadre de gouvernance	• La mission de l'organisation découle largement de la vision que le leader formule et communique à l'ensemble du collectif. • La gouvernance est marquée par l'emprise du charisme du leader sous la forme d'une gestion de la réputation de l'organisation.
Cadre stratégique	• L'organisation met de l'avant une stratégie de différenciation centrée sur une offre innovante ou sur son prestige. • L'avantage concurrentiel est fondé sur les personnes créatives ou sur le prestige de l'organisation.
Cadre structurel	• La structure a peu d'importance, particulièrement dans les petites organisations. • Les ressources sont particulièrement allouées aux unités qui permettent l'organisation de se démarquer des concurrents.
Cadre opérationnel	• Les mesures de productivité cèdent le pas au jugement décisif du leader. • Le sens de ce qui est fait l'emporte largement sur les mesures de productivité.

Le cadre de gouvernance

Dans l'organisation charismatique, la mission tend à se confondre avec celle que formule le leader charismatique. Il ne s'agit donc pas d'une raison d'être découlant d'un compromis négocié avec les parties prenantes, mais bel et bien d'une quête symbolique, d'une vision d'avenir, d'un but inspirant, d'une possibilité de s'inscrire dans l'imaginaire et de marquer l'histoire. En tant qu'appel au dépassement et espoir dans l'avenir, la mission de l'organisation charismatique sert donc de point d'ancrage autour duquel il est possible de fédérer non seulement les membres de l'organisation, mais également ses parties prenantes.

De la même façon, la gouvernance porte le sceau du charisme du leader. Les potentiels conflits entre l'organisation et ses parties prenantes sont toujours tamisés à l'aune du charisme, car il s'agit de ne surtout pas fragiliser son potentiel créatif ou d'entacher l'image de prestige de l'organisation.

« Chez Electronic Arts en 2007, nous en étions à ce moment décisif où nos activités traditionnelles battaient de l'aile. Je voyais clairement venir le passage au numérique des réseaux sociaux et des téléphones mobiles. Or, les gens sont inquiets, et vous devez trouver un concept auquel tous pourront adhérer, même si vous n'êtes pas certain qu'il fonctionnera, parce que vous tentez de voir plus loin que le changement technologique. Si vous manquez de confiance en vous, vos troupes demeureront craintives ».

John Riccitiello,
ancien dirigeant d'Electronic Arts

Bryant, A.,
« Leader dans l'âme »,
Les Affaires, 19 avril 2014 : A7.

Le cadre stratégique

Parmi l'éventail des choix stratégiques qui s'offrent à elle, l'organisation charismatique opte toujours pour une stratégie de différenciation. Cela se comprend car, fondée sur le charisme, l'organisation aspire à révolutionner son secteur, à en être le leader qui impose sa vision, qui y laisse sa marque et qui, par ses créations et son image, arrive toujours à se distinguer des concurrents. Rien n'est donc plus étranger à l'organisation charismatique que de se fondre dans la masse, d'imiter les stratégies des autres et d'être ainsi une autre de ces machines productives qui centrent toute l'attention sur les gains de performances que permet d'obtenir une stratégie compétitive. Dans l'organisation charismatique, il n'y a de place que pour l'audace, que pour la stratégie qui surprend les concurrents et qui surtout fait l'histoire. Bien sûr, l'histoire ne se fait pas seule. Elle nécessite l'engagement de tous et le dépassement de chacun. Surtout, cette histoire exige la mise en place de capacités stratégiques particulières, notamment la force créative des membres de l'organisation.

Le cadre structurel

Dans les organisations charismatiques, particulièrement celles qui sont de petites tailles, il n'y a pas d'organigramme clair, ou plutôt, s'il en existe un, il n'est pas vraiment important. Parce que dans ces organisations, le management charismatique met en avant non pas les tâches (qui peuvent être définies à l'avance et pensées indépendamment des personnes), mais le rôle (qui est largement relié à la personne elle-même) : ce sont les personnes elles-mêmes qui, en grande partie, vont définir ce qu'elles font et les relations de pouvoir qui les unissent. Personne n'est donc protégé par un statut, une fonction, une liste de tâches. Personne ne peut se contenter de répéter une tâche standard, de s'en tenir aux impératifs de sa fonction ou s'en remettre aux privilèges de son statut. C'est à chacun de se construire son pouvoir, de définir et d'assumer son rôle et de contribuer à la mission et au prestige de l'organisation.

Toutefois, lorsque l'organisation croît et atteint une certaine taille, la formalisation des rôles apparaît souvent inévitable. Peu à peu, les personnes deviennent alors interchangeables, les rôles se muent en fonctions et les listes de tâches font leur apparition. Au terme de cette formalisation, on assiste alors à un transfert du charisme des personnes vers l'organisation. Du coup, c'est l'organisation elle-même qui devient charismatique, c'est elle qui marque l'histoire, qui est créative et prestigieuse. Bien sûr, une telle organisation peut toujours compter sur la présence d'un leader charismatique, mais puisque son charisme est, en quelque sorte, institutionnalisé dans les façons de faire, incarné au quotidien par les uns et les autres et porté par l'image de prestige de

> *« Le monde du cirque offre des modèles d'articulation contrastés. Traditionnellement, les spectacles étaient composés d'une suite de numéros individuels créés par des familles ou des réseaux d'artistes un peu touche-à-tout – conception, exécution, maquillage, etc. Les cirques eux-mêmes étaient une structure neutre : ils étaient substituables, car c'étaient les numéros qui primaient. Le Cirque du Soleil présente un tout autre modèle avec, entre autres caractéristiques, une spécialisation par fonction (création, production, administration). De plus, un même spectacle du Cirque sera présenté par des artistes différents à travers le temps ou à travers le monde. Les artistes changeront, mais le spectacle restera le même. Ici, c'est l'organisation qui impose sa matrice artistique. »*
>
> Pierre-Jean Benghozi,
> directeur de recherche,
> Centre national de la recherche
> scientifique (CNRS)
>
> Tremblay, J.,
> « Stimuler l'innovation »,
> *HEC Montréal Mag*, 2010, *9*(1) : 13.

l'organisation, sa présence devient alors moins décisive. C'est d'ailleurs ainsi que certaines organisations charismatiques, telles Chanel, Disney ou Apple, arrivent à survivre à la disparition de leur leader charismatique et, cela, sans perdre leur créativité ni leur prestige.

Le cadre opérationnel

Parce que dans une organisation charismatique, le sens de ce que l'on fait compte autant, sinon plus que ce que l'on fait, il n'est pas simple de juger les performances opérationnelles, d'établir des standards de travail et de mettre en œuvre des incitatifs à la productivité. Il s'agit de créer, pas d'optimiser, ni d'être efficace ou de faire des profits. La seule mesure du succès est en fait la capacité à réaliser des prodiges, des choses que tout le monde disait impossibles et qui, finalement, sont réalisées. Et c'est aussi parce qu'il est difficile de juger les résultats, et encore plus de les prévoir, que la parole du dirigeant sera si décisive. Un argumentaire rationnel ou un rappel de la tradition ne pèse pas lourd, dans ce type d'organisation, face à la parole et à la décision du chef. Au final, il suffit d'un « non » pour arrêter tout simplement un projet. Le dirigeant charismatique n'a même pas besoin de se justifier. Parce qu'il a une intuition, une vision, un « génie » que les autres n'ont pas, il peut, mieux que quiconque, « savoir » ce qu'il faut faire pour se distinguer, pour marquer l'imaginaire, entrer dans l'histoire et être unique.

> *« Pour préserver la culture d'une start-up : faites moins de PowerPoint. Je pense que PayPal – même depuis son acquisition – est toujours imprégnée de multiples façons par sa philosophie initiale. Mais pas autant qu'à son origine. Les gens se plaignent de la disparition de notre culture de start-up. […] Mais quand vous devenez plus grand, vous avez besoin de plus de structures, de coordination et de réunions. Ma théorie est que vous devez subdiviser le tout et créer des unités plus petites en accordant aux individus plus de pouvoir et de responsabilités. Ainsi, ça passe ou ça casse. »*
>
> Max Levchin,
> cofondateur de PayPal
>
> Livingston, J.,
> *Founders at Work*,
> N. Y., Apress, 2008 : 16.

En revanche, plus l'organisation grandit, plus la logique formelle aura tendance à prendre de l'ampleur, et plus il sera difficile d'unir un très grand nombre de personnes autour d'un seul leader et d'un même projet mobilisateur. Pour faire face à cette limite, certaines grandes entreprises largement fondées sur la logique charismatique se transforment alors en fédération de PME, avec à la tête de chacune un leader charismatique. D'autres utilisent la structure par projet, là encore, pour faire émerger de nombreux leaders charismatiques à différents niveaux de l'organisation.

8.3.2 Les perspectives sociales de l'organisation charismatique

Parce qu'elle met en jeu une telle force de conviction, un tel magnétisme, une telle puissance évocatrice et une extraordinaire ouverture héroïque sur un avenir rempli d'exploits et d'espoir, la logique charismatique imprègne littéralement chacune des dimensions sociales de l'organisation. D'une certaine façon, comme en témoigne le tableau suivant, l'organisation charismatique incarne donc à hauteur du collectif toutes les caractéristiques du leader charismatique, un peu comme si ses qualités personnelles devenaient, par émulation, mimétisme ou contagion les attributs d'un collectif qui puiserait son identité profonde à la source du leader charismatique.

Tableau 8.7 **Les perspectives sociales de l'organisation charismatique**

Perspectives sociales	Description
Perspective politique	• Le charisme est au fondement des relations de pouvoir. • Les jeux politiques gravitent généralement autour du leader charismatique.
Perspective symbolique	• L'organisation charismatique met en jeu une identité d'individuation. • L'identité peut osciller entre la création et le prestige.
Perspective psychologique	• Les besoins de réalisation sont à l'avant-scène. • Le climat organisationnel favorise l'expression de la créativité.
Perspective cognitive	• L'intuition des uns et des autres s'inscrit dans un processus d'explicitation du savoir. • Le savoir créatif est au principe de l'intelligence collective.

La perspective politique

Au regard de la perspective politique, il est clair que le charisme représente la principale source du pouvoir des uns et des autres, la pierre d'assise de tous les jeux de négociation qui rythment la vie politique de l'organisation. C'est donc dire que dans l'organisation charismatique, le pouvoir est fondamentalement l'expression de caractéristiques personnelles, notamment celles du leader. Ce sont les qualités de la personne, sa personnalité, sa réputation, son charme, son magnétisme, ses idées, son intuition, sa vision, son prestige qui fondent le pouvoir, pas les titres, ni les compétences formelles, ni même l'autorité hiérarchique.

Surtout, l'important n'est jamais la place occupée dans l'organigramme ou le statut qu'elle confère, comme dans le cas du management formel, mais le fait « d'avoir l'oreille » du leader. La proximité géographique et temporelle (le voir souvent), intellectuelle (être sur la même longueur d'onde) et psychologique (avoir sa confiance) balise, en quelque sorte, le territoire que couvrent les jeux politiques. C'est pourquoi l'organisation charismatique apparaît extrêmement centralisée, au point d'ailleurs qu'en l'absence du chef, aucune décision ne peut être prise, ou presque. Parce que les décisions ne reposent pas sur des critères que l'on peut facilement expliciter et qu'une partie est imprévisible, voire inexplicable, il n'est pas facile, pour les collaborateurs, de savoir ce que le chef aurait décidé. Et par suite, il n'est pas évident de décider « pour lui », en son absence.

« On ne fait jamais assez bien pour les personnes qui nous entourent. Parce que le démarrage d'une entreprise implique la mobilisation et l'organisation d'énergies humaines très volatiles. Vous pouvez tenter de saisir cette matière et la façonner en quelque chose qui correspond à ce que vous imaginez. Tous ces gens que vous avez mobilisés veulent maintenant savoir où vous en êtes, et afin qu'ils puissent se sentir davantage en confiance, ils s'attendent à ce que vous franchissiez toujours une autre étape. Ils sont constamment à la recherche de nouveaux repères. [...] Et comme vous allez de l'avant, en renforçant chaque fois la confiance, vous rassemblez de plus en plus de gens sur votre chemin. »

James Currier,
fondateur de Tickle

Livingston, J.,
Founders at Work,
N. Y., Apress, 2008 : 388.

Le jeu politique de l'organisation charismatique est donc toujours extrêmement risqué, puisqu'il construit une très forte dépendance du collectif au leader. Tous veulent savoir ce qu'il pense, ce qu'il entrevoit comme avenir collectif, ce qui permet de garder espoir dans ces lendemains que chacun escompte innovants et prestigieux. Le leader charismatique peut répondre aux attentes des uns et des autres et risque alors de s'engager dans une boucle politique sans fin qui ne fera qu'accroître son pouvoir et accentuer la dépendance du collectif à son égard. En effet, plus il influence les uns et les autres, plus il partage sa vision et impose sa mission, plus le collectif sollicite son regard, recherche son approbation et fait siennes ses interprétations. À terme, le jeu politique peut donc se solder par l'omnipuissance du leader, au risque d'une perte de distance critique et de l'appauvrissement d'un collectif devenu le pâle reflet de la puissance de son leader, l'imitation de sa grandeur.

> *« Vers la fin de sa carrière, Disney voulait encourager son entourage à prendre plus de responsabilités. Il avait donné à ses sept meilleurs producteurs l'opportunité de partager financièrement le succès ou l'échec de leur projet respectif. Il espérait que l'un d'eux émergerait comme son successeur potentiel, mais ça n'a pas fonctionné. Ça ne pouvait pas. Tant qu'il était présent, sa forte personnalité et sa tempétueuse obsession de la perfection inhibaient les ambitions des successeurs potentiels. »*
>
> « Disney without Walt »,
> Forbes, 1er juillet 1967.

La perspective symbolique

L'identité de l'organisation charismatique oscille entre l'innovation et le prestige. Lorsque la créativité s'impose comme étant la valeur dominante, celle autour de laquelle le collectif se rassemble et se définit, l'organisation met alors l'accent sur ses produits et cherche continuellement à s'imposer comme organisation innovante, qui valorise l'audace et la passion, qui méprise le conformisme et l'immobilisme, une organisation qui doit sans relâche se réinventer pour apposer sa signature singulière sur le monde. Généralement, dans une telle organisation, c'est le leader charismatique qui joue le rôle prépondérant, car c'est lui qui incarne les valeurs de création et d'innovation et c'est encore lui qui formule les idées et la vision d'avenir de l'organisation.

L'organisation charismatique peut aussi prendre la direction de l'identité de prestige. Dans ce cas, la création et l'innovation des produits doivent être arrimées à l'image de marque des produits, voire à celle de l'organisation tout entière. La créativité cède un peu le pas à la notoriété, et l'innovation s'incline un peu devant les impératifs d'une stratégie qui vise avant tout à accroître le prestige de l'organisation.

> *« Depuis que nous avons acheté Gucci, nous avons tiré des conclusions quant à la gestion optimale des talents pour une marque de luxe. D'abord, nous accordons aux gens de la création un degré élevé de contrôle. Le directeur de création d'une marque ne fait pas que concevoir un produit, il ou elle contrôle l'image de marque, la conception des magasins et la publicité, avec une vision à 360 degrés. Ensuite, nous avons la conviction que le directeur de création doit travailler avec un PDG complémentaire et solide. Mettre en place un tel duo permet de conserver les visions stratégique et créative alignées. De même que le rayonnement de la marque, la réalisation de la stratégie devient vraiment primordiale. »*
>
> François-Henri Pinault,
> PDG de Kering
>
> Pinault, F.-H.,
> « How I did It: Kering's CEO on Finding the Elusive Formula for Growing Acquired Brand »,
> *Harvard Business Review*,
> 2014, *92*(3) : 45.

D'une identité charismatique à l'autre, c'est donc l'ancrage du regard porté sur l'organisation qui se déplace, centré sur l'organisation et son fonctionnement dans l'une et tourné vers l'environnement et les admirateurs dans l'autre. Toutefois, les deux identités partagent une même quête d'individuation, quête dans laquelle le charisme tient un rôle clé. Dans les deux cas, il s'agit d'être unique, différent, particulier. Que ce soit par l'innovation ou par le prestige, il s'agit toujours de marquer l'imaginaire et d'entrer dans l'histoire. Aussi, dans les deux cas, il s'agit de s'en remettre à la puissance de la logique charismatique, celle qu'incarne le leader dans l'identité d'innovation, celle que dégage l'organisation dans l'identité de prestige.

La perspective psychologique

Pour innover, créer, marquer l'imaginaire, faire l'histoire et entretenir l'éventuel prestige qui en découlerait, l'organisation doit compter sur les réalisations de ses membres. Bien sûr, lorsque l'organisation peut compter sur la présence d'un leader charismatique, son exemple suffit parfois à faire des prodiges, certains diraient des miracles. Toutefois, même là, cela ne suffit pas bien longtemps, car il faut bien davantage que le rêve et l'espoir pour changer le monde. Il faut du travail. Surtout, il faut un espace de travail propice à l'éclosion des talents, au dépassement de chacun. Cela nécessite notamment de miser sur la possibilité que le travail soit suffisamment riche afin qu'il puisse permettre à chacun de satisfaire ses besoins d'estime de soi et de réalisation. Mais tout n'est pas qu'affaire de travail motivant et de satisfaction de besoins. Pour que l'organisation charismatique livre ses promesses, elle doit aussi compter sur un climat organisationnel stimulant, le genre de climat où la liberté de penser et d'expérimenter sont non seulement tolérées, mais vivement encouragées. Et là, nous en revenons encore et toujours au rôle clé du gestionnaire de l'organisation charismatique, celui qui peut tout à la fois favoriser l'éclosion de la créativité des uns et des autres ou, au contraire, l'inhiber du seul fait de sa grandeur.

> *« Évidemment, la créativité n'est pas un concept qui s'auto-suffit. On doit l'alimenter. Lui offrir un environnement favorable. Nous avons toujours soutenu les projets artistiques de nos employés et de nos collaborateurs afin qu'ils puissent explorer de nouvelles aventures. C'est pour cette raison qu'en 2006 on a fondé Sid Lee Collective, un incubateur de talents dont le but principal est de stimuler l'énergie créatrice du groupe, tous secteurs confondus. On veut permettre aux créateurs de l'agence de produire leurs propres projets et de les développer. C'est aussi une occasion d'attirer des créateurs de l'extérieur. »*
>
> Jean-François Bouchard,
> président et cofondateur
> Sid Lee
>
> Bergeron, U.,
> « La multidisciplinarité
> m'obsède complètement »,
> *Premium*, 2010, (1) : 40.

La perspective cognitive

Puisqu'elle met surtout en jeu de l'intuition, du rêve, de l'imagination et de la créativité, l'intelligence collective de l'organisation charismatique n'est jamais simple à appréhender, à décrire et, encore moins, à gérer. À l'image des leaders charismatiques, l'intelligence collective a ici une aura de mystère qui exerce un certain magnétisme sur ceux et celles qui voudraient la comprendre et la décrire pour mieux la gérer. Toujours, on se demande ce que les créatifs savent, comment ils le savent et comment reproduire leur étincelle de génie. Le cycle de traduction du savoir créatif en savoir explicite que tous pourraient se partager afin de mieux l'intérioriser n'est pas simple à réaliser. D'ailleurs, il n'est peut-être pas sage d'enclencher ce cycle, ou à tout le moins d'y accorder trop d'importance tant il est vrai que l'explicitation des mystères de la créativité peut l'amputer de ce je-ne-sais-quoi qui la rend si attrayante, si forte.

Toutefois, il arrive que le cycle qui est au principe de la construction du savoir de l'intelligence collective de l'organisation charismatique emprunte le sentier de la formalisation, celui qui, en partant du savoir tacite de la création, conduit à l'intériorisation de règles qui devraient présider à de nouvelles conquêtes créatives. C'est notamment ce sentier qu'empruntent nombre d'organisations qui ont cessé d'être créatives sans pour autant perdre leur prestige. À terme, ces organisations ont, en quelque sorte, traduit la créativité des origines en prestige formel. Cela a l'avantage de se prêter à une gestion plus explicite, qui mise, entre autres, sur la promotion des produits, les relations publiques et le marketing de l'image de marque de l'organisation.

8.4 Conclusion : entre la fascination et la crainte

Qui peut résister à l'attrait sublime du charisme d'un leader ? En vérité, très peu de personnes tant il est vrai que le charisme fascine et envoûte ceux et celles qui en sont témoins. De même, peu d'organisations oseraient tourner le dos à la présence d'un leader charismatique, à son imaginaire inspirant, à son inclination pour la création et à sa volonté de construire un collectif uni dans une fusion aussi messianique que vouée à construire un avenir radieux. D'ailleurs, chaque semaine, la presse d'affaires déplore le manque de leader et se questionne sur les meilleurs moyens à mettre en œuvre pour en développer. Les écoles de gestion ne devraient-elles pas former des leaders ? Ne devrait-on pas offrir des séminaires de formation aux gestionnaires afin qu'ils développent leur leadership ?

C'est, encore et toujours, l'attente du sauveur, celui ou celle qui saura mieux que tous les autres conduire les organisations vers un destin aussi prodigieux que prestigieux. C'est celui ou celle qui par sa grâce et sa grandeur arrivera à faire l'histoire. Ce n'est pas rien ! Pourtant, parfois, le leader correspond tout à fait aux attentes placées en lui. Il est ce sauveur à l'imagination débordante, plein de fougue et de créativité, celui qui inspire chacun au dépassement de soi, qui les fédère au sein d'un collectif créatif et qui sait d'instinct ce qu'il convient de faire pour changer le monde et contribuer au bien commun. Dans ce cas, nous parlons alors d'un visionnaire et, en effet, pourquoi faudrait-il y résister ?

Mais le leader charismatique qui fascine, qui envoûte avec ses rêves et récolte une armada de suiveurs qui font corps dans une foule aussi anonyme que subjuguée par sa puissance, peut aussi n'être qu'un despote, un leader auquel nul n'oserait s'opposer. La vision est toujours là, la mission y est aussi, mais le destin est funeste. À l'évidence, ce leader, tout aussi charismatique que le visionnaire, personne n'en veut. Pourtant, il est là, il est à l'œuvre un peu partout, et là où le leader visionnaire sème l'espoir, lui ne récolte que la crainte.

La logique charismatique est donc toujours animée par cette tension entre la fascination et la crainte, entre son incarnation dans un visionnaire et sa matérialisation sous la forme d'un despote qui impose sa volonté. À n'en pas douter, la logique charismatique, à l'instar des autres logiques d'action, n'a pas que de bons côtés.

SYNTHÈSE DU CHAPITRE

Idée clé
Fondé sur le charisme, le management charismatique met de l'avant la mission comme savoir-faire, l'imagination comme savoir, la fusion comme savoir-être et la différenciation comme devoir-être.

Les dimensions du management charismatique	
Savoir-faire	Le travail est pensé en termes de mission au service d'une quête.
Savoir	Fruit de l'imagination, le savoir est tout à la fois une anticipation, une inspiration et une allégorie.
Savoir-être	Fusionner avec le leader, ne faire plus qu'un au service du leader est un idéal collectif.
Devoir-être	Le management fait de la différenciation une obligation et un idéal de vie.

Les cadres techniques de l'organisation charismatique	
Gouvernance	La gouvernance accorde un soin particulier à protéger la réputation de l'organisation.
Statégie	La stratégie consiste à miser sur le prestige ou la création pour se différencier des concurrents.
Structure	La structure importe peu et les ressources sont allouées aux unités qui permettent à l'organisation de se démarquer des autres.
Opérations	Le sens du travail l'emporte sur la productivité.

Les perspectives sociales de l'organisation charismatique	
Politique	Les jeux politiques gravitent autour du leader, dont on cherche l'approbation.
Symbolique	L'identité organisationnelle oscille entre la création et le prestige.
Psychologique	Le climat psychologique favorise la réalisation de soi.
Cognitive	L'intelligence collective s'incarne largement dans des innovations.

Diagnostic	
Pour analyser une situation de gestion en termes de management et d'organisation charismatiques, il est possible de centrer l'attention sur quelques questions clés.	
Les dimensions	Le management est-il adapté à la réalité charismatique de l'organisation?
Les cadres techniques	Les cadres techniques sont-ils adaptés à la réalité charismatique de l'organisation?
Les perspectives sociales	Les réalités sociales sont-elles cohérentes avec l'organisation charismatique?

Partie III
Conclusion

Dans cette partie, par souci de clarté et par souci pédagogique, nous avons présenté les trois logiques d'action du management et les dimensions qui en découlent comme si elles pouvaient se trouver sous forme « pure » dans la nature, plus précisément dans le monde concret des entreprises et des organisations. Ce n'est évidemment pas le cas, car, comme nous l'avons évoqué dans l'introduction de cette partie, elles ne sont que des idéaux-types, que des constructions théoriques utiles pour comprendre le monde réel. Dans ce monde réel, bien sûr, tout est mélangé, mêlé. Néanmoins, l'utilisation des idéaux-types du management permet de s'y retrouver dans ce fouillis en centrant le regard sur un très petit nombre d'éléments au détriment de l'indéfinie variété des caractéristiques du monde réel des organisations et de leur gestion.

Il est temps cependant, maintenant que nous les avons présentées une à une, de montrer comment ces logiques de management se combinent. Mais avant cela, une rapide synthèse s'impose.

Les logiques du management, une vue d'ensemble

Nous avons choisi de présenter les grandes logiques du management à partir de cinq éléments, cinq dimensions qui apparaissent centrales : la logique d'action, le savoir-faire, le savoir, le savoir-être et le devoir-être. Au lieu de les rassembler autour de leur logique d'action comme nous l'avons fait jusqu'à présent, rassemblons-les cette fois dimension par dimension, et voyons comment les différentes logiques du management s'opposent.

À la question centrale de la logique d'action du management « Quel est le sens de notre action ? » ou « Comment allons-nous collectivement nous orienter ? », le management traditionnel répond par la « tradition », quand le management formel répond par la « raison » et le management charismatique par « le charisme ».

À la question propre au savoir-faire « Que faisons-nous ? » ou « Comment le travail est-il valorisé dans l'organisation ? », en accord avec leur logique d'action respective, le management traditionnel répond par le « métier », quand le management formel répond par la « tâche » et le management charismatique par « la mission ».

À la question propre au savoir « Que savons-nous ? » ou « Quel savoir valorisons-nous ? », le management traditionnel met en avant l'expérience fondée sur une histoire (qu'il s'agisse d'un passé glorieux ou d'échecs retentissants), le management formel se fonde sur un présent intemporel, incarné par un savoir objectif et le management charismatique valorise l'imaginaire (et donc un certain futur).

À la question propre au savoir-être « Quels liens entretenons-nous ? » ou « Quelles relations sociales valorisons-nous ? », le management traditionnel affirme la primauté de la communauté sur l'individu, le management formel exprime l'efficacité des relations contractuelles et le management charismatique idéalise la fusion du collectif autour de la personne du leader.

Enfin, à la question propre au devoir-être, « Que voulons-nous ? » ou « Que devrions-nous être ? », le management traditionnel met de l'avant la pérennité, le management formel impose l'efficacité et le management charismatique mise sur un idéal de différenciation.

Le tableau suivant résume les caractéristiques identitaires de chacune des logiques du management.

Tableau III.1 **Les logiques du management**

Vecteurs identitaires	Management traditionnel	Management formel	Management charismatique
La logique d'action *(Quel est le sens de notre action?)*	La tradition	La raison	Le charisme
Le savoir-faire *(Que faisons-nous?)*	Le métier	La tâche	La mission
Le savoir *(Que savons-nous?)*	L'expérience	L'objectivité	L'imaginaire
Le savoir-être *(Quels liens entretenons-nous?)*	La communauté	Le contrat	La fusion
Le devoir-être *(Que devrions-nous être?)*	La pérennité	L'efficacité	La différenciation

Le croisement des logiques d'action

Comme nous l'avons souligné à maintes occasions, les logiques du management n'existent pas sous forme pure dans le monde concret. Toute organisation, toute entreprise emprunte à plusieurs d'entre elles pour former une combinaison unique.

Parce que ces logiques sont pensées par trois, et non par deux comme on le fait souvent, et parce que ces logiques peuvent se combiner, il nous semble fécond d'utiliser comme mode de représentation, les trois couleurs primaires ; en les mélangeant, nous trouvons toutes les nuances de couleurs.

Les couleurs identitaires

Posons que le bleu représente la logique formelle. Pourquoi le bleu ? Parce que c'est la couleur la plus froide et que cette logique d'action, très efficace, est également très « froide », ce qui représente l'une de ses limites principales. Pas de rêve, pas de communauté, pas de passion sous l'emprise de la logique formelle.

Posons que le rouge représente la logique charismatique, la logique des passions, tant elle puise sa puissance dans les émotions ; à l'égard du leader, à l'égard du rêve, dans une puissance créatrice et destructrice.

Le jaune sera la couleur de la logique traditionnelle. Une couleur chaude, comme l'est la communauté qui entoure la personne.

Bien entendu, ce choix est arbitraire, il s'agit seulement de représenter de façon didactique les différentes logiques d'action et leurs croisements.

Figure III.2 **Les couleurs des logiques du management**

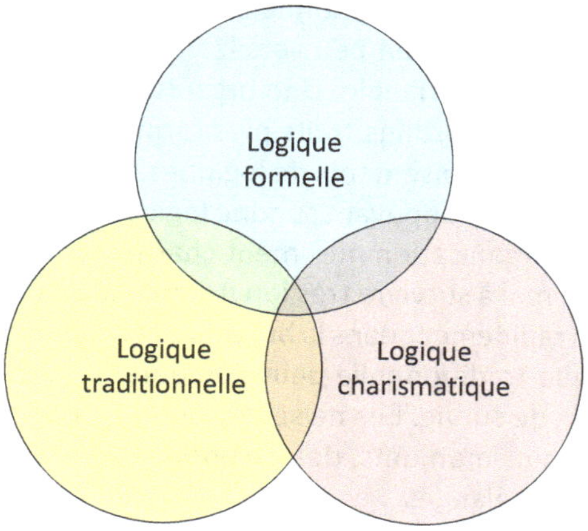

Le croisement des couleurs identitaires

À partir des couleurs identitaires, on peut imaginer des formes simples de croisement, ou beaucoup plus compliquées.

Une organisation qui repose largement sur les logiques formelles et charismatiques sera violette. Il s'agira d'une entreprise fondée sur des procédures bien établies, mais compensée par une identité charismatique prononcée. De nombreuses très grandes entreprises, notamment en Amérique du Nord, fonctionnent de la sorte. Difficile en effet d'imaginer une entreprise de très grande taille sans l'efficacité minimale conséquente de l'application de la logique formelle. Mais, pour maintenir cette organisation dynamique et créatrice, et pour éviter de sombrer dans la pure bureaucratie, la logique charismatique vient apporter son côté révolutionnaire qui ne se contente pas du statu quo.

De l'autre côté du spectre formel, on trouvera l'organisation « verte » : ce n'est pas qu'elle respecte l'environnement, mais simplement qu'elle est ce croisement entre les logiques formelle et traditionnelle ; là où le formel domine, tout en laissant une large place à la tradition. Cette fois, c'est la communauté, l'amour du métier, la valorisation d'une longue histoire, qui vient compenser la froideur formelle. De grandes PME, voire des grandes entreprises, notamment dans des pays comme l'Allemagne et le Japon, relèvent de ce type. La logique charismatique est faible, l'entreprise adopte plutôt un « profil bas », met l'accent sur le groupe plutôt que sur l'individu, vise une qualité maximale, fruit d'une longue histoire artisanale.

Le dernier croisement simple que l'on pourrait théoriquement effectuer nous conduirait vers l'organisation « orange », un mélange de logiques charismatique et traditionnelle. Sauf que ce croisement est plutôt rare. En effet, les logiques charismatiques et traditionnelles sont en grande partie deux réponses aux limites de la logique formelle, notamment son aspect froid et désincarné. Par ailleurs, il est difficile d'imaginer une organisation de grande taille sans un minimum d'efficacité garantie par la logique formelle. Cela étant, parmi les petites entreprises, on peut en imaginer une largement artisanale et traditionnelle, avec, à sa tête, du moins pendant une certaine période de son histoire, un chef charismatique, un inventeur, un innovateur.

À partir de là, on l'aura compris, tous les croisements peuvent être imaginés. Une organisation peut-être principalement fondée sur la logique formelle, avec une touche de charismatique et/ou de traditionnelle. Dans le spectre des couleurs, on la trouvera du côté bleu, mais tendant un peu vers le violet ou le vert, ou, s'il s'agit des deux, vers le marron, au centre du triangle. Une organisation peut aussi être principalement charismatique, mais avec certains traits plus formels. On peut ainsi aller chercher toutes les couleurs et tous les croisements de logiques. Ce qui importe à ce stade, c'est de bien voir qu'une organisation s'appuyant sur une logique « pure » est en pratique quasi impossible à trouver. Une organisation purement charismatique, qui mépriserait complètement la raison aura du mal à survivre très longtemps ; quant à l'organisation purement formelle, elle sombrera rapidement dans la bureaucratisation qui la rendra inefficace. Peut-être que seule la logique traditionnelle peut demeurer longtemps sans avoir besoin des autres, mais l'on parle de survie. Elle ne se développera pas beaucoup... Bref, même si l'on peut trouver, à certains moments, des exceptions, l'idée est qu'une forme pure n'existe pas. Il n'y a que des mélanges.

Les combinaisons des logiques du management

À ce stade, nous avons indiqué que les logiques d'action se croisent, mais pas comment les différentes dimensions se combinent. En tenant compte du fait qu'il y a trois logiques du management qui chacune met en jeu cinq vecteurs identitaires, nous obtenons alors une possibilité de 243 combinaisons possibles. Mais sont-elles toutes possibles ? Sont-elles toutes viables ?

Figure III.3 **Les combinaisons des logiques du management**

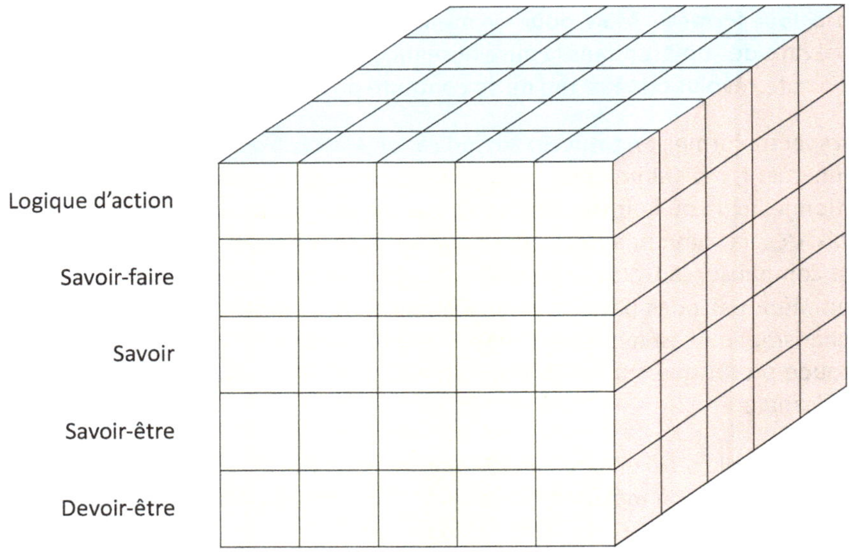

Une telle combinaison n'aurait aucun sens. Ce qui donne la force aux trois logiques du management, c'est leur cohérence : c'est parce que le rêve apparaît central que l'on se tournera vers une personnalité dotée de qualités extraordinaires pour aller créer un nouveau monde. C'est parce que la raison apparaît centrale que l'on a comme devoir-être l'efficacité. C'est parce que l'on tient à la communauté que l'on valorise son histoire commune et l'harmonie. En fait, chacune des identités du management est une configuration cohérente d'éléments qui fonctionnent ensemble, et sont d'autant plus forts et consistants qu'ils fonctionnent ensemble. Si l'on change l'un de ces éléments, c'est l'ensemble que l'on menace. Et c'est peut-être une des raisons qui expliquent pourquoi tant de fusions d'entreprises échouent. La direction de l'entreprise qui absorbe s'engage à respecter l'entreprise absorbée, ne change qu'une petite chose (par exemple, met en place certaines procédures ou, à l'inverse, allège les procédures en faveur de l'arbitraire du dirigeant). Mais en affaiblissant un élément de la configuration, c'est tout le système que l'on met à mal, car chacun des éléments se nourrit des autres, chacun ne doit sa force que de ses liens avec les autres.

Les combinaisons identitaires viables ne consistent donc pas à seulement mettre ensemble les vecteurs fondés sur différentes logiques d'action. Une combinaison viable consiste plutôt, pour chacun des vecteurs, à mettre en jeu plusieurs logiques. Car même si nous les avons opposés par souci pédagogique, pour chacun des vecteurs, si les identités sont contrastées, elles ne sont pas réellement opposées : ce n'est pas parce que le rêve est largement valorisé que la démonstration formelle n'a aucune valeur. Ce n'est pas parce que la création représente notre idéal que l'harmonie ne peut pas également être recherchée. Une organisation penchera d'un côté plutôt que l'autre quand des dilemmes vont se produire, qui rendent inconciliables les deux logiques : ainsi l'analyse formelle indique clairement une voie à suivre quand le leader charismatique en indique une autre. Si dans de tels cas, c'est toujours l'un des deux qui l'emporte, alors on sait que l'organisation penche de ce côté. Si cela est variable, alors l'organisation est peut-être équilibrée entre les deux identités, certainement au prix de grandes tensions cependant.

Existe-t-il une combinaison meilleure qu'une autre ?

Une organisation doit-elle être très marquée par une seule logique de management et miser ainsi sur une gestion identitaire relativement pure ou, au contraire, être plus équilibrée et aller chercher les vecteurs complémentaires des différentes identités du management ?

Cette question nous conduit à examiner un point que nous avons laissé de côté en présentant les couleurs. La combinaison ne s'applique pas seulement aux identités qui sont combinées, mais aussi à leur « force » respective.

En effet, on peut imaginer deux organisations violettes : l'une sera marquée en profondeur à la fois par un management formel et un management charismatique, tandis que l'autre sera superficiellement l'une et l'autre. Il faut ajouter à nos couleurs la teinte. S'agit-il d'un violet pâle, ou très vif ? L'identité en jeu est-elle présente sur tous les vecteurs identitaires au point de former une configuration solide, difficile à modifier, ou bien présente-t-elle seulement certains traits, pour certains vecteurs, rendant la configuration fragile et propice à redéfinition ?

Par ailleurs, nous pourrions être tentés de penser qu'une organisation est nécessairement fondée sur une, deux, voire les trois identités, mais ce n'est pas le cas. Lorsque Max Weber a façonné sa théorie des formes légitimes de domination, il insistait sur la notion de légitimité, en précisant qu'il y avait beaucoup d'autres formes (non légitimes). Une forme légitime fait que les personnes qui acceptent l'autorité la jugent légitime (il n'y a pas là de jugement de valeur sur la légitimité ou non d'une pratique ; l'unique question est de savoir si les gens trouvent une légitimité ou non à l'autorité). Parfois, cependant, les personnes n'acceptent pas la légitimité de la domination ; elles y sont simplement soumises, parce que celle-ci repose sur la force, sur la peur, sur des mensonges, etc.

Une organisation peut donc tout à fait ne reposer sur aucune des logiques (légitimes) d'action. Elle peut même se maintenir assez longtemps si elle en a les moyens coercitifs. D'ailleurs, l'Histoire est remplie d'États – sorte d'énormes organisations – qui sont restés debout uniquement par la peur et par la force. Mais l'adhésion des personnes est souvent si faible que la viabilité d'un tel système à long terme apparaît comme une gageure.

Mais là encore, méfions-nous, certains États totalitaires reposent largement sur la peur et la coercition, et cela ne les empêche pas d'être fondés aussi sur des logiques « légitimes » d'action : le culte de la personnalité que l'on trouve dans certains pays totalitaires tient clairement à l'ajout d'une logique charismatique ; le culte de la planification, que l'on trouve dans d'autres (ou les mêmes) pays totalitaires, s'inscrit quant à lui clairement dans la logique formelle. À l'inverse, ce n'est pas parce qu'une organisation repose largement sur des identités légitimes qu'elle ne peut pas, non plus, utiliser des modes non légitimes.

Faisons le point. Les différentes identités ne se trouvent pas sous forme pure dans le monde concret. Les organisations combinent différentes identités, ce qui offre une palette quasi infinie de couleurs identitaires. D'autant plus qu'une identité peut se révéler très forte ou être plutôt mineure. Par ailleurs, une organisation peut combiner plusieurs identités à un niveau très fort, ou à un degré très faible.

L'organisation la plus efficace, la plus solide, la plus complète est-elle alors celle qui combine toutes les identités d'action, à un niveau fort ? Ce n'est pas certain : combiner des identités à différents niveaux est simple, puisque lorsqu'il y a conflit, l'une des identités l'emporte. À l'inverse, une organisation qui combine des identités très fortes et contradictoires vivra des moments de grandes tensions à chaque fois qu'il y aura conflit.

Par ailleurs, à supposer qu'une organisation parvienne à vivre tout en mélangeant différentes identités à un niveau très fort, on peut se demander si cela donnerait une organisation largement totalitaire, qui contrôlerait complètement l'individu : celui-ci y trouverait sa communauté, sa motivation, son leader avec son rêve. Il n'est pas sûr que ce soit un univers enviable.

Reste que, pour être solide, une configuration a besoin de mettre ensemble les différents vecteurs des identités que nous avons présentées. Cela ne l'empêche pas aussi, de valoriser, quoiqu'à un niveau plus faible, d'autres identités, d'autres logiques d'action, et de résoudre les tensions au cas par cas.

Partie IV
Les pratiques de management

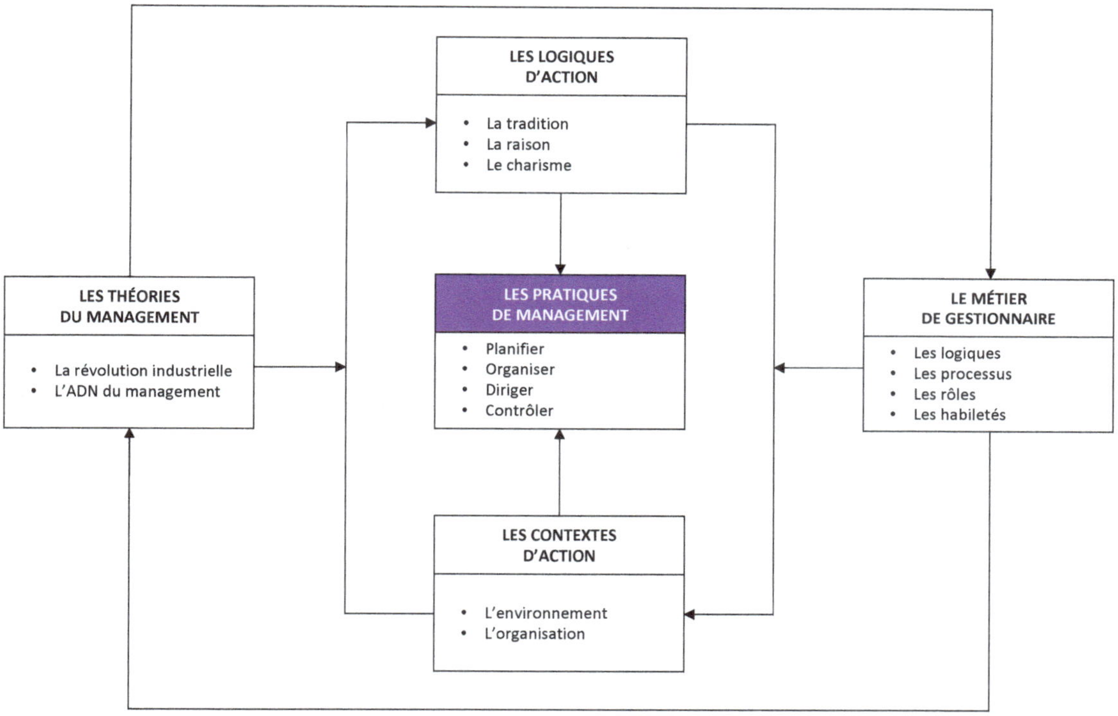

Partie IV
Introduction

Tout en étant au fondement de l'organisation tant technique que sociale, les trois logiques d'action (traditionnelle, formelle, charismatique) imprègnent les pratiques de management. En fait, elles colorent chacun des différents moments du cycle administratif que représentent la planification, l'organisation, la direction et le contrôle (PODC).

Figure IV.1 **Le cycle administratif**

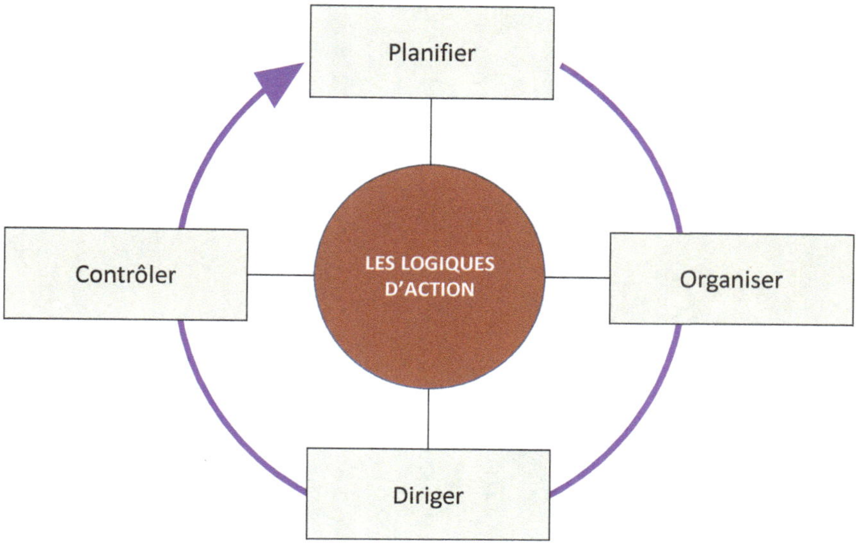

Généralement, ce cycle administratif n'est présenté que sous le regard de la logique formelle. Cela n'est pas très surprenant puisque, de fait, c'est l'ensemble du management qui est souvent réduit à sa déclinaison formelle. Pourtant, la réalité concrète des pratiques de gestion ne peut s'y limiter, car dans le monde concret des organisations contemporaines les pratiques sont indéfiniment variées.

Lorsque nous mobilisons les trois logiques pour éclairer le cycle administratif, nous obtenons alors un panorama nettement plus complet de la réalité des pratiques de management que ce que permet l'enfermement dans la seule logique formelle. Surtout, le recours aux deux autres logiques nous permet de capter l'air du temps, tant il est vrai que l'univers du management se renouvelle sans cesse, notamment en mobilisant les trois logiques et en les métissant les unes avec les autres.

Dans cette dernière partie, notre regard se porte donc sur le cycle administratif, et chacun de ses processus est décortiqué à la lumière des trois logiques d'action. Il sera toujours question de PODC, mais un PODC riche et ouvert aux possibilités qu'offrent les logiques traditionnelle, formelle et charismatique.

9
Planifier

Plan du chapitre

La première étape du cycle administratif, la planification, est un exercice qui peut sembler paradoxal dans un univers économique que l'on nous décrit comme imprévisible, incertain, voire turbulent. Pourtant, c'est une étape essentielle. Si la planification ne constitue pas une recette miracle et n'est certainement pas la boule de cristal dont les gestionnaires rêvent, elle permet toutefois d'orienter l'action de différentes manières. Ce chapitre montre justement comment elle peut revêtir différentes colorations selon qu'elle s'inscrit dans l'une ou l'autre des trois logiques d'action.

> *« La planification n'est pas réellement défendue pour ce qu'elle est, mais pour ce qu'elle symbolise. La planification, identifiée à la raison, est conçue comme étant la méthode pour laquelle l'intelligence est appliquée aux problèmes sociaux. Les efforts de la planification sont censés être meilleurs que ceux d'autres personnes parce qu'ils ont pour produit des propositions de politiques générales qui sont systématiques, efficientes, coordonnées, cohérentes et rationnelles. Ce sont des termes tels que ceux-ci qui cherchent à donner l'idée de la supériorité de la planification. La vertu de la planification est qu'elle incarne des normes universelles de choix rationnels. »*
>
> Wildavsky, A., « If Planning is everything maybe It's Nothing », Policy Science, 1973, 4 : 141.

C'est d'abord le caractère formel de la planification qui s'impose en la logeant, d'entrée de jeu, en territoire de rationalité. C'est par ce moment clé que l'action organisationnelle se mue en système d'action intentionnel fondé sur la logique formelle. Cependant, cette logique n'est pas la seule à l'œuvre. La vision fait aussi partie intégrante de l'idée même de planification. En effet, pour planifier des actions et des résultats, il faut avoir des idées et des rêves sur le futur souhaité de son organisation et disposer du charisme qui permettra aux uns et aux autres d'être inspirés et d'accepter d'être en mission afin de concrétiser la vision d'avenir de l'organisation. Enfin, même en contexte traditionnel, la planification n'est pas absente ; elle s'exprime de manière probablement plus implicite et moins formelle, au travers du projet même de l'entreprise, de ses valeurs et de sa pérennité.

De même, si la planification, en tant que phase initiale du cycle administratif, présente un caractère formel indéniable, la réduire à cette dimension purement formelle serait une erreur. La planification vise en effet un large éventail d'aspects, en particulier :

1. formuler avec précision et pertinence la raison d'être de l'organisation ;
2. choisir son orientation générale ;
3. fixer des objectifs qui donnent un sens au choix des moyens à mettre en œuvre ;
4. analyser avec finesse et objectivité toutes les dimensions de l'organisation et de son environnement ;
5. esquisser des possibilités d'avenir réalistes et inspirantes ;
6. clarifier les intentions stratégiques et les objectifs opérationnels qui guideront les conduites de chacun et les regrouperont autour d'un bien commun à réaliser ;
7. construire avec sagesse et rigueur les plans à réaliser.

On voit bien au travers de ces nombreux aspects que si la perspective formelle est bien présente (objectifs, moyens, objectivité, plans), les deux autres logiques d'action sont également à l'œuvre dans l'exercice de la planification (raison d'être, avenir inspirant, sens, regroupement, sagesse).

9.1 La planification selon la logique formelle : le plan formel

Henri Fayol, dès 1918 (voir chapitres 1 et 2), place au premier plan des processus administratifs l'action de « prévoir, c'est-à-dire scruter l'avenir et dresser le programme d'action ». En peu de mots, Fayol nous livre l'essence même de la **planification** : il s'agira bien de braquer le projecteur vers l'avenir afin d'identifier les principaux enjeux pour l'organisation pour, ensuite, en déduire les actions à mener[1].

La **planification** braque le projecteur vers l'avenir afin d'identifier les principaux enjeux pour l'organisation pour, ensuite, en déduire les actions à mener.

Les années d'entre-deux-guerres sont celles de la rationalisation de l'industrie, mais quand il est question de planification, les regards se tournent vers l'Union soviétique où l'État met en place un système national de planification. Il faudra attendre les années 1960 pour que la planification telle qu'on la connaît aujourd'hui fasse l'objet d'une réflexion formalisée et s'étende très largement au monde des organisations. Cette fois, ce sera aux États-Unis, suivant une logique essentiellement formelle, que la planification sera étudiée et raffinée dans les moindres détails[2]. Profitant du vent de croissance économique qui marque l'époque, elle va d'ailleurs se déployer avec beaucoup de vigueur jusqu'à son apogée dans les années 1970. La logique formelle s'impose donc comme étant au fondement même de la planification. Pour s'en convaincre, un aperçu rapide de ses sources, dont certaines sont peu connues, est nécessaire.

9.1.1 Mise en contexte

Avant l'essor américain des années 1960, une source moins connue et un peu surprenante est à relever du côté des systèmes de planification nationale. Au cours de l'entre-deux-guerres, le système soviétique suscite l'intérêt, notamment en Europe qui est alors marquée par le développement de la technocratie, mais également dans nombre d'États occidentaux qui mettent en œuvre des programmes de développement socioéconomique afin de s'extirper du contexte de crise de l'époque[3]. L'idée de la planification se répand ainsi comme remède aux dysfonctionnements du marché. Dans les entreprises, le type de planification qui se développe est plutôt opérationnel, porté par le mouvement de rationalisation et de taylorisation de l'époque[4]. Après la Seconde Guerre mondiale, plusieurs pays s'engagent durablement dans la planification à l'échelle nationale. Ces modèles, en apparence éloignés des préoccupations d'entreprise, seront pourtant scrutés à la loupe du côté anglo-saxon, notamment aux États-Unis où le management formel connaît un essor fulgurant[5].

---

1 Il est à noter que Fayol, qui est d'abord un praticien (ingénieur, il était le directeur d'une mine), a eu l'occasion de faire des plans, de les présenter, mais il reconnaît aussi qu'il est difficile d'enseigner cette pratique. En 1898, il notait au chapitre « prévoyance » l'utilité et la nécessité d'un programme ouvrant la voie aux recherches futures. À ce propos, voir : Peaucelle, J.-L., « Présentation et commentaire du livre d'Henri Fayol *Administration Industrielle et Générale* », Cahiers du Gregor, 2000-10, www.gregoriae.com/dmdocuments/2000-10.pdf.

2 Pour une illustration des raffinements de la planification de l'époque, voir : Steiner, G. A., *Top Management Planning,* N. Y., Macmillan, 1969.

3 Les limites d'un système qualifié de « planisme » sont immédiatement détectées. Jacques Maritain écrit ainsi en 1936 : « En admettant [...] que la science [...] doit suffire, au moyen d'une planification parfaite, à mettre l'industrie au service de l'homme, ils [les communistes] ont abouti inévitablement à mettre malgré eux l'homme au service de l'industrie et de la technique. » Maritain, J., *Humanisme intégral*, Paris, Fernand Aubier, 1936, cité dans Ludovic Cailluet, « La fabrique de la stratégie », *Revue française de gestion*, 2008/*8-9*(188-189) : 143-159.

4 Moutet A., Les Logiques de l'Entreprise : La Rationalisation dans l'Industrie française de l'Entre-Deux-Guerres, Paris, Éditions de l'École des hautes études en sciences sociales, 1997.

5 Voir, par exemple : John et Anne-Marie Hackett, *Economic planning in France*, N. Y. : Allen and Unwin, 1963 [« Le plan est une méthode pour assurer des arrangements permanents en vue d'une réflexion collective et systématique sur les perspectives de l'économie en vue de l'action » (p. 363)] ou McArthur, J. et B. Scott, *L'industrie française face aux plans,*

Le véritable envol de la planification d'entreprise se déroule donc aux États-Unis après la Seconde Guerre mondiale et s'inscrit résolument dans l'univers formalisé et technique de la stratégie[6]. Dès lors, la planification devient l'un des dispositifs majeurs de la stratégie. Ce dispositif est largement formel, car la planification consiste à imaginer, sur la base d'analyses rigoureuses, un futur désiré et à établir les moyens d'y parvenir avec la plus grande des précisions. De là découle la nécessité de réaliser deux grands types de planification, l'une déterminant les finalités, l'autre les moyens :

la planification stratégique : elle vise le long terme et porte sur les fins; ses effets sont durables et souvent irréversibles;

la planification tactique : elle vise le court terme et porte sur les moyens d'atteindre les buts formulés par la planification stratégique; ses effets sont immédiats et généralement réversibles.

Si Fayol n'est pas loin, les conceptions de l'époque vont cependant au-delà de ce qu'il concevait, puisqu'elles reposent sur une formalisation très poussée et sur une lecture de la planification comme un processus continu qui engage l'ensemble des décisions précédant l'action. La planification est, en fait, posée comme étant un prérequis à l'efficacité de l'action, ce qui la positionne d'emblée comme la première étape du cycle administratif. En outre, dès la fin des années 1970, l'idée de planification stratégique cède sa place à celle de management stratégique, laissant entrevoir que, d'une certaine façon, la planification c'est le management, tout le management[7].

> *« La planification est la plus fondamentale de toutes les fonctions, car elle implique le choix de lignes de conduite engageant le futur. Non seulement la planification est-elle une fonction de base de tous les gestionnaires, quel que soit le niveau ou l'entreprise, mais elle préside aussi à l'exécution des […] autres fonctions de la gestion. »*
>
> Koontz, H. et C. O'Donnell, *Management. Principes et méthodes de gestion*, Paris, McGraw-Hill, 1980 : 57.

Parallèlement à cet essor théorique, la planification se développe dans les organisations à la faveur de la période de l'expansion qui conjugue croissance et épanouissement de la société de consommation. La période des Trente Glorieuses[8] qui court entre la fin de la Seconde Guerre mondiale et le premier choc pétrolier en 1971 est propice à la prévision. Non seulement la croissance économique est-elle forte, mais elle est surtout stable. Il est ainsi facile de prévoir. L'essor de la planification est ainsi grandement facilité par les conditions économiques.

9.1.2 Les prévisions, les plans et les objectifs

Planifier l'avenir est un impératif du management formel qui ne laisse jamais rien au hasard. Bien sûr, l'avenir est forcément incertain, mais pour le gestionnaire formel, c'est précisément là une raison qui justifie de s'engager dans une planification minutieuse

Harvard ausculte la France, Paris, Éditions d'Organisation, 1970.

6 Considéré comme le père de la planification stratégique, c'est en 1965 que Harry Igor Ansoff publie son célèbre ouvrage sur la planification : Ansoff, H. I., *Corporate Strategy*, N. Y., McGraw-Hill, 1965. Voir aussi Russell L. Ackoff qui développera le concept de planification stratégique dès 1970 : Ackoff, R. L., *A Concept of Corporate Planning*, N. Y., Wiley, 1970. Il est intéressant de noter, sans nécessairement y voir de phénomènes de cause à effet, qu'Ansoff est né en Union soviétique et y a passé sa jeunesse, alors qu'Ackoff est né aux États-Unis d'un père russe. Le premier est d'abord mathématicien (il travailla à la Rand Corporation) et le second est un expert en recherche opérationnelle.

7 Voir : Ansoff, H. I., *Strategic Management*, N. Y., Mcmillan, 1979.

8 Voir : Fourastié, J., *Les Trente Glorieuses ou la révolution invisible de 1946 à 1975*, Paris, Fayard, 1979. Cette période se caractérise par des taux de croissance de l'économie inégalés.

et rigoureuse. Tout prévoir, ne donner prise à aucune surprise et mettre au point des plans d'action qui soient aptes à construire l'avenir est, pour le gestionnaire, une tâche décisive. C'est de l'avenir de l'organisation dont il est question. Cet avenir, le gestionnaire tente d'abord de le prévoir grâce à l'analyse de l'environnement. Puis, il s'y prépare en formulant une diversité de plans. Enfin, il s'assure que tous comprennent l'importance de réaliser les plans en les déclinant sous la forme d'objectifs précis qui guideront l'action.

Les prévisions

Par la planification, le gestionnaire tente d'anticiper rationnellement l'avenir, d'en prévoir les caractéristiques et les tendances et ainsi d'en réduire l'incertitude. Projetant l'organisation dans l'avenir prévisible, le gestionnaire anticipe les éventuelles conséquences des potentielles transformations de l'environnement sur l'organisation. Il veut ainsi mettre au jour les menaces qu'elle devra affronter, entrevoir à l'avance les problèmes qu'il faudra résoudre et esquisser les défis qu'il faudra relever.

La **prévision** est une anticipation objective qui découle de l'analyse formelle de l'environnement.

Figure 9.1 **Prévoir l'avenir**

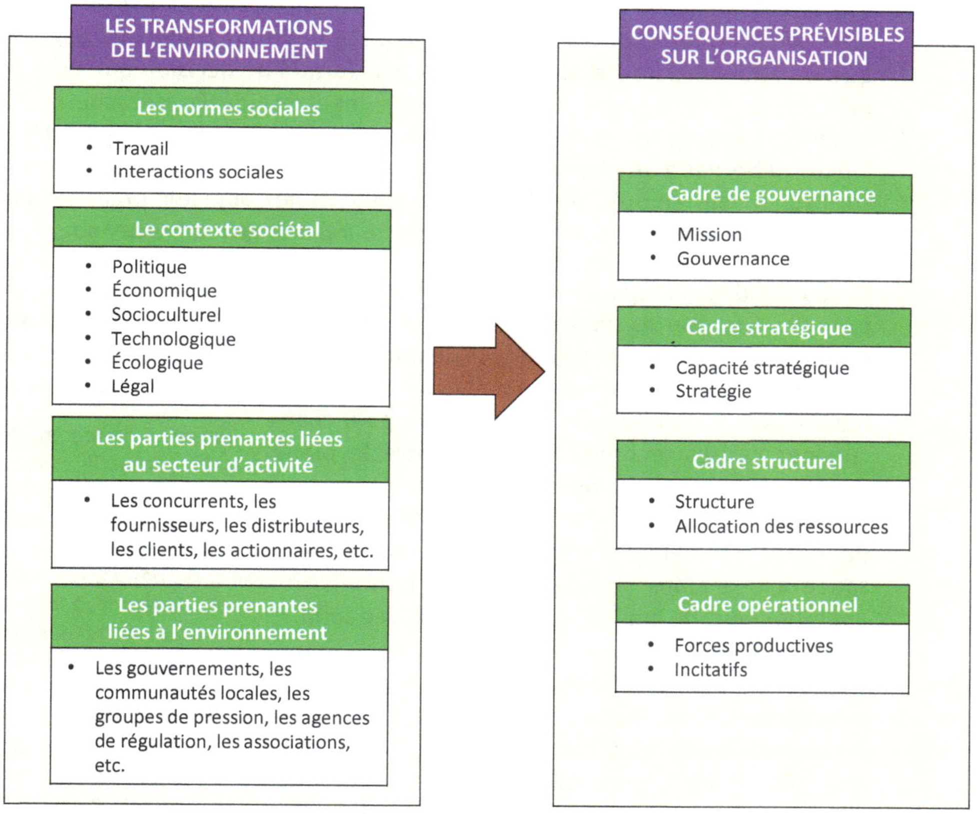

À première vue, la tâche qui consiste à prévoir l'avenir prend surtout la forme d'un vaste inventaire des transformations potentielles de l'environnement et de leurs conséquences prévisibles sur l'organisation. Toutefois, la tâche devient rapidement complexe du seul fait de tous les croisements possibles. D'abord, toutes les dimensions de l'environnement peuvent s'enchevêtrer et rendre la lecture des transformations potentielles ardue, voire totalement opaque. Puis, les conséquences sur l'organisation peuvent être multiples et s'entremêler de telle façon que là aussi les prévisions deviennent hasardeuses. Enfin, les conséquences sur un cadre technique peuvent en générer sur tous les autres et il est alors aisé de perdre le fil de la chaîne causale qui, en partant de l'environnement va à l'organisation, puis à chacun des cadres.

Toutefois, malgré sa complexité, telle est la tâche de la planification. Prévoir tout ce qui peut l'être, l'anticiper avec rigueur et minutie. Cela dit, pour ne pas se perdre dans le dédale des liens entre les causes et les conséquences, le gestionnaire formel centre généralement son attention sur les transformations qu'il anticipe être les plus décisives[9]. À partir de là, il peut se lancer dans la formulation des plans.

Les plans

Le **plan** énonce la marche à suivre pour atteindre les objectifs organisationnels.

La connaissance de l'avenir, plus précisément cette anticipation formalisée sous la forme de prévisions, est utilisée pour imaginer au présent un avenir avantageux, avenir posé en idéal à réaliser. Ainsi, après avoir étudié les événements passés, pris la mesure de la situation présente et bien dressé l'inventaire des potentielles transformations de l'environnement, des adaptations conséquentes et de l'idéal à réaliser, le gestionnaire formel esquisse les plans de l'organisation. La planification n'est donc pas que de l'ordre de la prévision et du constat d'éventuelles transformations toutes plus conditionnelles les unes que les autres. Elle est surtout un processus formel de décision qui, prenant acte des potentielles transformations de l'environnement et de l'idéal d'efficacité de l'organisation formelle, engage l'action et la réflexion dans l'élaboration d'un plan. Ce dernier ne doit jamais se borner à une logique du constat et de la prévision, mais doit toujours s'ouvrir sur l'action, sur ce qu'il faut faire pour atteindre les objectifs organisationnels, pour construire un avenir qui soit favorable et porteur d'un gain d'efficacité pour l'organisation.

Évoquer l'idée d'*un* plan est cependant bien réducteur de la réalité de l'organisation formelle. Il y a certes un plan directeur, là où la mission de l'organisation est affirmée, revue ou ajustée et où les pratiques de gouvernance sont formulées pour tenir compte des exigences de l'environnement et des responsabilités que l'organisation doit assumer, mais il y a surtout une multitude de plans pour chacun des cadres techniques. Ainsi, outre le plan directeur qui fixe les grandes orientations générales de l'organisation, la planification formelle embrasse du regard la totalité de l'organisation et donne naissance à des plans stratégiques, fonctionnels et opérationnels. De plus chacun de ces plans se subdivise et donne naissance à de nouveaux plans, mieux ciblés et plus précis. Ainsi, après avoir formulé un plan opérationnel, il devient possible d'en construire un pour chacune des forces productives. Une organisation pourrait alors compter sur un plan de développement des ressources humaines, des ressources physiques, des ressources financières, etc. Elle pourrait même étendre l'effort de planification jusqu'à couvrir tous les processus de travail et ainsi se doter de plans d'utilisation des équipements, d'horaires de travail, etc.

> *« La nécessité de faire des plans ne signifie pas qu'ils soient bien faits. Chacun a pu observer que sur n'importe quel chantier de construction, à quelque moment que ce soit, il ne se passe pas grand-chose. Des plans sont pourtant nécessaires pour prévoir et combiner l'emploi des matières premières, de l'outillage, de la main-d'œuvre, ainsi que les livraisons des sous-traitants. Mais, en l'occurrence, ces programmes sont faits avec une imprécision ou une incompétence remarquable. De sorte que l'on attend toujours quelque chose ! »*
>
> Galbraith, J. K., *Le nouvel État industriel*, Paris, Gallimard, 1968 : 63.

[9] Cela implique que la planification est aussi fondée sur des hypothèses. À ce propos, voir : Mason, R. O. et I. I. *Mitroff, Challenging Strategic Planning Assumptions. Theory, Cases and Techniques*, N. Y., Wiley, 1981.

Tableau 9.1 **La diversité des plans**

Types de plans	Plans
Les plans d'orientation générale *(Cadre de gouvernance)*	• *La mission* : énoncé de la raison d'être qui doit guider l'action de tous. • *La gouvernance* : énoncé des grandes politiques générales en matière de responsabilité sociale, de développement durable et d'éthique de façon à assoir la légitimité de l'organisation.
Les plans stratégiques *(Cadre stratégique)*	• *Les capacités stratégiques* : plans relatifs au développement des ressources, des compétences et des produits de façon à accroître la compétitivité de l'organisation et à la doter d'un avantage concurrentiel. • *La stratégie* : plan dans lequel l'orientation stratégique de l'organisation est précisée ainsi que les moyens requis pour la mettre en œuvre. Dans le plan stratégique, outre la stratégie qui est privilégiée, le métier de l'organisation, le positionnement social et le positionnement concurrentiel souhaités sont clairement définis.
Les plans fonctionnels *(Cadre structurel)*	• *Les unités administratives* : plans dans lesquels chacune des fonctions doit préciser de quelles façons elles comptent s'arrimer aux orientations générales et comment elles peuvent contribuer à la mise en œuvre de la stratégie. • *L'allocation des ressources* : plan d'allocation des ressources entre les unités administratives de façon à en accroître l'efficacité.
Les plans opérationnels *(Cadre opérationnel)*	• *Les ressources* : plans relatifs à l'utilisation de chacune des ressources de l'organisation de façon à en maximiser la productivité. • *Les activités* : plans relatifs aux activités de façon à s'assurer qu'elles consomment efficacement et avec parcimonie les ressources disponibles. • *Les processus* : plans relatifs à l'ordonnancement des activités opérationnelles, telles la logistique des opérations de production, la chaîne d'approvisionnement, la confection des horaires de travail, etc.

Les objectifs

Constitutifs des plans, les **objectifs** sont des cibles formelles à atteindre.

Sous le regard de la logique formelle, prévoir l'avenir et y esquisser un monde idéal n'ont de sens que si cela donne véritablement prise sur le réel et engage l'action. En effet, il ne suffit pas de planifier un avenir idéal pour qu'il se réalise. Si la planification ne s'accompagne pas d'actions qui donnent vie à l'idéal planifié, elle n'est alors que de l'ordre de la pensée magique et du rêve futile. Pour le gestionnaire formel, la planification trouve sa véritable signification uniquement dans l'action, dans la possibilité que l'idéal planifié serve à orienter l'action. Tel est précisément ce que la planification fait en fixant l'attention de chacun sur les objectifs à atteindre, en clarifiant les attentes des uns et des autres, en orientant les contributions de chacun, en donnant un sens objectif à l'action, en indiquant avec la plus grande des précisions les moyens requis pour réaliser l'idéal et en donnant une cohérence d'ensemble à l'organisation.

Dans l'organisation formelle, les objectifs sont donc conséquents des efforts de planification. Mais il y a plus : ici, les objectifs doivent avoir des caractéristiques très particulières pour être légitimes. Comme l'évoque le tableau suivant, c'est sous l'acronyme « SMARTIES » que l'on désigne les caractéristiques des objectifs formels.

Tableau 9.2 **SMARTIES : les objectifs formels**

Caractéristiques des objectifs	Description
Spécifique	L'objectif doit être spécifique, il doit indiquer clairement les résultats attendus de l'action planifiée; un objectif qui se contenterait d'énoncer en termes généraux ce qui est attendu ne permet pas de centrer l'attention sur ce qu'il convient de réaliser de façon précise; ainsi, atteindre une croissance des ventes de 10 % est nettement plus précis comme objectif que la seule nécessité d'accroître les ventes.
Mesurable	L'objectif doit être objectivement mesurable. Idéalement, il devrait même être quantifiable; un objectif qui se contenterait d'énoncer en termes qualitatifs ce qui est attendu donne prise à de multiples interprétations; ainsi, diminuer de 5 % le nombre de pièces qui sont rejetées pour cause de défaut de fabrication permet de nettement mieux orienter l'action que si l'objectif se bornait à dire qu'il faut viser une qualité maximale de fabrication.
Accepté	L'objectif doit être accepté par chacun et partagé par tous. Dans un monde formel, il ne l'est que s'il découle logiquement d'un effort rigoureux et minutieux de planification; un objectif qui ne serait qu'un souhait formulé sous la forme d'un discours de mobilisation aurait plus de difficulté à s'imposer comme une nécessité à réaliser.
Réaliste	L'objectif doit être réaliste en étant fondé sur des faits et en pouvant être humainement réalisable; un objectif hors d'atteinte aurait un effet démotivant sur les uns et les autres et pourrait même conduire à douter du sérieux de la démarche formelle de la planification.
***T**iming*	L'objectif doit avoir un bon timing, c'est-à-dire être pertinent au regard du contexte; ainsi, fixer un objectif de forte croissance des ventes dans un contexte de récession serait non seulement irréaliste, cela témoignerait surtout qu'il découle d'une mauvaise lecture des tendances de l'environnement; l'objectif doit aussi s'inscrire dans la durée en ayant un délai de réalisation; inutile de dire qu'il faut accroître les ventes de 10 % si le délai de réalisation n'est pas précisé.
Intégré	Les objectifs doivent être intégrés au sein d'un plan d'ensemble cohérent. L'intégration permet à chacun de comprendre le sens de l'objectif fixé, comment sa réalisation contribue à quelque chose de véritablement intégré et cohérent. Le souci d'intégration embrasse aussi l'idée que les objectifs ne doivent pas être contradictoires entre eux. Ainsi, une organisation qui aurait pour objectif de réduire ses coûts d'opération tout en fixant des cibles d'augmentation de sa capacité de production se trouverait aux prises avec de sérieux dilemmes.
Évolutif	Les objectifs doivent *évoluer* au fil du temps et des efforts de planification. Ainsi, en fonction des transformations de l'environnement et de ses nouveaux plans, l'organisation doit revoir et reformuler ses objectifs de performance; se contenter de reconduire d'une année à l'autre les mêmes objectifs reviendrait à dire que l'organisation évolue dans un environnement stationnaire, qu'elle n'a plus d'ambitions et qu'elle n'entrevoit pas de moyens pour accroître son efficacité.
Satisfaisant	Les objectifs doivent être satisfaisants et ils ne peuvent l'être que s'ils permettent de répondre aux besoins de ceux et celles qui doivent les réaliser. Ainsi, les objectifs servent aussi de facteurs de motivation, pas seulement d'indicateurs de performance.

9.1.3 La mise en œuvre concrète

Prévoir l'avenir, concevoir des plans et les traduire en objectifs à atteindre composent le cadre très général de la planification formelle. Tout cela forme l'idéal de la planification, mais il faut aussi aller plus loin, en fait, il faut que la planification s'incarne concrètement, qu'elle prenne vie au niveau des opérations. Il ne faut pas qu'elle soit seulement de l'ordre de la philosophie et de l'anticipation, mais qu'elle se prolonge dans une mise en œuvre qui sera, elle aussi, minutieuse et rigoureuse.

L'ordonnancement des plans

Fruits d'une logique formelle, les plans ont beau être rigoureux, minutieux, pertinents, s'inscrire dans tous les cadres techniques de l'organisation et se décliner en une variété d'objectifs formels à atteindre, ils ne donneront pas les résultats escomptés s'ils ne sont pas concrètement liés les uns aux autres et ajustés en conséquence.

Au souci de rigueur que commande leur conception, il faut donc aussi faire de la place à une logistique opérationnelle d'ordonnancement des plans, ce qu'illustre la figure suivante :

Figure 9.2 **L'ordonnancement des plans**

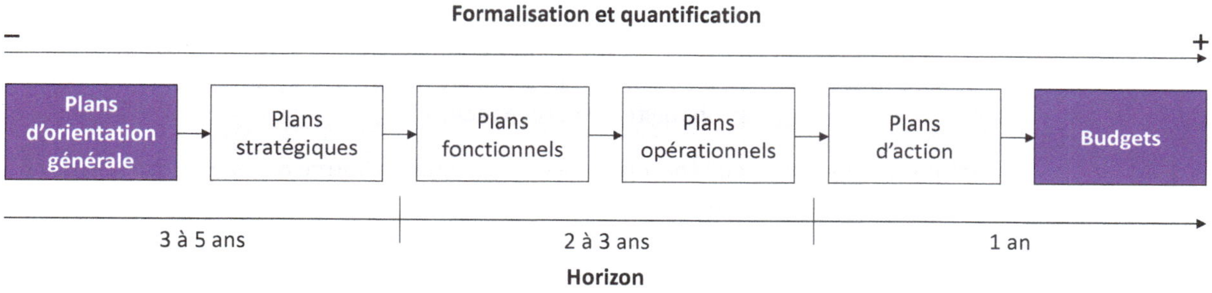

Borné à une extrémité par des plans généraux très peu formalisés et ayant une visée à long terme, et de l'autre par des plans budgétaires où toutes les ressources et activités sont quantifiées sur un horizon de court terme, l'ordonnancement des plans permet alors au gestionnaire de s'assurer de la véritable cohérence du système de planification de l'organisation. Dès qu'il positionne concrètement les plans les uns par rapport aux autres, il s'engage dans un jeu de va-et-vient par lequel il les harmonise et au terme duquel il a en sa possession un système parfaitement logique, totalement cohérent. Parce que leur mise en œuvre révèle les incohérences du système et la nécessité de mieux arrimer les plans, il importe souvent de les ajuster et parfois de les reformuler.

Au regard de cet ordonnancement des plans, il est intéressant de noter la présence des budgets qui en clôt la logistique. Cela peut surprendre, car plus d'un pourrait considérer que les budgets relèvent bien davantage du processus de contrôle que de celui de la planification. En fait, un budget est tout à la fois un outil de prévision de l'utilisation des ressources et des activités et une technique de contrôle qui permet d'évaluer en termes quantitatifs ce qui fut réalisé. Le budget a donc un double statut. C'est d'ailleurs par le budget que se fait la première jonction avec les autres processus du cycle administratif.

Au terme de ce dernier, le contrôle s'assurera que les résultats réels sont comparés aux objectifs au travers du suivi budgétaire. Les éventuelles dérives seront alors évaluées et corrigées (voir le chapitre 12).

Que la planification soit ainsi formellement liée au contrôle s'appuie sur un raisonnement par écart, écart entre la performance désirée et la performance du statu quo. Dès qu'un écart est détecté, un nouveau cycle de planification peut s'engager afin de le combler.

Les méthodes concrètes de prévision

Afin de déterminer l'état de performance désirée qui sera énoncé dans les plans, formulés en termes d'objectifs précis avant de faire l'objet d'un contrôle, les gestionnaires doivent toujours se livrer au périlleux exercice de la prévision, comme nous l'avons vu plus haut. Cet exercice est d'autant plus difficile qu'il s'agit à la fois de prévoir ce qui devrait advenir, mais aussi ce que l'on souhaiterait qu'il advienne. Les méthodes de prévision sont multiples. Voici les plus courantes :

les méthodes économétriques : elles mettent en relation des données économiques globales et les données particulières à un secteur d'activité économique; par exemple, l'industrie de la construction de logements neufs s'appuiera notamment sur des données démographiques, économiques, socioculturelles et de politiques gouvernementales relatives au soutien à l'acquisition de propriétés neuves;

la méthode des scénarios : elle repose sur l'élaboration de plusieurs avenirs possibles en fonction de différentes données (variables clés, avis d'experts) et de leur probabilité de survenance;

les méthodes de marketing : elles prennent essentiellement la forme d'analyses fondées sur des études de marché.

Chacune de ces méthodes présente son lot d'avantages et d'inconvénients ; aucune ne peut garantir une fiabilité totale des prévisions. La seule règle universelle que le gestionnaire doit prendre en compte est celle du GIGO, « *garbage in, garbage out* ». Quel que soit le degré de sophistication de la méthode de prévision, si l'information à l'entrée est fausse, l'information à la sortie le sera également.

La méthode de prévision que l'on va retenir dépend de la situation et du type d'objectifs que l'on se donne. Par exemple, le niveau de détail que l'on souhaite obtenir détermine la forme des données à collecter et le coût de la prévision ; le fait d'être dans un environnement stable ou non influencera le degré d'exactitude des prévisions. En tout état de cause, un élément déterminant est la capacité à distinguer les horizons de temps pertinents, court, moyen ou long terme.

> *« Les chercheurs du département d'analyse de Target se sont demandé s'il était possible de prévoir une grossesse en fonction des achats d'une personne. En reprenant l'historique d'achat des femmes inscrites sur leur répertoire de cadeaux pour enfants, les marketeurs de l'entreprise ont réussi à isoler un certain nombre de comportements significatifs. À titre d'exemple, au bout de quelques mois de grossesse, leurs clientes avaient tendance à acheter des suppléments alimentaires contenant du magnésium ou du zinc. Une fois ces comportements identifiés et considérés comme des proxy statistiques, ils se sont retrouvés en mesure de prédire l'agrandissement d'une famille par l'évolution de sa consommation. »*
>
> Minville, N. et M. Griffoul, *What's Next. Place à l'entreprise créative*, Paris, Pearson, 2014 : 65.

Les plans selon les organisations et les secteurs d'activité

La planification varie selon les organisations et les secteurs d'activité. Ainsi, pour une centrale électrique qui durera potentiellement plusieurs décennies, la planification à très long terme a du sens ; pour un fabricant de téléphones intelligents, en sachant que ces téléphones risquent d'être obsolètes dans les années ou même les mois qui viennent, la prévision à très court terme, et surtout la capacité à revoir et corriger très rapidement les plans, est cruciale. C'est pourquoi le processus concret de planification ainsi que les horizons de temps considérés varient d'une organisation à l'autre, mais également d'un secteur d'activité à l'autre. En revanche, ce processus est toujours « glissant », c'est-à-dire que l'horizon est déplacé d'année en année (ou de mois en mois) à mesure que l'exercice est répété.

Figure 9.3 **Planification annuelle « glissante »**

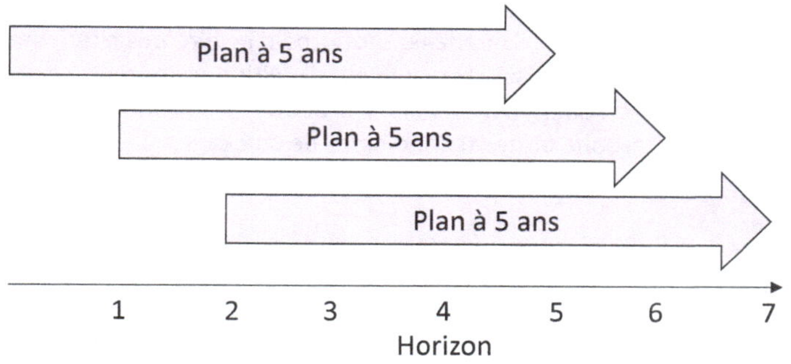

Dans les secteurs où l'avenir est relativement instable, l'horizon de temps peut être raccourci. De plus, si l'avenir est très risqué, voire incertain, la méthode des scénarios est alors recommandée. L'entreprise pétrolière Shell est connue pour élaborer des scénarios sur le très long terme dans un secteur qui dépend de nombreux facteurs hétérogènes (géologie, politiques gouvernementales, guerres, écologie, etc.). Elle a publié son dernier exercice de prospective à très long terme (horizon 2050) en 2015[10].

> *« Chaque année, nous effectuons une planification stratégique en posant un regard sur les trois prochaines années. Pour ce faire, nous consultons nos clients les plus avant-gardistes non seulement pour nous assurer que nos offres et notre pratique sont bien adaptées à leurs besoins, mais aussi pour être à l'affût des nouvelles tendances. Nous enregistrons tous les commentaires, positifs et négatifs, ces derniers étant considérés comme une occasion de nous améliorer. »*
>
> Serge Godin,
> président exécutif de CGI
>
> D'Amours, L.,
> « CGI : un rêve,
> des valeurs, un empire »,
> *HEC Montréal Mag*,
> 2012, *10*(2) : 13.

[10] Shell, *New Lens Scenarios. A shift in perspective for a world in transition*, 2015. Shell communique abondamment sur sa méthode prospective, qu'elle pratique depuis plus de 40 ans.

Illustration 9.1 La méthode des scénarios chez Shell

Avec une population mondiale qui atteindra d'ici la moitié du siècle les 9 milliards de personnes et avec des millions de personnes qui échappent à la pauvreté, la demande globale d'énergie pourrait augmenter de près de 80 % entre 2010 et 2060. C'est ce que prévoient les derniers scénarios de Shell qui examinent les tendances économiques, politiques et énergétiques en tenant compte des développements prévus au cours de la prochaine moitié du siècle.

Ce qui pourrait se produire dans 50 ans... ou encore en 2100? [...] En prenant comme lentilles pour appréhender le monde, un certain nombre de tendances et enjeux mondiaux pressants, nous envisageons pour le futur deux scénarios possibles. Ces scénarios procurent une analyse détaillée des tendances actuelles et de leur trajectoire probable pour le futur. Ils scrutent les implications du rythme du développement global de l'économie, des types d'énergie qui alimentent nos vies et de la hausse des émissions de gaz à effet de serre. Ces scénarios mettent également en lumière les domaines de la politique publique susceptibles d'avoir une plus grande influence dans le développement des énergies vertes, l'amélioration de l'efficacité énergétique et de la modération des gaz à effet de serre.

Montagnes

Le premier scénario nommé « montagnes », prévoit un rôle accru du gouvernement et l'introduction de mesures fermes et de grande portée. Dans ce scénario, l'aménagement urbain inspiré des cités compactes et la transformation du réseau global de transport sont favorisés. Les nouvelles politiques libèrent les ressources abondantes de gaz naturel – ce qui en fait la plus grande énergie mondiale d'ici 2030 – et soutiennent un système énergétique plus propre en accélérant le captage du carbone et des technologies de stockage.

Océans

Le second scénario que nous appelons « océans », décrit un monde plus versatile et plus prospère. D'une solide croissance économique découle une demande d'énergie accrue. Le pouvoir est plus largement distribué dans la société et les gouvernements prennent davantage de temps pour approuver les décisions importantes. Dans ce scénario, les forces du marché plutôt que les politiques gouvernementales soutiennent le système énergétique. Pétrole et charbon continuent de dominer le domaine, mais les énergies renouvelables s'accroissent également. Dans les années 2070, le solaire devient la principale source d'énergie au monde.

Source : site Web de Shell, janvier 2015.

Cette méthode très sophistiquée permet à l'entreprise de s'imaginer dans un avenir qui peut suivre des tracés différents en fonction de facteurs extérieurs complexes. Elle suppose de disposer de ressources internes et externes extrêmement abondantes, car son coût est très élevé. En outre, comme l'illustre à l'évidence la méthode des scénarios chez Shell, l'exercice de projection dans le futur est forcément un passage obligé de la planification.

9.1.4 Les limites de la planification formelle

La planification formelle représente un exercice laborieux qui nécessite un effort considérable de la part des organisations et des gestionnaires qui la pratiquent, et bien qu'elle soit encore souvent présentée comme un modèle à suivre, elle a aussi donné lieu à de nombreuses critiques. En montrant les limites de la planification formelle, ces critiques ont alors pavé le chemin à l'émergence des deux autres formes de planification.

La négociation des objectifs

Au regard de la planification formelle, les objectifs s'imposent d'eux-mêmes, car ils découlent logiquement de l'analyse rigoureuse de l'environnement et de la nécessité d'être efficace. Pourtant, la réalité est tout autre. Les objectifs ne sont pas de simples déductions, ils sont plutôt le fruit de négociations entre les acteurs regroupés en coalitions politiques tant internes qu'externes[11]. À l'interne, on verra s'opposer et négocier les différents services de l'entreprise (production, marketing, finance, etc.). À l'externe, les partenaires de l'entreprise usent de leur pouvoir pour négocier les objectifs de l'entreprise au mieux de leurs intérêts. Ainsi, les fournisseurs, les clients, les syndicats ou les pouvoirs publics peuvent tenter de peser sur les choix de l'entreprise de façon à améliorer leur propre situation (au travers des prix, de la qualité, des salaires ou des taxes par exemple).

Sous ce regard, plus les objectifs planifiés sont ambitieux, plus les ressources sont rares, plus le processus de planification est conflictuel au point que le pouvoir en est la ressource principale. Les plans sont alors bien davantage le fruit de la négociation, du marchandage, voire de l'intrigue entre les différentes parties concernées que le résultat logique d'un processus formel. D'ailleurs, certaines organisations ne font plus mystère de ces jeux de négociation en allant, comme l'illustre l'exemple ci-dessous, jusqu'à inviter les parties prenantes à participer à leur effort de planification.

Illustration 9.2 **Un processus de planification ouvert sur l'écosystème de l'organisation**

Le Conseil des arts de l'Ontario (CAO) a lancé *Dynamique des arts et intérêt public : plan d'action 2014-2020* en octobre 2014.

Dynamique des arts et intérêt public englobe les deux volets du mandat du CAO : servir à la fois le milieu artistique et le public. Il poursuit le travail entrepris dans le cadre des deux plans stratégiques précédents du CAO, *Connexion et créativité* (2008-2013) et *Vigueur et stabilité* (2003-2006).

L'élaboration du plan stratégique a débuté au printemps 2013 par une analyse de l'écosystème artistique, analyse suivie d'un sondage en ligne auprès de quelque 28 000 personnes – artistes, organismes qui reçoivent des subventions de fonctionnement du CAO, autres bailleurs de fonds et parties prenantes dans le domaine des arts.

Le sondage portait sur une variété de sujets, notamment les principaux besoins et enjeux du secteur des arts, les besoins et enjeux auxquels le CAO doit s'intéresser, le rôle du CAO, les priorités sur lesquelles le CAO doit axer ses activités, la valeur des arts pour la population et les objectifs du CAO pour les six prochaines années. En tout, 1 858 personnes ont répondu au sondage, ce qui a produit un total de 1 460 réponses complètes au questionnaire. Cette étape a été suivie d'une journée de discussion à laquelle ont pris part 50 personnes pour approfondir les principaux thèmes qui se sont dégagés du sondage.

Les résultats de l'analyse de l'écosystème artistique, du sondage et de la journée de discussion se trouvent dans le document intitulé *Synthèse des consultations*.

Vu le nombre de personnes qui ont pris le temps de répondre au sondage en ligne ou de participer à la journée de discussion, il est clair que les Ontariens attachent beaucoup d'importance aux arts et au CAO. Les participants au sondage et aux groupes de discussion – un ensemble varié d'artistes, d'organismes artistiques et d'autres intervenants des quatre coins de la province – ont exprimé sans détour ce qu'ils pensaient des initiatives que le CAO pourrait envisager d'aborder ou d'accomplir au cours des six prochaines années. Leurs opinions, réponses et idées réfléchies constituaient une mine de renseignements qui a contribué à façonner le nouveau plan stratégique du CAO.

Éclairés par ces consultations, les membres du conseil d'administration et le personnel du CAO ont participé au cours de l'automne et de l'hiver 2013-2014 à plusieurs séances dirigées. La démarche entière a abouti à la rédaction, puis à la publication du plan stratégique *Dynamique des arts et intérêt public : plan d'action 2014-2020*.

Source : www.arts.on.ca/page1125.aspx, janvier 2015.

[11] Concernant la planification à l'échelle nationale, le sociologue Michel Crozier avait distingué, dès 1965, le raisonnement économique dans lequel la discussion porte sur la qualité de la décision à prendre (son efficacité) et le raisonnement sociologique qui porte sur la façon dont la décision est prise et sur les moyens de l'influencer. Crozier, M., « Pour une analyse sociologique de la planification française », *Revue française de sociologie*, 1965, *6*(2) : 147-163. À la même époque, Richard Cyert et James March ont fait le même constat pour le monde des organisations : Cyert, R. M. et J. G. March, *A Behavioral Theory of the Firm*, Englewood Cliffs, N. J., Prentice Hall, 1963.

Les dérives de l'efficacité

La planification formelle s'inscrit à merveille dans la poursuite de l'efficacité que prescrit le management formel. La chaîne causale qui lie les fins aux moyens est au cœur même de la conception formelle de la planification. Toutefois, cette chaîne a pour effet d'exclure une véritable réflexion sur les conséquences de l'action. Or, on a tôt fait de remarquer que l'action économique produit des effets environnementaux ou sociaux souvent néfastes. L'économie a en quelque sorte évacué ces effets avec le concept d'externalité[12]. L'entreprise a pu les ignorer jusqu'à un certain point, mais a finalement appris à les prendre en compte.

Le tournant de la responsabilité sociale des entreprises (RSE) au cours des années 1990 marque l'intégration formelle des problématiques environnementale et sociale dans la stratégie des organisations[13]. Concernant la planification, l'intégration de la responsabilité sociale de l'entreprise et de l'éthique au processus de planification formelle a ainsi été préconisée comme une solution à la neutralité morale des plans[14]. Aujourd'hui, toutes les grandes entreprises intègrent ce volet à leur processus de planification et à leurs plans comme le montre l'exemple ci-dessous.

> *« Il faut bien fixer les objectifs du projet et les normes environnementales à respecter. Il faut ensuite déterminer les facteurs qui nous permettent, ou nous empêchent, de les atteindre, comme les risques financiers, technologiques et environnementaux. Il est aussi important de les expliquer clairement et ouvertement. On ne doit pas dire aux gens : "Ne vous en faites pas, on est des spécialistes et on sait ce qu'on fait." On doit travailler de façon consensuelle et non conflictuelle, en impliquant les environnementalistes et toutes les parties prenantes. »*
>
> Serban Teodoresco,
> président de Présenta
>
> Théroux, P.,
> « Si le Québec a du pétrole, ce serait irresponsable de ne pas l'exploiter »,
> *Les Affaires*, 2014, 18 janvier : 4.

Illustration 9.3 **Hydro-Québec : relations avec les parties prenantes (extraits)**[15]

Nos activités et projets deviennent parfois des sujets de préoccupation pour les parties prenantes. C'est pourquoi nous entretenons avec elles des relations soutenues en utilisant divers moyens de collaboration. On pense à des tables de travail, à des comités de liaison, à des sondages d'opinion, à des aides financières directes. C'est en plus des mécanismes réglementaires existants, tels que la Régie de l'énergie et le Bureau d'audiences publiques sur l'environnement [...]

Exemples d'objectifs communs de développement durable

- Santé et sécurité du public
- Respect de l'environnement
- Acceptabilité des projets

Développement social et économique

Exemples de moyens utilisés

- Réalisation d'études et diffusion d'informations sur la santé et la sécurité du public
- Site Web et ligne 1 800 ÉNERGIE
- Capsules vidéo
- Consultations du public et comités des retombées économiques régionales

Source : hydroquebec.com

---

[12] Ce concept a été élaboré en 1932 par Arthur Cecil Pigou pour saisir l'incapacité du marché à prendre en compte les problèmes liés à la dégradation de l'environnement et à la répartition des revenus. Pigou le définit comme « un effet de l'action d'un agent économique sur un autre qui s'exerce en dehors du marché. » Pigou, A. C., *The Economics of Welfare*. Londres, Macmillan and Co., 1932.

[13] La RSE apparaît à cette période comme un ensemble de pratiques formalisées dans les entreprises. Mais les préoccupations environnementales et surtout sociales sont apparues bien avant, même si elles ont été traitées de manière hétérogène. En effet, dès la révolution industrielle à la fin du XVIIIe siècle, les conséquences de l'industrialisation ont été un sujet de préoccupation, et les pouvoirs publics comme les entreprises ont cherché, dans une certaine mesure, à les maîtriser.

[14] Robin, D. P. et R. E. Reidenbach, « Integrating Social Responsibility and Ethics into the Strategic Planning Process », *Business & Professional Ethics Journal*, 1988, *7*(3/4) : 29-46.

[15] Outre la population, les autres parties prenantes prises en considération par Hydro-Québec sont les clients, les instances gouvernementales, les collectivités locales et communautés autochtones, les investisseurs, le milieu de l'éducation, les organisations non gouvernementales, les fournisseurs, les employés et les syndicats.

La rationalité limitée

Pour que la planification formelle livre tous ses fruits, encore faut-il être en mesure de traiter toutes les informations en provenance de l'environnement et savoir les combiner avec la réalité de tous les cadres techniques de l'organisation. Nous l'avons dit, c'est là une tâche colossale. En fait, elle est tout simplement hors de la portée des humains, qui n'ont qu'une capacité limitée de traitement de l'information ou, pour le dire autrement, ne disposent que d'une rationalité limitée[16]. Compte tenu de cela, les plans ne sont pas le fruit d'un processus linéaire qui lierait les objectifs aux moyens de façon à prévoir les résultats souhaitables, mais bien davantage celui d'un processus itératif qui n'aboutit pas à un résultat optimal, c'est-à-dire un état qui serait le meilleur possible (par exemple la maximisation du profit ou la minimisation des coûts au regard d'un niveau de qualité). Les plans se situent alors à un niveau satisfaisant au regard des buts de l'entreprise.

Tableau 9.3 **Rationalités et planification**

Éléments	Rationalité maximale	Rationalité limitée
Information	Totalement disponible et accessible	Partiellement disponible et accessible
Processus cognitif	Optimisation	Satisfaction
Préférences	Claires	Floues
Processus de planification	Linéaire	Itératif/Séquentiel
Plan	Choix optimaux	Choix satisfaisants

De manière plus pratique, Herbert Simon, qui a montré l'incidence de la rationalité limitée sur les organisations et leur gestion, distingue deux types de décision :

les décisions programmées : elles concernent les tâches d'exécution, ou les procédures répétitives et routinières, et qui reposent sur l'usage de techniques de modélisation/automatisation;

les décisions non programmées : elles concernent les problèmes peu ou pas structurés, ou de grande importance, et qui requièrent des techniques plus sophistiquées (démarches heuristiques, par exemple).

Un des paradoxes de la planification formelle niche précisément dans cette distinction. Alors qu'il est facile de prévoir les décisions du premier type, il est autrement malaisé de planifier les secondes. La planification formelle s'adapte particulièrement bien aux premières, les zones grises de la rationalité limitée façonnent les secondes. Or, ce sont ces dernières qui ont un impact important sur l'avenir de l'entreprise.

---

[16] À ce propos, voir : Simon, H. A., *Administrative Behavior,* N. Y., The Free Press, 1947; March, J. G. et H. A. Simon, *Organizations,* N. Y., Wiley, 1958.

La rigidité psychologique

Alors que la planification formelle doit projeter l'organisation dans l'avenir, son formalisme la prive souvent d'un regard créatif propice à l'anticipation. En fait, la planification formelle concourt à l'érection de grandes bureaucraties, là où tout doit être prévisible, régi par des règlements et facilement contrôlable. Ces bureaucraties planificatrices sont généralement amenées à reproduire des processus et des plans connus plutôt que de développer de nouvelles idées. Pour utiliser une expression à la mode, elles sont incapables de sortir des sentiers battus (*think outside of the box*). En fait, ces organisations bureaucratiques et le processus formel de planification qu'elles mettent en œuvre conviennent très bien à des personnes qui ont besoin de tout prévoir et de tout contrôler. Mais lorsqu'il s'agit d'innover, il faut penser autrement. Entrent alors en jeu les autres déclinaisons de la planification. En effet, comme nous allons maintenant le voir, tant la logique charismatique que traditionnelle se présentent comme des alternatives viables à la planification formelle, car non seulement offrent-elles la possibilité de penser autrement, mais elles permettent aussi de contourner ses autres limites.

> *« Les gens très ordonnés suivent une stratégie très stricte et une planification rigide. Ils ont un emploi du temps planifié et ils savent ce qu'ils vont faire à chaque moment de leur journée, presque à la minute près. Ceux qui sont désordonnés dans le temps ne suivent pas d'emploi du temps, et peuvent profiter d'occasions qui se présentent de manière improvisée. Ils s'adaptent aux changements, aux idées nouvelles. Ce qui est coûteux pour les gens trop organisés, c'est qu'ils ratent les occasions afin de suivre leur plan et leurs stratégies. Si le monde reste le même, ça vaut le coup de planifier, mais si le monde change, il faut pouvoir s'adapter et tolérer du désordre dans le temps. »*
>
> Eric Abrahamson,
> Columbia University
>
> Lévy, O.,
> « Fiers d'être bordéliques ! »,
> *La Presse*, 20 septembre 2014.

Diagnostic 9.1 **La planification selon la logique formelle**

Pour analyser le caractère formel de la planification, les questions suivantes s'avèrent être un bon point de départ. En fait, elles permettent de poser un diagnostic sommaire, lequel peut alors servir à lancer une réflexion plus étoffée.	Fortement en accord	Plutôt en accord	Plus ou moins en accord	Plutôt en désaccord	Fortement en désaccord
1. La planification se fonde toujours sur une analyse rigoureuse et minutieuse de l'environnement et des cadres techniques de l'organisation.					
2. La planification se décline en plans d'orientation générale, stratégique, fonctionnel, opérationnel, d'action et budgétaire.					
3. Chacun des plans comprend des objectifs formels qui sont clairement définis et compris de tous.					
4. Les gestionnaires révisent fréquemment les plans de façon à les ajuster aux événements qui surviennent en cours de route.					
5. Pour établir les prévisions, les gestionnaires utilisent des méthodes formelles, telles les méthodes économétriques, de scénarios et de marketing.					

9.2 La planification selon la logique charismatique : la vision inspirante

Soustrayons un instant la planification à sa logique naturelle, qui est d'être formelle et très technique, et plaçons-la sous l'égide de la logique charismatique. Dès lors, la planification s'inscrira dans un futur imaginé (par le leader généralement) au travers d'une vision.

Ainsi, si l'on s'écarte de la conception formalisée et calculatoire des plans, toutes les caractéristiques essentielles de la logique charismatique peuvent s'imposer : mission, sens, inspiration, imaginaire, quête, etc. Or, ce nouvel appareillage terminologique et conceptuel s'applique à merveille à l'activité de planification. D'un point de vue plus contextuel et pratique, il se conjugue avec une période de mise en cause du management formel, et surtout de son bras armé qu'est la planification formelle, à partir de la crise du milieu des années 1970 qui se double, aux États-Unis en particulier, d'une offensive industrielle japonaise.

9.2.1 Mise en contexte

Les chocs pétroliers des années 1970 annoncent une période qui se révèlera beaucoup moins propice à la planification que les Trente Glorieuses. La croissance forte, mais surtout stable, des années d'après-guerre fait place à la récession et à l'instabilité. La prévision et son corollaire, la planification, deviennent des exercices plus périlleux. La décennie suivante est caractérisée par une profonde remise en question du modèle américain de gestion. La concurrence du modèle germano-nippon inquiète tant les plus hautes autorités politiques et économiques que les sphères académiques. Le modèle de compétitivité américain est scruté à la loupe et les critiques ciblent le caractère trop formel et trop financier des décisions stratégiques. Le constat vaut autant pour les méthodes utilisées lors de la prise de décision (comptabilité de management[17], critères de choix d'investissement[18]) que pour l'ensemble du processus de planification[19].

Dans les années 1980, la planification formelle est un modèle d'arrière-garde. Le PDG de General Electric, l'emblématique Jack Welsh, abolie en 1983 le très puissant département de la planification au motif que ses quelque 200 analystes chevronnés sont plus versés dans la précision des calculs comptables que dans la recherche de nouvelles occasions d'affaires. Les patrons des 12 divisions stratégiques de l'entreprise sont désormais responsables de la planification stratégique. Un séminaire annuel d'été devient le lieu d'échange sur le sujet[20].

L'arrivée d'Internet, à la fin des années 1990, entraîne un certain renouveau de l'idée de planification à travers les plans d'affaires (*business plan*) ou modèles d'affaires (*business model*) qui vont éclore. Cependant, la planification stratégique ne peut pas leur être totalement assimilée. Ceux-ci sont destinés en premier lieu aux parties prenantes – et surtout aux investisseurs – de l'entreprise naissante. Ces dispositifs, loin de signifier le retour en grâce de la planification formelle, présentent plutôt une alternative à un processus considéré comme obsolète, bureaucratique et chronophage.

---

17 Johnson, H. T. et R. S. Kaplan, *Relevance Lost*, Cambridge, Mass., Harvard Business School Press, 1987.

18 Porter, M. E., « Capital Disadvantage: America's Failing Capital Investment System », *Harvard Business Review*, septembre 1992 : 65-83.

19 Mintzberg, H., *Grandeur et décadence de la planification stratégique*, Paris, Dunod, 1994.

20 « Strategic planning », *The Economist*, 16 mars 2009.

9.2.2 Des idées pour une vision

La **vision** c'est une idée qu'on désire voir se réaliser. C'est un état de fait, une situation à laquelle on aspire. Une vision prend la forme d'une image souhaitée, puis projetée dans le futur.

La formalisation poussée et la quantification des plans ne sont plus vraiment à l'honneur de nos jours. Dans un monde sujet à de profondes transformations, à l'accélération des changements, à la redéfinition du jeu concurrentiel sur la base de la globalisation et de la numérisation des échanges, la planification formelle paraît être incapable de suivre le rythme, de s'adapter à l'esprit du temps et d'engager les organisations sur le chemin de l'innovation. C'est le temps des idées, là où la planification formelle n'offre que des prévisions et des objectifs quantifiés. C'est l'heure de la flexibilité, là où la planification formelle débouche sur des bureaucratiques. C'est donc un temps propice pour concrétiser des visions, une **vision** n'étant rien d'autre qu'une « idée qu'on désire voir se réaliser. C'est un état de fait, une situation à laquelle on aspire. Une vision prend la forme d'une image souhaitée, puis projetée dans le futur[21] ».

Sans aller jusqu'à considérer que la stratégie n'est que dans la tête du dirigeant, même les plus grandes bureaucraties passent d'une planification de type formelle à la transformation par la vision. L'exemple d'IBM est d'ailleurs assez typique des grandes bureaucraties qui, au cours des années 1980, voient disparaître, outre leur aisance financière, leur raison d'être. Face à la crise et à des compétiteurs plus agiles, elles font preuve de peu de flexibilité, et la planification formelle devient le symbole de cette torpeur.

À l'instar d'IBM, les « machines à planifier » sont en panne. La solution est vite trouvée du côté de la vision portée par des dirigeants missionnaires. Il ne s'agit plus de tout analyser, de tout prévoir, de tout contrôler, mais plutôt de se projeter dans un avenir imaginé. L'analyse cède donc le pas à la créativité et l'inspiration prend le relais de l'analyse. Bien sûr, il ne s'agit pas pour autant de rêver pour le simple plaisir de rêver. Il y a toujours des objectifs à atteindre, toujours un espoir d'efficacité à concrétiser et toujours une position concurrentielle à occuper. Tout cela est encore et toujours à l'ordre du jour. Ce qui change, c'est le moyen d'y arriver. Miser sur l'imagination plutôt que sur l'objectivité paraît maintenant tout indiqué pour faire face aux défis des temps présents.

Illustration 9.4 **Le cas d'IBM**

« En 1980 donc, IBM était une énorme machine à planifier. Des plans synchrones tout d'abord, qui consistaient à établir chaque année un plan stratégique quinquennal glissant, puis à décliner les deux premières années de ce plan en une série de plans opérationnels [...] Des plans asynchrones venaient ensuite se greffer sur le plan annuel. Lorsqu'un nouveau produit allait par exemple être lancé, nous planifiions les phases de recherche, de développement et de production. Enfin, une dernière catégorie de plans divers visait à définir des actions particulières et ponctuelles. Toutes les composantes de l'entreprise participaient activement à l'élaboration de ces plans.

La Direction fixait les objectifs stratégiques (par exemple, "nous visions tel chiffre d'affaires en 2003"). Chacune des grandes fonctions répondait en proposant son plan d'action pour contribuer à cet objectif, et émettait à son tour des objectifs et des directives pour les fonctions subordonnées. La fonction "Plans et contrôles" orchestrait le processus et assurait la cohérence de l'ensemble [...]

Entre 1991 et 1993, la situation de l'entreprise s'est profondément modifiée. Le cash-flow généré par les opérations est devenu négatif dès 1991 et jusqu'en 1993. La dette est passée de vingt à trente milliards de dollars sur la période. Enfin, l'action a perdu 40 % de sa valeur entre 1990 et 1993 [...]

Au fur et à mesure, Lou Gerstner [le nouveau PDG] parvient à bâtir et à faire partager une nouvelle vision de l'entreprise. Pour lui, IBM dispose d'une technologie extraordinaire, mais ses membres ne savent pas encore suffisamment bien la mettre à la disposition de clients dont ils n'ont pas compris les souhaits. Son credo devient alors qu'IBM doit être dirigée par le client et que la compagnie doit être intégrée pour fournir à ses clients toute une gamme de produits et de services [...]

Quel que soit le métier et quelle que soit l'organisation, le salarié IBM a comme devoir d'identifier ce qui peut devenir une affaire pour l'entreprise. Lorsqu'il a découvert une affaire, il la signale aux autres salariés grâce à une base de données mondiale afin qu'elle soit traitée par la personne la plus compétente. Ainsi, contrairement à l'ancienne organisation, plus personne n'a la propriété d'un client. »

Source : Dréan, G. et G. Duwat, « La métamorphose d'IBM », Séminaire *Vie des Affaires*, L'École de Paris, 1998.

[21] Filion, L. J., *Vision et relations,* Montréal, Les éditions de l'entrepreneur, 1991 : 101.

9.2.3 La mise en œuvre concrète

Dans cet univers plus informel, la terminologie elle-même nécessite d'être précisée. La mission est en effet plus que l'énoncé technique ou stratégique. La ramener à cela ne la différencierait que peu des objectifs de la planification stratégique formelle. Tout au plus, cela l'assimilerait à un outil supplémentaire dans la boîte à outils de la stratégie. Selon la logique charismatique, la mission doit être plus que cela. Celle-ci peut être définie comme le caractère de l'organisation, son identité et sa raison d'être ; elle se décompose en quatre éléments complémentaires : raison d'être, stratégie, normes de comportement et valeurs. Elle est stratégie et culture. En d'autres termes, la mission produit une logique pour l'action, elle fait le lien entre la stratégie et les comportements au travers des valeurs. La mission et la vision peuvent être considérées comme une seule et même chose. Mais si l'on veut raffiner les concepts, la vision se caractérisera par le but, alors que la mission portera sur les manières de se comporter.

> *« Élaborer la vision d'une entreprise, exercice laborieux s'il en est un, peut se transformer en un atelier de journalisme. Les gens doivent choisir une revue économique et imaginer que leur entreprise en fera la une dans trois ans. Quel sera le titre sur la couverture ? Quelle photo apparaîtra ? L'objectif est de répondre à ces questions, et à d'autres, en plus de rédiger l'article sur les secrets du succès de l'entreprise. Par la suite, nos infographistes reproduisent fidèlement la première page du magazine. Mon travail est d'extraire de l'ensemble les thèmes porteurs qui aideront les dirigeants à bâtir leur énoncé de vision. Bien souvent, les clients conservent cette une de magazine comme outil de motivation pour leur personnel. Et ça fonctionne : trois ans plus tard, plusieurs ont atteint leurs objectifs. »*
>
> Madeleine Chenette,
> associée et directrice exécutive nationale
> des services-conseils en stratégie,
> KPMG
>
> Lambert-Chan, M.,
> « À la rencontre de la stratégie et
> de l'innovation »,
> *HEC Montréal Mag*,
> 2008, *12*(1) : 17.

La clarification des concepts conduit à un dépassement dans les pratiques de planification. La planification de la **mission** se veut plus sophistiquée que la planification stratégique de la logique formelle. On attend désormais que la stratégie vise non seulement la performance économique, mais soit en adéquation avec l'organisation et ses valeurs :

Dans le cadre de la logique charismatique, la **mission** repose sur des valeurs, des normes et suscite l'émotion requise pour mettre en œuvre les stratégies.

> *« Une des principales raisons qui font que beaucoup de stratégies échouent à aller au-delà des pages du document de planification magnifiquement relié, c'est qu'elles sont composées de stratégies et non de missions : elles ne reposent pas sur les valeurs et les normes de comportement qui existent déjà dans l'organisation et ne suscitent pas l'émotion des gestionnaires et des employés qui devront mettre ces stratégies en action. La planification de la mission va au-delà de la planification stratégique pour trois raisons :*
>
> 1. *elle implique une analyse des valeurs des employés et des comportements organisationnels pour activer les changements requis ;*
> 2. *elle porte l'attention sur l'identification des normes de comportement qui sont essentielles pour la réalisation de la stratégie et représentatives du nouveau système de valeurs ;*
> 3. *elle encourage la discussion autour de l'engagement de l'organisation envers ses parties prenantes et autour de la poursuite d'objectifs plus ambitieux.*[22] *»*

[22] Campbell, A. et S. Yeung, « Brief Case: Mission, Vision and Strategic Intent », *Long Range Planning*, 1991, 24(4) : 145-147.

Cette clarification terminologique ne résout cependant pas tous les problèmes. La formalisation s'efface au profit d'une réflexion de type holistique, mais au risque de planer un peu trop au-dessus des considérations terrestres. Finalement, un nouveau piège semble vouloir se refermer sur la planification. Après avoir succombé aux sirènes de la formalisation et de l'obsession du calcul dans la logique formelle, celle-ci tombe maintenant dans le piège des horizons infinis et vagues. La logique charismatique tend à produire une version de la planification certes visionnaire et inspirante, mais qui peut être déconnectée de sa mise en œuvre concrète et de ses implications financières[23].

Le **modèle d'affaires** décrit la vision opérationnelle de la stratégie. On y trouve les principes selon lesquels une organisation crée, livre et capture de la valeur.

Plus récemment, une « nouvelle génération » de **modèle d'affaires** a vu le jour afin de reconnecter la planification à des éléments plus formels de l'organisation[24]. Cette nouvelle génération s'adresse en particulier aux « visionnaires et révolutionnaires » des affaires[25]. Elle repose sur la conception de nouveaux modèles économiques[26] adaptés aux contextes actuels (le modèle du gratuit, les plateformes multifaces, etc.). Au cœur de cette conception de la stratégie et, par conséquent de la planification, se trouve un canevas qui décrit, représente et analyse les éléments de base du nouveau modèle économique. Ce canevas comprend neuf blocs : segments de clientèle, proposition de valeur, canaux, relations avec le client, flux de revenus, ressources clés, activités clés, partenaires clés, structure de coûts. Ces neuf blocs permettent de considérer de manière systémique quatre grandes dimensions d'une entreprise à savoir les clients, l'offre, l'infrastructure et la viabilité financière. Une des forces de ce modèle est son design. En un seul regard, on peut apprécier le plan stratégique de l'entreprise ainsi que ses implications managériales.

> *« Alors que les énoncés de mission, le but et les valeurs d'une organisation résument le rêve, les ambitions et les motivations de celle-ci ("Je veux faire ça !"), le modèle d'affaires décrit, quant à lui, la vision opérationnelle de sa stratégie ("Je fais ça."). On y trouve les principes selon lesquels une organisation crée, livre et capture de la valeur. Sans modèle économique clair, il est impossible d'élaborer un plan d'affaires cohérent. »*
>
> Yves Pigneur
>
> Tremblay, J., « Au-delà de l'innovation-produit, Imaginer les modèles d'affaires autrement », *HEC Montréal Mag*, 2014, *13*(2) : 14.

Illustration 9.5 **La matrice du modèle d'affaires selon Alexander Osterwalder et Yves Pigneur**

<table>
<tr><td rowspan="2">Partenaires clés</td><td>Activités clés</td><td rowspan="2">Proposition de valeur</td><td>Relations avec les clients</td><td rowspan="2">Segments de clientèle</td></tr>
<tr><td>Ressources clés</td><td>Canaux</td></tr>
<tr><td colspan="3">Structure des coûts</td><td colspan="2">Flux de revenu</td></tr>
</table>

[23] Selon Phyllis Rothschild, la « *strategy by spreadsheet* » est devenue trop calculatoire et la planification « *by floating in blue skies* » est trop vague et déconnectée des réalités opérationnelles et financières. Rothschild, P., Duggal, J. et R. Balaban, « Strategic Planning Redux. », *Mercer Management Journal*, 2007, 17 : 35-45.

[24] Osterwalder, A. et Y. Pigneur, Business Model – Nouvelle génération : Un guide pour visionnaires, révolutionnaires et challengers, Paris, Pearson, 2011.

[25] Sur la couverture de l'ouvrage, on peut lire : « Vous tenez entre les mains un guide pour visionnaires, révolutionnaires et challengers impatients de défier les modèles économiques dépassés et de concevoir les entreprises de demain ».

[26] Défini comme : « Un modèle économique (ou *business model*) décrit les principes selon lesquels une organisation crée, délivre et capture de la valeur. » Osterwalder, A. et Y. Pigneur, *Business Model – Nouvelle génération : Un guide pour visionnaires, révolutionnaires et challengers*, Paris, Pearson, 2011 : 14.

Véritable révolution ou mode éphémère, le modèle d'affaires « nouvelle génération » trouvera sans doute ses limites. Ce qu'il y a de sûr cependant, c'est qu'en parallèle, la logique traditionnelle offre, elle aussi, un regard sur la planification.

Diagnostic 9.2 **La planification selon la logique charismatique**

Pour analyser le caractère charismatique de la planification, les questions suivantes s'avèrent être un bon point de départ. En fait, elles permettent de poser un diagnostic sommaire, lequel peut alors servir à lancer une réflexion plus étoffée.	Fortement en accord	Plutôt en accord	Plus ou moins en accord	Plutôt en désaccord	Fortement en désaccord
1. La planification s'incarne dans une mission à réaliser ou dans une vision inspirante.					
2. La mission est tout à la fois un objectif stratégique à réaliser et le reflet des valeurs des membres de l'organisation.					
3. La vision met de l'avant une idée qu'il est possible de concrétiser.					
4. Par l'énoncé d'une mission ou d'une vision, les gestionnaires visent à construire l'avenir plutôt qu'à simplement s'adapter à l'environnement.					
5. Pour formuler une mission ou une vision, les gestionnaires utilisent des outils qui permettent l'expression de la créativité, tel le business model.					

9.3 La planification selon la logique traditionnelle : le projet collectif

Au premier abord, planification et management traditionnel semblent antinomiques. D'un côté, la planification est associée soit à une rationalité calculatoire et froide, soit à une vision quasi prophétique émanant d'un individu à tendance potentiellement mégalomaniaque (si l'on force un peu le trait…). L'univers traditionnel du monde des affaires se place aux antipodes de ces deux logiques (voir chapitre 7).

9.3.1 Mise en contexte

S'inscrivant dans la longue durée, l'entreprise traditionnelle a la particularité d'être peu perméable aux contextes immédiats. D'une certaine façon, le management traditionnel est éternel. Cela ne signifie pas qu'il reste immuable. Cela signifie plutôt qu'il s'adapte, mais de manière organique et endogène. Les gestionnaires traditionnels préservent avant tout la cohérence et la pérennité de leur entreprise. Quand un changement majeur doit être planifié, ils ne « révolutionnent » pas leur organisation, ne répondent pas systématiquement à l'appel des « sirènes des modes managériales », mais s'appuient sur ses atouts pour la faire évoluer sans perdre l'essentiel. La continuité des traditions y est plus forte que la sensibilité au présent immédiat et à ses pressions.

Le management traditionnel est souvent associé aux PME et la plupart des études sur la planification dans les PME soulignent que ces entreprises ne s'engagent pas dans des processus structurés et formels de planification stratégique. Les raisons qui expliquent ce phénomène sont de différentes natures : leurs ressources sont limitées ; leur environnement est turbulent et imprévisible ; le propriétaire-dirigeant est généralement plus occupé par les aspects opérationnels de son entreprise que par le souci d'élaborer des plans détaillés et formels ; enfin, la PME ne peut pas s'attendre à transformer son environnement comme une très grande entreprise[27]. Les nombreuses études qui ont été menées sur le sujet montrent que seules 20 % des PME s'adonnent à la pratique de la planification stratégique formelle[28]. D'une manière générale, la stratégie dans ce type d'entreprise est d'abord destinée à assurer sa survie.

Dans un autre type de contexte, celui des jeunes entreprises à forte croissance, l'étude d'Amar Bhide[29] – qui a analysé les entreprises américaines à la croissance la plus soutenue au début des années 1990 – constate que 67 % d'entre elles n'ont pas de plan ou font un plan sommaire. Ces entreprises ont la particularité de se développer au travers d'une idée maîtresse à fort contenu innovant ; il y a donc là une forme de planification, mais celle-ci est essentiellement intuitive et peu formalisée. L'élaboration de la stratégie dans cet univers est ainsi à la fois délibérée et émergente : délibérée d'un point de vue de la vision d'ensemble et émergente du point de vue dont les détails de cette vision sont mis en œuvre[30]. On retrouve bien dans ce cas le caractère éminemment pragmatique du management traditionnel.

Cependant, le management traditionnel ne doit pas être associé aux seules PME ou aux *start-up*. De grandes entreprises, souvent familiales, mais pas toujours, articulent le gigantisme et la tradition. L'Asie, qui a su même dans un environnement capitaliste et consumériste implacable conserver son socle de traditions, regorge d'exemples d'entreprises de ce type. Ainsi, *Samsung*, dont le caractère traditionnel est prononcé[31], a pu se transformer, dans les années 1990, d'une entreprise à bas coûts en un leader en R&D et en technologies de pointe. En s'internationalisant, *Samsung* a dû s'engager avec des partenaires non-Coréens dans des contextes non-Coréens. Le statu quo devenait impossible à tenir. Le PDG, Lee Kun-hee, a alors mis en œuvre une politique d'adoption de nouvelles pratiques, mais sous condition que celles-ci puissent être comprises et acceptées par les employés. Lee s'engageait personnellement pour expliquer les changements et mettait l'accent sur ceux qu'il estimait indispensables. Cependant, si les réticences étaient trop fortes, la nouvelle pratique était différée ou abandonnée (comme l'a été par exemple le système de stock-options).

9.3.2 Un projet rassembleur et pérenne

Le **projet collectif** est une intention qui a vocation de rassembler les membres de l'organisation et d'assurer la pérennité du collectif.

Le management traditionnel se veut peu formalisé. La planification formelle ne correspond ni aux ressources disponibles, quand il s'agit d'une PME, ni à la culture, quand l'entreprise est plus grande. La logique traditionnelle de la planification se déploiera par conséquent autour des propriétés particulières du management traditionnel. C'est dire

---

27 Oliveira Lima, E. « Stratégie de PME : de la perspective traditionnelle aux approches descriptives axées sur le processus », HEC Montréal, Cahier de recherche 2003-03, avril 2003.

28 *Ibid*, p. 4.

29 Bhide, A., « How Entrepreneurs Craft Strategies That Work », *Harvard Business Review*, mars 1994 : 150-61.

30 Mintzberg, H., Ahlstrand, B. et J. Lampel, *Safari en pays stratégie*, Paris, Pearson, 2009.

31 Voir le documentaire *À l'intérieur de l'empire Samsung*, France 2, 2011. ledocumentariste.com/empiresamsung

que la planification prend ici la forme d'un **projet collectif**, lequel doit être rassembleur et assurer la pérennité de l'organisation. La manière dont Rudsak et Première Moisson envisagent leur existence illustre bien leur attachement à certains principes ; le localisme voire l'attachement au terroir, le respect des personnes, la communauté, l'authenticité, etc. sont autant de caractéristiques qui ancrent le projet stratégique de ces entreprises dans l'univers communautaire de la tradition.

Illustration 9.6 **Projets rassembleurs dans un univers traditionnel**

Rudsak

Notre but ultime est de connecter Rudsak avec les bonnes personnes, aux bons endroits. Créativité, réactivité et passion sont la clé pour amener Rudsak au cœur de nouveaux marchés internationaux tout en gardant la touche locale qui nous définit.

Nous créons les meilleures opportunités avec les meilleures personnes choisies avec attention pour leur compétence et leur expertise. [...]

Première Moisson

Concevoir, fabriquer et commercialiser des produits de boulangerie, de pâtisserie, de charcuterie et du prêt-à-manger, complétés avec des spécialités gourmandes, qui se destinent à des consommateurs qui recherchent des produits authentiques, de qualité et originaux. Et ce en recherchant constamment l'excellence dans un esprit d'amour, de partage et de respect pour le mieux-être de tout et de tous.

Nos valeurs sont le reflet de la nature authentique de nos dirigeants, de nos partenaires et de notre culture d'entreprise. Elles sont le dénominateur commun de tous nos collaborateurs.

Nos valeurs guident toutes nos actions et influencent tout notre personnel quant à sa façon de travailler et de servir les clients. Elles sont le fondement de notre organisation.

Nos valeurs engagent toutes les femmes et tous les hommes qui œuvrent au sein de l'entreprise à agir en respectant les principes qu'ils ont volontairement choisi de partager. [...]

Nous encourageons le développement sain de l'agriculture au Québec, à commencer par la culture de variétés exclusives de blé. [...]

Nous privilégions toujours les ingrédients naturels authentiques et sains qui répondent aux principes de développement durable.

Nous sommes soucieux de notre communauté et prenons les mesures requises pour le démontrer dans la gestion de nos affaires. [...]

Envers nos employés et nos affiliés, nous sommes soucieux de leur bien-être et de leur épanouissement autant que nous le sommes de l'excellence de leur travail [...]

(Les caractères gras ont été ajoutés par les auteurs.)

Sources : www.rudsak.com/fr/relations-publiques; www.premieremoisson.com/propos

Comme dans la logique charismatique, l'entreprise traditionnelle a recours aux concepts de vision, de mission ou de valeur, mais on est loin ici du caractère messianique de cette même logique. L'idée ici n'est pas de transformer le monde, mais plutôt de s'y couler en respectant ses propres valeurs, en mettant de l'avant un projet rassembleur pour les membres de l'organisation, comme pour la communauté externe avec laquelle elle tisse des liens respectueux. Cette conception particulière de la vision stratégique et des valeurs est porteuse d'une mise en œuvre concrète de la planification qui repose certes sur le respect du passé, mais qui engage néanmoins l'organisation vers un futur que l'on escompte rassurant.

9.3.3 La mise en œuvre concrète

Le management traditionnel est tourné vers le passé, mais ne peut faire l'impasse sur le futur, ce qui va d'ailleurs profondément marquer la mise en œuvre de la planification. Selon Mintzberg *et al.*, la stratégie est la fois un plan, tourné vers l'avenir, et un modèle ou *pattern*, tourné vers le passé : « Les entreprises mettent au point des projets pour leur avenir et tirent des modèles de leur passé[32]. » Ce constat fonctionne particulièrement bien dans un univers traditionnel. Ainsi, dans les entreprises familiales, Miller et Le Breton-Miller remarquent que dans le domaine stratégique, « les compagnies viv[ent] autant dans le passé que dans le futur : certaines traditions [sont] devenues sacro-saintes et remplir la mission que la famille s'[est] donnée [est] presque toujours plus important que le résultat financier quel qu'il soit – en fait, remplir la mission [est] le résultat [33] ». Dans leur étude très complète de l'avantage concurrentiel des grandes entreprises familiales, Miller et Le Breton-Miller identifient quatre priorités, les quatre C, qui se déclinent au travers de pratiques concrètes :

Continuité : « poursuivre le rêve. Se consacrer à une mission qui a du sens et construire le potentiel interne dont elle dépend en faisant des sacrifices et en investissant patiemment; administrer avec soin; instaurer de longs apprentissages pour les cadres supérieurs et de longs mandats;

Communauté : unir la tribu. Mettre l'accent sur les valeurs fortes, socialiser constamment. Créer une 'assistance sociale' éclairée. Encourager une absence de formalité qui libère l'initiative et le travail d'équipe; instaurer une intolérance face à la médiocrité;

Connexion : être de bons voisins et de bons partenaires [...];

Commandement : agir et s'adapter librement [...]. Utiliser une équipe de direction à qui on donne le pouvoir de le faire[34]. »

Une des caractéristiques centrales de ce type de management est de mettre l'accent sur les personnes, leur formation et leur autorité. Par rapport à la logique formelle, la technique de planification n'a pas d'importance ici, ce sont les personnes et la communauté qui sont porteuses du plan. Par rapport à la logique charismatique, même si le propriétaire-dirigeant de l'entreprise familiale impose sa marque, il n'est pas seul et fait confiance à sa « tribu ». Ainsi, quand les changements envisagés sont de nature à mettre en cause l'harmonie au sein de la communauté organisationnelle, on sera capable de la préserver en renonçant si besoin à l'appel de la modernité. Du point de vue de la mise en œuvre, l'hybridation ainsi que l'implication du dirigeant sont des pratiques efficaces pour adapter la tradition à des enjeux contemporains. L'exemple de *Samsung* le montre.

---

32 Mintzberg, H., Ahlstrand, B. et J. Lampel, *Safari en pays stratégie*, Paris, Pearson, 2009 : 13.

33 Miller, D. et I. Le Breton-Miller, Réussir dans la durée. Leçons sur l'avantage concurrentiel des grandes entreprises familiales, Québec, Presses de l'Université Laval, 2010 : 7.

34 *Ibid.* : 46.

Illustration 9.7 L'hybridation comme dispositif pour planifier en univers traditionnel

Samsung prend le meilleur des deux mondes. Son système de management hybride combine les valeurs occidentales d'efficacité et de performance individuelle et les valeurs orientales de respect de la tradition et des aînés.

Ainsi, dans ses relations avec les fournisseurs, Samsung a adopté un compromis entre les relations à long terme et la coopération inconditionnelle chères aux entreprises asiatiques et la mise en compétition par les prix privilégiés dans l'univers occidental. Le résultat est un système de coopération durable introduisant un certain degré de compétition.

Concernant les embauches et la carrière, Samsung a aussi adopté une politique intermédiaire entre le système traditionnel d'entrée par le bas puis de promotion à l'ancienneté et le système de recrutement des meilleurs employés avec une promotion au mérite. Les deux systèmes coexistent en fonction du type d'emploi à pourvoir.

La réussite de ce management hybride doit beaucoup à l'implication du PDG de Samsung, Lee Kun-hee (en charge depuis 1987 à la mort de son père et qui s'est retiré récemment au profit de son fils Jae-yong) et surtout, à sa vision de long terme pour l'entreprise.

Source : Khanna, T., Song, J. et K. Lee, « The Globe: The Paradox of Samsung's Rise », *Harvard Business Review*, juillet 2011 : 142-147.

Diagnostic 9.3 La planification selon la logique traditionnelle

Pour analyser le caractère traditionnel de la planification, les questions suivantes s'avèrent être un bon point de départ. En fait, elles permettent de poser un diagnostic sommaire, lequel peut alors servir à lancer une réflexion plus étoffée.	Fortement en accord	Plutôt en accord	Plus ou moins en accord	Plutôt en désaccord	Fortement en désaccord
1. La planification s'incarne dans un projet rassembleur, dans une mission respectueuse de la tradition.					
2. Le projet à réaliser témoigne des valeurs des membres de l'organisation et de la volonté de l'organisation de s'inscrire dans la communauté environnementale.					
3. La planification doit permettre à l'organisation de s'inscrire dans une continuité avec son histoire.					
4. La planification vise d'abord et avant tout la pérennité de l'organisation et la préservation de l'harmonie organisationnelle.					
5. Pour formuler un projet rassembleur ou une mission respectueuse, l'organisation s'en remet aux valeurs qui ont fait son histoire.					

9.4 Conclusion

Qu'elle s'incarne dans un plan formel, dans une vision inspirante ou dans un projet rassembleur, la planification joue toujours le même rôle, à savoir baliser le chemin que doit parcourir l'organisation pour assurer son avenir. La planification est bel et bien le moment clé du cycle administratif, celui qui oriente l'action des uns et des autres vers l'avenir, que celui-ci soit prévisible, à construire ou rassurant. Il nous faut donc suivre ce chemin et voir comment les autres moments du cycle s'inscrivent dans la foulée de la planification. Mais avant, un retour en arrière s'impose, plus justement aux couleurs qui caractérisent les logiques d'action. Au terme de la précédente partie, nous avons vu qu'il pouvait être intéressant et pratique de représenter les logiques d'action par les trois couleurs primaires. Nous pouvons maintenant appliquer ces couleurs aux trois déclinaisons de la planification, ce qu'illustre la figure 9.4.

Figure 9.4 **Le plan, la vision et le projet**

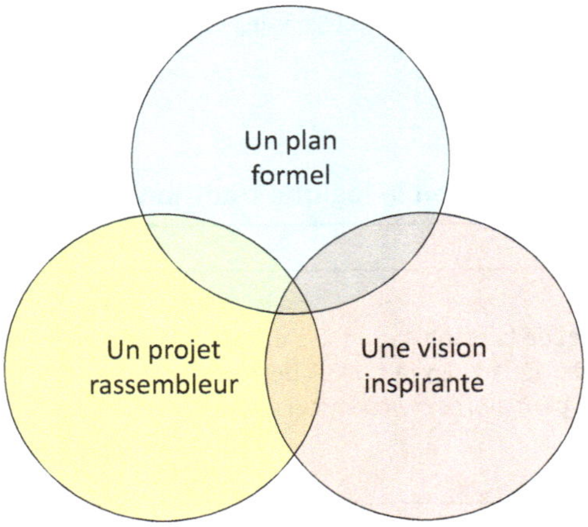

En reprenant les propos de la conclusion de la partie précédente, il y aurait donc trois formes pures de planification. Cependant, dans le monde concret des organisations, les croisements ne sont pas rares. Ainsi, à l'intersection de la logique formelle et de la logique traditionnelle, nous pouvons trouver des plans qui, tout en étant formels, sont construits à partir des traditions de l'organisation et se déclinent sous la forme de projets rassembleurs plutôt que sous celle d'objectifs très précis et quantifiés.

Au croisement de la logique formelle et de la logique charismatique, nous trouvons nombre de grandes entreprises qui, tout en étant formelles, n'en misent pas moins sur des leaders qui savent formuler l'avenir en termes de visions inspirantes. Ces entreprises se retrouvent notamment dans le domaine de l'innovation technologique, là où il faut prévoir tant les sommes en jeu sont colossales, mais là où il faut aussi savoir oser et formuler une vision d'avenir à même de fédérer et de motiver les uns et les autres.

Au croisement de la logique traditionnelle et de la logique charismatique, nous trouvons une planification qui propose aux membres de l'organisation un projet tout à la fois rassembleur et inspirant. C'est souvent la situation des *start-up* qui redessinent le paysage économique en mettant de l'avant des projets novateurs autour desquels se regroupent des communautés créatives.

SYNTHÈSE DU CHAPITRE

Idée clé
Premier moment du cycle administratif, la planification offre un certain regard sur l'avenir de façon à pouvoir y faire face. Ce regard prendra différentes colorations selon la logique de management qui l'anime.

La planification selon le management formel	
Le plan	Le plan énonce la marche à suivre pour atteindre les objectifs organisationnels.
Les prévisions	Les prévisions sont des anticipations objectives qui découlent de l'analyse formelle de l'environnement.
Les objectifs	Constitutifs des plans, les objectifs sont des cibles formelles à atteindre.

La planification selon le management charismatique	
La vision	La vision, c'est une idée qu'on désire voir se réaliser. C'est un état de fait, une situation à laquelle on aspire. Une vision prend la forme d'une image souhaitée, puis projetée dans le futur.
La mission	Dans le cadre de la logique charismatique, la mission repose sur des valeurs, des normes et suscite l'émotion requise pour mettre en œuvre les stratégies.
Le modèle d'affaires	Le modèle d'affaires décrit la vision opérationnelle de la stratégie. On y trouve les principes selon lesquels une organisation crée, livre et capture de la valeur.

La planification selon le management traditionnel	
Le projet collectif	Le projet collectif est une intention qui a vocation de rassembler les membres de l'organisation et d'assurer la pérennité du collectif.

Diagnostic	
Pour analyser une situation de gestion en termes de planification, il est possible de centrer l'attention sur quelques questions clés.	
Le management formel	La planification s'incarne-t-elle dans des plans, prévisions et objectifs?
Le management charismatique	La planification s'incarne-t-elle dans une vision inspirante et une mission qui engage l'émotion?
Le management traditionnel	La planification s'incarne-t-elle dans un projet collectif rassembleur?

10

Organiser

Plan du chapitre

Il peut être tentant de considérer que l'accroissement de la taille des organisations, en particulier celle des entreprises, rend essentiel le besoin d'organiser et de coordonner l'activité des personnes. Après tout, plus le nombre de personnes impliquées dans une organisation est grand, plus la tâche d'organiser le tout apparaît difficile et délicat. En réalité, ce n'est pas tant la taille de l'organisation qui est en cause, mais la division du travail. Plus la division du travail est poussée, plus le besoin d'organiser et de coordonner devient incontournable.

En effet, tant que l'organisation est constituée d'entités ou même de salariés qui effectuent un travail largement indépendant, le besoin de coordination et d'organisation est réduit au minimum. Un cabinet de médecins ou une très petite entreprise qui emploie plusieurs artisans responsables de la production de l'ensemble d'un produit n'ont pratiquement pas besoin de coordination. Ils sont indépendants : leur travail ne dépend pas de celui des autres ; il n'a pas besoin d'être articulé aux autres.

En revanche, dès lors que l'on divise le travail, il en va tout autrement. Les mêmes médecins réunis dans un hôpital où une partie des activités est effectuée par des infirmières, mais aussi par le personnel responsable de la nourriture, de l'entretien, etc., commencent à avoir besoin de coordination, même s'ils restent largement autonomes dans leur travail propre. Mais qu'en est-il du côté de l'artisan qui jadis fabriquait seul une automobile ? Désormais, le travail est divisé, parcellisé même, et il faut des centaines de salariés pour construire un seul élément de l'automobile. Ces activités ne peuvent plus être menées en parallèle, car les salariés deviennent largement interdépendants. Le besoin de coordination apparaît et la motivation ne va plus de soi.

> *« L'organisation est ce "quelque chose" qui distingue un groupe de personnes dans l'Aéroport International Kennedy des cinquante personnes qui forment une équipe de football de la NFL. »*
>
> Galbraith, J. R., *Organization Design*, Addisson-Wesley, 1977 : 2.

Au regard de la réalité du travail contemporain, cette organisation qui s'incarne dans une structure de relations de travail peut prendre diverses colorations selon la nature de la logique administrative qui domine l'organisation. Ainsi, sous le commandement du management formel, la structure est le fruit d'une opération minutieuse et complexe d'analyse et de mise en œuvre que l'on nomme le design organisationnel. En fait, toute l'organisation est passée sous le prisme du design et ressort comme étant constituée de mécanismes de coordination à réfléchir, de processus latéraux à concevoir, d'incitatifs à mettre en œuvre et de personnel à bien sélectionner et à former de façon à s'assurer que les bonnes personnes occupent les bonnes places pour être vraiment efficaces et productives. Dans un monde formel, structurer est donc sans surprise, profondément technique et infiniment minutieux.

Sous l'emprise du management charismatique, la problématique de l'organisation et de la coordination du travail se pose bien davantage en termes de relations humaines qu'en termes d'assemblage de blocs structurels, d'organigrammes ou de processus de liaison. Attention, cela ne veut pas dire qu'il n'y a pas de structure dans l'organisation charismatique ou que ce type d'organisation échappe à toute tentative de design. Non, cela veut tout simplement dire que l'essentiel est ailleurs, au-delà des éléments de structure. Cet essentiel se trouve, en fait, du côté des relations humaines que tissent les acteurs autour de leur leader. La force du leader, son charisme, son magnétisme, son pouvoir d'attraction, son inspiration, sa vision, en un mot, sa personne sont ce qui tient lieu d'ancrage structurel.

Enfin, il y a l'organisation traditionnelle. Tout comme dans le cas de l'organisation charismatique, ici la structure est seconde et il n'y a pas de véritable volonté de mettre en place des techniques élaborées de design de la structure. En fait, dans l'organisation traditionnelle, la culture l'emporte très largement sur la structure. Dès lors, coordonner le travail des uns et des autres consiste principalement à les rassembler autour d'un projet collectif, projet qui incarne des valeurs fortes. Se rassembler au sein d'une communauté et partager des valeurs, voilà ce qui importe et l'emporte sur les techniques de design.

Figure 10.1 **L'arrimage de la structure au système de planification**

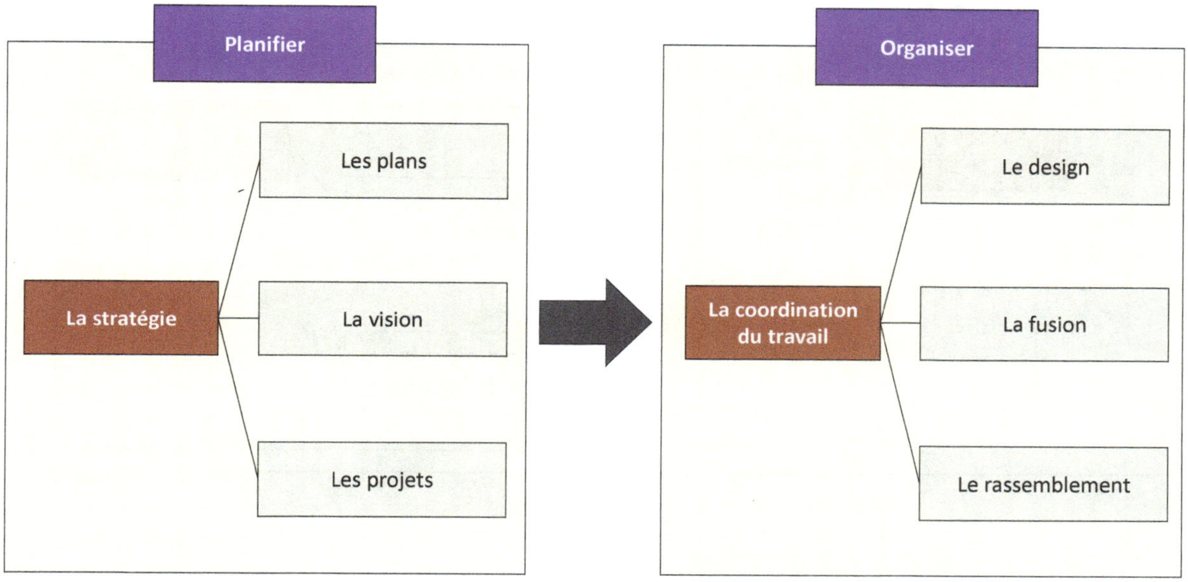

10.1 L'organisation selon la logique formelle : le design organisationnel[1]

Dans un monde gouverné par la logique formelle, organiser c'est bien plus que structurer. C'est notamment se lancer dans des opérations de **design organisationnel**, opérations qui sont conséquentes des efforts de planification. Ce design organisationnel consiste en « un processus délibéré de configuration des structures, des processus, des systèmes de récompense et des pratiques quotidiennes qui a pour but de créer une organisation efficace apte à réaliser la stratégie d'affaires[2] ».

Comme l'illustre la figure suivante, le design organisationnel prend donc le relais du système de planification et le prolonge dans l'action. L'idée ici, c'est de s'organiser afin que la stratégie de l'organisation devienne réalité. S'organiser implique alors de mettre en place une structure au sein de laquelle s'enchevêtrent des capacités organisationnelles, un système de récompenses, des processus latéraux de coordination et le personnel.

Le **design organisationnel** est un processus délibéré de configuration des structures, des processus, des systèmes de récompense et des pratiques quotidiennes qui a pour but de créer une organisation efficace, apte à réaliser la stratégie d'affaires.

1 Nous nous appuyons dans cette section sur les travaux de Jay Galbraith, et notamment ses livres : Galbraith, J. R., *Organization Design*, Reading, Mass., Addisson-Wesley, 1977, et Kates, A., et J. R. Galbraith, *Designing your Organization*, San Francisco, Jossey-Bass, 2007.

2 Kates, A., et J. R. Galbraith, *Designing your Organization*, San Francisco, Jossey-Bass, 2007 : 1.

Figure 10.2 **Le design organisationnel**

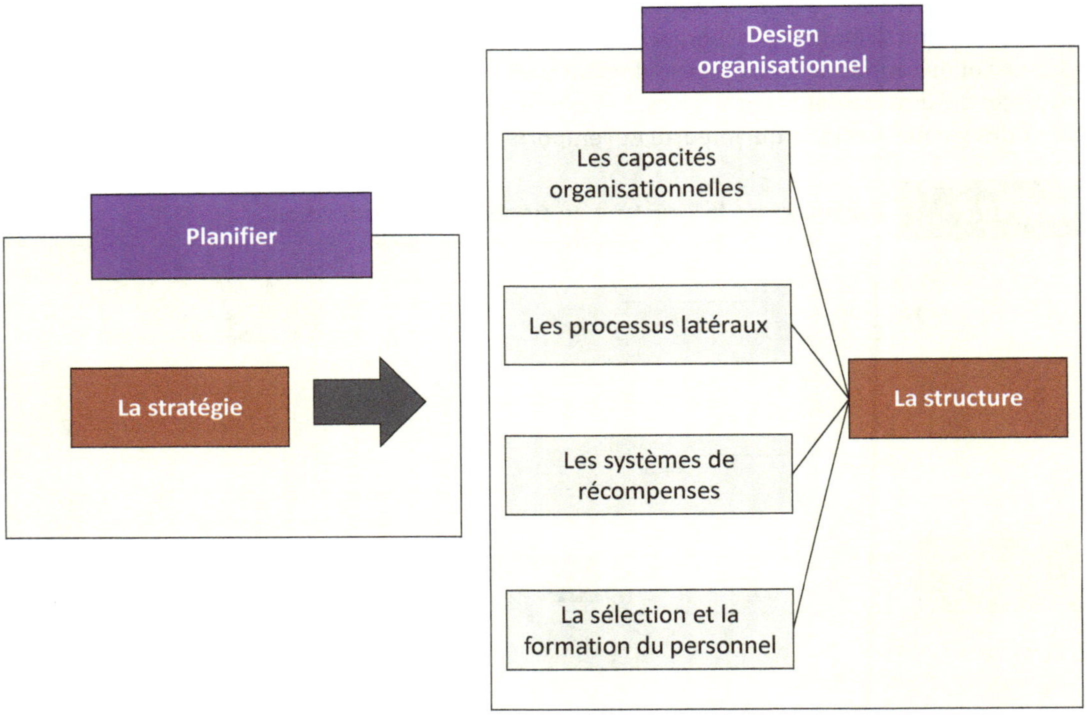

10.1.1 La structure

Tout en cherchant à intégrer des habiletés, des processus et des compétences humaines uniques qui concourent à l'avantage concurrentiel requis pour le succès de la mise en œuvre de la stratégie, l'organisation se dote d'une structure. La plus simple que l'on puisse imaginer est celle de l'employé unique, où une seule personne réalise l'ensemble de l'activité de l'organisation. Comme on se plaît à le dire parfois « on ne se coordonne pas soi-même ».

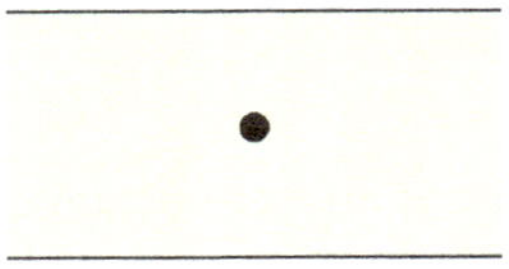

La division du travail et la coordination

À mesure que l'activité grandit, une seule personne ne suffit plus à couvrir l'ensemble des besoins. Cela ne signifie pas pour autant qu'un besoin de coordination apparaît. Tout dépend de la division du travail. Les salariés peuvent tout à fait travailler en parallèle, chacun étant responsable de l'ensemble du processus de fabrication d'un produit ou service. Par exemple, des artisans fabriquent des sacs à main, et chacun est responsable de la fabrication entière de ces sacs. Il en est de même dans un cabinet de médecins, où chacun s'occupe de ses patients. L'interdépendance est nulle, aucun de ces professionnels n'ayant besoin des autres pour effectuer son travail.

Parfois, plusieurs choix s'offrent. Prenons l'exemple d'un cours de management offert à 20 groupes d'étudiants. Il serait possible de laisser les 20 enseignants des 20 groupes faire ce qu'ils pensent devoir faire, chacun de leur côté. Mais il est possible aussi de vouloir assurer une certaine homogénéité de l'enseignement dans ces 20 groupes. Les professeurs pourraient alors discuter du contenu de leur cours et s'ajuster mutuellement, se mettre d'accord sur certains points communs à tous. À trois ou quatre enseignants, l'exercice est relativement facile à faire. À 20 enseignants, toutefois, cela devient problématique. Et si l'on veut une grande homogénéité, il faut instaurer un mécanisme de coordination plus raffiné. Bien sûr, les enseignants ne sont pas vraiment interdépendants, car ils ne dépendent pas des autres pour effectuer leur enseignement. Mais ils ne sont déjà plus totalement indépendants. Cela se nomme un « cours coordonné ».

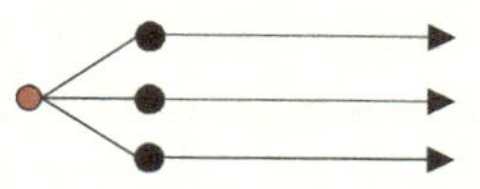

À mesure que la division du travail s'étend, notamment grâce à la redoutable efficacité de ce procédé, on peut alors aller plus loin que la seule coordination de processus parallèles pour garantir une certaine homogénéité. On peut répartir entre plusieurs personnes une même activité. Cette fois, celles-ci sont totalement interdépendantes pour réaliser la tâche. Il suffit que l'un des membres échoue pour que l'ensemble du collectif fasse naufrage. Ainsi, sur une chaîne de montage, si un ouvrier saute une opération, le suivant ne peut pas effectuer la sienne. Dans un tel cas d'interdépendance, la coordination est absolument nécessaire. Mais là encore, plusieurs formes sont imaginables. Il est possible, bien sûr, de mettre à la tête de ce petit groupe (ou d'un plus grand groupe) un coordonnateur, un « chef », qui sera responsable de l'organisation du travail. Dans ce cas, le travail est non seulement divisé horizontalement, puisque les employés n'effectuent qu'une partie du processus, mais aussi verticalement puisque des attributs de la tâche, comme sa préparation (voire son contrôle), sont aussi séparés de son exécution.

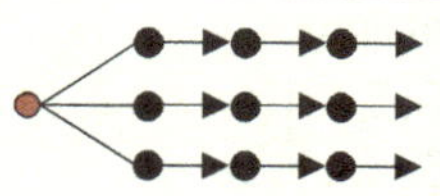

Mais la coordination peut être faite à l'extérieur du coordonnateur. C'est le cas, par exemple, sur une chaîne de montage où l'organisation du travail est faite par un bureau des méthodes. Ainsi, un groupe d'individus s'attèlent à définir la « meilleure manière de faire » et à l'imposer à l'ensemble des salariés. Le « chef » n'est plus là que pour contrôler, et éventuellement aider à l'atteinte des standards fixés. C'est de cette façon que les usines *Ford* au début du XXe siècle ont fonctionné, imitées ensuite par la plupart des constructeurs automobiles.

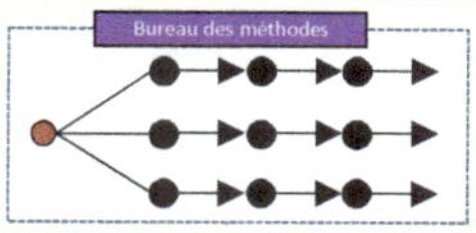

Enfin, le groupe lui-même peut effectuer ce travail. Les membres interdépendants peuvent se réunir et déterminer ensemble comment il convient de s'organiser et de se répartir le travail. Dans l'industrie automobile, la mise en place des « cercles de qualité », chez *Volvo*, avait pour but de redonner aux ouvriers de l'autonomie en laissant au groupe une certaine latitude sur la manière d'organiser le travail. Et dans nombre d'usines japonaises, le « groupe » est largement responsable de la bonne marche des opérations (même si les autres mécanismes de coordination sont également en place).

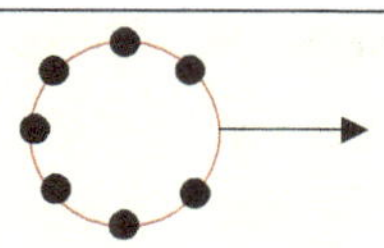

La départementalisation

Lorsque la division du travail devient plus forte, deux autres phénomènes apparaissent. Arrive en effet un moment où même un génie ne peut plus coordonner l'ensemble de l'activité. Une partie de ses tâches sera confiée au département de la comptabilité, au département des ressources humaines, etc. Surtout, il n'y a plus un gestionnaire responsable de la coordination, mais des dizaines (voire des centaines) qu'il s'agit aussi d'organiser et de coordonner entre eux. Entre en scène la question de la départementalisation.

Il existe fondamentalement quatre manières d'effectuer cette « mise en départements » d'une organisation. La première consiste à les créer autour des fonctions. Une autre consiste à les constituer autour des produits. Il est aussi possible de le faire selon des zones géographiques. Et enfin, l'organisation peut être aménagée autour de clients principaux.

Tableau 10.1 **La départementalisation des structures**

Départementalisation	Caractéristiques principales
Par fonctions 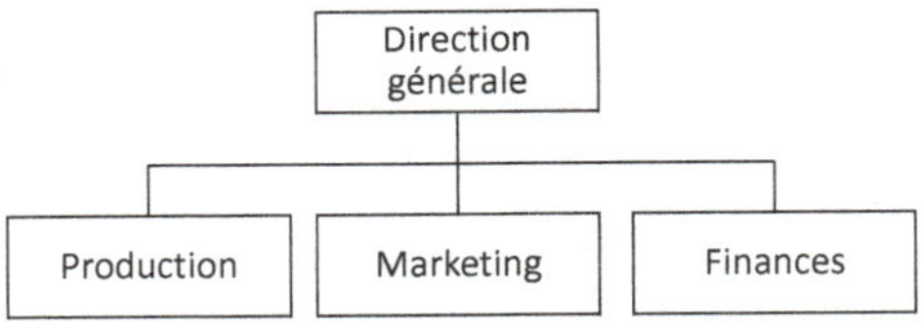 	• L'organisation offre une ligne de produits à un type de client. • Les économies d'échelle, et par suite la spécialisation et la standardisation, apportent un avantage majeur.
Par produits 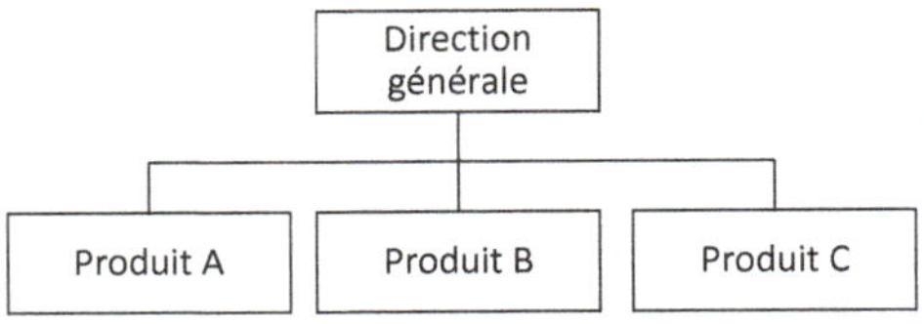 	• L'organisation offre de nombreux produits, renouvelés fréquemment, à une variété de clients. • La connaissance approfondie des gammes de produits procure un avantage majeur.
Par régions 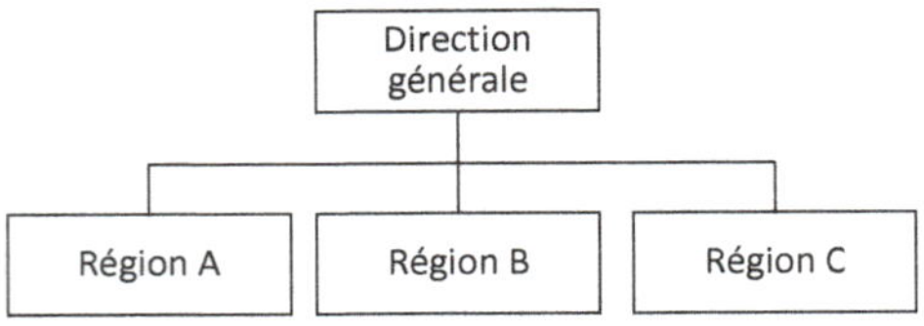 	• L'organisation offre des produits ou des services dont la distribution à une clientèle dispersée géographiquement est coûteuse ou difficile. • La connaissance des particularités locales des clients offre un avantage majeur.
Par clients 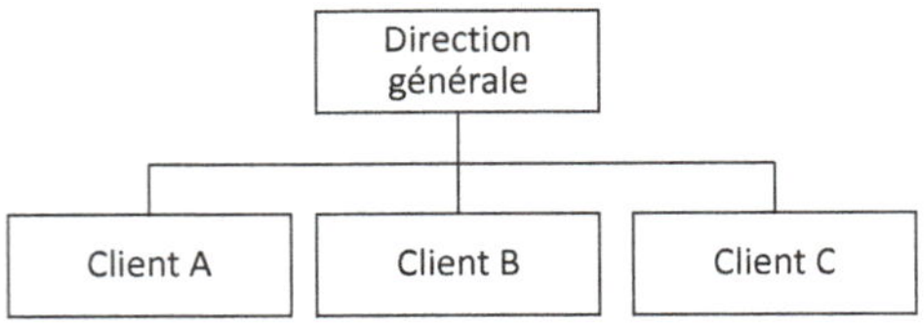 	• L'organisation offre des produits ou des services à des clients qui sont très puissants (gouvernement, réseau de distribution) ou alors qui sont clairement différenciés (jeunes, adultes, aînés). • Une connaissance approfondie du client est source d'un avantage majeur.

10.1.2 Les processus latéraux (ou mécanismes de liaison)

Lorsque la division du travail est poussée et que la taille de l'organisation devient grande, des « processus latéraux » deviennent indispensables. En effet, la spécialisation sous la forme de départements, que ce soit par fonction, produit, région ou par client, tend à créer des organisations qui fonctionnent en silos. Chacun des silos départementaux ne voit plus les problèmes que de son seul point de vue, ce qui multiplie les conflits au sein de la structure. Le sommet de la hiérarchie peut bien sûr être mis à contribution pour régler ceux-ci, mais il va de soi qu'un désaccord entre un employé du département de la comptabilité de niveau N-9 et un autre du département des ventes également d'un niveau N-9 ne peut pas systématiquement être résolu au niveau de la direction générale. Il faut bien, à un échelon ou à un autre, que les départements puissent discuter, échanger de l'information et régler leurs différends.

L'ajustement mutuel

Le mécanisme de coordination le plus simple et le moins coûteux consiste à s'ajuster tout naturellement les uns aux autres, à se coordonner directement et simplement par de l'*ajustement mutuel.* Ainsi, des employés de départements différents échangent leur point de vue et résolvent ensemble le problème.

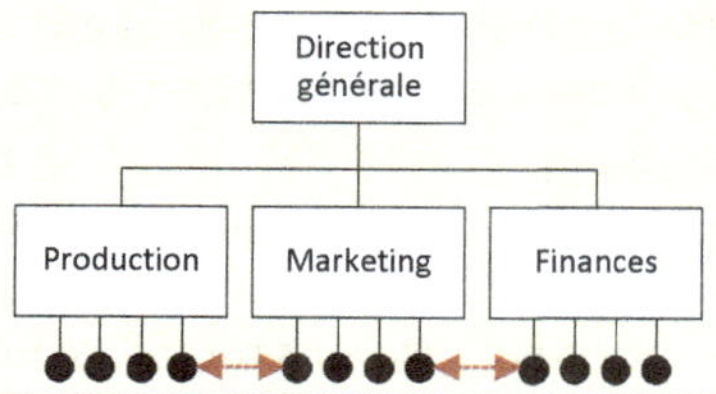

L'équipe

Cependant, lorsque le problème à résoudre devient plus délicat, que la fréquence de ce type d'ajustement s'accroît, ou encore que le nombre de services concernés par le problème devient plus important, l'ajustement mutuel peut ne plus être suffisant.

Une solution consiste alors à mettre en place une équipe. Elle peut être temporaire pour résoudre un problème particulier – on parle alors de *task force* (groupe de travail) – ou pérenne ; les équipiers peuvent y œuvrer à temps plein ou à temps partiel ; ils peuvent être localisés sur le même lieu ou se réunir à intervalles réguliers (en personne ou non). L'essentiel, c'est que l'équipe soit composée de personnes issues de départements différents, avec des perspectives variées, mais qu'elles restent hiérarchiquement rattachées à leur service d'origine. D'ailleurs, leur évaluation, leur bonus et leur promotion sont toujours du ressort de leur directeur de département.

Par ailleurs, ces équipes ne sont pas organisées autour d'un chef ; il s'agit plutôt d'utiliser la diversité des approches propres à l'expertise de chacun des membres qui se joint à l'équipe pour générer de nouvelles solutions ou idées. Une scène du film *Appolo 13* met en évidence le travail d'un *task force* : différents experts sont réunis avec pour mission (dans un délai de quelques heures) de faire rentrer des carrés dans des ronds afin de trouver une solution qui permettrait de sauver l'équipage[3].

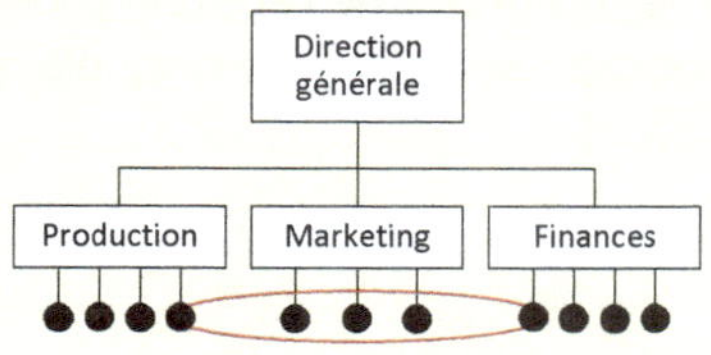

[3] Voir : youtube.com/watch?v=C2YZnTL596Q

Le rôle intégrateur

Jusqu'ici, nous avons évoqué des cas de figure où un groupe est chargé d'effectuer la mission sans avoir de « chef » formel à sa tête. Toutefois, le nombre de personnes concernées, les particularités de la mission ou sa durée rend parfois nécessaire l'ajout d'un « responsable intégrateur » dont le rôle consiste à veiller au bon fonctionnement de l'équipe et à la réalisation de ses objectifs. Néanmoins, ce responsable n'a aucune autorité hiérarchique sur les membres du groupe de travail. Comme dans les cas de figure précédents, chaque membre demeure rattaché à son supérieur hiérarchique.

« Il y a quelques années, notre croissance ralentissait et nos efforts pour dénicher de nouveaux marchés hors de notre activité principale produisaient des résultats mitigés. Notre PDG, John Chambers a alors décidé d'abandonner la structure de gestion traditionnelle ancrée dans les principes de commandement et de contrôle, pour adopter un modèle plus collaboratif, construit à partir d'une série de comités et de conseils. L'entreprise avait besoin de dirigeants qui étaient aptes à penser la croissance et le développement de Cisco dans sa globalité – plutôt que de se concentrer strictement sur le prochain produit extraordinaire que leur unité livrerait. L'objectif était d'"aplanir" les structures, de rester agile et proche de nos clients, en réunissant nos meilleurs employés de par le monde, dans la perspective de résoudre ce problème clé. »

Robert Kovach,
directeur du Centre Cisco de leadership

Christensen, K.,
« Cisco's Center for Collaborative Leadership serves as an interesting model for organizations wishing to closely link their growth and expansion with leadership development »,
Rotman Magazine, hiver 2012 : 107.

Un exemple courant de ce rôle est le « chef de produit » que l'on trouve toujours dans les grandes entreprises qui misent massivement sur le marketing (Procter & Gamble, L'Oréal, etc.). À ceux qui s'interrogent sur la manière dont une personne sans autorité peut être responsable d'une équipe, la direction de l'entreprise répondra en général qu'il faut du *leadership*... Notons toutefois que ce n'est certainement pas un hasard si la fonction de chef de produit représente la voie royale au sein de ces entreprises. Outre le prestige que cela peut leur conférer, la perspective de les voir progresser rapidement dans la hiérarchie et atteindre une position de pouvoir ne peut être ignorée par les membres de l'organisation. D'autant que, généralement, ces chefs de produit ont été soigneusement sélectionnés et peuvent disposer d'un pouvoir personnel important.

Par ailleurs, il est possible de déléguer au chef de l'équipe un certain nombre des pouvoirs attribués d'habitude au responsable hiérarchique. Il peut par exemple avoir l'autorité sur les budgets, participer à l'évaluation de chacun des membres du groupe, avoir le pouvoir d'autoriser ou de refuser telle ou telle chose. Il est également possible qu'il soit issu d'un niveau hiérarchique supérieur à celui des autres membres de l'équipe. Cependant même dans ce cas, les membres de l'équipe restent hiérarchiquement rattachés à leur service d'origine.

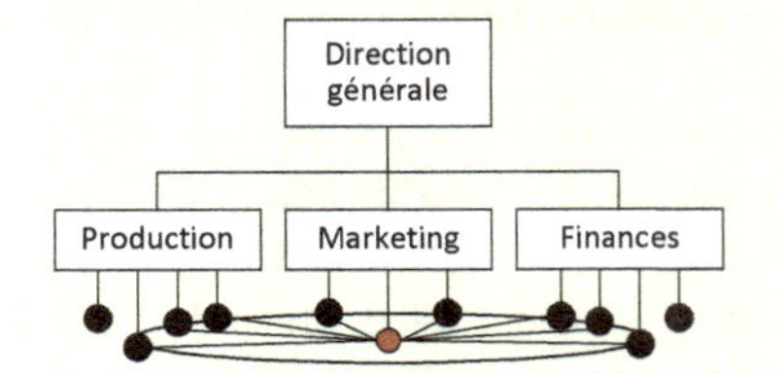

La structure matricielle

La structure matricielle consiste à mélanger différentes logiques départementales (par exemple une structure fonctionnelle et une structure par région, ou une structure par produit) en attribuant à chaque individu deux chefs. Ainsi, le directeur des ressources humaines de l'Argentine sera rattaché à la fois au directeur financier monde et au PDG de la filiale argentine. Ou encore, le directeur financier de la division des produits de grande consommation sera à la fois rattaché au directeur financier de l'entreprise et au directeur de la division des produits de grande consommation. Dans ce type de structure, on comprend aisément le défi que peut représenter la coordination. Qui détermine quoi ? En cas de conflit, qui va trancher ? Qui a l'autorité ultime ? Où doit aller la loyauté de l'employé qui doit composer avec les exigences de deux unités départementales ? À l'évidence, la structure matricielle pose d'immenses défis de coordination et il ne fait pas de doute que des relations de travail empreintes d'une relative sagesse doublées d'ajustements mutuels peuvent contribuer à les simplifier.

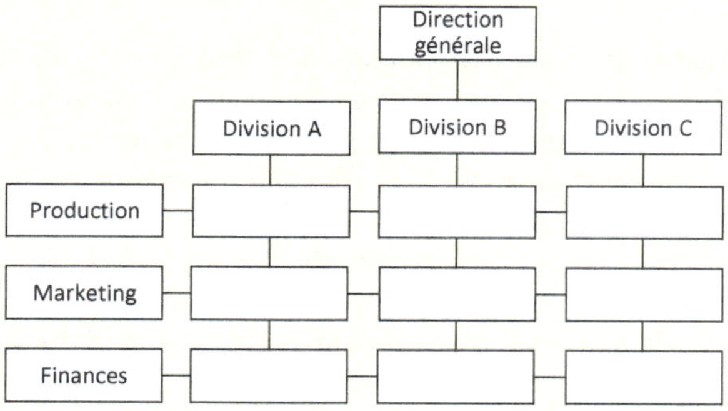

10.1.3 Les systèmes de récompenses

Coordonner les individus, nous l'avons évoqué au début de ce chapitre, ce n'est pas seulement fabriquer des structures et corriger leurs insuffisances par des mécanismes latéraux. C'est aussi indiquer aux gens ce qu'ils doivent faire. Ce peut être de façon directe (la directive) ou indirecte (par le biais d'un système de récompense). La manière indirecte peut venir renforcer la directive ou encore la compléter, notamment lorsqu'il s'agit, pour un employé, de réagir à des situations non prévisibles qui demandent créativité, coopération ou même, plus simplement, un niveau de performance plus élevée que le minimum exigé.

> *« Les créatifs ne sont pas forcément des originaux : ils peuvent être d'une banalité affligeante ! Par contre, ce sont tous des êtres sensibles dotés de gros ego. Il faut donc les mettre en valeur et créer un contexte organisationnel dans lequel ils se sentent respectés. La clé est de leur donner la liberté de s'exprimer tout en mettant de la pression sur les résultats. »*
>
> Elmar Mock,
> co-inventeur de la montre Swatch et fondateur de Creaholic
>
> Tremblay, J., « Elmar Mock – Le co-inventeur de la Swatch remet les pendules à l'heure sur le thème de l'innovation », *HEC Montréal Mag*, 2011, *10*(1) : 14.

La façon directe consiste à indiquer à la personne quel doit être son comportement, autrement dit la directive. Les systèmes de récompense représentent la manière indirecte d'indiquer les comportements attendus. Indirecte, car il y a quelque chose (la récompense) qui vient se placer entre la directive et le comportement. Par ailleurs, le comportement peut être défini de manière beaucoup plus floue. On ne peut dire à quelqu'un « sois spontané ! », mais on peut valoriser la spontanéité. Valoriser certains comportements, c'est l'effet des systèmes de récompense.

Dans son opération de design, le gestionnaire a à sa disposition trois types de récompenses, soit :

Les récompenses extrinsèques financières : ce sont des sommes d'argent ou des avantages qui ont une valeur mesurable et qui sont attribuées aux employés sur des bases aussi différentes que leur ancienneté, leur performance ou encore le simple fait d'appartenir à l'organisation. Ces récompenses s'inscrivent largement dans la logique du management formel. Elles font partie du « contrat » passé entre un individu et l'organisation ; elles sont liées au fait que l'individu accomplisse sa tâche, voire dépasse les attentes. L'idée générale est d'améliorer la productivité en donnant des incitatifs financiers. Enfin, même si le jugement peut être utilisé, le système se veut le plus objectif possible. Les récompenses individuelles, fondées sur des mesures, sont le meilleur représentant de cette logique.

Les récompenses extrinsèques non financières : il s'agit pour l'employé d'obtenir l'approbation de son chef, ou de son groupe. L'individu peut rechercher l'approbation de son chef pour obtenir certaines choses de sa part. Ce peut être des avantages (une meilleure évaluation qui pourrait résulter en une récompense financière), mais aussi des accommodements (partir plus tôt tel jour pour aller au spectacle de l'un de ses enfants). Mais cela peut aller bien au-delà du simple but d'obtenir quelque chose en retour (auquel cas nous restons dans la logique d'échange). La simple considération du chef peut être importante pour l'individu, surtout s'il s'agit d'un chef qu'il respecte (sur le plan professionnel et/ou humain).

> *« Je crois que les individus travaillent pour leur satisfaction. Je crois que c'est une grande erreur de penser que l'argent est la seule façon de récompenser le travail d'une personne. Les gens ont besoin d'argent, mais ils ont également besoin d'être heureux dans leur travail et d'en être fiers. »*
>
> Akio Morita, cofondateur de Sony
>
> Morita, A. et Reingold, E. M., *Made in Japan*, N. Y., Harper Collins, 1986 : 157-166.

Les récompenses intrinsèques : nous pouvons distinguer deux formes de récompenses intrinsèques, soit l'engagement dans son métier et l'identification aux buts de l'organisation. Alors que l'engagement dans le métier consiste à tirer satisfaction de la nature du travail à réaliser, l'identification au but de l'organisation renvoie à la satisfaction d'être membre d'une organisation valorisée.

10.1.4 La sélection et la formation du personnel

La direction d'une organisation dispose d'un dernier levier pour aligner les comportements afin d'organiser et de coordonner les activités des individus : agir directement sur eux, notamment par leur sélection, leur affectation, mais aussi leur formation et leur développement.

La sélection et l'affectation : dans le cadre du management formel, ce n'est pas tant la personne en tant que telle que l'on recrute, mais sa « force de travail », ou plus généralement, ses « compétences ». Nous sommes dans une logique de « contrat », et de « tâches ». Il s'agit de sélectionner un individu apte à réaliser les tâches que l'on attend de lui et de l'y affecter. La description de tâches qui est associée à un poste est typique d'une telle logique.

La formation et le développement : dans le cadre du management formel, il s'agit, un peu dans la continuité du recrutement, de développer des compétences, de rendre aptes les individus à occuper un nouveau poste constitué d'une liste de tâches différentes. La personne ayant été embauchée pour un poste en particulier, dès lors qu'elle s'oriente vers un autre poste, il faut s'assurer qu'elle ait, et si tel n'est pas le cas, lui donner, les compétences requises pour celui-ci. Des formations magistrales où l'on transmet des connaissances explicites sont tout à fait adaptées à cet objectif. Une formation individuelle où le chef explique à un individu ce qu'il doit faire est aussi caractéristique de cette logique.

Diagnostic 10.1 **Arrimage du design organisationnel à la planification**

Pour évaluer l'arrimage des opérations de design avec l'effort de planification, les questions suivantes s'avèrent être un bon point de départ. En fait, elles permettent de poser un diagnostic sommaire, lequel peut alors servir à lancer une réflexion plus étoffée.	Fortement en accord	Plutôt en accord	Plus ou moins en accord	Plutôt en désaccord	Fortement en désaccord
1. Dans l'organisation, les gestionnaires construisent la structure en fonction de la stratégie planifiée.					
2. Dans l'organisation, les gestionnaires s'assurent que les mécanismes de coordination permettent de réaliser ce qui a été planifié.					
3. Dans l'organisation, les gestionnaires ajustent les systèmes de récompenses en fonction des plans.					
4. Dans l'organisation, les gestionnaires s'assurent que le personnel est sélectionné et formé en fonction des plans.					
5. Les gestionnaires sont conscients que les opérations de design prolongent l'effort de planification.					

10.2 L'organisation selon la logique charismatique : la fusion

La **fusion** est le processus par lequel les membres de l'organisation s'unissent et font corps autour du leader et de sa vision.

Alors que la logique formelle met de l'avant la nécessité d'un design de la structure, la logique charismatique n'accorde que peu d'attention aux structures. Bien sûr, des mécanismes de coordination animés par un leader, des systèmes de récompense qui passent par la reconnaissance d'un chef ou des équipes ayant à leur tête une personne qui peut inspirer les autres à travailler ensemble sont compatibles avec la logique charismatique, mais là n'est pas l'essentiel. Surtout, là n'est pas la préoccupation des leaders. Pour le leader charismatique, la structure et son design performant sont des réalités secondes. Ce qui importe, c'est de se démarquer des concurrents, de construire une identité propre, d'être en mission pour réaliser quelque chose qui mérite vraiment de l'être. Et ce quelque chose, c'est la vision inspirante formulée à l'étape de la planification. C'est autour de cette vision et du leader que les membres de l'organisation fusionnent et forment un tout qui partage le plaisir et l'excitation d'être au service d'une vision qui donne du sens à l'action.

> *« Le leadership est une affaire de contenu, d'idées, de causes, de produits ou de projets, c'est ce qui constitue la substance de l'organisation, non celle de la gestion d'un processus. Les processus, les formalisations et les impératifs organisationnels sont subordonnés à ces idées, à ces causes, à ces produits, à ces projets, etc. Le leader se rend personnellement garant de ce qui constitue la substance de l'organisation et reste le chien de garde contre […] la formalisation, la bureaucratisation, la systématisation et la tyrannie de la décision en équipe. »*
>
> Lapierre, L., « Le leadership : le meilleur et le pire », *On dirige comme on est*, Montréal, PUQ, 2012 : 7-8.

La fusion des personnes au sein d'un groupe uni et inspiré est donc le processus par lequel les membres de l'organisation charismatique s'unissent et font corps autour du leader et de sa vision. Cette fusion donne alors au groupe un sentiment de puissance, sentiment que chacun peut ressentir et mobiliser lors de la réalisation de sa mission.

10.2.1 Les forces invisibles

Alors que l'organigramme représente très bien ce qu'est une structure formelle, il n'a pas beaucoup de sens pour capter l'essentiel d'une « structure » charismatique. En fait, cela se comprend puisqu'il n'existe pas une telle chose qu'une structure charismatique. Surtout, vouloir représenter schématiquement des dynamiques de division du travail et des relations de coordination n'a pas vraiment de sens lorsque ce qui fait la différence dans les relations au travail ce sont des forces invisibles. En effet, sous l'emprise de la logique charismatique, les relations de travail sont portées par la réalité psychique des membres de l'organisation et sont souvent de l'ordre de l'inconscient[4]. Ainsi, là où la logique formelle ne voit que des relations contractuelles de travail, la logique charismatique voit aussi des relations psychiques. C'est ainsi que le refoulement, la dénégation, la projection, la rationalisation, la régression, le clivage, la sublimation, l'idéalisation et tant d'autres mécanismes de défense psychique sont tout autant en jeu dans les relations de coordination au travail que les mécanismes formels et les processus latéraux de coordination. De même, la personnalité d'un leader, qu'elle soit tout ce qu'il y a de plus commune et banale ou qu'elle soit plutôt paranoïde, compulsive, théâtrale, dépressive ou schizoïde explique autant l'organisation et la coordination du travail que les systèmes formels de récompense, de sélection et de formation du personnel[5].

> *« Une main invisible est à l'œuvre dans les organisations. La décision, la conduite des affaires, la stratégie, les structures, les changements s'y trouvent influencés dans leur élaboration même, selon des voies subtiles et compliquées, par d'"invisibles" forces psychiques. »*
>
> Kets de Vries, M. F. R. et D. Miller, *L'entreprise névrosée*. Paris, McGraw-Hill, 1985 : 1.

Dans un monde où la réalité psychique du leader pèse lourd sur les relations de travail, il faut alors cesser de ne voir que des relations hiérarchiques formelles et des jeux mécaniques de coordination pour comprendre comment le collectif s'organise et se coordonne. En fait, dans un monde dominé par la logique charismatique, organiser c'est savoir manier le sous-texte porté par les relations hiérarchiques et les mécanismes de coordination. Il y a dans le fait de s'organiser, un jeu profondément psychique fait de rencontres de personnalités, d'appels à la motivation, de partage de sentiments et d'émotions, de désir, de conflit, d'amour, de haine, d'envie, de jalousie et de mécanismes de défense.

> *« La vision audacieuse du leader, ses désirs et ses mobiles profonds, sa passion et sa détermination obstinée, ses dispositions, ses qualités et ses attributs personnels, son assurance et sa capacité d'enthousiasmer, [...] sont quelques-uns des éléments qui font qu'on adhère à tel leader et que, sous sa gouverne, se réalisent des visions nouvelles, des innovations osées ou des changements majeurs. »*
>
> Lapierre, L., *On dirige comme on est*, Montréal, PUQ, 2012 : 4.

---

4 Voir : « En explorant la caverne de Platon. L'organisation vue comme une prison du psychisme » dans Morgan, G., *Image de l'organisation*, Québec, PUL, 1989 : 229-268.

5 Voir : Kets de Vries, M. F. R. et D. Miller, *L'entreprise névrosée*. Paris, McGraw-Hill, 1985.

S'organiser est donc une activité profondément humaine et le leader le sait. Surtout, il sait jouer sur la corde invisible du psychique pour faire en sorte que l'ensemble des individus qu'il doit coordonner arrive à former un bloc et à se donner l'allure d'une foule prête à se déchaîner pour tout réaliser, même l'impossible, surtout l'impossible. Ce groupe motivé et inspiré par son leader tente l'impossible, car il se projette en lui pour devenir bien plus qu'un simple groupe de travail très bien coordonné par un gestionnaire qui saurait manier avec compétence les mécanismes de coordination appropriés. Le groupe inspiré voit la force, la fougue, la volonté et la puissance de son leader et dès lors il se sent fort, fougueux, volontaire et puissant[6]. Dans une relation charismatique, chacun peut donc ressentir un attachement profond au leader, à la nécessité de lui plaire et d'en tirer la plus grande des satisfactions. Ce besoin d'attachement peut même prendre la coloration d'une relation d'amour tant le regard du chef a son importance.

> *« Le fait le plus frappant présenté par une foule psychologique est le suivant : quels que soient les individus qui la composent, quelque semblables ou dissemblables que puissent être leur genre de vie, leurs occupations, leur caractère ou leur intelligence, le seul fait qu'ils sont transformés en foule, les dote d'une sorte d'âme collective. Cette âme les fait sentir, penser et agir d'une façon tout à fait différente de celle dont sentirait et agirait chacun d'eux isolément. Certaines idées, certains sentiments ne surgissent et ne se transforment en actes que chez les individus en foule. »*
>
> Le Bon, G., *Psychologie des foules*, Paris, PUF, 1981 [1895].

Bien sûr, tout cela est profondément psychique et largement inconscient et pourtant, tout cela est en jeu dans la logique charismatique et fonde les relations d'organisation et de coordination au travail.

10.2.2 Le discours contagieux et l'histoire inspirante

Pour créer un groupe fusionnel prêt à tout pour accomplir ce qui doit l'être, le leader a tout intérêt à savoir manier l'art du discours. Par le discours, il communique la vision commune, mais cet art ne se limite pas à un transfert d'informations comme sait si bien le faire le plan dans une logique formelle. Il faut que la vision touche émotivement ceux et celles à qui elle est destinée. Dès lors, il faut que le discours fasse en sorte que chacun se sente concerné, qu'il reçoive la vision comme un appel, comme un engagement à passer à l'action. D'une certaine façon, le discours du leader doit servir de mécanisme de coordination, d'appel aux armes, de référence commune. C'est le discours qui porte la vision à concrétiser, c'est lui qui énonce l'idéal à réaliser et clarifie la mission qu'il s'agit d'accomplir.

Le discours arrivera à ses fins seulement s'il ne se borne pas à énoncer des faits, à décliner des directives ou à rappeler aux uns et aux autres ce qu'ils savent déjà. Le discours tiendra son rôle de catalyseur et de coordination des efforts de chacun s'il arrive à susciter la conviction et l'enthousiasme. Pour y arriver, le leader doit s'adresser à chacun, il doit savoir lui parler, il doit pouvoir mobiliser ce fil invisible qui unit tous les membres de l'organisation. En touchant la corde sensible des uns et des autres, en s'adressant à cette part d'inconscient qui ne demande qu'à être réveillé, le discours du leader peut alors créer l'engagement, le désir d'accomplissement et même l'oubli de soi. D'une certaine

---

[6] Ainsi, selon Tarde : « Quand une foule admire son chef, quand l'armée admire son général, elle s'admire elle-même, elle fait sienne la haute opinion que cet homme acquiert de lui-même ». Tarde, G., *Logique sociale*, Paris, Félix Alcan, 1893 : 101.

façon, le discours du leader ne joue son rôle de coordination des efforts de chacun qu'en devenant un vecteur de contagion, ce par quoi la vision, les idées, l'idéal, les sentiments, la passion et les émotions passent de l'un à l'autre. Le discours doit donc être le virus qui fait d'un ensemble d'individus, un collectif uni, un collectif prêt à se dépasser, un collectif qui sous l'emprise de son leader devient nettement plus que la somme de ses membres.

> *« Chez une foule, tout sentiment, tout acte est contagieux, et contagieux à ce point que l'individu sacrifie très facilement son intérêt personnel à l'intérêt collectif. C'est là une aptitude contraire à sa nature, et dont l'homme ne devient guère capable que lorsqu'il fait partie d'une foule. »*
>
> Le Bon, G., *Psychologie des foules*, Paris, PUF, 1981 [1895].

Ce genre de discours qui engage les uns et les autres à faire corps et à se dépasser dans l'action se rencontre souvent dans la sphère politique. Parmi les exemples les plus célèbres, il y a le fameux discours du pasteur Martin Luther King prononcé le 28 août 1963 à Washington. Le *I Have a Dream* de Martin Luther King évoque le rêve d'une société égalitaire, une société juste et expurgée de tout racisme. Par ce discours, le pasteur invite ses concitoyens à agir de façon non violente pour les droits civils de chacun. Si le discours sert clairement de vision, il incite aussi à l'action.

Illustration 10.1 **Martin Luther King, *I Have a Dream*, 28 août 1963**

[...] Let us not wallow in the valley of despair. I say to you today, my friends, that in spite of the difficulties and frustrations of the moment, I still have a dream. It is a dream deeply rooted in the American dream.

I have a dream that one day this nation will rise up and live out the true meaning of its creed – we hold these truths to be self-evident: that all men are created equal.

I have a dream that one day on the red hills of Georgia the sons of former slaves and the sons of former slave-owners will be able to sit down together at a table of brotherhood.

I have a dream that one day even the state of Mississippi, a desert state, sweltering with the heat of injustice and oppression, will be transformed into an oasis of freedom and justice.

I have a dream that my four little children will one day live in a nation where they will not be judged by the colour of their skin but by the content of their character.

I have a dream today!

I have a dream that one day, down in Alabama, with its vicious racists, with its governor having his lips dripping with the words of interposition and nullification; one day right there in Alabama little black boys and little black girls will be able to join hands with little white boys and white girls as sisters and brothers.

I have a dream today!

I have a dream that one day every valley shall be exalted, every hill and mountain shall be made low, the rough places will be made plain, and the crooked places will be made straight, and the glory of the Lord shall be revealed, and all flesh shall see it together.

This is our hope. This is the faith that I will go back to the South with. With this faith we will be able to hew out of the mountain of despair a stone of hope. With this faith we will be able to transform the jangling discords of our nation into a beautiful symphony of brotherhood. With this faith we will be able to work together, to pray together, to struggle together, to go to jail together, to stand up for freedom together, knowing that we will be free one day.

Par ailleurs, alors que le discours peut s'avérer être un puissant outil de conviction et un moyen efficace pour coordonner l'action des uns et des autres, le leader peut aussi disposer d'une autre technique qui s'apparente au discours, à savoir le *storytelling*[7] (communication narrative). Comme son nom l'indique, cette technique consiste à raconter des histoires. Ici, il ne s'agit pas tant, comme dans le discours, de chercher à convaincre, de persuader les uns et les autres du bien-fondé d'une action que de donner du sens à l'action du collectif. En racontant une histoire, le leader donne du sens au travail réalisé, un sens qui va bien au-delà de la simple tâche à réaliser et à coordonner avec les autres. Ce sens transforme alors le travail en mission à accomplir, ce qui est très précisément au principe de la logique charismatique.

> *« Le leadership ne peut être exercé sans communication. Qu'il s'agisse d'une vision nouvelle, d'une mission ou d'un projet de société ou d'entreprise, un leader doit d'abord se raconter à lui-même "l'histoire" qu'il veut raconter aux autres. Il doit la rendre suffisamment crédible à ses yeux pour être capable de convaincre les autres de sa nécessité, sinon de son bien-fondé. »*
>
> Lapierre, L.,
> *On dirige comme on est,*
> Montréal, PUQ, 2012 : 126.

Tout comme le discours engageant, le *storytelling* est une technique largement utilisée dans le monde politique, et cela se comprend. Par une simple histoire, l'habile politicien peut faire ressentir à une foule l'importance d'un moment, la vérité historique d'un événement. Par la magie de l'histoire, les uns et les autres peuvent se sentir interpellés, ils peuvent sentir qu'ils font partie de l'histoire, voire qu'ils font l'histoire. C'est d'ailleurs ce qu'ont ressenti nombre d'Américains le 4 novembre au soir en 2008 lorsque Barack Obama a prononcé son discours de victoire.

Illustration 10.2 Barack Obama, discours de victoire, 4 novembre 2008

« Si quelqu'un doute encore que l'Amérique est un endroit où tout est possible, qui se demande si le rêve de nos fondateurs est vivant [...], la réponse lui est donnée ce soir. C'est la réponse donnée par des jeunes et des vieux, des riches et des pauvres, des démocrates et des républicains, des Noirs, des Blancs, des Hispaniques, des Asiatiques, des Amérindiens, des homosexuels, des hétérosexuels, des handicapés et des non-handicapés. Par des Américains qui ont montré au monde que nous n'avons jamais été une simple collection d'individus ou un simple ensemble d'États rouges (républicains) et bleus (démocrates).

Nous sommes, et serons toujours, les États-Unis d'Amérique.

L'attente a été longue, mais ce soir [...] l'Amérique a connu ce moment déterminant du changement. [...] Cette élection est émaillée de faits inédits [...] dont on parlera pendant des générations. Il en est un, cependant, qui me tient à cœur ce soir, au sujet d'une femme qui a déposé son bulletin de vote dans une urne d'Atlanta. Elle est semblable aux millions d'autres qui ont fait la queue pour exprimer leur choix lors de cette élection, à ceci près : Ann Nixon Cooper a 106 ans.

Elle est née une génération seulement après l'esclavage [...], à une époque où une personne comme elle ne pouvait pas voter, pour deux raisons : parce qu'elle était une femme et à cause de la couleur de sa peau. Ce soir, je songe à tout ce qu'elle a vécu au cours de son siècle parmi nous : la douleur et l'espoir ; la lutte et le progrès ; les moments où on nous disait : non, vous ne pouvez pas, alors que d'autres ne cessaient de proclamer le credo américain : oui, nous le pouvons.

Elle était là pour les bus de Montgomery, pour les lances à eau de Birmingham, pour un pont à Selma et pour un prédicateur d'Atlanta qui proclamait au peuple : "Nous vaincrons". Oui, nous le pouvons.

Un homme a débarqué sur la Lune, un mur s'est effondré à Berlin, une communication mondiale s'est instaurée par notre science et notre imagination. Et cette année, en cette élection, elle a touché du doigt un écran d'ordinateur pour voter, car après 106 ans de vie parmi nous, après avoir vécu dans les temps les meilleurs comme aux heures les plus sombres, elle sait exactement comment notre pays peut se transformer. Oui, nous le pouvons. »

[7] Voir : Salmon, C., *Storytelling. La machine à fabriquer et à formater les esprits,* Paris, La Découverte, 2008.

Ainsi, comme on peut le constater à la lecture de ce discours, Barack Obama célèbre sa victoire en racontant une histoire ; celle d'Ann Nixon Cooper, 106 ans, qui a vécu plus d'un siècle de changements. Mais c'est aussi pour Barack Obama le moyen d'y associer tous les électeurs, tous les Américains qui, eux aussi, doivent faire face au changement. Le temps d'un court récit, la nation américaine forme un bloc, se solidarise et se souvient de son parcours historique.

La force du leader, sa capacité à coordonner les efforts des uns et des autres, tient donc aussi dans sa capacité à raconter des histoires, des histoires qui sauront galvaniser les troupes, mais surtout des histoires qui donneront un sens au travail collectif qu'il s'agit d'organiser et de coordonner.

Diagnostic 10.2 **L'organisation et la coordination selon la logique charismatique**

Pour évaluer l'organisation et la coordination du travail selon la logique charismatique, les questions suivantes s'avèrent être un bon point de départ. En fait, elles permettent de poser un diagnostic sommaire, diagnostic qui peut alors servir à lancer une réflexion plus étoffée.	Fortement en accord	Plutôt en accord	Plus ou moins en accord	Plutôt en désaccord	Fortement en désaccord
1. Dans l'organisation, les gestionnaires comprennent que la vision peut servir de mécanisme de coordination des efforts de chacun.					
2. Dans l'organisation, les gestionnaires comprennent que les relations au travail sont portées par des forces psychiques qui sont souvent inconscientes.					
3. Les gestionnaires comprennent que le collectif peut revêtir les attributs d'une foule passionnée.					
4. Le discours peut s'avérer tout à la fois un outil de partage d'une vision et un instrument de coordination des efforts.					
5. Le storytelling peut s'avérer tout à la fois un outil de partage d'une vision et un instrument de coordination des efforts.					

10.3 L'organisation selon la logique traditionnelle : le rassemblement

Le **rassemblement** c'est l'art de se regrouper en partageant des valeurs communes.

Tout comme les gestionnaires de la logique charismatique, les gestionnaires gagnés aux vertus de la logique traditionnelle ne sont pas portés à se lancer dans des efforts de design de structure organisationnelle. Pour eux, la vérité est ailleurs. Elle ne loge pas dans les analyses formelles et minutieuses des structures, mais plutôt dans la culture organisationnelle. En outre, elle n'est pas affaire de personnes comme dans la logique charismatique, mais bien affaire de communauté.

> *« S'il est vrai que les meilleures entreprises ont de merveilleuses compétences en matière d'analyse, leurs décisions sont plus fonction de leurs valeurs que de leur habileté à manier les chiffres. Les meilleures créent une culture tolérante, encourageante et partagée, un cadre cohérent qui permet aux individus motivés de forger les adaptations nécessaires. »*
>
> Peters, T. et Robert Waterman, *Le prix de l'excellence*, Paris, InterÉditions, 1983.

Se coordonner dans un cadre traditionnel consiste alors à se **rassembler** de façon à partager les valeurs communes qui sont au principe de la culture et de la communauté organisationnelles. Ces valeurs communes jouent un rôle de mécanisme de coordination et sont, en quelque sorte, l'équivalent traditionnel du discours contagieux et de l'histoire inspirante propres au management charismatique.

Illustration 10.3 La Garde de Nuit

La Garde de Nuit, dans le monde fantastique de J. R. R. Martin Le Trône de fer, est considérée comme le plus ancien des ordres des Sept Couronnes (où se situe l'action du livre), fondée il y a plus de 8 000 ans pour lutter contre les « Autres », créatures effrayantes venues du Grand Nord. Lors de la « bataille de l'Aube », la Garde de Nuit est sortie victorieuse de ce combat. Un gigantesque mur a par la suite été érigé, par Brandon Le Bâtisseur, pour préserver les hommes d'un éventuel retour de ces créatures. La Garde de Nuit est chargée de l'entretien et de la protection de ce mur, qui aujourd'hui (au moment de l'action du livre et de la série) s'élève sur plusieurs centaines de mètres de hauteur et s'étend sur plus de cent kilomètres.

Si elle ne comporte, au moment où débute le livre, plus que quelques centaines d'individus, principalement des criminels qui ont préféré « prendre le noir » (les membres de la Garde de Nuit sont toujours vêtus de noir), plutôt qu'être exécutés ou mutilés, elle a, par le passé, réuni des milliers de membres, y compris de nombreux cadets de familles nobles.

Une fois avoir prononcés leurs vœux après une période d'apprentissage, les membres de la garde de Nuit deviennent des « frères jurés ». Ils ne pourront jamais quitter la Garde de Nuit (la désertion étant punie de mort). Ils renoncent à se marier, à avoir des enfants et à posséder des terres. Leur unique famille devient les autres membres de la Garde. Leurs origines, comme leurs éventuels crimes passés n'existent donc formellement plus.

Leur commandant est choisi par les membres de la Garde eux-mêmes, par un vote des 2/3. Il devient « lord Commandant » à vie. Les autres membres sont divisés en trois grands corps : le génie (responsables de l'entretien et de l'édification du mur et des fortifications), l'intendance (responsables de toute la logistique) et les patrouilleurs (qui effectuent des reconnaissances et sont les combattants). Chacun de ces corps est dirigé respectivement par le premier génie, le lord Intendant, le premier patrouilleur.

Voici les vœux prononcés par les futurs membres : « La nuit se regroupe, et voici que débute ma garde. Jusqu'à ma mort, je la monterai. Je ne prendrai femme, ne tiendrai terre, n'engendrerai. Je ne porterai de couronne, n'acquerrai de gloire. Je vivrai et mourrai à mon poste. Je suis l'épée dans les ténèbres. Je suis le veilleur aux remparts. Je suis le feu qui flambe contre le froid, la lumière qui rallume l'aube, le cor qui secoue les dormeurs, le bouclier protecteur des royaumes humains. Je voue mon existence et mon honneur à la Garde de Nuit, je les lui voue pour cette nuit-ci comme pour toutes les nuits à venir. »

Sources : J. R . R. Martin, *Le Trône de Fer, intégral 1, 2 et 3*. www.lagardedenuit.com

Les valeurs auxquelles tiennent les membres de la communauté organisationnelle étant connues de chacun, elles représentent donc autant de points d'ancrage autour desquels les uns et les autres peuvent et doivent coordonner leurs actions. Surtout, quand chacun sait ce qu'il peut attendre de l'autre, car tous partagent les mêmes valeurs, la coordination du travail est forcément simplifiée.

> *« La force des liens communautaires tient essentiellement à ce qu'ils s'opposent [...] aux relations de type non communautaire, elles-mêmes fondées soit sur la concurrence ou le conflit, soit sur l'utilité ou le consentement contractuel. L'impersonnalité et l'anonymat relatif de ces liens font ressortir l'étroitesse et la nature personnelle des liens communautaires. »*
>
> Nisbet, R. A., *La tradition sociologique*, Paris, PUF, 2005 : 70.

Par ailleurs, il est clair qu'alors que le management formel mise sur la relation contractuelle pour assurer l'efficacité de l'organisation et de la coordination au travail, le management traditionnel, comme l'illustre l'exemple de la *Garde de Nuit*, mise plutôt sur la force du collectif, sur l'emprise qu'exerce la communauté sur le comportement de chacun. Dès lors, il n'est pas surprenant de constater que les valeurs auxquelles tiennent les membres de l'organisation traditionnelle s'incarnent dans des normes de travail que chacun a l'obligation de respecter sous peine de sanction, voire d'exclusion[8].

[8] Ainsi, selon Turner : « On éprouvera des sentiments défavorables vis-à-vis des membres qui ne partagent pas ou qui violent les normes généralement acceptées par le groupe. De plus, ces sentiments défavorables conduisent fréquemment à l'émergence de nouvelles activités qui ont pour fonction de punir ceux qui ont violé les normes. » Turner, A., « Un schéma

Cependant, au regard de la coordination, le caractère communautaire de l'organisation traditionnelle n'est pas que contraignant. Il est aussi habilitant dans la mesure où chacun peut se sentir au service d'une communauté qui lui assure sécurité et harmonie[9]. Enfin, la communauté étant vécue comme un bien à préserver, chacun peut s'en sentir personnellement responsable et solidaire, et le démontrer par son travail et son désir de coopérer avec le collectif[10].

Diagnostic 10.3 **L'organisation et la coordination selon la logique traditionnelle**

Pour évaluer l'organisation et la coordination du travail selon la logique charismatique, les questions suivantes s'avèrent être un bon point de départ. En fait, elles permettent de poser un diagnostic sommaire, lequel peut alors servir à lancer une réflexion plus étoffée.	Fortement en accord	Plutôt en accord	Plus ou moins en accord	Plutôt en désaccord	Fortement en désaccord
1. Dans l'organisation, les gestionnaires comprennent que les valeurs peuvent servir de mécanisme de coordination des efforts de chacun.					
2. Dans l'organisation, les gestionnaires comprennent que les relations au travail sont portées par la force du lien communautaire.					
3. Les gestionnaires comprennent que les normes sociales sont l'incarnation des valeurs auxquelles tiennent les membres de l'organisation.					
4. Sous le regard d'une logique communautaire, se coordonner aux autres a un relent d'obligation sociale.					
5. Les relations de compagnonnage favorisent l'organisation et la coordination du travail.					

10.4 Conclusion

Qu'elle s'incarne dans un design formel de la structure, dans une fusion du collectif autour d'un leader ayant une vision inspirante ou dans un rassemblement autour de valeurs partagées au sein d'une culture communautaire, organiser et coordonner le travail joue toujours le même rôle, à savoir réaliser concrètement les intentions formulées lors de l'étape de la planification. L'organisation du travail est donc bel et bien un moment de mise en œuvre décisif au sein du cycle administratif, le moment qui, en prolongeant la planification sur le terrain du travail à faire, assure que les intentions ne soient pas que de douces rêveries ou de futiles illusions.

---

conceptuel pour décrire le comportement des groupes de travail », *dans* Laurin, P., *Le management,* Montréal, McGraw-Hill, 1973 : 525.

9 Ainsi, selon Robert A. Nisbet : « Siège la morale et de la vertu, la *Gemeinschaft* (la communauté) transforme profondément la nature du travail : dans la mesure où cela est possible elle en fait une sorte d'art, lui prête son style, sa dignité et sa grâce, et attribue à chaque travailleur une position hiérarchique qui est vécue comme un état et un honneur. On reconnaît la *Gemeinschaft* (la communauté) à ce que le travailleur, qu'il soit artiste, artisan ou membre d'une profession libérale se donne sans compter. » Nisbet, R. A., *La tradition sociologique,* Paris, PUF, 2005 : 106.

10 Cette solidarité au sein de la communauté, Émile Durkheim l'évoque de la façon suivante : « Non seulement tous les membres du groupe sont individuellement attirés les uns vers les autres parce qu'ils se ressemblent, mais ils sont attachés aussi à ce qui est la condition d'existence de ce type de collectif, c'est-à-dire à la société qu'ils forment par leur réunion. » Durkheim, É., *De la division du travail social,* Paris, PUF, 1996 : 73.

Par ailleurs, comme nous l'avons vu, cette mise en œuvre des intentions planifiées peut prendre diverses colorations selon la nature de la logique administrative qui imprègne l'organisation. Cette mise en œuvre sera alors très formelle et se déclinera dans un design minutieux de la structure dans le cadre de la logique formelle. Elle prendra la forme d'une fusion des efforts de chacun dans le cadre de la logique charismatique. Enfin, dans la logique traditionnelle, la mise en œuvre des intentions passera par le rassemblement des uns et des autres autour de valeurs qui façonnent la culture organisationnelle et auxquelles tient la communauté.

Bien sûr, tout comme dans le cas de la planification, nous pouvons imaginer des hybrides, des croisements entre les logiques. Ainsi, au croisement de la logique formelle et de la logique traditionnelle, nous pourrions trouver une structure formelle dont la solidité serait assurée par les valeurs partagées par la communauté. De même, au croisement entre le design et la fusion, il y aura encore et toujours la présence d'une structure formelle, mais cette fois-ci ce sont les forces psychologiques qui lui donneront robustesse et permanence. Enfin, en combinant la logique traditionnelle et la logique charismatique, la fusion se donnera des airs de rassemblement autour d'un leader communautaire et la vision aura des relents de valeurs partagées.

Figure 10.3 **Le design, la fusion et le rassemblement**

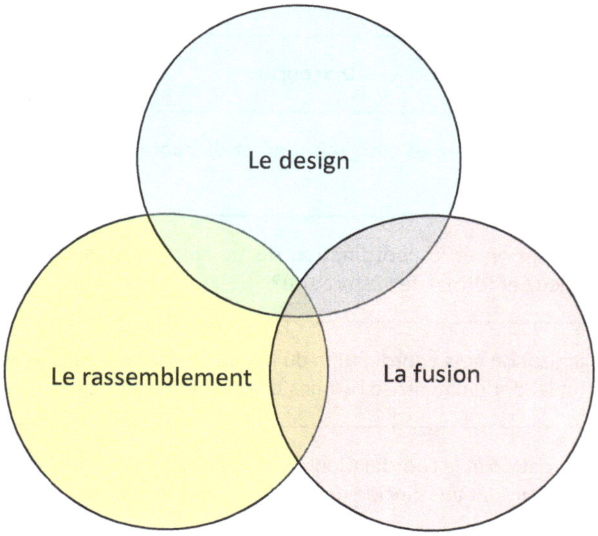

SYNTHÈSE DU CHAPITRE

Idée clé
Second moment du cycle administratif, l'organisation du travail représente l'étape de mise en œuvre des intentions formulées lors de la planification. Cette mise en œuvre prendra différentes colorations selon la logique de management qui l'anime.

L'organisation et la coordination du travail	
Le design	Le design organisationnel est un processus délibéré de configuration des structures, des processus, des systèmes de récompense et des pratiques quotidiennes qui a pour but de créer une organisation efficace, apte à réaliser la stratégie d'affaires.
La fusion	La fusion est le processus par lequel les membres de l'organisation s'unissent et font corps autour du leader et de sa vision.
Le rassemblement	Le rassemblement, c'est l'art de se regrouper en partageant des valeurs communes, lesquelles sont au principe de la culture organisationnelle qui unit les membres de la communauté organisationnelle.

Diagnostic	
Pour analyser une situation de gestion en termes d'organisation et de coordination du travail, il est possible de centrer l'attention sur quelques questions clés.	
Le management formel	L'organisation et la coordination du travail s'incarnent-elles par un processus de design minutieux et formel de la structure?
Le management charismatique	L'organisation et la coordination du travail s'incarnent-elles dans une fusion du collectif inspiré par un leader qui maîtrise l'art des discours et des histoires?
Le management traditionnel	L'organisation et la coordination du travail s'incarnent-elles dans un rassemblement autour des valeurs qui sont au principe de la culture organisationnelle?

11
Diriger

Plan du chapitre

Après la planification et l'organisation, c'est maintenant au tour de la direction d'entrer dans le cycle administratif. Pour nombre d'auteurs en management, c'est la direction qui imprégnerait tout le cycle d'une certaine humanité et l'inscrirait dans une logique de gouvernement des personnes plutôt que de l'enfermer dans le seul territoire de l'administration des choses.

Figure 11.1 **L'arrimage de la direction à la planification et à l'organisation**

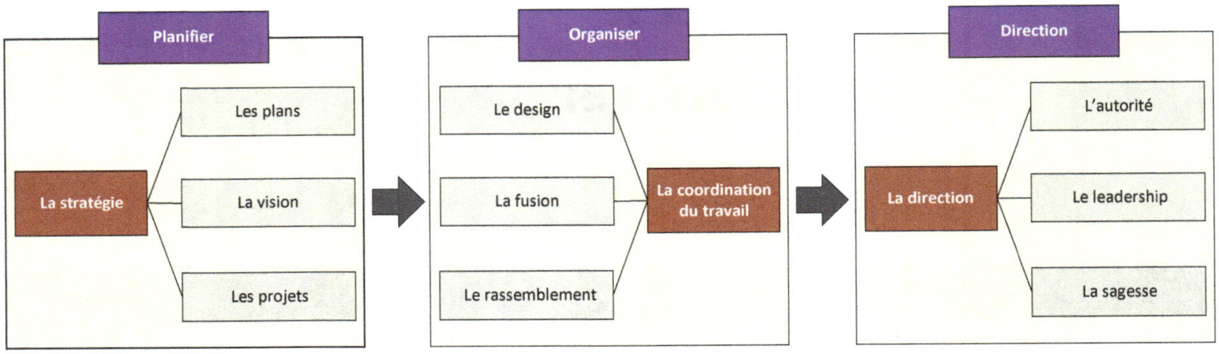

Comme dans le cas des pratiques de planification et d'organisation, celles relatives à la direction incarnent l'une ou l'autre des logiques de management et se déclinent donc sous trois formes :

- l'autorité incarne la logique formelle ;
- le leadership incarne la logique charismatique ;
- la sagesse incarne la logique traditionnelle.

Dans ce chapitre, nous allons explorer tour à tour ces trois déclinaisons de la direction. Surtout, nous allons montrer comment, historiquement, l'emphase sur l'autorité laissera peu à peu la place au leadership, qui à son tour, s'effacera au profit de la sagesse que met de l'avant la logique traditionnelle. Bien entendu, chacune des déclinaisons ne se substitue pas à la précédente, mais vient plutôt s'ajouter à celle-ci, à la manière de couches sédimentaires.

11.1 La direction selon la logique formelle : l'autorité

L'**autorité** permet l'exercice de la fonction de direction, à savoir manier les personnes à sa charge.

Sous le regard de la logique formelle, la direction est avant tout une technique qui s'insère dans un système qui repose sur la hiérarchie, la raison, l'objectivé et une quête d'efficacité. Dans ce système, la hiérarchie joue un rôle clé, car la direction y est vue comme étant une fonction liée à celui qui possède une **autorité** formelle : celle de manier les personnes dont il a la charge.

De très nombreux auteurs traiteront de la direction sous cet angle technique, qui va culminer au cours des années 1960, l'âge d'or de la logique formelle tant dans le monde universitaire que dans celui de l'entreprise. Cependant, limiter l'influence de logique formelle à ces années serait une erreur, car elle s'est poursuivie dans les années 1980, et même jusqu'à aujourd'hui. D'ailleurs, ce qu'écrivaient les auteurs classiques il y a un demi-siècle n'a pas vraiment été contredit, même si le domaine de la direction a été considérablement enrichi. Si la dimension formelle de la direction se voit moins aujourd'hui, c'est notamment parce qu'elle a été durement critiquée à partir des années 1970 et parce qu'en cette ère de responsabilisation et de promotion des défis personnels que chacun doit relever pour se réaliser, elle n'est plus vraiment politiquement correcte. Mais c'est peut-être aussi et surtout parce que cette logique a tellement imprégné les pratiques de direction au sein des organisations, particulièrement celles d'une certaine taille, que l'on a parfois du mal à la percevoir, tant elle appartient au registre de l'évidence, de l'ordinaire et de la quotidienneté des pratiques de direction.

11.1.1 La direction : une technique de commandement

À l'origine du PODC, Henri Fayol a semé les graines de la logique formelle de la direction[1]. D'un côté, il positionne la direction comme une sous-fonction de la fonction administrative du gestionnaire. De ce point de vue, elle s'insère immédiatement dans un système hiérarchique et elle est indissociable de l'autorité formelle. De l'autre, il dresse une liste de grands principes susceptibles de guider l'action du gestionnaire, principes qui ensemble forment une doctrine administrative.

Commander c'est faire fonctionner le personnel en plaçant des commandes auxquelles il obéit.

Si l'on associe le PODC à Henri Fayol, il convient de rappeler que lui n'utilise pas le mot de « direction », celui qui nous intéresse dans ce chapitre. Il parle en fait de « commandement ». Pour Fayol, « **commander** », c'est « faire fonctionner le personnel ». Employer un tel mot, même s'il était couramment utilisé au début du XXe siècle, n'est pas neutre. Il est directement importé du vocabulaire de l'armée, qui représente, dans l'imaginaire collectif, le modèle le plus pur de la « hiérarchie », et donc de la logique formelle.

Par ailleurs, dans « commandement », il y a la notion de commande : le supérieur hiérarchique place une telle commande et le subordonné y obéit. On ne lui demande ni son avis ni ses suggestions, juste d'effectuer la commande qui lui a été passée. Bien évidemment, on ne commande pas son supérieur ni même ses égaux (ou ses latéraux) ; on ne commande pas plus ceux qui sont placés à l'extérieur de sa sphère d'autorité. Le « commandement » ne prend donc totalement place que dans la relation d'autorité, dans un système hiérarchique. Notons enfin que Fayol ajoute un autre élément propre à un système technique, puisqu'il emploie le mot de « fonctionner » (faire fonctionner le personnel), comme s'il s'agissait d'une machine plutôt qu'un « organisme ».

> *« Le but du commandement est de tirer le meilleur parti possible des agents qui composent son unité, dans l'intérêt de l'entreprise. »*
>
> Fayol, H., *Administration industrielle et générale*, Paris, Dunod, 1979 [1918] : 120.

Au-delà du choix des mots, nous pouvons retrouver l'importance que revêt la hiérarchie dans l'un des principes administratifs le plus célèbre de Fayol, à savoir « l'unité de commandement », principe qui implique qu'un subordonné ne peut recevoir des ordres que d'un seul chef. Simple sur le papier, cette règle formelle est pourtant très facilement contournée dans la pratique ; non pas directement – comme l'attribution de deux chefs à une personne – mais parce que les attributions concrètes des uns et des autres peuvent se chevaucher : ici, tel chef passe directement un ordre au subordonné d'un de

[1] Fayol, H., *Administration industrielle et générale*, Paris, Dunod, 1979 [1918].

ses subordonnés ; là, une délimitation imparfaite entre deux services cause une ambiguïté ; ou encore les chevauchements naturels entre des fonctions aux contours imprécis viennent créer une zone grise.

Respecter ce principe d'unité de commandement, cela veut dire rester au sein de sa sphère d'autorité statutaire. Et ne pas étendre son influence trop au-delà de cette sphère, ce qui au quotidien n'est pas une mince tâche.

Encadré 11.1 La doctrine administrative du commandement selon Henri Fayol

Connaissance approfondie de son personnel : À défaut de connaître l'ensemble de son personnel, le chef peut au moins connaître ses subordonnés directs, et, de là, « arriver à savoir ce qu'il peut attendre de chacun d'eux, quel degré de confiance il peut leur accorder » (p. 123);

Élimination des incapables : Aussi bien pour l'employé qui a pu être pendant des années dévoué et respecté, que pour les autres membres de l'équipe qui peuvent se sentir atteints par « l'amputation d'un de ses membres », il faut faire en sorte que cette opération soit vue comme nécessaire et juste; elle ne doit non plus être faite avec brutalité (compensations monétaires, distinctions honorifiques, fonctions légères qui permettent de garder un peu d'activité...);

Connaissance approfondie des conventions qui lient l'entreprise et ses agents : Il s'agit de connaître les règles de l'entreprise, et notamment les droits et devoirs de chacun;

Le bon exemple du chef : Le mauvais exemple, comme le bon, est contagieux et le chef a tôt fait d'être imité. L'exemple est l'un des moyens d'entraînement les plus efficaces;

Inspections périodiques du corps social : Il s'agit de vérifier régulièrement que de petites modifications faites ici ou là dans les attributions des uns et des autres ne sont pas en train de gâter la hiérarchie et mettre en péril l'unité de commandement;

Conférences et rapports : Ainsi, « le chef peut exposer un programme, recueillir les idées de chacun, prendre une décision, s'assurer que ses ordres sont compris et que chacun sait la part qu'il doit prendre à leur exécution. » (p. 126);

Ne pas se laisser absorber par les détails : Le temps du chef est précieux. Certaines affaires ne peuvent être réglées que par lui et peuvent demander du temps. L'utiliser à des choses que d'autres pourraient faire est donc une faute contre l'organisation. « Un grave défaut pour un grand chef consiste à consacrer beaucoup de temps à des détails que des agents subalternes pourraient exécuter aussi bien, sinon mieux que lui, alors que d'importants problèmes attendent une solution parce qu'il n'arrive pas à trouver le temps de s'en occuper. Certains croient qu'ils sont très utiles en s'occupant personnellement des plus petites choses; d'autres ne peuvent s'habituer à penser qu'une chose puisse être bien faite s'ils n'y ont pas mis la main [...]. » (p. 126);

Viser à faire régner dans le personnel l'union, l'activité, l'initiative et le dévouement : L'absence d'unité de commandement met en péril l'union et l'activité du personnel tandis que le rejet de toute proposition des subordonnés vient « tarir initiative et dévouement ». « Il peut développer l'initiative de ses subordonnés en leur donnant la plus grande part d'action que leur situation et leur capacité comportent [...]. En les guidant discrètement sans se substituer à eux, en faisant parfois quelques sacrifices d'amour-propre à leur profit, il peut assez rapidement transformer des hommes bien doués en agents d'élite. » (p. 127)

Source : Fayol, H., *Administration industrielle et générale,* Paris, Dunod, 1979 [1918].

11.1.2 La quête d'efficacité et d'objectivité

Commander en mobilisant une doctrine administrative et en exerçant sa fonction au sein d'un système hiérarchique c'est déjà réfléchir la direction en termes formels, mais il est possible d'aller encore plus loin sur le chemin du formalisme qui fonde l'autorité[2] et de s'engager avec rigueur et minutie dans une quête d'efficacité et d'objectivité.

D'abord, il importe de penser les tâches objectivement, de manière impersonnelle, de façon à ce que la raison soit véritablement aux commandes du collectif et que la relation de direction concerne d'abord et avant tout les tâches à accomplir avec efficacité plutôt que des enjeux subjectifs[3].

Puis, dans la foulée de la définition d'une structure de tâches objective et impersonnelle, il est possible de miser sur une relation de direction par objectifs et ainsi concrétiser dans l'action la relation contractuelle, objective et impersonnelle qui régule en grande partie le corps social que constitue l'entreprise formelle.

Enfin, l'autorité formelle n'a de sens que si elle est au service d'une quête d'efficacité. L'efficacité est ni plus ni moins qu'un impératif pour le gestionnaire. Au regard de la logique formelle, à mesure que l'organisation grandit, elle devient de plus en plus incontournable. Une grande organisation a besoin d'efficacité, c'est une condition de survie. La bonne nouvelle, c'est que l'efficacité… s'apprend. L'efficacité n'a rien d'un talent, ni même d'un trait de personnalité. C'est tout simplement une *habitude* « c'est-à-dire un ensemble de pratiques ; et la pratique s'apprend[4] ».

> *« Une usine bien gérée est un endroit tranquille. Celle où le "drame" et "l'épopée industrielle" s'étalent sous les yeux du visiteur, manque d'une direction capable. Dans une usine bien gérée, on s'ennuie, rien d'excitant ne s'y produit, car les crises ont été transformées en procédures de routine. [...] La routine a pour définition le fait que du personnel non qualifié peut accomplir, sans avoir à faire appel à des jugements, ce qui précédemment demandait presque du génie ; la routine ramène à des instructions élémentaires et systématiques tout ce qu'un esprit capable a appris en surmontant la crise précédente. »*
>
> Drucker, P. F., *L'efficacité, Objectif n° 1 des cadres*, Paris, Éditions d'Organisation, 1968 [1966] : 47-48.

Raison, Techniques, Objectivité, Hiérarchie de fonctions, Efficacité, tous les ingrédients du management formel sont réunis et sont au fondement de l'autorité formelle. Mais il reste à pourvoir la fonction. Qui peut détenir l'autorité formelle ? Quelle personne doit exercer cette fonction dont dépend l'efficacité de l'ensemble ? Un peu tout le monde en fait. Nul besoin d'être un surhomme. Il

---

2 Ce fut le cas de Peter Drucker qui fut l'auteur le plus influent du management dans la seconde moitié du XXe siècle. Voir : Drucker, P. F., *La pratique de la direction des entreprises*, Paris, Éditions d'Organisation, 1957 ; *L'efficacité, Objectif n° 1 des cadres*, Paris, Éditions d'Organisation, 1968, ainsi que Drucker, P. F., *Le management en question*, Paris, Édition d'Organisation, 1972.

3 Ainsi, selon Drucker : « [...] insister sur une définition objective et impersonnelle des emplois, c'est la seule façon de donner à une organisation la diversité humaine dont elle a besoin ; c'est le seul moyen de tolérer la variété des tempéraments et des caractères. Pour y parvenir, les relations doivent être centrées sur la tâche et non sur la personnalité. Les réalisations doivent s'apprécier au moyen de critères objectifs. La chose n'est possible que si la définition et la structure des emplois sont impersonnelles. Dans le cas contraire, l'accent sera immédiatement placé sur : "Qui a raison ?" plutôt que sur "Où est la raison ?" [...] Tailler les emplois à la mesure des personnes conduit d'une façon presque certaine à un favoritisme et à un conformisme qu'on ne peut tolérer dans aucune institution. » Drucker, P. F., *Le management en question*, Paris, Éditions d'Organisation, 1972 : 78.

4 *Ibid.* : 30.

n'est pas nécessaire d'être extraordinaire, il n'y a nul besoin de héros, encore moins de drames. En forçant à peine le trait, on pourrait dire que l'organisation formelle peut fonctionner avec une armée d'incompétents[5].

Encadré 11.2 **Un cadre efficace selon Peter Drucker**

Les cadres efficaces savent ce qu'ils font de leur temps

« Les managers ont tendance à ne pas se rendre compte de ce à quoi ils utilisent leur temps. Il faut donc faire l'effort de le connaître, et de façon systématique. [...] Il convient d'éliminer tout ce qui n'est pas nécessaire et notamment ce qui pourrait être accompli par un autre. Les gens ont en effet tendance à surestimer leur importance et à conclure que les choses ne peuvent être accomplies que par eux-mêmes. »

Les managers efficaces se concentrent sur la contribution qu'ils apportent au résultat

« Le manager doit se sentir comptable du fonctionnement de l'ensemble, et non concentrer son attention sur l'autorité qu'il exerce. Il doit toujours se demander "que puis-je apporter?" C'est ce qui permet de se tourner vers les domaines potentiels et inexplorés de sa fonction. »

Les managers efficaces construisent sur leur propre force et celles des autres, non la faiblesse

« Ils attribuent postes et promotions d'après ce que les hommes peuvent faire. Leurs décisions n'ont pas pour but d'écarter les faiblesses, mais d'épauler les forces [...] Ils savent que les subordonnés sont payés pour agir et non pour faire plaisir à leurs supérieurs. Ils ne se demandent jamais "comment va-t-il s'entendre avec moi?", mais "que va-t-il m'apporter?" Ils ne disent jamais "qu'est-il incapable de faire?", mais "que fait-il particulièrement bien?" »

Les managers efficaces appliquent leurs efforts à quelques domaines d'importance majeure

« Si l'on abandonne à la pression des événements plutôt qu'à la direction les choix à opérer, on peut prédire que les tâches importantes se verront sacrifiées. Le vrai travail n'est pas d'établir des priorités. Il s'agit d'établir des postériorités – c'est-à-dire de choisir les tâches à ne pas aborder – et de s'y tenir. L'essentiel à ce sujet n'est pas l'intelligence, mais le courage. »

Les managers efficaces prennent des décisions efficaces

« Ils n'en prennent pas beaucoup. Ils se concentrent sur celles qui ont de l'importance. Ils tentent de réfléchir à ce qui présente un intérêt stratégique ou d'ordre général, plutôt qu'à résoudre des problèmes. Ils connaissent les décisions qu'il faut fonder sur un principe et celles que l'on prend selon les circonstances. Ils n'ignorent pas que ce qui prend le plus de temps n'est pas de prendre la décision, mais de la mettre en œuvre. »

Source : Drucker, P.F., *L'efficacité, Objectif n°1 des cadres*, Paris, éd. d'Organisation, 1968 [1966].

11.1.3 Les instructions

Les **instructions** sont constitutives d'une direction formelle en indiquant au subordonné ce qui doit être fait.

La direction formelle consiste d'abord à « indiquer ce qui doit être fait » et il existe des techniques sur la bonne manière de donner des **instructions**[6]. Ces techniques relèvent du bon sens, elles sont presque toujours évidentes, mais il faut avoir conscience que ce n'est pas tant le principe que leur exécution qui est difficile, dès lors que le gestionnaire manque de temps, ne sait pas toujours exactement ce qu'il faut faire, qu'il peut considérer évident quelque chose qui ne l'est pas, etc.

---

5 Ainsi, selon Drucker : « [Le dirigeant] devrait-il savoir travailler en collaboration, comprendre l'organisation, être ouvert aux mathématiques et à l'art, posséder une imagination créatrice ? Il semble que l'on recherche un génie universel, mais ceux-ci ont toujours été rares. L'histoire de la race humaine laisse penser que les seuls individus y existant en abondance sont les incompétents universels. Il faut donc, bon gré, mal gré, incorporer dans les institutions des gens qui, au mieux, n'excellent que dans un domaine et admettre que, selon toutes probabilités, ils n'aient, dans les autres, qu'un soupçon de talent [...] [Le gestionnaire efficace] sait que la qualité d'une organisation ne se mesure pas au génie, mais à son aptitude à faire accomplir des réalisations exceptionnelles par des hommes du commun. » Drucker, P. F., *L'efficacité, Objectif n° 1 des cadres*, Paris, Éditions d'Organisation, 1968 [1966] : 26, 81.

6 Newman, W. H., L'art de la gestion. Les techniques d'organisation et de direction, Paris, Dunod, 1969 [1963].

Pour que la direction donne les fruits escomptés, le gestionnaire formule des instructions qui doivent avoir des caractéristiques très précises, comme en témoigne le tableau suivant :

Tableau 11.1 Les instructions selon William H. Newman

Les instructions	Description et exemples
Raisonnablement possibles	Bien entendu, une instruction qui n'est pas raisonnablement possible à suivre ne sera pas réalisée, mais là n'est pas le plus grand danger; le moral du subordonné sera mis en péril ainsi que la capacité même du gestionnaire à effectuer un contrôle. Comment rendre le subordonné responsable de l'exécution d'une instruction si celle-ci n'est pas réalisable? Il convient donc de veiller au fait que le subordonné ait la capacité (compétence, expérience), mais aussi les moyens (ressources, équipements, règlements de l'entreprise, etc.) de réaliser l'instruction.
Complètes	Quand bien même on laisserait une grande latitude au subordonné pour réaliser un projet, indiquer uniquement son but n'est pas suffisant; les attentes doivent être non ambigües (qualité attendue, quantité, délais, etc.). Sans quoi, le gestionnaire s'expose à de mauvaises surprises : l'atteinte de résultats certes désirables, mais non essentiels, peuvent, par exemple, causer une dépense de ressources injustifiée.
Claires	L'instruction doit être claire pour le gestionnaire, bien sûr, mais aussi pour le subordonné lui-même; il importe de se mettre à sa place pour s'assurer que sa compréhension de l'instruction correspond à celle du gestionnaire.
Écrites ou orales	L'instruction écrite oblige le gestionnaire à travailler davantage et rend l'ambiguïté ou l'absence de clarté apparente. Elle permet par ailleurs de laisser une trace et d'éviter de se voir rétorquer deux mois plus tard que telle chose n'avait pas été spécifiée. Cependant, une instruction écrite exige plus de temps; elle ajoute un élément d'inflexibilité (comment incorporer des modifications mineures?); enfin, utilisée de façon exagérée, elle accroît la paperasserie administrative.
Vérifiées	Donner une instruction ne suffit pas, encore faut-il en contrôler l'exécution. Dans une organisation désorganisée, où certaines directives sont appliquées et d'autres non, « le succès d'un employé dépend de sa capacité à deviner quand prendre son patron au sérieux » (p. 348). Lorsque les directives restent lettre morte, c'est la crédibilité entière du supérieur qui est en jeu.

Source : Newman, W. H., L'art de la gestion. Les techniques d'organisation et de direction, Paris, Dunod, 1969 [1963] : 346-350.

11.1.4 Les mécanismes de direction

Formuler des instructions claires et précises assure une direction formelle, mais ce n'est pas suffisant. Il est également possible de mettre en œuvre des **mécanismes** qui permettent de les simplifier, voire de les rendre superflues. Outre un gain de temps pour le gestionnaire et l'équipe, cela permet d'améliorer grandement l'efficacité de l'exécution des instructions.

La standardisation, l'endoctrinement et l'apprentissage sont autant de **mécanismes de direction** qui permettent de simplifier la direction formelle.

Tableau 11.2 Les mécanismes de direction selon William H. Newman

Les mécanismes	Description et exemples
Standardisation	Par l'établissement de procédures standards, par la répétition de séquences qui deviennent une habitude, un automatisme, il devient possible avec un minimum d'instructions de donner un ordre qui est à la fois précis et complet. *« Un officier de marine peut donner un simple ordre qui entraînera le mouvement de toute une flotte à travers un océan, avant tout parce que des procédures opérationnelles standards ont été élaborées et pratiquées pendant des mois et des années. »* (p. 350)
Endoctrinement	Une instruction ne peut jamais couvrir toutes les situations. Par ailleurs, même une bonne instruction, si elle est appliquée « au pied de la lettre », peut causer des problèmes. Par l'endoctrinement, les valeurs de l'organisation, ses manières de faire sont en quelque sorte intériorisées par le subordonné. Au-delà de la lettre de l'instruction, il perçoit clairement « l'esprit » de celle-ci. Dans un magasin par exemple, si « traiter le client avec respect » est une valeur importante et mise en avant, alors toute instruction sera réinterprétée en fonction de cette exigence, chose qui serait particulièrement difficile s'il fallait écrire toutes les attitudes à adopter en fonction de toutes les circonstances pouvant survenir. *« [L'endoctrinement consiste à] inculquer à ses subordonnés un ensemble d'opinions et d'attitudes de telle sorte qu'ils aient l'optique désirée de la situation opérationnelle. »* (p. 351)
Apprentissage	Que l'on parle de la mise en place de procédures formelles ou d'endoctrinement, on ne peut faire l'économie d'un apprentissage. Si, pour les procédures, des manuels ou des codes peuvent le faciliter, il en va tout autrement en ce qui concerne l'endoctrinement. C'est plutôt le fait d'être exposé à des personnes qui montrent l'exemple, à un partage d'expériences qui peut se révéler efficace. *« Les pratiques standards et l'endoctrinement doivent être développés par l'apprentissage. Évidemment, même si le cadre ne s'occupe pas de leur formation, les subordonnés acquerront des habitudes, des comportements réguliers, certaines attitudes et idées. Mais à cause de leur importance pour l'efficacité de la direction, un cadre doit s'efforcer d'orienter ces habitudes et attitudes de telle sorte qu'elles lui soient utiles. »* (p. 352)

Source : Newman, W. H., L'art de la gestion. Les techniques d'organisation et de direction, Paris, Dunod, 1969 [1963].

Indépendamment de la standardisation, de l'endoctrinement et de l'apprentissage, et parce qu'il est rare qu'un ordre donné puisse être exécuté exactement comme prévu, il est souvent essentiel d'en expliquer la raison. Des conditions imprévues finissent inévitablement par se produire et, dans ce cas, la personne chargée de la réalisation de l'ordre doit être capable de faire preuve d'initiative. Celle-ci sera d'autant mieux dirigée en fonction de l'objectif que la personne saura pourquoi elle doit faire ce qu'elle fait.

Mais expliquer « le pourquoi » ne signifie pas entrer dans des considérations infinies et compliquées qui sont de nature à embrouiller bien davantage la personne qu'à l'éclairer. La nécessité de fournir des explications dépend :

- de l'initiative dont devra faire preuve la personne ;
- de sa capacité à comprendre la situation globale ;
- de son expérience et de ce qu'elle comprend de la situation en fonction de cette expérience ;
- du temps disponible pour donner l'ordre ;
- du risque que l'ordre puisse être mal compris.

Enfin, au-delà des instructions, des mécanismes et des explications à fournir aux subordonnés, puisque la direction met toujours en jeu des relations humaines, les gestionnaires peuvent vouloir consulter leurs subordonnés, pas seulement exiger le respect d'instructions formelles. Dès lors, ils peuvent s'engager sur la voie d'une direction consultative, direction qui dans le cadre du management formel a toujours pour visée d'accroître l'efficacité, comme en témoigne le tableau suivant :

Tableau 11.3 La direction consultative selon William H. Newman

La direction consultative	Description et exemples
Avantages	• La direction consultative offre le sentiment d'avoir contribué à la décision et génère davantage de coopération et d'enthousiasme; • Les plans adoptés sont meilleurs, car amendés par ceux qui devront les mettre en œuvre; • Le développement personnel est encouragé, car les personnes ne sont plus de simples exécutants; • Les personnes comprennent mieux les raisons d'une décision, ce qui facilite la transmission des instructions.
Inconvénients	• Il peut arriver que suite, à une discussion, les instructions ne soient pas claires ni complètes (notamment si la discussion s'achève sans que les lignes à adopter ne soient établies proprement); • Un sentiment d'insubordination peut se développer, certains croyant que le fait d'avoir participé à « l'élaboration d'un plan leur donne le droit de le modifier plus tard », ou parce que la consultation est devenue un « droit »; • La consultation peut être utilisée dans des situations où le temps et le coût de celle-ci dépassent de beaucoup les bénéfices escomptés.

Source : Newman, W. H., L'art de la gestion. Les techniques d'organisation et de direction, Paris, Dunod, 1969 [1963] : 346-350.

Diagnostic 11.1 L'autorité formelle

Pour évaluer les pratiques de direction selon la logique formelle, les questions suivantes s'avèrent être un bon point de départ. En fait, elles permettent de poser un diagnostic sommaire, lequel peut alors servir à lancer une réflexion plus étoffée.	Fortement en accord	Plutôt en accord	Plus ou moins en accord	Plutôt en désaccord	Fortement en désaccord
1. Les pratiques de direction sont empreintes d'un souci d'objectivité.					
2. Les pratiques de direction sont empreintes d'un souci d'efficacité.					
3. Les pratiques de direction s'incarnent dans des instructions formelles.					
4. Les pratiques de direction mettent en jeu des mécanismes formels de direction.					
5. Les gestionnaires misent sur leur autorité formelle pour diriger.					

11.2 La direction selon la logique charismatique : le leadership

Le **leadership** est une qualité intimement liée à une personne, ou bien un mode de relation unissant une personne et un groupe.

Le leadership est un mot qui pose un certain nombre de problèmes en anglais – la phrase bien connue de Ralph M. Stogdill[7] indiquant qu'il y a autant de définitions du leadership que de chercheurs ayant travaillé sur le sujet, illustre bien la difficulté liée à la polysémie du mot. En français, une difficulté supplémentaire vient s'ajouter, car il s'agit d'un mot directement importé ; parce qu'il prend place dans un champ lexical déjà fourni, il a pris un sens quelque peu différent de la signification, ou plutôt des significations en anglais.

De façon très schématique, en anglais, *leadership* désigne deux choses. Au sens large, il est très proche du mot « management », s'appliquant à ce que fait toute personne en position d'autorité. Certains auteurs de manuel de référence en leadership n'hésitent d'ailleurs pas à considérer leadership et management comme largement synonymes et interchangeables[8]. À l'inverse, d'autres auteurs prennent bien soin de distinguer les deux concepts. Leadership et management deviennent alors deux formes différentes, deux façons de diriger. En poussant un peu plus loin cette idée, on arrive facilement au point où il n'est nullement besoin d'être en position d'autorité pour exercer du leadership, d'où par exemple le concept de leadership informel. Le **leadership** est alors plutôt une qualité intimement liée à une personne, ou bien un mode de relation unissant une personne et un groupe, qui peut accompagner ou non une autorité formelle.

En français en revanche, on utilise rarement le concept de leadership dans le premier sens anglais, celui de management. Le leadership s'emploie surtout pour désigner une manière particulière de diriger, et l'on a tendance à l'opposer au concept d'autorité. Le leadership est alors en quelque sorte ce qui va au-delà de l'autorité. Nous aurions ainsi d'un côté l'autorité formelle et de l'autre le leadership (que certains associeraient à une espèce d'« autorité naturelle »). De ce point de vue, le leadership est largement la branche charismatique de la direction, lorsque l'autorité en est la branche « formelle ».

Au début du siècle, on parlait volontiers de « domination » (terme choisi par les traducteurs de Max Weber), de « commandement » (terme choisi par Fayol). Ces mots ne sont plus couramment employés de nos jours. Sans doute ne sont-ils plus politiquement corrects, en ce qu'ils appuient l'idée d'un pouvoir unilatéral du « chef » sur ses subordonnés. Même les mots « pouvoir » ou « autorité » ne s'emploient plus qu'avec précaution. De ce point de vue, le mot « leadership » est bien pratique, car il s'agit un peu de la version « positive », « acceptable », presque « *glamour* » de la domination. Ainsi, nous ne sommes plus dominés par le « chef », il ne nous commande pas, mais il nous inspire par son « leadership » ; il n'utilise pas son autorité ou son pouvoir pour obtenir notre obéissance, mais son leadership pour susciter notre adhésion.

Toutefois, l'émergence de la valorisation du leadership dans l'imaginaire administratif ne tient pas seulement à la rectitude politique. Elle s'ancre aussi dans une virulente critique de l'autorité formelle qu'incarnent les dirigeants des années 1970. Fer de lance de cette critique, Abraham Zaleznik publie en 1977[9], un texte devenu célèbre dans lequel

---

7 Stogdill, R. M., *Handbook of Leadership: a Survey of Theory and Research*. N. Y., Free Press, 1974 : 259.

8 Voir, par exemple : Yukl, G., *Leadership in Organizations*, N. Y., Prentice Hall, 2012.

9 Zaleznik, A., « Managers et leaders... en quoi sont-ils différents ? », dans *HBR, Le leadership*, Paris, Éditions d'Organisation, 1999 [1977].

il soutient que l'entreprise a développé au cours des précédentes décennies une « race » nouvelle : les managers. Cette culture managériale privilégie le culte du groupe sur celui de la personnalité ; elle implique que beaucoup de gens agissent efficacement ; fondamentalement, le manager est quelqu'un qui résout les problèmes. Malheureusement, ce « leadership managérial » ne garantit pas l'imagination, la créativité ou le sens moral ; il privilégie rationalité et contrôle. Au final, toute une culture bureaucratique émerge. Au sein de cette culture se trouveraient des managers formels dénués d'imagination, incapables de réellement visualiser un but et de donner de la valeur au travail, qui est simplement assimilé à la technique et dépourvu de sens ; quant à l'imaginaire, il est éradiqué au profit d'une sorte d'objectivité formelle. Zaleznik ne conteste pas leur efficacité, mais interroge sérieusement leur capacité à créer quoi que ce soit. Alors que faire ? Une réponse consisterait à avoir un peu des deux types de dirigeants dans les organisations. Mais il s'agit d'un vœu pieux : la culture managériale, poursuit Zaleznik, peut « empêcher le développement de grands leaders » ; tout comme la présence de leaders, par le désordre relatif qu'ils créent, vient compromettre le développement des managers.

> *« Mus par des objectifs étroits et dépourvus d'imagination [...] les managers ne feraient que perpétuer les luttes intestines à défaut de les transformer en visées plus hautes. »*
>
> Zaleznik, A., « Managers et leaders... en quoi sont-ils différents ? », *HBR, Le leadership*, Paris, Éditions d'Organisation, 1999 : 89.

Il faudrait alors ajouter une bonne touche de « leadership » aux managers formels, et avoir ainsi le meilleur des deux mondes. Mais c'est aller un peu vite en besogne : pour Zaleznik, ces deux « espèces » de dirigeants (managers d'un côté, leaders de l'autre) appartiennent à deux catégories de gens non seulement différents mais, en réalité, complètement opposés ; espérer trouver en une même personne les caractéristiques des uns et des autres est en toute logique impossible ; Zaleznik défend en effet l'idée selon laquelle leaders et managers s'opposent du tout au tout dans quatre domaines : l'attitude envers les buts, la conception du travail, les relations avec les autres et le sentiment de soi.

11.2.1 L'opposition manager/leader

L'attitude envers les buts

Alors que les managers ont une « attitude impersonnelle, sinon passive envers les buts », les leaders, eux, adoptent une « attitude personnelle et active ». Les objectifs, pour les premiers, sont « le fruit de la nécessité » et certainement pas « l'expression d'un désir ». À l'inverse, les leaders, à partir de leurs désirs, détermineront la direction de l'entreprise, ils seront capables, parfois, de susciter de nouvelles aspirations ; en fait, ils changent chez les gens la « perception de ce qui est désirable, possible et nécessaire ». En quelque sorte, les managers partent de ce qui est, les leaders de ce qui pourrait (et par la suite devrait) être. Ces derniers ne s'adaptent pas au monde ; ils adaptent le monde à leurs désirs. Les grandes innovations ne sont pas venues répondre à un besoin qui existait. Les leaders ont largement créé un monde, un marché et un besoin qui n'existaient pas. Cette opposition rappelle bien entendu celle des logiques formelle et charismatique sur le plan du savoir valorisé : l'imaginaire, le rêve, les émotions dans le second cas contre la froide rationalité et l'objectivité du moment présent dans le premier.

La conception du travail

Pour les managers, il s'agit d'amener les gens à accepter des solutions aux problèmes ; il faut concilier des points de vue opposés. Un peu comme le ferait un diplomate ou un médiateur. Il s'agit en définitive de trouver un compromis acceptable par toutes les parties. Et, pourrions-nous ajouter, la « rationalité » va nous y aider en montrant de façon « objective » ce que ce compromis doit être. Les managers vont en fait « limiter les choix possibles », alors que les leaders cherchent précisément le contraire. Ils « abordent les problèmes anciens d'une manière nouvelle et ouvrent la voie à des solutions originales ». Alors que les managers négocient, ou manient récompenses et sanctions ou d'autres formes de contraintes, les leaders cherchent à exciter l'esprit des gens et à traduire leurs idées par des images.

> *« Chez ceux qui deviennent managers, l'instinct de survie domine le goût du risque, et cet instinct les aide à accepter les tâches banales et ordinaires, que les leaders auraient plutôt tendance à considérer comme des calamités. »*
>
> Zaleznik, A., « Managers et leaders… en quoi sont-ils différents ? », *HBR, Le leadership*, Paris, Éditions d'Organisation, 1999 : 96.

En définitive, les leaders recherchent le risque, là où les managers cherchent à l'éviter. Nous retrouvons ici l'idéal des deux logiques : la création – et donc la nouveauté – pour le management charismatique et l'efficacité, qui appelle souvent une seule manière (la meilleure) de procéder, pour le management formel.

Les relations avec les autres

Les leaders entrent en rapport avec les autres d'une manière intuitive et empathique, alors que les managers le font en fonction du rôle joué par la personne. Surtout, pour un manager, l'essentiel porte sur la « manière de faire les choses » ; pour le leader, l'essentiel réside dans la « signification » d'un événement ou d'une décision. Ainsi, les leaders envoient des messages clairs, alors que les managers préfèrent les signaux largement ambigus et implicites. Résultat : les entreprises gérées par des managers deviennent froides et les intrigues politiques se développent ; les dirigeants apparaissent distants et calculateurs. Au contraire, dans les entreprises gérées par des leaders, les relations humaines sont intenses, turbulentes, voire chaotiques. Les leaders ne laissent pas indifférents, suscitant des réactions parfois violentes d'attachement ou de rejet.

Cette distinction évoque cette fois la nature des liens qui unissent les personnes. D'un côté, la froideur des simples fonctions, où l'on tente le plus possible de mettre l'humain de côté – c'est le contrat en quelque sorte ; de l'autre, la fusion avec tout ce qu'elle présuppose d'humanité, de chaleur, mais aussi parfois de violence. Par ailleurs, il est également question ici du type de travail valorisé, avec d'un côté une approche très technique et de l'autre, une approche où la signification, le sens que l'on donne à ce que l'on fait (nous parlions de « quête » dans la logique charismatique) apparaît primordial.

Le sentiment de soi

S'appuyant sur William James, Zaleznik rattache ces deux modes d'être différents au « sentiment de soi ». D'un côté, ceux qui sont « nés une fois » : ceux-ci n'ont pas eu de mal à s'adapter aux circonstances ; ils se sentent à l'aise avec leur environnement. Les autres, « nés deux fois », n'ont pas connu ce parcours facile ; leur vie constitue « une lutte continuelle pour atteindre un certain sentiment d'ordre ». Pour eux, les choses « ne vont pas de soi », ils éprouvent un sentiment « d'être à part ». William James les qualifie de « nés deux fois » car, souvent, un événement marquant a profondément changé le cours de leur vie. Alors que les premiers se trouvent comblés parce qu'ils « perpétuent et renforcent les institutions existantes », les seconds peuvent faire partie d'un groupe, mais sans jamais lui appartenir. Leur identité n'est pas liée à l'appartenance à un groupe. Mal à l'aise dans leur environnement, ils visent à le changer, à le transformer. Parce que le monde intérieur d'un leader est plus fort que le monde extérieur (pour lui), il adaptera le second au premier, plutôt que l'inverse.

Même si cette distinction est principalement psychologique, elle éclaire les différents idéaux des logiques de management : d'un côté, ceux qui vont se satisfaire de la situation telle qu'elle est dans les grandes lignes, quitte à aller toujours un peu plus loin dans l'efficacité, la technique et l'objectivité, et de l'autre, ceux qui vont imaginer un autre monde, voire le créer réellement.

11.2.2 Le leadership charismatique

La critique radicale du management formel s'inscrit en fait dans un mouvement de fond des années 1970 de mise en valeur d'un autre mode de direction. Elle prend des noms différents : « leadership transformationnel[10] » et même « charismatique[11] ». Au cours des années 1980, l'approche « centrée sur le leader », au sens où l'on étudie ses traits, son individualité, son parcours et son histoire même, cède le devant de la scène à une approche centrée sur la relation entre leader et suiveurs. Ce qui importe ce n'est pas tant les traits du leader que ses comportements, tel qu'ils sont perçus par les suiveurs, parce que le charisme est avant tout une attribution (c'est-à-dire non pas une qualité intrinsèque, mais une qualité prêtée – attribuée – à un leader[12]).

Cette différence est majeure, car ce qui appartient au plus profond de la personnalité et de l'histoire personnelle du leader est maintenant vu comme le fait de simples perceptions du subordonné quant aux comportements du dirigeant. Une même personne peut théoriquement être vue par les autres, ou selon le contexte, de manière différente. Par conséquent, rien n'empêche qu'une personne exerce l'un ou l'autre des comportements associés au leadership charismatique ou non charismatique. Pour autant, les deux comportements ont des effets différents. Ainsi, un groupe qui reconnaît à son chef un leadership charismatique se caractérisera par une cohésion élevée, des conflits internes réduits au minimum, une proximité importante en termes de valeurs et un consensus élevé. En outre, au-delà du groupe en tant que tel, chacun des suiveurs aura de la révérence pour le leader, de la confiance envers lui, de la satisfaction à être à ses côtés, un haut niveau de performance et un haut niveau d'*empowerment*.

> *« Les leaders charismatiques procèdent à des changements radicaux pour atteindre les objectifs dont ils rêvent et transforment leurs collaborateurs plutôt que de les diriger ou de les encourager. »*
>
> Conger, J. A. et R. N. Kanungo, *Charismatic Leadership in Organizations*, Thousand Oaks, Sage, 1998 : 53.

S'il ne s'agit pas exactement de ce que nous avons décrit sur la nature des relations dans la logique charismatique, nous pouvons y déceler une certaine proximité. Nous avons évoqué une « fusion », à savoir que les valeurs du leader, voire son comportement, sont

[10] MacGregor Burns, J., Leadership, N. Y., Harper & Row, 1978 ; MacGregor Burns, J., *Transforming Leadership: A new Pursuit of Happiness*, N. Y., Atlantic Monthly Press, 2003.

[11] House, R. J. « A theory of Charismatic Leadership », dans J. G. Hunt et L. L. Larson (dir.), *Leadership: the Cutting Edge*. Carbondale, Southern Illinois University Press, 1976 : 189-207.

[12] Conger, J. A. et R. N. Kanungo, Charismatic Leadership, San Francisco, Jossey-Bass, 1988; Conger, J. A. et R. N. Kanungo, *Charismatic Leadership in Organizations*, Thousand Oaks, Sage, 1998.

largement transmises au reste du groupe. D'où cette cohésion élevée et cette proximité en termes de valeurs. Il en serait de même dans le cas de la logique traditionnelle, à ceci près que dans ce dernier cas, ces valeurs et ce consensus préexisteraient dans le groupe, alors que dans la logique charismatique, ce sont bel et bien les valeurs du dirigeant qui sont adoptées par le groupe, et ses comportements qui sont valorisés, voire copiés.

Par ailleurs, la force d'un leadership charismatique, c'est d'aller au-delà de la simple conformité (à des directives par exemple) pour favoriser une identification, voire une intériorisation de la vision du leader. Or, l'identification, et plus encore l'intériorisation, change en profondeur les gens, alors que la conformité peut n'être qu'une obéissance superficielle et temporaire.

Les caractéristiques du leadership charismatique

Le leadership charismatique[13] se distingue de celui non charismatique au regard de la sensibilité à l'environnement, de la vision et de la réalisation de cette vision.

La sensibilité à l'environnement

Sur le plan des différences de comportements entre les deux types de leadership se trouve en premier lieu « la sensibilité à l'environnement ». Il s'agit ici de l'idée que les leaders charismatiques rejettent le statu quo pour favoriser le changement radical.

Là où les leaders non charismatiques cherchent à préserver le statu quo ou, à la rigueur, à effectuer des changements incrémentaux, mais à l'intérieur d'un cadre défini, les leaders charismatiques repèrent et mettent en avant les insuffisances de la situation existante. Ils doivent, en fait, arriver à rendre le statu quo insupportable à leurs suiveurs et être prêts à prendre de grands risques pour manifester leur volonté de changement profond.

Le leader charismatique se doit d'avoir une excellente sensibilité au monde qui l'entoure afin de reconnaître les failles du monde existant, de découvrir les occasions non exploitées de celui-ci, mais aussi pour reconnaître les attentes, tout comme les capacités, de ses subordonnés. Faute de quoi le changement invoqué ne pourra se produire, ou le leader ne sera pas suivi.

La vision

Rejeter le statu quo et appeler au changement radical n'est cependant pas suffisant. Encore faut-il que le leader charismatique soit capable de l'articuler en une véritable « vision ». Une vision, nous l'avons vu, est résolument placée dans le futur ; elle est idéalisée, elle représente d'une certaine manière une utopie, qui sert à mettre en évidence l'écart avec la situation existante et le fait que le statu quo ne soit plus acceptable. La vision est donc largement inscrite dans l'imaginaire du leader, dans un futur imaginé, plutôt que dans un présent objectivé ou un passé nourri par l'expérience. Cette vision est bien sûr typique du savoir valorisé de la logique charismatique. Par cette vision, le leader est à même de créer un défi pour ses subordonnés. Il peut même aller jusqu'à les changer au plus profond d'eux-mêmes.

---

13 Cette section reprend les idées de Conger, J. A. et R. N. Kanungo, Charismatic Leadership. *The Elusive Factor in Organizational Effectiveness*, San Francisco, Jossey-Bass, 1988 ; Conger, J. A. et R. N. Kanungo, *Charismatic leadership in organizations*, Thousand Oaks, Sage, 1998.

Mais la vision du leader ne suffit pas en soi, aussi puissante soit-elle. Encore faut-il qu'elle réponde aux besoins des suiveurs, sans quoi elle ne sera pas partagée et acceptée. Il importe donc de communiquer cette vision. Surtout, dans la foulée du management charismatique, il s'agit de faire preuve d'enthousiasme, de motivation et de confiance.

Réaliser la vision

Une fois le statu quo dénoncé par le leader et rejeté par les suiveurs, une fois la vision proposée par le dirigeant et acceptée par les suiveurs, il reste à la réaliser. Pour y parvenir, les leaders charismatiques doivent démontrer plusieurs choses. Tout d'abord, qu'ils sont totalement *engagés* dans la réalisation de celle-ci, quels que puissent en être les risques personnels. Ils doivent apparaître également *désintéressés* dans leur démarche, car la vision supporte assez mal d'avoir l'air mue par des intérêts personnels.

Le « travail » du leader va donc bien au-delà des simples aspects techniques. La signification de chacun de ses faits et gestes, le sens général de sa quête – au sens de mission pour laquelle il est prêt à se sacrifier au besoin tant sa réalisation apparaît indispensable –, est typique de la logique charismatique. Bien sûr, il faut aussi apparaître *capable* de réaliser la vision. Les suiveurs percevront un leader d'autant plus charismatique qu'il aura fait la preuve, par le passé, de sa compétence. Les succès du passé jouant ainsi un grand rôle dans l'attribution du charisme et, par la suite, de la capacité à réaliser une vision. Il ne s'agit pas ici d'un passé partagé par un collectif, comme dans la logique traditionnelle, mais des exploits ou des miracles (individuels) réalisés par le leader.

> *« En utilisant à la fois des modes d'expression verbal et non-verbal, [les leaders charismatiques] manifestent leurs convictions, leur confiance et leur engagement à réaliser leurs ambitions. Adeptes de la rhétorique, ils choisissent un vocabulaire qui reflète leur assurance, leur confiance, leur expertise et leur intérêt pour les besoins de leurs collaborateurs. […] Cet usage de la rhétorique ainsi que leur énergie, leur persévérance, leur propension à prendre des risques et à agir de manière non conventionnelle […] sont à la source d'une motivation et d'un enthousiasme, qui se propagent alors de manière contagieuse parmi leurs collaborateurs »*
>
> Conger, J.A. et R.N. Kanungo,
> Charismatic Leadership in Organizations,
> Thousand Oaks, Sage, 1998 : 55.

Enfin, au-delà de l'originalité de la vision elle-même, c'est l'originalité des moyens choisis pour la concrétiser qui porte la marque des leaders charismatiques.

Les dangers du leadership charismatique

Bien sûr, le leadership charismatique n'est pas sans danger, et il est même possible d'évoquer les bons et les mauvais leaders charismatiques[14]. Si les choses étaient simples, nous aurions d'un côté les « bons » leaders charismatiques sur lesquels l'organisation peut compter pour réaliser d'audacieuses visions et, de l'autre, les « mauvais », dont il faudrait se départir. Mais voilà, la réalité est nettement plus floue que cela, et la même personne peut passer de l'un à l'autre ; elle peut « succomber » aux dangers du leadership charismatique. Ceux-ci concernent d'ailleurs non seulement le leader lui-même, mais aussi les suiveurs, et les projets menés[15].

---

[14] À ce propos, voir : Conger, J. A. et R. N. Kanungo, *op. cit.*

[15] Pour les paragraphes suivants, voir : Yukl, G., *Leadership in Organizations*, Thousand Oaks, Sage, 1998.

Le comportement des suiveurs à l'égard du leader charismatique peut instaurer chez lui l'illusion de l'infaillibilité. Par ailleurs, son optimisme et la confiance qu'il doit dégager peuvent se transformer en excès de confiance et l'aveugler quant aux dangers qu'il doit affronter.

Le sentiment d'admiration que les suiveurs éprouvent vis-à-vis du leader charismatique peut les empêcher d'émettre des suggestions qui pourraient être utiles. Pire, leur désir d'être acceptés par le leader peut limiter leur capacité à être critiques, renforçant les problèmes précédemment mentionnés concernant le leader lui-même.

En ce qui concerne les projets menés, parce qu'ils sont éminemment risqués, voire grandioses, leur probabilité d'échec est élevée. De plus, le comportement et les décisions du leader qui sortent des sentiers battus sont à même de lui attirer de nombreux ennemis.

Enfin, il faut mentionner la question de la succession. Pour toutes les raisons mentionnées plus haut, la succession d'un leader charismatique peut s'avérer particulièrement difficile. La dépendance qui se crée entre les suiveurs et le dirigeant peut freiner le développement de successeurs potentiels, ce qui est d'autant plus grave que le rôle clé joué par le leader charismatique rend son départ susceptible de créer un vide bien difficile à surmonter.

En définitive, tout en étant stimulant, le leadership charismatique est extrêmement risqué ; c'est un phénomène rare, souvent transitoire. Et parce que le changement radical est loin d'être toujours requis, un leader charismatique peut apporter plus de mal que de bien.

11.2.3 Les leaderships transformationnel et transactionnel

Le leadership charismatique tranche très nettement avec la direction formelle, mais d'autres conceptions du leadership oscillent entre ces deux extrêmes. C'est notamment le cas des leaderships transactionnel et transformationnel qui, depuis plusieurs années, trouvent des échos dans le monde des pratiques de direction[16].

Ainsi, comme en témoigne le tableau qui suit, alors que le leadership transactionnel s'inscrit nettement dans le prolongement d'une direction purement formelle qui mise sur un système de récompenses et de punitions, le leadership transformationnel embrasse plutôt les caractéristiques du leadership charismatique en mettant de l'avant le charisme et l'inspiration.

Par ces deux formes de leadership, la boucle est en quelque sorte bouclée. En effet, ces nouvelles étiquettes mettent au goût du jour l'opposition entre les leaders et les managers et, de manière plus générale, il trace le continuum où logerait à une extrémité la direction formelle (le leadership transactionnel) et, à l'autre, la direction charismatique (le leadership transformationnel).

---

[16] D'abord évoqués par le politologue James MacGregor Burns pour décrire les styles de direction des chefs d'État au XXe siècle, ces deux styles de leadership seront théorisés par Bernard M. Bass. À ce propos, voir : Bass, B. M., « From transactional to transformational leadership: Learning to share the vision », *Organizational Dynamics*, hiver 1991 : 19-31.

[MacGregor] Burns, J., *Leadership*, N. Y., Harper & Row, 1978 ; MacGregor Burns, J., *Transforming Leadership: A new Pursuit of Happiness*, N. Y., Atlantic Monthly Press, 2003.

Encadré 11.3 Le leadership transformationnel et le leadership transactionnel

Leadership transformationnel	Description
Le charisme	Fait émerger une vision et le sens de la mission, inspire la fierté, gagne le respect et la confiance.
L'inspiration	Communique des attentes élevées, fait appel aux symboles pour stimuler l'effort, exprime simplement des objectifs forts.
La stimulation intellectuelle	Encourage l'intelligence, la rationalité et l'attention à la résolution des problèmes.
La considération personnalisée	Accorde une attention personnalisée, traite chacun des employés individuellement, soutient, conseille.

Leadership transactionnel	Description
Les récompenses	Offre des récompenses en retour des efforts attendus, promet des récompenses pour une bonne performance, reconnaît les accomplissements.
Le management actif par exception	Surveille et recherche les écarts face aux règles et aux normes, applique des actions correctives.
Le management passif par exception	Intervient uniquement si les normes ne sont pas respectées.
Le laissez-faire	Renonce à ses responsabilités, évite de prendre des décisions.

Source : Bass, B. M., « From Transactional to Transformational Leadership : Learning to Share the Vision », *Organizational Dynamics*, hiver 1991 : 22.

Diagnostic 11.2 Le leadership

Pour évaluer les pratiques de direction selon la logique charismatique, les questions suivantes s'avèrent être un bon point de départ. En fait, elles permettent de poser un diagnostic sommaire, lequel peut alors servir à lancer une réflexion plus étoffée.	Fortement en accord	Plutôt en accord	Plus ou moins en accord	Plutôt en désaccord	Fortement en désaccord
1. Les pratiques de direction sont empreintes d'imagination.					
2. Les pratiques de direction sont empreintes d'un souci de création.					
3. Les pratiques de direction s'incarnent dans des relations empathiques.					
4. Les pratiques de direction mettent en jeu une volonté de changement.					
5. Les gestionnaires misent sur leur leadership pour diriger.					

11.3 La direction selon la logique traditionnelle : la sagesse

La direction charismatique se voulait largement une réponse aux insuffisances de la logique formelle de la direction et du manager (formel), qui pouvait apparaître froid, calculateur, dénué de sentiments et terre-à-terre.

Le leadership charismatique ne va pas tarder, à son tour, à faire l'objet de critiques très sévères, notamment au cours des années 2000. Les crises de 2001 (où l'effondrement de la bulle Internet abat certaines « icônes » du leadership charismatique) et de 2008 (où les questions éthiques occupent une place essentielle) conduisent largement à réinterroger un tel modèle. Or, aux côtés du gestionnaire formel et du leadership charismatique, une autre catégorie de dirigeant, pourtant de loin la plus peuplée, a été oubliée : celle de l'artisan – figure de la logique traditionnelle. De même, le leadership « authentique » et le management bienveillant, qui trouvent un écho des plus favorables dans le monde de la gestion d'aujourd'hui, portent aussi la marque de la logique traditionnelle. Enfin, notons que du côté de l'Asie de l'Est (Japon, Chine, Corée) le management traditionnel paraît être largement dominant.

11.3.1 L'artisan

L'**artisan** met en action chacune des dimensions de la logique du management traditionnel.

Poussée à l'extrême, les deux formes de direction que sont l'autorité et le leadership pourraient être traduites comme étant respectivement le fait de technocrates et d'artistes. Alors que ces derniers, à la manière du leader charismatique, feraient preuve d'audace et d'imagination, les premiers seraient ni plus ni moins que des caricatures de l'Homme des lumières (et donc de l'idéal de la Raison[17]). Surtout, les technocrates auraient l'art de « récupérer » nombre de traits du leadership charismatique et se cacheraient facilement derrière de grands mots comme « vision », « nouveauté », etc. En réalité, dénués d'empathie, intéressés uniquement par le présent « tout en multipliant des projets artificiels pour demain[18] », incapables d'avoir le moindre doute, les technocrates n'ont rien du management charismatique, sinon les mots.

> *« Le technocrate est la quintessence de l'Homme des lumières poussée jusqu'à l'absurde. Il est la progéniture inéluctable, la caricature, du triomphe de la "raison instrumentale", de la "raison désengagée", de la logique dépassionnée ou de l'idée dominante selon laquelle la raison divorcée de l'émotion est garante d'un jugement sain et objectif. »*
>
> Pitcher, P., Artistes, artisans et technocrates dans nos organisations, Montréal, Québec/Amérique, 1994 : 47.

Mais là où nous retrouvons la dichotomie classique entre le manager et le leader, ou entre les logiques formelle et charismatique, il est possible d'introduire un troisième type de dirigeant, à savoir l'artisan. Et comme en témoigne le tableau qui suit, les pratiques de direction de l'**artisan** mettent en action chacune des dimensions de la logique traditionnelle du management.

[17] Voir : Pitcher, P., *Artistes, artisans et technocrates dans nos organisations*, Montréal, Québec/Amérique, 1994.

[18] *Ibid.* : 39.

Tableau 11.4 L'artisan selon Patricia Pitcher

Dimensions	Description et exemples
Expérience	• L'artisan « innove et renouvelle constamment, mais sur une échelle réduite, plus humaine. » (p. 67). • Sa devise c'est « le changement si nécessaire, mais pas nécessairement le changement. » (p. 67). • « Il aime expérimenter, avancer à tâtons, prendre de petits risques. Il aime perfectionner ce qu'il fait déjà bien. Il utilisera d'abord son vieil outil, puis en essaiera un nouveau pour voir s'il donne de meilleurs résultats sur une pièce de bois exotique, avec lequel il n'est pas familier. Il sollicitera les conseils d'un artisan d'expérience. Il est toujours aux écoutes. » (p. 207) • Il se méfie des grandes « maximes, dissociées de la compréhension qui ne peut que résulter de l'expérience. » (p. 30).
Métier	• « il est modeste, ne s'accorde aucun mérite pour son esprit d'invention, mais il est fier de son travail. Les trois grandes caractéristiques de l'artisan sont la fierté, la dextérité et la qualité. [...] l'artisan est fier d'utiliser la somme des techniques qu'il a accumulée pour produire un travail de qualité. Ce n'est pas un amateur. » (p. 61) • « Ils s'identifient à leurs traditions et en sont fiers. Ils ont une connaissance intime de ce qu'elles sont, de leur évolution et des raisons qui les expliquent, mais ce sont parfois des trucs du métier qui ne se traduisent pas en paroles. » (p. 65) • « Il préfère investir dans le personnel qui est en place et qui comprend déjà le métier parce qu'il estime que la compréhension du métier est aussi importante que le savoir-faire. » (p. 163)
Communauté	• « L'institution est importante; [...] les gens aiment sentir qu'ils font partie de quelque chose d'important, qu'ils s'y reconnaissent, qu'ils en sont fiers. Si vous êtes un artisan, on n'aura pas à vous conseiller de traiter l'institution avec respect, vous le ferez d'instinct. Vous êtes modeste et considérerez que la responsabilité vous incombe d'assurer durablement la survie et la prospérité de l'institution elle-même. Vous êtes dépositaire de cette promesse. » (p. 194) • « Sur les questions de principe, ils peuvent être carrément butés » « ils deviennent intransigeants, de plus en plus têtus, si les principes auxquels il croit fermement sont menacés » (p. 67 et 70) • « Il est prévisible; on peut compter sur lui pour qu'il soit là où il a promis d'être et qu'il fasse ce qu'il a promis. Il surprend rarement et n'a jamais de caprices ». (p. 163)
Harmonie	• « Les artisans congédient. Ils congédient les paresseux parce que les paresseux ne motivent pas les gens responsables. Ils congédient les insubordonnés – ils croient dans la hiérarchie et dans l'autorité. [...] ils sont sans pitié pour les révoltés chroniques qui s'intéressent davantage à contester l'autorité qu'à faire le travail. Mais ils n'aiment pas congédier les gens; ce ne sont pas de sadiques. Ils n'en tirent pas non plus de fierté macho. » (p. 71) • « Pour faire son travail, il doit passer par d'autres et collaborer avec d'autres; il est donc obligeant. Comme un maître avec son compagnon, il est humain, mais ferme : « non, ce n'est pas comme ça. Essaie de nouveau ». Il ne se met pas en colère si on fait une erreur. Il s'attend à ce qu'on en fasse » (p. 63-64)

Finalement, à la lecture de ce tableau, il ressort clairement que la figure qui correspond le mieux à l'artisan est celle du « sage ». Ainsi, à l'autorité de la logique formelle du management et au leadership de la logique charismatique, le management traditionnel répond par la sagesse.

Tableau 11.5 **Les qualités attribuées aux artistes, aux artisans et aux technocrates**

Artiste	Artisan	Technocrate
Imprévisible	Équilibré	Cérébral
Drôle	Honnête	Intransigeant
Audacieux	Sensé	Rigide
Intuitif	Responsable	Intense
Passionné	Digne de confiance	Pointilleux
Émotif	Réaliste	Déterminé
Visionnaire	Stable	Méticuleux
Entrepreneurial	Raisonnable	Obstiné
Stimulant	Prévisible	Austère

Source : Pitcher, P., Artistes, artisans et technocrates dans nos organisations, Montréal, Québec/Amérique, 1994.

11.3.2 Le leadership authentique

Le **leadership authentique** s'apparente à la logique traditionnelle et vise à promouvoir une forme de leadership responsable.

Les années 2000 voient l'émergence d'un nouveau courant qui prend le nom de « **leadership authentique**[19] ». Ce courant s'inscrit dans un mouvement plus général qui vise à promouvoir une forme de leadership responsable. Comme nous l'évoquions au début de cette section, celui-ci constitue largement une réponse aux crises de 2001 et de 2008, et plus précisément aux scandales éthiques qui ont secoué le monde des entreprises en 2008 et, avant cela, aux déceptions nées des espoirs – sans doute déraisonnables – de la « nouvelle économie » et d'une génération de dirigeants dont les « visions » se sont surtout révélées être des chimères ayant conduit à engloutir d'énormes investissements pour un résultat parfois calamiteux. L'erreur a été pour certains de faire de ces dirigeants des héros et de ne pas se méfier du chant charismatique des sirènes.

Comme en témoigne le tableau suivant, le leadership authentique se distingue clairement du leadership charismatique et s'apparente plutôt à ce que nous avons décrit comme relevant de la logique traditionnelle de la direction.

[19] Voir : George, B., *Authentic Leadership,* San Francisco, Jossey-Bass, 2004; George, B., *True North: Discover Your Authentic Leadership,* San Francisco, Jossey-Bass, 2007. Bill George est un ancien PDG d'une grande entreprise américaine qui est devenu professeur de management à Harvard. Il s'agit donc, comme de nombreux auteurs qui fondent ce chapitre (Fayol, Drucker, Pitcher), d'un *praticien*, avant d'être un théoricien.

Encadré 11.4 Le leadership authentique selon Bill George

Dimensions	Description et exemples
Une fin	• Pour diriger avec authenticité, il faut avoir une fin (purpose), une raison authentique de faire les choses. Pour le trouver, le gestionnaire doit d'abord se connaître, se comprendre, élucider ses passions et dévoiler ses motivations. Ce n'est qu'après cet exigeant travail d'introspection qu'il peut escompter trouver une organisation qui soit en adéquation avec la fin qui oriente son action. • « Nous avons besoin de dirigeants qui guident leur équipe avec une fin, des valeurs et de l'intégrité et qui sont de bons gardiens de l'héritage de leurs prédécesseurs. » (p. 9)
Des valeurs	• Les valeurs, développées tout au long de sa vie, définissent la « boussole morale » du dirigeant, ce qui lui permet de trouver la direction « vrai nord ». C'est ce qui lui permettra de se raccrocher à quelque chose pendant les tempêtes, c'est-à-dire, lorsqu'il aura à faire face à des décisions difficiles, dans des conditions de stress maximales. • Les valeurs n'apparaissent réellement que lorsqu'elles sont « testées », lorsque le dirigeant est confronté à des situations qui l'obligent, et parfois à son grand désarroi, à savoir où se trouvent réellement ses valeurs. • Les dirigeants qui prêchent telle ou telle valeur et qui, confrontés à une crise, font exactement le contraire sont la meilleure manière de rendre les employés cyniques. Voilà pourquoi, si les valeurs peuvent largement différer d'un leader à l'autre, une seule est commune à tous : l'intégrité. Faute de quoi, les valeurs affichées ne dépasseront pas le stade du discours. • « Sans sens moral, n'importe quel dirigeant aujourd'hui peut se retrouver comme ces cadres qui font face à des poursuites judiciaires, parce qu'ils n'ont pas eu le sens du bien et du mal. » (p. 20)
Du cœur	• S'adresser aujourd'hui uniquement à la « tête » de ses employés n'est plus suffisant. Il faut aussi s'adresser à leur cœur, et cela nécessite des dirigeants qui sont réellement intéressés par les gens qui les entourent, qui peuvent éprouver empathie et compassion, même si cela leur coûte. • Nombre de dirigeants préfèrent au contraire s'isoler, mettre des « murs » entre eux et les employés qui, à tel ou tel moment, peuvent vivre des difficultés, des temps difficiles. • « Les leaders authentiques espèrent sincèrement servir les autres à travers leur leadership. Ils sont plus intéressés à responsabiliser les personnes qu'ils guident, afin de faire une différence qu'à obtenir du pouvoir, de l'argent et du prestige. » (p. 12)
Des relations durables	• Contrairement à ceux qui croient que le travail d'un dirigeant consiste à établir la stratégie, structurer l'organisation et des processus, la marque d'un authentique dirigeant consiste plutôt à développer des relations riches, profondes et durables. • « Comme un PDG m'a dit : "Bill, je ne veux pas être trop proche de mes collaborateurs, parce qu'un jour je peux avoir à les licencier". En réalité, la véritable raison est plus profonde que cela. De nombreux dirigeants, les hommes en particulier, sont inquiets à l'idée de voir leurs faiblesses et leur vulnérabilité exposées." » (p. 24)
De la discipline	• Les dirigeants sont souvent très compétitifs. Ce n'est pas une mauvaise chose, à condition qu'ils soient capables de canaliser cet esprit de compétition, d'un côté, par le but noble qu'ils poursuivent et, de l'autre par la discipline. • La discipline consiste notamment à se maintenir en parfaite condition physique et mentale, car les dirigeants doivent être en permanence capables de résister à des pressions extrêmement fortes, sans que leur jugement ne soit affecté. • « Il est facile de dire qu'une personne a de bonnes valeurs, mais qu'elle manque de discipline pour les transformer en actions cohérentes. Ce ne sont que des vaines excuses. Bien sûr, personne n'est parfait, mais les leaders authentiques doivent avoir l'auto-discipline pour toujours manifester leurs valeurs à travers leurs actions. Quand on n'est pas à la hauteur, il faut admettre ses erreurs ». (p. 24)

Source : George, B., *True North: Discover Your Authentic Leadership,* San Francisco, Jossey-Bass, 2007.

À la lecture des dimensions du leadership authentique, il ressort que plusieurs éléments propres au leadership charismatique ont complètement disparu. Ainsi, il n'est plus question de vision, ni même de rêve. On parle simplement de « fin » (*purpose*). Si la notion de sens peut être commune aux deux formes de leadership, les différences sont majeures : « une fin » n'est pas bâtie nécessairement sur le futur, sur un imaginaire, sur une vision en rupture avec ce qui a pu se faire jusqu'ici. Au contraire, elle vient largement de l'identité d'une personne, de son histoire personnelle et collective. Le savoir valorisé n'est plus l'imaginaire. En outre, dans l'idée de « fin », il n'est pas nécessairement question de vision révolutionnaire qui va créer un monde nouveau ; bousculer le statu quo n'est pas un prérequis.

Ensuite, la « fin » est intrinsèquement liée aux valeurs, qui sont précisément le second élément constitutif de leadership authentique. Or, les valeurs, là encore, proviennent bien plus du passé que du futur. Nous les avons héritées de nos parents, de notre culture, de notre métier et de ceux qui nous ont formés. Ces valeurs n'ont pas pour objectif de révolutionner le monde, même s'il s'agit de le rendre un peu meilleur jour après jour. Ces valeurs, c'est aussi ce qui donne de la noblesse au métier tel qu'on l'accomplit. Car il y a des règles à respecter pour bien faire tel ou tel travail. Par ailleurs, les valeurs ont tendance à émerger lentement. On les adopte le mieux par mentorat (quand bien même il s'agit d'une relation parent-enfant), par compagnonnage. Elles sont le produit d'un long cheminement qui n'est pas sans rappeler une certaine forme de pragmatisme.

Enfin, contrairement à une vision largement transmise par le leader à ses suiveurs, la « fin » peut être beaucoup plus partagée et reposer largement sur des valeurs communes et une envie d'être ensemble. Ici, plus que de la fusion autour du leader apparaît l'idée d'un collectif qui se rassemble autour de valeurs et d'identité communes, largement héritées du passé.

Il y a aussi un savoir valorisé qui s'inscrit davantage dans le passé que dans un imaginaire ; le travail qui est vu largement comme un métier ; une nature des liens qui rappelle l'idée de communauté beaucoup plus que celle de fusion ; et un idéal qui, si le mot « harmonie » n'est pas employé, s'en rapproche par l'adéquation voulue entre paroles et actes, entre ses valeurs et celles de l'organisation, et par le fait que ni le renversement du statu quo ni la création d'un monde nouveau ne constituent le « but » ultime. Cette critique implicite du management charismatique n'implique nullement un retour à la logique formelle, mais bel et bien à la logique traditionnelle.

Quant aux trois autres éléments du leadership authentique, nous y retrouvons là aussi des éléments clés du management traditionnel. Ce dirigeant chaleureux, qui vise à établir des relations durables, qui fait preuve d'une grande discipline et de contrôle de lui-même, n'est plus du tout une figure charismatique, mais plutôt la figure de l'artisan, du sage, qui peut être quelque peu paternaliste. En effet, l'artisan est affable, proche des gens, alors que le leader charismatique est peut-être trop inaccessible pour être réellement proche des autres. Après tout, le charisme repose sur l'idée que le leader est un être à part, extraordinaire. À partir de là, pourquoi ne pourrait-il pas se comporter différemment du commun des mortels ?

> *« Un jour, l'un de ses valets eut l'audace de lui résister. Churchill entra dans une colère, encore plus violente que d'habitude, et il s'ensuivit une forte altercation. Quand le calme fut revenu, Winston lui déclara "vous avez été très grossier avec moi". "Vous aussi, rétorqua le valet, vous avez été grossier". "Ah oui, murmura Churchill, mais moi, je suis un grand homme." »*
>
> Cyr, A. et L. Lapierre, « Winston Churchill. Écrivain et homme d'État », *Centre de cas, HEC Montréal*, 1995 : 77.

Plus généralement, les trois dernières dimensions du leadership authentique (compassion et empathie ; relations durables et contrôle de soi) ouvrent la voie à un mode discret, respectueux des personnes et encore une fois, sage.

Ce mode discret et respectueux, cette sagesse en action, ce leadership authentique est au cœur d'une forme de management qui, depuis la fin des années 2010, gagne sans cesse en popularité, soit le management bienveillant[20]. Cette bienveillance implique « de porter considération et d'assurer le respect et leur dignité aux femmes et aux hommes sur les lieux de travail »[21]. Cette bienveillance se décline aussi en des qualités très traditionnelles, telles les suivantes : politesse, empathie, disponibilité, ponctualité, fiabilité, gentillesse, authenticité, exemplarité, calme et sens de l'écoute[22]. Bien sûr, à la lecture d'une telle liste de qualités, on se sent terriblement loin des caractéristiques du manager efficace ou du leader charismatique. Normal, puisqu'elles cernent un certain management traditionnel qui, après la domination du management formel et l'émergence d'un management charismatique, semble peu à peu prendre sa place dans les organisations contemporaines.

11.3.3 Et si l'on regardait en dehors de l'Occident

Le leadership authentique (et au sens plus large, le leadership éthique) de même que le management bienveillant ne sont cependant pas les seuls courants qui se sont imposés au cours des dernières années. Les recherches qui s'intéressent soit au leadership des femmes, soit à l'impact de la culture sur le leadership[23] se développent et viennent interroger nos présupposés, nos « évidences » sur ce qu'est (ou n'est pas) la direction. Jusque-là, nos conceptions étaient largement masculines et occidentales ; or, d'autres manières de concevoir et d'exercer la direction existent.

Plutôt que de prendre en compte un vaste panorama, nous allons nous concentrer, une fois encore, sur *un* élément qui nous semble caractéristique de cette autre manière d'aborder le leadership : celle qui prévaut en Extrême-Orient (notamment en Chine et au Japon). Comme nous le verrons, cette conception s'intègre particulièrement bien dans notre logique traditionnelle de la direction.

Il y a une dizaine d'années lors d'un séjour d'études au Japon, l'un d'entre nous interrogea des dirigeants sur le leadership. Les réponses furent très proches de ce que l'on pouvait entendre en Occident. Il faut dire que le mot « leadership » n'existe pas vraiment en japonais et constitue largement une « importation » occidentale. Une autre question fut donc posée : « Quelle est la responsabilité principale d'un dirigeant ? » Les réponses étaient maintenant très différentes. Elles variaient bien sûr d'une personne à l'autre, mais une idée revenait souvent : le dirigeant est avant tout le gardien des valeurs de l'organisation. Ce n'est pas à lui de prendre des initiatives, c'est à la « base » de le faire ; c'est à lui de s'assurer que ces initiatives ne viennent pas heurter les valeurs de l'organisation.

Mais il ne s'agissait là que de quelques entrevues. Peter Blunt et Merrick L. Jones[24], eux, ont effectué des recherches beaucoup plus approfondies sur la manière dont la direction est perçue ailleurs qu'en Occident. Voici leurs principales conclusions concernant l'Extrême-Orient, qui est une zone qui attire de plus en plus les regards des chercheurs, des consultants et des dirigeants, même occidentaux.

---

[20] Voir : Rodet, P. et Y. Desjacques, *Le management bienveillant*, Paris, Eyrolles, 2017 ; Chatelin-Berry, G., *Les dix commandements de la bienveillance en entreprise*, Paris, First Éditions, 2019.

[21] Voir : Notat, N., « Préface », Rodet, P. et Y. Desjacques, *Le management bienveillant*, Paris, Eyrolles, 2017 : VI.

[22] Voir : Chatelin-Berry, G., *Les dix commandements de la bienveillance en entreprise*, Paris, First Éditions, 2019.

[23] Voir notamment les travaux d'Hofestede, de d'Iribarne et le projet GLOBE.

[24] Voir : Blunt, P. et M. L Jones, « Exploring the Limits of Western Leadership Theory in East Asia and Africa », *Personnel Review*, 1997, 26 : 6-23.

La recherche de l'harmonie

Blunt et Jones indiquent que, contrairement à ce qui se passe en Occident, la légitimité du leader et son acceptation ne sont pas liées aux « qualités utilitaires » de ce dernier. En Occident, avancent-ils, le leader tire sa légitimité de deux sources : la performance et la reconnaissance des suiveurs. La performance, et ce qui s'ensuit de quête d'efficacité, n'est pas sans nous rappeler le management de la direction formelle ; quant à la reconnaissance des suiveurs, elle trouve son apothéose dans la direction charismatique.

> *« Mettre au défi un dirigeant s'avère inapproprié et indésirable. Le dirigeant peut donc s'attendre à recevoir obéissance, considération et respect. Mais en retour, il ou elle doit accorder à ses collaborateurs le respect et la dignité et montrer son attention et sa prévenance. »*
>
> Blunt, P. et M. L. Jones, « Exploring the Limits of Western Leadership Theory in East Asia and Africa », *Personnel Review*, 1997, 26 : 14.

En Extrême-Orient, au contraire, la légitimité du dirigeant est plutôt liée à un vaste système d'organisation sociale, dont les sources ont des origines historiquement très anciennes et profondes. Par conséquent, la satisfaction des subordonnés ou un manque de compétence perçue n'a pas le même poids qu'en Occident.

Quel est alors le rôle essentiel d'un dirigeant en Asie de l'Est ? Préserver l'harmonie, répondent-ils. Outre cela, ces auteurs relèvent d'autres aspects des pratiques de direction, notamment :

- le respect de l'âge, de l'expérience et de l'ancienneté ;
- la valorisation du consensus ;
- l'attention portée au réseau social ;
- l'exercice modéré de l'autorité.

Bien entendu, ces différents éléments participent à la préservation de l'harmonie : l'absence de consensus, tout comme une autorité exercée brutalement sont de nature à fissurer le corps social ; quant à la valorisation de l'expérience et de l'âge, elle assure la continuité, la préservation des valeurs, le changement long et lent qui doit éviter de bouleverser l'harmonie. L'attention portée au réseau social permet de son côté de renforcer le lien social qui relie les gens et les rend interdépendants, ce qui participe à la création de la communauté.

En ce qui concerne la manière de gérer les relations, là encore, Blunt et Jones indiquent en premier la préservation de l'harmonie, en y ajoutant l'accent mis sur la dignité des personnes. Les trois autres éléments mentionnés viennent eux aussi renforcer cette harmonie : il faut miser sur les valeurs des personnes plutôt que sur les enjeux ; il faut éviter la confrontation et les conflits ; il faut préserver le réseau social.

Le conflit, qui peut en d'autres circonstances s'avérer fécond, notamment pour briser un statu quo, est ici rejeté, car il attaque ce qu'il y a de plus important : l'intégrité du collectif, les liens sociaux, et donc l'harmonie. Cette attention portée au corps social est à relier bien sûr à l'importance du réseau, mais surtout au fait que les problèmes sont subordonnés aux personnes et non l'inverse.

Une direction traditionnelle

Nous retrouvons ici largement des éléments mis en jeu par le management traditionnel. L'idéal est explicitement l'harmonie, et certainement pas l'efficacité, le progrès ou la création. D'ailleurs, le changement radical, qui met en péril l'harmonie, laisse place à l'amélioration incrémentale, et des procédés comme le *Kaizen* (amélioration continue) ou le *Ringi* en sont des manifestations spectaculaires : dans le *Kaizen*, chacun est responsable collectivement du changement, qui vient largement d'en bas ; il est graduel, s'étend sur la longue durée[25]. Par le *Ringi*, la prise de décision suit un long processus où chacun a le temps d'exprimer ses préoccupations ; la décision n'est entérinée qu'une fois le consensus atteint, c'est-à-dire non pas lorsque personne ne s'oppose plus à la décision, mais lorsque tous sont prêts à s'engager activement dans celle-ci.

Ce qu'il est important de souligner ici, c'est que la mission et la principale tâche d'un dirigeant ne consistent pas nécessairement à prendre des décisions et à être l'initiateur du changement. Il doit au contraire veiller à l'harmonie ; la décision et le changement étant largement de la responsabilité du collectif lui-même, plutôt que celle du dirigeant. Bien entendu, cela ne peut se penser que dans un contexte culturel où le groupe, plutôt que l'individu, est largement valorisé, et où la pression sociale est extrêmement forte.

Outre l'idéal d'harmonie que nous retrouvons explicitement, les autres dimensions du management traditionnel apparaissent plus ou moins clairement. La valorisation de l'âge et de l'expérience participent à un savoir valorisé qui se rapproche bien davantage du pragmatisme, d'un respect du passé, plutôt que d'un objectivisme, ou d'un imaginaire, comme on le trouve dans les deux autres logiques de management. Ils participent aussi d'ailleurs à un travail valorisé sous forme de métier, lié à un apprentissage long, qui valorise des connaissances tacites transmises des anciens aux nouveaux.

Et bien entendu, c'est le mode de relations en forme de communauté qui est essentiel. Les individus sont subordonnés au groupe, mais on les traite avec respect. On évite confrontation et conflit, l'autorité est exercée avec modération.

Certains lecteurs pourraient y voir simplement la valorisation d'une « vieille » logique traditionnelle de direction qui ne tardera pas à être effacée par les autres modèles occidentaux. Ce serait manquer trois points. Tout d'abord, les réussites industrielles du Japon et de la Corée, puis le développement de la Chine, appellent l'Occident à la modestie quant à ses propres modèles. Par ailleurs, si le management traditionnel qui caractérise les pratiques de l'artisan n'est pas beaucoup enseigné, il est néanmoins très largement répandu en entreprise et fonctionne souvent très bien. Enfin, le développement de systèmes de mentorat, de communautés apprenantes et plus généralement de cultures d'entreprise parfois extrêmement fortes, sont autant de traits du management traditionnel qui reviennent en force dans le monde des entreprises d'aujourd'hui, même en Occident.

---

[25] Ici, il est intéressant de noter qu'en Occident le recours au *Kaizen* est fréquemment associé à une quête d'efficacité qui n'est pas sans lien de parenté avec les techniques propres au management formel.

Diagnostic 11.3 La sagesse

Pour évaluer les pratiques de direction selon la logique traditionnelle, les questions suivantes s'avèrent être un bon point de départ. En fait, elles permettent de poser un diagnostic sommaire, lequel peut alors servir à lancer une réflexion plus étoffée.	Fortement en accord	Plutôt en accord	Plus ou moins en accord	Plutôt en désaccord	Fortement en désaccord
1. Les pratiques de direction sont empreintes d'un souci d'harmonie.					
2. Les pratiques de direction sont empreintes d'authenticité.					
3. Les pratiques de direction sont fondées sur l'expérience.					
4. Les pratiques de direction témoignent d'un respect pour le collectif.					
5. Les pratiques de direction sont empreintes de sagesse.					

11.4 Conclusion

Nous voici maintenant arrivés au terme de ce chapitre qui nous a conduit à entrevoir la direction en termes d'autorité, de leadership et de sagesse.

Nous pouvons constater que d'une certaine manière, la boucle a été bouclée. En effet, la direction formelle s'est largement constituée contre le management traditionnel qui prédominait alors. Nous aurions d'ailleurs pu commencer ce chapitre par la direction traditionnelle avant d'évoquer la direction formelle, si nous avions privilégié une histoire des pratiques plutôt qu'une histoire des idées. Mais les premiers écrits qui ont fait naître et développer la discipline de l'administration en général et de la direction en particulier ont précisément pour but de faire une apologie du management formel (et implicitement une critique de la direction traditionnelle).

Un siècle plus tard, nous pourrions avoir l'impression que nous sommes retournés au point de départ, avec la réémergence de la logique traditionnelle de la direction. Celle-ci se perçoit dans les écrits, qui valorisent désormais une forme de management beaucoup plus proche d'une telle logique. Mais cela se voit aussi du côté des pratiques. Alors faut-il y voir un retour aux sources ? Évidemment non. Car la logique formelle (comme la logique charismatique) n'a aucunement disparu des organisations. En ce qui concerne la logique formelle d'abord, il faut noter que nos organisations sont incroyablement plus efficaces qu'elles ne l'étaient à l'époque de la domination du management traditionnel. L'important changement dans notre niveau de vie depuis 150 ans s'explique bien sûr largement par les progrès de la science, mais l'efficacité de nos organisations y a aussi largement contribué. Simplement, l'efficacité n'est pas tout. Le charisme est largement venu répondre aux limites de cette direction formelle, en apportant chaleur, rêve, émotions au management formel, en apportant une certaine humanité finalement. Tout en s'appuyant sur l'individu plutôt que sur le collectif, ce qui était cohérent avec l'air du temps, surtout en Occident. Et ce modèle a fonctionné, tout en atteignant lui aussi ses limites. Quant au management traditionnel, il vient apporter un peu de sagesse, l'idée aussi qu'il faut préserver les choses, que l'individu n'est pas tout. Dans un monde où les questions éthiques comme celle de la sauvegarde de la planète sont devenues incontournables, son émergence ne devrait pas trop nous surprendre. Mais lui aussi ne tardera pas à montrer ses limites. Car comme les autres, il peut devenir une caricature de lui-même : écrasement de l'individu ; conformisme ; vénération du passé, sans parler de l'exclusion des autres auquel peut conduire le fait d'être centré sur ses propres valeurs.

Cela étant dit, que faire maintenant ? Il nous semblait crucial de faire apparaître ces trois logiques de direction et de bien mettre en évidence que la direction peut revêtir les formes de l'autorité, du leadership et de la sagesse. En outre, nous pourrions même penser à plusieurs points de jonction entre ces formes, tant il est que sur le terrain des pratiques concrètes, la direction ne se rencontre que très rarement dans une forme « pure ».

Figure 11.2 **L'autorité, le leadership et la sagesse**

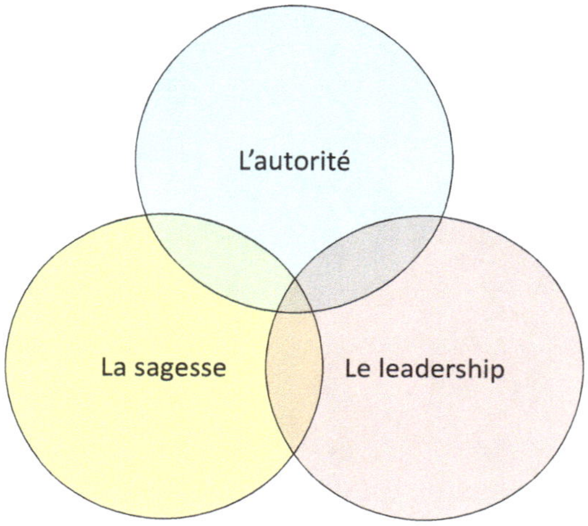

Par ailleurs, la mise au jour des trois déclinaisons de la direction permet d'abord d'éclairer les futurs gestionnaires sur les différentes pratiques de direction auxquelles ils seront confrontés. D'autant que leur formation en école de gestion va être nécessairement biaisée. En effet, la seule des trois logiques de direction qui s'enseigne vraiment, c'est la logique formelle. Elle seule s'appuie sur des techniques, sur des connaissances explicites que l'on peut partager facilement dans des salles de classe. La logique traditionnelle, quant à elle, s'apprend autrement ; parce qu'il s'agit de connaissances tacites, elle s'apprend beaucoup plus par compagnonnage, certainement pas dans des amphithéâtres de centaines d'étudiants, et certainement pas « en ligne ». Pourtant, cette logique a toujours existé ; elle est largement prégnante dans de nombreuses entreprises, même grandes, et elle semble prendre actuellement un essor important. Quant à la logique charismatique, elle non plus ne peut pas vraiment s'enseigner, mais elle peut très facilement se « montrer ». Difficile d'apprendre le charisme, mais on peut étudier des grands leaders charismatiques. Certains se verront comme de tels leaders et essaieront de les imiter, avec les risques évoqués dans notre section sur la logique charismatique. D'autres se diront qu'ils ne sont pas faits de cette étoffe et que, par conséquent, ils ne seront jamais des dirigeants, quitte d'ailleurs à laisser le champ libre à ces « leaders soi-disant charismatiques ».

Au final, ce chapitre nous présente trois messages. Tout d'abord, il n'existe pas qu'une façon de diriger. Contrairement peut-être à ce que laisse penser le management formel, et plus encore le management charismatique. Ensuite, il faut faire preuve de modestie : lorsque l'on sort de l'université, d'une école de gestion, on est très bien formé au niveau technique. Mais la technique n'est pas tout. Il reste encore beaucoup à apprendre. Et c'est normal, ce n'est simplement pas à l'école que cela s'apprend. Enfin, le monde des organisations dans lequel la plupart d'entre nous travaillons ou travaillerons est un monde aux logiques multiples qui, de plus, sont mouvantes.

SYNTHÈSE DU CHAPITRE

Idée clé
Troisième moment du cycle administratif, la direction incarne, d'une certaine façon, la dimension humaine du cycle.

La direction	
L'autorité	L'autorité permet l'exercice de la fonction de direction, à savoir manier les personnes à sa charge.
Le leadership	Le leadership est une qualité intimement liée à une personne, ou bien un mode de relation unissant une personne et un groupe.
La sagesse	La sagesse met en action un leadership authentique, un leadership respectueux et intègre et un management bienveillant, un management où prendre soin du collectif l'emporte sur les ambitions personnelles.

Diagnostic	
Pour analyser une situation de gestion en termes de direction, il est possible de centrer l'attention sur quelques questions clés.	
Le management formel	La direction s'incarne-t-elle dans une autorité qui mise sur des techniques, des instructions et des mécanismes?
Le management charismatique	La direction s'incarne-t-elle dans un leadership charismatique qui formule et met en œuvre une vision inspirante?
Le management traditionnel	La direction s'incarne-t-elle dans une sagesse fondée sur des pratiques authentiques et bienveillantes?

12

Contrôler

Objectifs d'apprentissage

12.1 Le contrôle selon la logique formelle : les indicateurs de performance

- 12.1.1 Mise en contexte
- 12.1.2 Les informations et les écarts de performance
- 12.1.3 La mise en œuvre concrète

12.2 Le contrôle selon la logique charismatique : la responsabilisation individuelle

- 12.2.1 Mise en contexte
- 12.2.2 La motivation et la responsabilisation individuelle
- 12.2.3 La mise en œuvre concrète

12.3 Le contrôle selon la logique traditionnelle : les normes sociales

- 12.3.1 Mise en contexte
- 12.3.2 Les valeurs traditionnelles et les normes sociales
- 12.3.3 La mise en œuvre concrète

12.4 Conclusion

Le contrôle est à la fois la dernière étape du cycle administratif et son recommencement. En effet, il vient conclure le cycle qui part de la planification (formulation des plans, visions ou projets), passe par l'organisation (structure et coordination du travail) et la direction (orchestration des actions par l'autorité, le leadership ou la sagesse) et débouche sur la réalité des résultats qu'il faut mettre au jour et comparer aux attentes planifiées ; de là apparaît l'idée d'écarts mesurés en termes d'indicateurs, de responsabilisation ou de respect des normes sociales. Mais le contrôle est aussi un recommencement, car il n'est pas seulement sanction de l'action, il est également apprentissage pour un nouveau cycle.

Figure 12.1 **Le cycle administratif**

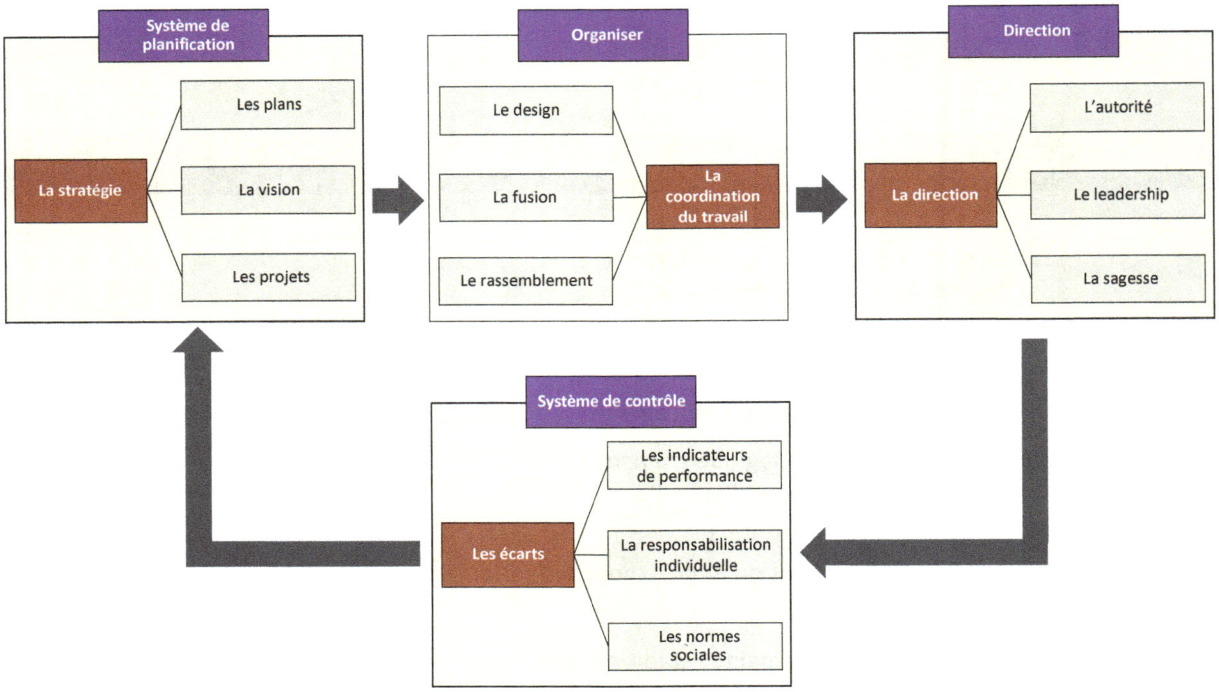

Le **contrôle** recouvre des pratiques qui vont de la surveillance à la production et à l'échange d'information, de la sanction à l'apprentissage.

Le **contrôle** est un concept ambigu par essence. Le terme même de « contrôle » a d'ailleurs une connotation plutôt négative, puisqu'il suggère la surveillance, la vérification, l'évaluation, l'inspection, la supervision, la sanction en cas d'échec, etc. Qui aime les contrôles ? Qui souhaite voir son travail surveillé, évalué, supervisé, sanctionné ? Le contrôle n'est-ce pas, d'une certaine façon, un signe de méfiance qui distille la suspicion en milieu de travail ?

Pourtant, dans les organisations, il est aussi un puissant vecteur d'information, de réflexion et d'apprentissage. Le terme de pilotage lui est quelquefois substitué, indiquant une saveur plus administrative et plus orientée vers la gouvernance globale de l'organisation que vers un simple système de surveillance-vérification-sanction. La terminologie (voir glossaire) peut aussi nous égarer quand le contrôle devient le contrôle de gestion. Ce dernier est une spécialité à part entière de la gestion à consonance plus comptable qu'administrative.

Tableau 12.1 Le mille-feuille du contrôle

Les contrôles	Définition
Contrôle organisationnel	Le contrôle organisationnel porte sur la recherche de l'adéquation entre les buts de l'organisation, les comportements et les actions de chacun.
Contrôle de gestion	Selon Anthony (1965), « le contrôle de gestion est le processus par lequel les managers obtiennent l'assurance que les ressources sont obtenues et utilisées de manière efficace et efficiente pour la réalisation des objectifs de l'organisation ». Dans son ouvrage de 1988, Anthony modifie cette première définition : « le contrôle de gestion est le processus par lequel les managers influencent d'autres Amembres de l'organisation pour appliquer les stratégies. » (Anthony, R.N., *Planning and Control Systems. A Framework for Analysis*, Boston, Graduate School of Business Administration, Harvard University, 1965; Anthony, R.N., *The Management Control Function*, Boston, Harvard University Press, 1988 : 10.)
Pilotage	La notion de pilotage est une analogie avec la conduite d'un véhicule. À l'aide d'indicateurs ou de tableaux de bord, le gestionnaire est capable de conduire son activité et de s'adapter aux modifications de l'environnement.
Contrôle interne	Selon le COSO (*Committee of Sponsoring Organizations of the Treadway Commission*), le contrôle interne est le processus mis en œuvre par le conseil d'administration, les dirigeants et le personnel d'une organisation, destiné à fournir une assurance raisonnable quant à la réalisation des objectifs suivants : réalisation et optimisation des opérations, fiabilité des informations financières et de gestion et conformité aux lois et aux réglementations en vigueur.
Audit interne	L'audit interne est une activité de contrôle réalisée par des employés de l'entreprise qui porte sur la certification de la régularité de la gestion de l'entreprise relativement au respect de ses procédures.
Audit externe	L'audit externe est réalisé par des personnes indépendantes chargées de vérifier la validité des informations communiquées aux parties prenantes par l'entreprise. Il est généralement mené par des professionnels agréés.
Post-évaluation	La post-évaluation est le processus d'évaluation ponctuelle d'une action qui a eu lieu dans l'entreprise au regard des résultats obtenus par rapport aux objectifs, typiquement, un investissement stratégique.
Contrôle social	Le contrôle social repose sur les valeurs partagées et l'influence mutuelle des membres d'un groupe.
Contrôle informel	Le contrôle informel repose sur des éléments tacitement partagés dans l'entreprise, par exemple, le code vestimentaire.

Le contrôle du PODC est plus large que le contrôle de gestion ; il s'inscrit dans les trois logiques, formelle, charismatique et traditionnelle, et doit être considéré comme une étape d'un processus de management, c'est-à-dire qu'il participe au fonctionnement global de l'organisation au-delà des aspects techniques propres au contrôle de gestion tels que les budgets, les écarts ou encore les coûts. Du point de vue du management, on peut assimiler le contrôle au concept de « mécanisme de coordination » de Mintzberg[1] qui

[1] Mintzberg, H., *Structure et dynamique des organisations*, Paris, Éditions d'Organisation, 1982 [1979].

se concentre sur l'articulation entre les tâches et les acteurs dans un contexte de division du travail. Mintzberg le décrit comme la « colle qui maintient ensemble les parties de l'organisation[2] ». De manière plus précise, on parlera de contrôle organisationnel quand le contrôle se soumet à quatre impératifs :

- il permet aux individus de décider et agir en cohérence avec les objectifs, visions ou projet organisationnels : c'est la convergence des buts ;
- il intègre les actions des différentes parties de l'organisation ;
- il est en mesure de fournir l'information concernant à la fois les résultats des opérations menées et la performance des individus, permettant ainsi aux employés de prendre des décisions et d'agir sans que chacune de leur décision ou action soit sous surveillance directe. Le contrôle autorise ainsi la décentralisation des opérations quotidiennes tout en assurant que les objectifs, visions ou projets organisationnels sont bien poursuivis ;
- il facilite la mise en œuvre de la planification ainsi que des autres phases du PODC, l'organisation et la direction. La dernière phase du PODC est celle qui assure le lien de l'ensemble du processus, car elle permet d'évaluer l'efficacité de chacune des autres phases et du processus au complet.

Ainsi, le contrôle du PODC est d'abord organisationnel, c'est-à-dire qu'il comprend l'ensemble des mécanismes servant à s'assurer que les individus se comportent de façon à atteindre les objectifs organisationnels.

Cependant, cette action du contrôle sur l'organisation peut se dérouler selon les différentes logiques. Le contrôle s'inscrit certes particulièrement bien dans la logique formelle, la phase la plus « outillée » du PODC ; mais il peut être aussi remarquablement efficace dans les logiques charismatique et traditionnelle quand il se fait moins technique, mais plus social, voire psychologique.

La typologie de William Ouchi[3] montre ainsi que le type de contrôle qu'une organisation adoptera dépend de son contexte d'action et, en particulier, de deux éléments clés : la possibilité de mesurer les résultats et le degré de connaissance de ses processus.

Figure 12.2 **Les différents types de contrôle selon William Ouchi**

		Connaissance des processus	
		Parfaite	Imparfaite
Possibilité de mesurer les résultats	Élevée	Contrôle par les résultats ou les comportements	Contrôle par les résultats
	Faible	Contrôle par les comportements	Contrôle « clanique »

[2] *Ibid.* 19.

[3] Ouchi, W. G., « A Conceptual Framework for the Design of Organizational Control Mechanisms », *Management Science*, 1979, *25*(9) : 833-848.

Ces formes sont compatibles avec les trois logiques du management. Ainsi, le contrôle par les résultats correspond à la logique formelle, le contrôle par les comportements à la logique charismatique tandis que le contrôle « clanique » convient bien à la logique traditionnelle.

12.1 Le contrôle selon la logique formelle : les indicateurs de performance

L'essence du contrôle, tel qu'il se présente généralement en gestion, est formelle. Le contrôle sert à informer les décisions au travers d'un ensemble de dispositifs techniques comme les budgets, l'évaluation des coûts ou les indicateurs de performance. Fondamentalement, il s'agit, dans la logique formelle du contrôle, de mettre en place un contrôle par les résultats. C'est la raison pour laquelle il fait une large part à la mesure et aux résultats. Cependant, nous verrons que ce type de contrôle, au travers même de ses dispositifs de mesure et d'évaluation, est aussi un puissant moyen de contrôler les comportements.

Le **contrôle selon la logique formelle** repose sur des dispositifs techniques comme les budgets, l'évaluation des coûts ou les indicateurs de performance.

12.1.1 Mise en contexte

La révolution industrielle a donné lieu au développement des premiers dispositifs de comptabilité industrielle (ancêtre de la comptabilité analytique qui deviendra ensuite la comptabilité de management ou de gestion). Il s'agit alors pour l'essentiel de calculer les coûts de revient. En Angleterre, berceau de la révolution industrielle, Josiah Wedgwood, fondateur de l'entreprise de porcelaines Wedgwood met au point une première forme de comptabilité analytique pour échapper à la dépression économique de 1772[4]. Alors que la demande diminue, Wedgwood se refuse à baisser ses prix ou à emprunter comme le font alors la plupart des entrepreneurs pour sauver leur affaire à court terme. Ayant tenu des livres assez complets des différentes opérations de sa production, il se met à calculer un coût de revient qui lui permet d'estimer assez précisément ses marges et d'envisager une véritable politique de prix qui sauve l'entreprise et, plus encore, lui permet de se développer. Le calcul des coûts a une autre conséquence : il permet à Josiah Wedgwood de repérer une divergence dans les comptes et de confondre un employé malhonnête ! Au-delà de cette fonction de contrôle interne, Wedgwood y voit une possibilité pour motiver, discipliner et améliorer l'efficacité de ses vendeurs. Les bases du contrôle de gestion se mettent ainsi en place. Et l'entreprise de porcelaine créée en 1759 existe encore aujourd'hui.

La comptabilité industrielle va se développer considérablement dans les industries de la première révolution industrielle puis de la deuxième, mais le contrôle de gestion n'apparaît en tant que tel que dans les années 1920 aux États-Unis. Le modèle Sloan-Brown mis en place à la General Motors est considéré comme le prototype du genre[5]. La nécessité historique du contrôle est généralement liée à la taille croissante des entreprises et à la distance qui va séparer de manière croissante les différents intervenants dans la production et la commercialisation des biens. Alfred D. Chandler insiste ainsi sur l'importance de nouvelles technologies comme les chemins de fer et le télégraphe, qui ouvrent la voie à des marchés distants qu'il faut contrôler[6]. L'intégration des activités

---

[4] McKendrick, N., « Josiah Wedgwood and Cost Accounting in the Industrial Revolution », *Economic History Review*, 1970, *23*(1) : 45-67.

[5] Bouquin, H., *Les fondements du contrôle de gestion*, Paris, PUF, coll. « Que sais-je ? », 1994.

[6] Chandler, A. D. jr., *La main visible des managers*, Paris, Economica, 1988 [1977].

de l'approvisionnement à la vente rend la célèbre forme d'organisation en M, comme multidivisionnelle, particulièrement efficace. Mais, si l'entreprise se structure autour de multiples divisions – définies comme des couples produit/marché –, le contrôle devient le vrai défi : comment s'assurer que les divisions, décentralisées et par conséquent dotées d'une certaine autonomie, vont-elles effectivement poursuivre les objectifs de l'organisation ? L'apparition du contrôle de gestion est de ce point de vue un tournant majeur dans la gestion des entreprises. La boîte à outils très complète qui le caractérise est une réponse formelle à l'enjeu de la convergence des objectifs.

12.1.2 Les informations et les écarts de performance

Le contrôle ferme la boucle du management formel en y tenant le rôle de gardien de l'efficacité de l'organisation. Ainsi, par le recours à un processus formel de contrôle et à diverses techniques d'information, le gestionnaire s'assure que les moyens mis en œuvre pour atteindre les objectifs planifiés donnent bel et bien les résultats escomptés. Lorsqu'il y a des écarts de performance, c'est le rôle du contrôle d'indiquer ce qu'il convient de faire pour retrouver le chemin de l'efficacité. Le contrôle prend donc largement la forme d'un mécanisme cybernétique de rétroaction qui, toujours, garde le cap sur les objectifs à atteindre.

Informer, évaluer et corriger sont les maîtres mots de ce dernier moment du cycle administratif du management formel.

Un système d'information

Pour tenir son rôle de gardien de l'efficacité de l'organisation, le contrôle prend la forme d'un système d'information qui plonge ses racines dans la planification, de laquelle il tire les objectifs à atteindre qu'il traduit en indicateurs de performance qui sont ensuite comparés aux résultats réels au travers d'une analyse d'écarts qui conduit finalement à des mesures correctrices, elles-mêmes destinées à réévaluer la planification :

Figure 12.3 **Le cycle du contrôle**

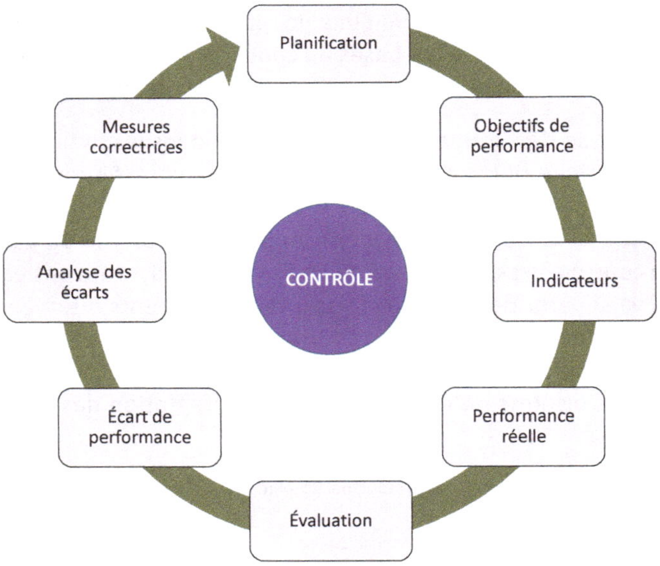

Il faut s'imaginer ce cycle reproduit dans le temps et dans l'espace de l'organisation. Les objectifs du plan qui sont pluriannuels sont convertis en objectifs mensuels, hebdomadaires ou même quotidiens ; les indicateurs correspondent ainsi à des niveaux de performance individualisés et localisés. En effet, la déclinaison des objectifs globaux de la planification dans le temps se double d'une déclinaison dans l'espace organisationnel : chaque entité (unités de production, unités de vente, unités administratives, etc.) se voit attribuer des objectifs précis au regard desquels on pourra mesurer sa performance. Le système de contrôle est conçu de manière à garantir l'efficacité de l'ensemble du processus de management[7].

D'abord, le système prend pour objet les différents plans d'orientation générale. À ce niveau, le contrôle s'assure notamment que l'organisation ne dévie pas de sa mission et qu'elle respecte ses politiques en matière de gouvernance. En portant une attention toute particulière aux responsabilités économiques, sociales et écologiques que doit assumer l'organisation, le contrôle de gouvernance joue un rôle de chien de garde de la légitimité organisationnelle. Généralement, ce premier niveau de contrôle est réalisé par le conseil d'administration de l'organisation.

Puis, le contrôle se saisit des plans stratégiques de l'organisation ; il s'assure de la pertinence des choix stratégiques à long terme : c'est le contrôle stratégique. Ainsi, après avoir formulé des plans qui devaient accroître la compétitivité de l'organisation, il s'agit maintenant de s'assurer que la stratégie a non seulement été mise en œuvre, mais qu'elle tient ses promesses. À ce stade, le contrôle s'effectue de manière continue avec la technique des plans glissants et de manière ponctuelle avec la post-évaluation des décisions stratégiques majeures comme les investissements. Ce second niveau de contrôle est généralement réalisé par la haute direction.

S'ensuit dans la foulée, le contrôle des plans fonctionnels que l'on qualifie souvent de « contrôle de gestion[8] ». Ce contrôle prend la forme d'un processus par lequel les managers influencent d'autres membres de l'organisation pour mettre en œuvre la stratégie. La raison d'être du contrôle de gestion est ainsi de décliner des stratégies et objectifs de long terme, pluriannuels, dans des programmes fonctionnels de court terme, annuel puis mensuel.

> *« Nous misons considérablement sur une vision à la fois à long terme et à court terme de l'entreprise. Prenez par exemple notre planification triennale, différente des plans qu'on voit souvent dans les entreprises américaines ou occidentales : notre objectif est d'allier flexibilité et stabilité. La flexibilité, ça signifie que nos unités opérationnelles doivent s'adapter rapidement aux changements de l'environnement d'affaires et à ceux des besoins des clients : la stabilité, c'est maintenir des liens solides avec les clients et ne jamais perdre de vue les objectifs de l'entreprise. Cette planification comporte bien sûr des objectifs financiers annuels et des budgets auxquels les unités opérationnelles doivent se conformer. Mais elle fixe aussi des cibles plus éloignées, dont l'échéance est de trois ans, et qui sont établies en collaboration avec les dirigeants des unités et conçues pour nous obliger à réévaluer régulièrement ce que font chacune des unités opérationnelles et l'entreprise dans son ensemble. À la différence des objectifs évolutifs qu'on trouve dans un grand nombre d'entreprises, ces cibles éloignées ne changent pas. »*
>
> William Fung,
> DG du Groupe Li & Fung
>
> Entrevue réalisée par Hemp, P.,
> « Oser à la chinoise »,
> *Premium*, 2011, 10 : 46.

---

7 Pour un schéma général des liens entre le management et le contrôle, voir : Boisvert, H. et R. Déry, *Le contrôle de gestion. L'interface entre la comptabilité et le management*, Montréal, Éditions JFD, 2013.

8 À ce propos, voir : Anthony, R. N., *Planning and Control Systems. A Framework for Analysis, Boston, Graduate School of Business Administration*, Harvard University, 1965; Anthony, R. N., *The Management Control Function*, Boston, Harvard University Press, 1988.

Le contrôle de gestion agit en outre au travers d'un processus systématique : il consiste en un certain nombre de sous-processus qui s'enchaînent selon un script précis : la programmation, la préparation des budgets, leur réalisation et l'évaluation des performances. Le but principal du système est de faciliter la coordination entre des fonctions et des individus qui ont des objectifs qui ne convergent pas toujours avec ceux de l'organisation et entre des fonctions et des individus qu'il faut informer sur les stratégies suivies par l'organisation. Le contrôle de gestion s'exerce donc tout au long de la ligne hiérarchique et concerne ainsi l'ensemble des dirigeants, des gestionnaires et des employés. Il n'est pas l'apanage du seul contrôleur de gestion, mais relève d'un processus qui est avant tout managérial. Il suppose trois types d'activités : la communication des objectifs de l'organisation, l'incitation des employés à réaliser leurs objectifs et la mesure, puis l'évaluation des performances atteintes.

Dernière phase du contrôle, le contrôle opérationnel est le processus consistant à s'assurer que les tâches spécifiques sont exécutées avec efficacité et efficience sur un horizon de très court terme qui peut être la journée, voire l'heure. L'efficience est mesurée par le montant d'extrants (*outputs*) produits par unité d'intrants (*inputs*) utilisés ; l'efficacité se mesure par rapport à des objectifs définis.

Un système d'évaluation de la performance

Si le contrôle formel se résumait à construire un système d'information, aussi complet soit-il, il n'aurait aucune pertinence, puisqu'il se confondrait avec le processus de planification dont les prévisions prennent appui sur les mêmes informations. Le contrôle doit donc aller au-delà de la seule prise d'information, et c'est exactement ce qu'il fait en prenant aussi la forme d'un système d'évaluation de la performance. C'est dire que chacun des niveaux du système d'information se dédouble pour faire apparaître un jugement sur l'efficacité de l'organisation, jugement qui prend pour objet les écarts repérés. Ce jugement se fonde, d'un côté, sur la comparaison entre ce qui a été réalisé et ce qui était planifié et, de l'autre, sur la comparaison entre les performances de l'organisation et celles de ses concurrents. Cette seconde analyse se construit à l'aide des techniques d'analyse comparative (*benchmarking*), techniques qui permettent la mise au jour des meilleures pratiques au sein d'un même secteur d'activité.

Ainsi, en matière de contrôle, le gestionnaire ne se contente jamais du seul point de vue interne, celui qui permet d'évaluer les performances au regard des objectifs planifiés, puisque dans un univers concurrentiel, la performance est toujours relative à celle qu'obtiennent les concurrents. Pour le gestionnaire formel, faire le constat que la concurrence a de meilleures pratiques et obtient de meilleurs résultats que ceux de l'organisation est donc une information qu'il doit posséder et qu'il doit utiliser pour fonder son jugement. Cette information est même davantage pertinente que l'information interne, puisqu'elle permet d'ancrer l'organisation dans l'instant présent, là où la seule évaluation des objectifs planifiés risquerait plutôt de la cantonner dans le passé.

Un système d'apprentissage

Si le contrôle n'était qu'un système d'information et d'évaluation de la performance, il ne serait alors qu'un système de surveillance qui, forcément, s'accompagnerait de beaucoup de frustrations et d'un climat de méfiance peu propice à l'expression d'un désir de dépassement. Pour le gestionnaire formel, surveiller l'action des uns et des autres et mettre au jour leur performance n'est pas la finalité du contrôle. Pour lui, l'important ce sont les leçons qu'il est possible de tirer de l'expérience passée et de l'analyse de la situation actuelle de l'organisation.

Le gestionnaire formel utilise donc la réflexion que suscite le système de contrôle pour faciliter l'apprentissage. Parfois, ces apprentissages sont purement mécaniques et prennent la forme d'une boucle cybernétique de rétroaction qui ajuste rapidement l'action aux cibles qu'il convient d'atteindre. Dans ces cas, le contrôle, après avoir mis au jour des écarts de performance jugés problématiques, impose des actions correctrices, actions qui font généralement partie du répertoire des solutions standards, solutions qui ont déjà fait leurs preuves.

Toutefois, il arrive que la mise au jour d'écarts enclenche plutôt une réflexion en profondeur, et que les correctifs à mettre en œuvre n'aient rien de coutumier. Les solutions requises sont à inventer, ce qui nécessite forcément des apprentissages qui n'ont plus rien de mécanique. Dans ces cas très particuliers où c'est le cycle administratif lui-même qui est pris en défaut, le gestionnaire doit alors repenser sa gestion et même son système de contrôle. Il est aussi confronté à une situation pour le moins paradoxale : alors qu'il se questionne sur sa gestion, sa réflexion est alimentée par un système de contrôle qu'il pose comme étant problématique ; ce qui montre, par ailleurs, la pertinence d'un système qui doit, malgré tout, être repensé. Cela dit, que le système de contrôle impose des ajustements mécaniques ou qu'il s'ouvre sur une inédite réflexion, il demeure toujours un instrument d'apprentissage collectif et individuel.

12.1.3 La mise en œuvre concrète

Les quatre grandes phases du contrôle, de l'orientation générale, stratégique, de gestion et opérationnelle, nous donnent le cadre général dans lequel il va s'exercer, mais sa mise en œuvre concrète dépend aussi du contexte.

Selon Kenneth A. Merchant[9], la conception d'un système de contrôle formel, c'est-à-dire le choix d'un ensemble de dispositifs spécifiques, est aussi contingente à la nature de l'activité que l'on veut contrôler et aux contextes. Si les contrôles portant sur les individus s'adaptent à la plupart des situations, le contrôle sur les actions suppose que les gestionnaires aient la connaissance des actions désirables et soient capables de les observer (directement ou indirectement). Enfin, le contrôle des résultats suppose d'être capable de mesurer des résultats précis pour des domaines de performance définis.

Merchant a ainsi identifié les différents outils du contrôle organisationnel en fonction de l'objet qu'ils sont supposés contrôler.

---

[9] Merchant, K. A., « The Control Function of Management », *Sloan Management Review*, 1981, *23*(4) : 43-55.

Tableau 12.2 Les outils du contrôle organisationnel selon Kenneth A. Merchant

Objet du contrôle	Modalité de contrôle	Exemples
Les actions particulières	Contraintes physiques	Contrôle physique des accès
	Contraintes administratives	Séparation des tâches
	Systèmes de responsabilité	Règles de travail, politiques et procédures, codes de conduite
	Systèmes de supervision	Supervision directe, limites d'engagements, revues des budgets
Les résultats	Système de responsabilité portant sur les résultats	Standards, budgets, management par objectifs
Les comportements des individus	Accroissement des compétences	Sélection des individus, formation, système d'assignation des tâches
	Amélioration de la communication	Clarification des attentes, mise à disposition d'informations pour la coordination
	Encouragement du contrôle par les pairs	Travail de groupe, objectifs partagés

Plus généralement, le contrôle dépend fortement du contexte propre à l'entreprise. Aussi formel soit-il, un système de contrôle devra s'adapter aux caractéristiques particulières de l'organisation à contrôler, notamment à la réalité de chacun de ses cadres techniques.

Par ailleurs, la détermination des caractéristiques générales du contrôle n'est qu'une étape préalable dans la mise en œuvre concrète d'un système. Dans la logique formelle, la mesure des performances est consubstantielle au processus de contrôle et, plus largement, au PODC. Les objectifs définis avec la planification sont en effet déclinés au sein de l'organisation avec l'appui de la direction. Au final, la mesure des performances vient valider les niveaux de réalisation des objectifs entérinant ainsi l'efficacité (ou non) des processus organisationnels et des choix des dirigeants.

Les entreprises mettent ainsi en place des dispositifs sophistiqués qui combinent outils de mesure classiques et animation collaborative, comme le montre l'illustration 12.1.

Illustration 12.1 Le cockpit de Bouygues Telecom

Bouygues Telecom est une entreprise de télécommunication au chiffre d'affaires de quelques 5 milliards d'Euros et employant plus de 7 000 personnes. Créée en 1995 au début de l'expansion de la téléphonie mobile, elle a connu une croissance rapide. Le secteur est caractérisé par ses investissements en technologies et par l'importance de la relation client.

Le système de contrôle est complet : budget avec actualisation trimestrielle, comptabilité de gestion de type ABC et tableaux de bord fournissent l'information requise pour apprécier les résultats et prendre les décisions. Un comité d'engagement est en charge des nouvelles offres client ainsi que des nouveaux projets.

Mais, ce qui distingue le système de contrôle chez Bouygues est qu'il prend la forme d'un cockpit. Le traditionnel rapport papier ou sa version numérique fait place ici à un lieu physique, une salle dans laquelle les informations de gestion sont affichées aux fins de contrôle permanent. Bouygues n'est pas la seule entreprise à disposer d'une telle installation, elle se retrouve ailleurs sous diverses dénominations : *decision room, business room, management room ou control, command, communication and intelligence center*.

Dans le cockpit de Bouygues, 14 panneaux comptent 6 graphiques chacun. 3 panneaux sont ainsi consacrés à l'activité commerciale, 2 à la distribution, 2 à la relation client et 1 pour chacune des autres activités d'importance telles que le réseau, le système d'information, les ressources humaines, la gestion financière ou encore l'environnement. Ainsi, le tableau de bord fonctionne comme un cockpit d'avion mettant à la disposition des gestionnaires des informations en temps réel avec lesquelles ils peuvent réagir et prendre des décisions.

Un système de réunion complète le dispositif. Une réunion cockpit est ainsi préparée à partir des faits marquants et des alertes de la période considérée. Les gestionnaires ont ainsi la possibilité de réagir rapidement à toutes les situations.

Source : Olivier de La Villarmois et Olivier Stéphan, « Quand l'outil de diagnostic devient interactif », *L'Expansion Management Review*, 2005, 4 (119) : 60-65.
Disponible en ligne : www.cairn.info/load_pdf.php?ID_ARTICLE=EMR_119_0060

Du point de vue du management formel, le contrôle par les résultats – au travers de la comparaison entre prévisions et réalisations – permet de mettre en lumière les aptitudes des responsables, de les récompenser ou de les sanctionner (l'évaluation est généralement associée à un système d'incitation), d'orienter leurs comportements et de doter les postes de l'entreprise des femmes et des hommes les plus compétents.

La mesure des performances est aussi un outil d'aide à la décision en ce qui concerne l'allocation des ressources matérielles aux différentes entités de l'entreprise (en relation avec les décisions stratégiques).

Enfin, le système de mesure des performances permet aux gestionnaires de suivre « à la trace » la mise en œuvre des stratégies en comparant les résultats réels et les objectifs. Il comprend par conséquent des méthodes systématiques de fixation des objectifs et de rapports d'information qui indiquent les progrès réalisés.

Diagnostic 12.1 **Le contrôle selon la logique formelle**

Pour analyser les pratiques formelles de contrôle, les questions suivantes s'avèrent être un bon point de départ. En fait, elles permettent de poser un diagnostic sommaire, lequel peut alors servir à lancer une réflexion plus étoffée.	Fortement en accord	Plutôt en accord	Plus ou moins en accord	Plutôt en désaccord	Fortement en désaccord
1. Les gestionnaires traduisent les plans en objectifs et en indicateurs de performance.					
2. Les gestionnaires mettent en place un système d'information pour évaluer la progression des différents plans de l'organisation.					
3. Les gestionnaires analysent les écarts de performance et mettent en œuvre des correctifs.					
4. Les gestionnaires adaptent le système de contrôle à la réalité de leur organisation.					
5. Les gestionnaires conçoivent le système de contrôle en termes de processus d'apprentissage organisationnel.					

12.2 Le contrôle selon la logique charismatique : la responsabilisation individuelle

Le **contrôle selon la logique charismatique** se fait au travers de la responsabilisation des individus.

Comme étape particulièrement technique du PODC, le contrôle s'épanouit à merveille dans la logique formelle. Cela ne signifie pas pour autant qu'il est totalement inopérant dans le contexte d'une organisation gouvernée par la logique charismatique, bien au contraire. Dans ce cas de figure en effet, le contrôle opère moins au travers de dispositifs techniques que par la responsabilisation des individus qui peuvent s'identifier au dirigeant ou à l'organisation. Le contrôle se fait moins formel ; il porte sur les individus et leurs comportements plus que sur des résultats mesurés. D'une certaine façon, il peut acquérir une efficacité redoutable et, à l'usage, être bien davantage contraignant pour les individus que ne l'est le système formel[10].

12.2.1 Mise en contexte

« Le problème fondamental auquel les managers sont confrontés c'est de savoir comment exercer un contrôle dans les organisations qui exigent flexibilité, innovation et créativité[11] ». C'est ainsi que Robert Simons, professeur à Harvard, résume le débat sur les limites du contrôle formel en 1995. Dès 1987, H. Thomas Johnson et Robert S. Kaplan[12] avaient dressé un portrait très négatif des pratiques de contrôle de gestion des années 1980 aux États-Unis. Face à la compétition japonaise, la gestion des entreprises américaines apparaît alors comme trop financière, déconnectée des réalités opérationnelles, comme

---

[10] Voir, entre autres : Dujarier, M. A, *Le management désincarné*, Paris, La Découverte, 2015 ; Gaulejac, V. et F. Hanique, *Le capitalisme paradoxant : un système qui rend fou*, Paris, Éditions du Seuil, 2015 ; le Texier, T., *Le maniement des hommes. Essai sur la rationalité managériale*, Paris, La Découverte, 2016.

[11] Simons, R., « Control in an Age of Empowerment », *Harvard Business Review*, 1995, mars-avril : 80-88. [Traduction libre].

[12] Johnson, H. T. et R. S., Kaplan, *Relevance Lost: The Rise and Fall of Management Accounting Systems*, Cambridge, Mass., Harvard Business School Press, 1987.

des grands défis stratégiques. Leurs propositions s'inscrivent dans deux directions : l'intégration de la dimension stratégique au contrôle de gestion et le développement de la transversalité dans les organisations par des activités et des processus. Les travers d'une comptabilité et d'un contrôle de gestion conçus dans les années 1920 sur la base d'une logique financière et verticale sont ainsi révélés, et la logique formelle du contrôle est mise à mal. Ainsi, le contrôle par le marché ou par les résultats n'épuise pas toutes les facettes de cette étape du PODC[13]. Pour opérer pleinement, en particulier dans un univers charismatique, le contrôle portera sur les individus et les comportements, voire sur la psychologie des employés.

> *« Il n'est pas question de dire "faites ce que vous voulez", ni même "faites ce qui vous paraît le mieux", car sans orientation tout le monde se mettra à faire ce qu'il estime le plus utile pour l'entreprise, quitte à être en contradiction avec la vision. Pire encore, les gens risquent de se mettre à agir dans leur propre intérêt et non dans celui de la société. La liberté au travail ce n'est ni la hiérarchie ni l'anarchie. Juste un environnement au sein duquel les salariés se motivent tout seuls. »*
>
> Alexandre Gérard,
> fondateur de Chronoflex
>
> Péters, S.,
> « Et si on partageait
> le pouvoir dans l'entreprise ? »,
> La Tribune (France),
> 23 octobre 2012 : 57.

La célèbre formule de Jack Welch, ancien président de General Electric, « Prenez votre destin en main, sinon quelqu'un s'en chargera », caractérise assez bien ce qu'est le contrôle en univers charismatique. Les employés, en tant qu'individus, sont rendus maîtres de leurs actions dans l'organisation. Ils sont ainsi dotés de pouvoir d'initiative et aussi d'une forte responsabilité[14].

12.2.2 La motivation et la responsabilisation individuelle

La logique charismatique du contrôle s'appuie sur une dimension psychologique qui trouve ses racines dans les recherches menées dans l'entre-deux-guerres et qui vont concourir à façonner l'École des relations humaines. Alors que le taylorisme mettait l'accent sur un type de contrôle hiérarchique, coercitif et technique (la mesure y est centrale), certains chercheurs vont développer, au travers de la psychologie industrielle, des conceptions du contrôle plus psychologiques. Ces recherches, loin d'être purement théoriques, font une large place à l'expérimentation. Ainsi commença le développement de mécanismes sociostructurels de contrôle moins coercitifs que les procédés tayloriens. Ces nouveaux dispositifs portaient, par exemple, sur les échelles d'emplois pour catégoriser les travailleurs, les mesures de bien-être et de sécurité ou encore la formation technique et professionnelle[15].

Les recherches d'Elton Mayo (1880-1949) ont ainsi donné à la dimension charismatique du pouvoir une perspective éminemment pratique dans le domaine du contrôle. La célèbre expérience d'Hawthorne a aussi pu être interprétée comme révélatrice d'un type de contrôle psychosocial porté par le leader, la pression du groupe et des pairs ou encore par les sentiments de fierté et d'appartenance. Les critiques les plus vives de l'expérience menée par Mayo insistent également sur l'effort fait pour développer une « fausse conscience » parmi les ouvriers, conséquence du fait « que l'on psychologise le problème des relations

---

[13] Ouchi, W. G., « The Transmission of Control through Organizational Hierarchy », *Academy of Management Journal*, 1978, 21(2) : 173-192; Ouchi, W. G., « A Conceptual Framework for the Design of Organizational Control Mechanisms », *Management Science*, 1979, 25(9) : 833-848.

[14] Au sens d'« imputabilité », c'est-à-dire qu'ils doivent rendre compte.

[15] Vaillancourt, J.-G. et P. Vaillancourt, « Les bases du pouvoir dans les nouvelles formes d'organisation du travail », *Travailler au Québec*, Montréal, Éditions coopératives Albert Saint-Martin, 1981 : 35-50.

industrielles en se basant sur la supposition, explicite ou tacite, de la vieille idée classique d'une harmonie naturelle des intérêts, harmonie troublée seulement en raison de la fragilité des relations humaines résultant notamment d'un manque d'intelligence de la part des chefs et de la part des ouvriers, d'un malheureux irrationalisme[16] ».

> *« Aujourd'hui, depuis la révolution des médias, vous avez le choix : soit vous êtes un individu performeur, entrepreneur de vous-même, narrateur, capable d'être relooké et stylisé en permanence, soit vous n'êtes rien, vous êtes hors champ. »*
>
> Salmon, C., « Un individu entrepreneur de lui-même », *Rue Saint-Guillaume*, 2010, N° 158, avril.

Cette lecture critique de la psychologisation du contrôle permet de comprendre les ressorts profonds de la logique charismatique. Pour le meilleur et pour le pire, le contrôle qui est associé à cette logique joue avec la psychologie des individus. Les conceptions théoriques du contrôle ainsi que les mises en pratique qui vont découler de ces approches s'appuient sur des dispositifs d'autonomisation et de responsabilisation des employés.

12.2.3 La mise en œuvre concrète

Une des principales démarches de mise en œuvre d'un contrôle de nature charismatique l'a été sous la forme de l'autonomisation (*empowerment*[17]). Si l'idée du pouvoir s'est développée dans les organisations (et au-delà) autour d'un « pouvoir sur », l'idée d'autonomisation se développe autour d'un « pouvoir avec », on passe ainsi d'une conception coercitive à une conception plus collaborative du pouvoir. L'idée est de responsabiliser, d'autonomiser les acteurs afin qu'ils permettent à l'organisation d'atteindre ses buts et objectifs. Au lieu (ou en complément) d'un système de mesure des résultats, on joue sur l'intériorisation des buts et sur l'identification des individus à des modèles.

Selon Dominique Paturel, l'*empowerment* se structure autour de trois formes alternatives du pouvoir par rapport à la conception dominante du « pouvoir sur[18] » :

- Le « pouvoir de » ou pouvoir de faire et d'agir et qui renvoie aux « capacités intellectuelles (savoir et savoir-faire) et économiques (avoir), à l'accès et au contrôle des moyens de production et des bénéfices et finalement à être dans la possibilité d'utiliser les moyens de production. »
- Le « pouvoir avec » qui renvoie aux capacités de s'organiser, de négocier ou de défendre ses droits.
- Le pouvoir personnel qui renvoie à l'image que l'on se fait de soi-même, à la confiance en soi, à l'estime de soi, etc.

> *« Dans une organisation "empowered", chaque personne est un joueur essentiel. […] L'empowerment suppose de rendre compte [accountability] et les équipes doivent assumer la responsabilité de ce qu'elles font. »*
>
> Elios Pascual, PDG de Mack Trucks
>
> Hackman, J. R., Pascual, E., Gelinas, M. V., James, R. G. et Randolph, W. A., « Can Empowerment Work at Sports Gear? », *Harvard Business Review*, 1995, *73*(1).

---

[16] Wright Mills, C. cité dans Jean-Guy Vaillancourt et Pauline Vaillancourt, *op.cit.*

[17] Cette notion d'autonomisation (*empowerment*) s'est d'abord développée dans un contexte politique et social plus large pour permettre aux minorités de prendre en charge leur destinée.

[18] Paturel, P., « De l'*empowerment* au pouvoir d'agir », www.les-seminaires.eu/empowerment-et-pouvoir-dagir/, mis en ligne en mars 2013. Paturel qualifie cette conception dominante de la manière suivante : « S'il y a pouvoir sur, cela suppose que le pouvoir n'existe qu'en quantité limitée : plus vous en avez, moins j'en ai. Si j'exerce de l'autorité sur vous, vous donner davantage du pouvoir signifie que j'en perdrai. Ce pouvoir repose sur des rapports de domination/subordination mutuellement exclusifs ; on identifie également que le fait de guider ou accompagner l'autre appartient à cette forme de pouvoir. »

On voit ainsi que le contrôle va se déplacer des résultats, même si ceux-ci restent primordiaux, vers les comportements. En autonomisant les employés, en leur donnant de plus larges responsabilités, on attend d'eux qu'ils intériorisent les buts et objectifs. Le ressort psychologique devient essentiel, le contrôle se fait autocontrôle. Le cas *Netflix* montre comment on fait appel à la responsabilité des personnes au-delà des procédures formelles.

Illustration 12.2 **Le cas de Netflix**

Netflix a été créée en 1997 en Californie. Fournissant d'abord un service de location illimitée de DVD par Internet, l'entreprise a connu une expansion fulgurante avec un service de visionnement de séries télévisées et de films en flux continu. Aujourd'hui, elle produit aussi ses propres séries. D'abord implantée aux États-Unis, Netflix s'est développée à l'international et compte aujourd'hui plus de 60 millions d'abonnés.

Comme toutes les entreprises de haute technologie, l'entreprise a une politique de recrutement de talents. Afin que ceux-ci se développent dans les meilleures conditions, Netflix a adopté une politique de ressources humaines fondée sur le sens commun plus que sur les procédures formelles. Partant du constat que la grande majorité des employés dans ce type d'environnement, à haute performance, s'impliqueront spontanément, les gestionnaires de Netflix ne voient pas l'utilité de mettre en œuvre des politiques formelles et des systèmes de contrôle pour les quelques employés qui ne donnent pas leur pleine mesure. Ceux-ci doivent plutôt être considérés comme des erreurs de recrutement et traités comme telles.

Netflix a ainsi mis en place un système dans lequel on traite les employés comme des adultes capables de recevoir les critiques et d'en assumer les conséquences. Pas besoin de contrôle formel, l'entreprise compte sur un système d'honneur. Ainsi, après avoir établi une politique de congés assez standard à ses débuts, elle a évolué vers un système où les employés (sauf certains d'entre eux, comme ceux des centres d'appel) sont libres de prendre les congés qu'ils veulent quand cela est approprié. Certaines limites ont été définies, par exemple, pour prendre 30 jours de congé d'affilée, il faut d'abord rencontrer les ressources humaines. Mais l'idée générale est de laisser le libre choix tout en demandant aux gestionnaires expérimentés de servir de « modèles ».

Netflix traite ainsi ses employés comme des adultes responsables de leurs actes. L'importance est donnée ici à un « système d'honneur » et aux « modèles de rôle » (*role models*) et non à la procédure. Ainsi, quand le PDG de Netflix, Reed Hastings, est interrogé sur ses congés, voici la réponse qu'il donne :

« Les congés, c'est un concept très industriel comme "être au bureau". J'ai du plaisir à penser à Netflix alors il n'y a pas beaucoup de moments dans ma journée où je ne pense pas à mon travail. Mais j'ai pris trois ou quatre weekends prolongés cette année avec ma famille, ce qui a été stimulant et relaxant. »

Se considère-t-il alors comme un modèle à suivre pour les employés de Netflix?

Source : McCord, P., « How Netflix Reinvented HR », *Harvard Business Review*, 2014, *92*(1-2) : 74.

On voit bien dans cet exemple que ce type de contrôle est à double tranchant : la liberté et les moyens donnés aux employés autonomisés (*empowered*) ont une contrepartie forte, leur performance n'est plus seulement évaluée, elle devient leur responsabilité pleine et entière[19]. La manière dont le contrôle est orchestré devient alors primordiale, comme le montrent les deux exemples ci-dessous.

[19] Pour un regard critique concernant ces nouvelles formes de contrôle, voir : Fronda, Y., « Le changement c'est bien. Y résister c'est mal » ; Dambrin, C. et C. Lambert, « Les salariés sont de plus en plus autonomes, c'est l'ère de l'empowerment ! » ; et Moriceau, J.-L., « Il faut responsabiliser ! » dans Pezet, A. et S. Sponem (dir.), *Petit bréviaire des idées reçues en management*, Paris, La Découverte, 2010.

Illustration 12.3 Vélo Duo et la Société de transport de Montréal (STM)

Trouver l'intérêt de la personne

« Denis Desjardins est un jeune entrepreneur qui a fondé *Vélo Duo*, à Saint-Lin-des-Laurentides. Pour lui, il est primordial de trouver la motivation intime des employés. "L'argent, non, ce n'est pas une motivation suffisante. Je veux connaître l'intérêt personnel. Qu'est-ce qui fait que cette personne-là a le goût de se lever le matin pour venir travailler?" Ce travail d'exploration, il le fait avec l'employé, il identifie aussi les lacunes de l'employé et les façons dont l'entreprise peut les combler – par la formation ou autrement. Ensuite, dans les moments plus difficiles, il renouvelle l'engagement et la motivation de l'employé en lui rappelant les raisons de cet engagement. En travaillant pour son propre intérêt, l'employé travaille à l'intérêt de toute l'organisation. »

Quatre questions à poser à chacun des niveaux hiérarchiques

« Le passage d'Yves Devin à la direction de la STM de 2006 à 2012 a été remarqué, entre autres, pour son approche mobilisatrice. Pour lui, la responsabilisation passe par quatre questions qui peuvent être posées à tous les niveaux hiérarchiques : qu'est-ce qui va bien, qu'est-ce qui va mal, qu'est-ce qu'on devrait faire, qu'est-ce qu'on ne devrait plus faire? En répondant à ces questions, les gens s'engagent, individuellement et collectivement. «95 % des gens ont de l'imagination et de la volonté, leurs réponses vont vous étonner.» »

Source : www.lesaffaires.com/blogues/isabelle-lord/comment-développer-une-culture-de-responsabilisation/556400

Plus positivement, la notion de confiance semble être la clé du succès. Nous allons voir dans la section suivante que des démarches du même type peuvent être engagées dans un univers traditionnel, avec une saveur plus sociale et paternaliste que psychologique.

Diagnostic 12.2 Le contrôle selon la logique charismatique

Pour analyser les pratiques de contrôle selon la logique charismatique, les questions suivantes s'avèrent être un bon point de départ. En fait, elles permettent de poser un diagnostic sommaire, lequel peut alors servir à lancer une réflexion plus étoffée.	Fortement en accord	Plutôt en accord	Plus ou moins en accord	Plutôt en désaccord	Fortement en désaccord
1. Les gestionnaires centrent l'attention sur la motivation individuelle comme facteur de performance.					
2. Les gestionnaires mettent en place un système de responsabilisation des employés pour accroître leur performance.					
3. Les gestionnaires analysent les écarts de performance en termes d'efforts individuels.					
4. Les gestionnaires considèrent que la performance doit être une responsabilité individuelle.					
5. Les gestionnaires privilégient l'autocontrôle aux systèmes formels de contrôle des performances.					

12.3 Le contrôle selon la logique traditionnelle : les normes sociales

Dans un univers traditionnel, l'élément clé du contrôle est le respect des valeurs fondamentales de l'entreprise, particulièrement lorsqu'elles s'incarnent dans des normes sociales que les groupes imposent aux uns et aux autres.

12.3.1 Mise en contexte

La compréhension du fonctionnement du contrôle selon la logique traditionnelle a moins à voir avec l'évolution du monde de l'économie et des affaires qu'avec le fonctionnement social au sens large. Par définition, l'harmonie caractérise l'univers traditionnel. Un parallèle peut alors être dressé avec les sociétés dites « traditionnelles ».

Le **contrôle selon le management traditionnel** assure l'harmonie au travers d'un contrôle qui se fait social.

Le sociologue français Émile Durkheim (1858-1917) a ainsi distingué deux types de fonctionnements sociaux[20] :

- les sociétés traditionnelles reposent sur une solidarité mécanique : les individus sont semblables et par conséquent peu spécialisés ; ils partagent les mêmes croyances, les mêmes valeurs et les mêmes comportements ;
- les sociétés modernes reposent sur une solidarité organique : les individus ont des fonctions sociales différentes dans la société et leurs rapports s'appuient sur la complémentarité et la coopération ; il y a une division sociale du travail.

Les sociétés modernes développent des moyens formels pour organiser et contrôler cette division du travail. Au contraire, dans les sociétés traditionnelles, le contrôle s'organise de manière beaucoup plus informelle, voire non consciente, au travers de la socialisation. Le contrôle social se trouve être ainsi le vecteur majeur du contrôle en univers traditionnel.

Ce type de management, et par conséquent de contrôle, a été remis au goût du jour au moment où l'économie américaine s'est sentie menacée par la concurrence japonaise. La critique du contrôle de type formel a aussi conduit à une réévaluation du contrôle au regard de formes plus traditionnelles. S'appuyant sur le modèle japonais, William Ouchi a ainsi développé le concept de contrôle clanique qui n'est pas un type formel de contrôle mais, au contraire, un contrôle qui repose sur les croyances, les rites et les coutumes. Il nécessite une grande stabilité organisationnelle et, en particulier, une constance des effectifs.

12.3.2 Les valeurs traditionnelles et les normes sociales

Selon Ouchi[21], le contrôle par le clan convient aux contextes dans lesquels la performance n'est pas aisément mesurable et où la connaissance des processus de production est imparfaite (voir figure 12.2). Cette théorie a remis au goût du jour le management traditionnel. Dans les organisations traditionnelles, la centralité des connaissances tacites

[20] Durkheim, É., *De la division du travail social*, Paris, PUF, 1996.

[21] Ouchi, W. G., « A Conceptual Framework for the Design of Organizational Control Mechanisms », *Management Sciences*, 1979, *25*(9) : 833-848.

et la primauté des traditions sur la mesure et l'évaluation formelle rendent nécessaire la mise en place d'un type de contrôle – si ce n'est clanique – par la tradition, la culture et le respect des normes sociales que tous doivent manifester.

À un moment de l'histoire où le management formel et les dispositifs de contrôle – très calculatoires et financiers – qui y sont associés ne permettent plus de faire face à la concurrence d'entreprises dont le modèle semble appartenir à un autre univers, les théoriciens du contrôle repensent leurs modèles au travers de formes sociales plus traditionnelles. Norman Macintosh[22] s'inspire ainsi des clans écossais ou des kamikazes japonais pour définir le concept de contrôle par la tradition. Kenneth Merchant et Wim Van der Stede[23] développent le concept de contrôle culturel au travers des pratiques d'affaires de la communauté juive hassidique de New York, qui reposent pour l'essentiel sur des engagements verbaux. La confiance est par conséquent de mise.

Le contrôle par la tradition de Macintosh convient aux organisations dont les objectifs et les valeurs sont parfaitement connus, mais dont le fonctionnement est complexe. Le contrôle culturel de Merchant et Van der Stede s'apparente plus à un contrôle social permettant de révéler les comportements divergents par rapport aux normes et valeurs collectives. On voit ainsi que, comme pour le contrôle de nature plus psychologique de la logique charismatique, le contrôle en univers traditionnel peut aussi être à double tranchant. D'un côté, la confiance est de mise, de l'autre, la moindre dérive par rapport aux normes sociales en vigueur pourra être détectée et, éventuellement, sanctionnée.

12.3.3 La mise en œuvre concrète

Au travers du contrôle social et de ses normes souvent implicites, le dirigeant orchestre les comportements dans son organisation. De fait, il mobilise une combinaison d'éléments informels, mais aussi formels :

- la culture de l'entreprise se traduit par l'existence de mythes, de symboles, de rituels devant tous être intériorisés par les employés. On est ici au cœur de l'univers traditionnel où le tacite domine ;
- le style de management de l'organisation repose sur la prééminence du dirigeant fondateur, mais fait aussi place à la participation et à la communication entre les membres de l'organisation ;
- la gestion des ressources humaines joue ici un rôle central avec les processus de recrutement, de sélection et de formation des employés. Au travers de ces différentes démarches, on s'assure en effet que les membres de l'organisation seront en cohérence avec les valeurs de celle-ci. Par exemple, le recrutement permet de retenir les profils adéquats tant en termes psychologiques que de compétences. On accordera ainsi une importance particulière aux institutions de formation qui assurent une première socialisation.

Au-delà de ces procédés plus ou moins formels, une condition du succès d'un contrôle de type traditionnel réside dans la confiance et la loyauté que l'on est capable d'instaurer dans l'organisation et son fonctionnement. L'exemple de DLGL, en apparence proche de celui de Netflix, illustre bien ce phénomène.

---

[22] Macintosh, N. B., *Management Accounting and Control Systems*, New York, N. Y., Wiley, 1994.

[23] Merchant, K. A. et W. A. Van der Stede, *Management Control Systems*, N. Y., Prentice Hall, 2007.

Illustration 12.4 DLGL à Blainville

« Jean-Yves Racine travaille chez DLGL, à Blainville, en banlieue nord de Montréal. Cette entreprise, qui commercialise des systèmes et logiciels de gestion des ressources humaines et de la paye, chouchoute ses employés. Des exemples d'avantages offerts? Deux gymnases et un entraîneur, un bistrot avec table de billard, un cinéma maison, une table de soccer et des jeux vidéo. Ou encore la distribution, deux fois par jour, de fruits et de noix à chaque bureau. Sans oublier le programme de participation aux profits. Mais ce qui compte le plus aux yeux de ce père de famille est d'un autre ordre : ce sont la flexibilité des horaires et la compréhension de ses patrons. Il en a eu bien besoin lorsque son fils de trois ans est tombé malade, en 2009 – diagnostic probable : sclérose en plaques. "L'année dernière, quand Alexandre a commencé à souffrir de tremblements et de problèmes de motricité, nous avons passé deux semaines complètes à Sainte-Justine, raconte Jean-Yves Racine. Ensuite, j'ai souvent dû m'absenter pour des rendez-vous médicaux." L'analyste-programmeur, qui se sentait mal à l'aise de manquer si souvent, a proposé à son employeur de prendre ces congés à ses frais. La réponse a été immédiate : il n'en était pas question! "Mon patron m'a encouragé à être présent auprès de mon fils. C'était un soulagement pour moi, dans les circonstances, de savoir que j'avais son appui et que je pouvais quitter le bureau lorsque c'était nécessaire."

Donner du lest à son personnel pour s'assurer sa loyauté est au cœur de la philosophie de DLGL. Dès ses débuts, en 1980, l'entreprise a décidé de faire les choses à sa façon et de miser sur la qualité de sa main-d'œuvre. "Nous croyons que le succès repose sur des employés heureux, explique Luc Bellefeuille, directeur des opérations. Plus ils le sont, meilleure est leur performance, plus les clients sont satisfaits et plus nous faisons de profits." La table de billard et les collations santé ne sont qu'une mince part de la stratégie de DLGL. C'est surtout par l'autonomie accordée aux employés que l'entreprise se distingue : "On ne gère le temps de personne. Il n'y a ni horaire ni réserve de congés de maladie, ni même de barème de vacances, illustre Luc Bellefeuille. Les gens savent ce qu'ils doivent accomplir et s'assurent de la satisfaction du client. Ils prennent eux-mêmes leurs décisions, en équipe, choisissent leur échéancier et décident de leurs horaires."

Le patron part du principe que tous les employés sont honnêtes et compétents, qu'il n'a donc pas à les surveiller – ou si peu. Ces derniers semblent apprécier cette liberté, puisque le taux de roulement est très faible chez DLGL : plus de la moitié de la centaine de salariés compte au moins 10 ans de service. C'est ce qui permet à l'entreprise de leur faire confiance.

Marie-Josée Côté, mère de trois jeunes enfants, n'est jamais stressée à l'idée d'arriver en retard au bureau : elle n'a pas d'horaire de travail. Elle peut aussi participer aux activités scolaires ou s'absenter pour s'occuper d'un bambin malade sans crainte. "Je reviens d'un congé de maternité après mon troisième enfant, et je ne sais pas si je serais retournée dans une entreprise qui impose un strict 9 à 5. Une telle liberté, ça n'a pas de prix." »

Source : www.lactualite.com/societe/flexibilite-et-mobilite-au-travail-des-exemples-bien-reels/, 4 novembre 2010 par Isabelle Ducas.

Diagnostic 12.3 Le contrôle selon la logique traditionnelle

Pour évaluer les pratiques de contrôle selon la logique traditionnelle, les questions suivantes s'avèrent être un bon point de départ. En fait, elles permettent de poser un diagnostic sommaire, lequel peut alors servir à lancer une réflexion plus étoffée.	Fortement en accord	Plutôt en accord	Plus ou moins en accord	Plutôt en désaccord	Fortement en désaccord
1. Les gestionnaires centrent l'attention sur les valeurs et les normes sociales que tous doivent respecter.					
2. L'embauche est fondée sur les valeurs que doivent posséder les candidats.					
3. Les gestionnaires analysent les écarts de performance en termes d'écarts aux normes sociales.					
4. Les gestionnaires considèrent que la performance est une responsabilité collective.					
5. Les gestionnaires privilégient le contrôle par le groupe.					

12.4 Conclusion

Qu'il s'incarne dans des indicateurs de performance, dans une responsabilisation individuelle ou dans des normes sociales, le contrôle joue toujours le même rôle, à savoir réaliser un retour sur le chemin parcouru par l'organisation et ajuster la trajectoire en conséquence. Le contrôle est ainsi le moment réflexif par excellence du cycle administratif, celui qui pose l'action passée en objet de réflexion et permet, par la suite, de s'engager dans un nouveau cycle.

Par ailleurs, à l'instar des trois autres moments du cycle administratif, le contrôle est imprégné des différentes logiques d'action. Il n'y a donc pas qu'une seule et unique façon de pratiquer le contrôle, mais bien trois.

Figure 12.4 **Les couleurs du contrôle**

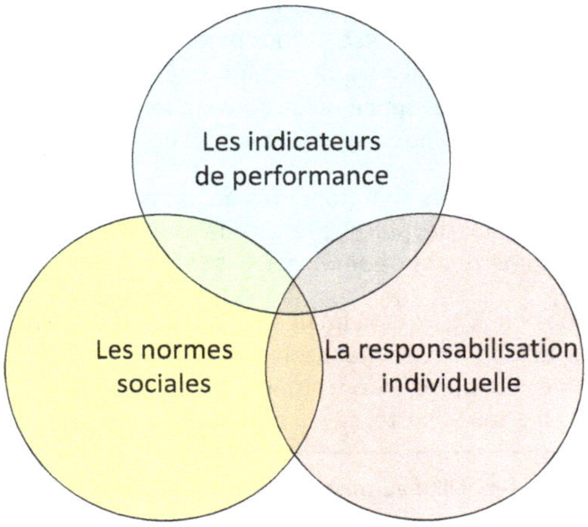

En fait, en reprenant le propos des conclusions des chapitres précédents, il nous faut aussi reconnaître que s'il y a trois formes pures de contrôle, dans le monde concret des organisations, les croisements ne sont pas rares. Ainsi, à l'intersection de la logique formelle et de la logique traditionnelle, nous pouvons trouver des indicateurs qui, tout en étant formels, sont construits à partir des traditions de l'organisation et se déclinent sous la forme de normes sociales à respecter. Au croisement de la logique formelle et de la logique charismatique, le contrôle revêt la forme d'une responsabilisation envers les performances formelles de l'organisation, voire un surmoi qui dicterait aux uns et aux autres ce qu'il convient de faire. Enfin, au croisement de la logique traditionnelle et de la logique charismatique, nous retrouvons un contrôle qui marque l'intériorisation des normes sociales. Là, celles-ci deviennent une seconde nature pour les acteurs, un peu comme si elles étaient constitutives de leur identité.

SYNTHÈSE DU CHAPITRE

Idée clé
Le contrôle est à la fois la dernière étape du cycle administratif et son recommencement. En effet, il vient conclure le cycle qui commence par la planification (formulation des plans, visions ou projets), passe par l'organisation (structure et coordination du travail) et la direction (orchestration des actions par l'autorité, le leadership ou la sagesse) et débouche sur la réalité des résultats qu'il faut mettre au jour et comparer aux attentes planifiées; de là apparaît l'idée d'écarts mesurés en termes d'indicateurs, de responsabilisation ou de respect des normes sociales. Mais le contrôle est aussi un recommencement, car il n'est pas seulement sanction de l'action, il est également apprentissage pour un nouveau cycle.

Le contrôle	
Les indicateurs	Dans le cadre du management formel, les indicateurs de performance permettent de centrer l'action sur l'atteinte des résultats planifiés et de mesurer la performance.
La responsabilisation	Dans le cadre d'un management charismatique, le contrôle prend la forme d'une responsabilisation individuelle, laquelle passe souvent par une identification des individus aux dirigeants et à l'organisation.
Les normes sociales	Dans le cadre du management traditionnel, le contrôle s'incarne dans des valeurs et dans des normes sociales que le groupe impose aux individus.

Diagnostic	
Pour analyser une situation de gestion en termes de contrôle, il est possible de centrer l'attention sur quelques questions clés.	
Le management formel	Le contrôle s'incarne-t-il dans des indicateurs de performance et des mesures d'évaluation des résultats cohérents avec les plans?
Le management charismatique	Le contrôle s'incarne-t-il dans des comportements qui témoignent de la responsabilisation des individus et qui sont en phase avec la vision à réaliser?
Le management traditionnel	Le contrôle s'incarne-t-il dans des normes sociales qui témoignent de l'importance des valeurs collectives et de la nécessité de fonder sur elles un projet rassembleur?

Partie IV
Conclusion

Au terme de l'exploration de chacun des moments du cycle administratif, un constat s'impose, les trois logiques d'action du management peuvent clairement enrichir notre compréhension du travail administratif. Surtout, il ressort de cette partie que le PODC peut certes revêtir l'aspect d'une mécanique relativement simple à opérer de manière technique, mais il est aussi riche d'aspects profondément sociaux et humains, aspects que les logiques charismatique et traditionnelle permettent justement d'éclairer.

Tableau IV.1 **Le cycle administratif et les logiques d'action**

Cycle administratif	Logique formelle	Logique charismatique	Logique traditionnelle
Planifier	Le plan formel	La vision inspirante	Le projet collectif
Organiser	Le design d'une structure	La fusion autour d'un leader visionnaire	Le rassemblement au sein d'une culture
Diriger	L'autorité	Le leadership	La sagesse
Contrôler	Les indicateurs formels	La responsabilisation individuelle	Les normes sociales

Toutefois, et comme nous l'avons répété dans chacune des conclusions des chapitres de cette partie, si l'enfermement dans la seule logique formelle ne permet pas d'appréhender toute la richesse du management, le recours aux deux autres logiques d'action n'épuise pas pour autant le champ des possibilités qui s'offrent à ceux et celles qui pratiquent le management. En effet, il est possible de combiner à l'infini les trois logiques, de multiplier les croisements et de varier l'intensité accordée à l'une ou l'autre des logiques. C'est donc dire que l'univers du management est inépuisable, et toute tentative qui viserait à le réduire à une technique ou à quelques déclinaisons pratiques serait forcément une approximation de sa richesse concrète, un appauvrissement de sa réalité.

Le constat de la richesse du management est en soi une bonne nouvelle, car il signifie que la réalité sociale des organisations demeure un espace de liberté où il est encore possible d'expérimenter, de tenter de nouvelles façons d'être efficace et humain. Il est donc encore possible de réinventer le management, il suffit d'oser combiner ses couleurs primaires.

Conclusion générale

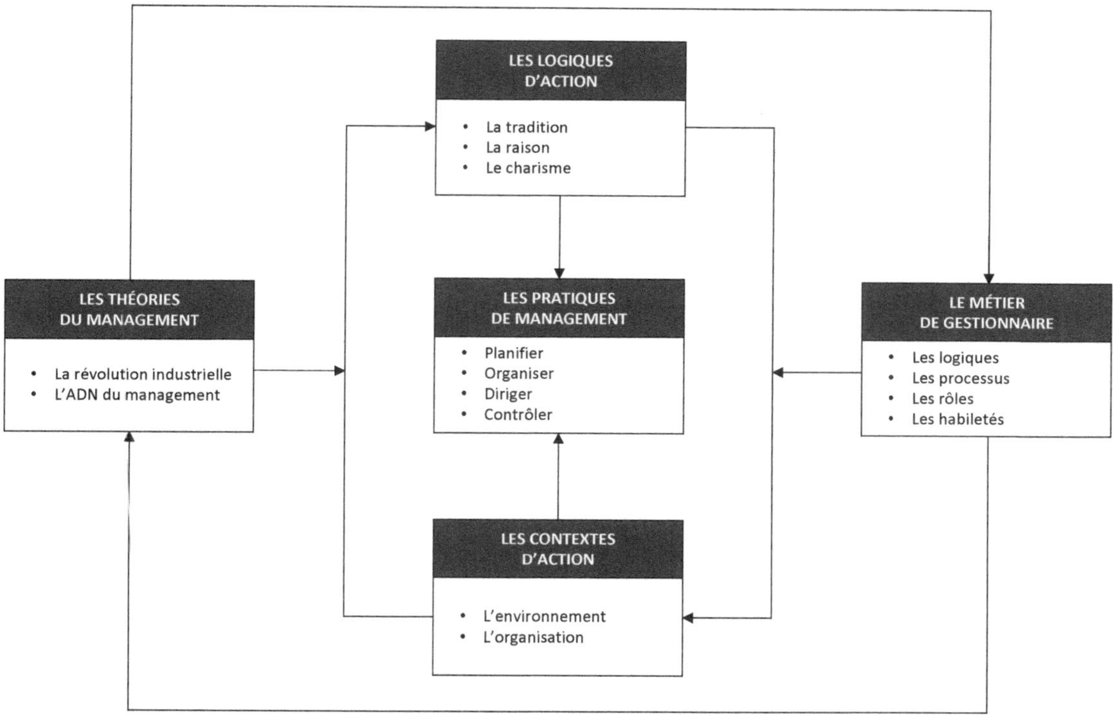

Au terme de l'exploration du territoire du management, nous pouvons nous demander ce qu'il conviendrait d'en retenir. Pour répondre à cette ultime question, nous pouvons nous en remettre, une fois de plus, aux trois logiques d'action, particulièrement au savoir que chacune d'elles met en jeu.

Sous le regard de la logique formelle, il conviendrait de faire l'inventaire le plus minutieux qui soit des concepts clés évoqués tout au long du livre. Pour être vraiment utile, cet inventaire ne doit cependant pas tout couvrir à la manière d'un index, mais plutôt mettre en évidence l'essentiel des concepts et les liens qui les unissent. Le tableau suivant illustre l'une des synthèses formelles qu'il est possible de réaliser :

Tableau C.1 **Les concepts clés du management**

Concept		Logique traditionnelle	Logique charismatique	Logique formelle
Dimensions du management	Logique	Tradition	Charisme	Raison
	Savoir-faire	Métier	Mission	Tâche
	Savoir	Expérience	Imaginaire	Objectivité
	Savoir-être	Communauté	Fusion	Contrat
	Devoir-être	Pérennité	Différenciation	Efficacité
Perspective technique	Cadre de gouvernance	Mission centrée sur la pérennité	Mission centrée sur la notoriété	Mission centrée sur le rendement
	Cadre stratégique	Stratégie de niche	Stratégie de différenciation	Stratégie axée sur le rendement
	Cadre structurel	Hiérarchie de métiers et de groupes	Hiérarchie de rôles et d'individus	Hiérarchie de tâches et de fonctions
	Cadre opérationnel	Accent mis sur l'honneur	Accent mis sur le sens	Accent mis sur la productivité
Perspectives sociales	Politique	Pouvoir des groupes	Pouvoir des individus	Pouvoir des règles
	Symbolique	Identité communautaire	Identité d'individuation	Identité technique
	Psychologique	Sécurité et appartenance	Réalisations et estime de soi	Contrats de performance
	Cognitive	Intériorisation du savoir	Création du savoir	Formalisation du savoir
Pratiques administratives	Planifier	Projet collectif	Vision inspirante	Plan formel
	Organiser	Rassemblement au sein d'une culture	Fusion autour d'un leader visionnaire	Design d'une structure
	Diriger	Sagesse	Leadership	Autorité
	Contrôler	Normes sociales	Responsabilisation individuelle	Indicateurs de performance

Sous le regard de la logique charismatique, la synthèse se fait créative. L'important n'est plus de faire l'inventaire des concepts. L'imagination prend le dessus. À partir des concepts, il s'agit d'entrevoir de nouveaux mondes organisationnels et d'inédites façons de les gérer. En fait, comme l'illustre la figure suivante, ceux et celles qui voudraient se livrer au jeu des combinaisons possibles en auraient pour des jours et des jours de réflexion. En outre, si nous ajoutions aux couleurs primaires toutes les variations de ton, alors là les possibilités deviendraient tout simplement infinies. Si l'imagination est ainsi sans borne, on doit aussi reconnaître que loin de pouvoir se réduire à une seule et unique façon de faire, le management est indéfiniment varié et peut se renouveler sans cesse au gré de l'imagination des gestionnaires.

Figure C.1 Les combinaisons de concepts clés

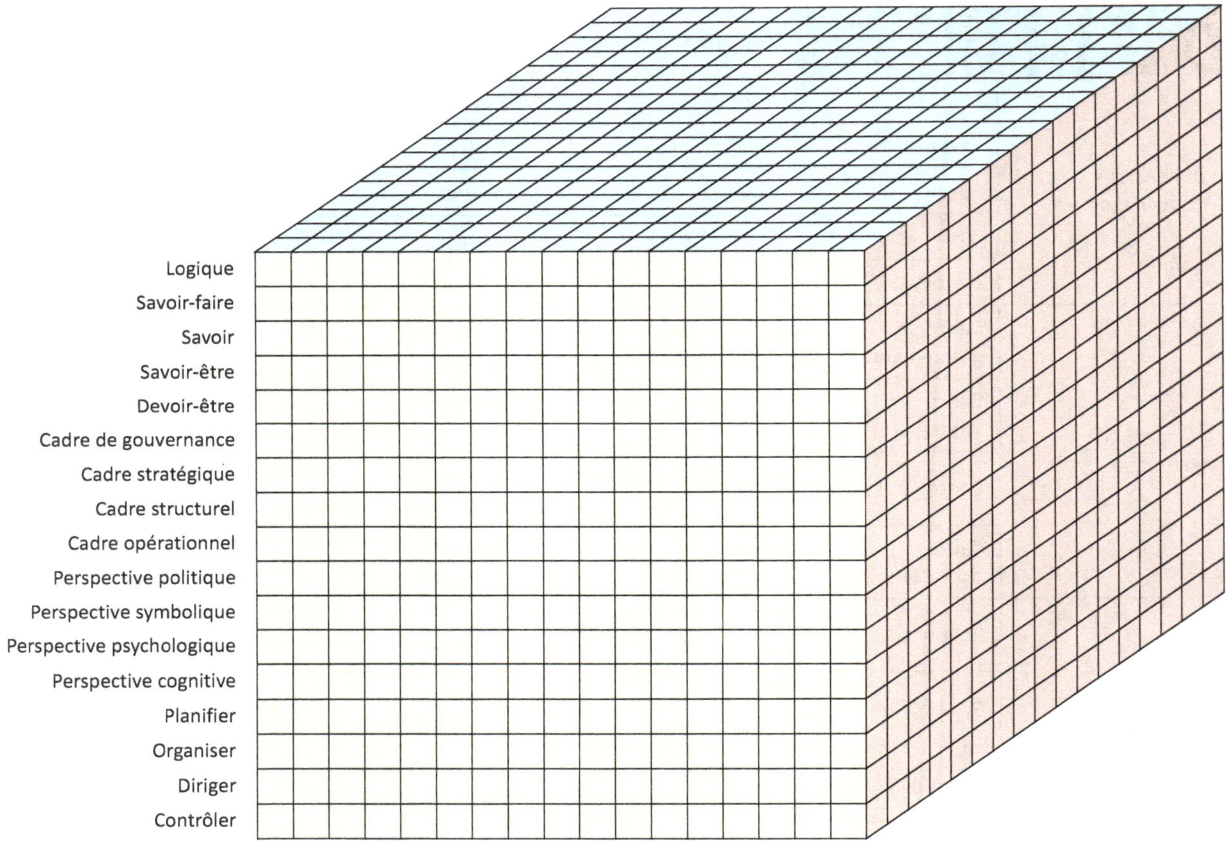

Finalement, il est aussi possible de s'en remettre à la sagesse et, sous ce regard, tous les concepts cèdent la place à l'expérience. Ainsi, ce n'est que lorsqu'ils sont plongés dans la réalité très concrète des organisations que les concepts peuvent faire la démonstration de leur pertinence. L'essentiel ne se trouve donc pas dans la maîtrise des concepts ni même dans les possibilités créatives qu'ils offrent, mais bien dans l'expérimentation quotidienne et patiente de la réalité administrative.

Bibliographie

Abrahamson, E., et G. Fairchild, « Management Fashion: Lifecycles, Triggers, and Collective Learning Process », *Administrative Science Quarterly,* 1999, 44 : 708-740.

Ackoff, R. L., *A Concept of Corporate Planning,* N. Y., Wiley, 1970.

Adams, J. S., « Toward an Understanding of Inequity », *Journal of Abnormal and Social Psychology*, 1963, *67*(5) : 422-436.

Aktouf, O., *La stratégie de l'autruche. Post-mondialisation, management et rationalité économique,* Montréal, Écosociété, 2002.

Aldrich, H., *Organizations and Environments,* Englewood Cliffs, N. J., Prentice-Hall, 1979.

Alexandre, V., et W. W. Gasparski (dir.), *The Roots of Praxiology*. New-Brunswick, N. J., Transaction Publishers, 2000.

Allison, G. T., *Essence of Decision,* Boston, Little Brown, 1971.

Alvesson, M., et H. Willmott, (dirs.), *Critical Management Studies,* Londres, Sage, 1992.

Amabile, T. M., *Creativity in Context*, Boulder, Col., Westview, 1996.

Andrews, K. R., *The Concept of Corporate Strategy*, Homewood, Ill., Irvin, 1971.

Ansoff, H. I., *Corporate Strategy,* N. Y., McGraw-Hill, 1965.

Ansoff, H. I., *Strategic Management,* N. Y., Mcmillan, 1979.

Anthony, R. N., *Planning and Control System: a Framework for Analysis,* Cambridge, Mass., Graduate School of Business Administration, Harvard University, 1965.

Anthony, R. N., *The Management Control Function*, Boston, Harvard University Press, 1988.

Arendt, H., *Condition de l'homme moderne,* Paris, Calmann-Lévy, 1983.

Argyris, C., et D. Schön *Theory in Practice: Increasing Professional Effectiveness*, San Francisco, Jossey-Bass, 1974.

Argyris, C., et D. Schön, *Organizational Learning II: Theory, Method and Practice*, Reading, Mass., Addison Wesley, 1996.

Argyris, C., et D. A. Schön, *Organizational Learning. A Theory of Action Perspective,* Reading, Mass., Addison-Wesley, 1978.

Argyris, C., « T-Group for Organizational Effectiveness », *Harvard Business Review,* Mars-Avril, 1964.

Argyris, C., *Knowledge for Action,* San Francisco, Jossey-Bass, 1993.

Argyris, C., *Personality and Organization,* N. Y., Harper & Row, 1957.

Artuso, A. W., et A. Zaleznik, « Coco Chanel. L'esprit d'indépendance et la liberté créatrice », dans Sardais, C., (dir.) *Leaders et leadership*, Montréal, Éditions JFD, 2011.

Association of American Colleges and Universities, Budryk, Z., « More than a Major », *Inside Higher Education,* 10 avril 2013.

Aubé, C., Brunelle, E., Déry, R. et C. Mailhot, *Le management des projets,* Montréal, Éditions JFD, 2014.

Aubert, N., *Le culte de l'urgence. La société malade du temps*, Paris, Flammarion, 2003.

Audet, M., et Déry, R., « La science réfléchie : quelques empreintes de l'épistémologie des sciences de l'administration », *Anthropologie et Sociétés*, 1996, *20*(1) : 103-123.

Audet, M., Landry, M. et R. Déry, « Science et résolution de problème : liens, difficultés et voies de dépassement dans le champ des sciences de l'administration », *Philosophie des sciences sociales*, 1986, 16 : 409-440.

Barnard, C. I., *The Functions of the Executive,* Cambridge, Mass., Harvard University Press, 1938.

Barney, J. B., et D. N. Clark, *Resource-Based Theory. Creating and Sustaining Competitive Advantage*, N. Y., Oxford University Press, 2007.

Bass, B. M., « From transactional to transformational leadership: Learning to share the vision », *Organizational Dynamics,* hiver 1991 : 19-31.

Baudry, B., et B. Dubrion, *Analyses et transformation de l'entreprise,* Paris, La Découverte, 2009.

Beck, U., *La société du risque. Sur la voie d'une autre modernité.* Paris, Aubier, 2001.

Beckhard, R. E., *Organizational Development: Strategies and Models,* Reading, Mass., Addison-Wesley, 1969.

Bédard, R., « Au cœur du métier de dirigeant : l'être et les valeurs », *L'Agora : Métier et Management*, octobre, (hors-série), 1995 : 38-41.

Benkler, Y., *The Penguin and the Leviathan,* N. Y., Crown Business, 2011.

Bennis, W. G., *Changing Organizations,* N. Y., McGraw-Hill, 1966.

Bennis, W. G., *Organization Development: its Origins and Prospects,* Reading, Mass., Addison-Wesley, 1969.

Bentham, J., *Introduction au principe moral et de législation,* Paris, Vrin, 2011 [1789].

Bérard, D, « Constance et discipline sont les clés de mon succès », *Premium*, 2010, (3) : 37.

Bérard, D., « Trop de consultants et de fonctionnaires amènent l'entrepreneur à se disperser », *Les Affaires*, 5 avril 2014 : 29.

Bergeron, M., « Le retour surprise de GM », *La Presse Affaires – Magazine*, 1er octobre 2012 : 17.

Bergeron, U., « La multidisciplinarité m'obsède complètement », *Premium*, 2010, (1) : 40.

Berle, A. A., et Means, G. C., *The Modern Corporation and Private Property*, N. Y., Macmillan, 1932.

Bhide, A., « How Entrepreneurs Craft Strategies That Work », *Harvard Business Review*, mars 1994.

Bilton, C., et S. Cummings, *Creative Strategy,* N. Y., Wiley, 2010.

Bilton, C., *Management and Creativity. From Creative Industries to Creative Management.* Oxford, Blackwell Publishing, 2007.

Bisaillon, M., « Après 128 ans d'existence, le manufacturier d'orgues Casavant Frères lorgne du côté de la Chine pour assurer son expansion. », *Le Journal de Montréal*, 28 août 2007 : 42.

Blake, R. R., et J. S. Mouton, *The Managerial Grid,* Houston, Gulf publ., 1964.

Blanchard, K., et S. Johnson, *The One Minute Manager,* N. Y., Berkley Publ. Group, 1983.

Blau, P. M., et R. W. Scott, *Formal Organizations. A Comparative Approach,* Londres, Routledge and Kegan Paul, 1963.

Blau, P. M., *Bureaucracy in Modern Society,* N. Y., Random House, 1956.

Blunt P., et M. L Jones, « Exploring the Limits of Western Leadership Theory in East Asia and Africa », *Personnel Review*, 1997, 26 : 6-23.

Blunt P., et M. L. Jones, « Exploring the Limits of Western Leadership Theory in East Asia and Africa », *Personnel Review*, 1997, 26 : 14.

Boatright, J., « Quel avenir pour la gestion des parties prenantes ? », *Les ateliers de l'éthique,* 2006, *1*(1) : 44.

Boisvert H., et R. Déry, *Le contrôle de gestion. L'interface entre la comptabilité et le management,* Montréal, Éditions JFD, 2013.

Boisvert, H., et M. Vézina, *Outils de contrôle stratégique, 2e édition,* Montréal, Éditions JFD, 2014.

Bolman, L. G., et T. E. Deal, *Repenser les organisations pour que diriger soit un art,* Paris, Maxima, 1996.

Boltanski, L., et L. Thévenot, *De la justification. Les économies de la grandeur.* Paris, Gallimard, 1991.

Bonnafous-Boucher, M., et Y. Pesqueux, *Décider avec les parties prenantes. Approches d'une nouvelle théorie de la société civile*, Paris, La Découverte, 2006.

Boudon, R., et F. Bourricaud, *Dictionnaire critique de la sociologie*, Paris : PUF, 1982.

Boudon, R., *Raison, bonne raisons*, Paris, PUF, 2003.

Boudreault, H., *Le management interculturel. Étude du soi organisé*, Mémoire de maîtrise, HEC Montréal, 2003.

Bouquin, H., *Les fondements du contrôle de gestion*, Paris, PUF, coll. « Que sais-je ? », 1994.

Boussard, V., *Sociologie de la gestion,* Paris, Belin, 2008.

Bower, J. L., *Managing the Resource Allocation Process: A Study of Planning and Investment,* Cambridge, Mass., Graduate School of Business Administration, Harvard University, 1970.

Brady, D., « Bruce Bochy : la gestion des égos », *Premium,* 2011, 8 : 41.

Braverman, H., *Labor and Monopoly Capital,* N. Y., Monthly Review Press, 1974.

Brown, T. *L'esprit Design,* Paris, Pearson, 2014.

Brunelle, É., « E-Leadership, l'art de gérer les distances psychologiques », *Gestion*, 2009, *34*(2) : 10-20.

Bryant, A., « Leader dans l'âme », *Les Affaires,* 19 avril 2014 : A7.

Burns, T., et G. M. Stalker, *The Management of Innovation,* Londres, Tavistock, 1961.

Byrne, J., et J. Welch, *Jack : Straight from the Gut,* N. Y., Business Plus, 2002.

Cabantous, L., et J.-P. Gond, « Du mode d'existence des théories dans les organisations », *Revue française de gestion,* 2012, n° 225 : 61-81.

Cailhol, A., « Le modèle Toyota, champion de l'efficacité, sur le banc d'essai à l'hôpital », *Libération,* 21 mai 2015 : 5.

Cailluet, L., « La fabrique de la stratégie », *Revue française de gestion*, 2008/*8-9* (n° 188-189) : 143-159.

Campbell, A., et S. Yeung, « Brief Case: Mission, Vision and Strategic Intent », *Long Range Planning*, 1991, *24*(4) : 145-147.

Cartwright, D., et A. Zander (dirs.), *Group Dynamics*, N. Y., Row, Peterson and Co., 1962.

Champagne, S., « Le cirque de toutes les audaces », *HEC Montréal Mag*, 2009, *7*(2) : 15.

Champagne, S., « Les secrets de longévité d'une entreprise familiale en affaires depuis 150 ans », *La Presse*, 15 nov. 2010.

Chandler, A. D. jr., *La main visible des managers*, Paris, Economica, 1988 [1977].

Chandler, A. D. jr., *Strategy and Structure,* Cambridge, Mass., MIT Press, 1962.

Chanlat, A., « Pourquoi réintroduire le métier au cœur de la gestion contemporaine ? », *L'Agora : Métier et Management*, octobre (hors-série), 1995 : 2-6.

Chatelin-Berry, G., *Les dix commandements de la bienveillance en entreprise*, Paris, First Éditions, 2019.

Chauvot, M., « Veolia fait sa révolution culturelle », *Les Echos business*, 31 mars 2014 : 2.

Chevalier, M., « Aligner les intérêts génère le succès », *Premium*, 2011, 6 : 29.

Chevrier, S., *Le management interculturel,* Paris, PUF, coll. « Que sais-je ? », 2006.

Chiapello, È., et P. Gilbert, *Sociologie des outils de gestion,* Paris, La Découverte, 2013.

Christensen, K., « Cisco's Center for Collaborative Leadership serves as an interesting model for organizations wishing to closely link their growth and expansion with leadership development », *Rotman Magazine*, hiver 2012 : 107.

Colvin, G., « Great Jobs! or How Yum Brands uses recognition to Build Teams and Get Results », *Fortune*, 2013, 168 (3) : 66.

Colvin, G., « Tractors are getting Smarter all the time », *Fortune*, 2013, *168*(5) : 85.

Conger, J. A., et R. N. Kanungo, *Charismatic Leadership. The Elusive Factor in Organizational Effectiveness*, San Francisco, Jossey-Bass, 1988.

Coulombe, M., « Susciter la féerie, c'est ma vie », *Premium*, 2012, 2 : 38.

Covey, S. R., *The Seven Habits of Highly Effective People,* N. Y., Simon and Schuster, 1989.

Crozier, M., et E. Friedberg, *L'acteur et le système*. Paris, Seuil, 1977.

Crozier, M., « Pour une analyse sociologique de la planification française », *Revue française de sociologie*, 1965, *6*(2) : 147-163.

Crozier, M., *Le phénomène bureaucratique,* Paris, Seuil, 1963.

Cruikshank, J. L., *The Apple Way,* N. Y., McGraw-Hill, 2007.

Cyert, R. M., et J. G. March, *A Behavioral Theory of the Firm,* Englewood Cliffs, N. J., Prentice Hall, 1963.

Cyr, A., et L. Lapierre, « Winston Churchill. Écrivain et homme d'État », *Centre de cas, HEC Montréal,* 1995 : 77.

D'Amours, L., « CGI : un rêve, des valeurs, un empire », *HEC Montréal Mag*, 2012, *10*(2) : 13-14.

Dalton, G. E., Lawrence P. R. et J. W. Lorsch, *Organizational Structure and Design,* Homewood, Ill., The Dorsey Press, 1970.

Dambrin, C., et C. Lambert, « Les salariés sont de plus en plus autonomes, c'est l'ère de l'empowerment ! » dans Pezet, A. et S. Sponem (dir.), *Petit bréviaire des idées reçus en management*, Paris, La Découverte, 2010.

Dansereau, S. « Employés libres et plus productifs chez Tootelo », *Les Affaires*, 22 février 2014 : 13.

Daval, R., *Logique de l'action individuelle*, Paris, PUF, 1981.

Davel, E., Dupuis, J.-P. et J.-F. Chanlat (dirs.), *Gestion en contexte interculturel,* Québec, Presses de l'Université Laval, 2008.

Davis, L. E., et A. B. Cherns (dirs.), *The Quality of Working Life,* N. Y., The Free Press, 1975.

Deal, T. E., et A. A. Kennedy, *Corporate Cultures,* Reading, Mass., Addison-Wesley, 1982.

Dedieu, F., « L'ultralibéralisme assujettit la loi au calcul économique », *L'Expansion,* 1er mai 2015 : 16.

Dejours, C., *Observations cliniques en psychopathologie du travail,* Paris, PUF, 2010.

Deming, W. E., *Out of the Crisis,* Cambridge, Mass., MIT Center for Advanced Engineering Study, 1982.

Den Hond, F., de Bakker, F. G. A. et P. Neergaard (dirs.), *Managing Corporate Social Responsibility in Action: Talking, Doing and Measuring*, Burlington, Ashgate Publishing Company, 2007.

Déry, R., « Enjeux et controverses épistémologiques dans le champ des sciences de l'administration », dans Bouilloud, J.-P. et Lecuyer, B.-P. (dir.), *L'invention de la gestion*. Paris, L'Harmattan, 1994 : 163-189.

Déry, R., « Homo-administrativus et son double : du bricolage à l'indiscipline », *Gestion*, 1997, *22*(2) : 27-33.

Déry, R., « L'impossible quête d'une science de la gestion », *Gestion*, 1995, *20*(3) : 35-46.

de Vallois, A., et P. Liobard, « Planification et pilotage des activités », *Points de Vente*, 9 février 2015 : 46-47.

DiMaggio, P. J., et W. W. Powell, « The Iron Cage Revisited: Institutional Isomorphism and Collective Rationality in Organizational Fields », *American Sociological Review,* 1985, 48 : 134-149.

Drancourt, M., *Leçon d'histoire sur l'entreprise de l'Antiquité à nos jours,* Paris, PUF, 2002.

Dréan, G., et G. Duwat, « La métamorphose d'IBM », Séminaire *Vie des Affaires*, L'École de Paris, 1998.

Drucker, P. F., *La pratique de la direction des entreprises*. Paris, Éditions d'Organisation, 1957 [1954].

Drucker, P. F., *Management : Task, Responsibilities, Practices,* N. Y., Harper & Row, 1974.

Drucker, P. F., *The Concept of the Corporation,* N. Y., Harper & Row, 1946.

Drucker, P. F., *The Effective Executive,* Londres, Heinemann, 1967.

Drucker, P. F., *L'efficacité, Objectif n° 1 des cadres*, Paris, Éditions d'Organisation, 1968 [1966].

Drucker, P. F., *Le management en question*, Paris, Éditions d'Organisation, 1972.

Ducas, I., « Société, flexibilité et mobilité au travail des exemples bien réels », *L'actualité*, 4 novembre 2010.

Dujarier, M. A, *Le management désincarné*, Paris, La Découverte, 2015.

Dumont, M.-È., « Desjardins a perdu son âme », *Journal de Montréal*, 2 mai 2015 : 48.

Dupront, A., *Qu'est-ce que les Lumières*. Paris, Gallimard, 1996.

Dupuis, J.-C., et C. le Bas (dirs.), *Le management responsable,* Paris, Economica, 2005.

Dupuis, J.-P., *Coopérer dans les entreprises multiculturelles,* Montréal, Éditions JFD, 2013.

Durkheim, É., *De la division du travail social*, Paris, PUF, 1996 [1893].

Éllul, J., *Métamorphose du bourgeois,* Paris, La Table Ronde, 1998 [1967].

Ellul, J., *La technique ou l'enjeu du siècle,* Paris, Economica, 1990.

Ellul, J., *Le bluff technologique,* Paris, Hachette, 2004.

Ellul, J., *Le système technicien,* Paris, Le cherche-midi, 2004.

Emerson, H., *The Twelve Principles of Efficiency,* N. Y., Engineering Magazine Co., 1913.

Emery, F., et E. L. Trist, « The Causal Texture of Organizational Environments », *Human Relations,* 1965, 18 : 21-32.

Emmenegger, S., « Pas de leadership sans prise de risque », *Le temps*, 12 sept. 2014.

Eng, D., « The king of Travel and Real Estate, Rich Barton launched Expedia and Zillow. Can he become a three-hit wonder? », *Fortune*, 2013, *167*(1) : 24.

Eng, D., « Barbara Corcoran: How I got started from Waitress to Real Estate Queen », *Fortune*, 2013, *167*(6) : 27.

Eng, D., « Secrets of the Truck Stop King, Jim Haslam », *Fortune*, 2012, *166*(1) : 36.

Estival, L., « Les nouveaux penseurs du management », *L'express web*, 19 mars 2014.

Etchegoyen, A., *La valse des éthiques,* Paris, François Boutin, 1991.

Fama, E. F., et M. D. Jensen, « Separation of Ownership and Control », *Journal of Law and Economics,* 1983, 26 : 301-326.

Favilla, « Management politique », *Les Echos*, 16 janv. 1996 : 40.

Fayol, H., *Administration industrielle et générale,* Paris, Dunod, 1979 [1918].

Ferlie, E., Lynn, L. E. et C. Pollitt, *The Oxford Handbook of Public Management,* Oxford, Oxford University Press, 2007.

Finnigan, J. P., *The Manager's Guide to Benchmarking: Essential Skills for the New Competitive-cooperative Economy,* San Francisco, Jossey-Bass, 1996.

Fisher, W., et M. Ury, *Getting to Yes,* Boston, Houghton Mifflin Company, 1981.

Florida, R., *The rise of the Creative Class. And How it's Transforming Work, Leisure,* N. Y., Basic Books, 2002.

Follett, M. P., *Creative Experience*, Londres, Longmans, Green and Co, 1924.

Fortier, I., Harel Giasson, F. et L. Lapierre, « Micheline Bouchard. La connaissance de soi par l'exercice du pouvoir », dans Sardais, C., (dir.), *Leaders et leadership*, Montréal, Éditions JFD, 2011.

Fourastié, J., *Les Trente Glorieuses ou la révolution invisible de 1946 à 1975*, Paris, Fayard, 1979.

Fourier, C., *L'harmonie universelle*, Paris, Kissinger, 2010 [1849].

Franken, P., « Est-il nul ou le fait-il exprès ? » *a+*, 2011, *33*(12) : 31.

Freeman, R. E., *Strategic Management. A Stakeholder Approach*, Boston, Pitman, 1984.

Freud, S., *Essais de psychanalyse*, Paris, Payot, 2001.

Freund, J., *Sociologie de Max Weber*, Paris, PUF, 1966.

Friedberg, E., *Le pouvoir et la règle*, Paris, Seuil, 1993.

Froger, V., « Parrain, mentor... mi ange-gardien, mi guide spirituel », *L'entreprise*, 1er juin 2015.

Frommer, F., *La pensée PowerPoint. Enquête sur ce logiciel qui rend stupide*, Paris, La Découverte, 2010.

Fronda, Y., « Le changement c'est bien. Y résister c'est mal », dans Pezet, A. et S. Sponem (dir.), *Petit bréviaire des idées reçus en management*, Paris, La Découverte, 2010.

Furubotn, E., et S. Pejovich, *The Economics of Property Rights*, Cambridge, Mass., Ballinger, 1974.

Gaignaire, A., « Vers un leadership horizontal », *La Presse*, 20 nov. 2013 : 12.

Galbraith, J. R., *Organization Design*, Reading, Mass., Addison-Wesley, 1977.

Galbraith, J. K., *Le nouvel État industriel*, Paris, Gallimard, 1968.

Galloway, S., *Le règne des quatre*, Paris, Édition Édito, 2018.

Gantt, H. L., *Organizing for Work*, N. Y., Harcourt, Brace Javanovitch, 1919.

Gasparski, W., et T. Pszczlowski. *Praxiological Studies*, Dordrecht, Reildel, 1983.

Gauge, M., « Donner le meilleur prix et la meilleure technique », *Le Progrès* (Lyon), 1er février 2015.

Gaulejac, V., *La société malade de la gestion. Idéologie gestionnaire, pouvoir managérial et harcèlement social*, Paris, Éditions du Seuil, 2005.

Gaulejac,V., et F. Hanique, *Le capitalisme paradoxant : un système qui rend fou*, Paris, Éditions du Seuil, 2015.

George, B., *Authentic Leadership*, San Francisco, Jossey-Bass, 2004.

George, B., *True North: Discover Your Authentic Leadership*, San Francisco, Jossey-Bass, 2007.

Gilbreth, F. B., et L. M. Gilbreth, *Applied Motion Study*, N. Y., Sturgis and Walton, 1917.

Gingras, P. P., et L. Bourdeau, *Rencontre avec un mentor*, Montréal, Éditions JFD, 2014.

Girard, M., *La gouvernance : une synthèse*. Montréal, Éditions JFD, 2012.

Goleman, D., *L'intelligence Émotionnelle*, Paris, Éditions Robert Lafont, 1997 [1995].

Gond, J.-P., et J. Igalens, *La responsabilité sociale de l'entreprise*, Paris, PUF, coll. « Que sais-je ? », 2008.

Goshal, S., et C. A. Bartlett, *The Individualized Corporation. A Fundamentally New Approach to Management*, N. Y., Harper Business Book, 1997.

Gray, D., Brown, S. et J. Macanufo, *Game Storming*, Paris, Diateino, 2014.

Greiner, L. E., « Evolution and Revolution as Organizations Grow », *Harvard Business Review*, juillet-août 1972 : 37-45.

Hackett, J., et A.-M. Hackett, *Economic planning in France*, N. Y., Allen and Unwin, 1963.

Hackman J.R., Pascual E., Gelinas M.V., James R.G., Randolph, W.A., « Can Empowerment Work at Sports Gear? », *Harvard Business Review*, 1995, 73 (1).

Hafsi, T., « Du management au méta-management : les subtilités du concept de stratégie », *Gestion*, 1985, *10*(1).

Hamel, G., et C. K. Prahalad, *La conquête du futur. Stratégies audacieuses pour prendre en main le devenir de votre secteur et créer les marchés de demain*, Paris, ERPI, 1995 [1994].

Hamel, M-C., « Je veux avoir un impact sur la société », *Premium* 2010, 5 : 42.

Hammer, M., et J. Champy, *Reengineering the Corporation: A Manifest for Business Revolution*. N. Y., Harper Collins Publishers, 1993.

Hannan, M. T., et J. F. Freeman, « The Population Ecology of Organizations ». *American Journal of Sociology*, 1977, 82 : 929-964.

Hare, P. A., Borgatta, E.F. et R. F. Bales (dirs.), *Small Groups*, N. Y., Alfred A. Knopf, 1966.

Harrington, H. J., et J. S. Harrington, *High Performance Benchmarking. 20 Steps to Success*, N. Y., McGraw-Hill, 1995.

Hatchuel, A., et B. Weil, *Les nouveaux régimes de la conception,* Paris, Hermann, 2014.

Hayek, F. A., *Droit, Législation et Liberté. Règles et ordre,* Paris, PUF, 1980.

HBR Interview, « John Mackey: What is it that only I can do? », *Harvard Business Review*, 2011, (1) : 120.

HBR Interview, « Kevin Peters. How 'Mystery Shopping' Helped Spark a Turnaround », *Harvard Business Review*, 2011, 89 (11) : 49.

HBR Interview, « Muhtar Kent. Shaking Things Up at Coca-Cola », *Harvard Business Review*, 2011, *89*(10) : 99.

HBR Interview, « N.R. Narayana Murthy. Why Don't We Try to Be India's Most Respected Company? » *Harvard Business Review*, 2011, *89*(11) : 87.

HBR Interview, « Patricio Bertelli. Prada's CEO on Staying Independent in a Consolidating Industry. », *Harvard Business Review*, 2012, *90*(9) : 41.

HBR Interview, « Robert A. Iger. Technology, Tradition, and the Mouse », *Harvard Business Review*, 2011, *89*(7/8) : 115.

Hemp, P., « Oser à la chinoise », *Premium*, 2011, 10.

Herzberg, F., *Work and the Nature of Man,* Cleveland, World publ., 1960.

Hessel, S., *Indignez-vous !,* Paris, Gallimard, 2010.

Hofstede, G., *Cultural Consequences,* Beverly Hills, Sage, 1980.

House, R. J., « A theory of Charismatic Leadership », dans J. G. Hunt et L. L. Larson (dirs.), *Leadership: the Cutting Edge*. Carbondale, Southern Illinois University Press, 1976 : 189-207.

Iribarne, P., d'., *La logique de l'honneur,* Paris, Seuil, 1989.

Itami, H., *Mobilizing Invisible Assets,* Cambridge, Mass., Harvard University Press, 1987.

Jackson, B., *Management Gurus and Management Fashions*, N. Y., Routledge, 2001.

Jadot, T., « Comment favoriser l'étincelle entre grands groupes et startups » *La Tribune Hebdomadaire*, 19 juin 2015 : 24.

Jaillard, L., « La philosophie a-t-elle sa place dans l'entreprise ? », *La tribune*, 1er décembre 2014 : 138.

Jensen, M. C., et W. H. Meckling, « Theory of the Firm: Managerial Behaviour, Agency Cost, and Ownership Structure », *Journal of Financial Economics,* 1976, 3 : 305-360.

Johnson, H. T., et R. S. Kaplan, *Relevance Lost: The Rise and Fall of Management Accounting Systems*, Cambridge, Mass., Harvard Business School Press, 1987.

Jourdant, K., « J'aime la cuisine simple, sans manières », *Le Progrès* (Lyon), 3 mai 2015 : TL 3937.

Juran, J., *Planning for Quality,* N. Y., The Free Press, 1988.

Kanter R. M., *The Change Master,* N. Y., Simon & Schuster, 1983.

Kaplan, R., et D. P. Norton, *The Balanced Scoreboard,* Cambridge, Mass., Harvard Business School Press, 1996.

Kaplan, R., et D. P. Norton, *The Strategy Focused Organization,* Cambridge, Mass., Harvard Business School Press, 2001.

Kates, A., et J. R. Galbraith, *Designing your Organization,* San Francisco, Jossey-Bass, 2007.

Katz, R. L., « Skills of an Effective Administrator », *Harvard Business Review*, 1974, 51 : 90-102 [1955].

Ken, L., *The World According to Oprah*, N. Y., Andrews McMeel Publishing, 2005.

Kets de Vries, M. F. R. et D. Miller, *L'entreprise névrosée,* Paris, McGraw-Hill, 1985.

Keynes, J. M., *Théorie générale de l'emploi, de l'intérêt et de la monnaie*, Paris : Payot, 1988 [1936].

Khanna, T., Song, J. et K. Lee, « The Globe: The Paradox of Samsung's Rise », *Harvard Business Review*, juillet 2011 : 142-147.

Kleine, A., « Le chantre du design thinking », *Premium*, 2010, 2 : 65-66.

Koontz, H., et C. O'Donnell, *Management. Principes et méthodes de gestion.* Paris, McGraw-Hill, 1980 [1978].

Kotter, J., *The Leadership Factor.* N. Y., The Free Press, 1988.

Kurtzman, J., « Inclusive Innovation : Why DuPont is Betting Its Future on Megatrends », *Rotman Magazine*, hiver 2012 : 74.

La fondation de psychologie du Canada, *Réussir à diriger toutes les générations au travail*, Desjardins, Sécurité financière, 2014.

Lachapelle, L., et S. Laberge, *Argumenter, débattre et improviser en affaires*, Montréal, Éditions JFD, 2014.

Lambert, J., *Management intergénérationnel,* Paris, Lamarre, 2009.

Lambert-Chan, M., « À la rencontre de la stratégie et de l'innovation », *HEC Montréal Mag*, 2008, *12*(1) : 17.

Lapierre, L., *Imaginaire et leadership*, Montréal, Québec/Amérique, 1992.

Lapierre, L., *La subjectivité et la gestion*, Montréal, PUQ, 2010.

Lapierre, L., *On dirige comme on est*, Montréal, PUQ, 2012.

Laplante, L., *L'angle mort de la gestion,* Montréal, IQRC, 1995.

Laroque, S., « Libérez le capitalisme », *La Presse*, 26 mai 2015.

Laurenceau, C., *Points de Vente*, 26 janvier 2015 : 42.

Laurin, P., (dir.), *Le management. Textes et cas,* Montréal, McGraw-Hill, 1973.

Lawrence P. R., et J. W. Lorsch, *Organization and Environment,* Cambridge, Mass., Graduate School of Business Administration, Harvard University, 1967.

Lawrence, P., et J. Lorsch, *Adapter les structures de l'entreprise,* Paris, Éditions d'Organisation, 1989 [1967].

Le Bon, G., *Psychologie des foules,* Paris, PUF, 1981 [1895].

Le Goff, J.-P., *Les illusions du management. Pour le retour du bon sens,* Paris, La Découverte, 2000.

Learned, E. P., Christensen, C. R., Andrews, K. E, Guth, W. D., *Business Policy,* Homewood, Ill., Irwin, 1965.

Lefranc, J., *L'esprit des lumières et leur destin.* Paris, Armand Colin, 1997.

Legault, L. A., « Écouter pour mieux agir », *HEC Montréal Mag*, 2003, *2*(1) : 18.

Lehman, A., « Bienvenue dans l'ère post-publicitaire », *Premium*, 2013, octobre : 51.

Lesage, V., « On n'a pas le droit de ne pas avoir d'ambition », *Les Affaires*, 31 janvier 2015 : 10-12.

Lesage, V., « Ventes : la structure avant l'agilité », *Les Affaires*, 19 juillet 2014 : 24-25.

Lévesque, E., « Quelles sont les habiletés d'un bon gestionnaire ? », *Le Canada Français*, 10 mars 2011 : B9.

Lévy, O., « Fiers d'être bordéliques ! », *La Presse*, 20 septembre 2014.

Lewin, K., *Field Theory in Social Science*, N. Y., Harper & Row, 1951.

Likert, R., *New Patterns of Management,* N. Y., McGraw-Hill, 1961.

Likert, R., *The Human Organization: Its Management and Value,* N. Y., McGraw-Hill, 1967.

Lipovetsky, G., et J. Serroy, *L'esthétisation du monde. Vivre à l'âge du capitalisme artistique,* Paris, Gallimard, 2013.

Lipovetsky, G., *Le bonheur paradoxal. Essai sur la société d'hyperconsommation*, Paris, Gallimard, 2006.

Livingston, J., *Founders at Work,* N. Y., Apress, 2008.

Locke, J., *Traité du gouvernement civil*, 1690.

Lord, I., « Comment développer une culture de responsabilisation », *Les Affaires*, 2013.

Lussier, J., « Lise Watier faire passer ses RH à un niveau supérieur », *Les Affaires*, 22 mars 2014 : 32.

Lynn, L. E., *Public Management: Old and New,* N. Y., Taylor & Francis, 2006.

MacGregor Burns, J., *Leadership*, N. Y., Harper & Row, 1978.

MacGregor Burns, J., *Transforming Leadership: A new Pursuit of Happiness*, N. Y., Atlantic Monthly Press, 2003.

Macintosh, N. B., *Management Accounting and Control Systems*, New York, N. Y., Wiley, 1994.

Mander, J., Cavanagh, J. et J. B. Gélinas, *Alternative à la globalisation économique,* Montréal, Écosociété, 2005.

March, J. G., *Decisions and Organizations*, N. Y., Basil Blackwell, 1988.

March, J. G., et H. A. Simon, *Organizations,* N. Y., Wiley, 1958.

Maritain J., *Humanisme intégral*, Paris, Fernand Aubier, 1936.

Martinet, A. C. (dir.), *Épistémologies et Sciences de Gestion*, Paris, Economica, 1990.

Martinet, A. C., et Y. Pesqueux, *Épistémologie des sciences de gestion,* Paris, Vuibert, 2013.

Marx, K., *Manuscrits* de 1844.

Maslow, A. H., *Motivation and Personality,* N. Y., Harper & Row, 1954.

Mason, R. O. et I. I. Mitroff, *Challenging Strategic Planning Assumptions. Theory, Cases and Techniques,* N. Y., Wiley, 1981.

Mauss, M., « Essai sur le don », *Sociologie et anthropologie,* Paris, PUF, 1950 : 143-279.

Mayo, E., *The Human Problems of an Industrial Civilization,* N. Y., Macmillan, 1933.

Mayo, E., *The Social Problems of an Industrial Civilization*. Cambridge, Harvard University Press, 1945.

Mazouz, B., *Le métier de gestionnaire public à l'aube de la gestion par résultats*, Montréal, PUQ, 2008.

Mc Cord, P., « How Netfix Reinvented HR », *Harvard Business Review*, 2014, *92*(1-2) : 74.

Mc Kendrick, N., « Josiah Wedgwood and Cost Accounting in the Industrial Revolution », *Economic History Review*, 1970, *23*(1) : 45-67.

McAfee, A., *Enterprise 2.0: How to Manage Social Technologies to Transform Your Organization*, Boston, Harvard Business Review Press, 2009.

McArdle, M., « Buffett Names a Successor, Maybe », *The Atlantic*, 27 octobre 2010.

McArthur J., et B. Scott, *L'industrie française face aux plans, Harvard ausculte la France*, Paris, Éditions d'Organisation, 1970.

McClelland, D. C., *The Achieving Society,* Princeton, N. J., Van Nostrand, 1961.

McGregor, D., *The Human Side of Enterprise,* N. Y., McGraw-Hill, 1960.

Merchant, K. A., et W. A. Van der Stede, *Management Control Systems*, N. Y., Prentice Hall, 2007.

Merchant, K. A., « The Control Function of Management », *Sloan Management Review*, 1981, *23*(4) : 43-55.

Miller D., et I. Le Breton-Miller, *Réussir dans la durée. Leçons sur l'avantage concurrentiel des grandes entreprises familiales*, Québec, Presses de l'Université Laval, 2010.

Mintzberg, H., Ahlstrand, B. et J. Lampel, *Safari en pays stratégie*, Paris, Pearson, 2009.

Mintzberg, H., *Gérer, tout simplement,* Montréal, Les Éditions Transcontinental, 2010.

Mintzberg, H., *Grandeur et décadence de la planification stratégique*, Paris, Dunod, 1994.

Mintzberg, H., *Le Management. Voyage au centre des organisations*, Paris, Eyrolles, 1990.

Mintzberg, H., *Le manager au quotidien*, Paris, Dunod, 1984 [1973].

Mintzberg, H., *Le pouvoir dans les organisations*, Paris, Éditions d'Organisation, 1986 [1983].

Mintzberg, H., *Managers Not MBAs. A Hard Look at the Soft Practice of Managing and Management Development*, San Francisco, Berrett-Koehler, 2004.

Mintzberg, H., *Structure et dynamique des organisations.* Paris : Éditions d'Organisation, 1986 [1979].

Minville, N., et M. Griffoul, *What's Next. Place à l'entreprise créative,* Paris, Pearson, 2014.

Mooney, J. D., et A. C. Reiley, *The Principles of Organization,* N. Y., Harper and Row, 1939.

Moreau Defarges, P., *La gouvernance,* Paris, PUF, coll. « Que sais-je ? », 2003.

Morgan, G., *Images de l'organisation, 2e édition,* Québec, Presses de l'Université Laval, 1999.

Moriceau, J.-L., « Il faut responsabiliser ! » dans Pezet, A. et S. Sponem (dir.), *Petit bréviaire des idées reçus en management*, Paris, La Découverte, 2010.

Morita A., et Reingold, E.M., *Made in Japan,* N. Y., Harper Collins, 1986.

Morton, A. L., *The Life and Ideas of Robert Owen,* N. Y., International Publishers, 1962.

Mousli, M., *Mary Parker Follett, pionnière du management,* Cahier du LIPSOR, octobre 2000.

Moutet A., *Les Logiques de l'Entreprise : La Rationalisation dans l'Industrie française de l'Entre-Deux-Guerres*, Paris, Éditions de l'École des hautes études en sciences sociales, 1997.

Mumford, L., *Technique et civilisation*, Paris, Seuil, 1950 [1934].

Münsterberg, H., *Psychology and Industrial Efficiency*, Boston, Houghton Mifflin Co., 1913.

Musso, P., *Saint-Simon et le saint-simonisme,* Paris, PUF, coll. « Que sais-je ? », 1999.

Newman, W. H., *L'art de la gestion. Les techniques d'organisation et de direction*, Paris, Dunod, 1969 [1963].

Nisbet, R. A., *La tradition sociologique,* Paris, PUF, 1984 [1966].

Niveau, M., et Y. Crozet, *Histoire des faits économiques contemporains,* Paris, PUF, 1966.

Noël, A., « Strategic Cores and Magnificent Obsessions. Discovering Strategy Formation through Daily Activities of CEOs », *Strategic Management Journal,* 1989, 10 : 30-49.

Noël, M. X., *Savoirs en management : hybrides d'action et de connaissance,* Montréal, Éditions JFD, 2009.

Nonaka I., et H. Takeuchi, *The Knowledge-Creating Company*, N. Y., Oxford University Press, 1995.

Nonaka, I., « The Knowledge-Creating Company », *Harvard Business Review,* 1991, nov.-déc. : 96-104.

O'Toole, L. J., et K. J. Meier, *Public Management : Organizations, Governance, and Performance,* Cambridge, Cambridge University Press, 2011.

Ohno, T., *Toyota Production System,* Cambridge, Mass., Productivity Press, 1988.

Ohno, T., *Workplace Management,* Cambridge, Mass., Productivity Press, 1982.

Oliveira Lima, E., « Stratégie de PME : de la perspective traditionnelle aux approches descriptives axées sur le processus », HEC Montréal, Cahier de recherche 2003-03, avril 2003.

Olson, M., *The Logic of Collective Action,* Cambridge, Harvard University Press, 1965.

Osterwalder, A., et Y. Pigneur, *Business model. Nouvelle génération,* Paris, Pearson, 2011.

Ouchi, W. G., « A Conceptual Framework for the Design of Organizational Control Mechanisms », *Management Sciences*, 1979, *25*(9) : 833-848.

Ouchi, W. G., « The transmission of Control through Organizational Hierarchy », *Academy of Management Journal*, 1978, *21*(2) : 173-192.

Ouchi, W. G., *Theory Z: How American Business Can Meet the Japanese Challenge,* Reading, Mass., Addison-Wesley, 1981.

Ouellet, D., « Un leader doit faire preuve d'humilité », *Premium*, 2011, (9) : 35.

Paquin, G., « Conseils de pros », *La Presse*, 25 mars 2014 : 9.

Pascale, R. T., et A. G. Athos, *The Art of Japanese Management,* N. Y., Warner Book, 1981.

Pastakia, K. et S. Harrington, *L'avenir du travail,* Deloitte, 2015.

Paturel, P., « De l'*empowerment* au pouvoir d'agir », www.les-seminaires.eu/empowerment-et-pouvoir-dagir/, mis en ligne en mars 2013.

Pauchant, T., *Pour un management éthique et spirituel,* Montréal : Fides, 2000.

Peaucelle, J.-L., « Présentation et commentaire du livre d'Henri Fayol *Administration Industrielle et Générale* », Cahiers du Gregor, 2000-10.

Pérez, R., *La gouvernance de l'entreprise,* Paris, La Découverte, 2009.

Perreault, F., « Toujours ouvert », *HEC Montréal Mag*, 2003, *1*(2) ; 11.

Péters, S., « Et si on partageait le pouvoir dans l'entreprise ? » *La Tribune* (France), 23 octobre 2012 : 57.

Peters, T., et R. Waterman, *In Search of Excellence,* N. Y., Harper & Row, 1982.

Pfeffer, J., et R. Sutton, *The Knowing-Doing Gap: How Smart Companies Turn Knowledge into Action,* Boston, Mass., Harvard Business School Press, 2000.

Philpot, R., « Être de son siècle », *HEC Montréal Mag*, 2007, *5*(2) : 33-34.

Pigou, A. C., *The Economics of Welfare*, Londres, Macmillan and Co., 1932.

Pinault, F.-H., « How I did It: Kering's CEO on Finding the Elusive Formula for Growing Acquired Brand », *Harvard Business Review*, 2014, *92*(3) : 45.

Pink, D. H., *A Whole New Mind. Why Right-Brainers Will Rule the Future,* N. Y., Riverhead, 2006.

Piquet, A., *Guide pratique du travail collaboratif,* Télécom Bretagne, 2009.

Pitcher, P., *Artistes, artisans et technocrates,* Montréal, Québec/Amérique, 1994.

Polanyi, M. *The Tacit Dimension.* N. Y., Double Day, 1966.

Pollak, L., et K. Wakid, « Les atouts de l'ambiguïté », *Premium*, 2011, 7 : 22.

Porter, L. W., et E. E. Lawler, *Managerial Attitudes and Performance,* Homewood, Ill., Irwin, 1968.

Porter, L. W., et K. H. Roberts, « Communication in Organizations », dans Dunnette, M. D. (dir.), *Handbook of Industrial and Organizational Psychology*, N. Y., Wiley, 1976 : 1553-1589.

Porter, M. E., « Capital Disadvantage: America's Failing Capital Investment System », *Harvard Business Review*, septembre 1992 : 65-83.

Porter, M. E., *Choix stratégiques et concurrence,* Paris, Economica, 1982 [1980].

Porter, M. E., *L'avantage concurrentiel,* Paris, InterÉdition, 1986 [1985].

Project Management Institute, *Guide du corpus de connaissances en management de projet (Guide PMBOK),* Newton Square, Pennsylvanie, Project Management Institute, 2008.

Proulx, M., « L'ADN du dirigeant catalyseur », *La Presse*, 29 janv. 2014.

Pugh, D. S., Hickson, D. J., Hinnings, C. R. et C. Turner, « Dimensions of Organization Structure », *Administrative Science Quarterly,* 1968, *13*(1) : 65-105.

Quinn, R. E., Faerman, S. R., Thompson, M. P. et M. R. McGrath, *Becoming a Master Manager. A Competency Framework,* N. Y., Wiley, 1990.

Randstad, *De Y à Z. Le guide sur la prochaine génération d'employés*, 2015.

Raufflet, E., et A. J. Mills, *The Dark Side: Critical Cases on the Downside of Business,* Greenleaf Publ., 2009.

Renard, C., *Veuve Clicquot* « Carnet de vendanges », www.veuve-clicquot.com/fr

Renou, F., « Steve Jobs, l'autorité charismatique », *Journal du net,* 15 fév. 2011.

Retino-Parazelli, K., « Les détaillants québécois tardent à s'ouvrir à la technologie », *Le Devoir économique*, 20 mars 2014 : b2.

Rifkin, J., *La nouvelle société du coût marginal zéro*, Paris, Éditions Les Liens qui libèrent, 2014.

Rioux, J.-P., *La révolution industrielle,* Paris, Éditions du Seuil, 1989.

Robin, D. P., et R. E. Reidenbach, « Integrating Social Responsibility and Ethics into the Strategic Planning Process », *Business & Professional Ethics Journal*, 1988, *7*(3/4) : 29-46.

Roddick, A., *Business as Unusual*, N. Y., Anita Roddick Books, 2005.

Rodet, P., et Y. Desjacques, *Le management bienveillant,* Paris, Eyrolles, 2017.

Roethlisberger, F. J., et W. J. Dickson, *Management and the Worker*, Cambridge, Mass., Harvard University Press, 1939.

Rogers, C., « *Barriers and Gateways to Communication* », *Harvard Business Review,* juillet-août, 1952.

Rothschild, P., Duggal, J., et R. Balaban, « Strategic Planning Redux. But this Time linked to Funding and Everyday Execution », *Mercer Management Journal*, 2007, 17 : 35-45.

Rudel-Tessier, M., « Apprendre dans l'action à la SAQ », *Les Affaires,* 8 mars 2014 : 36.

Sadin, É., *La Vie algorithmique : Critique de la raison numérique*, Paris, L'échappée, 2015.

Saint-Onge, J.-C., *L'imposture néolibérale,* Montréal, Écosociété, 2000.

Saint-Simon, *Écrits politiques et économiques,* Paris, Pocket, 2005.

Saives, A.-L, Ebrahimi, M., Holford, D. et M. G. Bédard, *Management réhumanisé*, Montréal, Chenelière, 2017.

Salmon, A., *La tentation éthique du capitalisme,* Paris, La Découverte, 2007.

Salmon, C., « Un individu entrepreneur de lui-même », *Rue Saint-Guillaume*, 2010, N° 158, avril.

Salmon, C., *Storytelling*, Paris, La Découverte, 2007.

Sarrasin, N., « Valoriser le capital intangible grâce à la cognition humaine », *Direction informatique*, 1er octobre 2006.

Say, J.-B., *Traité d'économie politique,* Paris, Crapelet, 1803.

Schein, E., *Organizational Culture and Leadership,* San Francisco, Jossey-Bass, 1985.

Schein, E. H., *Process Consultation: its Role in Organizational Development,* Reading, Mass., Addison-Wesley, 1969.

Schmouker, O., « Le cercle, le secret de la collaboration », *Les Affaires*, 18 oct. 2014 : 30.

Schön, D. A, *The reflexive Practitioner. How Professionals Think in Action,* N. Y., Basic Book, 1983.

Schwab, K., *La quatrième révolution industrielle*, Paris, Dunod, 2017.

Segrestin, B., et A. Hatchuel, *Refonder l'entreprise*, Paris, Seuil, 2012.

Segrestin, D., *Les chantiers du manager,* Paris, Armand Colin, 2004.

Senge, P., *The Fifth Discipline: The Art and Practice of the Learning Organization,* N. Y., Doubleday, 1990.

Sheldon, O., *The Philosophy of Management,* Londres, Pitmann & Sons, 1924.

Simon, H. A., *Administrative Behavior,* N. Y., The Free Press, 1947.

Simon, L., « Managing Creative Projects: An Empirical Synthesis of Activities », *International Journal of Project Management*, 2006, 24 : 166-126.

Simons, R., « Control in an Age of Empowerment », *Harvard Business Review*, 1995, mars-avril : 80-88.

Simons, R., *Performance Measurement & Control Systems for Implementing Strategy,* N. J., Prentice-Hall, 2000.

Simpson, B., « Comment Bombardier s'y est prise », *Premium*, 2013, 19 : 40.

Sitkin, S. B., et R. J. Bies, *The Legalistic Organization,* Londres, Sage, 1994.

Sloan, A. P. Jr., *My Years with General Motors,* N. Y., Doubleday, 1963.

Smith, A., *Recherches sur la nature et les causes de la richesse des nations*, Paris, PUF, 1995 [1776].

Spender, J.-C., *Industry Recipes. The Nature of Managerial Judgment.* Oxford, Blackwell, 1989.

Spengler, O., *Le déclin de l'Occident,* Paris, Gallimard, 1948.

Srivastva, S. (dir.), *The Executive Mind,* San Francisco, Jossey-Bass, 1983.

Starbuck, W.H., « Organization Growth and Development », dans March, J. G. (dir.), *Handbook of Organizations,* Chicago, Rand McNally, 1965.

Steiler, D., Sadowsky, J. et L. Roche, *Éloge du bien-être au travail,* Grenoble, PUG, 2010.

Steiner, G. A., *Top Management Planning,* N. Y., Macmillan, 1969.

Stiegler, B., *La société automatique*, Paris, Fayard, 2015.

Stogdill, R. M., *Handbook of Leadership: a Survey of Theory and Research.* N. Y., Free Press, 1974.

Taguieff, P.-A., *Le sens du progrès. Une approche historique et philosophique,* Paris, Flammarion, 2004.

Tannenbaum, R., et W. H. Schmidt, « Comment choisir un style de leadership », dans Laurin, P., *Le management,* Montréal, McGraw-Hill, 1973.

Tapscott, D., et A. D. Williams, *Wikinomics*, N. Y., Portfolio, 2006.

Tapscott, D., *The Digital Economy*, N. Y., McGraw-Hill, 1996.

Taylor, F. W., La direction scientifique des entreprises, Paris, Éditions Gérard & Co., 1967 [1911].

Taylor, F. W., *Shop Management*, N. Y., Harper and Row, 1903.

Teece, D. J., *Managing Intellectual Capital,* N. Y., Oxford University Press, 2001.

Tessier, S., « Un contrôle de gestion basé sur la culture : le cas de la société *Timpson* », *Gestion*, 2013, *38*(1) : 61.

Texier, Thibault le, *Le maniement des hommes. Essai sur la rationalité managériale*, Paris, La Découverte, 2016.

Théroux, P., « Si le Québec a du pétrole, ce serait irresponsable de ne pas l'exploiter », *Les Affaires*, 2014, 18 janvier : 4.

Thomas, M., « La confiance de persévérer », *Premières en affaires*, 2014, *7*(6) : 21.

Thomas, M., « La créativité au service des ressources humaines », *Premières en affaires,* 2014, *7*(6) : 21.

Tichy, N. M., et W. G. Bennis, *Judgement. How Winning Leaders make Great Calls,* N. Y., Portfolio, 2007.

Tison, M., « Le nouveau leadership », *Affaires plus,* mai 2014.

Tixer, D., Matte, H. et J. Colin, *La logistique d'entreprise, vers un management plus compétitif*, Paris, Dunod, 1998.

Tocqueville, A., *Voyage en Angleterre, Irlande, Suisse et Algérie,* dans *Œuvres complètes,* J.-P. Mayer (dir.), Paris, Gallimard, 1961, tome V, vol. 2.

Tremblay, J., « Au-delà de l'innovation-produit, imaginer les modèles d'affaires autrement », *HEC Montréal Mag,* 2014, *13*(2) : 14.

Tremblay, J., « Elmar Mock – Le co-inventeur de la Swatch remet les pendules à l'heure sur le thème de l'innovation », *HEC Montréal Mag*, 2011, *10*(1) : 14.

Tremblay, J., « Le leadership en créativité chez Disney », *HEC Montréal Mag*, 2008, *12*(1) : 14.

Tremblay, J., « Normand Boivin aux commandes de Heathrow », *HEC Montréal Mag*, 2012, *11*(1) : 17.

Tremblay, J., « Stimuler l'innovation », *HEC Montréal Mag*, 2010, *9*(1) : 13.

Trist, E. L., et K. W. Bamforth, « Some Social and Psychological Consequences of the Longwall Method of Coal Getting », *Human Relations,* 1951, 4 : 3-38.

Truchon, K., « L'urgence d'agir, ou la part des entreprises », *HEC Montréal Mag*, 2008, *6*(2) : 11.

Truchon, K., « Saine gouvernance et performance », *HEC Montréal Mag*, 2006, *5*(1) : 11-12.

Tsouflidou, C., *Déjeuner avec Cora, autobiographie,* Montréal, Libre Expression, 2001.

Tversky, A., Slovic, P. et D. Kahneman, (eds.), *Judgement under Uncertainty: Heuristics and Biases*, Cambridge: Cambridge University Press, 1982.

Urwick, L., *Scientific Principles of Organization,* N. Y., AMA, 1938.

Vaillancourt, J.-G., et P. Vaillancourt, « Les bases du pouvoir dans les nouvelles formes d'organisation du travail », *Travailler au Québec,* Montréal, Éditions coopératives Albert Saint-Martin, 1981 : 35-50.

Vallaeys A., *Médecins Sans Frontières*, Paris, Éditions Fayard, 2004.

Veblen, T., *Théorie de la classe de loisir*, Paris, Gallimard, 1970 [1899].

Walton, R. E., *Interpersonal Peacemaking: Confrontation and Third Party Consultation,* Reading, Mass., Addison-Wesley, 1969.

Waridel, L., *Acheter c'est voter,* Montréal, Écosociété, 2005.

Weber, M., *Économie et société,* Paris, Plon, 1971 [1921].

Weber, M., *Essais sur la théorie de la science*, Paris, Plon, 1965.

Weber, M., *Histoire économique. Esquisse d'une histoire universelle de l'économie et de la société,* Paris, Gallimard, 1991, [1923].

Weber, M., *Le savant et le politique,* Paris, Plon, 1959 [1919]

Weick, K. E., *Sensemaking in Organizations,* Thousand Oaks, Sage, 1995.

Wheelwright, S. C., et S. G. Makridakis, *Forecasting Methods for Management*, N. Y., Wiley & Sons, 1985.

Whitehead, D., *The FBI Story,* N. Y., Random House, 1956.

Whyte, W. H. Jr., *L'homme de l'organisation,* Paris, Plon, 1959.

Wildavsky, A., « If Planning is everything maybe It's Nothing », *Policy Science*, 1973, 4 : 141.

Wildavsky, A., *The Politics of the Budgetary Process*. Boston, Little Brown, 1979.

Williamson, O. E., *Markets and Hierarchies,* N. Y., The Free Press, 1975.

Williamson, O. E., *The Mechanisms of Governance,* N. Y., Oxford University Press, 1996.

Wolff, D. (dir.), *Le développement durable. Théories et applications au management,* Paris, Dunod, 2010.

Woods, C., *Au diable le management*, Montréal, Les Éditions Transcontinental, 2014.

Woodward, J., *Industrial Organizations,* Oxford, Oxford University Press, 1965.

Young, W., et R. Welford, *Ethical Shopping: Where to Shop, What to Buy and What to Do to Make a Difference*, Londres, Vision, 2002.

Yukl, G., *Leadership in Organizations*, N. Y., Prentice Hall, 2012.

Zaleznik, A., et M. F. R. Kets de Vries, *Power and the Corporate Mind,* Boston, Houghton Mifflin, 1975.

Zaleznik, A., « Managers et leaders… en quoi sont-ils différents ? », dans *HBR, Le leadership*, Paris, Éditions d'Organisation, 1999 [1977].

Zaleznik, A., *Human Dilemmas of Leadership,* N. Y., Harper & Row, 1966.s